Arbeitnehmerbeteiligung in Deutschland und in Schweden

Studien zum Arbeitsrecht und zur Arbeitsrechtsvergleichung

Herausgegeben von Manfred Weiss, Bernd Waas und Spiros Simitis

Band 21

PETER LANG
Frankfurt am Main · Berlin · Bern · Bruxelles · New York · Oxford · Wien

Max Sleik

Arbeitnehmerbeteiligung in Deutschland und in Schweden

PETER LANG
Internationaler Verlag der Wissenschaften

Bibliografische Information der Deutschen Nationalbibliothek
Die Deutsche Nationalbibliothek verzeichnet diese Publikation in der Deutschen Nationalbibliografie; detaillierte bibliografische Daten sind im Internet über http://dnb.d-nb.de abrufbar.

Zugl.: Berlin, Humboldt-Univ., Diss., 2010

11
ISSN 1615-4606
ISBN 978-3-631-60613-1

www.peterlang.de

Meinen Eltern

Vorwort

Diese Arbeit wurde von der Juristischen Fakultät der Humboldt-Universität zu Berlin im Wintersemester 2009/2010 als Dissertation angenommen. Rechtsprechung und Literatur sind zum allergrößten Teil bis Juli 2010 berücksichtigt.

Für die Betreuung der Arbeit danke ich Prof. Dr. Christine Windbichler, die mir dieses Projekt ermöglicht und mich mit viel Sachverstand begleitet hat. Danken möchte ich auch Dr. Kaspar Krolop, der mir stets mit wertvollen Ratschlägen zur Seite stand. Für die Aufnahme der Arbeit in die Schriftenreihe danke ich den Herausgebern Prof. Dr. Dres. h.c. Manfred Weiss, Prof. Dr. Bernd Waas und Prof. Dr. Dres. h.c. Spiros Simitis.

Besonderer Dank gilt meinem schwedischen akademischen Mentor Prof. Dr. Reinhold Fahlbeck, Universität Lund, an den ich mich zu jeder Zeit mit Fragen zum schwedischen Arbeitsrecht wenden konnte. Dies stellte für mich eine Hilfestellung von unschätzbarem Wert dar. Prof. Dr. Fahlbeck gebührt auch der Dank für seine Bereitschaft zur Erstellung des Zweitgutachtens.

Den Forschern des Arbetslivsinstitutet in Stockholm danke ich für die hervorragende Zusammenarbeit während eines Forschungsaufenthalts in Schweden im Wintersemester 2006/2007. Hervorheben möchte ich Dr. h.c. Kerstin Ahlberg, Prof. Dr. Jonas Malmberg, Dr. Klas Levinson, Dr. Bernard Johann Mulder und Claes-Mikael Jonsson.

Den vielen Gesprächspartnern aus Gewerkschaften, Arbeitgeberverbänden und Unternehmen, ohne die diese Arbeit wesentlich weniger Blicke in die Praxis aufweisen würde, sei an dieser Stelle ebenfalls gedankt.

Meiner Freundin Mila will ich von Herzen danken, dass sie während der Doktorarbeit und des Referendariats für mich da war und mir immer viel Rückhalt geben konnte.

Der größte Dank gilt schließlich meinen Eltern, die mir während des Studiums, der Doktorarbeit und des Referendariats in jeder nur erdenklichen Hinsicht zur Seite standen.

Berlin, im März 2011

Max Sleik

Inhaltsverzeichnis

A. Einleitung

„Die Mitbestimmung im Aufsichtsrat war ein Irrtum der Geschichte." So *Michael Rogowski*, dazumal Vorsitzender des Bundesverbandes der deutschen Industrie.[1]

In Deutschland ist die von *Rogowski* in Bezug genommene Mitbestimmung im Aufsichtsrat einer der beiden Anknüpfungspunkte der Arbeitnehmerbeteiligung im Unternehmen. Der erste Anknüpfungspunkt ist das Betriebsverfassungsgesetz (**BetrVG**), das den gesetzlichen Rahmen für die Wahrnehmung von Beteiligungsrechten der Arbeitnehmer gegenüber dem Arbeitgeber durch den Betriebsrat auf der Ebene des Betriebs, aber auch – durch den Gesamt- oder Konzernbetriebsrat – auf der Ebene des Unternehmens bzw. Konzerns, bildet. *Rogowski* bezog sich, als er von der Mitbestimmung im Aufsichtsrat sprach, auf die Mitbestimmungsgesetze, den zweiten Anknüpfungspunkt der Arbeitnehmerbeteiligung im Unternehmen. Die Mitbestimmungsgesetze bilden den Rahmen für die Beteiligung der Arbeitnehmer an Entscheidungsprozessen des Arbeitgebers durch Arbeitnehmervertreter im Aufsichtsrat eines Unternehmensträgers. In Schweden, dessen Strukturen und Formen der Arbeitnehmerbeteiligung mit den deutschen verglichen werden sollen, regeln ebenfalls zwei verschiedene Gesetze die Beteiligung der Arbeitnehmer an Entscheidungsprozessen gegenüber dem Unternehmen und im Unternehmensträger. Diese Unterscheidung bildet im deutschen wie im schwedischen Teil die Grundstruktur der Arbeit.

Die Beteiligung der Arbeitnehmer gegenüber dem und im Unternehmen ist in Deutschland zwar in verschiedenen Gesetzen geregelt, zwischen diesen verschiedenen Formen der Beteiligung bestehen aber Überschneidungen.[2] Schwerpunktmäßig dargestellt werden aus der Überschneidung der Betriebs- und Unternehmensmitbestimmung folgende Reibungen, die Interessenkonflikte der Arbeitnehmervertreter mit sich bringen können. So entscheiden bspw. deutsche Betriebsräte, die zugleich im Aufsichtsrat sitzen (was nicht die Ausnahme, sondern die Regel ist), im Rahmen einer Umstrukturierung ihres Unternehmens als Aufsichtsratsmitglieder über die Zustimmung zu einer vom Vorstand geplanten Betriebsänderung. Als Betriebsratsmitglieder verhandeln sie dann mit dem gleichen Vorstand über Interessenausgleich und (erzwingbaren) Sozialplan. Kon-

---

1 *Michael Rogowski* im Interview mit dem Stern vom 13.10.2004, im Internet abrufbar unter *http://www.stern.de/wirtschaft/news/mitbestimmung-ein-irrtum-der-geschichte-531082.html* [gelesen am 20.07.2010].

2 Die wissenschaftlichen Mitglieder der *Kommission zur Modernisierung der Unternehmensmitbestimmung* (2006), S. 27, bezeichnen Unternehmensmitbestimmung und Betriebsverfassung als sich ergänzende Subsysteme der Arbeitnehmerbeteiligung, die übereinstimmend den Schutz von Arbeitnehmerbelangen in Entscheidungsprozessen des Unternehmens bezwecken. Laut *Kommission Mitbestimmung* (Bertelsmann Stiftung/ Hans-Böckler-Stiftung), S. 7, haben sich die Mitbestimmung auf Betriebs- und Unternehmensebene dort, wo sie nebeneinander bestanden, eng miteinander verwoben.

fliktlagen für die Arbeitnehmervertreter mit Doppelmandat sind unübersehbar. Zu untersuchen ist, ob in Schweden, wo zwischen den Beteiligungsebenen ebenso Überschneidungen bestehen, ähnliche Reibungen und Interessenkonflikte auftreten.

Zur Arbeitnehmerbeteiligung gegenüber dem und im Unternehmen kommt in Deutschland wie in Schweden die industrieverbandsweite Interessenvertretung der Arbeitnehmer durch die Gewerkschaften. Allerdings reicht die Normsetzungsbefugnis der Gewerkschaften in Deutschland bis auf die Ebene des Betriebs, was Vorschriften wie § 1 Abs. 1 TVG und § 77 Abs. 3 BetrVG deutlich machen. Grundsätzlich aber ist die betriebliche Interessenvertretung der Arbeitnehmer Aufgabe des Betriebsrats. In Schweden dagegen sind ausschließlich die Gewerkschaften zur Interessenvertretung der Arbeitnehmer zuständig. Den deutschen Dualismus zwischen Betriebsrat und Gewerkschaften kennt das schwedische Recht nicht. Die Interessenvertretung der Arbeitnehmer durch die Gewerkschaften ist also im schwedischen wie im deutschen Teil der Arbeit zu untersuchen, da sie in beiden Ländern Bezugspunkte zur Ebene des Unternehmens hat. Die Präsenz externer Gewerkschaftsvertreter im Aufsichtsrat – ein Bezugspunkt der gewerkschaftlichen Interessenvertretung zur Ebene des Unternehmens – kann auch zu Reibungen und Interessenkonflikten für diese führen. Ein Vergleich mit der Rechtslage in Schweden, wo nur Vertreter der Gewerkschaften im Verwaltungsrat sitzen, also ähnliche Überschneidungen bestehen, liegt dabei nahe. Anschaulich und öffentlich wahrnehmbar wurde die Problematik in Deutschland mit dem „Fall Bsirske" im Jahr 2003, als der Vorsitzende der Vereinigten Dienstleistungsgewerkschaft Ver.di, Frank Bsirske, zu Warnstreiks gegen die Lufthansa AG, deren stellvertretender Aufsichtsratsvorsitzender er damals war (und noch immer ist), aufrief. Die Hauptversammlung verweigerte ihm daraufhin die Entlastung. Der Frage nach der Vereinbarkeit des Handelns von Bsirske mit seinen Pflichten als Aufsichtsratsmitglied gingen *Hanau/Wackerbarth* im Jahr 2004 nach. In der Untersuchung mit dem Titel „Unternehmensmitbestimmung und Koalitionsfreiheit – Interessenkonflikte von Gewerkschaftsvertretern im Aufsichtsrat" erwähnten die Verfasser in der Schlussbemerkung eine Regelung im schwedischen Verwaltungsratsvertretungsgesetz, die Interessenkonflikte wie den des Herrn Bsirske verhindert. Diese Regelung verdient es, vertieft behandelt zu werden.

Die Arbeit zielt auf die Arbeitnehmerbeteiligung in Unternehmen mit mehr als 500 Arbeitnehmern ab, da erst ab dieser Zahlengrenze eine Arbeitnehmervertretung im deutschen Aufsichtsrat verlangt wird.

Die Unternehmensmitbestimmung hat in Deutschland zu hitzigen Debatten in der politischen wie rechtswissenschaftlichen Diskussion geführt. Kritische Stimmen sehen in der Mitbestimmung einen Grund der Überwachungsschwäche[3] bzw. Ineffizienz der Arbeit[4] deutscher Aufsichtsräte, machen sie für mangelnde Kapitalmarktperformance deutscher Unternehmen verantwortlich[5] oder unterstellen ihr zumindest abschreckende Wirkung auf ausländische Investoren oder Allianzpartner[6]. Neuerdings wird den Arbeitnehmervertretern im Aufsichtsrat vorgeworfen, dass sie die Überbezahlung von Managern[7] und eine unverantwortliche Geschäftspolitik ihrer Unternehmen nicht verhindert hätten.[8] Befürworter der Mitbestimmung betonen die friedensstiftenden und produktiven Wirkungen der durch sie erreichten Kooperation, die Schaffung einer auf Vertrauen gegründeten Unternehmenskultur sowie das größere Verständnis der Belegschaften für unternehmerische Gesichtspunkte und Notwendigkeiten.[9] Ökonomische Studien konnten die Effizienzwirkungen der Mitbestimmung im Aufsichtsrat bisher nicht empirisch klären.[10] In Schweden ist die Arbeitnehmermitbestimmung auf Unternehmensebene im Gegensatz zu Deutschland weithin akzeptiert. Debatten wie hierzulande, in denen sich Mitbestimmungskritiker und -befürworter unvereinbar gegenüberstehen, finden dort nicht statt. Es ist daher lohnenswert, im Laufe der Arbeit auf die Gründe für die kontroverse Diskussion in Deutschland und das gänzliche Fehlen einer entsprechenden Debatte in Schweden einzugehen.

Blickt man über den nationalen Tellerrand hinaus, so hat die Europäische Aktiengesellschaft (Societas Europaea, **SE**) die Mitbestimmung der Arbeitnehmer in einer monistisch oder dualistisch strukturierten Aktiengesellschaft zu einer Herausforderung gemacht. In der SE soll verhandelt werden, wie die Arbeitnehmer an Entscheidungsprozessen im Unternehmen beteiligt werden. Viele Detailprobleme sind aber noch ungelöst. Auch die SE hat wohl noch nicht das verbreitete Vorverständnis ausgeräumt, Mitbestimmung sei untrennbar mit dem zweistufigen Verwaltungssystem verknüpft.[11] Hier wird der Blick nach Schweden, wo Arbeitnehmer seit den siebziger Jahren in den Verwaltungsräten von Aktiengesellschaften sitzen, andere Erfahrungen zeigen.

Um dem Leser einen lebhaften Eindruck der Arbeitnehmerbeteiligung in Schweden zu vermitteln, wird im schwedischen Teil vielfach die Praxis der Be-

---

3 *v. Werder*, AG 2004, S. 166ff.

4 *Schwalbach*, AG 2004, S. 186ff.

5 *Adams*, ZIP 2006, S. 1561, 1565f.

6 *Ulmer*, ZHR 166 (2002), S. 271, 274.

7 Von einer Mitverantwortung der Gewerkschaften spricht *Bernhardt*, BB 2008, S. 1686, 1688.

8 *Säcker*, FS Richardi, S. 711, 717.

9 *Kommission Mitbestimmung* (Bertelsmann Stiftung/ Hans-Böckler-Stiftung), S. 17.

10 Bspw. *Sadowski/Junkes/Lindenthal*, ZGR 2001, S. 110, 132.

11 Für ausländische Investoren ist die vom deutschen Einführungsgesetz zur SE (**SEEG**) vorgesehene Eingliederung der Arbeitnehmervertreter in den Verwaltungsrat laut *Säcker*, FS Richardi, S. 711, 716f indiskutabel: „Der deutsche Gesetzgeber hat sehenden Auges ein hässliches Kleid gestrickt, das niemand anziehen wird."

teiligung von Arbeitnehmern an Entscheidungsprozessen im Unternehmen einfließen. In Schweden werden Gesetze aufgrund ihres Rahmencharakters durch Kollektivverträge ausgefüllt, wodurch es zu ganz unterschiedlichen Formen der Arbeitnehmerbeteiligung kommen kann. Auch im kodifizierten deutschen Modell kann es zu vereinbarten Abweichungen kommen, die für die Arbeit jedoch nicht im Vordergrund stehen. Vielmehr richtet sich der Blick in Deutschland vor allem auf die gesetzlich geregelten Beteiligungsrechte der Arbeitnehmer.

B. Arbeitnehmerbeteiligung in Deutschland

Die Arbeit gibt im deutschen Teil zunächst einen Überblick über die den Arbeitnehmern durch das BetrVG eingeräumten Beteiligungsrechte. Daneben wird in der gebotenen Kürze auf die industrieverbandsweite Vertretung von Arbeitnehmerinteressen durch die Gewerkschaften eingegangen.[12] Der Schwerpunkt der Darstellung liegt entsprechend der Zielsetzung der Arbeit auf den Mechanismen, die den Gewerkschaften auf den Betrieb bzw. das Unternehmen bezogene Beteiligungsrechte geben. Auf Fragen der Tarif- und Lohnpolitik im übrigen geht die Arbeit dagegen nur am Rande ein. Nach der Beteiligung der Arbeitnehmer gem. BetrVG und der Interessenvertretung durch die Gewerkschaften wird die Mitbestimmung der Arbeitnehmer im Unternehmensorgan Aufsichtsrat gem. MitbestG und DrittelbG untersucht. Auf das Montanmitbestimmungsgesetz (**MontanMitbestG**) aus dem Jahr 1951 wird, da das Gesetz mittlerweile ein Auslaufmodell darstellt[13], in der Arbeit nicht eingegangen. Schließlich werden die Überschneidungen der Arbeitnehmerbeteiligung gem. BetrVG mit der Interessenvertretung durch die Gewerkschaften und der in den Mitbestimmungsgesetzen geregelten Beteiligungsformen sowie hieraus folgende Konsequenzen dargestellt.

Die Darstellung beschränkt sich auf die Arbeitnehmervertretung gem. DrittelbG und MitbestG in der Aktiengesellschaft. Zum einen kennt das schwedische Recht keine der GmbH entsprechende Rechtsform, vielmehr ist die Aktiengesellschaft (*Aktiebolag*) die einzige Rechtsform der Kapitalgesellschaft.[14] Zum anderen sind – gerade im Falle des DrittelbG - die Abweichungen zwischen AG und GmbH nicht unerheblich.[15] Auf Konzernsachverhalte wird in der Arbeit nur am Rande eingegangen, da eine vertiefte Behandlung den Rechtsvergleich überlasten würde und für den Vergleich der Arbeitnehmerbeteiligung in Deutschland und in Schweden nicht zielführend ist.

---

12 Trotz der noch vorherrschenden industrieverbandsweiten Vertretung von Arbeitnehmerinteressen durch die Gewerkschaften sind Berufsgewerkschaften, wie bspw. die Pilotengewerkschaft Cockpit oder die Vereinigung der Lokführer GDL, auf dem Vormarsch. Vgl. hierzu *Schröder*, Magazin Mitbestimmung 4/2008, S. 10ff.

13 Laut *Seibt* in: H/W/K, ArbR Komm (2.Aufl.), § 1 MontanMitbestG, Rn. 4f hat das MontanMitbestG seit seiner Einführung im Jahre 1951 erheblich an Bedeutung verloren. So waren 2005 nur noch 34 Unternehmen vom MontanMitbestG 2005 erfasst.

14 *Nicolaysen*, RIW 2005, S. 884, 885; *H/L/W*, MitbestG, Einl., Rn. 110.

15 *Henssler* in: U/H/H, MitbestR, Einl. DrittelbG, Rn. 1.

I. Arbeitnehmerbeteiligung gegenüber dem Arbeitgeberunternehmen

Arbeitnehmerbeteiligung gegenüber dem Arbeitgeber findet gem. BetrVG durch den Betriebsrat statt[16], der ein durch das demokratische Prinzip der Wahl legitimiertes Organ ist[17]. Er übt die Mitwirkungs- und Mitbestimmungsrechte der Arbeitnehmer im eigenen Namen und unabhängig von Weisungen der Arbeitnehmer aus. Überwiegend wird der Betriebsrat daher als Repräsentant der Belegschaft angesehen.[18]

Der Betriebsrat repräsentiert die Arbeitnehmer eines Betriebs[19] gegenüber dem Arbeitgeber. Ein Arbeitgeberunternehmen wird gegenüber dem Betriebsrat durch seine vertretungsberechtigten Organe, in der AG durch den Vorstand (§ 78 Aktiengesetz, **AktG**), vertreten. Der Arbeitgeber bzw. seine vertretungsberechtigten Organe können sich gegenüber dem Betriebsrat durch an der Betriebsleitung verantwortlich beteiligte Personen vertreten lassen.[20] Hierbei wird es sich meist um leitende Angestellte i.S.d. § 5 Abs. 3 S. 2 Nr. 1 BetrVG handeln.[21]

Arbeitnehmerbeteiligung gegenüber dem Unternehmen findet ebenso durch die Gewerkschaften, bspw. durch den Abschluss von Firmentarifverträgen, statt.

1. Betriebliche Mitbestimmung

Die Normen für die Zusammenarbeit von Arbeitgeber und Betriebsrat werden durch das BetrVG gesetzt. Die Betriebsverfassung ist zwingendes Recht, allerdings sind gem. § 3 BetrVG durch Tarifvertrag oder Betriebsvereinbarung abweichende organisatorische Regelungen zulässig.[22] Auch eine Erweiterung und Verstärkung, nicht aber die Einschränkung der Beteiligungsrechte des Betriebsrats ist zulässig.[23]

---

16 Zu den Voraussetzung der Errichtung von Betriebsräten, vor allem der Mindestzahl von fünf ständig wahlberechtigten Arbeitnehmern, von denen drei wählbar sind, vgl. § 1 BetrVG.

17 *v. Hoyningen-Huene* in: Münch Hdb ArbR, § 212, Rn. 12.

18 Zu Einzelheiten *Franzen* in: GK BetrVG, § 1 BetrVG, Rn. 61ff (64).

19 Der Betrieb ist die organisatorische Einheit, innerhalb derer ein Arbeitgeber allein oder mit seinen Arbeitnehmern mit Hilfe von technischen und immateriellen Mitteln bestimmte arbeitstechnische Zwecke fortgesetzt verfolgt: *F/E/S/T/L*, BetrVG, § 1 BetrVG, Rn. 63.

20 *F/E/S/T/L*, BetrVG, § 1 BetrVG, Rn. 240.

21 *v. Hoyningen-Huene*, FS Kissel, S. 387, 390.

22 *Wiese* in: GK BetrVG, Einl., Rn. 104.

23 Vgl. zu Einzelheiten *Richardi* in: Richardi, BetrVG, Einl., Rn. 138ff.

a. Ziele und Verankerung der betrieblichen Mitbestimmung

Zu den Zwecken des Betriebsverfassungsrechts werden der Schutz der Arbeitnehmer, der Gedanke gleichberechtigter Teilhabe sowie der allgemeine Gedanke der betrieblichen Demokratie gezählt.[24] Die Leitidee des BetrVG ist es, den Arbeitnehmern in betrieblichen Entscheidungen, die ihr tägliches Dasein nachträglich gestalten, Mitwirkungsbefugnisse zu gewähren. Hierdurch wird gleichzeitig die Leitungsbefugnis des Arbeitgebers, also sein Direktionsrecht, in den gesetzlich vorgeschriebenen Fällen des BetrVG eingeschränkt.[25] Zudem findet aufgrund der Beteiligungsrechte des Betriebsrats eine Einschränkung der unternehmerischen Entscheidungsfreiheit des Arbeitgebers in dem Maße statt, in dem das BetrVG entsprechend seinem Zweck die Selbstbestimmungsrechte der Arbeitnehmer stärkt.[26]

Das Betriebsverfassungsrecht knüpft bezüglich der Beteiligungsrechte der Arbeitnehmer bzw. des sie repräsentierenden Betriebsrats zunächst an den Betrieb an. Die Beteiligungsrechte des Betriebsrats gem. BetrVG sind allerdings nicht auf den Betrieb beschränkt, sofern der Betrieb Teil eines Unternehmens oder eines Konzerns ist.[27] Dies zeigt sich bspw. daran, dass das BetrVG auf Unternehmensebene[28] die Bildung eines Gesamtbetriebsrats und eines Wirtschaftsausschusses, und auf Konzernebene die Bildung eines Konzernbetriebsrats vorsieht.[29] Die Betriebsverfassung ist deshalb keine Verfassung des Betriebs im Gegensatz zur „Unternehmensverfassung“, sondern vielmehr unter dem Aspekt der Arbeitnehmerbeteiligung ein Teil der „Unternehmensverfassung“.[30]

b. Vereinbarungen zwischen Arbeitgeber und Betriebsrat

Vereinbarungen zwischen Arbeitgeber und Betriebsrat auf betrieblicher Ebene können in Form der Betriebsvereinbarung oder der Regelungsabrede getroffen werden. Die Betriebsvereinbarung erzeugt unmittelbar Rechte und Pflichten

---

24 Ausführlich *Wiese* in: GK BetrVG, Einl., Rn. 71ff (79, 81). Zur betrieblichen Mitbestimmung als „institutionalisierte Vertragshilfe“ *Windbichler*, FS Zöllner, S. 999ff, die die betriebliche Mitbestimmung, insbesondere in Form der Betriebsvereinbarung, als ein Ergänzungsinstrument für den seiner Natur nach ausfüllungsbedürftigen Arbeitsvertrag betrachtet.

25 *v. Hoyningen-Huene*, BetrVR, § 1, Rn. 13.

26 *v. Hoyningen-Huene*, BetrVR, § 1, Rn. 19.

27 *Preis* in: Wlotzke/Preis/Kreft, BetrVG, § 1 BetrVG, Rn. 2.

28 Vgl. zum Begriff des Unternehmens *F/E/S/T/L*, BetrVG, § 1 BetrVG, Rn. 145: Das Unternehmen ist die organisatorische Einheit, mit der der Unternehmer seine wirtschaftlichen oder ideellen Zwecke verfolgt.

29 Zum Begriff des Konzerns und zu den Voraussetzungen der Errichtung eines Konzernbetriebsrats *Kreutz/Franzen* in: GK BetrVG, § 54 BetrVG, Rn. 8ff.

30 *Richardi* in: Richardi, BetrVG, § 1 BetrVG, Rn. 5.

zwischen Arbeitgeber und Arbeitnehmern, vgl. § 77 Abs. 4 S. 1 BetrVG, die – gesetzlich nicht geregelte – Regelungsabrede begründet als Vereinbarung i.S.v. § 77 Abs. 1 BetrVG nur Rechte und Pflichten zwischen den Betriebspartnern.[31]

Bei der Betriebsvereinbarung handelt es sich nach h.M. um einen privatrechtlichen kollektiven Normenvertrag.[32] Nach geläufiger Definition ist die Betriebsvereinbarung der schriftliche Vertrag zwischen Arbeitgeber und (Gesamt-, Konzern-) Betriebsrat zur Regelung von Rechten und Pflichten der Betriebspartner und zur Festlegung von Rechtsnormen über Inhalt, Abschluss[33] und Beendigung von Arbeitsverhältnissen sowie über betriebliche und betriebsverfassungsrechtliche Fragen.[34] Sie ist das häufigste und wichtigste Instrument der Ausübung von Mitbestimmungsrechten des Betriebsrats.[35] Gemeinsam mit dem Tarifvertrag sind der Betriebsvereinbarung der Charakter eines Normenvertrages und die Eigenschaft der normativen Wirkung.[36] Arbeitgeber und Betriebsrat stehen sich bei Verhandlung, Abschluss und der dem Arbeitgeber obliegenden Durchführung einer Betriebsvereinbarung als Parteien mit unterschiedlichen Interessen gegenüber. Sie haben aufgrund der ihnen verliehenen Betriebsautonomie, deren Grenzen noch nicht abschließend geklärt sind[37], die Kompetenz, betriebliche und betriebsverfassungsrechtliche Fragen sowie formelle und materielle Arbeitsbedingungen durch Betriebsvereinbarung zu regeln.[38] Eine bedeutende Schranke ergibt sich allerdings aus dem Tarifvorbehalt des § 77 Abs. 3 BetrVG, demzufolge Arbeitsentgelte und sonstige Arbeitsbedingungen, die durch Tarifvertrag geregelt sind oder üblicherweise geregelt werden, nicht Gegenstand einer Betriebsvereinbarung sein können.[39]

Bei einer Regelungsabrede, auch betriebliche Einigung oder Betriebsabsprache genannt, kann es sich um zwei Arten von Rechtsgeschäften handeln. Sie kann eine schuldrechtliche Vereinbarung zwischen Arbeitgeber und Betriebsrat

---

31 *Junker*, ArbR, § 10, Rn. 714.

32 *F/E/S/T/L*, BetrVG, § 77 BetrVG, Rn. 13; *Worzalla* in: *H/S/W/G/N*, BetrVG, § 77 BetrVG, Rn. 4ff.

33 Abschlussnormen kommen aber nur in bestimmtem Umfang, so als Wiedereinstellungsklauseln oder Auswahlrichtlinien gem. § 95 Abs. 1 BetrVG, in Betracht; vgl. hierzu *v. Hoyningen-Huene*, BetrVR, § 11, Rn. 41. Umstritten ist, ob sie mit normativer Wirkung festgelegt werden können; vgl. zum Meinungsstand *Kreutz* in: GK BetrVG, § 77 BetrVG, Rn. 205. Laut *Richardi* in: Richardi, BetrVG, § 77 BetrVG, Rn. 54f können Betriebsvereinbarungen Bestimmungen über Einstellungen, nicht aber über den Abschluss von Arbeitsverträgen, enthalten.

34 *Hromadka/Maschmann*, Koll ArbR, § 16, Rn. 354.

35 *Däubler*, ArbR, Rn. 927.

36 *Richardi* in: Richardi, BetrVG, § 77 BetrVG, Rn. 26, der die Tendenz in der Lehre und die Neigung des Gesetzgebers, die für den Tarifvertrag entwickelten Grundsätze auf die Betriebsvereinbarung anzuwenden, als kritisch betrachtet.

37 Vgl. hierzu *Kreutz*, Grenzen, S. 201ff.

38 Vgl. zu Einzelheiten *F/E/S/T/L*, BetrVG, § 77 BetrVG, Rn. 45ff.

39 Vgl. hierzu *v. Hoyningen-Huene*, BetrVR, § 11, Rn. 50.

ohne normative Wirkung oder die Zustimmung des Betriebsrats zu rechtsgeschäftlichen und tatsächlichen Maßnahmen des Arbeitgebers sein.[40]

Für die Zwecke des Rechtsvergleichs ist vorerst keine vertiefte Behandlung von Betriebsvereinbarungen und Regelungsabreden zwischen Arbeitgeber und Betriebsrat erforderlich. Festzuhalten ist deren Vereinbarungscharakter und die daraus folgende Einordnung als zweiseitiger Normenvertrag, der von den Vertragsparteien Arbeitgeber und Betriebsrat ausgehandelt wird. Diese vertreten hierbei typischerweise unterschiedliche Interessen.

c. Beteiligungsrechte des Betriebsrats

Die Beteiligungsrechte des Betriebsrats sind im vierten Teil des BetrVG geregelt, der die Mitwirkung und Mitbestimmung der betriebsverfassungsrechtlichen Repräsentanten der Arbeitnehmerschaft an der Betriebs- und Unternehmensleitung innerhalb der Betriebsverfassung[41] umschreibt. Die Rechte des Betriebsrats gegenüber dem Arbeitgeber sind sehr unterschiedlich ausgeprägt, wobei für die Gesamtheit dieser Rechte der Begriff der Beteiligung gebräuchlich ist.[42] Daher wird im Folgenden der Begriff „Beteiligungsrechte" verwendet, wenn von der Gesamtheit der im vierten Teil des BetrVG geregelten Rechte des Betriebsrats gegenüber dem Arbeitgeber die Rede ist.

Die Darstellung der wichtigsten Beteiligungsrechte des Betriebsrats in sozialen, personellen und wirtschaftlichen Angelegenheiten ermöglicht später einen Vergleich mit den Beteiligungsrechten der schwedischen Mitbestimmungsträger.[43]

(a) Systematik der Beteiligungsrechte des Betriebsrats

Die Beteiligungsrechte des Betriebsrats lassen sich unterschiedlich systematisieren, wobei hinsichtlich der Formen der Beteiligungsrechte im Wesentlichen Einigkeit besteht.[44] Im Folgenden wird der Darstellung die Einteilung *v. Hoyningen-Huenes*[45] zugrunde gelegt.[46]

---

40 *Hromadka/Maschmann*, Koll ArbR, § 16, Rn. 414.

41 *Richardi* in: Richardi, BetrVG, Vorbem. 4. Teil, Rn. 1.

42 *F/E/S/T/L*, BetrVG, § 1 BetrVG, Rn. 242.

43 Zu Zwecken des Rechtsvergleichs hält dies auch *Rebhahn*, Collective Labour Law, S. 107, 127 für sinnvoll.

44 *Franzen* in GK BetrVG, § 1 BetrVG, Rn. 66.

45 *v. Hoyningen-Huene*, BetrVR, § 11, Rn. 1 ff; vgl. zu einer Übersicht über die Stufen der Beteiligungsrechte *Junker*, ArbR, § 10, Rn. 703.

46 Ausführlich zu den Formen der Beteiligung des Betriebsrats *Richardi* in: Richardi, BetrVG, Vorbem. 4. Teil, Rn. 21ff.

1. Unterste Stufe der Beteiligungsrechte des Betriebsrats sind Unterrichtungs- und Informationsrechte. Hierbei kann man zwischen eigenständigen (bspw. § 80 Abs. 2 BetrVG, allgemeines Informationsrecht des Betriebsrats) und vorgeschalteten, also die Grundlage für weitergehende Beteiligungsrechte bildenden Unterrichtungsrechten[47] (bspw. 99 Abs. 1 S. 1 HS 1 BetrVG, Unterrichtung des Betriebsrats bei personellen Einzelmaßnahmen), unterscheiden.

2. Nächst höhere Stufe der Beteiligungsrechte des Betriebsrats sind Anhörungsrechte gegenüber dem Arbeitgeber (bspw. § 102 Abs.1 S. 1 BetrVG, Anhörung des Betriebsrats vor Kündigungen). Diese sind Mitwirkungsrechte im eigentlichen Sinne, da der Arbeitgeber die Meinung des Betriebsrats zur Kenntnis nehmen und sich anschließend mit dessen Anregungen und Einwendungen auseinandersetzen muss.[48] Teilweise sind die Anhörungsrechte des Betriebsrats als Vorschlagsrechte ausgestaltet (bspw. § 92 Abs.2 BetrVG, Personalplanung).

3. Beratungsrechte des Betriebsrats geben diesem ein im Vergleich zu den Anhörungsrechten verstärktes Mitbestimmungsrecht. Der Unterschied zu den Anhörungsrechten besteht darin, dass der Arbeitgeber den Verhandlungsgegenstand gemeinsam mit dem Betriebsrat beraten muss, und er die wechselseitigen Gründe für bzw. gegen die eine oder andere Entscheidung mit ihm abzuwägen hat. Es ist auch der Arbeitgeber, der die Initiative zu Beratungen mit dem Betriebsrat ergreifen muss.[49] In der Praxis verschwimmen die Unterschiede zwischen Anhörung und Beratung.[50] Der Betriebsrat hat gem. § 74 Abs. 1 BetrVG ein allgemeines Beratungsrecht gegenüber dem Arbeitgeber. Spezielle Beratungsrechte sind bspw. in § 90 Abs. 2 BetrVG (Beratungsrecht bezüglich bestimmter Planungsmaßnahmen), § 106 Abs. 1 S. 2 BetrVG (Beratungsrecht des Wirtschaftsausschusses bezüglich wirtschaftlicher Angelegenheiten), oder § 111 S. 1 BetrVG (Beratungsrecht bei Betriebsänderungen) geregelt.

Gemeinsam ist den Informations-, Anhörungs-, und Beratungsrechten des Betriebsrats, dass das Entscheidungsrecht bezüglich einer dann evtl. folgenden Entscheidung immer beim Arbeitgeber bleibt.

---

47 *Koch* in: Schaub, Arbeitsrechtshandbuch, § 230, Rn. 2; vgl. zu einer Auflistung der im BetrVG geregelten Informationsrechte *v. Hoyningen-Huene*, BetrVR, § 11, Rn. 3.

48 *v. Hoyningen-Huene*, BetrVR, § 11, Rn. 4.

49 *Richardi* in: Richardi, BetrVG, Vorbem. 4. Teil, Rn. 26.

50 *Junker*, ArbR, § 10, Rn. 700.

4. Im Vergleich zu den Informations-, Anhörungs-, und Beratungsrechten verstärkte Beteiligungsrechte des Betriebsrats sind dessen Widerspruchs- und Vetorechte. Hier sind vor allem zwei Tatbestände relevant:
   Gem. § 99 Abs. 2 BetrVG kann der Betriebsrat bei einer personellen Einzelmaßnahme des Arbeitgebers unter den dort genannten Voraussetzungen seine Zustimmung verweigern.
   Das neben § 99 Abs. 2 BetrVG vor allem relevante Widerspruchsrecht des Betriebsrats bei Kündigungen (vgl. § 102 Abs. 3 BetrVG) hat – sofern es ausgeübt wird – keinen Einfluss auf die Wirksamkeit der arbeitgeberseitigen Entscheidung, sondern kann (nur) zu einer begrenzten Weiterbeschäftigungspflicht des Arbeitgebers führen.[51]

5. Das Zustimmungsrecht des Betriebsrats bei personellen Einzelmaßnahmen, § 99 BetrVG, ist vor allem als Zustimmungsverweigerungsrecht aus bestimmten Gründen bedeutsam (vgl. eben 4.). Verweigert der Betriebsrat die Zustimmung zu einer personellen Einzelmaßnahme, so kann der Arbeitgeber die Maßnahme nicht ohne weiteres durchführen, bzw. bei erfolgter Durchführung kann die Maßnahme später auch aufgehoben werden.[52]

6. Die stärkste Form der Beteiligungsrechte des Betriebsrats sind die Mitbestimmungsrechte im engeren Sinn, die eine gleichberechtigte Beteiligung des Betriebsrats an Entscheidungen des Arbeitgebers bedeuten, weshalb sie auch als „echte Mitbestimmungsrechte" bezeichnet werden.[53] Der Arbeitgeber kann in diesen Fällen nicht einseitig Entscheidungen treffen, vielmehr bedarf es zur Wirksamkeit der vom Arbeitgeber gewollten Maßnahme des Einverständnisses des Betriebsrats. Am bedeutendsten im Rahmen dieser „echten" Mitbestimmungsrechte sind die Tatbestände des § 87 BetrVG, die die Mitbestimmung des Betriebsrats in sozialen Angelegenheiten regeln. In diesen hat der Betriebsrat auch ein Initiativrecht, d.h. er kann selber Vorschläge machen, die Initiative ergreifen und von sich aus eine Entscheidung verlangen.[54] Auch bspw. bei der Aufstellung von Sozialplänen im Falle von Betriebsänderungen ist dem Betriebsrat gem. § 112 BetrVG ein erzwingbares Mitbestimmungsrecht eingeräumt.

Im Folgenden werden die wichtigsten Beteiligungsrechte des Betriebsrats in sozialen, personellen und wirtschaftlichen Angelegenheiten sowie die Gestaltung

---

51 Vgl. zu Einzelheiten *Schlochauer* in: H/S/W/G/N, BetrVG, § 102 BetrVG, Rn. 151.

52 Vgl. zu Einzelheiten *Thüsing* in: Richardi, BetrVG, § 100 BetrVG, Rn. 44ff.

53 *F/E/S/T/L*, BetrVG, § 1 BetrVG, Rn. 242; *v. Hoyningen-Huene*, BetrVR, § 11, Rn. 8.

54 Eine Aufzählung aller Tatbestände der erzwingbaren Mitbestimmung und der Fälle, in denen der Betriebsrat auch ein Initiativrecht hat, findet sich bei *F/E/S/T/L*, BetrVG, § 1 BetrVG, Rn. 243.

von Arbeitsplatz, Arbeitsablauf und Arbeitsumgebung dargestellt. Die einzelnen Beteiligungsrechte können indes rechtlich[55] und betriebswirtschaftlich[56] nicht immer scharf abgegrenzt werden.

(b) Beteiligungsrechte in sozialen Angelegenheiten

In den §§ 87 – 89 BetrVG ist die Mitbestimmung des Betriebsrats in sozialen Angelegenheiten geregelt. Mit sozialen Angelegenheiten sind alle Arbeitsbedingungen im weitesten Sinne gemeint.[57] Die Beteiligungsrechte des Betriebsrats sind in sozialen Angelegenheiten am stärksten ausgeprägt. Wie bereits angesprochen, hat der Betriebsrat in den Angelegenheiten des § 87 BetrVG erzwingbare Mitbestimmungsrechte gegenüber dem Arbeitgeber. Dieser kann Entscheidungen dann nicht ohne den Betriebsrat treffen, der Betriebsrat kann Entscheidungen aber auch nicht ohne den Arbeitgeber treffen. Diese Form der Mitbestimmung wird daher als *positives Konsensprinzip* bezeichnet.[58] Die Mitbestimmungsrechte des § 87 BetrVG sind nicht nur im Bereich der sozialen Angelegenheiten, sondern für das Betriebsverhältnis insgesamt von größter praktischer Bedeutung. Sie bilden den Kernbereich der Mitbestimmung der Arbeitnehmer nach dem BetrVG.[59] Zweck des § 87 BetrVG ist der Schutz der Arbeitnehmer vor einseitigen Anordnungen des Arbeitgebers im Wege des Direktionsrechts durch gleichberechtigte Teilhabe des Betriebsrats an Entscheidungen, die die Arbeitnehmer betreffen.[60] Zudem erhält der Betriebsrat eine betriebliche Mitgestaltungsaufgabe in den betreffenden sozialen Angelegenheiten.[61] Beispielweise das Mitbestimmungsrecht des Betriebsrats in Fragen der Ordnung des Betriebs und des Verhaltens der Arbeitnehmer im Betrieb (Nr. 1), des Beginns und des Endes der täglichen Arbeitszeit (Nr. 2), der vorübergehenden Verkürzung oder Verlängerung der betriebsüblichen Arbeitszeit (Nr. 3), der betrieblichen Lohngestaltung (Nr. 10) oder der Festsetzung von Akkord- und Prämiensätzen und vergleichbarer leistungsbezogener Entgelte (Nr. 11) verdeutlicht, dass die Beteiligungsrechte des Betriebsrats im Rahmen unternehmerischen Handelns des Arbeitgebers bzw. Arbeitgeberunternehmens erhebliche Auswirkungen haben können[62], weshalb sie hinsichtlich Zeit, Kosten und Ergebnissen in dieses eingeplant

---

55 Insbesondere mit Blick auf die „wirtschaftliche Kernsubstanz" einzelner personeller bzw. sozialer Angelegenheiten *Badura/Rittner/Rüthers*, Gemeinschaftsgutachten, S. 116.

56 *Windbichler*, FS Schwark, S. 805, 810.

57 *Matthes* in: Münch Hdb ArbR, § 242, Rn. 1.

58 *Richardi* in: Richardi, BetrVG, § 87 BetrVG, Rn. 6.

59 *Kania* in: Erf Komm ArbR, § 87 BetrVG, Rn. 1.

60 *Bender* in: Wlotzke/Preis/Kreft, BetrVG, § 87 BetrVG, Rn. 1.

61 *v. Hoyningen-Huene*, BetrVR, § 11, Rn. 8.

62 *v. Hoyningen-Huene* in: Münch Hdb ArbR (2. Aufl. 2000), § 297, Rn. 39; *Rebhahn*, Collective Labour Law, S. 130. So hat bspw. das LAG Niedersachsen (LAGE, § 87

werden müssen[63]. Laut Bundesarbeitsgericht (**BAG**) stehen Mitbestimmungsrechte des Betriebsrats auch nicht unter dem allgemeinen Vorbehalt, dass durch sie nicht in die unternehmerische Freiheit eingegriffen werden dürfe.[64] Aufgrund des Initiativrechts des Betriebsrats im Rahmen des § 87 BetrVG kann dieser von sich aus die Initiative zur Regelung von mitbestimmungspflichtigen Angelegenheiten ergreifen und muss hiermit nicht warten, bis der Arbeitgeber eine Regelung vorschlägt.[65] Die Mitbestimmungsrechte des Betriebsrats sind über die Einigungsstelle erzwingbar (erzwingbare Mitbestimmung, vgl. § 76 Abs. 5 BetrVG), die Entscheidung der Einigungsstelle ist gem. § 87 Abs. 2 BetrVG für beide Seiten bindend.[66] Dies bedeutet für den Arbeitgeber, dass er einen Vorschlag des Betriebsrats nicht einfach ignorieren kann – er muss sich mit ihm zusammensetzen, um gemeinsam eine Regelung zu finden oder die Einigungsstelle entscheiden lassen. Die Angelegenheiten des § 87 Abs. 1 BetrVG haben mit Ausnahme der Nrn. 5 u. 9 einen kollektiven Bezug, weshalb der Betriebsrat in diesen nur ein Mitbestimmungsrecht in kollektiven Angelegenheiten, nicht aber in Einzelfällen hat.[67]

Durch freiwillige Betriebsvereinbarung gem. § 88 BetrVG, die vom Betriebsrat nicht mittels der Einigungsstelle erzwungen werden kann, können im Rahmen der Regelungsbefugnis der Betriebspartner grundsätzlich alle nicht unter § 87 BetrVG fallenden sozialen Angelegenheiten geregelt werden.[68]

(c) Gestaltung von Arbeitsplatz, Arbeitsablauf und Arbeitsumgebung

Die im vierten Abschnitt des BetrVG geregelten Beteiligungsrechte des Betriebsrats bei der Gestaltung von Arbeitsplatz, Arbeitsablauf und Arbeitsumgebung zählen im weitesten Sinne zu den Arbeitsbedingungen und damit zu den sozialen Angelegenheiten.[69] In § 90 BetrVG sind Unterrichtungs- und Beratungsrechte des Betriebsrats in Bezug auf Planungsmaßnahmen des Arbeitgebers

---

BetrVG Initiativrecht Nr. 4 mit krit. Anmerkung *Rüthers/Ruoff*) dem Betriebsrat eines Unternehmens der Textilbranche das Recht eingeräumt, im Rahmen des § 87 Abs. 1 Nr. 10 BetrVG die Arbeitgeberin auf seine Initiative hin zu zwingen, vom Zeitlohn zum Prämienlohn überzugehen, auch wenn dadurch gegen den Willen der Arbeitgeberin die Produktion oder die aufzubringende Lohnhöhe erhöht wurde. Zu unternehmerisch-wirtschaftlichen Bezügen der Tatbestände Nr. 3, 6, 8, 10, 11 eindringlich *Badura/Rittner/Rüthers*, Gemeinschaftsgutachten, S. 117ff.

63 *Windbichler*, FS Schwark S. 807, 810.

64 BAG, Beschluss vom 31.08.1982 = AP Nr. 8 zu § 87 BetrVG 1972 (Kaufhaus-Entscheidung).

65 *F/E/S/T/L*, BetrVG, § 87 BetrVG, Rn. 583f.

66 Vgl. zu Einzelheiten *v. Hoyningen-Huene*, BetrVR, § 11, Rn. 8.

67 *F/E/S/T/L*, BetrVG, § 87 BetrVG, Rn. 14ff mwN.

68 Vgl. zu Einzelheiten *Wiese* in: GK BetrVG, § 88 BetrVG, Rn. 7ff.

69 *Richardi* in: Richardi, BetrVG, Vorbem. 4. Teil, Rn. 6.

wie Neu-, Um- und Erweiterungsbauten von Fabrikations-, Verwaltungs- und sonstigen betrieblichen Räumen (Nr. 1), technischen Anlagen (Nr. 2), Arbeitsverfahren und Arbeitsabläufen (Nr. 3) sowie Arbeitsplätzen (Nr. 4) geregelt. § 90 Abs. 2 BetrVG gibt dem Betriebsrat ein Beratungsrecht bezüglich der vorgesehenen Maßnahmen und ihrer Auswirkungen auf die Arbeitnehmer.

Gem. § 91 BetrVG hat der Betriebsrat ein erzwingbares Mitbestimmungsrecht bei für die Arbeitnehmer besonders belastenden Maßnahmen, dem entsprechend er angemessene Maßnahmen des Arbeitgebers zur Abwendung, Milderung oder zum Ausgleich der Belastung verlangen kann.

Die §§ 90, 91 BetrVG verfolgen den Zweck, berechtigte Belange der Arbeitnehmer hinsichtlich der Auswirkungen von Veränderungen und Umgestaltungen der sie betreffenden Arbeitsprozesse zu berücksichtigen und arbeitswissenschaftliche Erkenntnisse über die menschengerechte Gestaltung der Arbeit einzubeziehen.[70]

(d) Beteiligungsrechte in personellen Angelegenheiten

Die Beteiligungsrechte des Betriebsrats in personellen Angelegenheiten sind im 5. Abschnitt des BetrVG (§§ 92 – 105 BetrVG) geregelt. Der Betriebsrat hat Beteiligungsrechte in allgemeinen personellen Angelegenheiten (§§ 92 – 95 BetrVG), bei der Berufsbildung (§§ 96 – 98 BetrVG) sowie bei personellen Einzelmaßnahmen (§§ 99 – 104 BetrVG). Zweck der Beteiligungsrechte in personellen Angelegenheiten ist die Arbeitsplatzsicherung sowie die Berücksichtigung der Interessen der Arbeitnehmer bei der Personalauswahl.[71]

Bezüglich der Personalplanung hat der Betriebsrat gem. § 92 BetrVG ein Unterrichtungsrecht gegenüber dem Arbeitgeber, insbesondere über den gegenwärtigen und künftigen Personalbedarf sowie über die sich daraus ergebenden personellen Maßnahmen und Maßnahmen der Berufsbildung. Zweck des § 92 BetrVG ist die rechtzeitige und umfassende Unterrichtung des Betriebsrats über solche Planungen im Personalbereich, die zu mitbestimmungspflichtigen personellen Einzelmaßnahmen oder Bildungsmaßnahmen führen können.[72] Gem. § 95 Abs. 1 BetrVG hat der Betriebsrat ein erzwingbares Mitbestimmungsrecht be-

---

70 *Rose* in: H/S/W/G/N, BetrVG, Vorbem. §§ 90, 91 BetrVG, Rn. 1.

71 *Thüsing* in: Richardi, BetrVG, Vor § 92 BetrVG, Rn. 6. Eine Auflistung von personellen Angelegenheiten, in denen die Beteiligungsrechte des Betriebsrats Auswirkungen auf das unternehmerische Handeln haben können, findet sich bei *v. Hoyningen-Huene* in: Münch Hdb ArbR (2. Aufl. 2000), § 297, Rn. 39.

72 *Raab* in: GK BetrVG, § 92 BetrVG, Rn. 8; *Badura/Rittner/Rüthers*, Gemeinschaftsgutachten, S. 123, sind der Ansicht, die Ermittlung des Personalbedarfs sei eindeutig eine unternehmenspolitische Aufgabe. Zudem fielen bei der Personalplanung notwendige Vorausentscheidungen für unternehmenspolitisch wichtige Mitbestimmungstatbestände wie bspw. Betriebsänderungen, weshalb die Personalplanung als Element unternehmerischer Mitbestimmung im BetrVG gewertet wird.

züglich Richtlinien über die personelle Auswahl bei Einstellungen, Versetzungen, Umgruppierungen und Kündigungen. In Betrieben mit mehr als 500 Arbeitnehmern kann der Betriebsrat gem. § 95 Abs. 2 BetrVG die Aufstellung von Richtlinien über die bei Maßnahmen des Absatzes 1 zu beachtenden fachlichen und persönlichen Voraussetzungen und sozialen Gesichtspunkte verlangen. § 95 BetrVG bezweckt die Objektivierung personeller Maßnahmen und soll sie für die Betroffenen durchschaubar machen.[73] Eine bedeutende Rolle spielen mittlerweile Richtlinien nach § 95 Abs. 1, 2 BetrVG über die soziale Auswahl bei betriebsbedingten Kündigungen.[74] § 95 BetrVG gibt dem Betriebsrat aufgrund seiner Ausgestaltung als erzwingbares Mitbestimmungs- und Initiativrecht das stärkste Beteiligungsrecht im Bereich der allgemeinen personellen Angelegenheiten.[75] Gerade in Unternehmen mit mehr als 500 Arbeitnehmern kann der Betriebsrat aufgrund der Regelung des § 95 Abs. 2 die unternehmerische Personalwirtschaft daher erheblich beeinflussen.[76]

Auch bei personellen Einzelmaßnahmen hat der Betriebsrat Beteiligungsrechte gegenüber dem Arbeitgeber. Typische Beispiele personeller Einzelmaßnahmen sind Einstellungen und Versetzungen, §§ 99 ff BetrVG sowie Kündigungen, § 102 f BetrVG. Der Arbeitgeber hat in Unternehmen mit in der Regel mehr als 20 wahlberechtigten Arbeitnehmern dem Betriebsrat gem. § 99 BetrVG Auskunft über die Auswirkungen einer geplanten Einstellung, Eingruppierung, Umgruppierung und Versetzung zu geben und die Zustimmung des Betriebsrats zu der geplanten Maßnahme einzuholen. Bei dem Beteiligungsrecht des Betriebsrats handelt es sich also um ein zweistufig ausgestaltetes Beteiligungsrecht. Der Betriebsrat hat zunächst ein Auskunftsrecht gegenüber dem Arbeitgeber, und er kann die Zustimmung zu der geplanten Maßnahme des Arbeitgebers aufgrund der in § 99 Abs. 2 genannten Gründe verweigern. Das Zustimmungs(-verweigerungs)recht gem. § 99 BetrVG soll dem Betriebsrat Einfluss auf die soziale Struktur der Belegschaft geben[77], und diese soll geschützt werden[78].

Die Beteiligungsrechte des Betriebsrats bei der Personalplanung und der Aufstellung von Auswahlrichtlinien sowie bei personellen Einzelmaßnahmen zeigen, dass die Beteiligungsrechte des Betriebsrats auch in personellen Angelegenheiten Auswirkungen auf das unternehmerische Handeln des Arbeitgebers haben können.[79]

---

73 *Hromadka/Maschmann*, Koll ArbR, § 16, Rn. 514.

74 *Junker*, ArbR, § 10, Rn. 759.

75 *Thüsing* in: Richardi, BetrVG, § 95 BetrVG, Rn. 1.

76 *Erdmann*, RdA 1976, S. 87, 88. Dieser bezieht sich zwar noch auf die damals bestehende Grenze von 1000 Arbeitnehmern, an der Grundwertung der Aussage dürfte sich jedoch auch nach Herabsenkung der Arbeitnehmerzahl auf 500 nichts geändert haben.

77 *v. Hoyningen-Huene*, BetrVR, § 14, Rn. 26.

78 *Raab* in: GK BetrVG, § 99 BetrVG, Rn. 6.

79 *v. Hoyningen-Huene* in: Münch Hdb ArbR (2. Aufl. 2000), § 297, Rn. 39.

Gem. § 102 Abs. 1 BetrVG ist der Betriebsrat vor jeder Kündigung zu hören, und der Arbeitgeber hat diesem die Gründe für die Kündigung mitzuteilen. Wurde eine Kündigung ohne Anhörung des Betriebsrats ausgesprochen, ist diese unwirksam (S. 3). Der Betriebsrat kann gem. Abs. 2 Bedenken gegen die Kündigung geltend machen und der Kündigung aus den in Abs. 3 genannten Gründen widersprechen. Dies kann dann zu einer Weiterbeschäftigungspflicht des Arbeitgebers führen, vgl. § 102 Abs. 5 BetrVG. Die Beteiligung des Betriebsrats bei Kündigungen hat ihren Sinn darin, im Vorfeld der Kündigung auf den Willensbildungsprozess des Arbeitgebers einzuwirken, damit es ggf. gar nicht erst zu einer Kündigung kommt.[80]

(e) Beteiligungsrechte in wirtschaftlichen Angelegenheiten

Die Beteiligungsrechte des Betriebsrats in wirtschaftlichen Angelegenheiten sind in den §§ 106 – 113 BetrVG geregelt. In den §§ 106 – 110 BetrVG finden sich Regelungen zum Wirtschaftsausschuss, die §§ 111 – 113 BetrVG legen Beteiligungsrechte des Betriebsrats bei Betriebsänderungen fest.

In den §§ 106 ff BetrVG wird, im Gegensatz zu den Abschnitten davor, das Unternehmen anstelle des Arbeitgebers zur Zuordnungsebene, ohne dass sich hieraus rechtliche Konsequenzen ergeben.[81]

i. Wirtschaftsausschuss

Beteiligungsrechte in wirtschaftlichen Angelegenheiten nimmt in Unternehmen mit mehr als 100 Arbeitnehmern der vom Betriebsrat zu bildende Wirtschaftsausschuss wahr, vgl. § 106 Abs. 1 S. 1 BetrVG.[82] Er hat gem. § 106 Abs. 2 S. 2 BetrVG die Aufgabe, wirtschaftliche Angelegenheiten mit dem Unternehmer zu beraten und den Betriebsrat zu unterrichten. Der Unternehmer hat den Wirtschaftsausschuss zu diesem Zweck gem. § 106 Abs. 2 BetrVG rechtzeitig und umfassend über die wirtschaftlichen Angelegenheiten des Unternehmens unter Vorlage der erforderlichen Unterlagen zu unterrichten, soweit dadurch nicht die Betriebs- und Geschäftsgeheimnisse des Unternehmens gefährdet werden sowie die sich daraus ergebenden Auswirkungen auf die Personalplanung darzustellen.

---

80 *Raab* in: GK BetrVG, § 102 BetrVG, Rn. 3.

81 *Richardi* in: Richardi, BetrVG, § 1 BetrVG, Rn. 51: „Bereits die Gleichsetzung mit dem Arbeitgeber zeigt, dass mit dem Unternehmensbegriff der gesamte geschäftliche Tätigkeitsbereich des Arbeitgebers gemeint ist."

82 Die Zusammensetzung des Wirtschaftsausschusses ist in § 107 Abs. 1 BetrVG geregelt. Allerdings kann der Betriebsrat gem. § 107 Abs. 3 BetrVG mit der Mehrheit der Stimmen seiner Mitglieder auch beschließen, die Aufgaben des Wirtschaftsausschusses einem Ausschuss des Betriebsrats zu übertragen.

Der Wirtschaftsausschuss ist ein beratendes Organ der Betriebsverfassung, das unabhängig von der Zahl der Betriebe und Betriebsräte auf Unternehmensebene zu errichten ist.[83] Er ist ein Hilfsorgan des Betriebsrats[84] und als solches kein Organ der Unternehmensverfassung, sondern der Betriebsverfassung[85]. Die Aufgabe des Wirtschaftsausschusses ist es, die Zusammenarbeit und Information zwischen Unternehmer und Betriebsrat in wirtschaftlichen Angelegenheiten zu fördern. Hierbei sollen Fragen der Unternehmenspolitik frühzeitig abgesprochen und geklärt werden, bevor aufgrund konkreter Planung die Unterrichtungs- und Beratungsrechte des Betriebsrats einsetzen.[86] Der Wirtschaftsausschuss hat somit umfassende Unterrichtungs- und Beratungsrechte gegenüber dem Arbeitgeber, nicht aber Mitbestimmungsrechte bezüglich der wirtschaftlichen Angelegenheiten des Unternehmens. Diese werden allein durch den Betriebsrat wahrgenommen, wie die Vorschriften zu Betriebsänderungen (§§ 111 ff BetrVG, hierzu im nächsten Abschnitt) zeigen.

§ 106 Abs. 3 BetrVG enthält einen Katalog der wirtschaftlichen Angelegenheiten, über die der Unternehmer den Wirtschaftsausschuss zu unterrichten hat. Bei diesen handelt es sich nach h.M. um eine beispielhafte Aufzählung, wie sich aus dem Wort „insbesondere" im Einleitungssatz ergibt.[87] Der Unternehmer hat den Wirtschaftsausschuss u.a. zu unterrichten über die wirtschaftliche und finanzielle Lage des Unternehmens (Nr. 1), die Produktions- und Absatzlage (Nr. 2), Rationalisierungsvorhaben (Nr. 4), die Einschränkung oder Stilllegung von Betrieben oder Betriebsteilen (Nr. 6) und deren Verlegung (Nr. 7). Gem. § 106 Abs. 3 Nr. 10 ist der Wirtschaftsausschuss auch über sonstige Vorgänge und Vorhaben zu unterrichten, welche die Interessen der Arbeitnehmer des Unternehmens wesentlich berühren können. Mit dieser Generalklausel sind alle nicht von den Nrn. 1 – 9 erfassten Angelegenheiten gemeint, die für das wirtschaftliche Leben des Unternehmens von Bedeutung sind.[88] Hierbei handelt es sich bspw. um Rechtsgeschäfte, die die gesellschaftsrechtlichen Grundlagen des Unternehmens betreffen.[89] Nach h.M. erstreckt sich die Unterrichtungspflicht des

---

83 *v. Hoyningen-Huene*, BetrVR, § 6, Rn. 48. Dieser erachtet die Institution des Wirtschaftsausschusses, da zum Unternehmen gehörend, als im BetrVG rechtssystematisch verfehlt geregelt; vgl. ders., § 1, Rn. 15.

84 *Däubler* in: DKK, BetrVG, § 106 BetrVG, Rn. 2.

85 *Annuß* in: Richardi, BetrVG, § 106 BetrVG, Rn. 4.

86 *F/E/S/T/L*, BetrVG, § 106 BetrVG, Rn. 23.

87 *F/E/S/T/L*, BetrVG, § 106 BetrVG, Rn. 48; *Hess* in: H/S/W/G/N, BetrVG, § 106 BetrVG, Rn. 32.

88 *Oetker* in: GK BetrVG, § 106 BetrVG, Rn. 88.

89 Hierzu und zu weiteren Beispielen *Oetker* in: GK BetrVG, § 106 BetrVG, Rn. 89ff.

Arbeitgebers allerdings nicht auf Angelegenheiten der laufenden Geschäftsführung.[90]

Die umfassende Informationsverpflichtung des Unternehmers gegenüber dem Wirtschaftsausschuss bezüglich wirtschaftlicher Angelegenheiten, die das Unternehmen – und nicht etwa den einzelnen Betrieb – betreffen, macht den Bezug der Betriebsverfassung auch zur Unternehmensebene deutlich. So wird im Zusammenhang mit den Überschneidungen zwischen der Mitbestimmung der Arbeitnehmer auf Betriebs- und Unternehmensebene auf die Unterrichtungspflichten des Arbeitgebers gegenüber dem Wirtschaftsausschuss zurückzukommen sein, da es hier Überschneidungen mit den Unterrichtungspflichten des Vorstands gibt: Die Berichtspflicht des Vorstands gegenüber dem (mitbestimmten) Aufsichtsrat einer AG gem. § 90 AktG deckt sich weitgehend mit der Unterrichtungspflicht des Unternehmers (also des das Arbeitgeberunternehmen vertretenden Vorstands) gegenüber dem Wirtschaftsausschuss.[91]

ii. Betriebsänderungen

Die §§ 111 ff BetrVG regeln Beteiligungsrechte des Betriebsrats anlässlich von Betriebsänderungen, die wesentliche Nachteile für die Arbeitnehmer zur Folge haben können. Der Betriebsrat hat in Unternehmen mit mehr als 20 Arbeitnehmern bezüglich der geplanten Betriebsänderung, bspw. der Stilllegung oder Verlegung des Betriebs[92], zunächst ein Informations- und Beratungsrecht gegenüber dem Arbeitgeber. Daraufhin soll ein Interessenausgleich zwischen Arbeitgeber und Betriebsrat, der die unternehmerisch-wirtschaftliche Entscheidung über die Betriebsänderung als solche (das „Ob", „Wie" und „Wann") betrifft, erfolgen (§ 112 Abs. 1 S. 1 BetrVG).[93] Weiter ist gem. § 112 Abs. 1 S. 2 BetrVG ein Sozialplan zwischen Arbeitgeber und Betriebsrat abzuschließen. Im Unterschied zum Interessenausgleich, der wirtschaftliche Nachteile für die Arbeitnehmer verhindern soll, sollen durch den Sozialplan für die Arbeitnehmer entstehende wirtschaftliche Nachteile ausgeglichen oder abgemildert werden.[94] Im Falle der Nichteinigung über den Sozialplan entscheidet die Einigungsstelle im Wege der erzwingbaren Mitbestimmung, § 112 Abs. 4 BetrVG.[95] Für den Interessenaus-

---

90 *Willemsen/Lembke* in: H/W/K, ArbR Komm, § 106 BetrVG, Rn. 38; *Kania* in: Erf Komm ArbR, § 106 BetrVG, Rn. 7; *Däubler* in: DKK, BetrVG, § 106 BetrVG, Rn. 62a.

91 *Ulmer* in: U/H/H, MitbestR, Einl. MitbestG, Rn. 54.

92 Vgl. die in § 111 S. 3 BetrVG aufgezählten Fälle.

93 *Hess* in: H/S/W/G/N, BetrVG, § 112 BetrVG, Rn. 2.

94 *Annuß* in: Richardi, BetrVG, § 112 BetrVG, Rn. 51 mwN.

95 Gem. § 112 Abs. 4 S. 2 BetrVG ersetzt die Entscheidung der Einigungsstelle die Einigung zwischen Arbeitgeber und Betriebsrat. Die Einigungsstelle wird in diesem Falle auf Antrag einer Seite tätig, vgl. § 76 Abs. 5 BetrVG.

gleich ordnet das Gesetz diese Rechtsfolge nicht an.[96] Dies bedeutet, dass nur der Sozialplan, nicht aber auch der Interessenausgleich, vom Betriebsrat erzwungen werden kann. Das Gesetz lässt also bezüglich der unternehmerischen Entscheidung über die Betriebsänderung als solche die unternehmerische Entscheidungsfreiheit formal unangetastet.

§ 113 BetrVG regelt den Nachteilsausgleich der Arbeitnehmer für den Fall, dass der Unternehmer ohne zwingenden Grund von einem Interessenausgleich über die geplante Betriebsänderung abweicht, oder er eine Betriebsänderung durchführt, ohne über sie einen Interessenausgleich mit dem Betriebsrat versucht zu haben, und infolge dessen Arbeitnehmer entlassen werden oder andere wirtschaftliche Nachteile erleiden. § 113 BetrVG verfolgt einen Kompensations- und einen Sanktionszweck.[97] Der Arbeitgeber muss sich anlässlich seiner Entscheidung über die Betriebsänderung nicht mit dem Betriebsrat auseinandersetzen. Trotz dieser Freiheit in der unternehmerischen Entscheidung wird er aber aufgrund der anderenfalls auf ihn zukommenden Nachteilsausgleichszahlungen dazu angehalten sein, mit dem Betriebsrat über einen Interessenausgleich zu verhandeln.

Das Gesetz trennt Interessenausgleichs- und Sozialplanverhandlungen streng[98], da der Interessenausgleich im Gegensatz zum Sozialplan aufgrund der zwingenden Unternehmerfreiheit nicht erzwingbar ist. Die gemeinsame Verhandlung von Interessenausgleich und Sozialplan ist aber zulässig[99], in der Praxis werden die Verhandlungen auch vielfach verbunden[100]. Verhandlungen zwischen Arbeitgeber und Betriebsrat können – zumindest in international tätigen Konzernen – bis zum Ausspruch von Kündigungen durchaus 18 Monate dauern.[101] Diese Tatsache ist für den Rechtsvergleich von Bedeutung, da entsprechende Verfahren in Schweden wesentlich schneller abgeschlossen sind.[102]

Im Falle von Betriebsänderungen kann es, wie auch im Falle von Unterrichtungsrechten des Wirtschaftsausschusses, zu Überschneidungen mit der Arbeitnehmermitbestimmung auf Unternehmensebene kommen. Dies gilt, wenn Vorgänge, die gem. §§ 111, 112 BetrVG eine Mitwirkungspflicht des Betriebsrats vorsehen, auch im mitbestimmten Aufsichtsrat des betreffenden Unternehmens behandelt werden, da sie gem. § 111 Abs. 4 S. 2 AktG an dessen Zustimmung gebunden sind.[103] Auf die Problematik ist später näher einzugehen. In der Litera-

---

96 Zur Rechtsnatur des Interessenausgleichs *Oetker* in: GK BetrVG, § 112, 112a BetrVG, Rn. 67ff.

97 BAG, Urteil vom 13.6.1989 = AP Nr. 19 zu § 113 BetrVG 1972.

98 *Hess* in: H/S/W/G/N, § 112 BetrVG, Rn. 1.

99 BAG, Urteil vom 20.4.1994 – 10 AZR 186/93 = AP Nr. 27 zu § 113 BetrVG 1972.

100 *F/E/S/T/L*, BetrVG, § 112, 112a BetrVG, Rn. 2.

101 *Säcker*, AG 2008, S. 17, 18f.

102 *Hartzell*, Lag & Avtal vom 03.01.2005.

103 *Ulmer* in: U/H/H, MitbestR, Einl. MitbestG, Rn. 54.

tur wurde auch auf die Folgewirkungen einer Betriebsänderung in anderen Mitbestimmungsbereichen, insbesondere im Bereich der sozialen und personellen Angelegenheiten, hingewiesen.[104]

Schon hier ist anzumerken, dass das BAG kürzlich Arbeitskämpfe von Gewerkschaften zur Erzwingung von Sozialtarifverträgen, die die Arbeitnehmer im Falle von Betriebsänderungen im Vergleich zu betrieblichen Sozialplänen besser stellen, für zulässig erklärt hat.[105] Diese neu hinzugekommene Möglichkeit der Druckausübung durch die Gewerkschaften kann, wie später im Zusammenhang mit der Unternehmensmitbestimmung genauer zu erörtern sein wird, erhebliche Auswirkungen auf das Machtgefüge zwischen Arbeitgebern und Gewerkschaften haben.

(f) Erweiterung von Beteiligungsrechten des Betriebsrats

Mit Blick auf die sehr weit gehenden Möglichkeiten der schwedischen Sozialpartner, Beteiligungsrechte der Gewerkschaften auf betrieblicher Ebene vom Gesetz abweichend auszugestalten, werden hier die Möglichkeiten der deutschen Betriebspartner, Beteiligungsrechte des Betriebsrats abzuändern, dargestellt. Das BetrVG enthält Mindestbestimmungen über die Beteiligungsrechte des Betriebsrats, auf die dieser nicht wirksam verzichten kann.[106] Eine Erweiterung und Verstärkung seiner Beteiligungsrechte ist aber nach der Rechtsprechung des BAG grundsätzlich zulässig.[107] Dies ist jedoch nur dann möglich, wenn die Grenzen der funktionalen Zuständigkeit des Betriebsrats eingehalten werden, nicht in Rechte der Arbeitnehmer eingegriffen wird und für den Konfliktfall Lösungswege vorgesehen sind.[108] Als Rechtsgrundlage einer solchen Erweiterung der Beteiligungsrechte des Betriebsrats kommen nur freiwillige Betriebsvereinbarungen in Betracht, da der Arbeitgeber diese jederzeit kündigen kann, ohne dass eine Nachwirkung eintritt (vgl. § 77 Abs. 6 BetrVG).[109]

Der Betriebsrat ist nach h.M. funktional zuständig zum Abschluss von Betriebsvereinbarungen über die Erweiterung seiner Beteiligungsrechte in sozialen Angelegenheiten[110]. Umstritten ist dagegen, ob Arbeitgeber und Betriebsrat auch

---

104 *Badura/Rittner/Rüthers*, Gemeinschaftsgutachten, S. 126.

105 BAG, Urteil vom 24.4.2007 = NZA 2007, S. 987ff.

106 *v. Hoyningen-Huene*, BetrVR, § 2, Rn. 22.

107 BAG, Beschluss vom 10.2.1988 – 1 ABR 70/86 = AP BetrVG 1972 § 99 Nr. 53.

108 *F/E/S/T/L*, BetrVG, § 1 BetrVG, Rn. 249.

109 *Richardi* in: Richardi, BetrVG, Einl., Rn. 140.

110 *F/E/S/T/L*, BetrVG, § 1 BetrVG, Rn. 250; *Wiese* in: GK BetrVG, § 87 BetrVG, Rn. 9f; **a.A.** *Rose* in: H/S/W/G/N, BetrVG, Einl., Rn. 265ff.

in personellen[111] und wirtschaftlichen Angelegenheiten[112] derartige Betriebsvereinbarungen treffen können.

d. Gesamtbetriebsrat, Konzernbetriebsrat

Neben Betriebsräten sind in Unternehmen mit mehreren Betriebsräten auf Unternehmensebene Gesamtbetriebsräte zu bilden, § 47 Abs. 1 BetrVG. In Konzernen (§ 18 Abs. 1 des AktG) kann auf Konzernebene durch Beschluss der Gesamtbetriebsräte ein Konzernbetriebsrat errichtet werden, § 54 Abs. 1 BetrVG. Auch der bereits behandelte Wirtschaftsausschuss ist auf Unternehmensebene zu errichten.[113]

Der Gesamtbetriebsrat ist gem. § 50 Abs. 1 BetrVG zuständig für die Behandlung von Angelegenheiten, die das Gesamtunternehmen oder mehrere Betriebe betreffen und die nicht durch die einzelnen Betriebsräte innerhalb ihrer Betriebe geregelt werden können. Allerdings ist er den einzelnen Betriebsräten nicht übergeordnet, vgl. § 50 Abs. 1 S. 2 BetrVG. Der Betriebsrat kann den Gesamtbetriebsrat aber gem. § 50 Abs. 2 BetrVG beauftragen, bestimmte Angelegenheiten für ihn zu behandeln.

Der Konzernbetriebsrat ist gem. § 58 Abs. 1 BetrVG zuständig für die Behandlung von Angelegenheiten, die den Konzern oder mehrere Konzernunternehmen betreffen, und die nicht durch die einzelnen Gesamtbetriebsräte innerhalb ihrer Unternehmen geregelt werden können. Auch er ist den Gesamtbetriebsräten nicht übergeordnet, § 58 Abs. 1 S. 2 BetrVG, der Gesamtbetriebsrat kann den Konzernbetriebsrat allerdings beauftragen, bestimmte Angelegenheiten für ihn zu behandeln.

---

111 Dafür *F/E/S/T/L*, BetrVG, § 1 BetrVG, Rn. 250; *Bachner* in: D/K/K/W, BetrVG, § 99 BetrVG, Rn. 32; **a.A.** *Raab* in: GK BetrVG, Vor § 92 BetrVG, Rn. 13ff, 24 mit ausführlichen Nachweisen zum Meinungsstand.

112 Dafür *F/E/S/T/L*, BetrVG, § 1 BetrVG, Rn. 250 unter Verweis auf BAG, Großer Senat vom 7.11.1989 = AP Nr. 46 zu § 77 BetrVG 1972; differenzierend *Oetker* in: GK BetrVG, vor § 106 BetrVG, Rn. 12ff, der nach den jeweils betroffenen Beteiligungsrechten und den abweichenden Regelungsinhalten differenzieren will. **A.A.** *Annuß* in: Richardi, BetrVG, Vor § 106 BetrVG, Rn. 13, der eine Änderung der Mitbestimmungsordnung der Betriebsverfassung weder durch Tarifvertrag noch durch Betriebsvereinbarung für zulässig hält.

113 *v. Hoyningen-Huene*, BetrVR, § 1, Rn. 15, sieht die zum Unternehmen gehörenden Institutionen Gesamtbetriebsrat, Konzernbetriebsrat und Wirtschaftsausschuss als im BetrVG rechtssystematisch verfehlt geregelt an.

e. Konfliktlösung auf betrieblicher Ebene

Zur Konfliktlösung auf betrieblicher Ebene ist die Einigungsstelle, geregelt in §§ 76, 76a BetrVG, zuständig. Die Einigungsstelle hat in der Betriebsverfassung die Stellung einer Schlichtungsstelle. Soweit sie für Arbeitgeber und Betriebsrat verbindliche Entscheidungen treffen kann, handelt es sich bei ihrer Tätigkeit um Zwangsschlichtung.[114] Die Existenz der Einigungsstelle ist die Konsequenz des Verbots von Arbeitskämpfen zwischen Arbeitgeber und Betriebsrat, vgl. § 74 Abs. 2 S. 1 HS 1 BetrVG.[115]

Die Einigungsstelle ist gem. § 76 Abs. 2 BetrVG zur Beilegung von Meinungsverschiedenheiten zwischen Arbeitgeber und (Gesamt-, Konzern-) Betriebsrat bei Bedarf zu bilden.[116] Sie ist gem. § 76 Abs. 2 BetrVG paritätisch besetzt und hat einen unparteiischen Vorsitzenden. In Fällen der erzwingbaren Mitbestimmung ersetzt ihr Spruch die Einigung zwischen Arbeitgeber und Betriebsrat, und die Einigungsstelle wird auf Antrag einer Seite tätig, vgl. § 76 Abs. 5 S. 1 BetrVG. Alle Fälle dieses erzwingbaren Einigungsstellenverfahrens sind gesetzlich geregelt.[117] Der Spruch der Einigungsstelle hat dann die gleichen Rechtswirkungen wie die Einigung, die er ersetzt.[118] Würde die freiwillige Einigung der Betriebspartner eine Betriebsvereinbarung darstellen, so hätte auch der Spruch der Einigungsstelle die Wirkung einer Betriebsvereinbarung. In den sozialen Angelegenheiten des § 87 BetrVG, und bei der Aufstellung von Sozialplänen, § 112 Abs. 4 BetrVG, wird die Einigungsstelle in der Praxis am häufigsten tätig.[119]

Die Einigungsstelle hat vor allem in Regelungsstreitigkeiten, aber auch in ihr vom BetrVG ausnahmsweise ausdrücklich zugewiesenen Rechtsstreitigkei-

---

114 *Richardi* in: Richardi, BetrVG, § 76 BetrVG, Rn. 23, 26.

115 *F/E/S/T/L*, BetrVG, § 76 BetrVG, Rn. 1.

116 Allerdings kann durch Betriebsvereinbarung auch eine ständige Einigungsstelle errichtet werden, vgl. § 76 Abs. 1 S. 2 BetrVG.

117 Eine Auflistung findet sich bei *Koch* in: Schaub, Arbeitsrechtshandbuch, § 232, Rn. 5. Im Gegensatz hierzu wird die Einigungsstelle in anderen Angelegenheiten als denen der erzwingbaren Mitbestimmung nur dann tätig, wenn beide Seiten dies beantragen, oder wenn sie mit ihrem Tätigwerden einverstanden sind, vgl. § 76 Abs. 6 S. 1 BetrVG.

118 *Hromadka/Maschmann*, Koll ArbR, § 20, Rn. 41.

119 *Berg* in: D/K/K/W, BetrVG, § 76 BetrVG, Rn. 9; zur Häufigkeit von Einigungsstellenverfahren vgl. *Göritz* et al., Handbuch Einigungsstelle, S. 165f: Diese weisen darauf hin, dass neuere Untersuchungen zur Häufigkeit der Anrufung der Einigungsstelle in systematischer Form nicht vorlägen. Obwohl *Göritz* et al. von einer Zunahme der Zahl der Einigungsstellenverfahren insbesondere in den Regelungsbereichen Betriebsänderung und soziale Angelegenheiten ausgehen, erachten sie die Anzahl der Einigungsstellenverfahren – gemessen an der Anzahl von Konflikten in mitbestimmungspflichtigen Angelegenheiten – als gering.

ten zu entscheiden.[120] Regelungsstreitigkeiten sind Streitigkeiten über Angelegenheiten, die nicht nach Rechtsnormen zu entscheiden sind, sondern in denen die Beteiligten selbst im Rahmen der Betriebsautonomie eine Regelung zu treffen haben. In Rechtsstreitigkeiten entscheidet die Einigungsstelle über die Auslegung unbestimmter Rechtsbegriffe.[121] Sie fasst ihre Beschlüsse gem. § 76 Abs. 5 S. 3 im Falle von Regelungsstreitigkeiten unter angemessener Berücksichtigung der Belange des Betriebs und der betroffenen Arbeitnehmer nach billigem Ermessen. In Rechtsstreitigkeiten ist sie dagegen an zwingendes Recht gebunden und verfügt nur bei der Auslegung unbestimmter Rechtsbegriffe über einen begrenzten Beurteilungsspielraum.[122]

Rechtsstreitigkeiten zwischen den Betriebspartnern sind Gegenstand des Beschlussverfahrens vor dem Arbeitsgericht, vgl. § 2a Abs. 1 Nr. 1 Arbeitsgerichtsgesetz (**ArbGG**).

f. Koppelungsgeschäfte

Bei Koppelungsgeschäften auf betrieblicher Ebene geht es im Kern um die Frage, ob der Betriebsrat seine Zustimmung zu einer mitbestimmungspflichtigen Maßnahme von der Erbringung einer nicht der Mitbestimmung unterliegenden Gegenleistung abhängig machen kann.[123] So könnte der Betriebsrat der kurzfristigen Anordnung von Überstunden (§ 87 Abs. 1 Nr. 3 BetrVG) bspw. nur bei der Gewährung von Freizeitausgleich zustimmen. Bislang finden sich lediglich instanzgerichtliche Entscheidungen über die Zulässigkeit von Koppelungsgeschäften[124], und die Problematik ist noch wenig aufbereitet. Im Grundsatz sind Kop-

---

120 *Preis* in: Wlotzke/Preis/Kreft, BetrVG, § 76 BetrVG, Rn. 5.

121 *v. Hoyningen-Huene*, BetrVR, § 6 Rn. 72. Eine ausführliche Darstellung der Problematik findet sich bei *Kreutz* in: GK BetrVG, § 76 BetrVG, Rn. 9ff.

122 *Berg* in: DKK, BetrVG, § 76 BetrVG, Rn. 87.

123 *F/E/S/T/L*, BetrVG, § 87 BetrVG, Rn. 27. In diesem Zusammenhang wurde die Normzwecktheorie entwickelt, nach der Koppelungsgeschäfte dem Gebot der vertrauensvollen Zusammenarbeit und dem Zweck der Mitbestimmung widersprächen, und daher rechtsmissbräuchlich seien; so differenzierend *Wiese* in: GK BetrVG, § 87 BetrVG, Rn. 361; ablehnend *F/E/S/T/L*, BetrVG, § 87 BetrVG, Rn. 27; *Klebe* in: D/K/K/W, BetrVG, § 87 BetrVG, Rn. 9 hält Koppelungsgeschäfte ohne Einschränkungen für zulässig.

124 Als der Betriebsrat seine Zustimmung zur Einführung von Kurzarbeit von einer Garantieklausel des Arbeitgebers abhängig machen wollte, wurde dies vom LAG Köln, NZA 1989, S. 939f für unzulässig erachtet. Die Zustimmung zur vorübergehenden Anordnung von Überstunden von der Gewährung einer Lärmzulage abhängig zu machen, wurde vom LAG Nürnberg, NZA 1991, S. 281, dagegen als zulässig erachtet. Neuerdings hielt das LAG Frankfurt die Bedingung des Betriebsrats, drei befristete Arbeitsverträge zu verlängern, zur Zustimmung von Mehrarbeit für zulässig (Az.: 5/9 TaBV 51/05). Laut LAG Düsseldorf kann der Betriebsrat die Erteilung seiner Zustimmung zur Veränderung von Lage und Verteilung der Arbeitszeit von der Gewährung einer

pelungsgeschäfte, die auch als Paketlösungen bezeichnet werden, rechtlich anerkannt.[125] Trotzdem kommen auf betrieblicher Ebene, bisweilen auch auf Initiative des Arbeitgebers[126], *sachwidrige* und daher *unzulässige* Koppelungsgeschäfte vor.[127]

Weitaus problematischer sind Koppelungsgeschäfte, bei denen Beteiligungsrechte des Betriebsrats den Arbeitnehmervertretern als Hebel für die mittelbare Regelung anderer als betriebsverfassungsrechtlicher Angelegenheiten dienen.[128] Ein anschauliches Beispiel des Versuchs einer solchen Koppelung ist das Verhalten des Betriebsrats der Verwaltungszentrale der damaligen Daimler Chrysler AG Anfang des Jahres 2007. Der Betriebsrat gefährdete die Bilanzvorlage des Konzerns, indem er die Genehmigung von Überstunden für die Finanzbuchhalter verweigerte. Hierdurch sollte Druck auf die Unternehmensleitung zur Verhinderung einer Standortverlagerung, von Stellenabbau und bei Interessenausgleichsverhandlungen ausgeübt werden.[129] Es wurden also Angelegenheiten, die nichts miteinander zu tun hatten, zum Zwecke der Druckausübung vermengt. Ob die Arbeitsgerichte dieses Vorgehen für zulässig gehalten hätten, ist sehr fraglich. Der Fall zeigt die Auswirkungen, die ein derartiges Verhalten des Betriebsrats auf das ganze Unternehmen haben kann. Auf diese Problematik ist vertieft im Zusammenhang mit den Überschneidungen der Mitbestimmung auf Betriebs- und Unternehmensebene einzugehen.

g. Bewertung der Arbeit des Betriebsrats

Die empirische Forschung zu Betriebsräten hat weniger die Wirkung der verschiedenen dem Betriebsrat durch das BetrVG eingeräumten Beteiligungsrechte,

---

finanziellen „Kompensation" an die betroffenen Arbeitnehmer abhängig machen (Az.: 12 TaBVGa 8/07).

125 *Windbichler*, FS Schwark, S. 805, 818: „[Eine Paketlösung] entspricht naheliegender und landläufiger Verhandlungsstrategie und ist grundsätzlich auch rechtlich anerkannt."

126 *Konzen*, FS Zöllner, S. 799, 801.

127 Vgl. die ausführliche Darstellung von *Konzen*, FS Zöllner, S. 799ff, der die normzweckwidrige Ausübung von Beteiligungsrechten des Betriebsrats für missbräuchlich hält. Laut *Franz*, ZAF 2005, S. 268, 271, sind sachwidrige Koppelungsgeschäfte sogar gewöhnlich.

128 Als gegenüber betrieblichen Koppelungsgeschäften problematischer betrachtet derartige Geschäfte auch *Windbichler*, FS Schwark, S. 805, 818.

129 Süddeutsche Zeitung vom 16.01.2007, im Internet abrufbar unter *http://www.sueddeutsche.de/wirtschaft/daimlerchrysler-kampf-um-ueberstunden-1.897900* [gelesen am 20.07.2010]; Brennpunkt, Magazin der IG Metall für die Beschäftigten der Daimler Chrysler AG am Standort Sindelfingen, Nr. 84/ März 2007, S. 5f, im Internet abrufbar unter *http://www.stuttgart.igm.de/downloads/artikel/attachments/ARTID_21102_n0c6iR?name=Brennpunkt.pdf* [gelesen am 20.07.2010].

sondern mehr die Wirkung der Existenz von Betriebsräten in deutschen Betrieben bzw. Unternehmen überhaupt zum Gegenstand.[130] An dieser Stelle soll ein Bild des Standes der empirischen Forschung und der Stimmungslage zur betrieblichen Interessenvertretung durch Betriebsräte in Deutschland gezeichnet werden. Eine Darstellung neuerer empirischer Studien, die den Betriebsratseinfluss messen, geben *Jirjahn*[131] sowie *Sadowski/Junkes/Lindenthal*.[132] Letztere kommen zu dem Schluss, dass alle von ihnen untersuchten Studien kein definitives Urteil über die einzelwirtschaftliche Effizienz von Betriebsräten zuließen. Vielmehr deuteten die mikroökonomischen Untersuchungsergebnisse darauf hin, „dass Betriebsräte weder der Fluch noch der Segen sind, als die sie von ihren Gegnern bzw. Befürwortern gelegentlich hingestellt werden."[133] Beachtenswert ist aber, dass laut *Sadowski/Junkes/Lindenthal* die positiven Wirkungen der Betriebsratstätigkeit von der Betriebsgröße abzuhängen scheinen. Für Großbetriebe ließe sich eine gestiegene Produktivität bei vorhandenem Betriebsrat diagnostizieren, während dies bei kleinen und mittleren Betrieben zumindest nicht ähnlich offenkundig feststellbar sei.[134] *Jirjahn* schließt aus den von ihm analysierten Studien, dass Betriebsräte durchaus das Potenzial hätten, die betriebliche Leistungsfähigkeit zu steigern.[135]

Fragt man die Beteiligten, also Arbeitgeberunternehmen bzw. die sie vertretenden Manager einerseits und Betriebsräte andererseits, so lässt sich ein positives Bild von der betrieblichen Mitbestimmung in Deutschland zeichnen. Eine Umfrage des Instituts der deutschen Wirtschaft unter 200 Großunternehmen aus dem Jahr 1999 ergab, dass die Beteiligten die betriebliche Mitbestimmung für sinnvoll halten und sie akzeptieren. So gaben 83 % aller befragten Unternehmensleitungen und 62 % aller Betriebsräte an, dass der Betriebsrat eine „hohe" oder „sehr hohe" Bedeutung für das Unternehmen habe.[136] Dass die Unternehmensleitungen die Arbeit der Betriebsräte sogar für wichtiger hielten als diese selber, lässt bei aller Vorsicht, mit der derartige Erhebungen gedeutet werden müssen, doch auf eine klar positive Grundeinstellung zur betrieblichen Mitbestimmung in Deutschland schließen. Gleiches gilt für die Zusammenarbeit zwischen Betriebsrat und Management. 76 % der Arbeitgeber und 70 % der Betriebsratsmitglieder beurteilen die Zusammenarbeit als gut oder sehr gut.[137] Zu einem ähnlichen Ergebnis kam eine Umfrage des *Handelsblatts* vom November

---

130 *Sadowski/Junkes/Lindenthal*, ZGR 2001, S. 110, 133 (vgl. zu methodischen Überlegungen S. 122 ff).
131 *Jirjahn*, Ökonomische Wirkungen, S. 7ff.
132 *Sadowski/Junkes/Lindenthal*, ZGR 2001, S. 110, 133ff.
133 *Sadowski/Junkes/Lindenthal*, ZGR 2001, S. 110, 138f.
134 *Sadowski/Junkes/Lindenthal*, ZGR 2001, S. 110, 143.
135 *Jirjahn*, Ökonomische Wirkungen, S. 27.
136 *Niedenhoff*, Praxis, S. 64.
137 *Niedenhoff*, Praxis, S. 65.

2000, in der 90 % der befragten Manager von Unternehmen, die mehr als 5000 Arbeitnehmer beschäftigen, der Ansicht waren, dass die Arbeitnehmermitbestimmung auf betrieblicher Ebene sich bewährt habe.[138] Allerdings lehnten dieselben Manager, die sich so positiv zur Mitbestimmung auf betrieblicher Ebene geäußert hatten, die damals anstehende Reform des BetrVG mehrheitlich ab (94 % waren dagegen, nur 3 % konnten der Reform etwas Positives abgewinnen). *Höpner* schließt hieraus, dass jeder Verlust von Verfügungsrechten ex ante heftige Gegenreaktionen auslöse.[139]

h. Gewerkschaften und Betriebsverfassung

Das BetrVG geht von der grundsätzlichen Trennung der Aufgaben des Betriebsrats und der Gewerkschaften aus.[140] Zum einen vertritt der Betriebsrat alle Arbeitnehmer, nicht nur die organisierten. Er ist auch nicht in die gewerkschaftliche Organisation eingebunden, also rechtlich von dieser unabhängig, vgl. § 2 Abs. 3 BetrVG. Bei seiner Tätigkeit ist er zu gewerkschaftspolitischer Neutralität gegenüber den Arbeitnehmern verpflichtet (vgl. § 75 BetrVG).[141] Trotzdem hat sich in der Praxis eine enge Kooperation zwischen Betriebsräten und Gewerkschaften entwickelt[142], was sich auch daran zeigt, dass über 70 % der Betriebsratsmitglieder gewerkschaftlich organisiert sind.[143] *V. Hoyningen-Huene* verweist darauf, dass die Gewerkschaften den Betriebsrat gelegentlich zu Unrecht als „verlängerten Arm der Gewerkschaft verstehen."[144] Das System der Aufgabentrennung von Betriebsräten und Gewerkschaften beruht auf ihren unterschiedlichen Aufgaben und ihrer unterschiedlichen Legitimation. Betriebsräte

---

138 Handelsblatt Business Monitor, Handelsblatt vom 17./18.11.2000, S. 7. So konstatiert auch der in Finanzkreisen hoch geachtete ehemalige Finanzvorstand der Siemens AG, *Heinz-Joachim Neubürger*, dass Betriebsräte gute Arbeit leisteten und sie häufig konstruktiv betriebliche Änderungsprozesse förderten bzw. unterstützten: *Neubürger*, Deutsche Mitbestimmung, S. 177, 181. Auch *Kübler*, Freundesgabe Döser, S. 237, 239 spricht vom Konsens, dass die günstigen Effekte der Partizipation an unternehmerischen Entscheidungen vor allem auf die betriebliche Mitbestimmung zurückzuführen seien.

139 *Höpner*, Unternehmensmitbestimmung, S. 16f.

140 *F/E/S/T/L*, BetrVG, § 2 BetrVG, Rn. 45.

141 Ausführlich hierzu *Däubler*, Gewerkschaftsrechte, Rn. 71.

142 *Schmidt/Trinczek*, Betriebsrat, S. 106f.

143 *Däubler* in: DKK, BetrVG, Einl., Rn. 51, demzufolge Betriebsräte häufig die unterste Ebene der Gewerkschaften seien. Die Gewerkschaften würden somit durch das BetrVG reglementiert.

144 *v. Hoyningen-Huene*, BetrVR, § 5, Rn. 1 unter Hinweis darauf, dass dies in der Weimarer Zeit zutreffend war. Lesenswert in diesem Zusammenhang ist der Aufsatz von *Bösche/Grimberg*, FS Däubler, S. 355 ff mit dem Titel „Die deutschen Gewerkschaftsgesetze", die das BetrVG in einer Überschrift als das gewerkschaftliche „Grundgesetz" bezeichnen.

sind auf die Interessenwahrung der Arbeitnehmer in Betrieb und Unternehmen beschränkt, Gewerkschaften sind vor allem für die industrieverbandsweiten Angelegenheiten, wie bspw. die Aushandlung von Tarifverträgen zu Arbeitszeit und Lohn, zuständig. Allerdings besteht diese Trennung nicht in allen europäischen Ländern, wie der Vergleich mit Schweden zeigen wird.

Gem. § 2 Abs. 1 BetrVG arbeiten Arbeitgeber und Betriebsrat unter Beachtung der geltenden Tarifverträge vertrauensvoll und im Zusammenwirken mit den im Betrieb vertretenen Gewerkschaften und Arbeitgebervereinigungen zum Wohl der Arbeitnehmer und des Betriebs zusammen. Gewerkschaften sind im Betrieb vertreten, wenn wenigstens ein Arbeitnehmer Mitglied der jeweiligen Gewerkschaft ist.[145] Die Gewerkschaften haben zur Wahrnehmung ihrer betriebsverfassungsrechtlichen Aufgaben gem. § 2 Abs. 2 BetrVG ein betriebsverfassungsrechtliches Zutrittsrecht zum Betrieb.[146] Die Aufgaben von Gewerkschaften und Arbeitgebervereinigungen werden gem. § 2 Abs. 3 BetrVG durch das BetrVG nicht berührt. Die typischen Aufgaben der Koalitionen, wie insbesondere der Abschluss von Kollektivverträgen, Arbeitskämpfe, Mitgliederwerbung und -beratung sowie Prozessvertretung werden durch das BetrVG also weder geregelt noch beeinträchtigt.[147] § 74 Abs. 3 BetrVG stellt klar, dass auch Arbeitnehmer, die im Rahmen des BetrVG Aufgaben übernehmen, also vor allem Betriebsräte, hierdurch in der Betätigung für ihre Gewerkschaft auch im Betrieb nicht beschränkt werden. Die Grundsätze des § 75 BetrVG über die Behandlung von Betriebsangehörigen werden durch § 74 Abs. 3 BetrVG allerdings nicht berührt, Betriebsräte müssen sich in ihrem Amt also neutral verhalten.[148]

Zu den Rechten der Gewerkschaften auf Mitgliederwerbung und gewerkschaftliche Informationstätigkeit wie auch zu gewerkschaftlichen Vertrauensleuten im Betrieb sei Mangels unmittelbarer Relevanz für den Rechtsvergleich auf die Literatur verwiesen.[149] Die Einflussmöglichkeiten der Gewerkschaften bzw. gewerkschaftlich organisierter Arbeitnehmer zeigten sich beim Softwarekonzern SAP, wo bis zum Jahr 2006 kein Betriebsrat bestand. Dieser wurde erst aufgrund der Initiative dreier Gewerkschaftsmitglieder[150], die bundesweit für Aufsehen sorgte, gewählt.[151]

---

145 BAG, Urteil vom 10.11.2004 = NZA 2005, 426ff.

146 Zu Voraussetzungen und Anlässen *v. Hoyningen-Huene*, BetrVR, § 5, Rn. 11ff.

147 BAG, Urteile vom 14.2.1978 und 28.2.2006 = AP Nr. 26 und 127 zu Art. 9 GG.

148 *F/E/S/T/L*, BetrVG, § 74 BetrVG, Rn. 66.

149 *Däubler*, Gewerkschaftsrechte, §§ 9 - 15 und § 17; *v. Hoyningen-Huene* in: Münch Hdb ArbR, § 215, Rn. 22ff.

150 Gem. § 17 Abs. 3 BetrVG können in betriebsratslosen Betrieben drei wahlberechtigte Arbeitnehmer zu einer Betriebsversammlung einladen, in der dann ein Wahlvorstand für die Wahl des Betriebsrats gewählt wird.

151 Süddeutsche Zeitung vom 21.07.2007, im Internet abrufbar unter *http://www.sueddeutsche.de/wirtschaft/910/343751/text/* [gelesen am 20.07.2010].

2. Kollektive Vertretung der Arbeitnehmerinteressen durch die Gewerkschaften

Gewerkschaften vertreten die Interessen der in ihnen organisierten Arbeitnehmer auf industrieverbandsweiter Ebene gegenüber Arbeitgebern bzw. deren Verbänden. Arbeitnehmerinteressen werden vor allem durch den Abschluss von Tarifverträgen mit Arbeitgeberverbänden oder einzelnen Arbeitgebern wahrgenommen, vgl. § 2 Abs. 1 TVG. Tarifverträge regeln gem. § 1 Abs. 1 TVG die Rechte und Pflichten der Tarifvertragsparteien[152] und enthalten Rechtsnormen[153], die den Inhalt, den Abschluss und die Beendigung von Arbeitsverhältnissen sowie betriebliche und betriebsverfassungsrechtliche Fragen ordnen können. Obwohl heute (2008) nur noch ca. 22 % aller Arbeitnehmer gewerkschaftlich organisiert sind[154], sind insgesamt ca. 80 % aller Arbeitsverhältnisse unmittelbar oder aufgrund arbeitsvertraglicher Bezugnahme durch Tarifverträge geregelt[155]. Den Gewerkschaften kommt also trotz ihrer sinkenden Mitgliederzahl eine erhebliche Bedeutung bei der Festlegung von Arbeitsbedingungen in der Bundesrepublik Deutschland zu.

a. Struktur und Organisation der Gewerkschaften und Arbeitgeberverbände in Deutschland

In Deutschland ist der Deutsche Gewerkschaftsbund (DGB) mit einer Mitgliederzahl von knapp 6,3 Millionen Arbeitnehmern[156], was ca. 80 % aller organisierten Arbeitnehmer entspricht[157], der dominierende Gewerkschaftsdachverband. Im DGB sind acht Gewerkschaften, die sämtlich das Industrieverbandsprinzip[158] verfolgen, organisiert.[159] Die Industriegewerkschaft Metall (IG Metall) und die Vereinigte Dienstleistungsgewerkschaft (Ver.di) sind die mitglieder-

---

152 Schuldrechtliche Wirkung zwischen den Tarifvertragsparteien, vgl. hierzu *Rieble/Klumpp* in: Münch Hdb ArbR, § 163, Rn. 19ff.

153 Normative Wirkung von Tarifverträgen für die vom Tarifvertrag erfassten Arbeitnehmer, vgl. hierzu *Rieble/Klumpp* in: Münch Hdb ArbR, § 163, Rn. 1ff.

154 *Zöllner/Löritz/Hergenröder*, ArbR, § 37, S. 377.

155 *Hromadka/Maschmann*, Koll ArbR, § 13, Rn. 30.

156 *http://www.dgb.de/uber-uns/dgb-heute/mitgliederzahlen/2000-2009* [gelesen am 20.07.2010].

157 *Löwisch*, ArbR, Rn. 183.

158 Das Industrieverbandsprinzip bedeutet, dass die Zuständigkeit einer Gewerkschaft für einen Arbeitnehmer sich danach richtet, in welchem Wirtschaftszweig er beschäftigt ist, nicht welchen Beruf er ausübt: *Löwisch/Rieble* in: Münch Hdb ArbR, § 159, Rn. 26.

159 *http://www.dgb.de/uber-uns/dgb-heute/gewerkschaften-im-dgb* [gelesen am 20.07.2010].

stärksten Gewerkschaften des DGB. Der DGB ist auf Bundesebene, Bezirksebene (neun Bezirke) sowie auf regionaler Ebene (66 Regionen) tätig.[160] Er ist die Stimme der Mitgliedsgewerkschaften gegenüber den politischen Entscheidungsträgern, Parteien und Verbänden in Bund, Ländern und Gemeinden. Er koordiniert die gewerkschaftlichen Aktivitäten, schließt aber als Dachverband keine Tarifverträge ab. Diese werden von den Mitgliedsgewerkschaften mit den Arbeitgebern bzw. Arbeitgeberverbänden ausgehandelt. Auch sind es die Mitgliedsgewerkschaften, die Arbeitskämpfe organisieren und durchführen.[161]

Die Mitgliedsgewerkschaften des DGB sind unterhalb des Bundesverbandes in (Landes-) Bezirke sowie in regionale und/oder lokale Stellen unterteilt.[162]

Der Deutsche Beamtenbund (DBB), der Beamte, Angestellte und Arbeiter im öffentlichen Dienst und im privaten Dienstleistungssektor vertritt, ist mit einer Mitgliederzahl von mehr als 1,25 Millionen Arbeitnehmern der zweitgrößte Gewerkschaftsdachverband in Deutschland.[163] Der Christliche Gewerkschaftsbund (CGB) als drittgrößter Dachverband vereint ca. 280.000 Arbeitnehmer auf sich.[164]

Die Arbeitgeberverbände sind in der Bundesvereinigung der Deutschen Arbeitgeberverbände e.V. (BDA) zusammengefasst.[165] Die eine Säule bilden ca. 50 Fachspitzenverbände (bspw. Hauptverband der Deutschen Bauindustrie), die andere Säule bilden 14 Landesverbände. Zum einen sind die Arbeitgeberverbände – vergleichbar dem Industrieverbandsprinzip bei den Gewerkschaften – in regionalen Fachverbänden organisiert, die nach der Zugehörigkeit zu bestimmten Wirtschaftszweigen (z.B. Automobilindustrie) abgegrenzt werden; daneben bestehen fachübergreifende Regionalverbände, deren Mitgliedschaft sich aus allen Arbeitgebern einer bestimmten Region zusammensetzt (z.B. Unternehmerverband Berlin e.V.).

b. Gewerkschaften und Arbeitgeber (-organisationen) als Tarifvertragsparteien

Gewerkschaften und Arbeitgeber bzw. Arbeitgebervereinigungen sind Vertragspartner beim Abschluss von Tarifverträgen, vgl. § 2 Abs. 1 TVG. Nachfolgend

---

160 *http://www.dgb.de/uber-uns/dgb-heute/organisation-und-bundesvorstand* [gelesen am 20.07.2010].

161 *http://www.dgb.de/uber-uns/dgb-heute* [gelesen am 20.07.2010].

162 Vgl. zu Einzelheiten des Aufbaus und der Organe des DGB und seiner Mitgliedsgewerkschaften *Löwisch/Rieble* in: Münch Hdb ArbR, § 159, Rn. 34ff.

163 *http://www.dbb.de/dbb.php* [gelesen am 20.07.2010].

164 *http://www.cgb.info/aktuell/imblickpunkt.php* [gelesen am 20.07.2010].

165 Im Folgenden wird Bezug genommen auf die Ausführungen von *Junker*, ArbR, § 7, Rn. 494ff.

werden in der gebotenen Kürze die aus der Stellung als Tarifvertragsparteien folgenden Rechtsbeziehungen dargestellt.

(a) Aushandlung von Tarifverträgen

Gewerkschaften und Arbeitgeber bzw. deren Verbände handeln gem. § 2 Abs. 1 TVG Tarifverträge aus. Derzeit sind im Tarifregister (§ 6 TVG) rund 73.000 Tarifverträge als gültig eingetragen.[166]

Tarifverträge lassen sich nach ihrem Inhalt in Entgelttarifverträge, Entgeltrahmentarifverträge, Manteltarifverträge und Tarifverträge über einzelne Materien einteilen.[167] Nach den Parteien lassen sie sich in Firmentarifverträge zwischen einem Arbeitgeber und einer Gewerkschaft, und in Verbandstarifverträge zwischen einem Arbeitgeberverband und einer Gewerkschaft einteilen. Gilt ein Verbandstarifvertrag für einen bestimmten räumlichen Bereich, wird er als Flächentarifvertrag bezeichnet, gilt er nur für ein Unternehmen, wird er als unternehmensbezogener Verbandstarifvertrag bezeichnet.[168] Die weitaus meisten Arbeitnehmer, um die 21 Millionen, sind vom Geltungsbereich der ca. 36.000 Verbandstarifverträge, die für mehr als 200 Wirtschaftszweige abgeschlossen wurden, erfasst. Eine wachsende Bedeutung gewinnen die mittlerweile immerhin 31.000 Firmentarifverträge, von denen im Jahr 2007 vorsichtig geschätzt knapp 4 Millionen Arbeitnehmer erfasst waren.[169]

Tarifverträge gelten gem. § 3 Abs. 1 TVG für die Mitglieder der Tarifvertragsparteien, also den vertragsschließenden Arbeitgeberverbänden angehörige Arbeitgeber sowie den vertragsschließenden Gewerkschaften angehörige Arbeitnehmer. Darüber hinaus finden gem. § 3 Abs. II TVG Rechtsnormen des Tarifvertrags über betriebliche und betriebsverfassungsrechtliche Fragen auf alle Betriebe Anwendung, deren Arbeitgeber tarifgebunden ist. Zudem kann einzelvertraglich die Geltung eines Tarifvertrages auch für gewerkschaftlich nicht organisierte Arbeitnehmer vereinbart werden.[170] Unter den Voraussetzungen des § 5 TVG können Tarifverträge für allgemeinverbindlich erklärt werden.[171] Die Allgemeinverbindlicherklärung ist ein in Schweden nicht bekanntes Rechtsinstitut.

---

166 Bundesministerium für Arbeit und Soziales (BMAS), Verzeichnis der für allgemeinverbindlich erklärten Tarifverträge. Das BMAS nennt allerdings auch Zahlen der übrigen bei ihm eingetragenen Tarifverträge: *http://www.bmas.de/portal/38140/property=pdf/arbeitsrecht__verzeichnis__allgemeinverbindlicher__tarifvertraege.pdf* [gelesen am 20.07.2010].

167 *Hromadka/Maschmann*, Koll ArbR, § 13, Rn. 32.

168 Ausführlich *Reim* in: Däubler, TVG, § 1 TVG, Rn. 62ff.

169 *Hromadka/Maschmann*, Koll ArbR, § 13, Rn. 36f.

170 *Zöllner/Loritz/Hergenröder*, ArbR, § 37, S. 377.

171 Vgl. zu den Voraussetzungen *Oetker* in: Jacobs/Krause/Oetker, TVR, § 6, Rn. 70ff.

Tarifverträge haben Schutz-, Verteilungs-, Ordnungs- und Friedensfunktion.[172] Sie sollen Arbeitnehmer davor schützen, dass der Arbeitgeber aufgrund seiner wirtschaftlichen Überlegenheit einseitig Arbeitsvertragsbedingungen festsetzen kann. Die Verteilungsfunktion besteht in der angemessenen Beteiligung der Arbeitnehmer am Sozialprodukt und in der Bestimmung der Einkommensverteilung durch Unterscheidung nach Entgeltgruppen. Die Ordnungsfunktion von Tarifverträgen besteht in der Typisierung von Arbeitsverträgen, wodurch deren Abschluss erleichtert wird. Aufgrund der Friedensfunktion können Arbeitgeber darauf vertrauen, dass von den Gewerkschaften während der Laufzeit von Tarifverträgen keine Arbeitskampfmaßnahmen ergriffen werden.

i. Typische Regelungsinhalte von Tarifverträgen

Typischerweise in Tarifverträgen geregelte Materien sind das Arbeitsentgelt und die Arbeitszeit.[173] Zudem können atypische Arbeitsverträge[174] und die als „qualitative Tarifpolitik" bezeichnete Gestaltung weiterer Arbeitsbedingungen[175] geregelt werden.

Beachtung finden soll vor allem die tarifliche Regelung und Gestaltung der betrieblichen Mitbestimmung. Dieses Gebiet ist von besonderem Interesse für den Rechtsvergleich, da die Regelungsmacht der Arbeitgebervereinigungen und der Gewerkschaften in Schweden *de lege lata* bis auf die betriebliche Ebene reicht. Die tarifvertraglichen Regelungsmöglichkeiten betrieblicher Angelegenheiten durch die Tarifvertragsparteien in Deutschland stellen somit einen Ansatz für einen Rechtsvergleich mit dem schwedischen System dar, welches die Regelung auch betrieblicher Angelegenheiten ausschließlich in die Hände der Tarifvertragsparteien legt.

ii. Tarifliche Regelung und Gestaltung der betrieblichen Mitbestimmung

Die tarifliche Regelung betrieblicher Angelegenheiten ist schon aufgrund der Tatsache möglich, dass Tarifverträge gem. § 1 Abs. 1 TVG betriebliche und betriebsverfassungsrechtliche Fragen ordnen können.

---

172 Im Folgenden wird Bezug genommen auf die Ausführungen bei *Hromadka/Maschmann*, KollArbR, § 13, Rn. 43ff.

173 Im Folgenden wird Bezug genommen auf die Ausführungen von *Zachert* in: Kempen/Zachert, TVG, § 1 TVG, Rn. 97ff.

174 So bspw. Teilzeitarbeit, befristete Arbeit, Leiharbeit und Telearbeit.

175 Hierzu gehören der tarifliche Schutz bei technologischen und organisatorischen Veränderungen (Rationalisierungsschutz, Arbeitsplatzsicherung und Standorterhalt), der tarifliche Arbeits- und Gesundheitsschutz, tarifliche Regelungen zur Aus- und Weiterbildung sowie die tarifliche Förderung und der tarifliche Schutz bestimmter Gruppen und spezifischer Funktionen.

In § 77 Abs. 3 BetrVG ist geregelt, dass Arbeitsentgelte und sonstige Arbeitsbedingungen, die durch Tarifvertrag geregelt sind oder üblicherweise geregelt werden, nicht Gegenstand einer Betriebsvereinbarung sein können. Bezüglich Arbeitsentgelten und sonstigen Arbeitsbedingungen enthält das BetrVG somit eine Regelungssperre zugunsten der Tarifvertragsparteien, die als „Tarifvorbehalt" bezeichnet wird. Die Regelungssperre in § 77 Abs. 3 BetrVG dient der Sicherung der ausgeübten und aktualisierten Tarifautonomie und der Erhaltung und Stärkung der Funktionsfähigkeit der Koalitionen.[176] Eine Betriebsvereinbarung soll nicht als Ersatztarifvertrag für nichtorganisierte Arbeitnehmer dienen oder tarifliche Regelungen unterlaufen können.[177] Eine Ausnahme gilt gem. § 77 Abs. 3 BetrVG nur, wenn ein Tarifvertrag den Abschluss ergänzender Betriebsvereinbarungen ausdrücklich zulässt, wenn der Tarifvertrag also eine Öffnungsklausel enthält. Der Tarifvorbehalt des § 77 Abs. 3 BetrVG findet allerdings gem. § 112 Abs. 1 S. 3 BetrVG keine Anwendung auf einen Sozialplan.[178] Weiter hat der Betriebsrat in sozialen Angelegenheiten gem. § 87 Abs. 1 Eingangssatz BetrVG nur mitzubestimmen, „soweit eine gesetzliche oder tarifliche Regelung nicht besteht" (sog. „Tarifvorrang").[179]

Gem. § 4 Abs. 3 TVG sind tarifvertragliche Öffnungsklauseln zugunsten der Betriebsparteien möglich. Die Diskussion um die Förderung betrieblicher Bündnisse für Arbeit hatte zu Forderungen nach einer gesetzlichen Öffnungsklausel, also der Schaffung verstärkter Regelungsmöglichkeiten durch die Betriebspartner, geführt.[180] Der Vorteil von Öffnungsklauseln ist die Schaffung von Spiel-

---

176 *F/E/S/T/L*, BetrVG, § 77 BetrVG, Rn. 67 mwN.

177 *v. Hoyningen-Huene*, BetrVR, § 11, Rn. 50.

178 Die Betriebspartner können daher von einem für den Betrieb geltenden Tarifvertrag, insbesondere hinsichtlich etwaiger tarifvertraglicher Rationalisierungsschutzabkommen, abweichen; vgl. hierzu *Oetker* in: GK BetrVG, § 112, 112a BetrVG, Rn. 164 mwN.

179 Umstritten ist, ob neben dem Tarifvorrang des § 87 Abs. 1 ES BetrVG auch der Tarifvorbehalt des § 77 Abs. 3 BetrVG zur Anwendung kommt (Zwei-Schranken-Theorie), oder ob § 87 BetrVG als die speziellere Regelung vorgeht (Vorrangtheorie). Die Vorschriften unterscheiden sich in Voraussetzungen und Wirkungen: Der Tarifvorbehalt in § 77 Abs. 3 gilt nur gegenüber Betriebsvereinbarungen, § 87 Abs. 1 ES BetrVG gilt auch im Falle von Regelungsabreden. Bei § 77 Abs. 3 BetrVG genügt die Tarifüblichkeit einer Regelung, § 87 Abs. 1 BetrVG verlangt eine anwendbare tarifliche Regelung. Das BAG (Beschluss vom 24. 2.1987 - 1 ABR 18/85 = NZA 1987, 639) vertritt die Vorrangtheorie. Dementsprechend entfällt die Regelungskompetenz des Betriebsrats gem. § 87 BetrVG nur dann, wenn den Arbeitnehmerinteressen durch tarifliche Regelung ausreichend Rechnung getragen wurde. Ist eine Regelung also lediglich tarifüblich, hat der Betriebsrat weiterhin ein Mitbestimmungsrecht in sozialen Angelegenheiten gem. § 87 BetrVG; vgl. zum Streitstand *Matthes* in: Münch Hdb ArbR, § 238, Rn. 66ff.

180 Vgl. etwa *Dieterich*, FS Richardi, S. 117ff; *Raab*, ZfA 2004, 371, 391ff. In den vergangenen Jahren war erstmals ein Anstieg von tarifvertraglichen Öffnungsklauseln zu

raum für dezentralisierte und flexible Arbeitsbedingungen, da durch sie die Kartellwirkung von Flächentarifverträgen begrenzt wird.[181] Arbeitsbedingungen können mittels Öffnungsklauseln durch die Betriebspartner passgenau auf die Bedürfnisse des jeweiligen Betriebs bzw. Unternehmens zugeschnitten werden. Eine Verlagerung der Regelungskompetenz zu Arbeitsbedingungen von der tariflichen auf die betriebliche Ebene bzw. eine Abschaffung oder Einschränkung des § 77 Abs. 3 BetrVG wird jedoch ganz überwiegend abgelehnt.[182] Beim Abschluss von Sozialplänen wird die dargestellte Diskussion indes nicht relevant, da die Betriebspartner aufgrund der Regelung in § 112 Abs. 1 S. 4 BetrVG, der zufolge der Tarifvorbehalt im Falle eines Sozialplans nicht gilt, regelungsbefugt sind.

Schon an dieser Stelle sei erwähnt, dass das schwedische Recht in bedeutend größerem Umfang als das deutsche die Eingehung betrieblicher Tarifverträge zwischen Arbeitgeber und im Betrieb vertretenen Gewerkschaften ermöglicht. Diese Möglichkeit hängt mit der schon erwähnten Tatsache zusammen, dass in Schweden auch auf Betriebs- bzw. Unternehmensebene nur die Gewerkschaften die Interessen von Arbeitnehmern vertreten. Es ist also Sache der Gewerkschaften, (im Rahmen geltender Tarifverträge) betriebliche Tarifverträge zu ermöglichen, was in aller Regel auch so praktiziert wird. Die schwedischen Gewerkschaften können den Abschluss betrieblicher Tarifverträge auch deshalb problemlos akzeptieren, weil es sich bei den Vertragspartnern auf Arbeitnehmerseite um ihre eigenen, wenn auch relativ selbständigen, Organisationseinheiten handelt, und ihnen keine Untergrabung ihrer Regelungszuständigkeit durch einen „konkurrierenden“ Betriebsrat droht.

---

verzeichnen. Vgl. hierzu den Bericht des Bundesministeriums für Arbeit und Soziales „Tarifvertragliche Arbeitsbedingungen 2004“, S. 38ff, im Internet abrufbar unter *http://www.arbeitnehmerkammer.de/sozialpolitik/doku/03_service/tv-arbeitsbedingungen/2004.pdf* [gelesen am 20.07.2010]. Im Koalitionsvertrag vom 11.11.2005 hat sich die vormalige Regierungskoalition zur Erhaltung der Tarifautonomie bei gleichzeitiger Förderung betrieblicher Bündnisse für Arbeit ausgesprochen (vgl. Anlage 1, S. 143 des im Internet unter *http://www.cducsu.de/upload/koavertrag0509.pdf* abrufbaren Koalitionsvertrages [gelesen am 20.07.2010]); *Jacobs* in: Jacobs/Krause/Oetker, TVR, § 7, Rn. 87, geht daher von einer Schlüsselrolle tariflicher Öffnungsklauseln in der tarifpolitischen Auseinandersetzung und Diskussion aus.

181 *Jacobs* in: Jacobs/Krause/Oetker, TVR, § 7, Rn. 87.

182 Vgl. *F/E/S/T/L*, BetrVG, § 77 BetrVG, Rn. 68f mwN.

(1) Abweichende Gestaltung betriebsverfassungsrechtlicher Regelungen durch Tarifvertrag

§ 3 BetrVG eröffnet die Möglichkeit der abweichenden Gestaltung betriebsverfassungsrechtlicher Regelungen durch Tarifvertrag.[183] Die Tarifpartner haben durch die mit dem Gesetz zur Reform des Betriebsverfassungsgesetzes vom 27.06.2001[184] eingeführte Vorschrift weit reichende Möglichkeiten erhalten, neue betriebsverfassungsrechtliche Organisations- und Repräsentationseinheiten zu bilden, die passgenau auf die jeweilige betriebliche, unternehmensbezogene oder konzernorganisatorische Struktur zugeschnitten sind.[185]

Die Bildung eines unternehmenseinheitlichen Betriebsrats oder die Zusammenfassung von Betrieben (§ 3 Abs. 1 Nr. 1 a, b BetrVG) ist für Unternehmen mit mehreren Betrieben möglich, wenn dies die Bildung von Betriebsräten erleichtert oder einer wirksamen und zweckmäßigen Interessenvertretung der Arbeitnehmer dient. Unter den Voraussetzungen des § 3 Abs. 1 Nr. 2 BetrVG ist für Unternehmen und Konzerne die Bildung von Spartenbetriebsräten möglich. § 3 Abs. 1 Nr. 3 BetrVG erlaubt die Bildung anderer Arbeitnehmervertretungsstrukturen.[186] Gem. § 3 Abs. 5 S. 1 BetrVG gelten die nach Absatz 1 Nr. 1 bis 3 gebildeten betriebsverfassungsrechtlichen Organisationseinheiten dann als Betriebe i.S.d. BetrVG. Auf die in ihnen gebildeten Arbeitnehmervertretungen finden die Vorschriften über die Rechte und Pflichten des Betriebsrats und die Rechtsstellung seiner Mitglieder Anwendung. Unter den Voraussetzungen des § 3 Abs. 1 Nr. 4 BetrVG ist die Bildung zusätzlicher betriebsverfassungsrechtlicher Gremien möglich, § 3 Abs. 1 Nr. 5 BetrVG erlaubt die Bildung zusätzlicher betriebsverfassungsrechtlicher Vertretungen der Arbeitnehmer.

Gem. § 3 Abs. 2 BetrVG kann die Regelung durch Betriebsvereinbarung getroffen werden, wenn in den Fällen des Abs. 1 Nr. 1, 2, 4 oder 5 keine tarifliche Regelung und auch kein anderer Tarifvertrag gilt. Hierbei handelt es sich um einen doppelten Zulässigkeitsvorbehalt, dem entsprechend kein einschlägiger Tarifvertrag die Angelegenheiten des Abs. 1 regeln darf. Die Bildung abweichender Vertretungsstrukturen durch Betriebsvereinbarung ist aber auch dann ausgeschlossen, wenn irgendein anderer, sogar allgemeinverbindlicher, Tarifvertrag gilt.[187] Für einen tarifgebundenen Arbeitgeber sind die Möglichkeiten, mit dem

---

183 Ausführlich zum ganzen *Schmiege*, Organisationsstrukturen sowie *Teusch*, Organisation.

184 BGBl. I, 1852.

185 *Wendeling-Schröder* in: Kempen/Zachert, TVG, § 1 TVG, Rn. 559.

186 Die Verwendung unbestimmter Rechtsbegriffe in Nr. 3 wird teilweise sehr heftig kritisiert, da die Generalklausel den Tarifvertragsparteien einen Freibrief ausstelle, und jeder Beliebigkeit Tür und Tor öffne; vgl. hierzu die Nachweise bei *F/E/S/T/L*, BetrVG, § 3 BetrVG, Rn. 47.

187 *Gaul* in: H/W/K, ArbR Komm, § 3 BetrVG, Rn. 20, spricht von einem „Supertarifvorbehalt“, der die §§ 77 Abs. 3, 87 Abs. 1 ES BetrVG deutlich übertreffe; *Utermark*,

Betriebsrat abweichende Vertretungsstrukturen zu vereinbaren, daher sehr eingeschränkt.[188] Ob anderes im Falle tarifvertraglicher Öffnungsklauseln gilt, ist umstritten.[189] Die Bildung anderer Arbeitnehmervertretungsstrukturen (§ 3 Abs. 1 Nr. 3 BetrVG) durch die Betriebsparteien ist wegen der besonderen Tragweite der Regelung ganz ausgeschlossen.[190]

Ziel des § 3 BetrVG war die organisatorisch effektivere und flexiblere Gestaltung der Betriebsverfassung. Die ausschließliche Anbindung des Betriebsrats an die Organisationseinheit Betrieb wurde als zu starr empfunden, auf moderne Unternehmensstrukturen sollte durch die Schaffung neuer Strukturen der Arbeitnehmervertretung reagiert werden.[191] Die Arbeitnehmervertretungen sollten dort gebildet werden können, wo die unternehmerischen Entscheidungen fallen[192], und zwar durch die Beteiligten vor Ort[193]. Dass sich der Gesetzgeber hierzu aber der Kompetenz der Tarifvertragsparteien bedient hat, ist nicht unumstritten. So wurde – m.E. zu Recht – kritisiert, dass, wenn die Tarifparteien zuständig zur Anpassung unternehmensspezifischer Strukturen seien, die Beteiligten vor Ort dies eben gerade nicht sind.[194] Die außerordentlich eingeschränkten Möglichkeiten der Betriebsparteien, Regelungen zu abweichenden Organisationsstrukturen zu treffen, wurden in der Literatur überwiegend als unangemessen und zu weitgehend kritisiert.[195] In der Tat stellt sich die Frage, warum den Betriebspartnern nicht die Möglichkeit zugestanden werden soll, abweichende Vertretungsstrukturen zu schaffen, wenn der Arbeitgeber zwar tarifvertragsgebunden ist, der maßgebliche Tarifvertrag aber gar keine Regelungen zu § 3 BetrVG trifft. Das Argument des Gesetzgebers, dass für einen Arbeitgeber, in dessen Unternehmen ein Tarifvertrag gilt, auch für betriebsverfassungsrechtliche Organisationsstrukturen der Tarifvertrag das maßgebliche Regelungsinstrument sein solle[196], ist m.E. nicht stichhaltig. Warum soll keine Regelung durch Betriebsvereinbarung möglich sein, nur weil eine Gewerkschaft mit dem Unternehmen oder dessen Verband einen Tarifvertrag zu Lohn und Arbeitszeit abgeschlossen hat? In einer Fallstudie des Instituts der Deutschen Wirtschaft aus dem Jahr

---

Verhandlungsgegenstand, S. 103ff, 244f, vertritt eine verfassungskonforme Auslegung von § 3 Abs. 2 BetrVG dahingehend, dass die Sperrwirkung eines im Betrieb geltenden Tarifvertrages nur eintrete, wenn die Tarifvertragsparteien Regelungen hinsichtlich der betriebsverfassungsrechtlichen Organisation getroffen haben.

188 Vgl. hierzu *Franzen* in: GK BetrVG, § 3 BetrVG, Rn. 37f mwN.

189 Vgl. zum Meinungsstand *Richardi* in: Richardi, BetrVG, § 3 BetrVG, Rn. 76.

190 BT-Drucks. 14/5741, S. 34.

191 BT-Drucks. 14/5741, S. 33.

192 *F/E/S/T/L*, BetrVG, § 3 BetrVG, Rn. 7f.

193 *Engels/Trebinger/Löhr-Steinhaus*, DB 2001, S. 532.

194 *Reichold*, NZA 2001, S. 857, 858f.

195 *Buchner*, NZA 2001, S. 633, 635; *Hanau*, RdA 2001, S. 65, 66; *Konzen*, RdA 2001, S. 76, 86.

196 Begr. RegE BT-Drucks. 14/5741, S.34.

2007 sprachen sich so auch über 80 % der Betriebspartner der 126 antwortenden Unternehmen dafür aus, abweichende Regelungen generell durch Betriebsvereinbarung vereinbaren zu können.[197]

Der Blick auf die Regelungsmöglichkeiten des § 3 BetrVG ist für den Rechtsvergleich von Interesse, da die Sozialpartner in Schweden vielfältige Möglichkeiten haben, von den Vorschriften des die Arbeitnehmerbeteiligung regelnden *Medbestämmandelagen* (**MBL**) mittels betrieblicher oder überbetrieblicher Tarifverträge abzuweichen, und gänzlich andere Formen der Arbeitnehmerbeteiligung, zu vereinbaren.

(2) Einschränkung und Erweiterung von Beteiligungsrechten des Betriebsrats durch Tarifvertrag

Die Beteiligungsrechte des Betriebsrats können nach allgemeiner Ansicht durch Tarifvertrag ebenso wenig wie aufgrund einer Betriebsvereinbarung (vgl. oben **B.I.1.c.(f)**) eingeschränkt werden, da die gesetzlichen Beteiligungsrechte als Mindestregelungen nicht abdingbar sind.[198] Eine Erweiterung der betriebsverfassungsrechtlichen Beteiligungsrechte durch Tarifvertrag wird von der Rechtsprechung anerkannt[199], was in der Literatur überwiegend auf Zustimmung trifft[200].

Eine Erweiterung der Informationsrechte des Betriebsrats in Bezug auf sämtliche ihm zustehenden Beteiligungsrechte ist möglich. Hierbei können sich tarifvertraglich vereinbarte Informations- und Konsultationsrechte auch auf wirtschaftliche Angelegenheiten beziehen.[201]

Die Erweiterung von Beteiligungsrechten des Betriebsrats in sozialen Angelegenheiten wird von der überwiegenden Literatur ebenfalls für möglich gehalten, über den „Umweg" der Mitbestimmung in sozialen Angelegenheiten darf allerdings keine Mitbestimmung bezüglich unternehmerischer Angelegenheiten begründet werden, die das BetrVG im Rahmen der auf das Unternehmen bezogenen Beteiligungsrechte des Betriebsrats so nicht vorsieht.[202] Die Befugnis zur

197 *Niedenhoff*, Verbesserungsmöglichkeiten, S. 15.

198 *Wendeling-Schröder* in: Kempen/Zachert, TGV, § 1 TVG, Rn. 579.

199 Vgl. hierzu die Nachweise bei *F/E/S/T/L*, BetrVG, § 1 BetrVG, Rn. 255.

200 Vgl. zum Meinungsstand *v. Hoyningen-Huene* in: Münch Hdb ArbR, § 210, Rn. 23f und Fn. 37.

201 *Hensche* in: Däubler, TVG, § 1 TVG, Rn. 813.

202 *Wiese* in: GK BetrVG, § 87 BetrVG, Rn. 13. Vgl. weiter *v. Hoyningen-Huene/Meier-Krenz*, ZfA 1988, S. 293, 313ff, die darauf abstellen, dass die Tarifautonomie ihre Grenze im unternehmerisch- wirtschaftlichen Bereich finde, und auf diesen Bereich daher auch nicht durch tarifvertragliche Tarifnormen eingewirkt werden könne. *Meier-Krenz*, DB 1988, S. 2149, 2152f, argumentiert, dass unternehmerische Entscheidungen nur dann als Arbeits- und Wirtschaftsbedingungen i.S.d. Art 9 Abs. 3 GG tariflicher Regelung zugänglich seien, wenn sie sich unmittelbar auf die Stellung der Arbeitneh-

Erweiterung der notwendigen Mitbestimmung des Betriebsrats in sozialen Angelegenheiten setzt nach der Rechtsprechung voraus, dass es sich um Fragen handelt, die wesensmäßig als soziale Angelegenheiten i.S.d. §§ 87 ff BetrVG anzusehen sind.[203] Im Vordergrund der in der Praxis getroffenen Regelungen stehen so auch Arbeitszeit-, Arbeitsgestaltungs-, Arbeitstechnik-, und Entgeltfragen.[204]

In personellen Angelegenheiten kommt eine Erweiterung der Mitbestimmung des Betriebsrats in allgemeinen personellen Angelegenheiten, §§ 92 ff BetrVG, in der Berufsbildung, §§ 96 ff BetrVG, bei personellen Einzelmaßnahmen, § 99 BetrVG, bei der ordentlichen Kündigung und mit Einschränkungen bei der außerordentlichen Kündigung in Betracht.[205]

In wirtschaftlichen Angelegenheiten können dem Betriebsrat nach einer Ansicht in der Literatur weitergehende Mitbestimmungsrechte eingeräumt werden als vom Gesetz vorgesehen. So wird es für möglich gehalten, dass die erzwingbare Mitbestimmung des Betriebsrats im Falle von Betriebsänderungen nicht nur den Sozialplan, sondern auch den Interessenausgleich erfasst. Weiter wird eine Aufwertung der Beratungsrechte des Betriebsrats in wirtschaftlichen Angelegenheiten zu erzwingbaren Mitbestimmungsrechten für möglich gehalten.[206] Überwiegend wird eine Erweiterung der Beteiligungsrechte des Betriebsrats in wirtschaftlichen Angelegenheiten durch Tarifvertrag dagegen verneint.[207] Eine vermittelnde Ansicht schließt die qualitative Erweiterung, also die Verstärkung bestehender Mitbestimmungsrechte des Betriebsrats durch Tarifvertrag, aus, da sich die wirtschaftliche Mitbestimmung notwendig im Entscheidungsrahmen des Unternehmens auswirke.[208] Hierzu aber hätten die Tarifvertragsparteien keine Befugnis, da sie gem. § 1 Abs. 1 TVG nur betriebsverfassungsrechtliche Normen regeln könnten. Diese Grenze sei überschritten, wenn Konsultationsrechte des Betriebsrats nach den §§ 106 ff BetrVG tarifvertraglich erweitert und zu paritätischen Mitbestimmungstatbeständen aufgewertet würden. Grund hierfür sei, dass sich die in diesen Beteiligungstatbeständen aufgeführten unternehmerischen Entscheidungen auf den Unternehmensträger und nicht auf den Entschei-

---

mer im Betrieb auswirkten. Die grundlegenden Entscheidungen über Bestand, Umfang und Zielsetzung des Unternehmens seien der tariflichen Regelungsbefugnis auch dann entzogen, wenn dadurch – wie bspw. bei einer Betriebsstillegung – die Arbeitnehmer unmittelbar und in erheblicher Weise betroffen seien.

203 BAG, Beschluss vom 09.05.1995 – 1 ABR 56/94, Juris Rn. 28.

204 *Hensche* in: Däubler, TVG, § 1 TVG, Rn. 816ff.

205 Vgl. zu Einzelheiten *Thüsing* in: Wiedemann, TVG, § 1 TVG, Rn. 769 mwN.

206 Vgl. statt aller *Hensche* in: Däubler, TVG, § 1 TVG, Rn. 835 ff, der sich gegen einen überzogenen Schutz der Unternehmerfreiheit ausspricht.

207 Vgl. hierzu die Nachweise bei *F/E/S/T/L*, BetrVG, § 1 BetrVG, Rn. 260.

208 Vgl. *Thüsing* in: Wiedemann, TGV, § 1 TVG, Rn. 771 mwN.

dungsträger des Betriebs bezögen.[209] Räumte man dem Betriebsrat aber paritätische Mitbestimmungsrechte in unternehmerischen Angelegenheiten ein, so würde er zu einem Unternehmensorgan gekoren. Dies sei eine Systemverschiebung, zu der den Tarifvertragsparteien die Berechtigung fehle.[210] Dem gegenüber stehe § 1 Abs. 1 TVG der Schaffung zusätzlicher, mit den in §§ 106 ff BetrVG geregelten Beteiligungsrechten quantitativ vergleichbarer Konsultationsrechte nicht entgegen.[211]

(b) Führung von Arbeitskämpfen und Rechtsstreitigkeiten

Arbeitgeber sowie Arbeitgeberorganisationen und Gewerkschaften können Vertragsparteien von Tarifverträgen sein und sind deshalb auch Arbeitskampfparteien bezüglich tariflich regelbarer Angelegenheiten. Das Recht der Arbeitnehmer- wie der Arbeitgeberseite, zur Durchsetzung ihrer Forderungen Arbeitskampfmaßnahen zu ergreifen, gehört zu den Voraussetzungen einer funktionierenden Tarifautonomie.[212] Arbeitskampfmaßnahmen haben Regelungsstreitigkeiten[213] zum Gegenstand, die im freien Spiel der Kräfte ausgetragen werden sollen.[214] Im Falle von Rechtsstreitigkeiten zwischen den Tarifvertragsparteien sind dagegen die Arbeitsgerichte anzurufen.[215]

Beim Arbeitskampf handelt es sich um die von der Arbeitnehmer- oder Arbeitgeberseite bewirkte kollektive Druckausübung durch Störung der Arbeitsbe-

---

209 *Beuthien*, ZfA 1986, S. 131, 141ff. Dieser legt anhand der amtlichen Begründung zum BetrVG 1972 dar, dass die Mitbestimmungs- und Mitwirkungsrechte des Betriebsrats auf wichtigen Gebieten zwar erweitert werden können sollten, ohne aber in die eigentlich unternehmerischen Entscheidungen, insbesondere auf wirtschaftlichem Gebiet, einzugreifen.

210 *Thüsing* in: Wiedemann, TVG, § 1 TVG, Rn. 771.

211 *Thüsing* in: Wiedemann, TVG, § 1 TVG, Rn. 772 mwN.

212 BVerfG, Urteil vom 4.7.1995 – 1 BvF 2/86 u.a. = BVerfGE 92, 365, 393: Das Bundesverfassungsgericht führte aus, dass das Grundrecht des Art. 9 Abs. 3 GG auch Arbeitskampfmaßnahmen, die auf den Abschluss von Tarifverträgen gerichtet sind, als koalitionsmäßige Betätigung schütze.

213 Bei einer Regelungsstreitigkeit besteht im Gegensatz zur Rechtsstreitigkeit ein Interessengegensatz, für dessen Regelung erst eine Lösung durch Willenseinigung der Betroffenen oder durch verbindlichen Spruch von dritter Seite (Schlichtung) gefunden werden muss; vgl. zu Einzelheiten *Kissel*, Arbeitskampfrecht, § 68, Rn. 5 u. Fn. 13; zur vereinbarten Schlichtung vgl. § 69.

214 BAG, Urteil vom 13.7.1993 – 1 AZR 676/92 = BAGE 73, 320 (329) = AP Nr. 127 zu Art. 9 GG Arbeitskampf mit Anm. *v. Hoyningen-Huene*.

215 *Dieterich* in: ErfK ArbR, Art. 9 GG., Rn. 118. Allerdings kann auch die Durchsetzung von Rechtsansprüchen und Rechten das Ziel von Arbeitskampfmaßnahmen sein, bspw. wenn der Arbeitskampfgegner behauptet, dass bestimmte Tarifverträge nicht mehr anwendbar seien; vgl. hierzu *Ricken* in: Münch Hdb ArbR, § 194, Rn. 8.

ziehungen.[216] Ein Arbeitskampf ist nur rechtmäßig, wenn er durch die befugten Kampfparteien zur Erreichung einer zulässigen Tarifregelung unter Beachtung der tariflichen Friedenspflicht geführt wird. Weiter sind der Grundsatz der Verhältnismäßigkeit, das Ultima-Ratio-Prinzip, das Gebot fairer Kampfführung sowie das Gebot der Kampfparität zu beachten.[217] Da der Arbeitskampf gesetzlich nicht geregelt ist, bestimmt die Rechtsprechung der Arbeitsgerichte, unter welchen konkreten Voraussetzungen ein Arbeitskampf rechtmäßig ist.[218]

(c) Arbeitskämpfe um Sozialtarifverträge

Schwerpunktmäßig wird hier auf die Androhung bzw. Durchführung von Arbeitskämpfen zur Erzwingung von Sozialtarifverträgen eingegangen (vgl. bereits oben **B.I.1.c.(e).ii**). Um einen Sozialtarifvertrag[219] handelt es sich, wenn anlässlich einer konkret geplanten Betriebsänderung die Gewerkschaft parallel zu oder nach Sozialplanverhandlungen – notfalls per Streik – einen Tarifvertrag durchzusetzen versucht, in dem u.a. die Kündigungsfristen erheblich verlängert sowie hohe Abfindungsansprüche und/oder arbeitgeberfinanzierte Qualifizierungsmaßnahmen nach Beendigung der Arbeitsverhältnisse normiert werden sollen.[220] Das BAG hat kürzlich den Streik auf Abschluss eines Sozialtarifvertrags für zulässig erklärt.[221] Dieses nunmehr vom BAG ermöglichte „neue" Arbeitskampfmittel ermöglicht es den Gewerkschaften, im Rahmen von Betriebsänderungen erheblichen Druck auf die Unternehmensleitung auszuüben, und unternehmerische Entscheidungen im Extremfall mittelbar zu beeinflussen.[222] Der in Deutschland nunmehr mögliche Arbeitskampf um Sozialtarifverträge ist für den Rechtsvergleich von erheblichem Interesse, da entsprechende Arbeitskämpfe der Gewerkschaften in Schweden unzulässig wären.

Das BAG stellt im Urteil aus dem Jahr 2007 zur Zulässigkeit von Arbeitskampfmaßnahmen zur Erzwingung von Sozialtarifverträgen maßgeblich darauf ab, dass den Tarifvertragsparteien nicht aufgrund der §§ 111 ff BetrVG die Regelungskompetenz bei Betriebsänderungen fehle. Die §§ 111 ff BetrVG normierten zwar Inhalt und Umfang des Mitbestimmungsrechts des Betriebsrats bei Betriebsänderungen, gäben aber nicht zu erkennen, dass damit Regelungskom-

---

216 *Junker*, ArbR, § 9, Rn. 592.

217 Vgl. zu Einzelheiten *Hromadka/Maschmann*, Koll ArbR, § 14, Rn. 37ff.

218 *Däubler* in: Däubler, TVG, Einl., Rn. 111.

219 Synonym zum Begriff „Sozialtarifvertrag" wird der Begriff „Tarifsozialplan" verwendet.

220 Vgl. hierzu *Fischinger*, NZA 2007, S. 310ff.

221 BAG, Urteil vom 24.4.2007 – 1 AZR 252/06 = NZA 2007,S. 987ff.

222 *Bayreuther*, NZA 2007, S. 1017, 1022, der darauf hinweist, dass abzuwarten bleibe, ob und inwieweit das BAG auf diese Art und Weise einen Paradigmenwechsel im Tarif- und Arbeitskampfrecht eingeleitet hat.

petenzen der Tarifvertragsparteien aus Art. 9 Abs. 3 GG, § 1 TVG zurückgedrängt werden sollten.

Das Urteil des BAG ist vielfach kritisiert worden. Schon vor Erlass des Urteils wurde von *Thüsing/Ricken* die Auffassung vertreten, ein Streik um tarifliche Abfindungsregelungen sei mangels Erforderlichkeit wegen Verletzung des Verhältnismäßigkeitsprinzips rechtswidrig, weil die Rechtsordnung mit den Regelungen der §§ 111 ff BetrVG ein friedliches und weniger belastendes Verfahren bereithielte, um zu einem Nachteilsausgleich für die Arbeitnehmer zu gelangen.[223] Das BAG sieht das Verhältnismäßigkeitsprinzip demgegenüber nicht als verletzt an, da die zuständige Gewerkschaft nicht darauf verwiesen werden könne, mit Arbeitskampfmaßnahmen bis zum Abschluss von ggf. langwierigen Sozialplanverhandlungen zwischen den Betriebspartnern zu warten. Der Dualismus beider Reglungsebenen im Hinblick auf die Koalitionsbetätigungsgarantie des Art. 9 III GG könne „*jedenfalls*" nicht zu Lasten der Tarifvertragsparteien aufgelöst werden.[224] Neuerdings stellt sich *Säcker* entgegen dem BAG auf den Standpunkt, dass der Gesetzgeber Sozialplanverhandlungen dem Schlichtungsmechanismus des BetrVG unterworfen habe, und daher das betriebliche Schlichtungsverfahren Vorrang vor der kampfweisen Erzwingung von Sozialplänen habe. Zudem sei ein Sozialplan gem. § 112 Abs. 5 S. 1 BetrVG an verbindliche rechtliche Maßstäbe für die Abwägung zwischen unternehmerischen und sozialen Belangen gebunden, weshalb ein Streik zum Zweck des Abschlusses eines Tarifvertrages, der über den im Sozialplan vereinbarten Nachteilsausgleich hinausginge, unverhältnismäßig und rechtswidrig sei.[225]

Die Kritik am Urteil des BAG vermag m.E. zu überzeugen, da es Gewerkschaften aufgrund des Urteils ermöglicht wird, durch die Forderung (zu) hoher

---

223 *Thüsing/Ricken*, Jahrbuch ArbR 2005, S. 113, 126ff; ähnlich in einer Urteilsanmerkung *Kappenhagen/Lambrich*, BB 2007, S. 2238, 2240, die mit dem Übermaßverbot argumentieren. Zu dem Zweck, die für die Arbeitnehmer in Folge einer Betriebsänderung entstehenden Nachteile auszugleichen, sei der Abschluss eines Sozialtarifvertrags und vor allem dessen Erstreikbarkeit nicht erforderlich, da dieses Ziel durch das betriebsverfassungsrechtliche Beteiligungsverfahren nach §§ 111ff BetrVG mit aus Sicht des Unternehmens zwar ebenfalls erheblichen, letztlich aber weniger einschneidenden Auswirkungen erreicht würde; so auch *Schiefer/Worzalla*, DB 2006, S. 46, 49. **a.A.** *Deinert*, JurisPR-ArbR 1/2008 Anm. 3, S. 2.

224 BAG aaO., S. 987ff; zustimmend *Bayreuther*, NZA 2007, S. 1017, 1020.

225 *Säcker*, AG 2008, S. 17, 23f, der die Aufhebung des § 112 Abs. 1 S. 4 BetrVG (Nichtgeltung des Tarifvorbehalts gem. § 77 Abs. 3 BetrVG für den Sozialplan) und die Statuierung einer tariflichen Friedenspflicht bis zum Ablauf des Einigungsstellenverfahrens über Interessenausgleich und Sozialplan sowie überhaupt bezüglich auf betrieblicher Ebene erreichter Interessenausgleichsregelungen und Sozialpläne vorschlägt. **A.A.** *Löwisch*, DB 2005, S. 554, 559 und *Willemsen/Stamer*, NZA 2007 413, 416ff, die umgekehrt der Tarifautonomie den Vorzug geben, und während der Dauer von Verhandlungen zu Sozialtarifverträgen die Beteiligungsrechte des Betriebsrats ruhen lassen wollen.

Abfindungen für die Arbeitnehmer in einem tariflichen Sozialplan mittelbar Einfluss auf unternehmerische Entscheidungen wie bspw. Standortverlagerungen zu nehmen, und dadurch in die unternehmerische Entscheidungsfreiheit einzugreifen. Eine weitere Auseinandersetzung mit dem Themenkomplex soll erst später erfolgen, wenn auch die Unternehmensmitbestimmung der Arbeitnehmer behandelt wurde, da die Arbeitnehmerbeteiligung auf Unternehmensebene im Rahmen der Problematik der streikweisen Erzwingung von Sozialtarifverträgen zu berücksichtigen ist.[226]

II. Arbeitnehmerbeteiligung im Unternehmensträger

In diesem Abschnitt wird die Arbeitnehmerbeteiligung im Unternehmensträger, die so genannte Unternehmensmitbestimmung, dargestellt. Arbeitnehmervertreter im Aufsichtrat sitzen gem. DrittelBG bzw. MitbestG zusammen mit den von der Anteilseignerseite gewählten und den aufgrund Entsendungsrechts entsandten Vertretern als gleichberechtigte Mitglieder im Aufsichtsrat der gesetzlich erfassten Unternehmen.

Der Unterschied zwischen der Arbeitnehmerbeteiligung gem. BetrVG und den Mitbestimmungsgesetzen ist struktureller Art, da die Mitbestimmung der Arbeitnehmer gem. BetrVG durch gewählte Repräsentanten der Arbeitnehmer *gegenüber dem* Arbeitgeberunternehmern erfolgt (sog. *dualistisches Modell*), während die durch die Mitbestimmungsgesetze geregelte Unternehmensmitbestimmung im Wege der Einbeziehung von Arbeitnehmervertretern *in die* Unternehmensorgane der gesetzlich erfassten Gesellschaften erfolgt (sog. *Integrationsmodell*).[227] Die Beteiligungsrechte nach dem BetrVG und den Mitbestimmungsgesetzen berühren sich rechtlich im Grundsatz nicht.[228] Faktisch gibt es allerdings, wie bereits oben (**B.I.1.c.(e).i., ii.**, dort mit Bezug zu Informationsrechten des Wirtschaftsausschusses und der Beteiligung des Aufsichtsrats wie des Betriebsrats bei Betriebsänderungen) erwähnt, viele Berührungspunkte.[229]

---

226 So auch *Säcker*, AG 2008, S. 17, 23f.

227 *Wiese* in: GK BetrVG, Einl., Rn. 44.

228 *F/E/S/T/L*, BetrVG, § 1 BetrVG, Rn. 154.

229 *F/E/S/T/L*, BetrVG, § 1 BetrVG, Rn. 154. Vgl. weiter *Wiese* in: GK BetrVG, Einl., Rn. 44f, der betriebliche und Unternehmensmitbestimmung als Subsysteme eines einheitlichen Systems Mitbestimmung bezeichnet, und wegen des engen Zusammenhangs zwischen Betriebsverfassung und Unternehmensmitbestimmung eine „einheitlich konzipierte Gesamtregelung" anregt.

1. Grundgedanken und Ziele der Unternehmensmitbestimmung

Um einen Maßstab für den Vergleich des schwedischen Rechts der Arbeitnehmerbeteiligung auf Unternehmensebene mit dem deutschen Recht zu erarbeiten, werden zunächst abstrakt die Ziele der Unternehmensmitbestimmung in Deutschland dargestellt.

In rechtsvergleichender Hinsicht ist vor allem die Einstellung der deutschen Gewerkschaften zum Einfluss der Arbeitnehmervertreter bedeutsam, da in Schweden die Gewerkschaften entscheidenden Einfluss auf den Prozess hatten, an dessen Ende eine Vertretung der Arbeitnehmer im schwedischen Verwaltungsrat stand. Die Modellvorschläge der deutschen Gewerkschaften gingen stets von einer gleichgewichtigen Unternehmensmitbestimmung in den größeren Unternehmen aller Wirtschaftszweige aus.[230] Die SPD bekannte sich in ihrem Gesetzentwurf[231] ebenso zu einer paritätischen Mitbestimmung der Arbeitnehmer, während die Diskussionen in FDP und CDU kontroverser geführt wurden[232].

Die im Jahr 1970 von der CDU/SPD-Koalition eingesetzte „Kommission Mitbestimmung" definierte sozialethische sowie sozial- und gesellschaftspolitische Zielsetzungen der Unternehmensmitbestimmung[233]. Der deutsche Gesetzgeber war bei der Umschreibung der Ziele des MitbestG aber deutlich zurückhaltender.[234] Laut Begründung zum Regierungsentwurf war Ziel der Unternehmensmitbestimmung die gleichberechtigte und gleichgewichtige Teilnahme von Anteilseignern und Arbeitnehmern an den Entscheidungsprozessen im Unternehmen auf Grundlage des geltenden Gesellschaftsrechts und unter dessen weitgehender Beibehaltung.[235]

Rechtsvergleichend ist schon an dieser Stelle anzumerken, dass der schwedische Gesetzgeber, wie auch die schwedischen Gewerkschaften, bei Schaffung eines Mitbestimmungsgesetzes auf Unternehmensebene nicht eine gleichberechtigte und gleichgewichtige Teilnahme der Arbeitnehmer an den Entscheidungsprozessen im Unternehmen anstrebten. Zwar sollte und soll die Vertretung im Verwaltungsrat den Arbeitnehmern dazu dienen, Einsicht in und Einfluss auf die tägliche Geschäftstätigkeit zu erhalten (§ 1 des schwedischen Verwaltungsratsvertretungsgesetzes, *Lag om styrelserepresentation för de privatanställda*,

230 *Wißmann* in: F/W/W, MitbestR, Vorbem. MitbestG, Rn. 15.

231 BT-Drucks. 5/3675.

232 Vgl. hierzu *Raiser/Veil*, MitbestG, Einl., Rn. 32.

233 Bericht der unter dem Vorsitz von *Kurt Biedenkopf* eingesetzten Sachverständigenkommission „Mitbestimmung im Unternehmen", *Kommission Mitbestimmung* (1970), S. 29 - 36; vgl. ausführlich zu den Zielsetzungen der Unternehmensmitbestimmung *Wiedemann*, GesR, § 11 I 2, S. 592ff.

234 Kritisch *Ulmer* in: U/H/H, MitbestR, Einl. MitbestG, Rn. 4.

235 BT-Drucks. 7/2172, S. 16f.

LSA). Ein Machtzuwachs der Arbeitnehmer gegenüber der Unternehmensleitung im Sinne gleichgewichtiger Teilhabe stand dagegen – trotz der gewollten Schaffung erhöhter Einflussmöglichkeiten[236] – bei Erlass des schwedischen Verwaltungsratsvertretungsgesetzes nicht im Vordergrund.

2. Zusammensetzung des Aufsichtsrats, Anzahl und Wahl der Arbeitnehmervertreter

Arbeitnehmervertretung auf der Ebene des Unternehmensträgers findet in Deutschland im Aufsichtsrat statt. Beschäftigt ein Unternehmen in der Regel mehr als 500 Arbeitnehmer, haben die Arbeitnehmer gem. DrittelbG das Recht, ein Drittel der Mitglieder des Aufsichtsrats zu wählen, §§ 4, 5 DrittelbG. Beschäftigt ein Unternehmen in der Regel mehr als 2000 Arbeitnehmer, haben die Arbeitnehmer gem. MitbestG das Recht, die Hälfte der Mitglieder des Aufsichtsrats zu wählen, §§ 7, 9 ff MitbestG. Das MitbestG statuiert damit die europaweit stärkste Form der Arbeitnehmerbeteiligung in einem Unternehmensorgan.[237]

Das MitbestG schreibt, gestaffelt nach der Anzahl der Arbeitnehmer, eine feste Anzahl von Aufsichtsratsmitgliedern vor, § 7 Abs. 1 MitbestG. Die im Unternehmen vertreten Gewerkschaften (§ 7 Abs. 4 MitbestG) haben ein Vorschlagsrecht für eine festgelegte Minderheit von Arbeitnehmervertretern, §§ 7 Abs. 2, 16 MitbestG. Demnach besteht im Falle von sechs bzw. acht Arbeitnehmervertretern ein Vorschlagsrecht der Gewerkschaften für zwei Gewerkschaftsvertreter, im Falle von zehn Arbeitnehmern haben sie ein Vorschlagsrecht für drei Gewerkschaftsvertreter, vgl. § 7 Abs. 2 Nr. 1,2,3 MitbestG. In der Praxis werden von den Gewerkschaften meist führende Gewerkschaftsfunktionäre vorgeschlagen, die dann von den Arbeitnehmern in den Aufsichtsrat zu wählen sind.[238] Auch (mindestens) ein leitender Angestellter ist in den Aufsichtsrat zu wählen, § 15 Abs. 1 S. 2 MitbestG.[239]

---

236 Allerdings hat das Verwaltungsratsvertretungsgesetz, wie später auszuführen sein wird, die Einflussmöglichkeiten der Arbeitnehmer auf Entscheidungsprozesse schwedischer Aktiengesellschaften nicht messbar erhöht.

237 *Rebhahn* in: Verhandlungen des 66. DJT, S. M9f.

238 *Fuchs/Köstler*, AR-Wahl, Rn. 69, 233; *Krebs*, Interessenkonflikte, S. 13. Allerdings können auch unternehmensangehörige Arbeitnehmer oder Vertreter ausländischer Belegschaften als Gewerkschaftsvertreter in den Aufsichtsrat gewählt werden, vgl. hierzu *Wißmann* in: F/W/W, MitbestR, § 7 MitbestG, Rn. 38. Teils fallen die Gewerkschaftskandidaten auch durch , wie dies im Falle der SAP AG der Fall war, vgl. Süddeutsche Zeitung vom 21.07.2007, im Internet abrufbar unter *http://www.sueddeutsche.de/wirtschaft/910/343751/text/* [gelesen am 20.07.2010]: Die von den Gewerkschaften aufgestellten Kandidaten waren indes keine Gewerkschaftsfunktionäre. So wollten die Gewerkschaften wohl neutrale Kandidaten aufstellen, da sie nach der Initiative dreier

Das DrittelbG legt, abgesehen vom Erfordernis der Drittelrepräsentation der Arbeitnehmer, keine feste Anzahl von Aufsichtsratsmitgliedern fest. Vielmehr bleibt es bei der Bestimmung der Gesamtzahl der Aufsichtsratsmitglieder durch die Satzung nach § 95 AktG, wobei der Aufsichtsrat gem. § 95 Abs. 1 S. 1 AktG aus mindestens drei Mitgliedern bestehen muss. § 95 Abs. 1 S. 3 AktG bestimmt Höchstzahlen, die abhängig vom Grundkapital der Aktiengesellschaft sind. Das DrittelbG ermöglicht die Wahl anderer als unternehmensangehöriger Arbeitnehmervertreter nur, wenn mehr als zwei Arbeitnehmer in den Aufsichtsrat zu wählen sind, vgl. § 4 Abs. 2 DrittelbG. So können auch bspw. Gewerkschaftsfunktionäre, leitende Angestellte, oder Arbeitnehmer ausländischer Tochtergesellschaften als Vertreter in den Aufsichtsrat gewählt werden[240], wobei es sich bei diesen in der Praxis meist um Gewerkschaftsvertreter handeln dürfte[241]. Allerdings haben die Gewerkschaften kein Vorschlagsrecht, sondern nur die in § 6 DrittelbG genannten Arbeitnehmer und Betriebsräte. In gem. DrittelbG mitbestimmten Unternehmen haben die Gewerkschaften daher de iure geringeren Einfluss als in gem. MitbestG mitbestimmten Unternehmen.

Weder das MitbestG noch das DrittelBG halten für international tätige Konzerne mit Verwaltungssitz im deutschen Inland eine Regelung bereit, nach der auch ausländische Arbeitnehmer an der Wahl der Arbeitnehmervertreter zum Aufsichtsrat zu beteiligen sind[242], um so auch die Wahl ausländischer Arbeitnehmervertreter in den Aufsichtsrat zu ermöglichen. Mit Blick auf Unternehmen, die einen Großteil ihrer Arbeitnehmer im Ausland beschäftigen, wäre eine Einbeziehung auch ausländischer Arbeitnehmer in die Interessenvertretung im Aufsichtsrat deshalb dringend notwendig.[243] Das Problem ist in Deutschland bekannt und wird schon seit Längerem diskutiert.[244] Das mangelnde Engagement

---

gewerkschaftlich organisierter Arbeitnehmer zur Errichtung des Betriebsrats „neu etabliert" waren, scheiterten aber möglicherweise am noch mangelnden Rückhalt der Belegschaft.

239 Vgl. zu Einzelheiten *Wißmann* in: Münch Hdb ArbR, § 280, Rn. 4.

240 *Henssler* in: U/H/H, MitbestR, § 4 DrittelbG, Rn. 13.

241 *Hueck/Windbichler*, GesR, § 28, Rn. 18.

242 *Windbichler*, Cheers and Boos, S. 507, 523.

243 Die bislang einzig bekannten Fälle von Vertretern ausländischer Arbeitnehmer in einem deutschen Aufsichtsrat war die aufeinander folgende Entsendung der Gewerkschafter Nate Gooden, des früheren Vizepräsidenten, und Ron Gettelfinger, des jetzigen Präsidenten der mächtigen US-amerikanischen Automobilarbeitergewerkschaft **UAW**, in den Aufsichtsrat der damaligen Daimler-Chrysler AG. Die Entsendung erfolgte jedoch aufgrund einer Vereinbarung mit der IG Metall, die jeweils auf einen der ihr zustehenden Sitze verzichtete; vgl. hierzu Bericht des Handelsblatts vom 03.07.2006, im Internet abrufbar unter *http://www.handelsblatt.com/unternehmen/management/koepfe/us-autogewerkschaft-entsendet-ihren-chef-in-daimler-aufsichtsrat/2675380.html* [gelesen am 20.07.2010].

244 Vgl. hierzu *Raiser*, Gutachten B für den 66. DJT, S. B 62ff sowie *Koberski* in: F/W/W, MitbestR, § 3 MitbestG, Rn. 28ff.

des deutschen Gesetzgebers kann so möglicherweise mit der Komplexität und Vielschichtigkeit internationaler Sachverhalte, die für einen nationalen Gesetzgeber besonders schwierig zu lösen sind, erklärt werden. In Schweden verhält es sich ähnlich, ausländische Arbeitnehmervertreter können *de lege lata* nicht in den Verwaltungsrat gewählt werden.[245]

Mit Blick auf die Regelung in § 9 LSA, der zufolge die Arbeitnehmervertreter im Verwaltungsrat dem Unternehmen angehören sollen, ist nach der Motivation des deutschen Gesetzgebers zu fragen, ein System zu schaffen, welches externen Gewerkschaftseinfluss im Aufsichtsrat der vom MitbestG erfassten Gesellschaften vorschreibt. Das gewerkschaftliche Vorschlagsrecht geht auf die Empfehlungen der Mitbestimmungskommission zurück, deren Anhörungen zufolge sich die Existenz externer Arbeitnehmervertreter in wichtigen Fragen der Unternehmenspolitik, insbesondere bei Konflikten zwischen kurz- und langfristigen Unternehmensinteressen, positiv zum Wohl des Unternehmens ausgewirkt hätten.[246] Im Ausschussbericht des 11. Bundestagsausschusses wurde zur Begründung des Vorschlagsrechts der Gewerkschaften angeführt, dass zu einer gleichberechtigten und gleichgewichtigen Beteiligung der Arbeitnehmer in Aufsichtsräten auch die Teilnahme von Vertretern der überbetrieblich organisierten Arbeitnehmerschaft, also der Gewerkschaften gehöre. Die Mehrheit des Ausschusses berief sich darauf, dass die Beteiligung von Gewerkschaftsvertretern gerade wegen ihrer Unabhängigkeit ein wichtiges Element der Mitbestimmung im Aufsichtsrat darstelle.[247] Das Bundesverfassungsgericht (**BVerfG**) hat das Vorschlagsrecht der Gewerkschaften im sog. Mitbestimmungsurteil nicht beanstandet, als es über die Verfassungsmäßigkeit des Mitbestimmungsgesetzes zu entscheiden hatte.[248] Das zwingende Vorschlagsrecht der Gewerkschaften und die daraus folgende Wahl externer Gewerkschaftsvertreter in den Aufsichtsrat werden in der Lehre teils als problematisch betrachtet. Zwar sei der von den Gewerkschaften eingebrachte Sachverstand vielfach sinnvoll und daher zu begrüßen. Es bestehe aber die Gefahr, dass gewerkschaftstaktische Überlegungen, die mit dem originären Unternehmensinteresse nicht deckungsgleich seien, Verhandlungen im Aufsichtsrat belasteten.[249] Angesichts des sinkenden Organisati-

245 Vgl. hierzu *Fahlbeck*, Employee Participation, S. 40.

246 So mit Bezug auf die Erfahrungen in gem. MontanMitbestG mitbestimmten Unternehmen die Mitbestimmungskommission, *Mitbestimmung im Unternehmen* (1970), S. 190.

247 Vgl. hierzu und zu der abweichenden Auffassung der Ausschussmitglieder der CDU/CSU, die die Arbeitnehmer darüber befinden lassen wollten, ob neben unternehmensangehörigen Arbeitnehmervertretern auch externe Gewerkschaftsvertreter in den Aufsichtsrat gewählt werden sollten BT-Drucks. 7/4845, S. 5.

248 BVefrGE 50, 290, 369ff = NJW 1979, S. 699, 706f.

249 *Henssler* in: U/H/H, MitbestR, § 7 MitbestG, Rn. 56. Vgl. hierzu das Praxisbeispiel von *Schneevoigt*, ZfA 2005, S. 233, 236, das die Einführung eines 7-Tage-Schichtbestriebs bei IBM zum Gegenstand hat: „Nach einiger Zeit stellte sich aller-

onsgrades deutscher Arbeitnehmer wird zudem eine erneute Überprüfung der Rechtfertigung des Vorschlagsrechts der Gewerkschaften – insbesondere in Unternehmen, deren Belegschaften kaum organisiert sind – gefordert.[250]

Bezüglich des Wahlverfahrens (§§ 10 ff des MitbestG bzw. §§ 5 ff des DrittelBG) sei lediglich angemerkt, dass das MitbestG in Unternehmen mit weniger als 8000 Arbeitnehmern die unmittelbare Wahl der Arbeitnehmervertreter, in Unternehmen mit mehr als 8000 Arbeitnehmern die Wahl durch Delegierte vorsieht. Das aufwendige Wahlverfahren ist für die betroffenen Unternehmen sehr kompliziert sowie zeit- und kostenintensiv.[251] Das DrittelbG sieht die unmittelbare Wahl der Arbeitnehmervertreter vor. Zu Einzelheiten sei auf die Literatur verwiesen.[252]

3. Innere Ordnung, Beschlussfassung und Zuständigkeiten des Aufsichtsrats

Die innere Ordnung des Aufsichtsrats ist zum einen im AktG (§§ 107 – 110) geregelt. Für vom MitbestG erfasste Gesellschaften enthalten die §§ 25 ff MitbestG ebenfalls Vorschriften über die Ordnung sowie die Rechte und Pflichten des Aufsichtsrats. In § 25 Abs. 1 Nr. 1 MitbestG wird für die AG auf die Vorschriften des Aktiengesetzes verwiesen, soweit nicht die Regelungen des MitbestG vorrangig anwendbar sind.

Gem. DrittelbG sind für die AG die Vorschriften des AktG über die innere Ordnung, Beschlussfassung und Zuständigkeiten des Aufsichtsrats kraft Rechtsform anwendbar, weshalb für Aktiengesellschaften, die vom DrittelbG erfasst sind, auf die Ausführungen zu § 25 MitbestG verwiesen werden kann.[253]

---

dings heraus, dass die Interessenlagen der Arbeitnehmervertreter im Aufsichtsrat – insbesondere der Gewerkschaften – sich fundamental von der Interessenlage bestimmter Kreise der Produktionsmitarbeiter unterschied. […] Die IG Metall […] lehnte aus prinzipiellen Gründen in der Metallwirtschaft eine kontinuierliche Schichtarbeit ab […].“

250 *Buchner*, ZfA 2006, S. 597, 599f.

251 Eindringlich *Henssler*, Arbeitnehmermitbestimmung, S. 133, 144. Die Vertreter der Unternehmen der *Kommission zur Modernisierung der Unternehmensmitbestimmung* (2006), S. 62, schlagen in ihrer Stellungnahme anstatt der Delegiertenwahl die Einführung einer Urwahl vor; vgl. weiter Pressemitteilung des Instituts der Deutschen Wirtschaft Köln vom 21.2.2007 (Anlage), im Internet abrufbar unter *http://www.etracker.de/lnkcnt.php?et=lKbSM9&url=http://www.iwkoeln.de/Portals/0/PDF/pm07_07.pdf&lnkname=pm07_07.pdf* [gelesen am 20.07.2010]: „In großen Konzernen kostet die Wahl des Aufsichtsrats einige Millionen Euro.“

252 Zum MitbestG: *Henssler* in: U/H/H, MitbestR, § 9 ff MitbestG; zum DrittelBG: *Henssler* in: U/H/H, MitbestR, DrittelbG, § 5 ff DrittelbG.

253 *Kleinsorge* in: F/W/W, MitbestR, § 1 DrittelBG, Rn. 3.

a. Vorsitz und stellvertretender Vorsitz

Der Aufsichtsrat hat gem. § 107 Abs. 1 AktG nach näherer Bestimmung der Satzung aus seiner Mitte einen Vorsitzenden und mindestens einen Stellvertreter zu wählen. Für die Wahl ist die einfache Stimmenmehrheit erforderlich, soweit die Satzung nichts anderes bestimmt.[254] Das MitbestG enthält allerdings Sonderbestimmungen für die Wahl des Aufsichtsratsvorsitzenden und des stellvertretenden Aufsichtsratsvorsitzenden. Gem. dessen § 27 Abs. 1 werden diese jeweils mit Zwei-Drittel-Mehrheit der Stimmen der Mitglieder gewählt. Bei Nichterreichen der Mehrheit wählen die Anteilseignervertreter und die Arbeitnehmervertreter den Aufsichtsratsvorsitzenden und dessen Stellvertreter jeweils getrennt mit einfacher Stimmenmehrheit, § 27 Abs. 2 MitbestG. In der Praxis ist der Aufsichtsratsvorsitzende mitbestimmter Gesellschaften nahezu ausnahmslos ein Anteilseignervertreter, der stellvertretende Vorsitzende ist meist ein Arbeitnehmervertreter.

Das DrittelbG sieht keine besonderen Vorschriften für die Wahl des Aufsichtsratsvorsitzenden und dessen Stellvertreter vor. Es bleibt bei der Regelung des § 108 Abs. 1 AktG.

Eine herausgehobene Rolle im Aufsichtsrat spielt dessen Vorsitzender. Das Aktiengesetz regelt die Aufgaben und Befugnisse des Aufsichtsratsvorsitzenden nur unzureichend, allerdings setzt es die üblichen Befugnisse des Leiters eines Kollegialorgans voraus[255]. Zu den wichtigsten Aufgaben und Befugnissen des Aufsichtsratsvorsitzenden gehört die Koordination und Leitung der Tätigkeit des Aufsichtsrats und die Repräsentation des Aufsichtsrats gegenüber anderen Gesellschaftsorganen.[256] Der Aufsichtsratsvorsitzende ist daher vor allem der Ansprechpartner des Vorstands und hat mit diesem in ständigem Kontakt zu stehen.[257]

Der infolge der *Corporate Governance*-Debatte[258] erlassene *Deutsche Corporate Governance Kodex* (**DCGK**[259]) hebt so auch die Rolle des Aufsichtsrats-

---

254 *Hüffer*, AktG, § 107 AktG, Rn. 3.

255 *Habersack* in: Münch Komm AktG, § 107 AktG, Rn. 46ff.

256 *Drygala* in: Schmidt/Lutter, AktG, § 107 AktG, Rn. 18ff.

257 *Lutter/Krieger*, Rechte und Pflichten des Aufsichtsrats, Rn. 678.

258 Der englische Begriff *Corporate Governance* kann mit Unternehmensverfassung ins Deutsche übersetzt werden. Die Corporate Governance-Diskussion hat die Steuerungs- und Kontrollmechanismen in Aktiengesellschaften zum Gegenstand, wobei nicht nur Rechtsregeln, sondern auch wirtschaftliche und andere Anreize, Gepflogenheiten und Empfehlungen mit einbezogen werden; vgl. zum Ganzen *Hueck/Windbichler*, GesR, § 1, Rn. 10, § 25, Rn. 40ff.

259 Vgl. zur Entstehungsgeschichte des DCGK *Ringleb* in: DCGK-Komm, Vorbem., Rn. 1ff. Der Kodex wird jährlich aktualisiert, und börsennotierte Aktiengesellschaften müssen gem. § 161 AktG jährlich erklären, dass den Empfehlungen des Kodex entsprochen wurde, und welche Empfehlungen des Kodex nicht angewendet wurden oder werden (sog. *comply or explain*-Prinzip). Der DCGK stellt laut Präambel wesentliche

vorsitzenden hervor. Dieser koordiniert gem. Ziff. 5.2 Abs. 1 des DCGK die Arbeit im Aufsichtsrat, leitet dessen Sitzungen und nimmt die Belange des Aufsichtsrats nach außen wahr. Ihm obliegt die ständige Kontaktpflege mit dem Vorstand, insbesondere dessen Vorsitzendem.

b. Beschlussfassung

Als Kollegialorgan entscheidet der Aufsichtsrat durch Beschluss, § 108 Abs. 1 AktG. Bestimmungen zur Beschlussfähigkeit können gem. § 108 Abs. 2 AktG in der Satzung geregelt werden. Allerdings enthält auch hier das MitbestG Sondervorschriften. Der Aufsichtsrat ist demnach nur beschlussfähig, wenn mindestens die Hälfte seiner Mitglieder an der Beschlussfassung teilnehmen, § 28 MitbestG.[260] Beschlüsse des Aufsichtsrats bedürfen gem. § 29 Abs. 1 MitbestG der Mehrheit der abgegebenen Stimmen. Gem. § 29 Abs. 2 MitbestG hat der Vorsitzende allerdings ein Doppelstimmrecht bei der erneuten Abstimmung über einen Gegenstand, wenn in zwei Abstimmungen nur Stimmengleichheit erreicht wurde. Das sog. Pattauflösungsverfahren stellt sicher, dass die Arbeit des Aufsichtsrats nicht aufgrund von Pattsituationen blockiert wird und gewährleistet so die Funktionsfähigkeit des Aufsichtsrats.[261] Das Doppelstimmrecht des Vorsitzenden war ein Grund, den das Bundesverfassungsgericht gegen die Verfassungswidrigkeit des MitbestG anführte.[262] Es führte aus, dass aufgrund der Zweitstimme des im Regelfall von den Anteileignervertretern gewählten Aufsichtsratsvorsitzenden und der inhomogenen Zusammensetzung der Arbeitnehmerbank nicht von einer paritätischen Mitbestimmung der Arbeitnehmer ausgegangen werden könne, die zu einer Verfassungswidrigkeit des Gesetzes führe.[263] Das Doppelstimmrecht des Aufsichtsratsvorsitzenden in Pattsituationen ist ein Grund dafür, dass im Rahmen des geltenden Rechts von einer *gleich*berechtigten und *gleich*gewichtigen Teilnahme der Arbeitnehmer an Entscheidungsprozessen im Unternehmen keine Rede sein kann.

Für das DrittelbG bleibt es mangels besonderer Vorschriften bei den Regelungen des Aktiengesetzes.

---

gesetzliche Vorschriften zur Überwachung deutscher börsennotierter Gesellschaften (Unternehmensführung) dar und erhält international und national anerkannte Standards guter Unternehmensführung. Der Kodex ist in der aktuellen Fassung im Internet abrufbar unter *http://www.corporate-governance-code.de/ger/download/kodex_2010/D_CorGov_Endfassung_Mai_2010.pdf* [gelesen am 20.07.2010].

260 Anders als § 108 Abs. 1 AktG, der satzungsdispositiv ist, als gesetzliche Auffangregelung aber ebenfalls die Anwesenheit mindestens der Hälfte der Mitglieder verlangt.

261 *Raiser/Veil*, MitbestG, § 29 MitbestG, Rn. 8.

262 BVerfGE 50, S. 290ff = NJW 1979, S. 699ff.

263 Vgl. hierzu *Wiedemann*, GesR, S. 707, 709f mit zahlreichen Literaturnachweisen.

Der DCGK empfiehlt in Ziff. 3.6 für mitbestimmte Aufsichtsräte, dass die Vertreter der Arbeitnehmer und die Vertreter der Aktionäre die Sitzungen des Aufsichtsrats jeweils gesondert vorbereiten sollen. Hierdurch wurde eine kritisierte, aber gängige Praxis mitbestimmter Aufsichtsräte in den Verhaltenskodex für börsennotierte Aktiengesellschaften aufgenommen, was die Praxis gewissermaßen zementiert. Zu kritisieren ist hieran, dass sich die Formulierung über den ansonsten geltenden Grundsatz der Gleichbehandlung aller Aufsichtsratsmitglieder hinwegsetzt.[264]

c. Sitzungen und Ausschüsse

In börsennotierten Aktiengesellschaften muss der Aufsichtsrat zwei Sitzungen pro Kalenderhalbjahr abhalten, § 110 Abs. 3 AktG. An den Sitzungen sollen nur Mitglieder des Vorstands und des Aufsichtsrats teilnehmen. Sachverständige und Auskunftspersonen können aber zur Beratung über einzelne Gegenstände hinzugezogen werden. Das MitbestG und das DrittelbG enthalten keine besonderen Vorschriften zu den Sitzungen des Aufsichtsrats.

Der Aufsichtsrat kann gem. § 107 Abs. 3 AktG aus seiner Mitte einen oder mehrere Ausschüsse bestellen, die – vom Gesetz beispielhaft aufgezählt – die Verhandlungen und Beschlüsse des Aufsichtsrats vorbereiten oder die Ausführung der Beschlüsse des Aufsichtsrats überwachen können. Die in § 107 Abs. 3 S. 2 AktG genannten Aufgaben können nicht an Ausschüsse delegiert werden. Daraus folgt im Umkehrschluss, dass der Aufsichtsrat in anderen Angelegenheiten Entscheidungsbefugnisse an Ausschüsse übertragen kann. In der Praxis am häufigsten werden Personalausschüsse, Aufsichtsratspräsidien und Ausschüsse für besondere Aufgaben wie Finanzen, Investitionen oder Kreditvergabe errichtet. Von immer größerer Bedeutung werden die aus dem US-amerikanischen Recht stammenden *Audit Committees* (Prüfungsausschüsse), die gesellschaftsinterne Kontrollsysteme und das Rechnungswesen überprüfen.[265] Die Einrichtung eines *Audit Committee* wird auch in Ziff. 5.3.2 des DCGK empfohlen.

Das MitbestG schreibt in dessen § 27 Abs. 3 die Bildung eines Vermittlungsausschusses vor, der aus dem Aufsichtsratsvorsitzenden und dessen Stellvertreter sowie jeweils einem Vertreter der Anteilseigner und der Arbeitnehmer besteht. Aufgabe des Ausschusses ist die Unterbreitung von Personalvorschlägen in dem Falle, dass im Aufsichtsrat keine Mehrheit für die Bestellung von Vorstandsmitgliedern gefunden wird. Im DrittelbG bleibt es bei den Regelungen des Aktiengesetzes.

---

264 *Windbichler*, Cheers and Boos, S. 507, 511; kritisch ebenso *Schiessl*, ZHR 167 (2003), S. 235, 240 mwN.

265 *Drygala* in: Schmidt/Lutter, AktG, § 107 AktG, Rn. 32.

d. Zuständigkeiten

Die Hauptaufgaben des Aufsichtsrats sind die Bestellung und Abberufung des Vorstands und die laufende Überwachung seiner Geschäftsführung, vgl. §§ 84, 111 AktG. Der Vorstand einer Aktiengesellschaft hat gem. § 76 AktG unter eigener Verantwortung die Gesellschaft zu leiten, er ist also das geschäftsführende Organ der Aktiengesellschaft.[266]

Vorstandsmitglieder werden vom Aufsichtsrat gem. § 84 Abs. 1 AktG auf höchstens fünf Jahre bestellt. Der Aufsichtsrat entscheidet über die Bestellung durch Beschluss gem. § 108 AktG.[267] Das MitbestG legt in § 31 Abs. 2 eine Zwei-Drittel-Mehrheit bei Beschlüssen des Aufsichtsrats zur Bestellung von Vorstandsmitgliedern fest. Kommt eine Bestellung nach § 31 Abs. 2 MitbestG nicht zustande, hat der eben erwähnte Vermittlungsausschuss zusammenzutreten und dem Aufsichtsrat einen Vorschlag für die Bestellung zu machen. Daraufhin entscheidet der Aufsichtsrat mit der einfachen Mehrheit der Stimmen seiner Mitglieder (§ 31 Abs. 3 MitbestG). Kommt auch im zweiten Abstimmungsverfahren keine Mehrheit zustande, hat der Aufsichtsratsvorsitzende das Doppelstimmrecht. Trotz dieses Vermittlungsverfahrens kann sich die Anteilseignerseite anlässlich von Personalentscheidungen im Konfliktfall also gegen die Arbeitnehmerseite durchsetzen. In der Praxis wird jedoch versucht, Entscheidungen im Einvernehmen zu treffen.[268] Hierbei muss immer bedacht werden, dass ein Vorstandsmitglied, das gegen den erklärten Willen der Arbeitnehmervertreter ernannt wird, mit Akzeptanz- und Durchsetzungsproblemen im Unternehmen wird rechnen müssen.

Der Aufsichtsrat hat gem. § 111 Abs. 1 AktG die Geschäftsführung zu überwachen. Neben der nachträglichen (vgl. die Einsichts- und Prüfungsrechte in § 111 Abs. 2 S. 1 AktG) und vorbeugenden Kontrolle der Geschäftsführung ist von der Vorschrift die ständige Diskussion mit dem Vorstand sowie die Beratung des Vorstands und die Mitwirkung an der Formulierung der wesentlichen Geschäftspolitik umfasst.[269] Dies darf aber nicht dazu führen, dass der Aufsichtsrat die eigentliche Geschäftsführung an sich zieht, vgl. § 111 Abs. 4 S. 1 AktG. Aus der mittlerweile immer stärkeren Betonung einer präventiven Kontrolle durch den Aufsichtsrat folgt zwangsläufig eine Machtverschiebung vom Vorstand hin zum Aufsichtsrat[270], bzw. – je nach Betrachtungsweise – eine „Re-

---

266 *Henze*, BB 2000, S. 209ff.

267 *Hüffer*, AktG, § 84, Rn. 3.

268 *Henssler*, Arbeitnehmermitbestimmung, S. 133, 141, laut dem die Ausübung des Doppelstimmrechts bislang Extremkonstellationen vorbehalten blieb.

269 Vgl. *Drygala* in: Schmidt/Lutter, AktG, § 111 AktG, Rn. 1ff mwN; zur Beratungspflicht des Aufsichtsrats grundlegend BGHZ 114, 127, 129 f = BB 1991, 1068 ff; einen Überblick über die neuere Rechtsprechung des BGH gibt *Henze*, BB 2005, S. 165ff.

270 *Hopt/Roth* in: Großkomm AktG, § 111 AktG, Rn.58 mwN.

vitalisierung“ des Gesellschaftsorgans Aufsichtsrat[271]. Dementsprechend bezeichnet es der DCGK in Ziff. 5.1.1 als die Aufgabe des Aufsichtsrats, den Vorstand bei der Leitung des Unternehmens regelmäßig zu beraten und zu überwachen. Der Aufsichtsrat hat gem. § 77 Abs. 2 AktG das Recht, für den Vorstand eine Geschäftsordnung zu erlassen. Hierdurch kann er auf die Rahmenbedingungen von Entscheidungsprozessen und deren Transparenz Einfluss nehmen.[272]

Um die Überwachung der Geschäftsführung des Vorstands durch den Aufsichtsrat sicherzustellen, stehen dem Aufsichtsrat umfangreiche Informations- sowie Einsichts- und Prüfungsrechte gegenüber dem Vorstand zu.[273] Der Vorstand ist deshalb zur regelmäßigen Information des Aufsichtsrats über die in § 90 AktG genannten Angelegenheiten verpflichtet. Hierzu gehören Berichte über die beabsichtigte Geschäftspolitik und andere grundsätzliche Fragen der Unternehmensplanung (Nr. 1), über die Rentabilität der Gesellschaft (Nr. 2), über den Gang der Geschäfte, insbesondere den Umsatz und die Lage der Gesellschaft (Nr. 3) sowie über Geschäfte, die für die Rentabilität oder Liquidität der Gesellschaft von erheblicher Bedeutung sein können (Nr. 4). Gem. § 111 Abs. 2 AktG ist der Aufsichtsrat berechtigt, die Bücher und Schriften der Gesellschaft sowie die Vermögensgegenstände, namentlich die Gesellschaftskasse und die Bestände an Wertpapieren und Waren, einzusehen und zu prüfen.

§ 111 Abs. 4 S. 1 AktG bestimmt, dass Maßnahmen der Geschäftsführung dem Aufsichtsrat nicht übertragen werden dürfen. Allerdings hat gem. § 111 Abs. 4 S. 2 AktG die Satzung oder der Aufsichtsrat zu bestimmen, dass bestimmte Arten von Geschäften nur mit seiner Zustimmung vorgenommen werden dürfen. Hierbei hat sich der Aufsichtsrat inhaltlich von dem Ziel des Transparenz- und Publizitätsgesetzes vom 19.07.2002 leiten zu lassen, die grundlegenden unternehmensbedeutsamen Maßnahmen und Geschäfte zu erfassen.[274] Trotz der im Einzelfall schwierig zu beantwortenden Frage, welche Maßnahmen des Vorstands grundlegend sind, besteht Einigkeit darüber, dass entsprechend der Empfehlung in Ziff. 3.3 des DCGK nur Geschäfte von grundlegender Bedeutung für die Aktiengesellschaft, insbesondere bei fundamentaler Veränderung der Vermögens-, Finanz-, und Ertragslage, erfasst werden sollen.[275] Hierzu gehören bspw. die Unternehmensplanung, die Festlegung und Änderung der Unternehmens- und Konzernorganisation, die Gründung von Tochtergesellschaften

271 *Seibert*, AG 2002, S. 417, 419. Nach BGHZ 135,244, 253 f. = BB 1997, 1169 ff (ARAG/Garmenbeck) muss dem Vorstand insbesondere bei unternehmerischen Entscheidungen ein breiter Handlungsspielraum zugebilligt werden. Dieser als „business judgement rule“ bezeichnete Spielraum ist mittlerweile in § 93 Abs. 1 S. 2 AktG kodifiziert.

272 *Hueck/Windbichler*, GesR, § 28, Rn. 32.

273 *Habersack* in: MünchKomm AktG, § 111 AktG, Rn. 12.

274 Begr. RegE BT-Drucks. 14/8769, S. 17.

275 *Spindler* in: Spindler/Stilz, AktG, § 111 AktG, Rn. 68.

oder Niederlassungen ab einer gewissen Größenordnung, der Erwerb oder die Veräußerung von Unternehmen oder Unternehmensteilen ab einer gewissen Größenordnung sowie die Aufnahme und Gewährung von Krediten, Anleihen und sonstigen Finanzinstrumenten ab einer gewissen Größenordnung.[276]

Im weiteren Sinn zur Überwachungsaufgabe des Aufsichtsrats gehört die Prüfung des Jahresabschlusses, des Lageberichts und des Gewinnverwendungsvorschlags. Hierzu sowie zu weiteren gesetzlichen Aufgaben des Aufsichtsrats sei auf die Literatur verwiesen.[277]

e. Arbeitsdirektor

In vom Anwendungsbereich des MitbestG erfassten Gesellschaften ist gem. § 33 MitbestG ein Arbeitsdirektor als gleichberechtigtes Mitglied des zur gesetzlichen Vertretung des Unternehmens befugten Organs zu bestellen. Beim Arbeitsdirektor handelt es sich in Aktiengesellschaften um den Personalvorstand, dessen Zuständigkeiten vor allem im Personal- und Sozialbereich liegen.[278] Angesichts der rechtlichen Stellung als vollwertiges Vorstandsmitglied[279] kann der Arbeitsdirektor trotz seiner aufgabenbedingten Mittlerrolle zwischen Vorstand und Belegschaft – trotz seiner in Unternehmen mit hohem Organisationsgrad der Belegschaft oft gewerkschaftlichen Herkunft - nicht als Organ der Mitbestimmung gewertet werden.[280] Mangels Sondervorschriften im MitbestG ist der Arbeitsdirektor im gleichen Verfahren wie die übrigen Vorstandsmitglieder zu bestellen.

4. Rechtsstellung der Arbeitnehmervertreter

Bei der Erörterung der Rechtsstellung der Arbeitnehmervertreter ist teilweise zwischen (internen) Arbeitnehmervertretern aus dem Unternehmen und (externen) Arbeitnehmervertretern der Gewerkschaften zu unterscheiden. Dies hat seinen Grund darin, dass Gewerkschaftsvertreter, die meist leitende Funktionäre ihrer Gewerkschaften sind, bei Wahrnehmung ihres Mandats als Arbeitnehmervertreter im Aufsichtsrat anderen Konfliktlagen ausgesetzt sind, als Arbeitnehmervertreter aus dem Unternehmen, die meist (Konzern-/Gesamt-) Betriebs-

---

276 *Henze*, BB 2005, S. 165, 167.

277 *Hopt/Roth* in: Großkomm AktG, § 111 AktG, Rn. 150ff.

278 *Henssler* in: U/H/H, MitbestR, § 33 MitbestG, Rn. 1; vgl. ausführlich zu den Aufgaben des Arbeitsdirektors *Gach* in: MünchKomm AktG, § 33 MitbestG, Rn. 29ff.

279 *Oetker* in: Erf Komm ArbR, § 33 MitbestG, Rn. 4, 6.

280 *Koberski* in: F/W/W, MitbestR, § 33 MitbestG, Rn. 12; **a.A.** *Raiser/Veil*, MitbestG, § 33 MitbestG, Rn. 14.

ratsmitglieder/vorsitzende sind[281]. Bei Gewerkschaftsvertretern treten sog. koalitionsspezifische Interessenkonflikte in den Vordergrund, bei Arbeitnehmern aus dem Unternehmen handelt es sich um andere (nicht-koalitionsspezifische) Interessenkonflikte. Eine Unterscheidung zwischen MitbestG und DrittelbG ist hierbei nicht erforderlich, da sich die Konflikte der unternehmensangehörigen Arbeitnehmervertreter nicht unterscheiden. Konflikte von Gewerkschaftsvertretern, die in vom DrittelbG erfasste Gesellschaften gewählt werden, sind ebenso dieselben wie die derjenigen, die in vom MitbestG erfasste Gesellschaften gewählt werden. Dass das Konfliktpotenzial in von DrittelbG erfassten Gesellschaften aufgrund geringerer Zahl der Arbeitnehmervertreter im Vergleich zum MitbestG insgesamt abgeschwächt ist, ändert an den typischen Konfliktlagen für die Arbeitnehmervertreter nichts.

a. Grundsatz der Gleichbehandlung

Arbeitnehmervertreter haben im Aufsichtsrat dieselben Rechte und Pflichten wie die Vertreter der Anteilseigner. Leitbild des Gesetzgebers schon vor Erlass des MitbestG war die Homogenität des Aufsichtsrats und der Grundsatz der gleichen Rechte und Pflichten seiner Mitglieder.[282] Auch nach Erlass des MitbestG wollte der Gesetzgeber nicht von einem homogenen Aufsichtsrat mit gleichberechtigten Mitgliedern abrücken.[283] Über die Fälle hinaus, in denen das MitbestG zwischen den Arbeitnehmer- und Anteilseignervertretern unterscheidet, ist eine Begünstigung oder Benachteiligung von Aufsichtratsmitgliedern mit Rücksicht auf ihre Gruppenzugehörigkeit nach der Rechtsprechung des BGH daher unzulässig.[284] Abgesehen von den Sonderregelungen der §§ 27 Abs. 2, 3, 29 Abs. 2, 31 Abs. 4, 32 kennt das MitbestG also kein „Bänkeprinzip".[285] Der Gleichbehandlungsgrundsatz wird daher als unabdingbares Merkmal der in das bestehende

---

281 *Wißmann* in: F/W/W, MitbestR, Vorbem. MitbestG, Rn. 10 unter Hinweis auf vereinzelte Stimmen in der Literatur, die die Mitgliedschaft von Betriebsräten im Aufsichtsrat ausschließen wollen; *Rieble* in: Zukunft der Unternehmensmitbestimmung, S. 23f, spricht von „fast schon institutionalisierter Personalunion."

282 *Hopt/Roth* in: Großkomm AktG, § 107 AktG, Rn. 7, mit Hinweis auf die Entstehungsgeschichte des § 107 AktG.

283 *Mertens* in: KK AktG, Anh. § 107 B § 25 MitbestG, Rn. 5.

284 BGHZ 83, 106, 120 (Siemens), 83, 154 (Bilfinger & Berger), 85, 293, 300 (Hertie), bestätigt in BGHZ 99, 211, 216; kritisch *Lutter*, FS BGH, S. 321, 329f.

285 *Hopt/Roth* in: Großkomm AktG, § 107 AktG, Rn.8. **A.A.** *Ulmer/Habersack* in: U/H/H, MitbestR, § 25 MitbestG, Rn. 11, 76, denen zufolge sich der Gleichbehandlungsgrundsatz zwar auf die einzelnen Aufsichtsratsmitglieder, nicht aber auf die Gleichbehandlung beider Gruppen bezieht. Diese geben aber zu, dass der Gleichbehandlungsgrundsatz einer auf Satzung oder Aufsichtsratsgeschäftsordnung beruhenden, sachlich nicht gerechtfertigten Differenzierung nach Gruppenzugehörigkeit entgegensteht.

Gesellschaftsrecht eingefügten Mitbestimmung bezeichnet.[286] Relevant wird er vor allem im Rahmen der Besetzung von Ausschüssen. Nach der Rechtsprechung des BGH sind Satzungsbestimmungen unzulässig, wenn sie nur dazu dienen, zwingendes Mitbestimmungsrecht nach dessen Sinn und Zweck zu unterlaufen oder zu umgehen.[287] Gleiches gilt für Satzungen, die es vorschreiben oder verbieten, einen oder mehrere Ausschüsse mit bestimmten Aufgaben und einer bestimmten personellen Besetzung zu errichten.[288] Die imparitätische Zusammensetzung eines Ausschusses ist dann unzulässig, wenn es für die Abweichung vom Paritätsprinzip an einem sachlich gerechtfertigten Grund fehlt.[289] Zusammenfassend lässt sich sagen, dass Geschäftsordnungsregelungen, die Arbeitnehmervertreter generell von der Mitgliedschaft in Ausschüssen ausschließen, oder die „imparitätische Schlüssel" für die Sitzverteilung festlegen, unzulässig sind. Demgegenüber unbedenklich ist eine auf sachlichen Erwägungen beruhende, an den Aufgaben des jeweiligen Ausschusses und den Qualifikationen der Aufsichtsratsmitglieder orientierte Abweichung.[290] Eine zwingende Repräsentation der Arbeitnehmervertreter in sämtlichen Ausschüssen[291] lässt sich aus dem MitbestG aber nicht herleiten.

b. Weisungsfreiheit

Arbeitnehmervertreter sind im Rahmen ihrer Tätigkeit, wie auch die Vertreter der Anteilseigner, nicht weisungsgebunden.[292] Weisungen der Belegschaft, der Betriebsräte oder der Gewerkschaften an die Arbeitnehmervertreter sind somit rechtlich ausgeschlossen.[293] Gleiches gilt für den Vorstand der Aktiengesellschaft.[294] Soweit ein Beteiligungsrecht des Betriebsrats anlässlich von Betriebsänderungen besteht, sind dessen Entscheidungen für die Arbeitnehmervertreter im Aufsichtsrat rechtlich nicht bindend.[295]

---

286 *Koberski* in: F/W/W, MitbestR, § 25 MitbestG, Rn. 76.

287 BGHZ 83, 144ff.

288 BGHZ 83, 106ff.

289 BGHZ 122, 357ff.

290 Vgl. hierzu die Ausführungen von *Ulmer/Habersack* in: U/H/H, MitbestR, § 25 MitbestG, Rn. 127ff.

291 Laut *Henssler*, Arbeitnehmermitbestimmung, S. 133, 143, sitzen in Kreditausschüssen von Unternehmen der Kreditwirtschaft teils keine Arbeitnehmervertreter.

292 *Oetker* in: Großkomm AktG, § 25 MitbestG, Rn. 27.

293 *Koberski* in: F/W/W, MitbestR, § 25 MitbestG, Rn. 77.

294 BAG, Urteil vom 27.9.1957 – 1 AZR 493/55 = AP KSchG § 13 Nr. 7.

295 *Raiser/Veil*, MitbestG, § 25 MitbestG, Rn. 121; vgl. ausführlich zur Weisungsfreiheit *Ulmer/Habersack* in: U/H/H, MitbestR, § 25 MitbestG, Rn. 78ff: Demnach ist die Unzulässigkeit der Weisungsbindung auf alle Formen der Weisungsbindung auszudehnen, was bspw. für Vertragsstrafen ebenso wie für Stimmbindungsverträge gilt.

c. Sorgfaltspflicht der Aufsichtsratsmitglieder im Allgemeinen und Verschwiegenheitspflicht im Besonderen

Gem. § 116 i.V.m. § 93 AktG haben die Aufsichtsratsmitglieder bei ihrer Tätigkeit die Sorgfalt anzuwenden, die für die ordentliche und gewissenhafte Erfüllung der Pflichten des Aufsichtsrats, insbesondere der Überwachungspflicht erforderlich ist.[296] Aufgrund ihrer Treuepflicht gegenüber der Gesellschaft müssen sich die Aufsichtsratsmitglieder im Rahmen ihrer Organtätigkeit loyal verhalten und das Unternehmensinteresse wahren.[297] Für externe Gewerkschaftsvertreter werden im Zusammenhang mit der Treuepflicht gegenüber der Gesellschaft Interessenkonflikte aufgrund gleichzeitiger Funktionärstätigkeit für Gewerkschaften, für unternehmensangehörige Arbeitnehmervertreter werden Interessenkonflikte aufgrund gleichzeitigen Betriebsratsamts relevant. Diese Konfliktsituationen der Arbeitnehmervertreter werden nachfolgend gesondert erörtert. Zu näheren Erläuterungen der Sorgfalts- und Treuepflichten der Aufsichtsratsmitglieder im Allgemeinen sei auf die Literatur verwiesen.[298]

Die von der Sorgfaltspflicht umfasste Verschwiegenheitspflicht der Aufsichtsratsmitglieder kann für Arbeitnehmervertreter oft zu Konfliktlagen führen. Gem. § 116 S. 1 i.V.m. § 93 Abs. 1 S. 3 AktG haben Aufsichtsratsmitglieder über vertrauliche Angaben und Geheimnisse[299] der Gesellschaft, namentlich Betriebs- oder Geschäftsgeheimnisse, die ihnen durch ihre Tätigkeit im Aufsichtsrat bekannt geworden sind, Stillschweigen zu bewahren. Schutzzweck der Vorschriften ist das Geheimhaltungsinteresse des Unternehmens.[300] Gem. § 116 S. 2 AktG sind Aufsichtsratsmitglieder insbesondere zur Verschwiegenheit über erhaltene vertrauliche Berichte und vertrauliche Beratungen verpflichtet. Ziel des durch das TransPuG neu eingefügten § 116 S.2 AktG war die ausdrückliche Regelung der schon vorher allgemein angenommenen Verschwiegenheitspflicht von Aufsichtsratsmitgliedern.[301] Die Verschwiegenheitspflicht der Aufsichts-

---

296 *Hoffmann-Becking* in: Münch Hdb GesR, § 33, Rn. 58.

297 Vgl. hierzu *Hopt/Roth* in: GroßKomm AktG, § 116 AktG, Rn. 173ff; *Mertens* in: KK AktG, § 116 AktG, Rn. 27.

298 *Habersack* in: MünchKomm AktG, § 116 AktG, Rn. 16ff (Sorgfaltspflichten), Rn. 43ff (Treuepflichten); *Drygala* in: Schmidt/Lutter, AktG, § 116 AktG, Rn. 3ff.

299 Vgl. ausführlich zu vertraulichen Angaben und Geheimnissen *Lutter*, Information und Vertraulichkeit, § 16, Rn. 451ff und § 15, Rn. 408ff.

300 *Koberski* in: F/W/W, MitbestR, § 25 MitbestG, Rn. 97.

301 *Hopt/Roth* in: Großkomm AktG, § 116 AktG, Rn. 215; vgl. hierzu Begr. RegE TransPuG BT Drucks 14/8769, S. 18: Bestehe auch nur ein latenter Verdacht, wichtige und noch nicht öffentliche, dem Aufsichtsrat zur Erfüllung seiner Kontrollaufgaben durch den Vorstand gegebene, vertrauliche Informationen könnten unmittelbar anschließend und zum Schaden der Gesellschaft an Medien, Analysten, Konkurrenten, politische Parteien, Organisationen oder Belegschaften weitergereicht werden, so führe dies dazu, dass die Vorstände Informationen nur zögerlich, nur mündlich oder nur dem Aufsichtsratsvorsitzenden gäben.

ratsmitglieder korrespondiert denn auch mit der umfassenden Informationspflicht des Vorstands gegenüber dem Aufsichtsrat (vgl. oben **B.II.3.**)[302], und sie gilt für Arbeitnehmer- und Anteilseignervertreter gleichermaßen.[303]

Arbeitnehmervertreter geben oft trotzdem – sei es aus wahltaktischen Gründen, sei es, um die Pläne des Vorstands zur Beschäftigungspolitik zu stören – geheimhaltungsbedürftige Informationen an die Belegschaft weiter.[304] Dass dies nicht rechtmäßig ist, folgt schon aus der Tatsache, dass die Mitglieder des Aufsichtsrats gesellschaftsrechtlich nicht befugt sind, die Belegschaft zu informieren. Dies ist Geschäftsführung und nicht Überwachung, und daher Aufgabe des Vorstands.[305]

Gleiches gilt für die Informationsweitergabe durch Aufsichtsratsmitglieder an den Betriebsrat[306], da letzterer ohnehin eigene Informationsrechte (bspw. aus § 80 Abs. 2 BetrVG oder im Zusammenhang mit seinen jeweiligen Beteiligungsrechten) gegenüber dem Vorstand hat[307]. Unproblematisch erscheint aber die Kommunikation zwischen Aufsichtsratsmitgliedern und dem Betriebsrat über vertrauliche Angelegenheiten, wenn der Betriebsrat ohnehin informiert ist.[308] Nicht vernachlässigt werden darf in diesem Zusammenhang auch die Tatsache, dass Mitglieder der unternehmensangehörigen Arbeitnehmervertreter im Aufsichtsrat in der Praxis in den meisten Fällen (Gesamt-/Konzern-) Betriebsratsmitglieder/vorsitzende sind, die Betriebsräte also in vielen Fällen aufgrund Personenidentität zwangsläufig Kenntnis von den geheimhaltungsbedürftigen Informationen aus dem Aufsichtsrat haben.

Externe Gewerkschaftsvertreter sind, ebenso wie unternehmensangehörige Arbeitnehmervertreter, an die Verschwiegenheitspflicht gebunden. Sie dürfen ihre im Aufsichtsrat erworbenen Kenntnisse daher nicht in die Gewerkschaftsarbeit, insbesondere nicht in Tarifverhandlungen und Überlegungen zur Arbeitskampftaktik der Gewerkschaft, einbringen.[309] Gleichermaßen sind schließlich auch bspw. Bankenvertreter gegenüber ihrer Bank zur Verschwiegenheit ver-

---

302 *Habersack* in: MünchKomm AktG, § 116 AktG, Rn. 49.

303 BGHZ 64, 325 = NJW 1975, S. 1412, 1413; *Wißmann* in: Münch HdbArbR, § 380, Rn. 20 u. Fn. 80 mwN. **A.A.** *K/Z/M*, Aufsichtsratspraxis, Rn. 554ff, die Zweifel am Bestehen einer Treuepflicht der Aufsichtsratsmitglieder erkennen lassen. Akzeptierte man eine solche, folge daraus eine besondere Treuepflicht der Arbeitnehmervertreter gegenüber den von ihnen vertretenen Arbeitnehmern, was eine Ausdehnung der Verschwiegenheitspflicht zu Lasten berechtigter Informationsansprüche der Arbeitnehmer verbiete.

304 *Lutter/Krieger*, Rechte und Pflichten des Aufsichtsrats, Rn. 255 mwN.

305 *Habersack* in: Münch Komm AktG, § 116 AktG, Rn. 63.

306 *Hopt/Roth* in: Großkomm AktG, § 116 AktG, Rn. 222.

307 *Marsch-Barner* in: Semler/ v. Schenk, Arbeitshandbuch, § 12, Rn. 27.

308 *Mertens* in: KK AktG, Anh. § 117 B § 25 MitbestG, Rn. 10.

309 *Henssler*, Arbeitnehmermitbestimmung, S. 133, 150; *Hoffmann-Becking* in: Münch Hdb GesR, § 33, Rn. 46.

pflichtet, wenn sie als Aufsichtsratsmitglieder mit der Sanierung einer Gesellschaft, die vor der Insolvenz steht, befasst sind.[310]

d. Verpflichtung auf das Unternehmensinteresse

Leitlinie der Arbeit des Vorstands und des Aufsichtsrats ist das als Unternehmensinteresse bezeichnete Wohl der Gesellschaft, § 93 Abs. 1 S. 2 i.V.m. § 116 S. 1 AktG.[311] Der Vorstand leitet das Unternehmen gem. Ziff. 4.1.1 DCGK in eigener Verantwortung im Unternehmensinteresse. Gem. Ziff. 5.5.1 DCGK ist auch jedes Aufsichtsratsmitglied dem Unternehmensinteresse verpflichtet. Es darf bei seinen Entscheidungen weder persönliche Interessen verfolgen noch Geschäftschancen, die dem Unternehmen zustehen, für sich nutzen.

Der Verpflichtung der Verwaltungsorgane einer Gesellschaft auf das Unternehmensinteresse liegt nach h.M. eine interessenpluralistische Zielkonzeption zugrunde.[312] Begriff und Inhalt des Unternehmensinteresses allerdings beschäftigen die rechtswissenschaftliche Diskussion seit Jahrzehnten.[313] Das Unternehmensinteresse schließt, so viel ist unstreitig, nicht nur das Interesse der Anteilseigner an dauerhafter Rentabilität[314], sondern auch die Interessen der Arbeitnehmer, der Gläubiger, und der Allgemeinheit mit ein.[315] Die nachhaltige Be-

---

310 *Lutter/Krieger*, Rechte und Pflichten des Aufsichtsrats, Rn. 916; vgl. schon *Reuter*, RdA 1988, S. 280, 285f.

311 *Hopt/Roth* in: Großkomm AktG, § 111 AktG, Rn. 103; vgl. bereits *Mertens* in: KK AktG, § 116 AktG, Rn. 3; zum Begriff grundlegend *Zöllner*, Schranken, § 8, S. 67ff; so auch die Rechtsprechung: BVerfGE 50, 290, 374; BGHZ 36, 296, 306; BGH NJW 1979, 1823, 1826.

312 *Fleischer* in: Spindler/Stilz, AktG, § 76 AktG, Rn. 28 mit Hinweisen auf kritische Stimmen.

313 Vgl. zu einem Abriss der Diskussion *Fleischer* in: Spindler/Stilz, AktG, § 76 AktG, Rn. 24ff.

314 Hierzu *Spindler* in: Münch Komm AktG, § 76 AktG, Rn. 73ff, der betont, dass die Ausrichtung an Rentabilität nicht mit Gewinnmaximierung zu verwechseln sei.

315 *Hopt/Roth* in: Großkomm AktG, § 111 AktG, Rn. 103. *Lutter/Krieger*, Rechte und Pflichten des Aufsichtsrats, § 12, Rn. 893, bezeichnen das Unternehmensinteresse als Ergebnis einer Abwägung der verschiedenen betroffenen Individualinteressen im Einzelfall. Schon auf ein einheitliches Aktionärsinteresse abzustellen, bereitet angesichts verschiedener Aktionärspopulationen allerdings Schwierigkeiten, vgl. *Hueck/Windbichler*, GesR, § 25, Rn. 20 u. § 28, 13. Im Zusammenhang mit der Diskussion um das Unternehmensinteresse ist die Debatte anzuführen, ob Zielvorgabe für die Unternehmensleitung der *Shareholder-Value* oder der *Stakeholder-Value* ist. Der aus der ökonomischen Lehre stammende Begriff des *Shareholder Value* bezeichnet die Ausrichtung der Unternehmensleitung an den Interessen der Anteilseigner im Sinne einer Maximierung des Unternehmenswertes. Demgegenüber erbringen nach der *Stakeholder-Value-Theorie* verschiedene Anspruchsgruppen wie Arbeitnehmer, Kunden, Lieferanten und auch die allgemeine Öffentlichkeit Beiträge zur Leistung des Unter-

stands- und Ertragsfähigkeit wird als „verbindende Klammer“ der unterschiedlichen Interessen am und im Unternehmen bezeichnet.[316] Mittlerweile verpflichtet auch der DCGK den Vorstand in Ziff. 4.1.1, das Unternehmen unter Berücksichtigung der Belange der Aktionäre, seiner Arbeitnehmer und der sonstigen dem Unternehmen verbundenen Gruppen (Stakeholder) mit dem Ziel nachhaltiger Wertschöpfung zu leiten.

Es wird aber die Frage aufgeworfen, ob für die Mitglieder des Aufsichtsrats unterschiedliche Maßstäbe bei der Konkretisierung des Unternehmensinteresses anzulegen sind. Nach allgemeiner Ansicht sind die Arbeitnehmervertreter, ebenso wie die Vertreter der Anteilseigner, auf das Unternehmensinteresse verpflichtet.[317] Der Aufsichtsrat nämlich kann seine Funktion, den Bestand und Erfolg des Unternehmens zu sichern, nur wahrnehmen, wenn alle seine Mitglieder, die auf Anteilseigner- aber auch auf Arbeitnehmerseite verschiedenste Interessen vertreten können[318], einer gemeinsamen Verhaltensmaxime verpflichtet sind.[319] Die Verwaltungsorgane haben die Verpflichtung, den Bestand des Unternehmens zu erhalten, seine Ertragskraft zu fördern und Schaden von ihm abzuhalten.[320] Da das Unternehmensinteresse aber nicht unabhängig von den im Unternehmen zusammenwirkenden Interessen definiert werden kann, schließt es auch nicht die Geltendmachung von Individual- und Gruppeninteressen aus.[321] Aufgrund dieser Interessenpluralität, die vor allem im mitbestimmten Aufsichtsrat vorherrschend ist[322], können die Arbeitnehmer die besonderen Interessen ihrer Klientel – der Arbeitnehmer – in den Aufsichtsrat einbringen, da die Unternehmensmitbestimmung gerade das Ziel hat, die Interessen der Arbeitnehmer in die

---

nehmens und müssen daher an der Unternehmensleitung teilhaben. Vgl. hierzu aus betriebswirtschaftlicher Sicht *Wöhe*, Einführung, S. 72ff, 76ff.

316 *Hueck/Windbichler*, GesR, § 27, Rn. 23.

317 Vgl. bereits *Mertens* in: KK AktG, Anh. § 117 B § 25 MitbestG, Rn. 12; weiter *Oetker* in: Großkomm AktG, § 25 MitbestG, Rn. 22; *Wißmann* in: Münch Hdb ArbR, § 286, Rn. 7.

318 Die Arbeitnehmerbank in nach dem MitbestG mitbestimmten Gesellschaften kann aufgrund ihrer Zusammensetzung aus unternehmensangehörigen Arbeitnehmervertretern, leitenden Angestellten und Gewerkschaftsvertretern keineswegs als homogen betrachtet werden. Ebenso wenig gilt dies für die Anteilseignerseite, die aus institutionellen Investoren, Kleinanlegern, aber auch, wie bspw. im Fall des Volkswagenkonzerns, aus Vertretern eines Bundeslandes bestehen kann.

319 *Mertens*, ZGR 1977, 270, 275f; *Raisch*, FS Hefermehl, S. 347ff; *Koberski* in: F/W/W, MitbestR, § 25 MitbestG, Rn. 93 mit zahlreichen Hinweisen zu Rechtsprechung und Literatur.

320 Vgl. hierzu die Quellen bei *Hopt/Roth* in: Großkomm AktG, § 111 AktG, Rn. 103, die aber zu bedenken geben, dass eine Pflicht des Vorstands zum Erhalt des Unternehmens nicht stets angenommen werden könne.

321 *Raiser/Veil*, MitbestG, § 25 MitbestG, Rn. 112f.

322 *Habersack* in: MünchKomm AktG, § 116 AktG, Rn. 44.

internen Entscheidungsprozesse des Unternehmens einfließen zu lassen[323]. Zu beachten ist trotzdem, dass das Unternehmensinteresse die Verfolgung von Individual- oder Gruppeninteressen begrenzt[324], weshalb die ausschließliche Verfolgung der eigenen (Gruppen-) Interessen pflichtwidrig wäre[325]. Im Falle einer Interessenkollision ist daher dem Unternehmensinteresse der Vorrang einzuräumen.[326]

Für die Arbeitnehmervertreter bedeutet dies, dass sie bei ihrer Arbeit im Aufsichtsrat zwar durchaus die Belange ihrer Klientel, der Arbeitnehmer, vertreten dürfen und auch sollen, dass sie aber nicht berechtigt sind, diese Belange vor das Interesse des Unternehmens als Ganzes zu stellen.

Unternehmensangehörige Arbeitnehmervertreter im Aufsichtsrat können vor allem in Konfliktlagen geraten, wenn sie auf Unternehmensebene über Angelegenheiten zu entscheiden haben, über die sie gleichzeitig mit dem Vorstand gem. BetrVG verhandeln müssen. Als Beispiel seien Betriebsänderungen genannt, die gem. § 111 Abs. 4 S. 2 AktG zustimmungspflichtig sein können. Über diese haben die Arbeitnehmervertreter im Aufsichtsrat, das Unternehmensinteresse beachtend, zu entscheiden. Auf betrieblicher Ebene müssen sie dann ggf. mit dem Vorstand über Interessenausgleich und Sozialplan verhandeln, diesmal als Repräsentanten der Arbeitnehmer, und nur deren Interessen vertretend.[327] Als Anlässe, die für Gewerkschaftsvertreter im Aufsichtsrat zu (koalitionsspezifischen) Interessenkonflikten führen können, sind vor allem Arbeitskämpfe ihrer Gewerkschaft gegen das Unternehmen, in dem sie als Arbeitnehmervertreter sitzen, und Tarifvertragsverhandlungen um Firmentarifverträge anzuführen. Derartige Interessenkonflikte der Arbeitnehmervertreter werden eingehend unten (**B.III.**) behandelt.

5. Bewertung der Arbeit des mitbestimmten Aufsichtsrats

Zur Mitbestimmung im Aufsichtsrat liegen weniger aussagekräftige Untersuchungen als zur Tätigkeit des Betriebsrats vor.[328] Einen Überblick über neuere

---

323 *Oetker* in: Großkomm AktG, § 25 MitbestG, Rn. 22; zu weitgehend *Koberski* in: F/W/W, MitbestR, § 25 MitbestG, Rn. 95, der von einer Verpflichtung der Arbeitnehmervertreter, die Belange der Arbeitnehmer in den Aufsichtsrat einzubringen, spricht.

324 *Ulmer/Habersack* in: U/H/H, MitbestR, § 25 MitbestG, Rn. 93.

325 *Hueck/Windbichler*, GesR, § 28, Rn. 13; *Raiser/Veil*, MitbestG, § 25 MitbestG, Rn. 113.

326 *Raiser/Veil*, MitbestG, § 25 Mitbest, Rn. 113; *Mertens* in: KK AktG, Anh. § 117 B § 25 MitbestG, Rn. 12; *Koberski* in: F/W/W, MitbestR, § 25 MitbestG, Rn. 93a mit Hinweisen auf eine im früheren Schrifttum verbreitete **m.M.**, der zufolge das MitbestG anstatt auf Integration und Kooperation im Aufsichtsrat auf Konflikt angelegt sei.

327 *Windbichler*, Cheers and Boos, S. 507, 519f.

328 *Sadowski/Junkes/Lindenthal*, ZGR 2001, S. 110, 133, 127ff (vgl. zu methodischen Überlegungen S. 122ff); *Jirjahn*, Ökonomische Wirkungen, S. 29.

Studien zu Auswirkungen der Aufsichtsratsmitbestimmung auf die Unternehmensperformance geben *Jirjahn*[329], *Stettes*[330] und *Sadowski/Junkes/Lindenthal*[331]. Es finden sich Untersuchungen mit preistheoretischen Ansätzen, die die Kosten der Arbeitnehmerbeteiligung auf Unternehmensebene betonen. Partizipationstheoretische Untersuchungen betonen demgegenüber die wirtschaftlichen Vorteile einer stabilen Belegschaft und einer sozial integrierten Betriebsorganisation.[332] Laut *Sadowski/Junkes/Lindenthal* legen alle untersuchten Studien – ähnlich derjenigen zur Betriebsratsbeteiligung – nahe, „dass die Frage nach den Effizienzwirkungen gesetzlicher Mitbestimmung im Aufsichtsrat bisher empirisch nicht geklärt ist".[333] Fragt man die Beteiligten, in diesem Falle Manager deutscher Unternehmen, was sie von der Unternehmensmitbestimmung halten, so sind die Ergebnisse zwar nicht so eindeutig positiv wie im Falle der Arbeit des Betriebsrats, aber dennoch tendenziell positiv. Führungskräfte der Dax-Unternehmen wurden im Rahmen einer Studie aus dem Jahr 1998 gefragt, ob sie für oder gegen die Abschaffung der Mitbestimmung auf Unternehmensebene seien. 53 % der befragten Manager waren tendenziell gegen eine Einschränkung der Unternehmensmitbestimmung, 18% waren ohne Einschränkung dagegen. Immerhin 23 % aber sprachen sich für eine Abschaffung der Mitbestimmung auf Unternehmensebene aus.[334] Zu einem anderen Ergebnis kommt eine Umfrage des *Instituts der deutschen Wirtschaft* und des *Institute for Law and Finance* der Universität Frankfurt aus dem Jahr 2007, in der zwischen dem MitbestG und dem DrittelBG unterschieden wurde.[335] Allerdings ist angesichts eines verwertbaren Rücklaufs von nur 8 %[336] fraglich, ob die Umfrage als repräsentativ bezeichnet werden kann.[337] Die Unternehmensmitbestimmung wurde im Falle des DrittelbG von 56,5 % der Befragten als sehr oder eher positiv, von 19,4 % als sehr oder eher negativ bewertet. Im Falle des MitbestG wurde sie von 34,2 % der Befragten als sehr oder eher positiv, von 37,8 %

329 *Jirjahn*, Ökonomische Wirkungen, S. 21ff.

330 *Stettes*, IW Trends 1/2007, S. 1, 3.

331 *Sadowski/Junkes/Lindenthal*, ZGR 2001, S. 127ff.

332 *Kommission zur Modernisierung der Unternehmensmitbestimmung* (2006), Bericht der wissenschaftlichen Mitglieder, S. 14.

333 *Sadowski/Junkes/Lindenthal*, ZGR 2001, S. 110, 132; vgl. auch *Hueck/Windbichler*, GesR, § 28, Rn. 10 u. Fn. 23; zu diesem Ergebnis kommt auch die *Kommission zur Modernisierung der Unternehmensmitbestimmung* (2006) in ihrem Abschlussbericht, S. 14f.

334 *Glaum*, Kapitalmarktorientierung deutscher Unternehmungen, S. 23.

335 *Stettes*, IW Trends 1/2007, S. 1ff.

336 Laut *Stettes*, IW Trends 1/2007, S. 1, 4, ergab sich bei 2.498 angeschriebenen Unternehmen ein verwertbarer Rücklauf von 199 Unternehmen, was knapp 8% entspricht.

337 Kritisch auch die *Kommission zur Modernisierung der Unternehmensmitbestimmung* (2006), Bericht der wissenschaftlichen Mitglieder, S. 16.

aber als sehr oder eher negativ bewertet.[338] Dies lässt den Schluss zu, dass das DrittelbG von Managern „lieber gesehen“ ist als das MitbestG, was aber nicht weiter verwunderlich ist, haben die Arbeitnehmervertreter im Falle des DrittelBG doch einen geringeren Einfluss. Die unterschiedlichen Ergebnisse der Studien aus den Jahren 1998 und 2007 zeigen aber abgesehen von der möglicherweise mangelnden Repräsentativität der Studie aus dem Jahr 2007, wie vorsichtig man bei der Deutung von Untersuchungen sein muss, die auf subjektiven Einschätzungen der Betroffenen beruhen. Gerade beim Thema Arbeitnehmermitbestimmung auf Unternehmensebene gilt dies besonders, da Diskussionen über Vor- und Nachteile entweder vermieden werden, oder aber eine starke Polarisierung stattfindet.[339] Hinzu kommt, dass es – um *Pistor* zu zitieren – keinen Gegenstand gibt, über den so viel gelogen wird wie die Unternehmensmitbestimmung.[340] Dies verwundert angesichts von unbestreitbar bestehenden Abhängigkeiten der Manager von Arbeitnehmervertretern im Aufsichtsrat kaum.[341] Vernachlässigt werden darf in diesem Zusammenhang auch nicht die Sozialisation der Arbeitnehmervertreter im Aufsichtsrat. Aufgrund der Zusammenarbeit mit den restlichen Aufsichtsratsmitgliedern und mit dem Vorstand findet zwischen den Beteiligten ein Gewöhnungsprozess statt. Der Vorstand oder die Anteilseignervertreter im Aufsichtsrat werden sich daher schwer tun, die Institution Mitbestimmung zu kritisieren, wenn sie in der täglichen Arbeit mit den – oft sehr kompetenten und professionellen – Arbeitnehmervertretern gut zu recht kommen.

---

338 *Stettes*, IW Trends 1/2007, S. 1, 8f.

339 Vgl. hierzu *Windbichler*, Cheers and Boos, S. 507, 509f. So spricht bspw. *Adams*, ZIP 2006, 1561ff schon in der Überschrift zu seinem m.E. deutlich überzogenen Aufsatz, in dem er unter Bezug auf nur eine empirische Studie unterstellt, die paritätische Mitbestimmung zerstöre den Wert der betroffenen Unternehmen um ein Drittel, vom „Ende der Mitbestimmung.“

340 *Pistor*, Codetermination S. 188.

341 *Meilicke*, GmbHR 2003, S. 793, 798, der konstatiert, dass, wer bei den deutschen Gewerkschaften unangenehm aufgefallen sei, weder in einer deutschen Universität noch bei einem größeren deutschen Unternehmen mit einem leitenden Posten rechnen könne. Dass Arbeitnehmervertreter in Fragen bspw. der Vorstands(wieder)bestellung erheblichen Druck auf die Unternehmensleitung ausüben können, hat letztmalig im Jahr 2006 die Wiederbestellung des damaligen VW-Vorstandsvorsitzenden *Pischetsrieder* gezeigt: Vgl. hierzu Süddeutsche Zeitung vom 03.05.2006, S. 25 (Titel „VW-Aufsichtsrat lähmt den Konzern“). In dem Artikel wurde berichtet, dass der Konzernbetriebsratsvorsitzende und Arbeitnehmervertreter im Aufsichtsrat *Osterloh* die Zukunft von *Pischetsrieder* als Faustpfand in den Verhandlungen um damals anstehende Sanierungsschritte benutzt hat.

6. Streit um die Unternehmensmitbestimmung und Reformbedarf

Vor und nach dem Erlass des MitbestG wurde viel über dessen Verfassungsmäßig- bzw. -widrigkeit gestritten. Der Streit endete nach dem Urteil des BVerfG, das das MitbestG für verfassungsmäßig erklärte, woraufhin nach Diskussionen um die „Folgewirkungen" des Urteils[342] eine Zeit der Ruhe folgte. Erst in den letzten Jahren wurde die Arbeitnehmerbeteiligung auf Unternehmensebene aufgrund konstatierten bzw. bestrittenen Modernisierungsbedarfs wieder zum Zankapfel zwischen Mitbestimmungsbefürwortern und -kritikern, was anhand von zwei Ereignissen anschaulich dargestellt werden kann. Zum einen legte die im Jahr 2005 vom damaligen Bundeskanzler *Schröder* eingesetzte Kommission zur Modernisierung der Unternehmensmitbestimmung im Dezember 2006 ihren Abschlussbericht vor, zum anderen war die Abteilung Arbeitsrecht des 66. Deutschen Juristentages Ende des Jahres 2006 mit ebendiesem Thema befasst.

Die Mitbestimmungskommission bestand aus drei wissenschaftlichen Mitgliedern sowie aus je drei Mitgliedern der Unternehmen und der Arbeitnehmer. Die Benennung von Vertretern der Anteilseigner wurde indes vergessen. Der Kommission ist aufgrund der verschiedenen Positionen der Unternehmens- sowie der Arbeitnehmervertreter letztlich keine einheitliche Stellungnahme gelungen.[343] Der Bericht besteht nun aus einem Bericht der wissenschaftlichen Mitglieder sowie aus Stellungnahmen der Vertreter der Unternehmen und der Arbeitnehmer.

Die Abteilung Arbeitsrecht des 66. deutschen Juristentages hatte sich mit dem Thema „Unternehmensmitbestimmung vor dem Hintergrund europarechtlicher Entwicklungen" zu befassen. Der Abteilung gelang es nicht, eine Empfehlung abzugeben[344], was in der über 100-Jährigen Geschichte des Juristentages einmalig ist.[345]

Diese zwei Beispiele vermögen zu zeigen, wie verhärtet die Fronten im Kampf um die Unternehmensmitbestimmung sind. Die Gewerkschaften können nichts Schlechtes an dem im europäischen Vergleich am weitesten gehenden Modell der Arbeitnehmerbeteiligung auf Unternehmensebene finden, und bescheinigen ihm positive Auswirkungen auf die Leistungsfähigkeit deutscher Un-

342 Bspw. *Fischer/Lutter/Wiedemann*, ZGR 1977, S. 131ff.

343 *Kommission zur Modernisierung der Unternehmensmitbestimmung* (2006), Bericht der wissenschaftlichen Mitglieder, S. 7.

344 *Beschlüsse des 66. DJT*, S. M 77.

345 Bericht des Handelsblatts mit dem Titel *„Warum sich der Juristentag nicht entscheiden konnte"*, im Internet abrufbar unter *http://www.handelsblatt.com/karriere/nachrichten/warum-sich-der-juristentag-nicht-entscheiden-konnte/2712856.html* [gelesen am 20.07.2010].

ternehmen.[346] Von Gegnern der Mitbestimmung wird dagegen immer wieder die Arbeitnehmervertretung im Aufsichtsrat für die mangelnde Kapitalmarktperformance deutscher Unternehmen verantwortlich gemacht.[347] Werden Verhandlungslösungen diskutiert, so sind die Gewerkschaften zu einer Einschränkung der paritätischen Mitbestimmung und einer Begrenzung der Anzahl bzw. Abschaffung der externen Gewerkschaftsvertreter im Aufsichtsrat nicht bereit.[348] Die Vertreter der Unternehmen der Kommission Mitbestimmung dagegen sehen den deutschen „Sonderweg" Unternehmensmitbestimmung aufgrund europarechtlicher Entwicklungen als problematisch an – Deutschland müsse sich an europäische und internationale Entwicklungen anpassen.[349] Ihnen zufolge soll die Arbeitnehmerbeteiligung nach dem Vorbild der Europäischen Aktiengesellschaft (Societas Europaea, **SE**) auf dem Verhandlungsweg festgelegt werden. Für den Fall des Scheiterns von Verhandlungen soll das Drittelbeteiligungsgesetz als Standard gelten.[350] Dass sowohl die Mitbestimmungskommission wie auch die Arbeitsrechtsabteilung des Juristentages keine einheitliche Empfehlung aller Mitglieder geben konnte, verwundert angesichts der konträren Standpunkte nicht.

Eine Reform der Mitbestimmung auf Unternehmensebene, obwohl vom Juristentag rege diskutiert und von der Kommission Mitbestimmung ausführlich erörtert, steht derzeit nicht auf der Agenda des Gesetzgebers. Immer mehr im Blickpunkt steht der Modernisierungsbedarf der Unternehmensmitbestimmung vor dem Hintergrund europarechtlicher Entwicklungen und der stärkeren Internationalisierung der Wirtschaft.[351] In diesen Themenkomplex fällt auch die vielfach geforderte Vertretung ausländischer Arbeitnehmer eines deutschen Unternehmens im Aufsichtsrat der deutschen Muttergesellschaft (vgl. schon oben **B.II.2.**).

---

346 *Kommission zur Modernisierung der Unternehmensmitbestimmung* (2006), Stellungnahme der Vertreter der Arbeitnehmer, S. 67f.

347 So bspw. *Adams*, ZIP 2006, 1561ff.

348 *Hexel* in: Verhandlungen des 66. DJT, S. M 72f (These 7), S. M 74f (These 10).

349 Ausführlich: Bericht der *Kommission zur Modernisierung der Unternehmensmitbestimmung* (2006), Stellungnahme der Vertreter der Unternehmen, S. 55ff.

350 *Kommission zur Modernisierung der Unternehmensmitbestimmung* (2006), Stellungnahme der Vertreter der Unternehmen, S. 61. Ähnlich *BDA/BDI-Kommission* (2004), S. 36ff; vgl. zu Vereinbarungslösungen *Raiser*, Gutachten B für den 66. DJT, S. B 67ff sowie These 8, S. B 112; *Kommission zur Modernisierung der Unternehmensmitbestimmung* (2006), Bericht der wissenschaftlichen Mitglieder, S. 20ff; zu den Vorteilen von Vereinbarungslösungen *Fleischer,* AcP 204 (2004), S. 502, 540.

351 Zu diesem Themenkomplex *Raiser*, Gutachten B für den 66. DJT, S. B 32ff sowie bereits ausführlich *Kommission Mitbestimmung* (Bertelsmann Stiftung/Hans-Böckler-Stiftung), S. 105ff.

Die Arbeitnehmerbeteiligung in der SE[352] hat die Rechtswissenschaft zudem vor neue Herausforderungen gestellt. Die Verwaltungsstruktur der SE kann dualistisch oder monistisch ausgestaltet sein (§§ 15 ff SEEG). Gem. §§ 4 ff des Gesetzes über die Beteiligung der Arbeitnehmer in der Europäischen Aktiengesellschaft (**SEBG**) sind die Beteiligungsrechte der Arbeitnehmer einschließlich der Zahl der Arbeitnehmervertreter im Verwaltungs- oder Aufsichtsrat von einem besonderen Verhandlungsgremium auszuhandeln. Für den Fall des Scheiterns der Verhandlungen sieht das SEBG eine zwingende Auffanglösung vor, die neben Informations- und Konsultationsrechten auch Mitbestimmungsrechte der Arbeitnehmer enthält (§§ 34 ff SEBG). Die Zahl der Arbeitnehmervertreter im Aufsichts- oder Verwaltungsrat der SE bemisst sich dann nach §§ 34 ff SEBG. Hinsichtlich vieler Details der Arbeitnehmerbeteiligung in der SE bestehen allerdings noch erhebliche Unklarheiten.[353] Das schwedische Modell der Arbeitnehmerbeteiligung kann aufgrund seiner Kultur der verhandelten Beteiligungsrechte mit Sicherheit Hilfestellungen bieten, wie praktikable Verhandlungslösungen aussehen können.

III. Überschneidungen der Mitbestimmung auf Unternehmensebene und hieraus folgende Interessenkonflikte der Arbeitnehmervertreter

Mit den Überschneidungen der Mitbestimmung auf Unternehmensebene ist zum einen die Überschneidung der Unternehmensmitbestimmung mit der betrieblichen Mitbestimmung gem. BetrVG, zum anderen die aus der Präsenz von externen Gewerkschaftsvertretern im Aufsichtsrat folgende Überschneidung mit der Wahrnehmung von Arbeitnehmerinteressen durch die Gewerkschaften in Bezug genommen. Diese Überschneidungen sind so auch der Anknüpfungspunkt für Interessenkonflikte der Arbeitnehmervertreter. Unternehmensangehörige Arbeitnehmervertreter sind zumeist gleichzeitig (Gesamt-/Konzern-) Betriebsrats-

---

352 Vgl. hierzu *Krause*, BB 2005, 1221ff. Beteiligung bezeichnet gem. § 2 Abs. 8 SEBG jedes Verfahren - einschließlich der Unterrichtung, Anhörung und Mitbestimmung -, durch das die Vertreter der Arbeitnehmer auf die Beschlussfassung in der Gesellschaft Einfluss nehmen können. Allgemein zur SE *Hueck/Windbichler*, GesR, § 35f.

353 *Oetker*, FS Konzen, S. 635ff; *Windbichler*, Mitbestimmungsknoten, S. 287f, 291, der zufolge noch völlig ungeklärt sei, welche Funktionsvoraussetzungen für funktionsfähige Verhandlungslösungen überhaupt gegeben sein müssen; vgl. weiter *Kraushaar*, Verhandlungslösung, S. 305ff. Ein lesenswerter Artikel des Handelsblatts vom 17.07.2010 über den Rechtsformwandel der MAN-Group von der AG zur SE und die damit verbundenen praktischen Fragestellungen hinsichtlich der Arbeitnehmerbeteiligung ist abrufbar im Internet unter *http://www.handelsblatt.com/unternehmen/strategie/rechtsform-die-vorteile-der-se;2615893* [gelesen am 20.07.2010].

mitglieder/vorsitzende, externe Gewerkschaftsvertreter sind meist zugleich hohe Gewerkschaftsfunktionäre (vgl. oben **B.II.4.**). Diese Ämterhäufungen auf Seiten der Arbeitnehmervertreter können zu Interessenkonflikten aufgrund doppelter Loyalitäten führen.

Das schwedische Recht kennt mit § 14 LSA eine Vorschrift, der zufolge Interessenkonflikte schwedischer Arbeitnehmervertreter weitgehend verhindert werden können. Um mögliche Konsequenzen aus der schwedischen Vorschrift für das deutsche Recht ziehen zu können, sind hier die typischen Konfliktlagen deutscher Arbeitnehmervertreter darzustellen.

1. Interessenkonflikte von Aufsichtsratsmitgliedern

Gesellschaftsrechtliche Lösungsansätze für Interessenkonflikte sind vor allem die Treuepflicht der Aufsichtsratsmitglieder gegenüber der Gesellschaft (vgl. oben **B.II.4.c.**) sowie speziell die Verpflichtung zur Beachtung des Unternehmensinteresses (vgl. oben **B.II.4.d.**).[354] In der juristischen Literatur gebräuchlich ist die Unterscheidung zwischen Pflichtenkollisionen und Interessenkonflikten, wobei sich ein Interessenkonflikt aus Eigeninteressen sowie aus neben den Interessen der Gesellschaft bestehenden Fremdinteressen ergeben kann.[355] Im Falle der Pflichtenkollision steht der Pflicht des Aufsichtsratsmitglieds zu einem bestimmten Verhalten im Aufsichtsrat die gleichwertige Pflicht zu einem abweichenden Verhalten aus einem Rechtsverhältnis außerhalb der Aufsichtsratstätigkeit gegenüber.[356]

Das deutsche Aktienrecht nimmt es grundsätzlich in Kauf, dass von den Aufsichtsratsmitgliedern auch andere Interessen als die des Unternehmens vertreten werden.[357] Hinsichtlich der Unternehmensmitbestimmung geht das Gesetz sogar davon aus, Repräsentanten konfligierender Interessen in die Unternehmenspolitik einzubinden.[358] Diese Interessenpluralität des Aufsichtsrats wird auch an der Formulierung des Unternehmensinteresses deutlich (vgl. oben **B.II.4.d.**).[359] Natürlich aber kann es zu Situationen kommen, in denen die von einem Aufsichtsratsmitglied vertretenen Interessen derart unvereinbar mit dem Unternehmensinteresse sind, dass Konsequenzen für das Amt bzw. die

354 Zu diesen und anderen aktienrechtlichen Grundlagen für das Verhalten von Aufsichtsratsmitgliedern *Krebs*, Interessenkonflikte, S. 27ff.

355 *Hopt/Roth* in: Großkomm AktG, § 100 AktG, Rn. 133.

356 *Lutter/Krieger*, Rechte und Pflichten des Aufsichtsrats, Rn. 896; *Singhof*, AG 1998, S. 318, 323; *Deckert*, DZWir 1996, S. 406, 408; *Dreher*, JZ 1990, S. 896, 900; *Werner*, ZHR 145 (1981), S. 252, 257.

357 *Hopt/Roth* in: Großkomm AktG, § 100 AktG, Rn. 132.

358 *Mertens* in: KK AktG, § 116 AktG, Rn. 132.

359 *Spindler* in: Spindler/Stilz, AktG, § 116 AktG, Rn. 73.

Amtsausübung des Aufsichtsratsmitglieds erforderlich werden. Zu Ansätzen der Konfliktlösung sei auf die Literatur verwiesen.[360]

Die Arbeit beschränkt sich aufgrund ihrer Zielsetzung eines Rechtsvergleichs der Arbeitnehmerbeteiligung auf Betriebs- und Unternehmensebene in Deutschland und in Schweden auf Interessenkonflikte von Arbeitnehmervertretern im Aufsichtsrat. Allerdings können die Vertreter der Anteilseigner im Aufsichtsrat genauso wie Arbeitnehmervertreter in Situationen geraten, die zu Konfliktlagen führen, wenn sie bspw. für Kunden, Lieferanten, Kreditgeber oder sonstige Geschäftspartner tätig sind.[361] Derartige Interessenkonflikte sollen gem. Ziff. 5.5.2 des DCGK gegenüber dem Aufsichtsrat offen gelegt werden. Gem. Ziff. 5.5.3 S. 2 DCGK sollen wesentliche und nicht nur vorübergehende Interessenkonflikte in der Person eines Aufsichtsratsmitglieds zur Beendigung des Mandats führen.

2. Konfliktlagen der Arbeitnehmervertreter

Der Aufsichtsrat beschäftigt sich im Rahmen seiner Überwachungsaufgabe mit Angelegenheiten, in denen Arbeitnehmerinteressen nicht immer mit den Interessen des Unternehmens gleichlaufen. So müssen seine Mitglieder über die Zustimmung zu Firmentarifverträgen und Betriebsänderungen entscheiden sowie nach Verhandlungen über Interessenausgleich und Sozialplan die Verhandlungsleistung des Vorstands beurteilen. Auch Fragen der Tarifpolitik des Unternehmens und des Verhaltens des Unternehmens im Arbeitskampf können den Aufsichtsrat im Zusammenhang mit seiner Überwachungsaufgabe beschäftigen. Arbeitnehmervertreter im Aufsichtsrat befinden sich, wenn sie im Aufsichtsrat über derartige Fragen entscheiden müssen, in einer Situation widerstreitender Interessen, also in einem Interessenkonflikt.[362] Dieser Interessenkonflikt resultiert maßgeblich aus dem Doppelmandat der Arbeitnehmer, die als unternehmensangehörige Arbeitnehmervertreter meist Betriebsratsmitglieder in herausgehobener Stellung, und als externe Gewerkschaftsvertreter meist hohe Gewerkschaftsfunktionäre sind (vgl. oben **B.II.4.**). Auch wenn die Arbeitnehmervertreter bei der Wahrnehmung ihrer Organfunktionen im Aufsichtsrat uneingeschränkt dem Unternehmensinteresse den Vorrang vor anderen Interessen einzuräumen haben, müssen sie die Verfolgung der Interessen ihres Hauptamtes (bspw. in ihrer Funktion als Betriebsrats- oder Gewerkschaftsvorsitzender) grundsätzlich nicht

---

360 *Lutter/Krieger*, Rechte und Pflichten des Aufsichtsrats, Rn. 894ff; *Marsch-Barner* in: Semler/v. Schenk, Arbeitshandbuch, § 12, Rn. 102ff. *Raiser/Veil*, Recht der Kapitalgesellschaften, § 15, Rn. 125, die darauf hinweisen, dass sich derartige Fälle nicht nach abstrakten Formeln lösen ließen, sondern nur unter Abwägung aller Umstände und Verhaltensalternativen im konkreten Fall.

361 Vgl. ausführlich *Krebs,* Interessenkonflikte.

362 *Koberski* in: F/W/W, MitbestR, § 25 MitbestG, R. 113.

schon deshalb unterlassen, weil diese sich für das Unternehmen nachteilig auswirken könnte.[363]

3. Überschneidung der Arbeitnehmerbeteiligung gem. BetrVG und den Mitbestimmungsgesetzen und hieraus möglicherweise folgende Interessenkonflikte

Wie bereits in Bezug auf Informationsrechte des Wirtschaftsausschusses und des Aufsichtsrats gegenüber dem Vorstand (**B.I.1.c.(e).i.**) sowie in Bezug auf Beteiligungsrechte des Betriebsrats und des Aufsichtsrats bei Betriebsänderungen (**B.I.1.c.(e).ii.**) angeklungen ist, überschneiden sich die Beteiligungsrechte des Betriebsrats und des Aufsichtsrats teilweise.

Bei Einführung des Mitbestimmungsgesetzes wurde aufgrund bereits bestehender Beteiligungsrechte des Betriebsrats eine Potenzierung der Mitbestimmung bzw. eine Überparität der Arbeitnehmer befürchtet.[364] Auch heute noch wirkt diese Diskussion nach, die Überparität wird teils als existierend dargestellt.[365] Das BVerfG sah gleichwohl auch im Falle einer eventuellen Überlagerung der Beteiligungsrechte der Arbeitnehmer auf Betriebs- und Unternehmensebene keine Gefahr einer Überparität durch Kumulierung von Mitbestimmungsrechten.[366] Trotzdem räumte das Urteil Unsicherheitsfaktoren der künftigen Entwicklung ein und verpflichtete den Gesetzgeber ggf. zu einer Korrektur, sollte sich seine Einschätzung der künftigen Entwicklung *„teilweise oder gänzlich als Irrtum erweisen.*“[367]

363 *Ulmer/Habersack* in: U/H/H, MitbestR, § 25 MitbestG, Rn. 99; *Mertens* in: KK AktG, § 116 AktG, Rn. 29.

364 So im Gutachten zur Verfassungsmäßigkeit des MitbestG für die Bundesvereinigung der deutschen Arbeitgeberverbände *Badura/Rittner/Rüthers*, Gemeinschaftsgutachten, S. 129ff; *Erdmann*, RdA 1976, S. 87ff. **A.A.** *Auffarth*, RdA 1976, S. 2, 4, der darauf hinweist, das seine quantitative Betrachtungsweise, bei der die Einflussmöglichkeiten der Arbeitnehmer auf Betriebs- und Unternehmensebene addiert würden, unzulässig sei sowie *Wiedemann*, GesR, § 11 IV 2 der ausführt, dass Mehrheitsverhältnisse nicht aus mehreren Organen mit unterschiedlichen Aufgaben und verschiedener Besetzung zusammengerechnet werden könnten. *Hanau*, ZGR 1977, S. 397, 407 kritisiert, dass vom Gesetzgeber nicht versucht wurde, die sich teilweise überschneidenden Beteiligungsrechte im Aufsichtsrat und im Betriebsrat aufeinander abzustimmen.

365 *Kommission zur Modernisierung der Unternehmensmitbestimmung* (2006), Stellungnahme der Vertreter der Unternehmen, S. 59f; vgl. auch *Klosterkemper*, FS Wißmann S. 456ff („Über die Mitbestimmung und die Über-Mitbestimmung“).

366 BVerfGE 50, 327ff = NJW 1979, S. 699, 700.

367 BVerfGE 50, 327ff = NJW 1979, S. 699, 702.

a. Soziale und personelle Angelegenheiten

Abzugrenzen sind sich überschneidende Beteiligungsrechte, wie bspw. Informationsrechte des Aufsichtsrats und des Wirtschaftsausschusses oder Beteiligungsrechte des Betriebsrats und des Aufsichtsrats bei Betriebsänderungen, von solchen Angelegenheiten, in denen Beteiligungsrechte des Betriebsrats in die unternehmerische Sphäre hineinreichen können, ohne sich aber mit Angelegenheiten, für die (auch) der Aufsichtsrat zuständig ist, zu überschneiden.

Letzteres ist maßgeblich bei Beteiligungsrechten des Betriebsrats in sozialen, arbeitsorganisatorischen und personellen Angelegenheiten (vgl. oben **B.I.1.c.(b)-(d).**) der Fall[368], da spezielle, auf diese Gebiete bezogene Zustimmungsvorbehalte des Aufsichtsrats nur sehr selten vorkommen.[369] Die eventuelle Überlagerung von Beteiligungsrechten des Betriebsrats in sozialen, arbeitsorganisatorischen und personellen Angelegenheiten mit Zuständigkeiten des Aufsichtsrats soll nicht vertieft diskutiert werden, da wirkliche Friktionen, die zu Interessenkonflikten der Arbeitnehmervertreter führen könnten, empirisch nicht gesichert sind und offenbar nur selten vorkommen.

b. Informationsrechte des Wirtschaftsausschusses

Rechtliche Überschneidungen ergeben sich im Bereich der wirtschaftlichen Angelegenheiten. Die Informationsrechte des Wirtschaftsausschusses gem. § 106 Abs. 2, 3 AktG decken sich weitgehend mit denen des Aufsichtsrats gem. § 90 AktG.[370] Die Informationsberechtigung des Wirtschaftsausschusses bezieht sich nicht auf Angelegenheiten des Betriebs, sondern auf solche des Unternehmens, weshalb der Wirtschaftsausschuss auf gleicher Ebene wie der Aufsichtsrat „spielt". Es wurde daher angeregt, zur Vermeidung unnötigen organisatorischen Aufwandes auf den Wirtschaftsausschuss zu verzichten.[371] Dies ist vom Gesetzgeber bekanntlich nicht umgesetzt worden. Wenn die Doppelinformation auch

---

368 Ähnlich *Raiser/Veil*, MitbestG, Einl., Rn. 56ff.

369 *Ulmer* in: U/H/H, MitbestR, Einl. MitbestG, Rn. 55; *Wißmann* in: F/W/W, MitbestR, Vorbem. MitbestG, Rn. 10; ausführlich *Raiser*, FS Duden, S. 423, 428ff. **A.A.** *Badura/Rittner/Rüthers*, Gemeinschaftsgutachten, S. 129ff, die maßgeblich darauf abstellen, dass der Betriebsrat paritätische unternehmerische Mitentscheidungsgewalt ausübe, soweit er Mitbestimmungsrechte in unternehmerischen Angelegenheiten wahrnehme; *Brocker*, Unternehmensmitbestimmung, S. 162ff, der aufgrund der Beteiligungsrechte des Betriebsrats gem. § 87 Abs. 1 Nr. 3, 11, § 95 Abs. 1 S. 1 BetrVG und entsprechender Informationsrechte des Aufsichtsrats gegenüber dem Vorstand gem. § 90 AktG bzw. eventueller Zustimmungsvorbehalte gem. § 111 Abs. 4 S. 2 AktG von einer Mitbestimmungskumulation ausgeht.

370 Ausführlich *Brocker*, Unternehmensmitbestimmung, S. 157ff.

371 *Auffarth*, RdA 1976, S. 2, 5; *Raiser*, FS Duden, S. 423, 432 schlug 1977 vor, für unter das MitbestG fallende Unternehmen auf den Wirtschaftsausschuss zu verzichten.

organisatorisch ungünstig sein mag – eine problematische Potenzierung der Mitbestimmung lässt sich in ihr nicht erblicken, geht es doch lediglich um die Information verschiedener Organe im Unternehmen bezüglich gleicher Angelegenheiten.[372] Mehr Einfluss erhält die Arbeitnehmerseite gegenüber der Unternehmensleitung aufgrund – oder trotz – der Doppelinformation nicht[373], weshalb auch diesbezügliche Interessenkonflikte der Arbeitnehmervertreter nicht in Betracht kommen.

c. Betriebsänderungen

Anderes als für die soeben genannten Beteiligungsrechte in sozialen und personellen Angelegenheiten sowie für die Informationsrechte des Wirtschaftsausschusses könnte für die Mitwirkungsrechte des Betriebsrats und des Aufsichtsrats im Falle von Betriebsänderungen gelten.

Da Betriebsänderungen nach der Satzung vieler Aktiengesellschaften der Zustimmung des Aufsichtsrats bedürfen[374], haben sich zunächst der Aufsichtsrat – und im Falle mitbestimmter Aktiengesellschaften auch die quasi- bzw. drittelparitätisch in ihm vertretenen Arbeitnehmervertreter – mit dem „Ob" der Betriebsänderung zu befassen und diese unter Beachtung des Unternehmensinteresses abzusegnen. Im weiteren Verlauf verhandelt – wie bereits oben (**B.I.1.c.(e).ii.**) dargestellt – der Betriebsrat mit dem Arbeitgeberunternehmen, also i.d.R. mit dem Vorstand der Aktiengesellschaft, über Interessenausgleich und Sozialplan, wobei er nur die Interessen der Arbeitnehmer zu vertreten hat. Aufgrund dieser doppelten Beteiligung der Vertreter der Arbeitnehmer haben diese zwei Mal, nämlich auf Unternehmens- und Betriebsebene, die Möglichkeit, auf eine für ihre Klientel sozialverträgliche Lösung hinzuwirken. Der Aufsichtsrat – und die in ihm sitzenden Arbeitnehmervertreter – befassen sich *formell* nur damit, ob die Betriebsänderung stattfindet. Die oft mit den Arbeitneh-

372 *Raiser*, FS Duden, S. 423, 431f, dem zufolge das Nebeneinander von Wirtschaftsausschuss und Aufsichtsrat die Unternehmensleitung zwar zwinge, dieselben Informationen mehrfach zu erteilen, und dies unterschiedliche Informationskanäle zwischen ihr und den Arbeitnehmern eröffne. Als rechtstechnisch fehlerhaft und korrekturbedürftig wird die Regelung von *Raiser* allerdings ebenso wenig erachtet, wie eine Missbrauchsgefahr aufgrund einer Koppelung der Befugnisse beider Gremien befürchtet wird.

373 Dagegen stört die Doppelung der Mitbestimmung in wirtschaftlichen Angelegenheiten laut *Rieble*, NJW 2006, S. 2214, 2216, das Verhandlungsgleichgewicht, da die Vervielfachung der Ansprechpartner auf Arbeitnehmerseite ein „Nachkarten" erlaube. Dieser schlägt daher vor, die Informations- und Beratungsrechte des Betriebsrats als erfüllt anzusehen, wenn eine Angelegenheit bereits im Aufsichtsrat beraten wurde.

374 *Wiedemann*, GesR, § 11 IV 2, S. 635; *Raiser*, FS Duden, S. 423, 432; *Brocker*, Unternehmensmitbestimmung, S. 161.

mervertretern im Aufsichtsrat personenidentischen Betriebsratsmitglieder[375] befassen sich im Rahmen der Interessenausgleichsverhandlungen mit dem „Ob, Wie und Wann" der Betriebsänderung sowie im Rahmen der Sozialplanverhandlungen mit der Abmilderung der wirtschaftlichen Nachteile für die Arbeitnehmer.[376] Allerdings ist nur der Sozialplan, nicht aber der Interessenausgleich, durch Spruch der Einigungsstelle erzwingbar, § 112 Abs. 4 S. 2 BetrVG (vgl. bereits oben **B.I.1.c.(e).ii.**). Dies bedeutet in der Theorie, dass die Arbeitnehmervertreter nicht zweimal – als Mitglieder des Aufsichtsrats und als Mitglieder des (Gesamt-/Konzern-) Betriebsrats beim „Ob" der Betriebsänderung erzwingbar mitbestimmen können, da der Unternehmer eine Betriebsänderung durchführen kann, ohne einen Interessenausgleich mit dem Betriebsrat versucht zu haben.[377] In der Praxis aber hängen das „Ob" der Betriebsänderung, also der Interessenausgleich, und die Aufstellung des Sozialplans so eng zusammen, dass eine rechtliche Trennung kaum möglich erscheint. Dies liegt maßgeblich daran, dass Vorstand und Aufsichtsrat einer Aktiengesellschaft das finanzielle Volumen des Sozialplans schon bei der Entscheidung über das „Ob" der Betriebsänderung zu beachten haben, der erzwingbare Sozialplan also die unternehmerische Entscheidung mittelbar steuern kann.[378] Es ist also damit zu rechnen, dass sowohl Aufsichtsrat und Vorstand im Rahmen des Prozesses der Betriebsänderung Interessenausgleich und Sozialplan verbinden[379], und dass deshalb Mitbestimmung im Rahmen der Betriebsänderung sowohl durch die Aufsichtsratsmitglieder der Arbeitnehmer als auch durch Betriebsratsmitglieder in einem einheit-

---

375 *Raiser*, FS Duden, S. 423, 434; *Wißmann* in: Münch Hdb ArbR (2. Aufl. 2000), § 378, Rn. 8; *Windbichler*, FS Schwark, S. 805, 806.

376 Von einer Kumulation zweier mitbestimmter Entscheidungsprozesse sprechen *Badura/Rittner/Rüthers*, S. 133ff (135).

377 Natürlich können die Arbeitnehmervertreter im Aufsichtsrat aufgrund des Doppelstimmrechts des Vorsitzenden im Falle des MitbestG bzw. aufgrund ihrer zwingenden Minorität gem. DrittelbG rechtlich keine Entscheidung gegen den Willen der Anteilseigner durchsetzen. Allerdings verhält es sich in der Praxis regelmäßig so, dass Aufsichtsräte nach von allen getragenen Lösungen suchen, weshalb den Arbeitnehmervertretern ein gewisser Einfluss bei der Entscheidung des Aufsichtsrats über eine Betriebsänderung zugeschrieben werden muss.

378 *Oetker* in: GK BetrVG, § 112, 112a BetrVG, Rn. 129; *Brocker*, Unternehmensmitbestimmung, S. 162f, der zu bedenken gibt, dass die Entscheidung über den Sozialplan eine Berichtspflicht des Vorstands gegenüber dem Aufsichtsrat gem. § 90 Abs. 1 Nr. 4 AktG auslösen kann.

379 *F/E/S/T/L*, BetrVG, § 112, 112a BetrVG, Rn. 2; *Matthes* in: Münch Hdb ArbR, § 270, Rn. 2. Zum Interessenausgleich *Windbichler*, FS Schwark, S. 805, 811, die zudem ein Kostenargument für die Verbindung von Interessenausgleichs- und Sozialplanverhandlungen nennt: „Gleichwohl wird [die Betriebsänderung] nicht ohne Rücksicht auf Zeitplan und Kosten erfolgen können. Das gilt besonders dann, wenn der kooperative Ansatz ernst genommen wird und im Interessenausgleich Alternativen oder Abwandlungen gesucht und gefunden werden."

lichen Verfahren für Interessenausgleich und Sozialplan wahrgenommen wird.[380]

So sind Interessenkonflikte der unternehmensangehörigen Arbeitnehmervertreter im Falle von Betriebsänderungen vor allem deshalb nicht auszuschließen, da sie im Rahmen der Entscheidung über eine Betriebsänderung im Aufsichtsrat und im Betriebsrat verschiedene Interessen zu vertreten haben. Entscheiden sie im Aufsichtsrat über eine zustimmungspflichtige Betriebsänderung, so haben sie im Rahmen dieser Entscheidung das Unternehmensinteresse zu beachten. Verhandeln sie über Interessenausgleich und Sozialplan, haben sie dagegen – im Rahmen des § 112 Abs. 5 BetrVG – nur das Interesse der Arbeitnehmer zu beachten. Diese doppelte Einbindung in Entscheidungsprozesse kann zu Konfliktlagen der Arbeitnehmer führen. So ging *Raiser* schon im Jahr 1977 davon aus, dass die schwerwiegenden Auswirkungen von Betriebsänderungen die Aufsichtsratsmitglieder der Arbeitnehmer nötigen würden, die Zustimmung zu der Betriebsänderung im Aufsichtsrat davon abhängig zu machen, dass die Unternehmensleitung einen aus Sicht der Arbeitnehmer befriedigenden Sozialplan anbietet.[381] Auch ist es nicht ausgeschlossen, dass der Betriebsrat durch die Vorgabe von Rahmendaten eines Sozialplans, wie bspw. dessen Kosten, mittelbar auf unternehmerische Entscheidungen bspw. über eine Betriebsänderung einwirken kann.[382]

d. Fazit

In dieser Arbeit werden aus den Überschneidungen der Unternehmensmitbestimmung mit der betrieblichen Mitbestimmung Interessenkonflikte der unternehmensangehörigen Arbeitnehmervertreter vor allem im Falle von Betriebsänderungen angenommen. Diese haben sich, stimmen sie im Aufsichtsrat einer Betriebsänderung zu, nur vom Unternehmensinteresse leiten zu lassen, während sie, sind sie gleichzeitig Betriebsratsmitglieder, in Interessenausgleichs- und Sozialplanverhandlungen auf betrieblicher Ebene als Gegenpartei des Vorstands allein die Interessen der Arbeitnehmer zu vertreten haben.

---

380 *Raiser/Veil*, MitbestG, Einl., Rn. 58, die davon sprechen, dass im Falle von Betriebsänderungen „gravierende Reibungen" auftreten.

381 *Raiser*, FS Duden, S. 423, 434. Dieser weist zudem darauf hin, dass die Unternehmensorgane keine rechtliche oder faktische Handhabe besäßen, die Aufsichtsratsmitglieder der Arbeitnehmer zu zwingen, die Verhandlungen über den Sozialplan aus dem Aufsichtsrat auszuklammern, und diese dem Betriebsrat zu überlassen. Er forderte dementsprechend gesetzgeberische Korrekturen dahingehend, auf die §§ 111ff BetrVG zu verzichten, und stattdessen die Mitwirkungsbefugnisse des Aufsichtsrats so auszugestalten, dass die Interessen der Arbeitnehmer an einem angemessenen Sozialplan dort zum Zuge kommen könnten.

382 *Wißmann* in: F/W/W, MitbestR, Vorbem. MitbestG, Rn. 10.

Als Lösungsmöglichkeit für derartige Interessenkonflikte wurde ein Ausschluss des Stimmrechts der Arbeitnehmervertreter im Aufsichtsrat, die gleichzeitig (Gesamt-/Konzern-)Betriebsratsmitglieder/vorsitzende sind, vorgeschlagen.[383] Die Möglichkeit der Einflussnahme der Arbeitnehmervertreter auf den Entscheidungsprozess des Aufsichtsrats zur Betriebsänderung wird durch ein Stimmverbot gleichwohl nicht verhindert[384], weshalb auch weiter gehende Lösungsmöglichkeiten, wie bspw. Einwirkungs- oder Befassungsverbote, in Betracht gezogen werden sollten.

4. Mitbestimmung auf Unternehmensebene und koalitionsspezifische Interessenkonflikte der externen Gewerkschaftsvertreter

Neben Interessenkonflikten unternehmensangehöriger Arbeitnehmervertreter, die aus der Überschneidung der Mitbestimmungsgesetze mit Beteiligungsrechten des Betriebsrats folgen können, haben auch externe Gewerkschaftsvertreter im Aufsichtsrat eine Doppelrolle. Diese Doppelrolle – vollwertiges Aufsichtsratsmitglied mit allen Rechten und Pflichten einerseits sowie der Hauptberuf Gewerkschaftsfunktionär andererseits – kann ebenso zu Friktionen und Interessenkonflikten führen wie die oftmalige Doppelstellung unternehmensangehöriger Arbeitnehmervertreter. Die Interessenkonflikte der externen Gewerkschaftsvertreter sind koalitionsspezifisch, da sie gerade aus ihrer Stellung als hauptamtliche Gewerkschaftsfunktionäre folgen.

a. Interessenkonflikte von Gewerkschaftsvertretern im Zusammenhang mit dem Abschluss von Firmentarifverträgen und Arbeitskämpfen

Typische Situationen, in denen externe Gewerkschaftsvertreter eines Unternehmens in Konfliktlagen geraten können, sind die Befassung des Aufsichtsrats mit Verhandlungen zu Firmentarifverträgen, gegen das Unternehmen gerichtete bzw. von diesem ausgehende Arbeitskampfmaßnahmen sowie Fragen der Tarif-

---

383 *Badura/Rittner/Rüthers*, Gemeinschaftsgutachten, S. 134; *Hanau*, RdA 1975, S. 23, 25f;. *Säcker*, DB 1977, 1791, 1794. Sämtliche Autoren sehen allerdings weitere betriebsverfassungsrechtliche Interessenkonflikte, bei denen das Stimmrecht der Arbeitnehmervertreter auszuschließen sei. Aufgrund der hier vertretenen Ansicht, dass nur im Falle von Betriebsänderungen wirkliche Interessenkonflikte der Arbeitnehmervertreter auftreten, sind auch nur diese in Bezug genommen.

384 So auch *Badura/Rittner/Rüthers*, Gemeinschaftsgutachten, S. 134: Die „Kumulation von paritätischen Mitbestimmungsrechten im Betriebsrat und im Aufsichtsrat", könne durch einen Stimmrechtsausschluss im Aufsichtsrat nicht gelöst werden.

politik des Unternehmens, sollte sich der Aufsichtsrat mit diesen befassen. Verhandelt dagegen eine Gewerkschaft, deren Vertreter im Aufsichtsrat eines Unternehmens sitzt, mit einem Arbeitgeberverband über einen für das Unternehmen geltenden Verbandstarifvertrag, so sind Interessenkonflikte der Gewerkschaftsvertreter nahezu ausgeschlossen. Der Grund für diese Annahme liegt darin, dass sich der Aufsichtsrat, somit auch die Gewerkschaftsvertreter im Aufsichtsrat, gar nicht mit den Tarifvertragsverhandlungen befassen können. Aufgrund der bedeutenden Zunahme von Firmentarifverträgen[385] gewinnen Interessenkonflikte externer Gewerkschaftsvertreter jedoch zunehmend an Aktualität.

Für externe Gewerkschaftsvertreter stehen Interessenkonflikte im Zusammenhang mit dem Abschluss von Firmentarifverträgen und Arbeitskämpfen im Vordergrund. Die Lage spitzt sich insbesondere dann zu, wenn ein Aufsichtsratsmitglied einer Gesellschaft Verhandlungsführer einer Gewerkschaft ist oder in der Tarifkommission einer Gewerkschaft sitzt, die mit dem Vorstand derselben Gesellschaft einen Firmentarifvertrag auszuhandeln hat und zu diesem Zweck ggf. auch mit Arbeitskampfmaßnahmen droht. Im Jahr 2007 war dies der Fall bei *Lothar Schröder*, der Aufsichtsratsmitglied der Telekom AG, gleichzeitig aber Verhandlungsführer der Gewerkschaft Ver.di in den Tarifverhandlungen mit der Telekom AG war. Der Konflikt wird weiter verschärft, wenn der Abschluss eines Tarifvertrags gem. § 111 Abs. 4 S. 2 AktG der Zustimmung des Aufsichtsrats bedarf, der Gewerkschafter also als Mitglied der Tarifkommission mit dem Unternehmen zu verhandeln hat, gleichzeitig aber selber das ausgehandelte Ergebnis abzusegnen hat. Die Problemlage ist für externe Gewerkschaftsvertreter ähnlich, wenn sie sich in führender Position an einem Arbeitskampf beteiligen, der sich (mittelbar) gegen das eigene Unternehmen richtet. Dies geschah im Jahr 2002, als der stellvertretende Aufsichtsratsvorsitzende der Lufthansa AG, *Frank Bsirske*, in seiner Funktion als Vorsitzender der Gewerkschaft Ver.di zur Beteiligung an Warnstreiks gegen die Betreiber der Flughäfen München und Frankfurt aufrief, die dann auch durchgeführt wurden. Der Lufthansa AG entstand hierdurch angeblich ein Schaden in Höhe von mehr als 10 Millionen Euro.[386] Aktuell befand sich *Bsirske* im Jahr 2008 in einem Interessenkonflikt, als seine Gewerkschaft zu Streiks gegen die Lufthansa AG, deren stellvertretender Aufsichtsratsvorsitzender er damals immer noch war, aufrief.[387] Prob-

---

385 *Löwisch/Rieble*, TVG, Grundl., Rn. 3.

386 Vgl. zu einer kritischen Würdigung beider Sachverhalte *Lutter*, FAZ vom 13.6.2007, S. 25 („Verdi-Vorkämpfer muss abtreten – Niemand kann Diener zweier verfeindeter Herren sein"); zu einer rechtlichen Würdigung des „Falls Bsirske" *Möllers*, NZG 2003, S. 697ff; *Ruzik*, NZG 2004, 455ff; *Kempen*, NZA 2005, S. 185, 191ff; *Lutter/Quack*, FS Raiser, S. 259ff.

387 Bericht des Handelsblatts vom 03.08.2008, im Internet abrufbar unter *http://www.handelsblatt.com/politik/deutschland/links-reden-rechts-leben/2997874.html* [gelesen am 20.07.2010].

lematisch an diesen Konstellationen ist, dass sich das betreffende Aufsichtsratsmitglied in einem Interessenkonflikt zwischen den Pflichten als Aufsichtsratsmitglied, welche es an das Unternehmensinteresse (vgl. hierzu oben **B.II.4.d.**) binden, und den Pflichten der koalitionsmäßigen Betätigung für die eigene Gewerkschaft, befindet.

b. Konfliktlagen von Gewerkschaftsvertretern anlässlich der Befassung des Aufsichtsrats mit Betriebsänderungen und Sozialtarifverträgen

Im Rahmen der dargestellten Überschneidungen der Mitbestimmung auf Unternehmensebene mit der Mitbestimmung auf betrieblicher Ebene (**B.III.1.**) wurde das Verfahren zur Erreichung von Interessenausgleich und Sozialplan durch die Akteure Aufsichtsrat der AG mit Arbeitnehmerbeteiligung (Zustimmung zur vom Vorstand geplanten Betriebsänderung gem. § 111 Abs. 4 S. 2 AktG) sowie Vorstand und Betriebsrat (Verhandlung über Interessenausgleich und Sozialplan) erörtert (vgl. oben **B.III.1.c.**). Im Folgenden soll versucht werden, diese Ausführungen mit der bereits oben (**B.I.2.b.(c).**) erörterten Problematik der nunmehr durch das BAG entschiedenen Zulässigkeit von Arbeitskampfmaßnahmen zur Eingehung von Sozialtarifverträgen zu verbinden.

Die Gewerkschaften haben ein erhebliches Druckmittel gegenüber dem Arbeitgeber, wenn sie bei einer geplanten Betriebsänderung mit Arbeitskämpfen drohen bzw. diese durchführen können, falls er keinen befriedigenden Sozialplan anbietet. Um eine – unterstellte – Überparität der Gewerkschaften einzugrenzen, steht einerseits der Vorschlag im Raum, während der Verhandlungen mit den Gewerkschaften über Sozialtarifverträge die Beteiligungsrechte des Betriebsrats ruhen zu lassen.[388] Dem steht die Überlegung gegenüber, den Betriebspartnern den Vorrang vor den Tarifparteien zu geben[389], bzw. eine tarifliche Friedenspflicht bis zum Ablauf des Einigungsstellenverfahrens über Interessenausgleich und Sozialplan sowie überhaupt bezüglich auf betrieblicher Ebene erreichter Interessenausgleichsregelungen und Sozialpläne zu statuieren[390].

(a) Verhandlungen des Aufsichtsrats zu Sozialtarifverträgen

Verhandelt die zuständige Gewerkschaft mit einem Unternehmen über einen Sozialtarifvertrag, so ist die Situation der externen Gewerkschaftsvertreter im Aufsichtsrat, sollte dieser in die Verhandlungen involviert sein, so zu beurteilen

---

388 *Löwisch*, DB 2005, S. 554, 559; *Willemsen/Stamer*, NZA 2007 413, 416ff.

389 *Thüsing/Ricken*, Jahrbuch ArbR 2005, S. 113, 126ff; *Schiefer/Worzalla*, DB 2006, 46, 49; *Kappenhagen/Lambrich*, BB 2007, S. 2235, 2240.

390 *Säcker*, AG 2008, S. 17, 23f.

wie im Rahmen „normaler“ Firmentarifvertragsverhandlungen. Die Gewerkschaftsvertreter befinden sich in einem Interessenkonflikt, wenn sie in der konkreten Verhandlungssituation gleichzeitig die Interessen der Gegenspieler Gewerkschaft und Unternehmen vertreten.

(b) Zustimmung des Aufsichtsrats zu Betriebsänderungen

Externe Gewerkschaftsvertreter haben bei gem. § 111 Abs. 4 S. 2 AktG zustimmungspflichtigen Betriebsänderungen schon während der Diskussion und bei der Entscheidung über die Zustimmung des Aufsichtsrats die Möglichkeit der Druckausübung auf die restlichen Aufsichtsratsmitglieder. Diese Tatsache hat, soweit ersichtlich, noch keinen Anklang in der Diskussion um die Folgewirkungen des Urteils des BAG zur Zulässigkeit von Arbeitskampfmaßnahmen zur Erzwingung von Sozialtarifverträgen gefunden.

Meist werden, insofern dürfte kein Mitglied eines mitbestimmten Aufsichtsrats widersprechen, Interessenausgleich und Sozialplan einschließlich dessen Dotierungsrahmen, schon im Aufsichtsrat diskutiert (vgl. oben **B.III.1.c.**). Zudem hat der Aufsichtsrat im Rahmen seiner Überwachungsaufgabe die Verhandlungsleistung des Vorstands zu beurteilen. Von daher ist festzustellen, dass die Gewerkschaften aufgrund der Präsenz externer Gewerkschaftsvertreter im Aufsichtsrat neben dem Druckmittel der Drohung mit Arbeitskampfmaßnahmen im Rahmen von Sozialtarifvertragsverhandlungen schon im Entscheidungsstadium über die Zustimmung zu einer Betriebsänderung anfangen können, Druck auf Vorstand und Aufsichtsrat auszuüben, indem von den Gewerkschaftsvertretern eindeutige Forderungen nach für die Beschäftigten günstigen Bedingungen im Sozialtarifvertrag vorgebracht werden. Natürlich kann die Arbeitnehmerseite eine Betriebsänderung aufgrund des Doppelstimmrechts des Vorsitzenden im gem. MitbestG mitbestimmten Aufsichtsrat bzw. aufgrund der Minorität im gem. DrittelbG mitbestimmten Aufsichtsrat nicht verhindern. Dies ändert aber nichts an der faktischen Druckausübungsmöglichkeit auf die Anteilseignerseite und auch auf den Vorstand des Unternehmens, da von den externen Gewerkschaftsvertretern immer die Androhung von Arbeitskampfmaßnahmen ins Spiel gebracht werden kann.

Die Problemlage ist allerdings nicht mit der Rechtsstellung von Gewerkschaftsvertretern im Rahmen von (Firmen-)Tarifvertragsverhandlungen bzw. Arbeitskämpfen vergleichbar, da die Gewerkschaften bei der Entscheidung über eine Betriebsänderung noch nicht Gegenparteien des Unternehmens sind. In der Diskussion um mögliche Lösungsmöglichkeiten für die typischen Konfliktlagen Firmentarifvertragsverhandlungen und Arbeitskampfmaßnahmen wird diese Problematik daher ausgeklammert.

c. Rechtsstellung unternehmensangehöriger Arbeitnehmervertreter in den dargestellten Konfliktsituationen

In der Literatur wird anlässlich der Diskussion koalitionsspezifischer Interessenkonflikte meist nicht klar zwischen externen Gewerkschaftsvertretern und unternehmensangehörigen Arbeitnehmervertretern unterschieden. Geht es um Interessenkonflikte von Gewerkschaftsvertretern, werden meist pauschal „die Arbeitnehmervertreter" in Bezug genommen. Eine derartige Darstellung ist m.E. zu ungenau, da sich die Rechtsstellung externer Gewerkschaftsvertreter in Konfliktsituationen wie Tarifvertragsverhandlungen und Arbeitskämpfen von der der unternehmensangehörigen Arbeitnehmer unterscheidet.

Unternehmensangehörige Arbeitnehmervertreter sind zwar aufgrund ihrer Unternehmenszugehörigkeit im Gegensatz zu externen Gewerkschaftsvertretern nicht dem Konflikt ausgesetzt, mit dem Vorstand bspw. über Firmentarifverträge verhandeln zu müssen. Auch anlässlich von Arbeitskampfmaßnahmen sind sie einem geringeren Konfliktpotenzial als externe Gewerkschaftsvertreter ausgesetzt. Trotz ihrer regelmäßigen Gewerkschaftszugehörigkeit dürfen sie sich schon aufgrund des in § 74 BetrVG festgeschrieben betriebsverfassungsrechtlichen Arbeitskampfverbots in ihrer Eigenschaft als Betriebsratsmitglieder nicht an Arbeitskämpfen gegen das Unternehmen beteiligen.[391] Dies schließt es aber nicht aus, dass auch unternehmensangehörige Arbeitnehmervertreter in Konfliktlagen geraten können, die sich zumindest koalitionsspezifischen Interessenkonflikten externer Gewerkschaftsvertreter annähern. Als Beispiel seien Betriebsratsvorsitzende größerer Unternehmen genannt. Diese sind meist Gewerkschaftsmitglieder und oft – sind sie Mitglieder des Aufsichtsrats – stellvertretende Aufsichtsratsvorsitzende, weshalb sie innerhalb der Gewerkschaften eine einflussreiche Rolle spielen.[392] Eine Annahme koalitionsspezifischer Interessenkonflikte auch bei unternehmensangehörigen Arbeitnehmervertretern liegt also nicht fernab der Realität.

Die folgenden Ausführungen geben einen Überblick über den Stand der Diskussion zu Lösungsmöglichkeiten koalitionsspezifischer Interessenkonflikte, die zunächst auf externe Gewerkschaftsvertreter im Aufsichtsrat begrenzt sind. Erst im Anschluss an die Darstellung der typischen Konfliktsituationen kann herausgearbeitet werden, inwiefern die für externe Gewerkschaftsvertreter geltenden Grundsätze auch auf unternehmensangehörige Arbeitnehmervertreter angewendet werden könnten. Gleich vorab ist jedoch zu bemerken, dass nicht in empirisch belastbarer Weise geklärt ist, wie stark unternehmensangehörige Ar-

---

391 Dies schließt es allerdings nicht aus, dass sie sich als Arbeitnehmer an einem von einer Gewerkschaft geführten Streik beteiligen; vgl. *Richardi* in: Richardi, BetrVG, § 74 BetrVG, Rn. 26; zu den Abgrenzungsproblemen vgl. *Kreutz* in: GK BetrVG, § 74 BetrVG, Rn. 66.

392 *Kommission Mitbestimmung* (Bertelsmann Stiftung/ Hans-Böckler-Stiftung), S. 33.

beitnehmervertreter bspw. in Gewerkschaftsarbeit eingebunden sein können. Dies wäre ein maßgebliches Kriterium für die Behandlung möglicherweise auch auf ihrer Seite auftretender koalitionsspezifischer Interessenkonflikte.

d. Treuepflicht und gewerkschaftliche Betätigung

Gewerkschaftsvertreter sind, genau wie die übrigen Arbeitnehmervertreter im Aufsichtsrat und die Vertreter der Anteilseigner, dem Unternehmensinteresse verpflichtet. Allerdings steht das Nebenamt als Aufsichtsratsmitglied dem Hauptamt in der Gewerkschaft nicht entgegen, weshalb das BVerfG im Mitbestimmungsurteil festgehalten hat, dass Aufsichtsratsmitglieder der Arbeitnehmer berechtigt sind, an den koalitionsspezifischen Betätigungen der Gewerkschaften, bspw. als Mitglied einer Tarifkommission, teilzunehmen.[393] Dies muss schon deshalb gelten, weil das Gesetz die Parallelität von Tarifvertrags- und Mitbestimmungsrecht, wie auch die Bestellung von Gewerkschaftsvertretern zu Aufsichtsratsmitgliedern gerade gewollt hat.[394] Zudem sieht das MitbestG keine Begrenzung der gewerkschaftlichen Handlungsfreiheit vor, was auch nicht mit dem aus Art. 9 Abs. 3 GG folgenden Recht der individuellen Koalitionsfreiheit[395] vereinbar wäre.[396] Hieraus muss weiter folgen, insofern besteht in der Literatur weitgehend Einigkeit, dass ein Aufsichtsratsmandat Gewerkschaftsvertretern nicht das Recht nimmt, an rechtmäßigen Arbeitskämpfen gegen das Unternehmen teilzunehmen und diese zu organisieren.[397] Die Frage der passiven Streikteilnahme stellt sich für Gewerkschaftsvertreter indes nicht, da sie nicht Arbeitnehmer des bestreikten Unternehmens sind. Die Teilnahme an einem rechtswidrigen Streik ist ihnen dagegen nach ganz h.M. verboten.[398]

Da die Teilnahme eines Gewerkschaftsvertreters an Tarifvertragsverhandlungen und Arbeitskämpfen mit dessen Pflichten gegenüber dem Unternehmen vereinbar sind und aufgrund der aus Art. 9 Abs. 3 GG folgenden Koalitionsfreiheit auch nicht beschränkbar sind, kann nur über Beschränkungen der Teilnah-

---

393 BVefrGE 50, 290, 369ff = NJW 1979, S. 699, 711.

394 *Raiser/Veil*, MitbestG, § 25 MitbestG, Rn. 140.

395 Vgl. zur kollektiven und individuellen Koalitionsfreiheit die Ausführungen bei *Dieterich* in: Erf Komm ArbR, Art. 9 GG, Rn. 39ff.

396 *Oetker* in: Großkomm AktG, § 26 MitbestG, Rn. 17. Ähnlich *Wiedemann*, GesR, § 11 IV 1, S. 633, der anführt, dass die Praktikabilität der Einschränkung der Arbeitskampffreiheit zweifelhaft erscheine, da führenden Gewerkschaftsfunktionären schwerlich die Teilnahme an Organisation und Leitung eines Arbeitskampfes ihrer Organisation verwehrt werden könne.

397 *Henssler* in: U/H/H, MitbestR, § 26 MitbestG, Rn. 27; *Koberski* in: F/W/W, MitbestR, § 25 MitbestG, Rn. 117; *Wißmann* in: Münch Hdb ArbR, § 282, Rn. 18; *Oetker* in: Großkomm AktG, § 26 MitbestG, Rn. 17.

398 Vgl. nur die Ausführungen bei *Koberski* in: F/W/W, MitbestR, § 25 MitbestG, Rn. 117.

memöglichkeiten im Aufsichtsrat nachgedacht werden. Es bleibt mit den Worten *Wiedemanns* nach Lösungen zu suchen, die bei uneingeschränkter Tarif- und Arbeitskampffreiheit die Willensbildung im Aufsichtsrat steuern.[399]

Noch einmal ist darauf hinzuweisen, dass wirkliche Interessenkonflikte externer Gewerkschaftsvertreter nur im Falle von Verhandlungen zu Firmentarifverträgen, gegen das Unternehmen gerichteten bzw. von diesem ausgehenden Arbeitskampfmaßnahmen sowie Fragen der Tarifpolitik des Unternehmens, in die der Aufsichtsrat involviert ist, auftreten können.[400]

(a) Erlöschen oder Ruhen des Aufsichtsratsamtes

Nach h.M. führt ein Arbeitskampf weder zum Erlöschen noch zum Ruhen des Aufsichtsratsamtes der Gewerkschaftsvertreter während Arbeitskämpfen, da diese Rechtsfolge der gesetzlichen Konzeption eines homogenen Aufsichtsrats nicht mit dem Grundsatz der gleichen Rechte und Pflichten aller Aufsichtsratsmitglieder vereinbar sei. Gegen ein Erlöschen oder Ruhen des Aufsichtsratsamtes spreche weiter, dass auch die Arbeitnehmervertreter auf das Unternehmensinteresse verpflichtet seien.[401] Dem Grunde nach geht die h.M. also davon aus, dass die Gewerkschaftsvertreter im Aufsichtsrat selber die Abwägung treffen müssen und können, welches Verhalten im Aufsichtsrat im Falle von Arbeitskampfkämpfen, in die sie involviert sind, dem Unternehmensinteresse entspricht. Für die h.M. ist weiter anzuführen, dass der Aufsichtsrat gerade in Krisenzeiten voll funktionsfähig sein muss[402]. Zudem gibt es eine Vielzahl anderer Aufgaben des Aufsichtsrats, die durch einen Arbeitskampf nicht berührt werden.

Auch im Falle von Firmentarifvertragsverhandlungen oder in Fragen der Tarifpolitik des Unternehmens kommt ein Erlöschen oder Ruhen des Amtes der Gewerkschaftsvertreter so nicht in Betracht, da die sie betreffende Konfliktlage im Vergleich zu Arbeitskämpfen weniger drastisch ist.

---

399 *Wiedemann*, GesR, § 11 IV 1, S. 633.

400 Die Ausführungen in der Literatur sind dagegen oft, wie auch bei der Unterscheidung zwischen unternehmensangehörigen Arbeitnehmervertretern und externen Gewerkschaftsvertretern, ungenau, als meist nur von Tarifvertragsverhandlungen die Rede ist. Tarifvertragsverhandlungen bringen aber, soweit es nicht um Firmentarifverträge geht, noch keine Interessenkonflikte der Gewerkschaftsvertreter mit sich.

401 *Koberski* in: F/W/W, MitbestR, § 25 MitbestG, Rn. 115; *Ulmer/Habersack* in: U/H/H, MitbestR, § 26 MitbestG, Rn. 29, beide mwN; **a.A.** (für ein Ruhen des Mandats) nur *Reuter*, AcP 1979, 509, 560 sowie für das BetrVG 1952 OLG München, BB 1956, 995; *Seifert*, Unternehmensinteresse, S. 258, 275, folgert eventuelle Beschränkungen nicht aus der Bindung der Arbeitnehmer an das Unternehmensinteresse, sondern aus dem verfassungsmäßigen Schutz einer funktionsfähigen Tarifautonomie.

402 *Mertens*, AG 1977, S. 306, 309.

(b) Stimmrechtsausschlüsse

Stimmrechtsausschlüsse im Falle von Interessenkonflikten sind weder im AktG noch in den Mitbestimmungsgesetzen geregelt.[403] Entsprechend § 34 BGB ist ein Aufsichtsratsmitglied aber immer dann vom Stimmrecht ausgeschlossen, wenn die Beschlussfassung die Vornahme eines Rechtsgeschäfts mit ihm oder die Einleitung oder Erledigung eines Rechtsstreits zwischen ihm und der Gesellschaft betrifft.[404] Streitig ist, ob auch die Stimmrechtsbeschränkung des § 136 AktG für Aktionäre entsprechend auf Aufsichtsratsmitglieder anzuwenden ist.[405] Neben der analogen Anwendung von § 34 BGB kann ein Stimmrechtsausschluss nur aus dem Verbot des Richtens in eigener Sache folgen.[406] Ein Stimmrechtsausschluss kommt also lediglich dann in Betracht, wenn ein Aufsichtsratsmitglied von einer Entscheidung persönlich betroffen ist[407], es sich also in einer persönlichen Konfliktlage befindet.

Bei den Konfliktlagen der Gewerkschaftsvertreter im Falle von Arbeitskämpfen und Tarifvertragsverhandlungen handelt es sich allerdings nicht um persönliche, sondern um allgemeine Interessenkonflikte[408], weshalb die Grundsätze für persönliche Interessenkonflikte nicht herangezogen werden können. Die h.M. lehnt Stimmverbote für Arbeitnehmervertreter, also auch für Gewerkschaftsvertreter, von Abstimmungen im Aufsichtsrat ab, wenn dort über Angelegenheiten im Zusammenhang mit Tarifvertragsverhandlungen und Arbeitskämpfen entschieden wird.[409] Zur Begründung wird die Bindung aller Aufsichts-

---

403 *Hüffer*, AktG, § 108 AktG; Rn. 9; *Ulmer/Habersack* in: U/H/H, MitbestR, § 25 MitbestG, Rn. 27.

404 BGH BB 2007, S. 1185, 1187; *Habersack* in: MünchKomm AktG, § 108 AktG, Rn. 29. *Hopt/Roth* in: Großkomm AktG, § 108 AktG, Rn. 54, 58; *Spindler* in: Spinder/Stilz, AktG, § 108 AktG, Rn. Rn. 26f.

405 So *Koberski* in: F/W/W, MitbestR, § 25 MitbestG, Rn. 113; *Krebs*, Interessenkonflikte, S. 137f; **a.A.** dagegen *Hopt/Roth* in: Großkomm AktG, § 108 AktG, Rn. 53 mwN.

406 *Habersack* in: MünchKomm AktG, § 108 AktG, Rn. 32 mwN.

407 Die Beschlussfassung des Aufsichtsrats muss nach h.M. die Vornahme eines Rechtsgeschäfts mit ihm oder die Einleitung oder Erledigung eines Rechtsstreits zwischen ihm und der Gesellschaft betreffen: BayOblG, NZG 2003, S. 692; *Hoffmann-Becking* in: Münch Hdb GesR, § 31, Rn. 66.

408 *Koberski* in: F/W/W, MitbestR, § 25 MitbestG, Rn. 113.

409 *Ulmer/Habersack* in: U/H/H, MitbestR, § 25 MitbestG, Rn. 28; *Koberski* in: F/W/W, MitbestR, § 25 MitbestG, Rn. 113; *Habersack* in: MünchKomm AktG, § 108 AktG, Rn. 31; *Mertens* in: KK AktG, § 108 AktG, Rn. 53; *Hopt/Roth* in: GroßKomm AktG, § 108 AktG, Rn. 62. **a.A.** *Oetker* in: GroßKomm AktG, § 26 MitbestG, Rn. 19; *Schneider* in: GK MitbestG, § 29, Rn. 25ff, der darauf hinweist, dass Stimmrechtsausschlüsse das Aufsichtsratsmitglied gerade aus einer Konfliktlage befreien wollten, sie daher zugleich ihrem Schutz vor möglichen Ansprüchen dienten; *Brinkmann*, Unternehmensinteresse, S. 289ff; *Hanau*, ZGR 1977, S. 397, 402ff, der alle Arbeitnehmervertreter in Angelegenheiten der Tarifpolitik, des Arbeitskampfes und der Arbeitgeberkoalition vom Stimmrecht ausschließen will.

ratsmitglieder an das Unternehmensinteresse, die individuell gleiche Berechtigung der Aufsichtsratsmitglieder sowie die Verhinderung einer übermäßigen Fraktionsbildung im Aufsichtsrat genannt.[410] Das Stimmverbot wird auch mit dem Argument abgelehnt, dass die Arbeitnehmervertreter gerade die besonderen Interessen der Arbeitnehmer zu vertreten hätten.[411] Auch während der Dauer von Arbeitskämpfen und bei solchen Entscheidungen, die sich unmittelbar auf den Arbeitskampf beziehen, werden Stimmverbote mit der Begründung verneint, dass die Arbeitnehmervertreter weiter an das Unternehmensinteresse gebunden seien.[412] Die Ablehnung von Stimmverboten der Arbeitnehmervertreter in den typischen Konfliktsituationen wird letztlich also wieder mit der Verpflichtung zur Beachtung des Unternehmensinteresses auch seitens der Arbeitnehmervertreter begründet. Hierbei wird unterstellt, dass die Arbeitnehmervertreter trotz einer zugespitzten Konfliktsituation in der Lage seien, im Aufsichtsrat eine objektive Abwägung und Entscheidung zu treffen. Insbesondere mit Blick auf die Doppelstellung der Gewerkschaftsvertreter dürfte aber fraglich sein, ob diese in Konfliktsituationen wie Firmentarifvertragsverhandlungen und Arbeitskämpfen fähig und gewillt sind, eine objektive Abwägung zwischen dem Interesse des Unternehmens und dem ihrer Gewerkschaft zu treffen.

(c) Weitergehende Beschränkungen

Erwägt man weitergehende Beschränkungen als Stimmrechtsverbote für Arbeitnehmervertreter im Falle von Arbeitskämpfen, Tarifverhandlungen und der Tarifpolitik des Unternehmens, bewegt man sich außerhalb der in der Literatur vorherrschenden Meinung.

In anderen Fällen als persönlichen Interessenkollisionen kann es die Treuepflicht gegenüber der Gesellschaft dem einzelnen Aufsichtsratsmitglied laut *Lutter/Krieger* gebieten, seine Mitwirkung im Aufsichtsrat in Abhängigkeit von Dauer und Intensität eines Konfliktes zu beschränken. Als *Ultima Ratio* komme die Niederlegung des Mandats und im Falle der Nichtbefolgung dieser Pflicht die Abberufung gem. § 103 AktG in Betracht.[413]

---

410 *Habersack* in: MünchKomm AktG, § 108 AktG, Rn. 31; zur Befürchtung der Fraktionsbildung durch Stimmverbote *Martens*, ZGR 1977, S. 422ff.

411 *Mertens* in: KK AktG, § 108 AktG, Rn. 53.

412 So *Koberski* in: F/W/W, MitbestR, § 25 MitbestG, Rn. 116 und *Wißmann* in: Münch Hdb ArbR, § 282, Rn. 18, beide mwN; weiter *Raiser/Veil*, MitbestG, § 25 MitbestG, Rn. 145; *K/Z/M*, Aufsichtsratspraxis, Rn. 759; *Gaumann/Schafft*, DB 2000, S. 1514, 1515f; *Mertens*, AG 1977, S. 306, 3310f; **a.A.** *H/L/W*, MitbestG, § 29 MitbestG, Rn. 25; *Wiedemann*, GesR, § 11 IV 1, S. 633f; *Oetker* in: Großkomm AktG, § 26 MitbestG; Rn. 19; *Hanau*, ZGR 1977, S. 397, 403.

413 *Lutter/Krieger*, Rechte und Pflichten des Aufsichtsrats, Rn. 900 (vgl. die ausführliche Fallgruppenbildung unter Rn. 904ff); ablehnend im Hinblick auf praktische Schwie-

Martens hält Stimmverbote nicht für zielführend zur Lösung der durch Arbeitskampfmaßnahmen für Arbeitnehmervertreter im Aufsichtsrat entstehenden Konfliktlagen. Man könne Entscheidungsgegenstände zwar rechtlich aussondern, faktisch, also im entscheidungspolitischen Kalkül der Aufsichtsratsmitglieder, aber ließen diese sich nicht separieren.[414] Daher sollten die Arbeitnehmervertreter von Entscheidungen des Aufsichtsrats über den bevorstehenden Einsatz von Kampfmaßnahmen oder über unternehmerische Maßnahmen zwecks Anpassung an eine Kampfsituation ausgeschlossen sein.[415] Tarif- und verbandspolitische Entscheidungsgegenstände will *Martens* der Zuständigkeit des Aufsichtsrats entziehen, und sie stattdessen dem Vorstand anvertrauen.[416]

Oetker argumentiert, ausgehend von einer Zustimmung zum Stimmrechtsausschluss für Arbeitnehmervertreter im Falle von Arbeitskämpfen und Tarifvertragsverhandlungen, dass die Tarifautonomie und die Arbeitskampfparität nur funktionsfähig seien, wenn die Sozialpartner ihre Positionen unabhängig voneinander bilden könnten, da sonst die für die Tarifautonomie unerlässliche Parität der Sozialpartner gestört sei. Die Teilhaberechte der Aufsichtsratsmitglieder der Arbeitnehmer bedürften daher ebenso einer arbeitskampfkonformen Reduktion wie die Beteiligungsrechte des Betriebsrats während der Dauer von Arbeitskämpfen.[417] Deshalb müssten Angelegenheiten des Arbeitskampfes und der Tarifpolitik allein von den Anteilseignervertretern im Aufsichtsrat beraten und beschlossen werden. Informationsrechte der Arbeitnehmervertreter seien grundsätzlich nicht ausgeschlossen. Etwas anderes gelte nur dann, wenn Informationen unmittelbar das Verhalten des Unternehmens in Tarifverhandlungen oder dessen Arbeitskampftaktik beträfen.[418]

Auch *Seiter* führt den Gedanken der Kampfparität bzw. der Verhandlungsparität bei Tarifverhandlungen an. Das Befassungsverbot der Arbeitnehmervertreter begründet er mit einer auf Art. 9 Abs. 3 gestützten verfassungskonformen Beschränkung der gesellschaftsrechtlichen Beteiligungsrechte. Eine Legitimation zur richterrechtlichen Schaffung von Beteiligungsverboten ergebe sich aus dem allgemeinen Gedanken der Interessenkollision und der Kampfparität, letzt-

---

rigkeiten bei der Feststellung der Erheblichkeitsschwelle *Henssler* in: U/H/H, MitbestR, § 26 MitbestG, Rn. 26.

414 *Martens*, ZGR 1977, S. 422, 423f.

415 *Martens*, ZGR 1977, S. 429f.

416 *Martens*, ZGR 1977, S. 430f.

417 Nach Rspr. und h.L. sollen dem Betriebsrat hinsichtlich der aus Anlass eines Arbeitskampfs vorgenommenen Maßnahmen des Arbeitgebers keine Beteiligungsrechte zustehen, was dogmatisch unterschiedlich begründet wird; zusammenfassend *F/E/S/T/L*, BetrVG, § 74 BetrVG, Rn. 19ff. Vgl. zu Einzelheiten *Richardi* in: Richardi, BetrVG, § 74 BetrVG, Rn. 34, der mit einer arbeitskampfkonformen Interpretation der Beteiligungsrechte des Betriebsrats argumentiert sowie *v. Hoyningen-Huene* in: Münch Hdb ArbR, § 214, Rn. 16ff, der das koalitionspolitische Neutralitätsgebot heranzieht.

418 *Oetker* in: Großkomm AktG, § 26 MitbestG, Rn. 19.

lich aus dem bundesverfassungsgerichtlichen Auftrag an die Fachgerichte, die Gegnerunabhängigkeit und die Funktionsfähigkeit des Tarifsystems zu erhalten.[419] Ähnlich betonen *H/L/W*, allerdings nur in Bezug auf Arbeitskampfmaßnahmen, dass das zeitweilige Zurücktreten der Mitbestimmungsrechte der Arbeitnehmervertreter im Kampfgeschehen sich sachimmanent aus dem Mitbestimmungssystem ergebe. Es sei als Verstoß gegen den Verfassungsgrundsatz der Gegnerfreiheit zu sehen, wenn die Anteilseignervertreter gezwungen seien, mit den Repräsentanten des Kampfgegners über vorbereitende oder aktuelle Kampfmaßnahmen zu beraten oder zu beschließen. Hieran zeige sich, dass der Aufsichtsrat nicht das geeignete Gremium zum Treffen von Entscheidungen im Arbeitskampf sei.[420]

Mit den allgemeinen Regeln des Aktienrechts zu Interessenkollisionen vereinbar halten es aus der neueren Literatur *Hanau/Wackerbarth*, die Beteiligung der Arbeitnehmervertreter, insbesondere der Gewerkschaftsvertreter, von Beratungen und Abstimmungen im Aufsichtsrat auszuschließen, die sich auf das Verhalten des Unternehmens im Koalitions-, Tarif-, und Arbeitskampfwesen beziehen. Die Tarif- und Arbeitskampfparität – insoweit argumentieren *Hanau/Wackerbarth* wie bereits *Martens* und *Seiter* – würde gestört, wenn neben dem Einfluss- und Druckpotenzial, das der Arbeitnehmerseite durch das Tarif- und Arbeitskampfrecht zuwachse, ihr Einfluss- und Druckpotenzial in den Unternehmensorganen treten würde.[421] Dem schließt sich *Seifert* mit der Begründung an, dass der kollektivvertragliche Aushandlungsmechanismus empfindlich gestört würde, wenn am Arbeitskampf beteiligte Arbeitnehmervertreter mit Hilfe der Aufsichtsratsmitbestimmung auf das Arbeitskampfverhalten ihres Unternehmens Einfluss nehmen könnten.[422]

---

419 *Seiter*, FS Müller, S. 589, 601ff.

420 *H/L/W*, MitbestG, § 29 MitbestG, Rn. 25.

421 *Hanau/Wackerbarth*, Unternehmensmitbestimmung, S. 81, die ähnlich wie *Oetker* für eine arbeitskampfkonforme Reduktion der Beteiligungsrechte der Aufsichtsratsmitglieder, wie diese für den Betriebsrat im Falle von Arbeitskämpfen anerkannt sind, eintreten. Von *Reuter*, RdA 1988, S. 280, 286, wurde vorgeschlagen, die Informationsrechte der Arbeitnehmervertreter in tarif- und arbeitsmarktpolitischen Angelegenheiten zu beschränken. Dieser weist darauf hin, dass der Grundsatz der gleichen Rechte und Pflichten aller Aufsichtsratsmitglieder dem nicht entgegenstehe, da die Suspendierung von Rechten wegen Interessenkollisionen ein mehrfach positiviertes und verbandsrechtlich anerkanntes Prinzip sei.

422 *Seifert*, Unternehmensinteresse, S. 258, 275, der, wie auch *Oetker* und *Hanau/Wackerbarth*, die Überlegungen zur Rechtsstellung der Betriebsratsmitglieder auf die Rechtsstellung der Aufsichtsratsmitglieder der Arbeitnehmer übertragen will.

(d) Rechtsstellung unternehmensangehöriger Arbeitnehmervertreter in den dargestellten Konfliktsituationen

Unternehmensangehörige Arbeitnehmervertreter dürfen sich, wie auch externe Gewerkschaftsvertreter, aktiv am Arbeitskampf beteiligen und sind nicht auf die passive Streikteilnahme beschränkt.[423]

Fraglich ist, inwiefern die Rechtsstellung unternehmensangehöriger Arbeitnehmervertreter im Falle von Firmentarifvertragsverhandlungen und Arbeitskämpfen oder Fragen der Tarifpolitik des Unternehmens mit der Rechtsstellung externer Gewerkschaftsvertreter vergleichbar ist. Diese unterscheidet sich insofern, als die Mandate verschiedene sind. Unternehmensangehörige Arbeitnehmer sind in ihrer Eigenschaft als Arbeitnehmer des Unternehmens (und meist als Betriebsratsmitglieder) Arbeitnehmervertreter im Aufsichtsrat, externe Gewerkschaftsvertreter werden aufgrund von Vorschlagsrechten der Gewerkschaften in den Aufsichtsrat gewählt, und sie sind im Hauptberuf (hohe, leitende) Gewerkschaftsfunktionäre. Insofern ist der Hauptberuf für die Unterscheidung bedeutsam. Bei externen Gewerkschaftsvertretern ist der Interessenwiderstreit in den dargestellten Situationen eindeutig, da sie hauptberuflich für die Gewerkschaft arbeiten, für die sie auch im Aufsichtsrat eines Unternehmens sitzen. Dies bringt auch die möglichen Interessenkonflikte in den Fällen mit sich, in denen die betreffende Gewerkschaft Gegenpartei des Unternehmens ist.

Aufsichtsratsmitglieder, die dem Unternehmen angehören, sind zwar oft gewerkschaftlich organisiert, sie sind aber nicht hauptberuflich für eine Gewerkschaft tätig. Betriebsratsvorsitzende sind aber meist Gewerkschaftsmitglieder und oft – sind sie Mitglieder des Aufsichtsrats – stellvertretende Aufsichtsratsvorsitzende, weshalb sie innerhalb der Gewerkschaften eine einflussreiche Rolle spielen. Daher besteht theoretisch die Möglichkeit der Einflussnahme in den Fällen, in denen ihre Gewerkschaft gegnerische Partei des Unternehmens ist, also vor allem bei Firmentarifvertragsverhandlungen und Arbeitskämpfen.

In diesen Fällen muss m.E. eine Einzelfallabwägung stattfinden, ob die tatsächliche Wahrnehmung eines Gewerkschaftsauftrages durch einen unterneh-

---

423 *Henssler* in: U/H/H, MitbestR, § 26 MitbestG, Rn. 27; *Wißmann* in: Münch Hdb ArbR, § 282, Rn. 18; *K/Z/M*, Aufsichtsratspraxis, Rn. 757. *Raiser/Veil*, MitbestG, § 25 MitbestG, Rn. 141, die darauf hinweisen, dass dies nicht ohne jede Einschränkung und unter voller Nutzung aller einem Aufsichtsrat zur Verfügung stehenden Informationen geschehen kann. *Koberski* in: F/W/W, MitbestR, § 25 MitbestG, Rn. 119, dem zufolge die Aufsichtsratsmitglieder ihre Stellung und ihren Einfluss nicht zugunsten einer effektiven Streikführung ausnutzen dürfen; so auch *Kempen*, NZA 2005, 185, 192. Ähnlich *Oetker* in: Großkomm AktG, § 26 MitbestG, Rn. 17, der den pflichtwidrigen Einsatz des Aufsichtsratsamtes zur Durchsetzung von Tarif- oder Streikforderungen für unzulässig hält; **a.A.** *Mertens* in: KK AktG, Anh. § 117 B § 25 MitbestG, Rn. 13; *ders.* AG 1977, S. 306, 316f; *H/L/W*, MitbestG, § 25 MitbestG, Rn. 134; *Edenfeld/Neufang*, AG 1999, 49; *Möllers*, NZG 2003, 697, 700.

mensangehörigen Arbeitnehmervertreter einen Ausschluss von der Arbeit des Aufsichtsrats in Bezug auf konkrete Konfliktsituationen rechtfertigt. Im Falle des Vorliegens einer einschlägigen Konfliktsituation, wie der Tätigkeit für die Gewerkschaft im Laufe von Tarifvertragsverhandlungen oder während eines Arbeitskampfes, läge daher ein den externen Gewerkschaftsvertretern gleichgelagerter Interessenkonflikt der unternehmensangehörigen Arbeitnehmervertreter vor. Weitergehende Ausführungen zu diesem Themenkomplex verbieten sich allerdings mangels belastbarer Empirie hinsichtlich der Häufigkeit derartiger Konfliktlagen.

(e) Einwirkungsverbot für Arbeitnehmervertreter

Mit der gesellschaftsrechtlichen Stellung der Arbeitnehmervertreter hängt auch ihre theoretische Möglichkeit zusammen, aufgrund ihrer gesellschaftsrechtlichen Befugnisse als Aufsichtsratsmitglieder bspw. Tarifverhandlungen, Angelegenheiten im Zusammenhang mit Arbeitskämpfen oder Fragen der Tarifpolitik und der Beteiligung des Unternehmens an Arbeitgeberverbänden zu beeinflussen. Derartige Beeinflussungen werden für unzulässig gehalten[424] und unter dem Stichwort des „Einwirkungsverbots“ diskutiert.

So dürfen Arbeitnehmervertreter ihr Aufsichtsratsamt nicht pflichtwidrig einsetzen, um Tarif- bzw. Streikforderungen durchzusetzen und es ist ihnen verwehrt, ihr Mandat zur Verfolgung tarifpolitischer Ziele zu nutzen.[425] Pflichtwidrig wäre es, wenn Arbeitnehmervertreter im Aufsichtsrat personelle Entscheidungen über Vorstandsmitglieder von deren Verhalten in Tarifvertragsverhandlungen, Arbeitskämpfen oder sonst als Gegenspieler der Arbeitnehmer abhängig machen würden.[426] Dass Theorie und Praxis diesbezüglich erheblich auseinanderfallen können, hat bereits der dargestellte Fall der Verlängerung des Vertrages des ehemaligen Vorstandsvorsitzenden der VW AG, *Pischetsrieder*, gezeigt. Dessen Vertragsverlängerung wurde seitens der Arbeitnehmervertreter von der Zusage des Absehens von Stellenkürzungen abhängig gemacht.[427] In diesem Zusammenhang ist darauf hinzuweisen, dass die maßgebliche Rolle auf Seiten der Arbeitnehmervertreter vom Konzernbetriebsratsvorsitzenden der Volkswagen AG, *Osterloh*, gespielt wurde. Dieser ist bekanntlich kein externer Gewerkschaftsvertreter, sondern bei Volkswagen angestellter, unternehmensan-

424 *Hanau*, ZGR 1977, S. 397, 404. **A.A.** *Koberski* in: F/W/W, MitbestR, § 25 MitbestG, Rn. 114, der es als zu weitgehend betrachtet, wenn Arbeitnehmervertreter ihre gesellschaftsrechtliche Stellung für die genannten Zwecke überhaupt nicht einsetzen dürfen sollten.

425 *Oetker* in: GroßKomm AktG, § 26 MitbestG, Rn. 17, 20.

426 *Henssler* in: U/H/H, MitbestR, § 26 MitbestG, Rn. 25; *Raiser/Veil*, MitbestG, § 25 MitbestG, Rn. 140; *Mertens* in: KK AktG, Anh. § 117 B § 25 MitbestG, Rn. 15.

427 Vgl. Süddeutsche Zeitung vom 3.5.2006, S.25 (oben **B.II.5.**).

gehöriger Arbeitnehmervertreter. Das Beispiel zeigt, dass die Diskussion um Interessenkonflikte bzw. in diesem Fall Einwirkungsverbote nicht auf die externen Gewerkschaftsvertreter begrenzt werden kann.

5. Konsequenzen der aufgezeigten Überschneidungen in der Praxis

Die Doppelrollen der unternehmensangehörigen Arbeitnehmervertreter und der externen Gewerkschaftsvertreter bleiben nicht ohne Folgen für die Arbeit des Aufsichtsrats. Problematisch sind insbesondere die Behandlung geheimhaltungsbedürftiger Informationen, unsachgemäße Koppelungsgeschäfte wie auch das bereits mehrfach angesprochene Druckausübungspotenzial der Gewerkschaften bei Betriebsänderungen.

a. Informationsfluss und Vertraulichkeitsprobleme

Ein Zweck der Mitbestimmungsgesetze und des Betriebsverfassungsgesetzes ist die Verbesserung des Informationsflusses zwischen Arbeitnehmern und Unternehmensleitung. Letztere kann über die Aufsichtsratsmitglieder der Arbeitnehmer, die meist gleichzeitig (Gesamt-/Konzern-) Betriebsräte sind, über die Befindlichkeiten der Belegschaft informiert werden. Unternehmensentscheidungen – vor allem solche, die Arbeitnehmer belasten – können zudem besser von „oben nach unten" getragen, sprich: implementiert werden[428], was geringere Transaktionskosten mit sich bringt[429]. In einem Interview hob ein Arbeitnehmervertreter hervor, dass die Arbeitnehmerseite aufgrund der im Vergleich zu den Anteilseignervertretern gleichwertigen Informationsgrundlage sicher sein könne, wahrheitsgemäß und vollständig von der Unternehmensleitung informiert zu werden[430], weshalb die Vertretung der Arbeitnehmer im Aufsichtsrat auch als vertrauenssteigernd bezeichnet werden kann. Ein Vorteil der durch die Arbeitnehmervertretung im Verwaltungsrat verbesserten Information der Arbeitnehmer für das Unternehmen ist, dass hierdurch „verschwenderischem Verhandlungsverhalten" beider Parteien wie Streiks und Aussperrungen vorgebeugt werden kann, da Arbeitskampfmaßnahmen zumindest teilweise auf mangelndem Informationsaustausch zwischen dem Unternehmen und dessen Arbeitnehmern be-

---

428 *Wolf*, FS Wißmann, S. 489, 492. *Hopt*, ZGR 2000, S: 779, 801 der sich auf die Praxis beruft, in der die Mitbestimmung vor allem in schwierigen Zeiten helfe, Entscheidungen zu treffen, die unpopulär, aber unvermeidbar seien, wie bspw. Entlassungen und Sanierungspläne.

429 *Hexel* in: Verhandlungen des 66. DJT, S. M 72 (These 6).

430 Interview mit *Norbert Deutschmann*, Gesamtbetriebsratsvorsitzender und stellvertretender Aufsichtsratsvorsitzender der Bayer Schering Pharma AG, vom 01.10.2008.

ruhen können.[431] Auch die Gewerkschaften sind aufgrund der externen Gewerkschaftsvertreter über wichtige Vorgänge in mitbestimmten Unternehmen informiert. Diese Informationsbasis der Gewerkschaften wird als positiv erachtet, da sie dann in Kollektivverhandlungen keine unrealistischen Forderungen stellen würden.[432]

Vorstände und Aufsichtsräte klagen allerdings nicht selten über Vertraulichkeitslücken, da teils wichtige Entscheidungen, die der Geheimhaltung bedürfen, nicht nur zu den Arbeitnehmern eines Unternehmens, sondern auch zu den Gewerkschaften (mittels der Gewerkschaftsvertreter)[433] und an die Öffentlichkeit durchsickern. Konsequenz dieser unzulässigen Praxis (vgl. oben **B.II.4.c.**) kann abgesehen von Schäden für das Unternehmen sein, dass im Falle wichtiger unternehmerischer Entscheidungen der Aufsichtsrat vom Vorstand oft nicht oder erst zum spätestmöglichen Zeitpunkt informiert wird[434], und er seine Funktion der begleitenden Überwachung (vgl. oben **B.II.3.d.**) in der konkreten Situation deshalb gar nicht mehr oder nur noch eingeschränkt wahrnehmen kann. Zum anderen kann es passieren, dass eigentliche Entscheidungen in Ausschüsse verlagert werden, und/oder der Aufsichtsratsvorsitzende wichtige Entscheidungen mit dem Vorstandsvorsitzenden allein abspricht.[435] Im Falle beider Konstellationen leidet die Einbeziehung von Arbeitnehmerinteressen, da die Arbeitnehmervertreter keine Möglichkeit mehr haben, die Interessen ihrer Klientel gegenüber der Unternehmensleitung zu artikulieren.

Als Nebeneffekt der Arbeitnehmerbeteiligung im Aufsichtsrat wird die Entscheidungsfindung des Gremiums mühsamer und zeitaufwendiger, was insbesondere in Krisensituationen als gravierender Nachteil bezeichnet wird.[436]

b. Unsachgemäße Verquickung von Unternehmensentscheidungen mit betrieblichen Belangen

Die Situation, in der Vertreter der Arbeitnehmer im Aufsichtsrat und im Betriebsrat über eine Betriebsänderung zu entscheiden haben (vgl. oben **B.III.3.c.**), ist nicht die einzige, in der es zu Reibungen kommen kann, die der Überschnei-

431 *Kennan/Wilson*, Bargaining with Private Information, S. 45, 48ff.

432 *Backhaus* in: Backhaus, Company Law, S. 159.

433 *Hopt*, International Review of Law and Economics 1994 (14), S. 203, 206.

434 *Lutter/Krieger*, Rechte und Pflichten des Aufsichtsrats, Rn. 256; *Sandrock*, AG 2004, S. 57, 60; Schiessl, ZHR 167 (2003), S. 235, 241; *Hopt*, ZGR 2000, S. 779, 801, der als Beispiel die inzwischen rückabgewickelte Fusion von Daimler-Benz und Chrysler anführt: Der Aufsichtsrat, dessen Zustimmung zu dem Geschäft erforderlich war, erhielt die Information erst, als der Zusammenschluss bis ins letzte ausgehandelt war.

435 *Adams*, ZBB 1994, S. 77, 82.

436 *Henssler*, Arbeitnehmermitbestimmung, S. 133, 148 mwN.

dung der Arbeitnehmerbeteiligung auf Betriebs- und Unternehmensebene geschuldet sind.

Nachfolgend soll solchen Koppelungsgeschäften nachgegangen werden, in denen der Betriebsrat seine Beteiligungsrechte gem. BetrVG einsetzt, um – im Gegensatz zu den oben (**B.I.1.(f).**) behandelten betrieblichen Koppelungsgeschäften – mittelbar *andere* als betriebsverfassungsrechtliche Angelegenheiten zu beeinflussen.

Wenn es um gewichtige Entscheidungen geht, die gem. § 111 Abs. 4 S. 2 AktG der Zustimmung des Aufsichtsrats bedürfen, kann es vorkommen, dass die Arbeitnehmervertreter im Aufsichtsrat mit den übrigen Aufsichtsratsmitgliedern bzw. mit dem Vorstand Kompromisse schließen, in denen die Unternehmensleitung, um die Zustimmung der Arbeitnehmervertreter zu „erkaufen", diesen im Gegenzug in einer anderen Angelegenheit – meist auf betrieblicher Ebene – Zugeständnisse macht.[437] Problematisch ist insoweit, eine Grenzlinie zu ziehen, ob es sich bei dem „Tauschgeschäft" um ein zulässiges Geben und Nehmen, oder aber um ein unzulässiges Koppelungsgeschäft handelt, bei dem das Unternehmensinteresse außer Acht gelassen wird bzw. „leidet". So sehen es bspw. die Vertreter der Unternehmen der *Kommission Mitbestimmung* als problematisch an, dass aufgrund der Identität von Betriebs- und Aufsichtsratsmitgliedern „betriebsverfassungsrechtliche Fragen in den Aufsichtsrat getragen werden können." Damit bestehe die Möglichkeit, „die Zustimmung der Arbeitnehmerseite zu vom Vorstand beantragten Aufsichtsratsentscheidungen von Zugeständnissen auf der betrieblichen Ebene abhängig zu machen".[438] Als Illustration derartiger Koppelungsgeschäfte kann der bereits oben (**B.II.5.**, **B.III.4.d.(f).**) erwähnte Sachverhalt der Verlängerung des Vertrags des Vorstandsvorsitzenden der Volkswagen AG, *Pischetsrieder*, dienen.[439] Als im Jahr 2006 hierüber entschieden wurde, waren die Arbeitnehmervertreter nur unter der Bedingung dazu bereit, dass der Vorstand ihnen Zugeständnisse auf betrieblicher Ebene macht.[440] Im Klartext hieß dies das Absehen bzw. die abgemilderte Durchführung von Umstrukturierungen, die Nachteile für die Arbeitnehmer mit sich gebracht hätten, aber für das Unternehmen betriebswirtschaftlich notwendig waren. Bei derartigen Kungeleien wird das Unternehmensinteresse (die „harte" Sanierung, die einige Arbeitsplätze kostet, die übrigen aber sichert, so also auch im Interesse

437 Vgl. hierzu die Nachweise bei *Neubürger* in: Zukunft der Unternehmensmitbestimmung, S. 128; *v. Werder*, AG 2004, S. 170; *Adams*, ZIP 2006, S. 1561, 1562; *Franz*, ZAF 2005, S. 271; *Bernhardt*, ZHR 159 (1995), S. 310, 316f; *Schiessl*, ZHR 167 (2003), S. 235, 241.

438 *Kommission zur Modernisierung der Unternehmensmitbestimmung* (2006), Stellungnahme der Vertreter der Unternehmen, S. 59.

439 Süddeutsche Zeitung vom 3.5.2006, S. 25 (oben **B.II.5.**).

440 Dass diese Praxis gegen das Einwirkungsverbot von Aufsichtsratsmitgliedern verstößt, wurde bereits oben (**B.III.2d.(f).**) dargestellt.

der Arbeitnehmer liegt) außer Acht gelassen, bzw. es wird im Falle von Interessenausgleichs- und Sozialplanverhandlungen verhandelbar. Die Verhandelbarkeit ist indes Folge der gesetzlichen Einbeziehung von Arbeitnehmerinteressen bei Betriebsänderungen. In diesem Zusammenhang müsste anlässlich konkret durchzuführender Maßnahmen die Einschätzungsprärogative des Vorstands aufgrund seiner aus § 76 AktG folgenden Geschäftsführungsbefugnis[441] in den Vordergrund rücken. Trotzdem wird das Aushandeln von Kompromissen der genannten Art in Unternehmen vielfach als normal betrachtet[442], was angesichts der faktischen Zwänge auf Seiten der Unternehmensleitung nicht verwundert: Für die Arbeitnehmer einschneidende Maßnahmen werden von diesen nur akzeptiert, wenn sie auch im Aufsichtsrat von ihren Vertretern mitgetragen wurden. Daher ist die Unternehmensleitung auf die Unterstützung der Arbeitnehmervertreter nicht nur anlässlich der Entscheidung im Aufsichtsrat, sondern auch im Rahmen der Durchführung der Entscheidung im Unternehmen angewiesen. Den Arbeitnehmervertretern im Gegenzug Zugeständnisse in anderen ihre Klientel betreffenden Angelegenheiten zu machen, liegt daher nahe und muss für das Unternehmen nicht schädlich sein. Problematisch sind demgegenüber Konstellationen, in denen – wie im dargestellten Fall bei VW – eine Koppelung dem Unternehmensinteresse abträglich ist bzw. sein kann, sie aufgrund der Sachzwänge aber trotzdem geschieht.[443]

Ein weiteres interessantes Beispiel für die dargestellten Konfliktlagen aus der Praxis bietet das Vorgehen des Konzernbetriebsrats der ThyssenKrupp AG und der IG Metall anlässlich einer geplanten Umstrukturierung des Unternehmens. Dieses plant einerseits, fünf seiner Geschäftsbereiche in zwei Divisionen zusammenzufassen. Für den Fall der Durchführung wären hiervon einige 100 Stellen in der Verwaltung, vor allem Führungspositionen, betroffen. Ein weiteres Konzept, das parallel vor der Umsetzung steht, würde den Verlust von ca. 3.000 Arbeitsplätzen in verschienen Geschäftsbereichen des Unternehmens mit sich bringen. Der Konzernbetriebsrat und die IG Metall gaben kürzlich eine Er-

441 Unstreitig ist, dass der Vorstand die Leitungsentscheidungen nach eigenem Ermessen trifft, vgl. BGHZ 125, 239, 246 = NJW 1994, 1410; zu Einzelheiten vgl. *Hüffer*, AktG, § 76 Rn. 12ff: Demnach ist für die Ermessensausübung eine interessenplurale Zielkonzeption maßgebend, welche die Interessen der Aktionäre (Kapital), der Arbeitnehmer (Arbeit) und der Öffentlichkeit (Gemeinwohl) wahrnimmt.

442 Interview mit einem Arbeitsrechtsjuristen eines großen Energieversorgers vom 22.03.2007. Dieser gab an, es sei ganz normal, dass bei wichtigen Unternehmensentscheidungen, die im Aufsichtsrat die Zustimmung der Arbeitnehmervertreter erforderten, vor der Sitzung mit den Arbeitnehmervertretern verhandelt würde. Dort würde diesen dann im Gegenzug für die Zustimmung im Aufsichtsrat etwas gegeben, was mit der Entscheidung im Aufsichtsrat gar nicht zusammenhängt bzw. zusammenhängen muss.

443 Laut *Windbichler,* FS Schwark, S. 805. 818f sind Organisationsmodelle, die unerwünschte Paketlösungen fördern, auch keine gute Corporate Governance-Struktur.

klärung ab, dass sie dem Umbaukonzept unter den gegebenen Umständen nicht zustimmen könnten.[444] Interessant an der Erklärung ist, dass es an sich Sache des Aufsichtsrats der Thyssen Krupp AG wäre, sich mit den Plänen des Vorstands hinsichtlich der geplanten Veränderungen auseinanderzusetzen. Die Kommentierung der Pläne des Vorstands fällt daher schon überhaupt nicht in den Verantwortungsbereich der Gewerkschaften und des Konzernbetriebsrats. Mit den Umbauplänen, deren Folge der Abbau von 3.000 Arbeitsplätzen wäre, haben die Gewerkschaften zunächst ebenso nichts zu tun, da mögliche Interessenausgleichs- und Sozialplanverhandlungen in den Zuständigkeitsbereich des Betriebsrats der ThyssenKrupp AG fallen. Neben der Beschäftigungssicherung haben die Gewerkschaften weitere handfeste Interessen am Erhalt der fünf Geschäftsbereiche: Da diese allesamt als (mitbestimmte) Aktiengesellschaften betrieben werden, gehen für die Gewerkschaften Posten in den Aufsichtsräten (und somit Einfluss und Aufsichtsratstantiemen) verloren. Gleiches gilt für die Posten der Arbeitsdirektoren mit gewerkschaftlichem Hintergrund. Das Beispiel macht so den fließenden Übergang von Betriebsrats- und Gewerkschaftsarbeit sowie das faktische Druckausübungspotenzial der Gewerkschaften im Falle unternehmerischer Entscheidungen deutlich. Blickt man dazu auf die drohende Schwächung gewerkschaftlichen Einflusses im Unternehmen aufgrund des Verlustes von Mandaten in Vorstand und Aufsichtsrat, zeigt es auch das eigene Interesse der Gewerkschaften am Machterhalt.

c. Druckausübungspotenzial der Gewerkschaften bei Betriebsänderungen

Das Urteil des BAG zur Zulässigkeit von Arbeitskampfmaßnahmen zur Erzielung von Sozialtarifverträgen hat es mit sich gebracht, dass das Potenzial der Gewerkschaften, anlässlich von Betriebsänderungen auf die Unternehmensleitung Druck auszuüben, erheblich gestiegen ist. Aufgrund der Existenz von Gewerkschaftsvertretern im Aufsichtsrat können die Gewerkschaften schon bei der Entscheidung des Aufsichtsrats zu einer Betriebsänderung anfangen, mittels der Androhung von Arbeitskampfmaßnahmen Druck auszuüben. Hierdurch könnte den Arbeitnehmern bspw. ein hohes Abfindungsvolumen gesichert, oder durch (zu) hohe Forderungen eine Standortverlagerung de facto sogar verhindert werden.

Fraglich ist, ob und wie dem Druck, mittels dessen eine Gewerkschaft theoretisch in der Lage ist, schon auf den Willensbildungsprozess im Aufsichtsrat einzuwirken, zu begegnen ist. Ein bloßer Hinweis auf die Verpflichtung auch der externen Gewerkschaftsvertreter auf das Unternehmensinteresse, dem reine

444 Frankfurter Allgemeine Zeitung vom 27.04.2009, S. 15 („Machtkampf bei ThyssenKrupp“).

Arbeitnehmerinteressen nicht vorgezogen werden dürfen, erscheint in einer solchen für die Belegschaft brisanten Situation nicht praktikabel. Zu fragen ist danach, ob es den Arbeitnehmern – mangels entgegenstehender gesetzlicher Vorschriften – verweigert werden kann, sich im Aufsichtsrat für die Interessen ihrer Klientel einzusetzen. Die aus dem Unternehmensinteresse folgende Pflicht zur Förderung des Unternehmenswohls scheint in derartigen Situationen nicht dazu geeignet, eine unbedingte Verhaltenspflicht der Arbeitnehmervertreter zugunsten der Strategie des Vorstands und der Anteilseignervertreter im Aufsichtsrat zu statuieren. Der Inhalt des Unternehmensinteresses ist zu facettenreich, um eine eindeutige Verhaltenspflicht der Arbeitnehmervertreter festzulegen, da Chancen, Risiken und Folgen einer zustimmungspflichtigen Betriebsänderung zu schwer abzuschätzen sind, um die Arbeitnehmervertreter auf die Strategie der restlichen Aufsichtsratsmitglieder zu verpflichten. So ist nach anderen Lösungsansätzen für die Eindämmung des Druckausübungspotenzials externer Gewerkschaftsvertreter anlässlich von Betriebsänderungen zu suchen.

d. Fazit

Derart vielschichtige Problemlagen, wie sie aufgrund der Arbeitnehmermitbestimmung durch interne und externe Arbeitnehmervertreter im Aufsichtsrat und der Interessenvertretung der Arbeitnehmer gem. BetrVG, wie auch durch die Gewerkschaften entstehen, können nie umfassend mit Mitteln des Rechts gelöst werden.[445] Die hieraus entstehenden Konfliktsituationen wurden vom Gesetzgeber in Kauf genommen, als er sich für eine Arbeitnehmervertretung mit Gewerkschaftsrepräsentanz in den Aufsichtsräten großer Aktiengesellschaften entschied. Trotzdem müssen auftretende Konfliktsituationen rechtlich erfasst und eingeordnet werden, und es muss hinterfragt werden, ob und bis zu welchem Punkt sie für das Unternehmen erträglich sind. In einem zweiten Schritt muss mit Hilfe von Näherungswerten versuchten werden, Konfliktsituationen in den Griff zu bekommen, sollten sie die Grenze des Erträglichen überschreiten. Hierbei kann das nachfolgend zu analysierende schwedische Recht sicherlich Hilfestellungen geben.

445 So auch *Ulmer*, Generalbericht, S. 171, der im Bericht zur Unternehmensmitbestimmung der Arbeitnehmer im Recht der EU-Mitgliedstaaten festhält, dass es sich bei Interessenkollisionen „bekanntlich um ein nicht ganz seltenes, auch auf Anteilseignerseite nicht ausgeschlossenes Phänomen [handelt], dem durch gesetzliche Vorkehrungen nur in engen Grenzen begegnet werden kann.“

C. Arbeitnehmerbeteiligung in Schweden

Vorbemerkung

In der Arbeit werden vielfach Quellen herangezogen, die während des Gesetzgebungsverfahrens in Schweden veröffentlicht werden, da diesen Vorarbeiten bei der Auslegung von Gesetzen wesentliche Bedeutung zukommt. Um die verschiedenen in der Arbeit verwendeten Gesetzesmaterialien aufzuzeigen, werden kurz die wesentlichen Stadien des Gesetzgebungsverfahrens in Schweden dargestellt.

Bevor ein Gesetz in den Reichstag eingebracht wird, untersucht oft ein Komitee, das aus Experten der betroffenen Ministerien oder aus Experten der Wissenschaft besteht, die gesetzlich zu regelnde Materie. Von Ministerien durchgeführte Untersuchungen werden unter dem Namen „Veröffentlichung der Ministerien" (*Departementsserier*, **Ds**) veröffentlicht. Die Ergebnisse der Untersuchungen sonstiger Expertenkomitees werden unter dem Namen „Öffentliche Untersuchungen des Staates" (*Statens Offentliga Utredningar*, **SOU**) veröffentlicht. Daraufhin wird der Untersuchungsbericht an öffentliche Stellen, Organisationen, Verbände und sonstige Einrichtungen, die von einem Gesetz berührt sein könnten, überwiesen. Schließlich nimmt die Regierung Stellung zu der Untersuchung und den eingegangenen Stellungnahmen. Entscheidet sich die Regierung, ein Gesetz in den Reichstag einzubringen, verfasst sie einen Gesetzesvorschlag (*Proposition*, **Prop.**). Von Reichstagsmitgliedern in den Reichstag eingebrachte Gesetzgebungsvorschläge werden als *Motion* bezeichnet. Während der Verfassung des Gesetzesvorschlages wird dieser an den Gesetzesrat (**Lagråd**[446]) überwiesen, der dazu Stellung nimmt. Der Gesetzesvorschlag wird dann in den Reichstag eingebracht und unter der Bezeichnung *Proposition* mit dem Kürzel **Prop.** veröffentlicht. **Prop´s.**, **D´s**, und **SOU´s** sind meist die wesentliche Quelle zur Auslegung von Gesetzen. Ein schlussendlich vom Reichstag erlassenes Gesetz wird unter dem Jahr des Erlasses und der laufenden Nummer in die schwedische Gesetzessammlung (*Svenskt Författningssamling*, **SFS**) aufgenommen. Das Gegenstück zu unserem Betriebsverfassungsgesetz, das *Medbestämmandelagen* (**MBL**), hat bspw. die Nummer *SFS 1976:580.*

SOU´s, also öffentliche Untersuchungen des Staates, werden nicht nur im Zusammenhang mit Gesetzgebungsverfahren durchgeführt. So wurde von staat-

---

446 Der Gesetzesrat ist eine aus den höchsten Richtern des obersten Verwaltungsgerichts (*Regeringsrätten*) und des Höchsten Gerichts (*Högsta Domstolen*) bestehende öffentliche Stelle, die bei bestimmten Gesetzesvorhaben zu hören ist. Die Tätigkeit des Gesetzesrates ist in Kap. 8 § 18 der Verfassung des Königreiches Schweden (*Regeringsformen,* SFS 1974:152) geregelt.

licher Seite mehrfach die Anwendung des MBL in der Praxis untersucht, wozu jeweils SOU's dienten.[447]

I. Verwaltungsstruktur schwedischer Aktiengesellschaften

Für das Verständnis der Arbeitnehmerbeteiligung auf Betriebs- wie Unternehmensebene in Schweden ist es erforderlich, zunächst die Verwaltungsstruktur schwedischer Aktiengesellschaften (*Aktiebolag*, **AB**) darzustellen. Verwaltungsrat und geschäftsführender Direktor sind vertretungsberechtigte Organe schwedischer Aktiengesellschaften, weshalb sie diese bspw. in Verhandlungen mit den Gewerkschaften und beim Abschluss von Kollektivverträgen vertreten. Zudem sitzen im Verwaltungsrat schwedischer Aktiengesellschaften Arbeitnehmervertreter, die von den Gewerkschaften ernannt werden.

Das schwedische Recht kennt nur die Aktiengesellschaft als Rechtsform der Kapitalgesellschaft.[448] Da sich in Schweden keine Entsprechung zur deutschen GmbH findet, ist der weit überwiegende Teil schwedischer Gesellschaften als Aktiengesellschaften verfasst.[449] So waren im Jahr 2005 die meisten der 300.000 in Schweden registrierten Aktiengesellschaften sehr klein.[450] Das Recht der schwedischen Aktiengesellschaft ist im Aktiengesellschaftsgesetz (*Aktiebolagslagen*, **ABL**)[451] geregelt. Das ABL unterscheidet zwischen nicht-öffentlichen und öffentlichen Aktiengesellschaften. Letztere sind Aktiengesellschaften, die berechtigt sind, sich zu Zwecken der Kapitalbeschaffung an die Öffentlichkeit zu wenden[452], sich also an den Börsen Kapital zu beschaffen. Nicht-öffentlichen und öffentlichen Aktiengesellschaften in Schweden können GmbH und AG bzw. „kleine" und „große" AG in Deutschland gegenübergestellt werden.[453] Öffentliche Aktiengesellschaften, für die im ABL Sondervorschriften gelten, sind für diese Arbeit von besonderem Interesse, da die zu untersuchenden Unternehmen mit mehr als 500 Arbeitnehmern nahezu ausschließlich als öffentliche Aktiengesellschaften verfasst sind.

---

447 Bspw. SOU 1982:60, *MBL i utveckling* („Die Entwicklung des MBL").
448 *Nicolaysen*, RIW 2005, S. 884, 885.
449 *Foerster/Strempel*, RIW 1999, S. 33, 34.
450 *Skog*, AG 2005, S. 2, der allerdings keine näheren Angaben zur Größe macht.
451 SFS 2005:551.
452 *Skog*, Aktiebolagsrätt, S. 23.
453 *Foerster* in: EU-Handbuch Gesellschaftsrecht, Rn. 199.

1. Organe der schwedischen Aktiengesellschaft

Höchstes beschlussfassendes Organ der schwedischen Aktiengesellschaft ist die Hauptversammlung (*Bolagsstämma*).[454] Sie wählt die Anteilseignervertreter des Verwaltungsrats (*Styrelse*), der für die Organisation der Aktiengesellschaft und die Verwaltung ihrer Angelegenheiten verantwortlich ist. Der Verwaltungsrat ist in öffentlichen Aktiengesellschaften verpflichtet, einen geschäftsführenden Direktor (*Verkställande Direktör*, **VD**) zu ernennen. Dieser ist entsprechend den Richtlinien und Anweisungen des Verwaltungsrats für die Führung der laufenden Geschäfte einer Aktiengesellschaft verantwortlich. Der von der Hauptversammlung zu wählende Abschlussprüfer, der ebenfalls ein Organ der Gesellschaft ist, prüft die Verwaltung der Gesellschaft durch den Verwaltungsrat und den geschäftsführenden Direktor sowie die Buchführung und den Jahresabschluss.

Die Verwaltungsorgane Verwaltungsrat und geschäftsführender Direktor vertreten eine Arbeitgeberaktiengesellschaft gegenüber den Gewerkschaften. Die Hauptversammlung wird insofern in die Betrachtung einbezogen, als ihre rechtliche Stellung gegenüber den Verwaltungsorganen und den Arbeitnehmern bzw. die deren Interessen vertretenden Gewerkschaften relevant wird.

a. Verwaltungsrat

In einer schwedischen Aktiengesellschaft nimmt der Verwaltungsrat der Gesellschaft Beratungs-, Leitungs-, und Überwachungsaufgaben zugleich wahr.[455] Die Aufgaben des Verwaltungsrats werden bspw. im Schwedischen Corporate Governance Kodex (*Svensk Kod för Bolagsstyrning*, **SKBS**[456]) beschrieben.[457] Der SKBS stammt aus dem Jahr 2005 und wurde zuletzt Anfang des Jahres 2010 geändert.

(a) Zusammensetzung und Wahl

In einer öffentlichen Aktiengesellschaft muss der Verwaltungsrat gem. Kap. 8 § 8 Abs. 2 i.V.m. § 46 ABL[458] aus mindestens drei Mitgliedern bestehen. Gem. Kap. 8 § 3 ABL können auch stellvertretende Verwaltungsratsmitglieder ernannt

---

454 *Svensson/Danelius*, ABL-Kommentar, S. 53.

455 *Nicolaysen*, RIW 2005, S. 884, 886.

456 Der SKBS ist in englischer Sprache abrufbar unter *http://www.corporategovernanceboard.se/media/45322/the%20swedish%20code%20of%20corporate%20governance,%201%20february%202010.pdf* [gelesen am 20.07.2010].

457 Ziff. III.3, S. 16 des SKBS.

458 Das ABL ist in Kapitel und nicht fortlaufende Paragraphen eingeteilt.

werden. Die Satzung der Gesellschaft muss Angaben zur genauen bzw. zur geringsten und höchsten Anzahl der Verwaltungsratsmitglieder enthalten, Kap. 3 § 1 Abs. 1 Nr. 6 ABL.

Gemäß Kap. 8 § 8 ABL ist der Verwaltungsrat von der Hauptversammlung zu wählen, wobei die Satzung bestimmen kann, dass ein oder mehrere Verwaltungsratsmitglieder auf andere Art ernannt werden.[459] Einer Bank, die als Bedingung für die Zusammenarbeit mit der Gesellschaft bspw. als Kreditgeberin einen Sitz im Verwaltungsrat beansprucht, kann auf diese Weise ein Entsendungsrecht eingeräumt werden.[460] Dem Verwaltungsrat selber darf gem. Kap. 8 § 8 S. 2 ABL nicht das Recht gegeben werden, Verwaltungsratsmitglieder zu ernennen. In einer öffentlichen Aktiengesellschaft müssen zudem mehr als die Hälfte der Mitglieder des Verwaltungsrats von der Hauptversammlung gewählt werden, Kap. 8 § 48 ABL, und der Vorsitzende des Verwaltungsrats darf nicht zugleich geschäftsführender Direktor der Aktiengesellschaft sein, Kap. 8 § 49 ABL. Die Vertretung der Arbeitnehmer im Verwaltungsrat ist im LSA geregelt, auf das in Kap. 8 § 2 ABL verwiesen wird. Für die Ernennung der Arbeitnehmervertreter zum Verwaltungsrat enthält das ABL somit keine Regelungen.

Der Verwaltungsrat muss gem. Kap. 8 § 17 ABL einen Vorsitzenden (*Styrelseordförande*) haben, der die Arbeit des Verwaltungsrats leitet und sicherstellt, dass der Verwaltungsrat die ihm obliegenden Aufgaben ordnungsgemäß erfüllt. Der Vorsitzende wird vom Verwaltungsrat gewählt, wenn nicht die Satzung etwas anderes vorschreibt oder die Hauptversammlung etwas anderes beschließt.[461] Gem. SKBS soll der Verwaltungsratsvorsitzende von der Hauptversammlung gewählt werden.[462]

Beispiel aus der Praxis: Der Verwaltungsrat der Ericsson AB besteht aus 12 von den Anteilseignern gewählten Mitgliedern sowie aus 3 Arbeitnehmervertretern und 3 Stellvertretern der Arbeitnehmervertreter.[463]

(b) Aufgaben und Pflichten

Gemäß Kap. 8 § 4 ABL, der die Hauptaufgaben des Verwaltungsrats festlegt, ist dieser für die Organisation der Gesellschaft und die Verwaltung ihrer Angelegenheiten verantwortlich. Er hat gem. Kap. 8 § 6 ABL jährlich eine schriftliche Geschäftsordnung für seine Arbeit aufzustellen, die Angaben zu den Aufgaben-

---

459 Laut *Nerep/Samuelsson*, ABL-Kommentar, Kap. 8 § 8 ABL, S. 556, kann die Satzung festschreiben, dass Minderheitsaktionären, die 20 % der stimmberechtigten Aktien halten, das Recht zustehen soll, ein oder mehrere Verwaltungsratsmitglieder zu ernennen.

460 *Andersson* et al., ABL-Kommentar, Kap. 8 § 8 ABL, Nr. 2.

461 Prop. 2006/07:70, S. 70f.

462 Ziff. III.6.1, S. 19 des SKBS.

463 *http://www.ericsson.com/thecompany/corporate_governance/board_of_directors/members_of_the_board* [gelesen am 20.07.2010].

bereichen der einzelnen Verwaltungsratsmitglieder und zu der jährlichen Anzahl an Sitzungen zu enthalten hat. Den Verwaltungsrat trifft die allgemeine Verpflichtung, die Organisation der Gesellschaft zweckmäßig zu gestalten.[464] Der Begriff „Verwaltung der Gesellschaft" ist sehr weitgehend und umfasst alle Angelegenheiten der Gesellschaft, für die nicht die Hauptversammlung zuständig ist.[465] Hierzu zählen die regelmäßige Beurteilung der wirtschaftlichen Situation der Gesellschaft (Kap. 8 § 4 Abs. 2 ABL) und das Schaffen einer Organisationsstruktur, die eine zufrieden stellende Kontrolle der Buchführung, der Vermögensverwaltung und der wirtschaftlichen Verhältnisse der Gesellschaft im übrigen ermöglicht (Kap. 8 § 4 Abs. 3 ABL). Auch Beschlüsse zur zukünftigen Geschäftspolitik und der Ausrichtung der Gesellschaft sowie die laufende Verwaltung hinsichtlich Buchführung, Rechnungslegung und Mittelverwaltung fallen in den Zuständigkeitsbereich des Verwaltungsrats. Eine der wichtigsten Aufgaben ist seine planende Rolle, weshalb er sich ständig mit der Planung und Beurteilung der Entwicklung der Gesellschaft befassen muss.[466] Der Verwaltungsrat einer schwedischen AB hat daher geschäftsführende Funktionen, obwohl in einer öffentlichen Aktiengesellschaft die Führung der *laufenden* Geschäfte dem geschäftsführenden Direktor obliegt.

Aus der Verantwortung des Verwaltungsrats für Organisation und Verwaltung folgt indes nicht, dass der Verwaltungsrat als Kollegialorgan alle genannten Aufgaben selber wahrnehmen muss. Er kann gem. Kap. 8 § 4 Abs. 4 ABL bestimmte Aufgaben an Ausschüsse delegieren, die vorbereitend und ggf. auch beschlussfassend tätig werden.[467] Dabei muss der Verwaltungsrat allerdings die gebotene Sorgfalt beachten und fortlaufend kontrollieren, ob die Delegation aufrechterhalten werden kann. Hierdurch wird zum Ausdruck gebracht, dass die grundsätzliche Verantwortlichkeit für die Organisation und Verwaltung und die Kontrolle der Buchführung, der Mittelverwaltung und der wirtschaftlichen Verhältnisse der Gesellschaft beim Verwaltungsrat bleiben muss, und er sich dieser Verantwortlichkeit auch nicht durch Ausstellung von Vollmachten oder anderweitig entledigen kann.[468]

Aus der Verwalterstellung, die die Verwaltungsratsmitglieder im Verhältnis zur Gesellschaft einnehmen, folgt, dass der Verwaltungsrat verpflichtet ist, bei seinem Handeln für die Gesellschaft loyal deren Interessen zu fördern.[469] Dieser Verpflichtung entspricht im deutschen Recht die Pflicht des Aufsichtsrats und seiner Mitglieder zur Wahrung des Unternehmensinteresses.

---

464 *Svensson/Danelius*, ABL-Kommentar, S. 71.

465 *Andersson* et al., ABL-Kommentar, Kap. 8 § 4 ABL, Nr. 2.

466 Prop. 1997/98:99, S. 202.

467 *Johansson*, Associationsrätt, S. 128.

468 Prop. 2004/05:85, S. 617.

469 *Andersson* et al., ABL-Kommentar, Kap. 8 § 8 ABL, Nr. 6.

(c) Vertretung der Gesellschaft

Der Verwaltungsrat ist gem. Kap. 8 § 35 ABL berechtigt,, die Gesellschaft anlässlich der Eingehung von Verträgen und bei Rechtshandlungen sowie vor Gericht und Behörden zu vertreten (*Firmateckningsrätt*).[470] Er kann daher Vertreter einer Arbeitgeberaktiengesellschaft im Falle des Abschlusses von Kollektivverträgen mit Gewerkschaften sein.

(d) Verschwiegenheitspflicht

Die Loyalitätspflicht eines Mitglieds des Verwaltungsrats gegenüber der Gesellschaft bringt die Verpflichtung mit sich, bezüglich Angelegenheiten und Verhältnissen, deren Enthüllung für die Gesellschaft schädlich sein kann, Stillschweigen zu bewahren. Ausdrückliche Bestimmungen zur Verschwiegenheitsverpflichtung enthält das ABL aber nicht.[471] Der Verwaltungsrat kann über den Umfang von Verschwiegenheitsverpflichtungen beschließen, wobei die rechtliche Bedeutung derartiger Beschlüsse umstritten ist.[472] Eine äußerste Grenze findet die Möglichkeit der Verwaltungsratsmitglieder, Informationen herauszugeben, in den Schadensersatzbestimmungen des ABL. Gem. Kap. 29 Abs. 1 ABL macht sich ein Mitglied des Verwaltungsrats der Gesellschaft gegenüber schadensersatzpflichtig, wenn es dieser bei Erfüllung seines Auftrages vorsätzlich oder fahrlässig Schaden zufügt.

(e) Befangenheit von Verwaltungsratsmitgliedern

Gemäß § 23 Abs. 1 Nr. 1 ABL darf sich ein Verwaltungsratsmitglied nicht mit einem Vertrag zwischen der Gesellschaft und ihm selbst befassen. Das Verbot der „Befassung“ besagt, dass sich das betreffende Verwaltungsratsmitglied weder an der Beratung noch an der Beschlussfassung des Verwaltungsrats bezüglich des Vertrages beteiligen darf.[473] Gleiches gilt gemäß § 23 Abs. 1 Nr. 2 ABL bezüglich eines Vertrages zwischen der Gesellschaft und einem Dritten, wenn das Verwaltungsratsmitglied in der Angelegenheit ein wesentliches Interesse hat, das dem Interesse der Gesellschaft zuwiderlaufen kann. § 23 Abs. 1 Nr. 3 ABL verbietet einem Verwaltungsratsmitglied die Befassung mit einem Vertrag zwischen der Gesellschaft und einer juristischen Person, zu deren Vertretung es

---

470 *Andersson* et al., ABL-Kommentar, Kap. 8 § 35 ABL, Nr. 1. Normalerweise wird allerdings gem. § 37 ABL ein besonderer Stellvertreter (*särskilt firmatecknare*) ernannt, der die Gesellschaft vertritt. Hierbei handelt es sich bspw. um ein Verwaltungsratsmitglied oder den geschäftsführenden Direktor, vgl. *Nerep/Samuelsson*, ABL-Kommentar, Kap. 8 § 35 ABL, S. 631 mwN.

471 *Skog*, Aktiebolagsrätt, S. 187.

472 *Andersson* et al., ABL-Kommentar, Kap. 8 § 23 ABL, Nr. 8.

473 *Svensson/Danelius*, ABL-Kommentar, S. 77.

einzeln oder zusammen mit einem Anderen befugt ist. § 23 Abs. 3 stellt Gerichtsverfahren und andere Klagen gegen das Verwaltungsratsmitglied einem Vertrag mit dem Verwaltungsratsmitglied gleich. Hinter der Regelung in § 23 ABL steht der Gedanke, dass ein Verwaltungsratsmitglied nicht an der Arbeit des Verwaltungsrats teilnehmen soll, wenn er ein wesentliches individuelles Interesse hat, das dem der Gesellschaft entgegenstehen kann.[474]

b. Geschäftsführender Direktor

(a) Ernennung

Der geschäftsführende Direktor wird gem. Kap. 8 § 27 ABL vom Verwaltungsrat ernannt. Die Ernennung ist in öffentlichen Aktiengesellschaften zwingend, Kap. 8 § 50 ABL. Der geschäftsführende Direktor darf in öffentlichen Aktiengesellschaften zudem nicht Vorsitzender des Verwaltungsrats sein, Kap. 8 § 49 ABL. Gemäß Kap. 8 § 28 ABL ist der Verwaltungsrat auch zuständig zur Ernennung eines oder mehrerer Stellvertreter des geschäftsführenden Direktors.

(b) Aufgaben

Der geschäftsführende Direktor führt gem. Kap. 8 § 29 ABL die laufenden Geschäfte der Aktiengesellschaft entsprechend den Anweisungen und Richtlinien des Verwaltungsrats.[475] Im Rahmen seiner Geschäftsführungsbefugnis kann er in angemessenem Umfang Aufgaben delegieren.[476] Der geschäftsführende Direktor hat – zumindest in großen Aktiengesellschaften – neben einem oder mehreren Stellvertretern einen ihm untergeordneten Stab von Führungskräften, bspw. ein *Executive Committee*, dem Aufgaben der Geschäftsführung übertragen sind.[477]

> *Beispiel aus der Praxis:* Die Konzernleitung der Ericsson AB besteht aus 14 Personen, der geschäftsführende Direktor hat zwei Stellvertreter. Dem sog. erweiterten Management Team gehören neben der Konzernleitung weitere 10 Mitglieder an.[478]

Zur laufenden Verwaltung gehören alle Maßnahmen, die für den Betrieb der Gesellschaft notwendig sind, die aber nicht hinsichtlich des Umfangs und der Art der Tätigkeit der Gesellschaft außergewöhnlich oder von großer Bedeutung

---

474 *Lavén*, LSA-Kommentar, § 11 LSA, S. 88.

475 Der VD ist dem Verwaltungsrat somit untergeordnet, vgl. Ziff. II.4, S. 11 des SKBS.

476 *Andersson* et al., ABL-Kommentar, Kap. 8 § 28 ABL, Nr. 1.

477 *Hansen*, Nordic Company Law, S. 73.

478 *http://www.ericsson.com/thecompany/corporate_governance/company_management* [gelesen am 20.07.2010].

sind.[479] Die Frage, ob eine Maßnahme außergewöhnlich oder von großer Bedeutung ist, bestimmt sich u.a. nach Umfang und Art der Geschäftstätigkeit der Gesellschaft.[480] Zum Betrieb der Gesellschaft und daher auch zum Kompetenzbereich des geschäftsführenden Direktors gehört die Durchführung von Beschlüssen, die vom Verwaltungsrat getroffen wurden.[481] Der geschäftsführende Direktor hat gem. Kap. 8 § 29 Abs. 3 ABL durch geeignete Maßnahmen sicherzustellen, dass die Buchführung der Gesellschaft entsprechend den gesetzlichen Erfordernissen erfolgt, und dass das Vermögen der Gesellschaft zufrieden stellend verwaltet wird. Die Kontrolle des geschäftsführenden Direktors bezüglich dieser Angelegenheiten obliegt dem Verwaltungsrat, Kap. 8 § 4 ABL (vgl. oben **C.I.1.a.(b).**).

Zu den Aufgaben des geschäftsführenden Direktors gehört dessen Informations- und Unterrichtungspflicht gegenüber dem Verwaltungsrat. Die Mitglieder des Verwaltungsrats haben darüber hinaus ein Auskunftsrecht gegenüber dem geschäftsführenden Direktor sowie ein Recht auf Einsicht in Geschäftsunterlagen.[482]

(c) Aufgabenverteilung zwischen geschäftsführendem Direktor und Verwaltungsrat

Aus der Geschäftsführungsbefugnis des geschäftsführenden Direktors, die laufenden Geschäfte der Gesellschaft entsprechend den Richtlinien und Anweisungen des Verwaltungsrats zu führen, folgt, dass dieser dem Verwaltungsrat untergeordnet ist. Die Aufgaben- und Kompetenzverteilung zwischen Verwaltungsrat und geschäftsführendem Direktor ist gem. Kap. 8 § 7 ABL schriftlich festzulegen. Der geschäftsführende Direktor verliert sein Geschäftsführungsrecht, wenn der Verwaltungsrat selbst die laufende Verwaltung der Gesellschaft an sich nimmt.[483] Allerdings verstieße es gegen den Grundgedanken des ABL, wenn der Verwaltungsrat so tief in die Geschäftsführungsbefugnis des geschäftsführenden Direktors eingriffe, dass dieser tatsächlich nicht mehr die Funktion eines geschäftsführenden Direktors wahrnähme.[484] Der Verwaltungsrat kann dem geschäftsführenden Direktor mittels Vollmacht auch Aufgaben und Zuständigkeiten zuteilen, die an sich nicht in dessen Aufgabenbereich liegen.[485] Trotz der rechtlichen Unterordnung des geschäftsführenden Direktors unter den Verwaltungsrat ist vor allem in großen Unternehmen der geschäftsführende Direktor die

---

479 *Nerep/Samuelsson*, ABL-Kommentar, Kap. 8 § 29 ABL, S. 618.
480 SOU 1941:9, S. 304, 323, 336; SOU 1971:15, S. 215; Prop. 1975:103, S. 378.
481 *Andersson* et al., ABL-Kommentar, Kap. 8 § 28 ABL, Nr. 1.
482 *Lavén*, LSA-Kommentar, § 11 LSA, S. 89.
483 *Andersson* et al., ABL-Kommentar, Kap. 8 § 28 ABL, Nr. 1.
484 Prop. 1997/98:99, S. 90.
485 Prop. 1997/98:99, S. 90.

leitende Kraft. Die Mitglieder des Verwaltungsrats, die ihre Verpflichtungen hauptsächlich durch Teilnahme an den Sitzungen des Verwaltungsrats erfüllen, haben in diesem Falle eher eine ratgebende, überwachende, und im Nachhinein kontrollierende Funktion.[486] So greifen sie auch nur selten in die Geschäftsführung des geschäftsführenden Direktors und dessen *Management Team* ein.[487]

(d) Vertretung der Gesellschaft

Der geschäftsführende Direktor ist gem. Kap. 8 § 36 ABL bezüglich seiner aus Kap. 8 § 29 ABL folgenden Aufgaben (Führung der laufenden Geschäfte der Aktiengesellschaft) jederzeit berechtigt, die Gesellschaft zu vertreten. Das Vertretungsrecht des geschäftsführenden Direktors ist somit begrenzter als das des Verwaltungsrats, dem gem. Kap. 8 § 35 ABL ein umfassendes Vertretungsrecht zukommt.

Von Bedeutung wird die Aufteilung der Vertretungsbefugnis zwischen Verwaltungsrat und geschäftsführendem Direktor bspw. anlässlich der Eingehung von Kollektivverträgen. Der geschäftsführende Direktor kann innerhalb seines Aufgabenbereiches Vertreter einer Arbeitgeberaktiengesellschaft im Falle des Abschlusses von Kollektivverträgen mit Gewerkschaften sein. Zunächst ist danach zu fragen, ob die durch Kollektivertrag zu regelnde Angelegenheit der laufenden Verwaltung zuzuordnen ist, oder ob es sich schon um ein für die Gesellschaft außergewöhnliches Geschäft handelt. In den Vorarbeiten zum Aktiengesetz 1975 werden solche Verträge dem Bereich der laufenden Geschäftsführung zugerechnet, die nicht nach ihrem Inhalt, ihrer Dauer oder der mit ihnen einhergehenden Kosten als ungewöhnlich oder von großer Bedeutung für die Gesellschaft zu betrachten sind.[488] Es ist dann eine Frage des Einzelfalles, ob der geschäftsführende Direktor aufgrund des gewöhnlichen Charakters des Geschäfts zuständig zum Abschluss eines Kollektivvertrages ist, oder ob diese Zuständigkeit dem Verwaltungsrat zukommt, da es sich um ein für die Gesellschaft außergewöhnliches Geschäft handelt.

(e) Befangenheit und Verschwiegenheitspflicht

Für den geschäftsführenden Direktor gelten gem. § 34 ABL dieselben Befangenheitsbestimmungen wie für den Verwaltungsrat. Den geschäftsführenden Direktor trifft, wie auch den Verwaltungsrat, die Pflicht, bezüglich Angelegenheiten und Verhältnissen, deren Enthüllung für die Gesellschaft schädlich sein kann, Stillschweigen zu bewahren. Er selbst hat zu beurteilen, ob eine Äußerung

---

486 *Johansson*, Assocationsrätt, S. 126f.
487 *Fahlbeck*, Employee Participation, S. 38.
488 Vgl. hierzu *Andersson* et al., ABL-Kommentar, Kap. 8 § 29 ABL, Nr. 1.

der Gesellschaft schaden könnte, wobei das Risiko der Fehleinschätzung mit der Folge einer eventuellen Schadensersatzverpflichtung gem. § 29 ABL bei ihm liegt.[489]

2. Vergleichbarkeit der Aufgaben und Befugnisse des schwedischen Verwaltungsrats und des deutschen Aufsichtsrats

Ohne dass ein umfassender und eingehender Systemvergleich zwischen dem deutschen und schwedischen Verwaltungsmodell von Aktiengesellschaften angeboten werden kann, ist zu fragen, ob die Aufgaben und Befugnisse eines schwedischen Verwaltungsrats mit denen eines deutschen Aufsichtsrats vergleichbar sind. Denn nur dann lässt sich auch die Rechtsstellung schwedischer und deutscher Arbeitnehmervertreter im Verwaltungs- bzw. Aufsichtsrat vergleichen.

Schwedisches und deutsches System der Verwaltung von Aktiengesellschaften lassen sich als monistisches und dualistisches, also als einstufiges und zweistufiges Verwaltungssystem gegenüberstellen.[490] In Schweden ist zunächst der Verwaltungsrat das geschäftsführende Organ, nur in öffentlichen Aktiengesellschaften ist gem. § 50 ABL zwingend ein geschäftsführender Direktor zu ernennen, der dann die laufenden Geschäfte der Gesellschaft führt. In Deutschland dagegen hat der Aufsichtsrat die Aufgabe, den Vorstand, das geschäftsführende Organ, zu ernennen und zu überwachen. Geschäftsführende Aufgaben stehen ihm *de lege lata* in keinem Fall zu. Deshalb ist der schwedische Verwaltungsrat qua Gesetz ein geschäftsführendes Organ, der deutsche Aufsichtsrat dagegen ein überwachendes.[491] Dies gilt insbesondere im Hinblick darauf, dass der Verwaltungsrat jederzeit die Führung der laufenden Geschäfte der Gesellschaft an sich ziehen kann. Allerdings hält sich der Verwaltungsrat in den für diese Arbeit interessanten öffentlichen Aktiengesellschaften aus der operativen Tätigkeit weitgehend zurück, und er hat zwingend einen geschäftsführenden Direktor zu ernennen. So nimmt er in den betroffenen schwedischen Aktiengesellschaften auch vor allem Überwachungsaufgaben wahr, wohingegen der geschäftsführen-

489 *Skog*, Aktiebolagsrätt, S. 187.

490 Eine Übersicht der Verwaltungsstrukturen von Aktiengesellschaften im europäischen Vergleich findet sich bei *Jackson*, Industrielle Beziehungen 2005, S. 1, 5. Vgl. zu Schweden die Ausführungen bei *Foerster/Dejmek*, ZVglRWiss 101 (2002), S. 309, 312. Unabhängig hiervon ist laut *Böckli* in: Handbuch Corporate Governance, S. 201ff, eine Annäherung des monistischen und des dualistischen Führungssystems zu beobachten.

491 *Foerster/Strempel*, RIW 1999, S. 33, 34, bezeichnen die Funktionen des schwedischen Verwaltungsrats als zwischen denen des deutschen Vorstands und Aufsichtsrats.

de Direktor für die Aufgaben der laufenden Geschäftsführung zuständig ist.[492] Insofern ist zumindest in größeren Aktiengesellschaften von einer Vergleichbarkeit der tatsächlichen Aufgaben des schwedischen Aufsichtsrats und des deutschen Verwaltungsrats auszugehen. Hierbei ist mit Blick auf die Geschäftsführungsbefugnisse des schwedischen Verwaltungsrats insbesondere die Stärkung des deutschen Aufsichtsrats gegenüber dem Vorstand zu betonen, da die Kontrolle der Geschäftsführung des Vorstands durch den Aufsichtsrat immer mehr auch präventiv zu erfolgen hat.[493] Zudem geben die zwingend festzulegenden Zustimmungserfordernisse des deutschen Aufsichtsrats, § 111 Abs. 4 S. 2 AktG, diesem Mitspracherechte bei den grundlegenden unternehmensbedeutsamen Maßnahmen und Geschäften, also weitergehende als nur überwachende Kompetenzen. Die Aufsichts- und Entscheidungsrechte des schwedischen Verwaltungsrats sind daher mit denen des Aufsichtsrats der deutschen AG vergleichbar.[494]

II. Industrielle Demokratie in Schweden

Einleitend zur Darstellung der Arbeitnehmerpartizipation sind die industriellen Beziehungen Schwedens zu behandeln. Zunächst wird ein geschichtlicher Überblick vom Entstehen der industriellen Beziehungen bis hin zu aktuellen Entwicklungen gegeben, worauf die Darstellung des Organisationsaufbaus von Gewerkschaften und Arbeitgeberverbänden folgt.

1. Geschichtlicher Überblick

Zum Verständnis einer fremden Rechtsordnung gehört notwendigerweise der historische Kontext des zu untersuchenden Rechtsgebiets. Die Darstellung der Geschichte der industriellen Beziehungen Schwedens ist auch erforderlich, um verschiedene für den Rechtsvergleich relevante Tatsachen, wie bspw. die traditionell guten und kooperativen Beziehungen zwischen Arbeitgebern und Gewerkschaften in Schweden sowie das Entstehen eines Systems von Rahmengesetzen, die durch Kollektivverträge ausgefüllt werden, darzustellen und zu begründen.

---

492 *Fahlbeck*, Employee participation, S. 38; *Foerster* in: EU-Handbuch Gesellschaftsrecht, Rn. 228, demzufolge bei größeren Aktiengesellschaften, insbesondere den an der Börse notierten, der Schwerpunkt der Aufgaben des Verwaltungsrats mehr auf der Kontrolle der Geschäftstätigkeit des Vorstands liegt; vgl. schon *Schmidt*, Reform, S. 92 unter Bezug auf *SIND*, Erfarenheter, S. 130ff.

493 *Hopt/Roth* in: Großkomm AktG, § 111 AktG, Rn. 58.

494 So auch *Hanau*, Gesetzliche und kollektivvertragliche Mitbestimmung, S. 96.

a. Entstehen der industriellen Beziehungen

Die ersten Gewerkschaften Schwedens waren um die siebziger Jahre des 19. Jahrhunderts lokale Arbeiterorganisationen eines Handwerkszweiges, die sich bald zu nationalen Gewerkschaften vereinigten.[495] Diese schafften eine Organisationsstruktur, in der die lokalen Organisationen, die die Basis der Gewerkschaftsbewegung bildeten, ihnen untergeordnet waren.[496] Schon zu Beginn der neunziger Jahre des 19. Jahrhunderts entstanden enge Kontakte zwischen der Gewerkschaftsbewegung und der 1889 gegründeten Sozialdemokratischen Arbeiterpartei Schwedens (*Sveriges Socialdemokratiska Arbetareparti*, **SAP**, umgangssprachlich *Socialdemokraterna* genannt).[497] Im Jahr 1898 gründeten die nationalen Gewerkschaften den Nationalverband der Gewerkschaften (*Landsorganisationen i Sverige,* **LO**), der schnell an Einfluss gewann, und das System der Industriegewerkschaften durchsetzte.[498]

In Reaktion auf die Bemühungen der Arbeiter, durch Streiks und gewerkschaftliche Organisation Verhandlungsmacht zu gewinnen, organisierten sich auch die Arbeitgeber. Im Jahr 1902 wurde als Ergebnis dieser Entwicklung eine starke und sehr zentralisierte Organisation, der Schwedische Arbeitgeberverband (*Svenskt Arbetsgivareföreningen*, **SAF**), gegründet.[499] Dass der zentralen Ebene in Schweden schon früh hohe Bedeutung beigemessen wurde, kann die starke Zentralisierung der industriellen Beziehungen in Schweden erklären.[500]

Der schwedische Staat nahm zunächst keinen gesetzgeberischen Einfluss auf die Beziehungen zwischen Arbeitgebern und Arbeitnehmern bzw. deren Verbänden, was eine wichtige Bedingung für das Wachsen eines Systems der Kollektiverhandlungen und -verträgen war.[501] Kollektivverträge wurden Anfangs auf lokaler Ebene ausgehandelt. Nach der Vereinigung der lokalen Gewerkschaften zu nationalen Organisationen begann sich ein System nationaler Tarifverträge zu entwickeln.[502] Dies geschah maßgeblich auf Betreiben der Arbeitgeberseite, die von LO eine Kontrolle der auf lokaler Ebene tätigen Gewerkschaften forderte. Nachdruck verleihen konnte sie ihren Forderungen nach Tarifverhandlungen und Tarifvertragsabschlüssen auf nationaler Ebene mittels der Drohung mit und Durchführung von breit angelegten Aussperrungen.[503]

Im Jahr 1905 geschah eine erstmalige Weichenstellung hinsichtlich der Machtverteilung zwischen Arbeitgebern und Arbeitnehmern seitens der SAF. In

---

495 *Hasselbalch*, The Roots, S. 19.
496 *Adlercreutz,* Sweden, S. 35.
497 *Adlercreutz*, Collective Agreement, S. 36.
498 *Westerståhl*, Svensk Fackföreningsrörelse, S. 42ff (44).
499 *Hasselbalch*, The Roots, S. 19.
500 *Adlercreutz,* Sweden, S. 35f.
501 *Adlercreutz,* Sweden, S. 37.
502 *Adlercreutz,* Sweden, S. 38.
503 *Nycander*, Misunderstanding the Swedish Model, S. 1, 2.

Art. 23 der Satzung des Arbeitgeberdachverbandes wurden Entscheidungs- und Weisungsrechte des Arbeitgebers festgeschrieben, die alle Mitglieder des Verbandes in ihre Kollektivverträge aufzunehmen hatten. Demnach stand es den Arbeitgebern frei, Arbeitnehmer nach ihrem Belieben anzustellen und zu entlassen, und sie waren berechtigt, Arbeit anzuweisen und zuzuteilen sowie Arbeitnehmer jeder Organisation wie auch Unorganisierte zu beschäftigen.[504] Im Dezemberkompromiss des Jahres 1906, dem prägenden Ereignis der industriellen Beziehungen Schwedens[505], anerkannte die LO das Entscheidungs- und Weisungsrecht der Arbeitgeber, wie es in Art. 23 der SAF-Satzung festgeschrieben war – der Weg für eine Standardklausel in Kollektivverträgen war geebnet. Im Gegenzug erkannte die Arbeitgeberseite das Recht der Arbeitnehmer an, sich zu organisieren und durch ihre Organisationen Lohn- und Anstellungsbedingungen auszuhandeln.[506] Keine Bestimmung in Kollektivverträgen wurde so intensiv diskutiert wie der von da an nur noch so genannte Artikel 23 – bzw. nach einer Satzungsänderung der SAF – Artikel 32.[507]

Im Jahr 1928 wurde das schwedische Arbeitsgericht (*Arbetsdomstolen,* **AD**) errichtet[508], dessen Rechtsprechung eine wichtige Rolle bei der Auslegung von Kollektivverträgen spielte.[509] Es festigte die Prinzipien, auf die sich LO und SAF im Dezemberkompromiss geeinigt hatten, also das Unternehmensleitungsrecht des Arbeitgebers und die Vereinigungsfreiheit der Arbeitnehmer. Nach der Rechtsprechung des Arbeitsgerichts hatte der Arbeitgeber das Recht, die „Arbeit zu leiten und zu verteilen" und „ohne Einmischung der Arbeitnehmer die Unternehmensleitung auszuüben."[510] Später urteilte das AD, dass der Arbeitgeber das Recht habe, „sein Unternehmen zu leiten und damit über dessen Organisation und Tätigkeitsformen zu bestimmen."[511] Das Unternehmensleitungsrecht des Arbeitgebers wurde zu einem allgemeinen Rechtsgrundsatz, der zwar gegebenenfalls vertraglich, nicht aber ohne Willen des Arbeitgebers eingeschränkt werden konnte.[512] Zugunsten der Arbeitnehmer legte das AD Kollektivverträge ergänzend dahin aus, dass der Arbeitgeber die Vereinigungsfreiheit der Arbeit-

504 *Hasselbalch*, The Roots, S. 30.

505 *Fahlbeck*, Employee Participation, S. 8.

506 Prop. 1975/76:105, S. 192.

507 Vgl. bspw. die Abhandlung *Schillers* mit dem Titel „LO, Paragraph 32 und Unternehmensdemokratie" (*LO, Praragraf 32 och Företagsdemokratin*).

508 *Adlercreutz/Mulder*, Svensk Arbetsrätt, S. 21.

509 Das AD ist heute gemäß §§ 1, 4 Lag (1974:371) om Rättegången i Arbetstvister (**LRA**) erste und letzte Instanz in Streitigkeiten um Kollektivverträge und andere Streitigkeiten, die das Verhältnis zwischen Arbeitgeber und Arbeitnehmern betreffen.

510 AD 1930 Nr. 52.

511 AD 1964 Nr. 5.

512 *Adlercreutz/Mulder*, Svensk Arbetsrätt, S. 225f.

nehmer aufgrund der Rechtsnatur von Kollektivverträgen zu respektieren hatte, auch wenn diese nicht ausdrücklich im Kollektivvertrag geregelt war.[513]

Im Jahr 1928 wurde ein erstes Kollektivvertragsgesetz (*Kollektivavtalslagen*, **KAL**[514]) erlassen.[515] Das Gesetz legte Prinzipien wie den bindenden Charakter von Kollektivverträgen, die Friedenspflicht während der Laufzeit von Kollektivverträgen, das Recht zu Sympathiestreiks und die Pflicht, Rechtsstreitigkeiten vor Gericht zu lösen, fest.[516]

Im Jahr 1936 wurde das Gesetz über das Vereinigungs- und Verhandlungsrecht[517] (*Lag om Förenings- och Förhandlingsrätt*, **FFL**) erlassen.[518] Ein Grund für den Erlass des FFL waren die neu aufgekommenen Angestelltengewerkschaften, die von den Arbeitgebern bis dahin oft noch nicht als Verhandlungspartner anerkannt worden waren.[519] Als wichtigster Bestandteil des FFL wurde in den Vorarbeiten die Verhandlungspflicht des Arbeitgebers gegenüber den Gewerkschaften (und umgekehrt) gesehen, da der Gesetzgeber annahm, dass den Arbeitnehmern nur auf diese Weise wirklicher Einfluss auf die Gestaltung der Lohn- und Arbeitsverhältnisse zukommen würde.[520] In den §§ 8 ff FFL wurde daher erstmalig ein beiderseitiges Verhandlungsrecht festgeschrieben, welches sich auf die kollektive Regelung von Anstellungsbedingungen und das Verhältnis zwischen Arbeitgeber und Arbeitnehmern im übrigen bezog.

Mir der Errichtung des AD und der Einführung des KAL wie des FFL schuf der schwedische Gesetzgeber die Grundlagen des modernen Arbeitsrechts[521], Teile des 1940 überarbeiteten FFL und des KAL wurden weitgehend unverändert in das heute geltende MBL übernommen.[522] In einer öffentlichen Untersuchung des Staates aus dem Jahr 1982 wird das 1936 erstmalig im FFL festgeschriebene Verhandlungsrecht der Gewerkschaften als Kern des organisierten Arbeitnehmereinflusses bezeichnet.[523]

b. Seebadepoche

Wichtige Grundsteine der industriellen Beziehungen Schwedens wurden während der Seebadepoche (1938 – 1970) gelegt, die ihren Namen dem im Jahr

513 AD 1935 Nr. 57.
514 SFS 1928:253.
515 *Malmberg*, Collective Agreement, S. 191.
516 *Hasselbalch*, The Roots, S. 20.
517 SFS 1936:506, zuletzt geändert durch SFS 1974:374.
518 *Adlercreutz/Mulder*, Svensk Arbetsrätt, S. 23.
519 Prop. 1936:240, S. 27.
520 SOU 1935:59, S. 103f.
521 *Adlercreutz/Mulder*, Svensk Arbetsrätt, S. 21.
522 SOU 1975:1, S. 6; *Edström*, MBL och UVA, S. 88; *Flodgren*, Fackföreningen och Rätten, S. 118.
523 SOU 1982:60, S. 84.

1938 zwischen LO und SAF in einem Seebad nahe Stockholm geschlossen Hauptvertrag, auch Seebadvertrag (*Saltsjöbadsavtalet*) genannt, verdankt.[524]

(a) Hauptvertrag

Im Hauptvertrag wurden zwischen SAF und LO wichtige Fragen prinzipieller Natur geregelt. Grund für das Zustandekommen des Hauptvertrages war die Drohung der sozialdemokratischen Regierung, im Falle einer Nichteinigung der Parteien die arbeitsrechtliche Gesetzgebung auszuweiten[525], nachdem die Beziehungen zwischen den Sozialpartnern die Jahre davor ins Stocken geraten waren.[526] Leitmotiv der Parteien war es hierbei, eine gesetzgeberische Intervention von Seiten des Staates zu vermeiden.[527] Beide Vertragsparteien hatten das Gefühl, dass die wechselseitigen Beziehungen am besten ohne staatliche Intervention zu bewältigen seien, weshalb ein wichtiges Element des Vertrages die Selbstverwaltung der Arbeitgeber- und Arbeitnehmerorganisationen war.[528] Im Hauptvertrag sind u.a. die Einrichtung eines gemeinsamen Arbeitsmarktausschusses zur Klärung allgemeiner oder sonst bedeutender Arbeitsmarktfragen (Kap. 1), eine einheitliche Verhandlungsordnung (Kap. 2), besondere Vorschriften bei Kündigungen und Entlassungen (Kap. 3) sowie Regelungen im Falle von Arbeitskampfmaßnahmen (Kap. 4) enthalten. Aufgrund der vertraglichen Selbstregulierung konnten die Gewerkschaften in den Augen ihrer Mitglieder die ihnen zukommende Rolle der Interessenvertretung beibehalten, während seitens der Arbeitgeber eine Regulierung durch die sozialdemokratische Regierung vermieden wurde.[529] Der Hauptvertrag war die erste formelle Vereinbarung zwischen den Zentralorganisationen. Um volle Wirksamkeit zu entfalten, musste er noch als Kollektivvertrag von den nationalen Mitgliedsorganisationen auf beiden Seiten als Teil ihrer nationalen Kollektivverträge angenommen werden, was auch in nahezu allen Branchen geschah.[530] Der Hauptvertrag wurde zwar mittlerweile gekündigt, allerdings haben SAF und LO im Jahr 1976 die weitere Anwendung des Vertrages vereinbart[531], wobei es bis heute geblieben ist.

---

524 *Adlercreutz*, Sweden, S. 42.

525 *Kjellberg*, Sweden, S. 80.

526 *Hasselbalch*, The Roots, S. 20.

527 *Goldberg/Wolff*, Verhandelte oder kodifizierte Mitbestimmung, S. 8; *Källström*, Lokala Kollektivavtal, S. 9f.

528 *Adlercreutz*, Sweden, S. 42.

529 *Kjellberg*, Sweden, S. 80.

530 *Adlercreutz*, Sweden, S. 42.

531 *Fahlbeck*, Praktisk Arbetsrätt, S. 124, Fn. 4.

(b) Vertrag über Unternehmensausschüsse

In der Folge des Hauptvertrages wurden zahlreiche weitere sogenannte Kooperationsverträge abgeschlossen. In diesem Zusammenhang ist vor allem der Vertrag über die Einrichtung von Unternehmensausschüssen (*Företagsnämndsavtal*) zwischen SAF und LO aus dem Jahr 1946 zu nennen[532], der eine wichtige Rolle als Modell der Arbeitnehmerbeteiligung spielte. Der Vertrag regelte die Einrichtung von Unternehmensausschüssen in Unternehmen mit mindestens 25 Arbeitnehmern, die jeweils aus Vertretern des Arbeitgebers, der Arbeiter- und der Angestelltengewerkschaften zusammengesetzt sein sollten.[533] Ziel des Vertrages war es, den Gewerkschaften in Unternehmensausschüssen Zugang zu Informationen über die Geschäftsentwicklung des Unternehmens zu geben und ihnen die Beratung mit dem Arbeitgeber sowie die Beeinflussung seiner Entscheidungsprozesse in Produktions-, und Wirtschaftsfragen zu ermöglichen.[534] Das Entscheidungsrecht aber blieb nach der Beteiligung der Unternehmensausschüsse stets beim Arbeitgeber.[535] Die für die Entwicklung der industriellen Beziehungen Schwedens bedeutendste Regelung des Vertrages war die Ernennung der Arbeitnehmervertreter zu den Unternehmensausschüssen und das Ernennungsverfahren allein durch die Gewerkschaften.[536] Die Wahrnehmung von Arbeitnehmerinteressen auf betrieblicher Ebene wurde somit ausschließlich in die Hände der Gewerkschaften und nicht auch in die anderer Organe gelegt. Dieses auf dem Vertrag über Unternehmensausschüsse beruhende eingliedrige System der Interessenwahrnehmung, das es den Gewerkschaften ermöglichte, die Arbeitnehmerinteressen industrieverbandsweit, aber auch auf betrieblicher Ebene zu vertreten, hat bis heute Bestand. Hierdurch wurden Rivalitäten zwischen den im Unternehmen vertretenen Gewerkschaften vermieden, da sie in Unternehmensausschüssen gemeinsam an der Lösung von Problemen arbeiten und hierüber mit Vertretern des Arbeitgebers verhandeln mussten.[537] Der Vertrag zwischen SAF und LO wurde 1958 revidiert, und TCO, der Dachverband der Angestelltengewerkschaften, schloss einen nahezu inhaltsgleichen Vertrag mit SAF ab.[538] 1966 einigten sich die drei Dachverbände SAF, LO und TCO zu einer weiteren Revision des Vertrages. Der Arbeitgeber sollte u.a. seine Entscheidungsbefugnisse in begrenztem Umfang an Unternehmensausschüsse delegieren können.[539] Der Vertrag über Unternehmensausschüsse galt bis zur Einführung des MBL im Jahr 1976.

---

532 *Flodgren* in: Bruun et al., S. 49.
533 *Edström*, MBL och UVA, S. 104.
534 *Edlund* et al., Views on Co-Determination, S. 10.
535 *Bergqvist* et al., Arbetstagarinflytande, S 16.
536 *Adlercreutz/Mulder*, Svensk Arbetsrätt, S. 242.
537 *Adlercreutz/Mulder*, Svensk Arbetsrätt, S. 242.
538 Unter Bezugnahme hierauf SOU 1975:1, S. 103f.
539 *Edlund* et al., Views on Co-Determination, S. 10.

(c) Spätphase und Ende der Seebadepoche

Die Beziehungen zwischen SAF und LO, maßgeblich geprägt durch den Hauptvertrag von 1938, führten zu einem stark zentralisierten System der industriellen Beziehungen, das durch Kollektivvertragsverhandlungen und Selbstverwaltung der Gewerkschaften und Arbeitgebervereinigungen mit sehr geringer staatlicher Intervention geprägt war.[540] Im Laufe der Zeit wurde der Arbeitsmarkt immer stärker organisiert, und der Kollektivvertrag wurde das Standardinstrument zur Regelung von nahezu allen Arbeitsbedingungen.[541] Vom zweiten Weltkrieg bis in die achtziger Jahre wurden sogar Lohnverhandlungen von den Zentralorganisationen SAF und LO geführt.[542] Generelles Schema von Tarifvertragsverhandlung war die Implementierung von oben nach unten. Die auf zentraler Ebene ausgehandelten Tarifverträge wurden mit Anpassungen bis zur betrieblichen Ebene implementiert.[543] Dieses Modell funktionierte bis in die siebziger Jahre reibungslos und effektiv, weckte international Aufmerksamkeit und stand für ein gutes Funktionieren der Arbeitsbeziehungen. Ein wichtiger Bestandteil dieser Beziehungen war die informelle Art des Umgangs zwischen den Spitzen der Organisationen auf beiden Seiten.[544] *Adlercreutz* beschreibt dieses Verhältnis in seinem Länderbericht über die Arbeitsbeziehungen und das Arbeitsrecht Schwedens als *„spirit of cooperation and mutual confidence [...] without the conflict of interests being covered up."*[545] Die Seebadepoche kam zu ihrem Ende, als die Arbeitnehmer Ende der sechziger Jahre Forderungen nach verstärkter Teilhabe an Entscheidungsprozessen in den Unternehmen erhoben.[546]

c. Neue Entwicklungen seit 1970

Die Gewerkschaften stellten Anfang der siebziger Jahre Forderungen, die vorher nur geringe Beachtung gefunden hatten. So verlangten sie vor allem Mitspracherechte bei unternehmerischen Entscheidungen des Arbeitgebers[547], womit sie im internationalen Trend nicht alleine standen. Antiautoritäre Ideen, die einen erweiterten Einfluss auf die Unternehmensleitung beinhalteten, waren in einigen Ländern der Auslöser gewaltiger Proteste.[548] LO und TCO waren der Ansicht, dass diese Ziele nicht mittels der traditionellen Kollektivverhandlungen und -verträge zu erreichen seien, weshalb sie sich mit ihren Forderungen an die SAP

540 *Adlercreutz,* Sweden, S. 43.
541 *Edlund* et al., Views on Co-Determination, S. 10.
542 *Adlercreutz,* Sweden, S. 43.
543 Ausführlicher zu diesem Modell später.
544 *Adlercreutz*, Sweden, S. 44.
545 *Adlercreutz*, Sweden, S. 44.
546 *Adlercreutz*, Sweden, S. 44.
547 SOU 1994:141, S. 31.
548 *Sigeman*, Arbetsrätten, S. 17f.

wandten. Da diese nach wie vor eng mit der LO verbunden war[549] und auch mit den Angestelltengewerkschaften auf gutem Fuß bleiben wollte, nahm sie sich der Forderungen der Arbeiter- und der Angestelltengewerkschaften an.[550] In den siebziger Jahren wurden daher die doch eher einfachen Arbeitsgesetze durch Gesetzgebung, die die industriellen Beziehungen Schwedens umgestalten wollte, abgelöst.[551] Der Einfluss der Gewerkschaften auf Produktion und Beschäftigung sollte gestärkt werden.[552] Das bedeutendste erlassene Gesetz war das MBL, welches am Prinzip der Arbeitnehmervertretung allein durch die Gewerkschaften festhielt. Das MBL gab den Gewerkschaften Beteiligungsrechte im Bereich der Unternehmensleitung. Die uneingeschränkten Weisungsrechte des Arbeitgebers bezüglich der Leitung und Verteilung der Arbeit, die immer noch in der Satzung der SAF festgeschrieben waren, wurden eingeschränkt.[553]

d. Fazit

Rückblickend erachtet *Fahlbeck* die Anerkennung der Gewerkschaften durch die Arbeitgeber als *den* wichtigen Aspekt während des Entstehens der industriellen Beziehungen in Schweden.[554] Das bedeutsamste Charakteristikum der Arbeitsbeziehungen ist der Wille von Arbeitgebern und Gewerkschaften, die sie betreffenden Angelegenheiten ohne Intervention des Staates zu regeln. Diese Tendenz konnte (und sollte) trotz der gesetzgeberischen Intervention in den siebziger Jahren nicht gebrochen werden, da die Sozialpartner nach Erlass der Gesetze zu deren Ausgestaltung anhand von Kollektivverträgen aufgerufen waren, was sie auch in bedeutendem Umfang taten.

Die Arbeitsbeziehungen in Schweden sind noch heute durch starke Elemente des Vertrauens, der Kooperation und des gegenseitigen Verstehens zwischen Arbeitgebern und Arbeitnehmern sowie deren Vereinigungen geprägt. Krisen, die 1909 im sog. großen Streik und 1969/70 im Metallarbeiterstreik gipfelten, konnten diese generelle Tendenz nicht konterkarieren. Die Arbeitgeberverbände akzeptieren die Gewerkschaften und schätzen deren Beiträge zur laufenden Ge-

---

549 Vgl. ausführlich zu dem sehr engen Verhältnis zwischen LO und SAP *Fahlbeck*, Trade Unionism, S. 61f. Dieser führt aus, dass die LO Kontakte zu einer Vielzahl von Organisationen unterhielt und unterhält, wobei die engsten Kontakte traditionell immer zwischen LO und SAP bestanden. Hierdurch wurde die gemeinhin so bezeichnete „Arbeitnehmerbewegung" maßgeblich geprägt. Bis zum Jahr 1987 war es sogar gängige Praxis, dass LO-Gewerkschaften ihre Mitglieder kollektiv als Mitglieder bei der SAP anmeldeten.

550 *Edlund* et al., Views on Co-Determination, S. 11.

551 *Sigeman*, Arbetsrätten, S. 18, bezeichnet den Prozess als eine Verrechtlichung (*juridifiering*) des Arbeitsrechts.

552 *Kjellberg*, Sweden, S. 82.

553 *Adlercreutz*, Sweden, S. 46.

554 *Fahlbeck*, Industrial Relations, S. 99.

schäftsführung. Die Gewerkschaften akzeptieren ihrerseits die unternehmerische Freiheit und die sich aus der technologischen Entwicklung ergebenden Veränderungen des Marktes.[555]

Aufgrund der Internationalisierung, die auch für die schwedische Wirtschaft zwangsläufig Umwälzungen mit sich brachte, ist das Verhältnis zwischen den Sozialpartnern heute angespannter als zum Ende des 20. Jahrhunderts. Besonders anschaulich macht dies für die kollektiven Arbeitsbeziehungen der später darzustellende *Vaxholmkonflikt*, in dem schwedische Gewerkschaften ein ausländisches Unternehmen mittels Arbeitskämpfen zwingen wollten, schwedische Lohntarifverträge abzuschließen. Nachdem das Unternehmen gegen die Gewerkschaften geklagt hatte und der Rechtsstreit auf Vorlage des AD bis vor den EuGH ging, sah sich der schwedische Gesetzgeber im Jahr 2010 gezwungen, einzugreifen.

2. Organisation der Gewerkschaften und Arbeitgeberverbände

Der schwedische Arbeitsmarkt hat einen hohen Organisationsgrad, im Jahr 2008 waren 71 % der arbeitenden Bevölkerung Schwedens gewerkschaftlich organisiert[556]. Ein Grund hierfür kann in der Tatsache gesehen werden, dass die Arbeitslosenversicherung (*Arbetslöshetskassa*) von mit den Gewerkschaften eng verbundenen Einrichtungen verwaltet wird. Auch wenn die Arbeitslosenversicherung in Schweden kraft Gesetzes den nicht organisierten Arbeitnehmern ebenfalls zugänglich sein muss, ist anzunehmen, dass das System der Verwaltung des Arbeitslosengeldes einen positiven Effekt auf die gewerkschaftliche Mitgliederwerbung hatte.[557] Vor allem aber die Tatsache der Alleinvertretung von Arbeitnehmerinteressen durch die Gewerkschaften dürfte zum international hohen Organisationsgrad[558] schwedischer Arbeitnehmer beitragen.

---

555 *Fahlbeck*, Employee Participation, S. 8f.

556 *Davidsson*, Lag & Avtal vom 20.10.2008. Im Jahr 2007 waren es allerdings noch 73%, im Jahr 2006 noch 77%: Bericht in der Internetausgabe der LO-Zeitung, der sich auf Zahlen einer Untersuchung des Soziologen *Kjellberg* bezieht. Der Bericht, der sich mit der weltweiten Tendenz des Mitgliederschwundes von Gewerkschaften auseinandersetzt, ist im Internet abrufbar unter *http://lotidningen.lo.se/?id_site=8&id_item=15456* [gelesen am 20.07.2010].

557 *Sigeman*, ZIAS 2004, S. 179, 182.

558 *Adlercreutz*, Sweden, S. 152.

a. Organisationsaufbau der Gewerkschaften

(a) Dachverbände

Die schwedischen Gewerkschaften sind für verschiedene Gruppen von Arbeitnehmern zuständig, und sie konkurrieren nur selten um diese.[559] Für den Fall von Abgrenzungsschwierigkeiten, ob ein Arbeitnehmer bspw. zu einer Arbeiter- oder Angestelltengewerkschaft gehört, haben die Dachverbände sog. Abgrenzungsübereinkommen (*Gränsdragningsöverenskommelser*) geschlossen und Organisationspläne (*Organisationsplaner*) aufgestellt. Trotz dieser Vorkehrungen ist es schon, allerdings nicht in unberuhigendem Ausmaß, zu Streitigkeiten zwischen den Gewerkschaften hinsichtlich der Organisationszugehörigkeit von Arbeitnehmern gekommen.[560] Laut *Fahlbeck* scheint der Beitritt Schwedens in die EU die Gewerkschaften zu einer Front gegen Arbeitgeber und die Bürokratie der EU in Arbeits- und sozialen Angelegenheiten vereint zu haben.[561]

Die Arbeitnehmerorganisationen sind in hauptsächlich drei Dachverbänden organisiert. Der größte schwedische Arbeitnehmerdachverband LO, welcher die Dachorganisation der gewerkschaftlich organisierten Arbeiter und einiger Angestellter ist, stellt mit einer Mitgliederzahl von mehr als 1,6 Millionen (45 % der Arbeitnehmer Schwedens) und 14 Mitgliedsgewerkschaften[562] den größten Arbeitnehmerdachverband. Der Großteil der Angestellten aus dem öffentlichen sowie dem privaten Sektor ist in der „Zentralorganisation der Angestellten und Beamten“ (*Tjänstemannens Centralorganisation*, **TCO**) organisiert. Mit einer Mitgliederzahl von ca. 1,2 Millionen und 16 Mitgliedsgewerkschaften ist die TCO der zweitgrößte Arbeitnehmerdachverband.[563] Der dritte schwedische Dachverband, in dem Angestellte mit akademischer Ausbildung organisiert sind, ist die „Zentralorganisation der Schwedischen Akademiker“ (*Sveriges Akademikers Centralorganisation*, **SACO**) mit einer Mitgliederzahl von heute knapp 600.000 und 23 Mitgliedsgewerkschaften.[564]

Die Zusammenarbeit der Gewerkschaften führte zur Bildung von Verhandlungsorganisationen. Die bedeutendste Verhandlungsorganisation im privaten

---

559 *Sigeman*, Arbetsrätten, S. 58, dem zufolge es bislang nur sehr selten vorgekommen ist, dass Gewerkschaften um Arbeitnehmer konkurriert haben; *Schmidt* et al., Facklig Arbetsrätt, S. 45, die im Jahr 1997 darauf hingewiesen haben, dass u.a. der Strukturwandel der Wirtschaft Konfliktpotenzial mit sich bringen könnte.

560 *Fahlbeck*, Industrial Relations, S. 87, 108.

561 *Fahlbeck*, Trade Unionism, S. 16.

562 *http://www.lo.se/home/lo/home.nsf/unidView/D7C1C105931B2A83C1256E510048E873* [gelesen am 20.07.2010].

563 *http://www.tco.se/Templates/Page2____2319.aspx* [gelesen am 20.07.2010].

564 *http://www.saco.se/templates/LandingPage.aspx?id=36&epslanguage=S* [gelesen am 20.07.2010].

Bereich ist das Kartell der Privatangestellten (*Privattjänstemannakartellen*, **PTK**), zu dem sich 24 Mitgliedsgewerkschaften von TCO und SACO sowie der Verband der Arbeitnehmer mit Leitungsfunktion (*Ledarna*)[565], der keinem Dachverband angehört[566], im Jahr 1973 zusammengeschlossen haben.[567] In den 27 Mitgliedsgewerkschaften der PTK sind ca. 700.000 Arbeitnehmer organisiert.[568] Früher war das PTK von den angeschlossenen Gewerkschaften zur Aushandlung von Tarifverträgen über Lohn und andere Arbeitsbedingungen ermächtigt, heute ist das Mandat auf Angelegenheiten wie Ruhestandsregelungen, Versicherungen, Beschäftigungssicherheit und Umschulungen begrenzt.[569] Das PTK nimmt für seine Mitgliedsverbände auch die Ausbildung von Arbeitnehmern, die in Verwaltungsräten Arbeitnehmervertreter gem. LSA werden sollen, wahr. Weiter organisiert es die Zusammenarbeit seiner Mitgliedsgewerkschaften auf betrieblicher Ebene sowie die Kooperation mit den Mitgliedsgewerkschaften der LO. Aufgrund der letztgenannten Aufgaben des PTK ist es in den Bereichen, die von Interesse für die vorliegende Arbeit sind, von besonderer Bedeutung. Daher wird bei der Erörterung der betrieblichen Zusammenarbeit der schwedischen Gewerkschaften und der Unternehmensmitbestimmung auf das PTK zurückzukommen sein.

(b) Organisation

Die Organisationsstruktur der schwedischen Gewerkschaften ist drei-, vier-, oder fünfgliedrig.[570] Oberste Ebene ist die Dachverbandsebene, also die drei oben genannten Dachverbände (*Huvudsorganisationer*) LO, TCO und SACO der nationalen, nach dem Industrieverbandsprinzip organisierten Mitgliedsgewerkschaften. Zweite Ebene, die Zentralebene, bilden die den Dachverbänden ange-

---

565 Diese können nicht mit den leitenden Angestellten, wie sie im BetrVG definiert sind, gleichgesetzt werden, obwohl durchaus Überschneidungen bestehen. Unter den ca. 80.000 Mitgliedern der Ledarna befinden sich zwar zu 10 % höhere Angestellte mit Leitungsfunktion, allerdings weit überwiegend Angestellte der „mittleren Ebene“ (38 %) sowie „Vorarbeiter und Gruppenleiter“ (31 %); vgl. Statistik der *Ledarna*, im Internet abrufbar unter *http://www.ledarna.se/web/showpage.do?path=%2Fopenabout %2Fvara_medlemmar* [gelesen am 20.07.2010].

566 Die *Ledarna* gehörten lange zur TCO, ihr Austritt geht auf juristische Streitigkeiten zurück. Sie sind neben der Pilotengewerkschaft (*Svensk Pilotförening*, **SPF**) die einzige ernstzunehmende unabhängige Gewerkschaft in Schweden. Vgl. hierzu *Fahlbeck*, Trade Unionism, S. 19f.

567 *Kjellberg*, Sweden, S. 83.

568 *http://www.ptk.se/Detta-ar-PTK/*; eine Übersicht über die Mitgliedsgewerkschaften des PTK findet sich unter *http://www.ptk.se/Detta-ar-PTK/PTKs-medlemsforbund/* [gelesen am 20.07.2010].

569 *Fahlbeck*, Trade Unionism, S. 13f.

570 *Fahlbeck*, Praktisk Arbetsrätt, S. 59; *Kjellberg*, Sweden, S. 76.

hörigen Gewerkschaften.[571] Das MBL verwendet für diese den Begriff Zentrale Arbeitnehmerorganisation (*Central Arbetstagarorganisation*). Im Folgenden sind also die Mitgliedsgewerkschaften der Dachverbände gemeint, wenn von der zentralen Ebene die Rede ist. Dritte Ebene sind die Abteilungen (*Avdelningar*) der Gewerkschaften, die als selbständige juristische Personen für einen geografisch abgrenzbaren Teil des Landes zuständig sind.[572] Im Unternehmen bzw. auf betrieblicher Ebene sind die Arbeitnehmer in lokalen Gewerkschaften (*Klubbar,* im Folgenden: **lokale Gewerkschaften**; hierdurch soll die örtliche Tätigkeit im Betrieb bzw. Unternehmen herausgestellt werden) organisiert, bei welchen es sich ebenfalls meist um juristisch eigenständige Personen handelt. Diese lokalen Gewerkschaften nehmen in Abstimmung mit den Gewerkschaftsabteilungen bzw. der zentralen Ebene Beteiligungsrechte der Arbeitnehmer im Betrieb bzw. im Unternehmen wahr. Hierzu gehören bspw. auf den Betrieb bzw. das Unternehmen bezogene Kollektivverhandlungen und der Abschluss entsprechender Kollektivverträge.[573] Die lokalen Gewerkschaften sind zumeist im Betrieb bzw. Unternehmen errichtete Gewerkschaftsklubs der zentralen Gewerkschaften. In einem Betrieb eines Unternehmens der Automobilindustrie würde auf Arbeiterseite bspw. die zur LO gehörende Metallarbeitergewerkschaft Industriegewerkschaft Metall (*Industrifacket Metall*, **IF Metall**) einen Gewerkschaftsklub gründen, auf Angestelltenseite bspw. der Verband der Handels- und Industrieangestellten (*Unionen*, die nunmehr mit ca. 500.000 Mitgliedern größte Gewerkschaft im privaten Sektor). Für die Einrichtung dieser Klubs ist keine gesetzliche Mindestanzahl von Arbeitnehmern erforderlich. Vielmehr regeln die Gewerkschaften selber, wie und ab welcher Arbeitnehmerzahl in einem Unternehmen Klubs errichtet werden.[574]

In Betrieben, die zu klein für eine gewerkschaftliche Vertretung sind, nehmen die Abteilungen der Gewerkschaften die Aufgaben der lokalen Gewerkschaft war.[575] Auch kann ein gewerkschaftlicher Kontaktvertreter (*Fackligt Ombud*) ernannt werden, der im Auftrag der Gewerkschaftsabteilung Fragen der Arbeitnehmerbeteiligung wahrnimmt.[576]

---

571 *Adlercreutz/Mulder*, Svensk Arbetsrätt, S. 63.

572 *Schmidt* et al., Facklig Arbetsrätt, S. 46.

573 *Adlercreutz/Mulder*, Svensk Arbetsrätt, S. 64.

574 Vgl. zur Gründung und zum Zusammenschluss solcher Klubs bspw. § 3 der Satzung des Verbands der Handels- und Industrieangestellten *Unionen*, entstanden am 01.01.2008 durch eine Vereinigung des Verbands der Handels-, Transport-, und Serviceangestellten (*Handelstjänstemannaförbundet*, **HTF**) und des Verbands der Industrieangestellten (*Svenska Industritjänstemannaförbundet*, **SIF**), im Internet abrufbar unter *https://www.unionen.se/UploadFiles/Dokument/Om%20Unionen/Beställ%20och%20ladda%20ner/Om%20Unionen/stadgar_antagna_08.pdf* [gelesen am 20.07.2010].

575 *Schmidt* et al., Facklig Arbetsrätt, S. 46.

576 *PTK*, Att vara med, S. 10.

In großen Betrieben gibt es unter den lokalen Gewerkschaften eine fünfte Ebene, die sogenannten Gruppen (*Grupper*). Diese sind den lokalen Gewerkschaften untergeordnet und können eigene Rechtspersönlichkeit haben, sind wirtschaftlich aber nicht selbständig.[577]

Der Wirkungskreis einer betrieblichen Gewerkschaft kann sich je nach Angelegenheit und Größe eines Unternehmens über den Betrieb hinaus auf das gesamte Unternehmen erstrecken. In Deutschland werden betriebsübergreifende Aufgaben in Unternehmen mit mehreren Betrieben vom Gesamtbetriebsrat wahrgenommen. Eine Regelung zur Aufgabenteilung, wie das deutsche Recht sie zwischen Betriebsrat und Gesamtbetriebsrat kennt, findet sich im schwedischen Recht allerdings nicht. Die Organisation ist vielmehr Sache der Gewerkschaften.

Die traditionelle Trennung der gewerkschaftlichen Organisation von Arbeitern und Angestellten setzt sich bis auf die betriebliche Ebene fort, so dass Arbeiter- und Angestelltengewerkschaften bzw. deren örtliche Vertreter bei Verhandlungen theoretisch getrennt gegenüber dem Arbeitgeber auftreten. In der Praxis haben die Gewerkschaften allerdings Wege der Koordination in solchen Angelegenheiten gefunden, die alle Arbeitnehmer eines Betriebs bzw. Unternehmens betreffen. Die dem PTK angeschlossenen Angestelltengewerkschaften (TCO und SACO) bspw. können gegenüber dem Arbeitgeber durch Bildung betrieblicher PTK-Gruppen geschlossen auftreten. Diese Gruppen koordinieren dann auch die Zusammenarbeit mit den Arbeitergewerkschaften.

Bei der Bildung lokaler Gewerkschaften, die aufgrund ihrer Anknüpfung an die Organisationseinheit Betrieb eine Vergleichsebene zum deutschen Betriebsrat bilden können, fällt ein wesentlicher Unterschied im Vergleich zur Bildung des deutschen Betriebsrats auf. Die lokalen Gewerkschaften werden in Schweden nicht aufgrund einer Wahl durch die Arbeitnehmer, die sie zu vertreten haben, gebildet, weshalb *Sigeman* in Bezug auf ihre Bildung von einem „Mangel demokratischer Legitimation" spricht[578]. Das BetrVG sieht dagegen zwingend die Wahl des Betriebsrats durch die Arbeitnehmer des Betriebs vor (vgl. zum Wahlverfahren §§ 7 ff BetrVG sowie die Wahlordnung zum BetrVG), weshalb der deutsche Betriebsrat aufgrund demokratischer Wahl (vgl. § 14 BetrVG) legitimiert ist (vgl. oben **B.I.1.**).

577 *Fahlbeck*, Praktisk Arbetsrätt, S. 59.
578 *Sigeman*, ZIAS 2004, S. 179, 184.

b. Organisationsaufbau der Arbeitgeberverbände

(a) Dachverband

Die Arbeitgeberverbände sind strukturell vergleichbar und ähnlich stark organisiert wie die Arbeitnehmerverbände[579], wobei der „Verband der schwedischen Wirtschaft" (*Svenskt Näringsliv*, **SN**, entstanden 2001 aus der Vereinigung des schwedischen Arbeitgeberverbandes **SAF** mit dem Verband der schwedischen Industrie **SI**) die dominierende Vereinigung im privaten Bereich ist. Dem SN sind 50 Branchen- und Arbeitgeberverbände angeschlossen, und er vertritt ca. 60.000 große, mittelständische sowie kleine Unternehmen.[580] Allerdings haben sich die Arbeitgeber einiger Branchen nicht dem SN angeschlossen, wie bspw. die Arbeitgeberorganisation der Bankinstitute, (*Bankinstitutens Arbetsgivarorganisation,* **BAO**).[581]

(b) Organisation

Die Organisationsstruktur der Arbeitgeberverbände ist dreigliedrig. Erste Ebene ist die SN als Dachorganisation (Schwedisch: *Huvudsorganisation*). Zweite Ebene ist die Verbandsebene (Schwedisch: *Förbundsnivå*), also die Ebene der nationalen Mitgliedsverbände. Den verschiedenen Verbänden gehören die Unternehmen auf dritter Ebene als Mitglieder (*Delägare*) an.[582]

III. Arbeitnehmerbeteiligung gegenüber dem Arbeitgeberunternehmen

Im *Medbestämmandelagen* (wörtlich übersetzt: *Mitbestimmungsgesetz*) sind die Beteiligungsrechte der Arbeitnehmer gegenüber dem Arbeitgeberunternehmen geregelt. Aufgrund der im englischen gebräuchlichen Übersetzung *Co Determination Act*, zu Deutsch Mitbestimmungsgesetz, rückt man die Beteiligungsrechte schwedischer Arbeitnehmer oft in die Nähe der Beteiligungsrechte deutscher Arbeitnehmer, wie sie im BetrVG geregelt sind. Dies sowie die Bezeichnung des MBL als Mitbestimmungsgesetz wäre jedoch missverständlich[583], da sich das deutsche und das schwedische System der Mitbestimmung auf betrieblicher

579 *Fahlbeck*, Labour and Employment Law, S. 9.

580 *http://www.svensktnaringsliv.se/om_oss/* [gelesen am 20.07.2010].

581 *http://www.bao.se/index.asp?PageType=GT&Artikelid=16* [gelesen am 20.07.2010].

582 *Fahlbeck*, Praktisk Arbetsrätt, S. 62.

583 *Edström*, Co-Determination, S. 178.

Ebene erheblich voneinander unterscheiden.[584] Daher wird in der Arbeit für das *Medbestämmandelagen* die in Schweden gebräuchliche Abkürzung **MBL** verwendet.

Die den Arbeitnehmern gem. MBL eingeräumten Beteiligungsrechte erstrecken sich in größeren Unternehmen bzw. in Konzernen, wie auch im BetrVG (vgl. oben **B.I.1.d.**), auf das gesamte Unternehmen bzw. auf den gesamten Konzern. Die im Folgenden „betriebliche Mitbestimmung" genannte Form der Arbeitnehmerbeteiligung kann sich somit auf das gesamte Unternehmen bzw. den gesamten Konzern erstrecken. Zu unterscheiden ist diese von der Mitbestimmung der Arbeitnehmer auf Unternehmensebene, die im schwedischen Verwaltungsrat verankert ist.

1. Entstehungsgeschichte des MBL

Der Prozess einer Gesetzgebung zum Arbeitnehmereinfluss begann 1971, als alle Parteien Anträge zu einer verstärkten Demokratie im Unternehmen in den Reichstag (*Riksdagen*) einbrachten. Der Antrag des LO-Vorsitzenden *Geijer*[585] erregte am meisten Aufsehen und war zudem der einzige, der schlussendlich angenommen wurde.[586] Vor allem wurde seitens des Antragstellers der immer noch gültige Artikel 32 (vormals 23) der SAF-Satzung als Hemmschuh für eine Demokratisierung des Arbeitslebens gesehen. In einer zeitgleich laufenden Untersuchung der LO mit dem Titel „Demokratie in Unternehmen" (*„Demokrati i företagen"*) wurde die Schaffung von Demokratie in den Unternehmen als ein Teil der Demokratisierung der gesamten Gesellschaft betrachtet.[587] Der Antrag *Geijers* knüpfte an das FFL an, welches dem Arbeitgeber eine Verhandlungsverpflichtung gegenüber den Gewerkschaften auferlegte (vgl. bereits oben **C.II.1.a.**). Der Arbeitgeber sollte über die bereits bestehende Verhandlungsverpflichtung hinaus verpflichtet werden, die Initiative zu Verhandlungen in allen wichtigen Fragen der Unternehmens- und Arbeitsleitung zu ergreifen, bevor er einen Beschluss hierzu fasste. Unternehmensausschüsse, die entsprechend dem Vertrag über Unternehmensausschüsse errichtet worden waren (vgl. oben **C.II.1.b.(b).**), sollten bestehen bleiben und ratgebende Funktion haben.[588]

Der Reichstag beschloss nach Annahme des Antrags *Geijers* die Einsetzung eines Arbeitsrechtskomitees (*Arbetsrättskommitté*), in dem die Gewerkschaften

584 *Fahlbeck*, Labour and Employment Law, S. 19, Fn. 4, hält die Bezeichnung "*Act on Collective Labour Relations and Employee Consultation*" für treffender.

585 *Geijer*, Motion 1971:55.

586 *Edström*, MBL och UVA, S. 107.

587 *LO*, Demokrati i Företagen, S. 9f.

588 Zitiert nach *LO*, Demokrati i Företagen, S. 76f.

zunehmend an Einfluss gewannen.[589] Sie forderten die Schaffung einer gesetzlichen Regelung, die ihnen Einfluss auch auf dem Gebiet der Unternehmensleitung mittels der Eingehung von Mitbestimmungsverträgen geben sollte. Ausmaß und Gegenstand der kollektivvertraglichen Mitbestimmung sollten allerdings nicht gesetzlich festgelegt, sondern vertraglich geregelt werden. Die Gewerkschaften deuteten an, dass sie sich auch Selbstbestimmungsrechte der Arbeitnehmer und die Einrichtung von gemeinsamen Organen der Sozialpartner vorstellen konnten. Es wurde die Schaffung einer gesetzlichen Regelung verlangt, die es ermöglichen sollte, Mitbestimmungsrechte einzufordern, welche dann im Einzelnen durch Verhandlungen und Verträge zwischen den Sozialpartnern vereinbart würden. Nur für den Fall, dass dieser Weg nicht gangbar sei, sollten Gesetze genauere Mitbestimmungsrechte festlegen.[590]

Im Jahr 1976 wurde im Reichstag der Gesetzgebungsvorschlag zu einem Gesetz betreffend die Mitbestimmung der Arbeitnehmer verabschiedet[591], und das MBL trat am 01.01.1977 in Kraft.[592]

In den darauf folgenden Jahren wurden, wie von dem Gewerkschaften gefordert und vom MBL vorgesehen, Mitbestimmungsverträge zu Beteiligungsrechten der Arbeitnehmer abgeschlossen, die heutzutage alle größeren Bereiche der schwedischen Wirtschaft abdecken.[593]

Trotz der gewerkschaftlichen Forderungen nach Einfluss im Bereich der Unternehmensleitung beschreibt es ein am Gesetzgebungsverfahren maßgeblich beteiligter Gewerkschaftsvertreter nicht als Intention des MBL, eine grundlegende Veränderung der Machtverhältnisse in den Unternehmen Schwedens herbeizuführen. Das Gesetz stelle vielmehr generell anwendbare Instrumente zur Verfügung, die es den Gewerkschaften ermöglichten, ohne Beschränkung auf bestimmte Gebiete der Mitbestimmung und eine bestimmte Intensität der Einflussnahme Einfluss auszuüben.[594] Diese Aussage des Gewerkschaftsvertreters ist insofern zu unterstreichen, als ein Arbeitgeber trotz intensiver Verhandlungsrechte der Gewerkschaften in den meisten Fällen unternehmerischer Entscheidungen das Letztentscheidungsrecht behält. Auf einem anderen Blatt steht indes, dass ein schwedischer Arbeitgeber sich während Verhandlungen durchaus nicht den Argumenten der Gewerkschaften verschließt, sie also seine Entscheidung beeinflussen können, und dies auch versuchen. Letzteres hat seinen Grund allerdings

---

589 *Edlund* in: Arbetsrätten i Utveckling, S. 97ff; *Edlund* et al., Views on Co-Determination, S. 11.

590 *Bergqvist* et al., Arbetstagarinflytande, S. 16.

591 Prop. 1975/76:105.

592 SFS 1976:580.

593 SOU 1982:60, S. 43ff; SOU 1994:141, S. 235; *Edlund* et al., Views on Co-Determination, S. 12.

594 *Edlund* et al., Views on Co-Determination, S. 11: „It has not been the intention to bring about any fundamental shift in the balance of power in the labour market."

nicht in gesetzlichen Regelungen, sondern liegt vielmehr an den kooperativen und im Verhandeln erfahrenen schwedischen Sozialpartnern.[595]

2. MBL

Das MBL räumt den Gewerkschaften als Repräsentanten der Arbeitnehmer Verhandlungs- und Informationsrechte gegenüber dem Arbeitgeber sowie das Recht auf Abschluss von Kollektivverträgen ein. Für das Alleinvertretungsrecht der Gewerkschaften sprach die Befürchtung des Gesetzgebers, dass diese bei Einführung eines separaten Organs zur Vertretung von Arbeitnehmerinteressen auf betrieblicher Ebene geschwächt würden.[596]

Der Grundgedanke des MBL ist es, den von den Gewerkschaften repräsentierten Arbeitnehmern die Möglichkeit der Einsicht in die und der Mitwirkung an der Unternehmensleitung zu geben. Mitbestimmungsrechte im Sinne gleichberechtigter Teilhabe gibt das MBL den Arbeitnehmern aber nicht. Stattdessen eröffnet es den Gewerkschaften die Möglichkeit, in verschiedenen Fragen Beteiligungsrechte zu erzwingen.[597] Die nähere Ausgestaltung, welche Fragen zum Gegenstand von Mitbestimmung gemacht werden, überlässt das MBL als Rahmengesetz[598] der Regelung durch Kollektivvertrag.[599]

Mitbestimmung findet aufgrund der weitgehenden Dispositivität des MBL neben Verhandlungen durch unterschiedliche „Kanäle", wie bspw. Information der Arbeitnehmer durch den Arbeitgeber, aus Vertretern beider Seiten bestehender Gruppen, Projektarbeit und Teilnahme von Arbeitnehmervertretern in der Linienorganisation des Unternehmens, statt. So sind beinahe alle Fragen, die die Mitbestimmung der Arbeitnehmer berühren, für Beteiligungsverfahren offen. In Schweden sind zudem informelle Wege der Arbeitnehmerbeteiligung auf betrieblicher Ebene weit verbreitet.[600]

a. Im MBL geregelte Materien

Das MBL findet gem. dessen § 1 Anwendung auf das Verhältnis zwischen Arbeitgeber und Arbeitnehmern. Im MBL sind das Recht der Gewerkschaften, vom Arbeitgeber als Vertreter der Arbeitnehmer(-interessen) anerkannt zu werden, § 6 MBL, und die Grundsätze der Koalitionsfreiheit, §§ 7, 8 MBL, festgeschrieben. Weiter regelt das MBL Verhandlungsrechte der Gewerkschaften, §§

---

595 *Fahlbeck*, Employee Participation, S. 24.
596 Prop. 1975/76:105, S. 248 unter Hinweis auf Erfahrungen im Ausland.
597 *Adlercreutz/Mulder*, Svensk Arbetsrätt, S. 53.
598 *Bergqvist/Lunning/Toijer*, MBL-Kommentar, § 32 MBL, S. 343.
599 *Adlercreutz/Mulder*, Svensk Arbetsrätt, S. 53.
600 *Edlund* et al., Views on Co-Determination, S. 12.

10 ff MBL, Kollektivverträge, §§ 23 ff MBL sowie die Friedenspflicht und Arbeitskampfmaßnahmen, §§ 41 ff MBL. Die Regelungen des MBL sind in den Grenzen des § 4 MBL dispositiv, weshalb die Sozialpartner mittels Kollektivverträgen teils von den Bestimmungen des Gesetzes abweichen können.

b. Kollektivverhandlungen, Kollektivverträge, Verhandlungspartner

Kollektivverhandlungen sind Verhandlungen, die u.a. darauf abzielen, den Arbeitnehmern Einblick in und Einfluss auf die tägliche Geschäftstätigkeit eines Unternehmens zu geben.[601] Sie können, müssen aber nicht den Abschluss von Kollektivverträgen zum Gegenstand haben.[602]

In Schweden ist besonders die Unterscheidung zwischen verschiedenen Ebenen von Kollektivverhandlungen und Kollektivverträgen bedeutsam, für die sämtlich das MBL den Rahmen bildet. Es gibt einerseits so genannte Haupttarifverträge, die auf Dachverbandsebene zwischen den Arbeitgeberdachverbänden und den Dachverbänden der Gewerkschaften abgeschlossen werden. Diese können Regelungen über das Rechtsverhältnis zwischen den Organisationen untereinander sowie Verhandlungsordnungen enthalten. Auch allgemeine Anstellungsbedingungen und zentrale Mitbestimmungsverträge, die erweiterte Beteiligungsrechte der Gewerkschaften regeln, können auf dieser Ebene ausgehandelt werden.[603] Auf zweiter Ebene, der zentralen (Verbands-)Ebene, werden Tarifverträge zwischen Gewerkschaften und Arbeitgeberverbänden ausgehandelt. Diese haben meist den Charakter von Branchenverträgen, mittels derer die auf Dachverbandsebene ausgehandelten Kollektivvertragsbestimmungen, aber auch dispositives Gesetzesrecht, an die besonderen Verhältnisse der jeweiligen Branche angepasst werden.[604] Auf dritter Ebene stehen betriebliche bzw. unternehmensbezogene Tarifverträge zwischen Arbeitgebern bzw. Arbeitgeberunternehmen und betrieblichen Gewerkschaften, die das Verhältnis zwischen Arbeitgebern und den durch die Gewerkschaften vertretenen Arbeitnehmern auf betrieblicher Ebene näher ausgestalten. Hierbei handelt es sich um die unterste Ebene der industriellen Beziehungen und zugleich um die unterst mögliche Ebene für den Abschluss von Kollektivverträgen. Geregelt werden bspw. die Arbeitsbedingungen und das Verhältnis zwischen Arbeitgeber und Arbeitnehmern im einzelnen Betrieb.[605] Verhandlungspartner sind auf der einen Seite die im Betrieb bzw. Unternehmen vertretenen lokalen Gewerkschaften, bei denen es sich vor allem um die betrieblichen Gewerkschaften der in der LO organisierten Arbeitergewerkschaften sowie der in der TCO bzw. SACO organisierten Angestell-

601 *Fahlbeck*, Employee Participation, S. 14.
602 *Bergqvist/Lunning/Toijer*, MBL-Kommentar, §§ 10 - 17 MBL, S. 159.
603 *Bergqvist/Lunning/Toijer*, MBL-Kommentar, §§ 23 - 31a MBL, S. 291.
604 *Bergqvist/Lunning/Toijer*, MBL-Kommentar, §§ 23 - 31a MBL, S. 291.
605 *Bergqvist/Lunning/Toijer*, MBL-Kommentar, §§ 23 - 31a MBL, S. 291.

tengewerkschaften handelt. Verhandlungspartner der lokalen Gewerkschaften ist immer die natürliche oder juristische Person, die Arbeitgeber im rechtlichen Sinne ist.[606] Eine Arbeitgeberaktiengesellschaft wird durch Vertreter des geschäftsführenden Organs, also durch den geschäftsführenden Direktor bzw. in größeren Aktiengesellschaften durch vertretungsberechtigte Personen aus dessen Management Team, vertreten.[607]

Die gesetzesdispositiven Bestimmungen des MBL können von den Tarifvertragsparteien durch völlig eigenständige Mitbestimmungsverträge ausgestaltet oder, soweit es das MBL zulässt, ersetzt werden.[608] Grundlage hierfür ist der später zu behandelnde § 32 MBL. Der bedeutendste Mitbestimmungsvertrag im Bereich der Privatwirtschaft ist der sog. Entwicklungsvertrag (*Utvecklingsavtalet,* **UVA**), der im Jahr 1982 zwischen SAF (nunmehr SN) auf Arbeitgeberseite sowie LO und PTK auf Gewerkschaftsseite abgeschlossen wurde.

Maßgebend für die Intention des schwedischen Gesetzgebers, die Ausgestaltung der Mitbestimmung der Arbeitnehmer den Tarifvertragsparteien selber zu überlassen war die Erwägung, dass jede gesetzliche Detailregelung den Nachteil habe, dass sie ein Hindernis für eine Entwicklung der Arbeitnehmerbeteiligung im Zuge neuer Erfahrungen und Zielsetzungen sein könne.[609] Der Gesetzgeber wollte den Parteien jedoch nicht die Regelung aller sie betreffender Materien überlassen. Vor allem Verhandlungs- und Informationsrechte der Arbeitnehmer sowie das Recht zur Eingehung von Kollektivverträgen sollten zwingend als Mindeststandard im MBL festgeschrieben werden.

c. Verhandlungsrechte der Gewerkschaften und Kollektivverträge

Verhandlungen und der Abschluss von Kollektivverträgen sind, wie die Ausführungen zur Geschichte der industriellen Beziehungen Schwedens gezeigt haben, die vorherrschende Form der Zusammenarbeit schwedischer Gewerkschaften mit den Arbeitgebern und deren Verbänden. Schon die Vorschriften zum Verhandlungsrecht im FFL aus dem Jahr 1936 werden als die grundlegende Form des Arbeitnehmereinflusses in Schweden bezeichnet.[610] Wichtige Kollektivverträge wie der Hauptvertrag aus dem Jahr 1938 und der Vertrag über Unterneh-

---

606 *Bergqvist/Lunning/Toijer*, MBL-Kommentar, §1 MBL, S. 48ff, die darauf hinweisen, dass die Arbeitgeberstellung vor allem in Fällen von Verträgen eines Unternehmens mit Subunternehmern oder bei Konzernsachverhalten nicht immer einfach zu beurteilen sei.

607 *Fahlbeck*, Employee Participation, S. 20.

608 Die schwedische Post bspw. hat das MBL durch den sog. *Einflussnahmevertrag* (*Medinflytandeavtalet*) ersetzt: Interview mit *Malin Nilsson*, Arbeitsrechtsjuristin bei der schwedischen Post, vom 05.02.2007.

609 Prop 1975/76:105, S. 242.

610 *Bergqvist/Lunning/Toijer*, MBL-Kommentar, §§ 10 - 17 MBL, S. 157.

mensausschüsse aus dem Jahr 1946 wurden nach Verhandlungen zwischen den Dachverbänden abgeschlossen.

Kollektivverhandlungen sollten laut Vorarbeiten zum MBL die grundlegende Form des Arbeitnehmereinflusses in solchen Fragen werden, bei denen dem Arbeitgeber das letztendliche Entscheidungsrecht zukomme. Gleichzeitig sollten sie den Ausgangspunkt für kollektivvertraglich zu regelnde erweiterte Formen des Arbeitnehmereinflusses bilden.[611] Sie entwickelten sich so zu einem Mittel der Gewerkschaften, Entscheidungen der Unternehmensleitung zu beeinflussen.[612]

(a) Allgemeines Verhandlungsrecht, § 10 MBL

Das allgemeine Verhandlungsrecht von Gewerkschaften, einzelnen Arbeitgebern und Arbeitgeberorganisationen ist in § 10 MBL geregelt. Gem. § 10 Abs. 1 MBL hat eine Gewerkschaft ein Verhandlungsrecht gegenüber dem Arbeitgeber bezüglich solcher Fragen, die das Verhältnis eines ihrer Mitglieder, welches beim Arbeitgeber angestellt ist oder war, zu diesem betreffen. Ein entsprechendes Verhandlungsrecht hat ein Arbeitgeber gegenüber der Gewerkschaft. Das Verhandlungsrecht gem. § 10 Abs. 1 MBL findet gem. § 10 Abs. 2 MBL auch im Verhältnis der Gewerkschaft zur Arbeitgeberorganisation, der der Arbeitgeber angehört, Anwendung, und umgekehrt.

§ 10 MBL enthält so die grundlegenden Bestimmungen zum Verhandlungsrecht der schwedischen Sozialpartner.[613] Das allgemeine Verhandlungsrecht ist nicht auf die betriebliche Ebene begrenzt, sondern bildet auch die Grundlage für Kollektivverhandlungen zwischen den Organisationen auf Zentral- bzw. Dachverbandsebene.[614] In der folgenden Ausführung ist indes aufgrund des Untersuchungsgegenstandes, der Arbeitnehmerbeteiligung im Unternehmen, vor allem das allgemeine Verhandlungsrecht auf betrieblicher Ebene in Bezug genommen.

i. Unterscheidung zwischen Rechts- und Interessenstreitigkeiten

Allgemeine Verhandlungen können im schwedischen kollektiven Arbeitsrecht anlässlich von Rechts- wie auch von Interessenstreitigkeiten stattfinden.[615]

Wichtigster Fall von Interessenstreitigkeiten sind Tarifvertragsverhandlungen zu Lohn und allgemeinen Anstellungsbedingungen sowie zur Mitbestim-

---

611 SOU 1975:1, S. 285.

612 *Adlercreutz/Mulder*, Svensk Arbetsrätt, S. 74.

613 Prop. 1975/76:105, S. 348; *Bergqvist/Lunning/Toijer*, MBL-Kommentar, § 10 MBL, S. 163.

614 *Fahlbeck*, Industrial Relations, S. 120.

615 Prop. 1975/6:105, S. 224.

mung der Arbeitnehmer.[616] Im Falle von Interessenstreitigkeiten fehlen rechtliche Normen zur Lösung von Meinungsverschiedenheiten zwischen den Parteien, weshalb die Fragen zur schlussendlichen Klärung nicht vor ein Gericht oder ein Schiedsgericht gebracht werden können.[617] Wenn die Parteien bspw. uneinig sind, ob sie einen Kollektivvertrag schließen sollen, oder welche Bestimmungen dieser Kollektivvertrag enthalten soll, handelt es sich um eine Interessenstreitigkeit.[618] Teils – aber längst nicht immer – ist es den Parteien erlaubt, bei Interessenstreitigkeiten im Falle der Nichteinigung Arbeitskampfmaßnahmen zu ergreifen.[619]

Im Falle von Rechtsstreitigkeiten haben die Kollektivvertragsparteien unterschiedliche Auffassungen über die Auslegung und/oder Anwendung rechtlicher Normen, bspw. von Gesetzen, Tarifverträgen oder individuellen Arbeitsverträgen.[620] Der Streit dreht sich um ein rechtliches Dokument – einen Vertrag oder ein Gesetz – an das die Parteien gebunden sind, aber bezüglich dessen Bedeutung Uneinigkeit herrscht.[621] Arbeitskampfmaßnahmen sind im Falle von Rechtsstreitigkeiten unzulässig. Gelingt es den Parteien nicht, sich untereinander zu einigen, kann die streitige Frage schlussendlich von einem Gericht oder Schiedsgericht entschieden werden.[622]

Im deutschen Arbeitsrecht findet sich eine dem schwedischen Recht ähnliche Unterscheidung zwischen Rechts- und Regelungsstreitigkeiten (vgl. mit Bezug zum Einigungsstellenverfahren oben **B.I.1.e.**, mit Bezug zu Arbeitskampfmaßnahmen oben **B.I.2.b.(b).**). Auf industrieverbandsweiter Ebene sind Arbeitskampfmaßnahmen zur Lösung von Rechtsstreitigkeiten in Deutschland ebenso verboten wie in Schweden, auf betrieblicher Ebene gilt in Deutschland ohnehin das Arbeitskampfverbot.

ii. Verhandlungspartner

Auf Arbeitnehmerseite haben nur Gewerkschaften ein Verhandlungsrecht, während dies auf Arbeitgeberseite sowohl Arbeitgebern als auch Arbeitgeberorganisationen zukommt. Es besteht daher eine Verhandlungspflicht des einzelnen Arbeitgebers auch dann, wenn dieser in einem Arbeitgeberverband organisiert ist. In den Verhandlungen kann er sich allerdings von seiner Organisation vertreten

---

616 *Fahlbeck*, Praktisk Arbetsrätt, S. 76 mit weiteren Beispielen von Interessenstreitigkeiten.

617 *Olauson/Holke*, MBL-Kommentar,§§ 10 - 17 MBL, S. 90.

618 *Schmidt* et al., Facklig Arbetsrätt, S. 20.

619 *Olauson/ Holke*, MBL-Kommentar, §§ 10 - 17 MBL, S. 91.

620 *Schmidt* et al., Facklig Arbetsrätt, S. 20.

621 *Fahlbeck*, Praktisk Arbetsrätt, S. 74. *Olauson/Holke*, MBL-Kommentar, §§ 10 - 17 MBL, S. 90.

622 *Adlercreutz/Mulder*, Svensk Arbetsrätt, S. 76.

lassen.[623] Das allgemeine Verhandlungsrecht stellt an die Gewerkschaften, abgesehen von der Betroffenheit gewerkschaftlich organisierter Arbeitnehmer in der Verhandlungsfrage, keine besonderen Anforderungen wie bspw. Repräsentativitätserfordernisse oder Ähnliches.[624]

iii. Zweck und Umfang des allgemeinen Verhandlungsrechts

Das allgemeine Verhandlungsrecht dient zunächst dazu, den Arbeitnehmerorganisationen den primären Kontakt mit der Arbeitgeberseite (und umgekehrt) zu ermöglichen.[625] Der Anwendungsbereich von § 10 MBL – das Verhältnis zwischen Arbeitgeber und Arbeitnehmern – fällt mit dem Anwendungsbereich für den Abschluss von Kollektivverträgen, § 23 MBL, zusammen.[626] Hieraus ergibt sich, dass Verhandlungen von den Gewerkschaften, aber auch vom Arbeitgeber, in allen Angelegenheiten verlangt werden können, die Gegenstand eines Kollektivvertrages sein können.[627] Typischerweise, aber nicht zwingend[628], ist das Ziel allgemeiner Verhandlungen auch der Abschluss von Kollektivverträgen.

iv. Anwendungsbereich des allgemeinen Verhandlungsrechts

Das allgemeine Verhandlungsrecht gem. § 10 MBL findet Anwendung auf das Verhältnis zwischen Arbeitgeber und Arbeitnehmern, die beim Arbeitgeber angestellt sind oder waren.

Dieses Verhältnis ist deckungsgleich mit dem „Verhältnis zwischen Arbeitgeber und Arbeitnehmern“ gem. § 1 MBL, das den Anwendungsbereich des MBL festlegt.[629] In den Vorarbeiten wurden nur sehr wenige Bereiche, vor allem die privaten wirtschaftlichen und persönlichen Verhältnisse des Arbeitgebers[630], als nicht unter dieses Verhältnis fallend angesehen.[631] Zum Verhältnis zwischen Arbeitgeber und Arbeitnehmern i.S.d. § 1 MBL zählen zunächst die Arbeits- und Anstellungsbedingungen der Arbeitnehmer. Hiervon sind die Bestimmung der arbeitsvertraglichen Leistungsverpflichtung und anderer vertraglicher Pflich-

---

623 Prop. 1975/76:105, S. 347.

624 Prop. 1975/76:105, S. 348.

625 *Fahlbeck*, Praktisk Arbetsrätt, S. 73.

626 *Bergqvist/Lunning/Toijer*, MBL-Kommentar, § 10 MBL, S. 166.

627 *Bergqvist/Lunning/Toijer*, MBL-Kommentar, §§ 10 - 17 MBL, S. 159.

628 *Fahlbeck*, Praktisk Arbetsrätt, S. 73; Einzelheiten hierzu später.

629 *Olauson/Holke*, MBL-Kommentar, §§ 10 - 17 MBL, S. 93.

630 Prop. 1975/76:105, S. 326. Ein Abgrenzungsproblem zwischen privatem und geschäftlichem Bereich besteht vor allem dann, wenn ein Arbeitgeber als Einzelunternehmer tätig ist, ohne sich einer Gesellschaftsform zu bedienen. Aufgrund der Begrenzung der vorliegenden Untersuchung auf größere Unternehmen ist diese Abgrenzung nicht weiter relevant.

631 *Bergqvist/Lunning/Toijer*, MBL-Kommentar, § 1 MBL, S. 72.

ten des Arbeitnehmers, des Lohns und anderer Gegenleistungen des Arbeitgebers sowie der Eingehung und Beendigung von Arbeitsverträgen erfasst.[632] Weiter gehören zum Verhältnis zwischen Arbeitgeber und Arbeitnehmern i.S.d. § 1 MBL Fragen der Leitung und Verteilung der Arbeit sowie die Verhältnisse, unter denen Arbeit verrichtet wird.[633] Fragen der *Eingehung* von Arbeitsverträgen sind indes – obwohl unter das Verhältnis zwischen Arbeitgeber und Arbeitnehmern gem. § 1 MBL fallend – nicht vom allgemeinen Verhandlungsrecht des § 10 MBL erfasst, da es sich nur auf bestehende Arbeitsverhältnisse bezieht.

Der Standardkommentar zum MBL zählt zum Verhältnis zwischen Arbeitgeber und Arbeitnehmern alle Fragen, die die Anstellungsbedingungen einzelner Arbeitnehmer betreffen. Hiervon seien die zu erbringende Arbeitsleistung und andere Verpflichtungen der Arbeitnehmer, aber auch Lohn und andere Gegenleistungen für die zu leistende Arbeit erfasst.[634] Das Verhandlungsrecht der Gewerkschaften scheint aufgrund der genannten Inhalte sehr weitgehend. Hierzu ist jedoch anzumerken, dass sich in Schweden schon früh das sog. 29:29-Prinzip herausgebildet hat.[635] Demzufolge muss ein Arbeitnehmer diejenigen Arbeitsaufgaben erfüllen, die zum typischen Tätigkeitsbereich des Arbeitgebers und zu seinen berufsspezifischen Qualifikationen gehören. Das 29:29-Prinzip wird in schwedischen Kollektiv- und Arbeitsverträgen mittlerweile stillschweigend vorausgesetzt[636], weshalb dessen Grundsätze nicht verhandelbar sind. Dem Verhandlungsrecht gem. § 10 MBL sind so Grenzen gesetzt.

Auch Angelegenheiten der Unternehmensleitung sollten Gegenstand von Verhandlungen sein können.[637] Dies wird in den Vorarbeiten zum MBL damit begründet, dass die Arbeitnehmer genau wie der Arbeitgeber abhängig davon seien, wie das Unternehmen betrieben werde.[638] Bspw. Fragen der Ausweitung, Einschränkung oder Verlegung der wirtschaftlichen Tätigkeit oder Investitionen hätten Bedeutung für die Arbeitnehmer, da sie sich auf die wirtschaftliche Situation des Unternehmens und damit auch auf die Beschäftigungssituation der Arbeitnehmer auswirkten. Gleiches gelte, wenn auch nicht so deutlich und unmittelbar, bei Beschlüssen bezüglich der Finanzierung, des Ein- und Verkaufs, der Werbung und ähnlichen Entscheidungen im Bereich der unternehmerischen Tätigkeit des Arbeitgebers. Die Arbeitnehmer sollten daher berechtigt sein, die unternehmerische Tätigkeit des Arbeitgebers auch „im Großen“ zu beeinflussen.[639]

---

632 Prop. 1975/76:105, S. 326.
633 Prop. 1975/76:105, S. 326.
634 *Bergqvist/Lunning/Toijer*, MBL-Kommentar, § 1 MBL, S. 56.
635 Benannt nach der Entscheidung AD 1929 Nr. 29.
636 *Fahlbeck*, Praktisk Arbetsrätt, S. 208ff; *Adlercreutz/Mulder*, Svensk Arbetsrätt, S. 230f.
637 Prop. 1975/76:105, S. 326.
638 Prop. 1975/76:105, S. 209f.
639 Prop. 1975/76:105, S. 326.

Vom Verhältnis zwischen Arbeitgeber und Arbeitnehmer umfasst sind daher letztlich alle Fragen, die überhaupt in Bezug auf einen Arbeitsplatz regelbar sind. Ausnahmen gelten für die Zielsetzung der wirtschaftlichen Tätigkeit des Arbeitgebers, Fragen, die den Eigentümern eines Unternehmens vorbehalten sind sowie die persönlichen Verhältnisse des Arbeitgebers.[640] Unter das Verhältnis zwischen Arbeitgeber und Arbeitnehmer fallen auch das Verhältnis zwischen Arbeitgebern und den gewerkschaftlichen Organisationen sowie das Verhältnis zwischen den verschiedenen Organisationen des Arbeitsmarktes untereinander.[641]

Gem. § 2 MBL findet das MBL keine Anwendung auf Tätigkeiten eines Arbeitgebers, die wissenschaftlicher, religiöser, künstlerischer oder anderer ideeller Natur sind, oder die einen kooperativen, gewerkschaftlichen, politischen oder anderen meinungsbildenden Zweck haben, soweit die Ziele und Zielsetzungen der arbeitgeberischen Tätigkeit betroffen sind.[642] Die Vorschrift verfolgt einen ähnlichen Zweck wie § 118 BetrVG, der die bei uns so bezeichneten Tendenzbetriebe aus dem Anwendungsbereich des BetrVG ausnehmen will, „soweit die Eigenart des Betriebs oder des Unternehmens dem entgegensteht."

v. Inhalt der Verhandlungsverpflichtung

Der Inhalt der Verhandlungsverpflichtung, also die Pflichten von verhandlungsberechtigten und verhandlungsverpflichteten Parteien, sind in § 15 MBL geregelt.

Trifft eine Partei eine Verhandlungsverpflichtung, so muss sie gem. § 15 S. 1 MBL selber oder durch einen Vertreter zu Verhandlungen erscheinen und, soweit erforderlich, einen begründeten Vorschlag zur Lösung der durch die Verhandlungen aufgeworfenen Frage(n) vorlegen. Zunächst muss eine verhandlungsverpflichtete Partei zu Verhandlungen erscheinen, allerdings kann sie sich auch vertreten lassen. Anlässlich von Verhandlungen auf lokaler Ebene kann sich eine Gewerkschaft so bspw. durch einen Vertreter der regionalen Gewerkschaftsabteilung vertreten lassen.[643]

Wegen der Verpflichtung zur Vorlegung eines *begründeten* Vorschlags müssen die Gründe für den eingenommenen Standpunkt angegeben sowie die Umstände mitgeteilt werden, die nach Auffassung der verhandlungsverpflichteten Partei die Fakten untermauern, auf die sie sich beruft.[644]

---

640 *Fahlbeck*, Praktisk Arbetsrätt, S. 79, 53f.

641 *Olauson/Holke*, MBL-Kommentar, §§ 1 - 6 MBL, S. 21.

642 *Olauson/Holke*, MBL-Kommentar, §§ 1 - 6 MBL, S. 50.

643 *Fahlbeck*, Praktisk Arbetsrätt, S. 80. Das Recht, sich anlässlich von Kollektivverhandlungen vertreten zu lassen, kann allerdings vertraglich begrenzt werden.

644 *Bergqvist/Lunning/Toijer*, MBL-Kommentar, § 15 MBL, S. 262.

Eine verhandlungsverpflichtete Partei muss der Gegenseite vollständige Informationen zu den verhandelten Fragen zukommen lassen. Normalerweise ist die Überlassung von Informationen in mündlicher Form ausreichend.[645] Teils kann eine Partei jedoch gezwungen sein, schriftliche Dokumente vorzulegen, um ihrer Informationsverpflichtung zu genügen. Dies ist bspw. der Fall, wenn die Gegenseite sonst keine praktischen Möglichkeiten hat, der Argumentation zu folgen und den Gegenstand der Verhandlungen zu durchdringen.[646] Beruft sich eine Partei auf schriftliche Dokumente, so muss sie diese der Gegenpartei gem. § 18 MBL auf deren Verlangen schriftlich vorlegen. Ziel der sog. Vorlagepflicht (*Editionsplikt*) ist es, durch gleiche Informationen eine Gleichberechtigung der Parteien am Verhandlungstisch sicherzustellen.[647] Ist in Verhandlungen zu entscheiden, welche von verschiedenen Entscheidungen zu treffen ist, muss der Arbeitgeber den Gewerkschaften die Alternativen zu der von ihm bevorzugten Lösung vorlegen.[648]

Laut Vorarbeiten zum MBL umfasst die Verhandlungsverpflichtung die Pflicht, sich die Ausführungen und Argumente der Gegenseite zu deren Standpunkt anzuhören und ggf. auszuführen, warum man diese nicht akzeptieren kann.[649]

Schließlich muss ein Vorschlag zur Lösung der durch die Verhandlungen aufgeworfenen Fragen vorgelegt werden. Die Regelungen zur Verhandlungspflicht bezwecken laut Gesetzesvorarbeiten das Erreichen eines Übereinkommens zwischen den Parteien, und sie beinhalten die Obliegenheit, in bestmöglichem Umfang hierzu beizutragen. Es ist aber nicht erforderlich, dass Vorschläge

645 *Olauson/Holke*, MBL-Kommentar, §§ 10 - 17 MBL, S. 95.

646 AD 1982 Nr. 7: Als Beispiel genannt werden Verhandlungen anlässlich der Besetzung einer Stelle im Zusammenhang mit dem später zu behandelnden Mitbestimmungsverhandlungsrecht gem. § 11 MBL, bei denen der Arbeitgeber verpflichtet sein kann, den Gewerkschaften die Bewerbungsunterlagen unterschiedlicher Bewerber zur Verfügung zu stellen. Gleiches gilt, wenn sich eine Partei auf umfangreiches Zahlenmaterial oder umfassende Statistiken beruft.

647 *Fahlbeck*, Praktisk Arbetsrätt, S. 159. Die Vorlagepflicht umfasst laut *Olauson/Holke*, MBL-Kommentar, §§ 18 - 20 MBL, S. 158, nur Dokumente, die sich auf tatsächliche Verhältnisse wie bspw. die Wirtschaftlichkeit einer Einheit, die Anzahl von Arbeitnehmern oder ähnliches beziehen. Überlegungen und Pläne einer Partei anlässlich von Verhandlungen oder verhandlungstaktische Erwägungen werden dagegen nicht von § 18 MBL erfasst; vgl. hierzu Prop. 1975/76:105, S. 236, 365. In der Praxis wird die Vorlagepflicht zudem auf Dokumente begrenzt, die die eigene Auffassung stützen, da sich keine Partei aus eigener Initiative auf andere als ihr vorteilhafte Dokumente beziehen würde; so *Fahlbeck*, Praktisk Arbetsrätt, S. 159f unter Verweis auf AD 1981 Nr. 66, S. 988.

648 *Olauson/Holke*, MBL-Kommentar, §§ 10 - 17 MBL, S. 94.

649 *Olauson/Holke*, MBL-Kommentar, §§ 10 - 17 MBL, S. 97. Wenn eine Partei der anderen Informationen zukommen lässt, ihr aber nicht die Gelegenheit gibt, ihre Argumente vorzubringen, ist dies laut AD 1978 Nr. 157 nicht als Verhandlung anzusehen.

akzeptabel für die Gegenseite oder angemessen, also vernünftig und wohl abgewogen sind. Sie müssen auch nicht Ausdruck eines Kompromisswillens oder eines Zukommens auf die andere Partei sein. Sogar das beinharte Festhalten an einmal eingenommenen Standpunkten erfüllt die gesetzlichen Anforderungen.[650] Ebenso ist die bei Verhandlungsbeginn abgegebene Erklärung, man werde sich mit der Gegenseite nicht einigen, zulässig.[651] Eine rechtliche Verpflichtung beider Seiten, schließlich nach abgeschlossenen Verhandlungen eine Vereinbarung zu erreichen, bringt die Verhandlungsverpflichtung also nicht mit sich.[652]

In Deutschland haben die Betriebspartner gem. § 74 Abs. 1 S. 2 BetrVG anlässlich monatlicher Besprechungen und bei Verhandlungen[653] über strittige Fragen mit dem ernsten Willen zur Einigung zu verhandeln und Vorschläge für die Beilegung von Meinungsverschiedenheiten zu machen. Die Vorschrift beinhaltet als ein Leitprinzip der Betriebsverfassung die Verhandlungspflicht von Arbeitgeber und Betriebsrat, diese müssen aber nicht unter allen Umständen auf einen Kompromiss hinarbeiten.[654] Ein Beharren auf unterschiedlichen Standpunkten zu Regelungs- und Rechtsfragen ist insbesondere im Falle unterschiedlicher Rechtsauffassungen bei schwierigen und ungeklärten Fragekomplexen zulässig.[655] Praktisch beschränkt sich die Vorschrift damit auf eine Einlassungs- und Erörterungspflicht beider Seiten.[656]

Die deutschen Betriebspartner sind also, wie auch die schwedischen Sozialpartner, nicht verpflichtet, nach Verhandlungen zu einem Ergebnis zu gelangen bzw. auf ein solches hinzuarbeiten. So kann ein relativer Gleichlauf der Verhandlungspflichten der schwedischen Sozialpartner im Rahmen allgemeiner Verhandlungen sowie deutscher Betriebspartner im Rahmen von Monatsbesprechungen und Verhandlungen festgestellt werden.

vi. Formelle Anforderungen

Will eine Partei über einen Gegenstand verhandeln, so muss sie dies gem. § 16 Abs. 1 S. 1 MBL bei der Gegenseite beantragen. Für einen korrekten (auf Verlangen der Gegenseite gem. § 16 Abs. 1 S. 2 MBL schriftlichen) Verhandlungsantrag ist erforderlich, dass das Verhandlungsbegehren klar aus dem Antrag

---

650 *Fahlbeck*, Praktisk Arbetsrätt, S. 80; AD 1975 Nr. 63; AD 1976 Nr. 84.

651 AD 1972 Nr. 5.

652 Prop. 1975/76:105, S. 362.

653 Die Vorschrift bezieht sich auch auf Verhandlungen: *F/E/S/T/L*, BetrVG, § 74 BetrVG, Rn. 9.

654 *Richardi* in: Richardi, BetrVG, § 74 BetrVG, Rn. 12.

655 BAG, Beschluss vom 27.11.1973 - 1 ABR 11/ 73 = BAGE 25, 415, 419.

656 *Kreutz* in: GK BetrVG, § 74 BetrVG, Rn. 26.

hervorgeht. Zudem muss der Verhandlungsgegenstand angegeben werden, und er ist auf Verlangen der Gegenseite zu präzisieren.[657]

In § 16 Abs. 2 MBL sind für den Fall, dass sich die Parteien nicht anderweitig einigen, Fristen für die Aufnahme von Verhandlungen geregelt. Gem. § 16 Abs. 3 S. 2, 3 MBL sind Verhandlungen zügig durchzuführen, und auf Verlangen einer Partei ist ein Verhandlungsprotokoll zu führen. Einigen sich die Parteien nicht anderweitig, sind die Verhandlungen als abgeschlossen anzusehen, wenn die Seite, die ihre Verhandlungspflicht erfüllt hat, der Gegenseite schriftlich mitteilt, dass sie von den Verhandlungen zurücktritt, § 16 Abs. 3 S. 3 MBL. Für gewöhnlich enthalten jedoch Kollektivverträge Regelungen, wann die Verhandlungen als abgeschlossen anzusehen sind.[658]

vii. Verhandlungsergebnis

Beim allgemeinen Verhandlungsrecht sind Interessenverhandlungen, die oft auf den Abschluss von Kollektivverträgen abzielen, und Streitverhandlungen zu unterscheiden. Keine der Parteien, also weder den Arbeitgeber noch die Gewerkschaften, trifft anlässlich von Interessenverhandlungen die Pflicht, nach durchgeführten Verhandlungen einen Kollektivvertrag mit der anderen Seite einzugehen.[659] Dies gilt auch, wenn die Parteien sich während der Verhandlungen einig waren.[660] Vor allem der Arbeitgeber wird nach abgeschlossenen Verhandlungen oft versuchen, den Abschluss eines Kollektivvertrags zu vermeiden, um sich rechtlich nicht binden zu müssen. Als letztes Druckmittel haben die Parteien die Möglichkeit von Arbeitskampfmaßnahmen, sofern dies zulässig ist.[661] Interessenstreitigkeiten sind in Kollektivverträgen allerdings oft vom Streikrecht ausgenommen, und viele Verträge sehen ein Schiedsverfahren für den Fall der Nichteinigung vor.[662]

Im Falle von Rechtsstreitigkeiten können die Parteien die Angelegenheit schlussendlich vor das Arbeitsgericht oder ein Schiedsgericht bringen, sollte keine Einigung auf dem Verhandlungswege erreicht werden.

Die Obliegenheit, ein Verhandlungsergebnis zu erreichen, aber die mangelnde rechtliche Verpflichtung hierzu, machen das Verhandlungsrecht zu ei-

---

657 *Olauson/Holke*, MBL-Kommentar, §§ 10 - 17 MBL, S. 98.

658 *Olauson/Holke*, MBL-Kommentar, §§ 10 - 17 MBL, S. 103. Gemäß Kap. II § 3 des Hauptvertrages zwischen LO und SAF sind Verhandlungen dann als abgeschlossen anzusehen, wenn sich aus dem Verhandlungsprotokoll oder aus anderen Umständen ergibt, dass sich die Parteien über den Abschluss der Verhandlungen einig sind.

659 *Schmidt* et al., Facklig Arbetsrätt, S. 143.

660 *Fahlbeck*, Praktisk Arbetsrätt, S. 82; AD 1972 Nr. 5.

661 Prop. 1975/76:105, S. 350; *Bergqvist/Lunning/Toijer*, MBL-Kommentar, § 10 MBL, S. 166f.

662 *Fahlbeck*, Praktisk Arbetsrätt, S. 123.

nem stumpfen Schwert in den Händen der Gewerkschaften. Ihr Schwert ist daher vor allem das Recht, Arbeitskampfmaßnahmen zu ergreifen.[663] Ein starker Arbeitgeber muss Arbeitskampfmaßnahmen der Gewerkschaften daher nicht fürchten, und kann das Verhandlungsrecht deshalb auf eine Besprechung geringen Wertes reduzieren. Diese Stärke haben aber – bedenkt man den hohen Organisationsgrad der schwedischen Arbeitnehmerschaft – mit den Worten *Fahlbecks* nur wenige Arbeitgeber, an sich hat sie nur der Staat.[664] Aufgrund der kooperativen und verständnisvollen Beziehungen schwedischer Arbeitgeber und Gewerkschaften wird nach Verhandlungen allerdings meist eine – oft, aber nicht immer kollektivvertragliche – Einigung erreicht, ohne dass vorher Arbeitskampfmaßnahmen ergriffen werden.[665]

viii. Rechtsfolgen bei Verletzung der Verhandlungspflicht

Eine unberechtigte Verhandlungsverweigerung einer der beiden Seiten führt zu einer Schadensersatzverpflichtung gem. §§ 54, 55 MBL. Laut Rechtsprechung des Arbeitsgerichts ist eine Verhandlungsverweigerung nur im Falle einer groben Vernachlässigung geltender Verhandlungsregeln unter Berücksichtigung der Bedeutung, die diese für die Arbeitsbeziehungen haben, anzunehmen.[666]

Ein Arbeitgeber oder eine Arbeitnehmerorganisation ist gem. § 54 MBL verpflichtet, den Schaden zu ersetzen, der aufgrund Verstoßes gegen das MBL oder gegen Kollektivverträge entstanden ist.[667] Gem. § 55 MBL ist bei der Beurteilung, ob und in welchem Umfang jemandem ein Schaden entstanden ist, auch Rücksicht auf dessen Interesse an der Einhaltung gesetzlicher oder kollektivvertraglicher Bestimmungen und weiterer Umstände, die andere als rein wirtschaftliche Bedeutung haben, zu nehmen.

663 *Fahlbeck*, Praktisk Arbetsrätt, S. 81.

664 *Fahlbeck*, Praktisk Arbetsrätt, S. 81.

665 *Fahlbeck*, Industrial Relations, S. 120.

666 *Bergqvist/Lunning/Toijer*, MBL-Kommentar, § 10 MBL, S. 168 mit Hinweisen auf die Rechtsprechung des AD. Dies ist bspw. gem. AD 1982 Nr. 54 der Fall, wenn eine Partei sich nicht auf Verhandlungen einlässt, sondern das Angebot der Gegenseite als inakzeptabel abweist und sie zu einem neuen Angebot auffordert.

667 Auch einzelne Arbeitnehmer können aufgrund von Bestimmungen des MBL schadensersatzberechtigt bzw. -verpflichtet sein. Hierauf wird jedoch im Folgenden nicht eingegangen, da nur die Rechtsbeziehungen zwischen Arbeitgebern und Gewerkschaften zu untersuchen sind. *Insofern* ist bei einem Verstoß gegen Rechte, deren Träger bspw. die Gewerkschaften sind, ein Anspruch eines einzelnen Arbeitnehmers ausgeschlossen, auch wenn er aufgrund der Verletzung unmittelbar Nachteile erleidet; vgl. hierzu *Olauson/Holke*, MBL-Kommentar, §§ 54 - 62 MBL, S. 357ff.

Das MBL unterscheidet also zwischen wirtschaftlichen und allgemeinen Schäden[668], was nach deutscher Kategorisierung in etwa Vermögensschäden und immateriellen Schäden entspricht. Der bei der Verletzung der allgemeinen Verhandlungspflicht in Betracht kommende allgemeine Schadensersatz soll der verstoßenden Partei die Bedeutung der arbeitsrechtlichen Bestimmungen vor Augen führen und der Gegenseite den Schaden für Verletzungen ersetzen, die sie aufgrund des Gesetzes- oder Vertragsverstoßes erlitten hat.[669] Laut Vorarbeiten zum MBL sollte der vorsätzliche Verstoß gegen Verpflichtungen aus dem MBL zu spürbarem Schadensersatz führen. Für einen Arbeitgeber sollte es nicht lohnenswert sein, dem kurzfristigen Gewinn den Vorrang vor Arbeitnehmerinteressen zu geben. Es wurde festgehalten, dass bei schwerwiegenden Gesetzes- und Kollektivvertragsverstößen bzgl. der Höhe des Schadensersatzes eine deutliche Verschärfung der Rechtsprechung des AD in Betracht komme.[670] In einem Interview mit *Reinhold Fahlbeck*, emeritierter Professor für Arbeitsrecht an der *Universität Lund*, berichtete dieser, dass vor allem kleinere, nicht organisierte Arbeitgeber wegen Verstoßes gegen § 10 MBL verurteilt würden. Meist stehe hierbei die Frage im Raum, ob überhaupt gegen § 10 MBL verstoßen wurde. Prof. *Fahlbeck* schätzte die Höhe der Beträge, zu denen Arbeitgeber aufgrund von Verhandlungsverweigerungen bislang verurteilt wurden, vorsichtig auf durchschnittlich ca. 20.000 SEK, also immerhin ca. 2.000 €.[671] Wesentlich höhere Schadensersatzsummen wurden vom AD bislang in Fällen verhängt, in denen ein Arbeitgeber Mitbestimmungsverhandlungsrechte der Gewerkschaften gem. §§ 11ff MBL verletzt hatte, weshalb diese im dortigen Zusammenhang erörtert werden.

In jedem Fall haben Schadensersatzbestimmungen des MBL eine bedeutende Lenkungsfunktion, zumal das AD bei fortgesetzten Verhandlungsverweigerungen eines Arbeitgebers empfindlichere Summen verhängen dürfte.

ix. Zwingender Charakter der Vorschriften

Die Vorschriften des MBL zum allgemeinen Verhandlungsrecht sind zwingend in dem Sinne, dass eine Partei nicht im Voraus auf ihr Verhandlungsrecht ver-

---

668 Laut *Bergqvist/Lunning/Toijer*, MBL-Kommentar, § 55 MBL, S. 482f, waren Hintergrund der Regelungen zum allgemeinen Schadensersatz Bestimmungen im KAL und FFL zu allgemeinem Schadensersatz aufgrund von Verletzungen der Koalitionsfreiheit, Kollektivvertragsbruchs und Verstößen gegen die Friedenspflicht. So sollte bei Verstößen gegen u.a. die Regeln des MBL zu Verhandlungs- und Informationspflichten auch allgemeiner Schadensersatz verhängt werden können.

669 *Olauson/Holke*, MBL-Kommentar, §§ 54 - 62 MBL, S. 357.

670 Prop. 1975/76:105, S. 302f.

671 Interview mit *Reinhold Fahlbeck* vom 28.05.2009.

zichten kann.[672] Dies hindert die Parteien allerdings nicht daran, mittels Kollektivvertrag Verhandlungsordnungen aufzustellen. Diese können bspw. vorsehen, dass bestimmte Fragen im Falle der Nichteinigung zwischen Arbeitgeber und lokalen Gewerkschaften auf die zentrale Ebene weitergeleitet werden.[673]

x. Vergleich des Instituts des allgemeinen Verhandlungsrechts mit dem deutschen Recht

Das Institut des allgemeinen Verhandlungsrechts aller Gewerkschaften gegenüber dem Arbeitgeber bezüglich derjenigen ihrer Mitglieder, die beim Arbeitgeber angestellt sind oder waren, ist nur begrenzt mit dem deutschen Recht vergleichbar. Dies liegt daran, dass das allgemeine Verhandlungsrecht in Schweden seinem Zweck nach auf die Eingehung von Kollektivverträgen zwischen den Sozialpartnern auf allen Ebenen der industriellen Beziehungen abzielt. Diese Funktion des allgemeinen Verhandlungsrechts findet keine Entsprechung in Deutschland, da das BetrVG Formen für die Zusammenarbeit und Regelungszuständigkeit der Betriebspartner auf Betriebs- und teils auch Unternehmensebene festlegt, es aber keine Bestimmungen zur Regelung von Angelegenheiten, die über den Betrieb oder das Unternehmen hinausgehen, erfasst. Hierfür sind nicht die Betriebspartner, sondern die Sozialpartner, also Gewerkschaften und Arbeitgeberverbände, zuständig.

An dieser Stelle sollen aber die Inhalte des allgemeinen Verhandlungsrechts, wird es durch die lokalen Gewerkschaften eines Betriebs bzw. Unternehmens gegenüber dem Arbeitgeber ausgeübt, mit den Beteiligungsrechten eines deutschen Betriebsrats verglichen werden.

(1) Vergleich der Anwendungsbereiche

§ 10 MBL gibt den schwedischen Gewerkschaften ein Verhandlungsrecht in allen Angelegenheiten, die dem Verhältnis zwischen Arbeitgeber und Arbeitnehmern, die beim Arbeitgeber angestellt sind oder waren, zuzuordnen sind. Hierzu gehören Arbeits- und Anstellungsbedingungen, Fragen der Leitung und Verteilung der Arbeit, aber auch Fragen der Unternehmensleitung. Das BetrVG kennt dem gegenüber kein allgemeines Verhandlungsrecht des Betriebsrats gegenüber dem Arbeitgeber, sondern gibt dem Betriebsrat Beteiligungsrechte in sozialen, personellen und wirtschaftlichen Angelegenheiten, die unterschiedlich stark ausgestaltet sind. Am schwächsten sind dabei Unterrichtungs- und Informationsrechte des Betriebsrats, am stärksten sind die „echten“ Mitbestimmungsrechte des Betriebsrats, in denen der Betriebsrat ein zwingendes Mitbestimmungsrecht

672 Prop. 1975/76:105, S. 350.
673 *Schmidt* et al., Facklig Arbetsrätt, S. 143.

gegenüber dem Arbeitgeber hat, der Arbeitgeber also nicht alleine ohne den Betriebsrat entscheiden kann. Das Regelungsinstrument der deutschen Betriebspartner ist – bedingt durch das Normengefüge des BetrVG – die Betriebsvereinbarung, die mit schwedischen wie deutschen Kollektivverträgen die normative Wirkung gemeinsam hat.

Sucht man nach Vergleichspunkten des Verhandlungsrechts schwedischer Gewerkschaften bezüglich des Verhältnisses zwischen Arbeitgeber und Arbeitnehmern gem. § 10 MBL mit dem deutschen BetrVG, so lässt sich feststellen, dass das BetrVG keine ausdrückliche Grenze der Regelungsbefugnis der Betriebspartner setzt. Diese haben nach allgemeiner Ansicht im Rahmen der Betriebsautonomie, deren Grenzen noch nicht abschließend geklärt sind, die Kompetenz zur Reglung von Rechten und Pflichten der Betriebspartner und zur Festlegung von Rechtsnormen über Inhalt, Abschluss und Beendigung von Arbeitsverhältnissen sowie über betriebliche und betriebsverfassungsrechtliche Fragen (vgl., auch zu den Grenzen von Abschlussnormen, oben **B.I.1.b.**). In Deutschland ist die Betriebsautonomie allerdings aufgrund der bedeutenden Schranke des § 77 Abs. 3 BetrVG begrenzt, der, folgend aus dem Grundsatz der Tarifautonomie, einen Vorrang tarifvertraglicher Regelungen festlegt. Auch in Schweden aber dürfen lokale Gewerkschaften aufgrund der Bindungswirkung höherrangiger Tarifverträge[674] nicht gegen deren Regelungsinhalte verstoßen.

Die Tatbestände der erzwingbaren Mitbestimmung (bspw. § 87 Abs. 2 BetrVG) erlauben in Deutschland Betriebsvereinbarungen nur im Rahmen der gesetzlichen Tatbestände. Ein generalklauselartiges Verhandlungsrecht, das in den Abschluss freiwilliger Betriebsvereinbarungen münden kann, wird dem deutschen Betriebsrat nur mittels § 88 BetrVG in sozialen Angelegenheiten gegeben.[675] Ihm wird allerdings nicht, wie den schwedischen Gewerkschaften, ein allgemeines Verhandlungsrecht zugestanden, das sich auf nahezu allen an einem Arbeitsplatz regelbaren Angelegenheiten beziehen kann.

Die schwedischen Sozialpartner können nach allgemeinen Verhandlungen gem. § 10 MBL, soweit zulässig, Arbeitskampfmaßnahmen ergreifen. In Deutschland gilt dagegen gem. § 74 Abs. 2 S. 1 HS 1 BetrVG das Arbeitskampfverbot.

(2) Arbeits- und Anstellungsbedingungen der Arbeitnehmer

In Schweden sind Arbeits- und Anstellungsbedingungen der Arbeitnehmer Gegenstand des allgemeinen Verhandlungsrechts der Gewerkschaften gem. § 10 MBL, und somit kollektivvertraglich regelbar. Die deutschen Betriebspartner können durch Betriebsvereinbarung Rechtsnormen über Inhalt von Arbeitsver-

674 Hierzu ausführlich später.

675 *v. Hoyningen-Huene*, BetrVR, § 11, Rn. 39f.

hältnissen, also Arbeits- und Anstellungsbedingungen der Arbeitnehmer, festlegen. Die Einflussmöglichkeiten der schwedischen Gewerkschaften gem. § 10 MBL zu Arbeits- und Anstellungsbedingungen auf betrieblicher Ebene sind so mit den Regelungsmöglichkeiten der deutschen Betriebspartner vergleichbar. Auch die Beendigung von Arbeitsverhältnissen ist in Schweden von der Regelungszuständigkeit der Sozialpartner zu Arbeits- und Anstellungsbedingungen wie in Deutschland von der Regelungszuständigkeit der Betriebspartner zum Inhalt von Arbeitsverhältnissen erfasst.

Die engen Grenzen, in denen der deutsche Betriebsrat beim Abschluss von Arbeitsverhältnissen Beteiligungsrechte hat (vgl. oben **B.I.1.b.**, erfasst sind vor allem Wiedereinstellungsklauseln und Auswahlrichtlinien gem. § 95 BetrVG), finden im allgemeinen Verhandlungsrecht schwedischer Gewerkschaften keine Entsprechung. Fragen des Abschlusses von Arbeitsverhältnissen werden allerdings vom später zu behandelnden Mitbestimmungsverhandlungsrecht gem. § 11 MBL erfasst, Fragen der Eingehung von Arbeitsverträgen sind zudem mitbestimmungsvertraglich regelbar.

(3) Leitung und Verteilung der Arbeit

Das allgemeine Verhandlungsrecht der Gewerkschaften gem. § 10 MBL erfasst weiter Fragen der Leitung und Verteilung der Arbeit, wozu in Schweden auch die von den Arbeitnehmern zu erbringende Arbeitsleistung gehört. Der schwedische Gesetzgeber hat den Begriff „Leitung und Verteilung der Arbeit“ nicht definiert, was beim Vergleich mit dem deutschen Recht zu berücksichtigen ist. Im BetrVG könnten Mitbestimmungsrechte des Betriebsrats, die der Verteilung der Arbeit zuzuordnen sind, vor allem in Beteiligungsrechten des Betriebsrats in sozialen und personellen Angelegenheiten gesehen werden.

Der Betriebsrat hat gem. § 87 Abs. 2 Nr. 1 BetrVG ein erzwingbares Mitbestimmungsrecht zu Fragen der Ordnung des Betriebs und des Verhaltens der Arbeitnehmer im Betrieb. Allerdings entspricht dieses Mitbestimmungsrecht nicht der Leitung und Verteilung der Arbeit i.S.d. § 10 MBL, da § 87 Abs. 2 Nr. 1 BetrVG nur das mitbestimmungspflichtige „Ordnungsverhalten“ der Arbeitnehmer erfasst.[676] Mitbestimmungsfrei ist dagegen das „Arbeitsverhalten“[677] der Arbeitnehmer[678], welches vom Weisungsrecht des Arbeitgebers gem. § 106 Ge-

676 So die Rechtsprechung des BAG (BAG AP Nr. 27, 31, 34 zu § 87 BetrVG 1972 Ordnung des Betriebs, AP Nr. 33 zu § 87 BetrVG 1972 Überwachung); vgl. zu Einzelheiten *F/E/S/TL*, BetrVG, § 87 BetrVG, Rn. 64ff.

677 Maßnahmen, die das Arbeitsverhalten regeln sind solche, mit denen die Arbeitspflicht unmittelbar konkretisiert und abgefordert wird (BAG 11. 6. 2002 - 1 ABR 46/01 - BAG 101, 285, 287 = AP BetrVG 1972 § 87 Ordnung des Betriebs Nr. 38 = EzA BetrVG 1972 § 87 Betriebliche Ordnung Nr. 28).

678 *Richardi* in: Richardi, BetrVG, § 87 BetrVG, Rn. 178ff mwN.

wO erfasst ist. Hinsichtlich des Arbeitsverhaltens hat der deutsche Betriebsrat also de iure keine Beteiligungsrechte, während die schwedischen Gewerkschaften gegenüber dem Arbeitgeber zu Fragen der Leitung und Verteilung der Arbeit ein Verhandlungsrecht gem. § 10 MBL haben. Allerdings muss berücksichtigt werden, dass in schwedischen Kollektivverträgen entsprechend dem 29:29-Prinzip die stillschweigende Klausel enthalten ist, dass ein Arbeitnehmer diejenigen Arbeitsaufgaben erfüllen muss, die zum typischen Tätigkeitsbereich des Arbeitgebers und zu seinen berufsspezifischen Qualifikationen gehören. Dem Verhandlungsrecht der Gewerkschaften gem. § 10 MBL hinsichtlich der Leitung und Verteilung der Arbeit sind also Grenzen gesetzt.[679] Relevanz gewinnt das Verhandlungsrecht schwedischer Gewerkschaften zu Fragen der Leitung und Verteilung der Arbeit indes nicht so sehr im Rahmen von Verhandlungen gem. § 10 MBL, als vielmehr beim Abschluss von Mitbestimmungsverträgen gem. § 32 MBL, der explizit Fragen der Leitung und Verteilung der Arbeit als mitbestimmungsvertraglich regelbar nennt. Mangels belastbarer Quellen zum Verhandlungsgegenstand „Leitung und Verteilung der Arbeit" in Schweden ist der Vergleich an dieser Stelle nicht zu vertiefen.

Die Mitbestimmungsrechte des Betriebsrats gem. § 87 Abs. 2 Nr. 2 (Beginn und Ende der täglichen Arbeitszeit), Nr. 3 (vorübergehende Verkürzung oder Verlängerung der betriebsüblichen Arbeitszeit), Nr. 7 (Regelungen u.a. über die Verhütung von Arbeitsunfällen) und Nr. 13 BetrVG (Grundsätze über die Durchführung von Gruppenarbeit) lassen sich hinsichtlich des Ordnungsverhaltens der Leitung und Verteilung der Arbeit zuordnen, haben sie doch zumindest mittelbar Einfluss auf die Arbeitsverpflichtung der Arbeitnehmer. Ein deutscher Arbeitgeber kann in den Angelegenheiten des § 87 Abs. 2 Nr. 2,3,7,13 BetrVG nicht ohne den Betriebsrat entscheiden, dieser hat ein erzwingbares Mitbestimmungsrecht.

Beteiligungsrechte des Betriebsrats, die im weiteren Sinne (wieder hinsichtlich des Ordnungsverhaltens) der Leitung und Verteilung der Arbeit zugeordnet werden könnten, da sie die Mitbestimmung des Betriebsrats über Arbeitsplätze betreffen, finden sich in den §§ 90,91 BetrVG, die die Gestaltung von Arbeitsplatz, Arbeitsablauf und Arbeitsumgebung regeln (vgl. oben **B.I.1.c.(c).**). Auch die Beteiligungsrechte des Betriebsrats in allgemeinen personellen Angelegen-

---

679 Beim Vergleich der Leitung und Verteilung der Arbeit in Schweden bzw. des (mitbestimmungsfreien) Arbeitsverhaltens in Deutschland ist die kollektive Dimension, die hier zu untersuchen ist, von der individualvertraglichen zu unterscheiden. So kommt *Rönnmar*, Industrial Law Journal 2006, Vol. 35, No. 1, S. 56, 64, im Vergleich des arbeitsvertraglichen Direktionsrechts schwedischer und deutscher Arbeitgeber zu dem Ergebnis, dass die Verpflichtung schwedischer Arbeitnehmer hinsichtlich der vertraglich zu leistenden Arbeit aufgrund der 29:29-Regelung sehr weitgehend sei. In Deutschland hingegen sei die entsprechende Verpflichtung der Arbeitnehmer aufgrund von Tätigkeitsbeschreibungen und strenger Kategorisierung von Arbeitsverhältnissen oft begrenzter.

heiten oder bei personellen Einzelmaßnahmen könnten der Leitung und Verteilung der Arbeit zugeordnet werden, da sie Mitspracherechte des Betriebsrats bei der Verteilung der Arbeit im weitesten Sinne betreffen.

Der materielle Inhalt der „Leitung und Verteilung der Arbeit" als Bestandteil der Generalklausel des § 10 MBL erfasst letztlich alle in Bezug auf einen Arbeitsplatz regelbaren Angelegenheiten. Ein funktionaler Vergleich mit den teils erzwingbaren Beteiligungsrechten des deutschen Betriebsrats macht deutlich, dass schwedische Gewerkschaften gegenüber dem Arbeitgeber bezüglich der Leitung und Verteilung der Arbeit ein Verhandlungsrecht in all den Fragen haben, in denen einem deutschen Betriebsrat abgestufte Beteiligungsrechte verschiedener Intensität in sozialen, arbeitsorganisatorischen und personellen Angelegenheiten zustehen.

(4) Unternehmensleitung

Fragen der Unternehmensleitung sind mit den wirtschaftlichen Angelegenheiten des BetrVG (§§106 ff BetrVG) vergleichbar, wobei für die Arbeit vor allem die Informationsrechte des Wirtschaftsausschusses sowie die Beteiligungsrechte des Betriebsrats bei Betriebsänderungen von Interesse sind. Informationsrechte des Wirtschaftsausschusses werden allerdings später aufgrund Sachzusammenhangs mit den Informationsrechten schwedischer Gewerkschaften verglichen. Die Beteiligung des Betriebsrats bei Betriebsänderungen wird aufgrund größerer Sachnähe ebenfalls später mit den sog. Mitbestimmungsverhandlungsrechten schwedischer Gewerkschaften im Rahmen wichtiger Veränderungen der wirtschaftlichen Tätigkeit eines schwedischen Arbeitgebers verglichen.

(5) Inhalt der Verhandlungsverpflichtung, Verhandlungsergebnis

In Schweden sind Arbeitgeber und Gewerkschaften im Rahmen allgemeiner Verhandlungen de iure ebenso wenig verpflichtet, sich zu bemühen, ein Verhandlungsergebnis zu erreichen bzw. darauf hinzuarbeiten wie die deutschen Betriebspartner im Rahmen des § 74 Abs. 1 S. 2 BetrVG. Insofern ist ein relativer Gleichlauf des Inhalts der Verhandlungsverpflichtung zu konstatieren (vgl. oben **C.III.2.c.(a).v.**).

In Schweden können im Falle von Interessenstreitigkeiten Arbeitskampfmaßnahmen zur Erzwingung eines Verhandlungsergebnisses ergriffen werden, soweit diese nicht kollektivvertraglich vom Streikrecht ausgenommen sind (vgl. oben **C.III.2.c.(a).vii.**). Eine gesetzlich verordnete Zwangsschlichtung ist dem schwedischen Arbeitsrecht auf betrieblicher wie überbetrieblicher Ebene fremd, die Sozialpartner unterwerfen sich allerdings im Falle von Interessenstreitigkeiten oft einem kollektivvertraglichen Schiedsverfahren (vgl. oben **C.III.2.c.(a).vii.**). In Deutschland gilt dem gegenüber auf betrieblicher Ebene das Arbeitskampfverbot, im Falle von Regelungsstreitigkeiten entscheidet die Einigungsstelle im Wege der Zwangsschlichtung (vgl. oben **B.I.1.(e).**).

(6) Fazit

Das allgemeine Verhandlungsrecht schwedischer Gewerkschaften findet hinsichtlich aller Angelegenheiten Anwendung, die zum Verhältnis zwischen Arbeitgeber und Arbeitnehmern zu zählen sind. Hiervon sind die Arbeits- und Anstellungsbedingungen der Arbeitnehmer, die Leitung und Verteilung der Arbeit und Fragen der Unternehmensleitung erfasst. Letztlich findet das allgemeine Verhandlungsrecht auf nahezu alle Angelegenheiten Anwendung, die in Bezug auf einen Arbeitsplatz regelbar sind. Die Regelungsbefugnisse der deutschen Betriebspartner und die Beteiligungsrechte des deutschen Betriebsrats können den vom Verhältnis zwischen Arbeitgeber und Arbeitnehmer erfassten Angelegenheiten des § 10 MBL zugeordnet werden, was aufgrund des weiten Anwendungsbereichs der schwedischen Regelung indes nicht verwunderlich ist.

Das allgemeine Verhandlungsrecht in Schweden zielt, wie im Vergleich einleitend hervorgehoben wurde, auf die Eingehung von Kollektivverträgen zwischen den Sozialpartnern auf allen Ebenen der industriellen Beziehungen ab. Es hat daher hinsichtlich der Regelungsebenen und des Regelungszweckes, der Festlegung von Arbeitsbedingungen auf allen Ebenen der industriellen Beziehungen, einen deutlich weiteren Anwendungsbereich als die mit ihm in ihrer Gesamtheit vergleichbaren, aber auf den Anwendungsbereich des BetrVG begrenzten Regelungsbefugnisse der deutschen Betriebspartner.

(b) Kollektivverträge, §§ 23 ff MBL

Kollektivverträge sind zusammen mit Kollektivverhandlungen die tragenden Elemente des MBL. Die Arbeit behandelt nicht alle rechtlichen Aspekte und Wirkungen von Kollektivverträgen in Schweden, sondern nur die für die Untersuchung wesentlichen.[680]

i. Bedeutung von Kollektivverträgen

Kollektivverhandlungen fanden bis in die achtziger Jahre hinein auf zentraler Ebene statt, wobei auch Lohntarifverträge auf zentraler Ebene abgeschlossen wurden (vgl. oben **B.II.1.b.(c).**). Dann allerdings brach das System der zentrali-

680 Eine in englischer Sprache verfasste Darstellung der Konstruktion und Interpretation sowie aller rechtlichen Aspekte von Kollektivverträgen findet sich bei *Adlercreutz*, Sweden, S. 175ff.

sierten Verhandlungen zusammen[681], da es von Arbeitgeberseite immer mehr bekämpft wurde.[682] Einerseits hat sich hierdurch die Wichtigkeit branchenübergreifender Kollektivverträge, also bspw. solcher zwischen LO oder PTK und SN (früher SAF) abgeschlossener, verringert. Die auf zentraler Ebene abgeschlossenen Tarifverträge haben sich während dieses Prozesses von detaillierten Regelwerken zu Rahmenverträgen gewandelt, die nunmehr weiten Spielraum für eine Ausgestaltung auf betrieblicher Ebene lassen.[683]

Kollektivverträge sind die wichtigste Quelle zur Regelung der individuellen und kollektiven Arbeitsbeziehungen in Schweden, ca. 94 % der Arbeitsverhältnisse in Schweden waren in den späten neunziger Jahren durch Kollektivverträge geregelt.[684]

ii. Begriff des Kollektivvertrages und Vertragsparteien

§ 23 MBL definiert den Kollektivertrag als schriftliche Vereinbarung zwischen einer Arbeitgeberorganisation oder einem Arbeitgeber und einer Arbeitnehmerorganisation bezüglich Arbeitsbedingungen der Arbeitnehmer oder dem Verhältnis zwischen Arbeitgebern und Arbeitnehmern im übrigen.

Eine Arbeitnehmerorganisation ist gem. § 6 S. 1 MBL ein Zusammenschluss von Arbeitnehmern, der gemäß seiner Satzung die Interessen der Arbeitnehmer gegenüber dem Arbeitgeber wahrnimmt. Entsprechendes gilt gem. § 6 S. 2 MBL für Arbeitgebervereinigungen. Eine lokale Arbeitnehmerorganisation ist gem. § 6 Abs. 2 S. 1 MBL eine Vereinigung von Arbeitnehmern, die Partei bei lokalen Verhandlungen mit dem Arbeitgeber ist. Hierbei handelt es sich um die oben (**C.II.2.a.(b).**) angesprochenen lokalen Gewerkschaften, also Gewerkschaftsklubs einer zentralen Gewerkschaft in einem Betrieb bzw. Unternehmen. Eine zentrale Arbeitnehmerorganisation ist gem. § 6 Abs. 2 S. 2 MBL ein Verband oder ein damit vergleichbarer Zusammenschluss von Arbeitnehmern. Hierbei handelt es sich um die oben (**C.II.2.a.(b).**) angesprochenen zentralen Gewerkschaften, wie bspw. die der LO angehörige Industriegewerkschaft Metall (*IF Metall*), oder die der TCO angehörige Gewerkschaft der Handels- und Industrieangestellten (*Unionen*).

In Schweden gibt es, anders als in Deutschland, nicht das rechtliche Kriterium der Repräsentativität oder der sozialen Mächtigkeit[685] von Gewerkschaf-

---

681 *Malmberg*, Collective Agreement, S. 193.

682 Vgl. ausführlich *Kjellberg*, Sweden, S. 75, 77, 84ff.

683 *Fahlbeck*, Industrial Relations, S. 122; *Malmberg*, Collective Agreement, S. 193.

684 *Malmberg*, Collective Agreement, S. 190.

685 Die vom BVerfG gebilligte Rechtsprechung des BAG, der zufolge Arbeitnehmervereinigungen über eine gewisse soziale Mächtigkeit verfügen müssen, um die Tariffähigkeit beanspruchen zu können, trifft in der Literatur teils auf Zustimmung, wird aber

ten.[686] Daher ist es möglich, dass sich auf betrieblicher oder auch überbetrieblicher Ebene unabhängige Gewerkschaften bilden können, gegenüber denen den Arbeitgeber dann auch eine Verhandlungspflicht gem. § 10 MBL trifft, sobald eines ihrer Mitglieder bei ihm angestellt ist oder war. Der Arbeitgeber wird mit diesen aber mangels ihrer faktischen Repräsentativität keine Kollektivverträge abschließen, sondern sich an die Mitgliederstarken lokalen Gewerkschaften, bspw. die Industriegewerkschaft Metall für Arbeiter oder die Gewerkschaft der Handels- und Industrieangestellten für Angestellte, die über eine entsprechende Durchsetzungskraft verfügen, wenden.[687]

iii. Ebenen der Kollektivverträge

Kollektivverhandlungen und Kollektivvertragsabschlüsse finden in Schweden, vereinfacht dargestellt, entsprechend der Organisationsstruktur der Arbeitgeber- und Arbeitnehmerorganisationen auf drei Ebenen statt.[688]

(1) Dachverbandsebene

Kollektivverträge werden auf oberster Ebene national zwischen den Dachorganisationen, also Vereinigungen von Arbeitgebern, vor allem SN (früher SAF) und Vereinigungen von Gewerkschaften wie LO bzw. gewerkschaftlichen Verhandlungskartellen wie PTK, als sog. Haupttarifverträge abgeschlossen. In Deutschland schließen die Dachverbände dagegen in der Praxis keine Tarifverträge ab (vgl. oben **B.I.2.a.**). Auf der Dachverbandsebene abgeschlossene Kollektivverträge dienen als Regelungsrahmen, die meistens Verhandlungsordnungen enthalten und die das Verhältnis der Dachverbände untereinander sowie die Friedenspflicht während der Laufzeit von Kollektivverträgen regeln.[689] Auch Mitbestimmungsverträge oder allgemeine Anstellungsbedingungen können auf dieser Ebene ausgehandelt werden.[690]

SN, LO und PTK sind aufgrund ihrer Satzung allerdings nicht dazu berechtigt, Kollektivverträge mit bindender Wirkung für die Mitgliedsverbände einzu-

---

auch kritisiert; vgl. zum Meinungsstand *Oetker* in: Jacobs/Krause/Oetker, TVR, § 2, Rn. 88ff mit ausführlichen Nachweisen.

686 *Fahlbeck*, Praktisk Arbetsrätt, S. 88.

687 *Sigeman*, ZIAS 2004, S. 179, 183, spricht im Zusammenhang mit dem mangelnden Repräsentativitätserfordernis für Gewerkschaften in Schweden davon, dass „normalerweise nur eine Gewerkschaft in jeder Branche die Stellung und Stärke hat, die erforderlich ist, um die betroffenen Arbeitnehmer zu vertreten."

688 *Malmberg*, Collective Agreement, S. 192; *Fahlbeck*, Praktisk Arbetsrätt, S. 85f; *Bergqvist/Lunning/Toijer*, MBL-Kommentar, §§ 23 - 31 a MBL, S. 291.

689 *Fahlbeck*, Praktisk Arbetsrätt, S.87.

690 *Bergqvist/Lunning/Toijer*, MBL-Kommentar, §§ 23 - 31 a MBL , S. 291.

gehen. Schließen SN mit LO und/oder PTK einen Kollektivvertrag ab, so beinhaltet dieser die Empfehlung an die Mitgliedsverbände, die Regelungen als Kollektivvertrag zu übernehmen.[691]

Der noch immer bedeutendste Vertrag auf Ebene der Dachverbände ist der Hauptvertrag von 1938 zwischen SAF (nunmehr SN) und LO, der Vorbild für andere Haupttarifverträge und auch Regelungen des MBL war.[692] Der Hauptvertrag ist zwar gekündigt, seine weitere Anwendung wurde aber zwischen SAF (nunmehr SN) und LO im Jahr 1976 vereinbart (vgl. oben **C.II.1.b.(a).**). Im September 2007 haben die Kollektivvertragsparteien SN und LO sowie das PTK Verhandlungen über einen neuen Hauptvertrag aufgenommen. Die Verhandlungsführer der Verbände erhofften sich einen Vertragsabschluss bis zum 20. Dezember 2008, dem Tag, an dem der ursprüngliche Hauptvertrag sein 80-jähriges Jubiläum hatte.[693] Die Verhandlungen wurden allerdings Anfang März 2009 abgebrochen, da die Parteien sich hinsichtlich der Begrenzung des Streikrechts und der Regelungen bei Kündigungen im Falle von Arbeitsmangel (*Turordningsregler*)[694] nicht einigen konnten.[695]

(2) Zentrale Ebene

Die auf zentraler Ebene ausgehandelten Tarifverträge haben meist den Charakter von Branchenverträgen, mittels denen die auf Dachverbandsebene ausgehandelten Kollektivvertragsbestimmungen, aber auch dispositives Gesetzesrecht, an die besonderen Verhältnisse der jeweiligen Branche angepasst werden.[696] Zentrale Verbandstarifverträge werden zwischen den einzelnen nationalen Arbeitgeberorganisationen und den entsprechenden nationalen Gewerkschaften abgeschlossen, bspw. zwischen dem Stahl- und Metallarbeitgeberverband (*Stål och Metall*) und der Industriegewerkschaft Metall (*IF Metall*). Bezüglich Löhnen und allgemeinen Anstellungsbedingungen sind mittlerweile, nachdem SAF (nunmehr SN) Anfang der achtziger Jahre aus dem System zentraler Kollektivverhandlungen zu Löhnen und allgemeinen Anstellungsbedingungen ausgestie-

---

691 *Fahlbeck*, Praktisk Arbetsrätt, S. 85f.

692 *Fahlbeck*, Praktisk Arbetsrätt, S. 87.

693 *Örnerborg*, Lag & Avtal vom 20.08.2008.

694 Das Pendant in Deutschland ist die Sozialauswahl im Falle von betriebsbedingten Kündigungen, § 1 Abs. 3 KSchG.

695 Vgl. hierzu den Bericht der schwedischen Tageszeitung *Svenska Dagbladet* vom 11.03.2009, im Internet abrufbar unter *http://www.svd.se/naringsliv/avtalsforhandlingar-spricker_2577593.svd* [gelesen am 20.07.2010] sowie ein Interview mit Stefan Löfven, dem Vorsitzenden der IF Metall und Veli-Pekka Säikkälä, dem Verhandlungsführer der IF Metall, im Internet abrufbar unter *http://www.youtube.com/watch?gl=DE&v=ZewIpNCLse8* [gesehen am 20.07.2010].

696 *Bergqvist/Lunning/Toijer*, MBL-Kommentar, §§ 23 - 31 a MBL, S. 291.

gen ist, die auf zentraler Ebene abgeschlossenen Kollektivverträge am bedeutsamsten.[697]

(3) Lokale Ebene

Bestehen in einem Unternehmen auf Betriebs- bzw. Unternehmensebene lokale Gewerkschaften (*Klubbar*), die die Interessenvertretung der Arbeitnehmer wahrnehmen, kann der Arbeitgeber mit diesen Klubs für den Betrieb oder das Unternehmen geltende Kollektivverträge abschließen.[698] Grundlage für die betrieblich abzuschießenden Tarifverträge sind die verbandsweit abgeschlossenen zentralen Tarifverträge. Die durch zentralen Tarifvertrag an die besonderen Verhältnisse einer Branche angepassten Tarifverträge der Dachverbandsebene können somit zwischen Arbeitgeber(-unternehmen) und Gewerkschaften auf die Bedürfnisse des einzelnen Unternehmens maßgenau zugeschneidert werden. Der Rahmen, innerhalb dessen die Anpassung vorgenommen werden kann, wird hierbei von den zentralen Tarifverträgen vorgegeben.[699] Findet sich auf betrieblicher Ebene keine Interessenvertretung der Arbeitnehmer in Form eines Klubs, werden die örtlichen Kollektivverträge zwischen Arbeitgeberunternehmen bzw. Arbeitgebern und den regionalen Abteilungen (*Avdelningar)* der Gewerkschaften abgeschlossen.[700] Die oben erwähnte fünfte Ebene, die in größeren Unternehmen existierenden Gruppen, sind mangels Rechtspersönlichkeit keine Tarifvertragsparteien, sie können also auch keine Tarifverträge mit dem Arbeitgeber eingehen.[701]

Inhalt der betrieblichen Tarifverträge ist das Verhältnis zwischen Arbeitgeber und Arbeitnehmern im Betrieb bzw. Unternehmen. Die lokalen Gewerkschaften in den Betrieben nehmen in Schweden somit Aufgaben wahr, die vergleichbar mit denen eines deutschen Betriebsrats sind.

Nichtorganisierte Arbeitgeber schließen mit den Gewerkschaften einen sog. Anschlusstarifvertrag (*Hängavtal*) ab, der zum Inhalt hat, dass der entsprechende Verbandstarifvertrag in seiner jeweils gültigen Fassung in ihrem Unternehmen Gültigkeit haben soll.[702] Rechtlich vergleichbar ist die Stellung dieser Arbeitgeber mit dem Mitglied eines Arbeitgeberverbandes ohne Tarifbindung in Deutschland.

---

697 *Malmberg*, Collective Agreement, S. 194.
698 *Bergqvist/Lunning/Toijer*, MBL-Kommentar, §§ 23 - 31 a MBL, S. 291.
699 *Bergqvist/Lunning/Toijer*, MBL-Kommentar, §§ 23 - 31 a MBL, S. 291.
700 *Fahlbeck*, Praktisk Arbetsrätt, S. 77.
701 Prop. 1975/76:105, S. 369.
702 *Adlercreutz/Mulder*, Svensk Arbetsrätt, S. 85.

iv. Regelungsinhalte von Kollektivverträgen

In Kollektivverträgen werden gem. § 23 MBL Arbeitsbedingungen der Arbeitnehmer oder das Verhältnis zwischen Arbeitgeber und Arbeitnehmern im übrigen geregelt. Wie bereits im Rahmen des allgemeinen Verhandlungsrechts gem. § 10 MBL erörtert, fällt dessen Inhalt, das Verhältnis zwischen Arbeitgeber und Arbeitnehmern, mit dem Anwendungsbereich von Kollektivverträgen zusammen.

Inhalt eines Kollektivvertrages kann daher jegliche Frage sein, die das Verhältnis zwischen Arbeitgeber und Arbeitnehmern zum Gegenstand hat.[703] Auch Fragen der Unternehmensleitung können kollektivvertraglich geregelt werden. Der mögliche Regelungsinhalt von Kollektivverhandlungen wie auch von Kollektivverträgen sollte laut Gesetzesvorarbeiten so weit gehen, da Arbeitnehmer wie auch Arbeitgeber davon abhängig seien, wie ein Unternehmen betrieben werde.

In Schweden fand in den letzten Jahrzehnten eine Dezentralisierung der Tarifverhandlungen statt, die sich zunächst durch eine abnehmende Wichtigkeit von Tarifverhandlungen zwischen den Dachorganisationen auf nationaler Ebene manifestierte.[704] Die wichtigsten Tarifverträge für Lohn und Arbeitsbedingungen wurden von da an auf zentraler Ebene abgeschlossen. Die zentralen Verbandstarifverträge regelten die Beziehung zwischen Arbeitgebern und Arbeitnehmern aus dem Arbeitsverhältnis, also bspw. Fragen wie Bezahlung, Arbeitszeit, Urlaub, Kündigungsfristen, für gewöhnlich umfänglich.[705] In den letzten Jahren allerdings wandelten sich die zentralen Verbandstarifverträge von detaillierten Regelwerken zu Rahmenverträgen, die einen großzügigen Spielraum für maßgeschneiderte Vereinbarungen auf Unternehmensebene – ausgehandelt zwischen dem Unternehmen und der/den im Unternehmen vertretenen Gewerkschaften bzw. den regionalen gewerkschaftlichen Abteilungen – zulassen.[706]

So wird auch über den Lohn auf der betrieblichen Ebene verhandelt, wobei die Lohnuntergrenzen der zentralen Tarifverträge und die in ihnen vorgesehenen Lohnsteigerungen nicht unterschritten werden dürfen. Die zentralen Tarifverträge setzen somit gewissermaßen einen Mindestlohn fest.[707] Dies ist einerseits aufgrund des hohen Organisationsgrades auf Arbeitgeber- wie auf Arbeitnehmerseite möglich. Zudem haben die Gewerkschaften faktisch weit gehende Möglichkeiten, nichtorganisierte Arbeitgeber zur Eingehung von Tarifverträgen

---

703 *Malmberg*, Collective Agreement, S. 197.

704 *Kjellberg*, Sweden, S. 85, 87.

705 *Adlercreutz/Mulder*, Svensk Arbetsrätt, S. 25ff, 84f.

706 *Sigeman*, RdA 1999, S. 200, 202; *Malmberg*, Collective Agreement, S. 195; *Kjellberg*, Sweden, S. 84.

707 *Malmberg*, Collective Agreement, S. 195.

zu zwingen.[708] In Deutschland können Tarifverträge dagegen – trotz Bezugnahmeklauseln – nicht in dem Maße wie in Schweden eine Lohnuntergrenze setzen. Dies zeigt bspw. die schon seit Längerem kontrovers geführte Mindestlohndebatte.[709] So ermöglicht das Arbeitnehmer-Entsendegesetz (**AEntG**), in das erst kürzlich sechs weitere Branchen aufgenommen wurden, aufgrund des Instruments der Allgemeinverbindlicherklärung faktisch branchenbezogene Mindestlöhne.[710] Gem. § 7 des AEntG werden die Tarifverträge der vom Gesetz erfassten Branchen für allgemeinverbindlich erklärt, wenn die Tarifvertragsparteien gemeinsam einen entsprechenden Antrag stellen. Die Lohnuntergrenze wird also nicht, wie in Schweden, allein durch die Sozialpartner gesetzt. Erforderlich ist vielmehr ein staatlicher Akt der Allgemeinverbindlicherklärung durch Rechtsverordnung.

Zentrale Tarifverträge überlassen es in Schweden immer mehr den lokalen Partnern, Regelungen über die genaue Zuteilung der Arbeitszeit (Stunden pro Woche, Überstundenregelungen, Überstundensätze) zu treffen. Neue Lohnfindungsmethoden werden ebenfalls betrieblich – und nicht verbandsweit auf zentraler Ebene – vereinbart.[711]

Verhandlungen über Löhne und andere Arbeitsbedingungen haben sich in Schweden mithin mehr und mehr von der Dachverbandsebene auf die zentrale Ebene verlagert. Die zentralen Tarifverträge wiederum haben sich von ausführlichen Regelwerken zu Rahmentarifverträgen, die eine maßgeschneiderte Anpassung auf betrieblicher Ebene zulassen, gewandelt.[712]

---

708 *Sigeman*, RdA 1999, S. 200, 202. Als Beispiel aus der Praxis können Arbeitskampfmaßnahmen der Hotel- und Restaurantgewerkschaft (*Hotell och Restaurang Facket*) in Form von Blockaden gegen eine Salatbar in Göteborg dienen, die im Jahr 2006 stattfanden. Die Eigentümerin der Salatbar hatte sich geweigert, einen Tarifvertrag mit dieser Gewerkschaft einzugehen. Nach acht Wochen gewerkschaftlicher Blockadeaktionen sah sie sich gezwungen, den Betrieb der Salatbar aufzugeben; vgl. hierzu den Bericht der Online-Wirtschaftszeitung E24, im Internet abrufbar unter *http://www.e24.se/samhallsekonomi/sverige/artikel_32083.e24* [gelesen am 20.07.2010].

709 Vgl. bspw. den Bericht im manager-magazin vom 14.09.2005, im Internet abrufbar unter *http://www.manager-magazin.de/geld/artikel/0,2828,352170,00.html* [gelesen am 20.07.2010].

710 Vgl. hierzu den Bericht bei lexisnexis vom 23.04.2009, im Internet abrufbar unter *http://www.lexisnexis.de/aktuelles/anwaltswoche/159341/arbeitnehmer-entsendegesetz-tritt-am-2009-04-24-in-kraft* [gelesen am 20.07.2010].

711 *Malmberg*, Collective Agreement, S. 195.

712 *Malmberg*, Collective Agreement, S. 196; *Kjellberg*, Sweden, S. 77, 85f; zur Kritik der SN an diesem semi-dezentralisierten Verhandlungssystem vgl. *Kjellberg*, Sweden, S. 94.

v. Wirkungen von Kollektivverträgen

Gem. § 26 MBL bindet ein Kollektivvertrag, der von einer Arbeitgeber- oder Arbeitnehmerorganisation abgeschlossen worden ist, in seinem Geltungsbereich auch die Mitglieder der Organisationen. Ein Kollektivertrag bindet somit einerseits die Vertragsparteien, also Arbeitgeberverbände bzw. Arbeitgeber und Gewerkschaften (in Deutschland schuldrechtliche Wirkung) sowie andererseits die Mitglieder der vertragsschließenden Organisationen (in Deutschland normative Wirkung). Im Falle betrieblicher bzw. unternehmensbezogener Tarifverträge werden neben Arbeitgeber und lokaler Gewerkschaft die in den lokalen Gewerkschaften organisierten Arbeitnehmer an die Tarifverträge gebunden. Im Falle des Vertragsschlusses durch die zentralen Verbände werden auch verbandsangehörige Arbeitgeber(-unternehmen) bzw. lokale Gewerkschaften und gewerkschaftsangehörige Arbeitnehmer von der Geltung des Tarifvertrags erfasst. Allerdings können die vertragsschließenden Organisationen auch Bestimmungen in Kollektivverträge aufnehmen, die nur für ihr Verhältnis untereinander gelten (sog. „verpflichtende Vertragsbestimmungen").[713] Die Arbeitgeber haben die abgeschlossenen Kollektivverträge auch auf nichtorganisierte Arbeitnehmer als Mindeststandard anzuwenden.[714]

Die Gebundenheit der Organisationen gilt in der Hierarchie der Arbeitgeber- und Arbeitnehmerorganisationen von oben nach unten. So sind bspw. die betrieblichen Gewerkschaften eines stahlverarbeitenden Unternehmens ebenso wie deren Arbeitgeber an die zentralen Tarifverträge zwischen dem Stahl- und Metallarbeitgeberverband und der Industriegewerkschaft Metall gebunden, nicht aber umgekehrt die Verbände an betriebliche Tarifverträge. Ohne eine Gebundenheit der rangniedrigeren Organisation an die Tarifverträge der ranghöheren Organisation würde die Implementierung von Tarifverträgen von oben nach unten praktisch nicht durchführbar sein. Die in der Hierarchie höher stehenden Organisationen genehmigen normalerweise die Tarifverträge der Mitgliedsunternehmen, was jedoch auch dann nicht zu einer Gebundenheit ihrerseits führt. Zweck der Genehmigung ist die interne Kontrolle innerhalb der Organisation.[715]

Die in der Praxis bedeutsamste Folge eines abgeschlossenen Tarifvertrages ist, dass während seiner Laufzeit – wie in Deutschland – grundsätzlich das Gebot der Friedenspflicht gilt, § 41 MBL.[716]

---

713 *Olauson/Holke*, MBL-Kommentar, §§ 23 - 32 MBL, S. 224f.

714 *Fahlbeck*, Employee Participation, S. 17: Diese Anwendung von Tarifverträgen auch auf nichtorganisierte Arbeitnehmer wurde von den Gewerkschaften durchgesetzt, um zu verhindern, dass Arbeitgeber die Gewerkschaftsbewegung durch Beschäftigung nichtorganisierter Arbeitnehmer zu schlechteren Bedingungen schwächten.

715 AD 1970 Nr. 13.

716 *Olauson/Holke*, MBL-Kommentar, §§ 23 - 32 MBL, S. 224, denen zufolge eine Arbeitgeberorganisation – untechnisch – Arbeitsfrieden für ihre Mitglieder während der Vertragslaufzeit erkauft.

Die Kollektivvertragsverbundenheit mit einem Arbeitgeber führt für die Gewerkschaften dazu, dass sie gem. MBL verstärkte Mitbestimmungsverhandlungsrechte im Vergleich zu nicht mit dem Arbeitgeber tarifvertragsverbundenen Gewerkschaften haben. Diese verstärkten Mitbestimmungsverhandlungsrechte der vertragsverbundenen Gewerkschaften werden nach dem Vergleich des schwedischen und des deutschen Kollektivvertragssystems dargestellt.

vi. Vergleich des schwedischen und des deutschen Systems von Kollektivvereinbarungen

Beim Vergleich der industriellen Beziehungen Deutschlands und Schwedens fällt zunächst ins Auge, dass der Organisationsgrad schwedischer Arbeitnehmer mit heute ca. 70 % deutlich höher ist als der deutscher Arbeitnehmer, der bei ca. 25 % liegt. Der Kollektivvertrag ist in Schweden und auch, trotz signifikant geringeren Organisationsgrades, in Deutschland wichtigste Quelle zur Regelung von Arbeits- und Anstellungsbedingungen. In Schweden kommt dem Kollektivvertrag allerdings im System der industriellen Beziehungen eine wesentlich größere Bedeutung als in Deutschland zu, da er aufgrund des schwedischen Systems von Rahmengesetzen, die mittels Kollektivverträgen ausgefüllt werden, *das* Instrument zur Regelung von Arbeitsbedingungen auf industrieverbandsweiter wie auf Konzern-, Unternehmens- und Betriebsebene[717] ist.

In Schweden und in Deutschland sind die Mechanismen für den Abschluss von Kollektivverträgen und auch die Wirkungen von Kollektivverträgen auf industrieverbandsweiter Ebene relativ ähnlich. Bedeutend werden die Unterschiede dagegen ab der Ebene des Unternehmens. Bis zu dieser Ebene ist die Regelungskompetenz der Gewerkschaften in Deutschland umfänglich (vgl. oben **B.I.2.b.(a).**), ab dieser Ebene kommt der Betriebsrat als Regelungsgeber hinzu. Schwedische Gewerkschaften vertreten dagegen auf allen Ebenen der industriellen Beziehungen die Interessen von Arbeitnehmern. Hieraus folgt die Zuständigkeit zum Abschluss von Tarifverträgen von der industrieverbandsweiten bis auf die betriebliche Ebene. Daher wird die Frage konkurrierender Tarifverträge auf industrieverbandsweiter Ebene einerseits sowie auf Unternehmens- bzw. Betriebsebene andererseits von den Gewerkschaften selber gelöst, indem Tarifverträge einer rangniedrigeren Gewerkschaft von der ranghöheren Gewerkschaft genehmigt werden müssen (vgl. oben **v.**). In Deutschland musste das Konkurrenzverhältnis zwischen Tarifvertrag und Betriebsvereinbarung dagegen mit Ausnahme von Sozialplänen, vgl. § 112 Abs. 1 S. 4 BetrVG, mittels des Vorrangs tariflicher Regelungen (§ 77 Abs. 3 BetrVG) aufgelöst werden.

---

717 Aus Gründen der Übersichtlichkeit wird im Folgenden nur die Unternehmensebene als Scheidepunkt zwischen industrieverbandsweiten und konzern- bzw. unternehmensbezogenen Angelegenheiten verwendet.

vii. Vergleich des Alleinvertretungsrechts der Gewerkschaften mit der Rechtslage in Deutschland

Der wesentliche Unterschied zwischen den industriellen Beziehungen in Schweden und in Deutschland besteht darin, dass die Gewerkschaften in Schweden Arbeitnehmerinteressen ausschließlich, also auch auf Betriebs- und Unternehmensebene, vertreten. Anders wäre ein System, das Tarifverträge als Regelungsinstrument bis zur betrieblichen Ebene vorsieht, vermutlich auch nicht machbar, weshalb das Alleinvertretungsrecht der Gewerkschaften als Grundlage für das schwedische System von Kollektivverträgen bezeichnet werden kann.

In Deutschland werden die Interessen der Arbeitnehmer auf industrieverbandsweiter Ebene von den Gewerkschaften vertreten, im Geltungsbereich des BetrVG, also auf Betriebs- und Unternehmensebene, ist hierfür der Betriebsrat zuständig, wobei der Tarifvorrang des § 77 Abs. 3 BetrVG zu beachten ist. Aufgrund der ausschließlichen Zuständigkeit schwedischer Gewerkschaften zur Vertretung von Arbeitnehmerinteressen reichen deren Regelungskompetenzen und die Möglichkeit der Wahrnehmung von Arbeitnehmerinteressen wesentlich weiter als die deutscher Gewerkschaften. Die Konsequenz hieraus ist, wie bereits im deutschen Teil **(B.I.2.b.(a).ii.)** angedeutet, dass in Schweden ein weitaus flexibleres System der Anpassung von Tarifverträgen an die Bedürfnisse einzelner Unternehmen existiert als in Deutschland. Dies liegt daran, dass aufgrund der einspurigen Interessenvertretung nur durch Gewerkschaften die Implementierung betrieblicher bzw. unternehmensbezogener Kollektivverträge ein natürlicher Bestandteil der industriellen Beziehungen Schwedens ist. Vor allem aber müssen schwedische Gewerkschaften aufgrund ihres Alleinvertretungsrechts keine Konkurrenz durch ein anderes Organ auf Betriebs- bzw. Unternehmensebene fürchten. Die Problemlage der in Deutschland kontrovers diskutierten Schaffung von Öffnungsklauseln zur Ermöglichung betrieblicher Bündnisse für Arbeit stellt sich deshalb in Schweden nicht. In Deutschland müssen die Gewerkschaften dagegen einen Verlust von Einfluss befürchten, wenn sie im Falle weit reichender betrieblicher Bündnisse für Arbeit Regelungskompetenzen an den Betriebsrat abgeben.

(c) Mitbestimmungsverhandlungsrechte der Gewerkschaften, §§ 11 - 14 MBL

Mitbestimmungsverhandlungsrechte der Gewerkschaften, auch als verstärkte Verhandlungsrechte bezeichnet, geben den Gewerkschaften Einflussmöglichkeiten anlässlich bestimmter Entscheidungen des Arbeitgebers. Mit dem Arbeitgeber kollektivvertragsverbundene Gewerkschaften haben gem. § 11 MBL ein Verhandlungsrecht bei wichtigen Veränderungen der wirtschaftlichen Tätigkeit des Arbeitgebers. Das MBL privilegiert bei Mitbestimmungsverhandlungen daher, anders als bei allgemeinen Verhandlungen gem. § 10 MBL, die mit dem Arbeitgeber vertragsverbundenen Gewerkschaften. Es wird also an einen schon bestehenden Kollektivvertrag zwischen Arbeitgeber bzw. dessen Verband und Gewerkschaften angeknüpft. Ein solcher Kollektivvertrag kann bspw. nach allgemeinen Verhandlungen gem. § 10 MBL abgeschlossen worden sein. Das Gesetz sieht gem. § 14 MBL bei Mitbestimmungsverhandlungen einen Instanzenzug von der lokalen auf die zentrale Ebene vor, sollte auf lokaler Ebene keine Einigung erreicht werden.

Der wichtigste Unterschied zwischen allgemeinem Verhandlungsrecht gem. § 10 MBL und den Mitbestimmungsverhandlungsrechten gem. §§ 11 ff MBL besteht nach abgeschlossenen Verhandlungen darin, dass der Arbeitgeber im Falle der §§ 11 ff MBL Entscheidungen alleine treffen und durchführen kann, ohne dass die Gewerkschaften die Möglichkeit haben, gegen diese mit Arbeitskampfmaßnahmen zu reagieren. Den Gewerkschaften ist es auch nicht möglich, eine Entscheidung des Arbeitgebers mit rechtlichen Mitteln, bspw. vor Gericht, anzugreifen.

i. Bedeutung

Mitbestimmungsverhandlungen sind in Schweden das Herzstück der Arbeitnehmerpartizipation.[718] Das MBL erstreckt den mittels dieser Verhandlungen zu gewinnenden Einfluss auch auf Fragen der Unternehmensleitung, welche vor Erlass des MBL dem alleinigen Entscheidungsrecht des Arbeitgebers vorbehalten waren, ohne dass dieser mit den Gewerkschaften verhandeln musste. Das umfassende Unternehmensleitungsrecht des Arbeitgebers galt zwar aufgrund Regelungen zur Zusammenarbeit mit den Gewerkschaften und Arbeitnehmern, bspw. dem Vertrag über Unternehmensausschüsse (vgl. oben **C.II.1.b.(b).**) sowie Arbeitsschutz- und Arbeitszeitgesetzen, schon vor Erlass des MBL nicht mehr uneingeschränkt. Das MBL war daher nicht der erste Schritt in Richtung einer Zusammenarbeit hinsichtlich Fragen der Unternehmensleitung.[719] Dennoch wurde den Arbeitnehmern durch eine gesetzlich kodifizierte Verhandlungsverpflichtung des Arbeitgebers und deren nähere Ausgestaltung im MBL ein verstärkter Einfluss auf das dem Arbeitgeber zustehende Unternehmensleitungsrecht gegeben, was die logische Konsequenz der gewerkschaftlichen Forderungen nach verstärkter Unternehmensdemokratie war.[720]

---

718 *Fahlbeck*, Employee Participation, S. 19.

719 *Adlercreutz/Mulder*, Svensk Arbetsrätt, S. 226.

720 Laut *Fahlbeck*, Industrial Relations, S. 100 wurde durch die gesetzliche Regelung möglicherweise genau das Gegenteil erreicht: Da der Gesetzgeber bei Erlass des MBL von Entscheidungsprärogativen des Arbeitgebers ausgegangen ist, erfuhren diese eine gesetzliche Anerkennung, die sie vorher nicht hatten.

ii. Primäres Mitbestimmungsverhandlungsrecht, § 11 MBL

Ein Arbeitgeber muss gemäß § 11 Abs. 1 MBL aus eigener Initiative in Verhandlungen mit der/den mit ihm vertragsverbundenen Gewerkschaft(en) treten, bevor er Entscheidungen trifft, die eine bedeutende Änderung seiner unternehmerischen Aktivitäten oder der Beschäftigungsbedingungen der gewerkschaftlich organisierten Arbeitnehmer mit sich bringen. Gem. § 11 Abs. 2 MBL kann er jedoch, sofern außergewöhnliche Gründe dies erfordern, einen Beschluss fassen und ihn durchführen, bevor er seiner Verhandlungsverpflichtung gem. § 11 Abs. 1 MBL nachgekommen ist.

Das Verhandlungsrecht der Gewerkschaften gem. § 11 MBL wird als primäres Mitbestimmungsverhandlungsrecht bezeichnet, weil der Arbeitgeber selber vor seiner Entscheidung die Initiative zu Verhandlungen mit den Gewerkschaften ergreifen muss.[721]

(1) Bedeutung

Das primäre Mitbestimmungsverhandlungsrecht der Gewerkschaften wird als die grundlegende Form des Arbeitnehmereinflusses auf den Entscheidungsprozess des Arbeitgebers bezeichnet.[722] Im System der Verhandlungsrechte soll es einerseits für Fragen gelten, die Bedeutung nicht nur für einzelne Arbeitnehmer, sondern für das Arbeitnehmerkollektiv als Ganzes, oder zumindest für größere Gruppen von Arbeitnehmern, haben. Hierbei kann es sich bspw. um Betriebsverlegungen und -stilllegungen oder den Verkauf des gesamten Unternehmens handeln.[723] Diese Angelegenheiten wurden in § 11 MBL als „wichtige Veränderung der wirtschaftlichen Tätigkeit" formuliert und werden abgekürzt als „Tätigkeitsfall" bezeichnet. Zum anderen sollte das primäre Mitbestimmungsverhandlungsrecht für Fragen gelten, die nur von Bedeutung für einzelne Arbeitnehmer, die mit dem Arbeitgeber vertragsverbundenen Gewerkschaften angehören, sind. Als Beispiele werden Versetzungen oder andere bedeutende Änderungen im Arbeitsverhältnis genannt.[724] In § 11 MBL wurden diese Fragen als „wichtige Veränderung der Arbeits- oder Anstellungsbedingungen von Arbeitnehmern" formuliert und werden abgekürzt als „Arbeitnehmerfall" bezeichnet.

Verhandlungen gem. § 11 MBL können bei Nichteinigung von den Gewerkschaften gem. § 14 MBL auf die zentrale Ebene gebracht werden. Den Schwerpunkt von Verhandlungen sollte laut Vorarbeiten aber die lokale Ebene bil-

---

721 *Adlercreutz/Mulder*, Svensk Arbetsrätt, S. 244.

722 *Bergqvist/Lunning/Toijer*, MBL-Kommentar, § 11 MBL, S. 169.

723 Prop. 1975/76:105, S. 216.

724 Prop. 1975/76:105, S. 217.

den.[725] Ziel des Gesetzgebers waren also „arbeitnehmernahe" Mitbestimmungsverhandlungen zwischen lokalen Gewerkschaften und Arbeitgeber.

Das Verhandlungsrecht gem. § 11 MBL ist gem. § 4 MBL dispositiv, die Sozialpartner können also durch Kollektivvertrag Beteiligungsrechte festlegen, die von den gesetzlich festgeschriebenen Verhandlungsrechten abweichen. Grundlage für abweichende Regelungen ist § 32 MBL, demgemäß den Gewerkschaften in Unternehmens- und Arbeitsleitungsfragen Beteiligungsrechte durch Kollektivvertrag eingeräumt werden können. Das primäre Mitbestimmungsverhandlungsrecht sollte nach dem Willen des Gesetzgebers nur eine Untergrenze des Arbeitnehmereinflusses darstellen, und den Arbeitnehmern sollten vertraglich weiter gehende Mitbestimmungsrechte eingeräumt werden können.[726] Die Dispositivität der gesetzlichen Regelung wird als gemeinsamer Wunsch der Sozialpartner bezeichnet, da hierdurch die Möglichkeit der Anpassung der Vorschriften des MBL an die besonderen Verhältnisse des Einzelfalles ermöglicht werde. Die gesetzlichen Regelungen als Ausgangspunkt von Verhandlungen sollten innerhalb der verschiedenen Industriezweige und von Branche zu Branche angepasst werden können.[727] Die Grundlage für eine solche Anpassung wurde zwischen den Dachverbänden SAF (nunmehr SN) auf Arbeitgeberseite sowie LO und PTK auf Arbeitnehmerseite im UVA (vgl. oben **C.III.2.b.**) gelegt. Dort werden zwar die Verhandlungsrechte nicht durch andere Beteiligungsrechte ersetzt, die Parteien können aber neben den gesetzlich festgeschriebenen Beteiligungsrechten alternative Beteiligungsformen der Arbeitnehmer wählen. Im UVA werden als alternative Beteiligungsformen neben Verhandlungen gem. MBL die Mitarbeit von Gewerkschaftsvertretern innerhalb der Linienorganisation des Unternehmens sowie die Einrichtung gemeinsamer Informations- und Kooperationsorgane geregelt.

(2) Wichtige Veränderung

Zunächst knüpft § 11 MBL an eine wichtige Veränderung an. Laut Gesetzesvorarbeiten zum MBL umfasst die primäre Verhandlungsverpflichtung alle Veränderungen der Tätigkeit des Arbeitgebers, die für die Arbeitnehmer von solcher Tragweite und Bedeutung sind, dass typischerweise mit einem Verhandlungsbegehren der Gewerkschaften gerechnet werden muss.[728] Nach der Rechtsprechung des AD führen auch solche angestrebten Beschlüsse zu einer Verhand-

725 Prop. 1975/76:105, S. 215.

726 Prop. 1975/76:105, S. 211.

727 Prop. 1975/76:105, S. 214.

728 Prop. 1975/76:105, S. 353; vgl. hierzu auch die Rechtsprechung des AD, so grundlegend AD 1980 Nr. 72, S. 457, 462.

lungspflicht des Arbeitgebers, die nur das Risiko einer wichtigen Veränderung mit sich bringen.[729]

In größeren Unternehmen mit mehreren Betrieben stellt sich die Frage, ob die „Wichtigkeit“ einer Veränderung aus dem Blickwinkel des gesamten Unternehmens oder aus dem Blickwinkel des von einer Maßnahme betroffenen Betriebs zu erfolgen hat. Das AD urteilte mit der Begründung, dass der Schwerpunkt von primären Mitbestimmungsverhandlungen laut Gesetzesvorarbeiten auf der betrieblichen Ebene liegen solle, dass auch die betriebliche Ebene für die Wichtigkeit der Veränderung maßgeblich sei.[730]

Bis Mitte 2007 wurden 75 Entscheidungen des AD, die sich mit einer wichtigen Veränderung befassten, veröffentlicht. Nach Ansicht des AD lag nur in 12 der 75 Fälle keine wichtige Veränderung vor.[731]

(3) Wichtige Veränderung der wirtschaftlichen Tätigkeit des Arbeitgebers

Das MBL definiert eine wichtige Veränderung der wirtschaftlichen Tätigkeit des Arbeitgebers nicht. In den Gesetzesvorarbeiten wird dies damit begründet, dass die Verhältnisse in verschiedenen Bereichen unterschiedlich seien und es deshalb nicht möglich sei, eine zusammenfassende Beschreibung wichtiger Veränderungen zu geben, die alle Bereiche abdecke. Es sei auch nicht wünschenswert,

---

729 Bspw. AD 1978 Nr. 56: In dem Fall ging es um ein Unternehmen, das Plastikboote herstellte und verkaufte. Bei einer Gelegenheit wurden, ohne gem. § 11 MBL zu verhandeln, fertig hergestellte Boote gekauft, die dann direkt weiterverkauft werden sollten. Das AD nahm eine Verletzung der Verhandlungsverpflichtung des Arbeitgebers an, obwohl die Veränderung keine direkten Auswirkungen auf die Arbeitnehmer hatte. Es argumentierte, dass die Entscheidung auf längere Sicht Auswirkungen auf die Anstellungsbedingungen der Arbeitnehmer haben könnte, da der Weiterverkauf fertiger Boote ein gesteigertes Risiko von Arbeitsplatzverlusten mit sich bringe.

730 AD 1978 Nr. 51: Die Shell Schweden AB hatte 157 Tankfahrzeuge mit 200 Fahrern an 26 Depots in Schweden stationiert. Das Unternehmen verlegte eines von drei an einem Depot aufgestellten Tankfahrzeugen, was zur Entlassung eines Mitarbeiters führte, ohne gem. § 11 MBL zu verhandeln. Das AD sah die Verhandlungspflicht der Shell Schweden AB als Arbeitgeberunternehmen gem. § 11 MBL verletzt, da die Veränderung zwar nicht für die Shell Schweden AB, wohl aber für den Betrieb (das betroffene Depot) eine wichtige war.

731 *Olauson/Holke*, MBL-Kommentar, §§ 10 - 17 MBL, S. 112. Laut AD 1978 Nr. 166 sind vorbereitende, umfassende Untersuchungen oder Entscheidungen, die nicht zu einer Entscheidung in der Sachfrage führen, nicht vom Verhandlungsrecht umfasst. Laut AD 1989 Nr. 44 ist die Eingehung eines Rahmenvertrages zwischen zwei Unternehmen über die Bedingungen eventueller zukünftiger Arbeitnehmerleihe keine wichtige Veränderung gem. § 11 MBL, da der Arbeitgeber sich in dem Vertrag nicht zu einer Ver- oder Entleihe verpflichtet hatte und auch keine Ver- oder Entleihe stattgefunden hatte. Das AD ließ offen, was gegolten hätte, wenn eine Ver- oder Entleihe laut Bestimmungen des Vertrages tatsächlich stattgefunden hätte.

durch Stellungnahmen in Vorarbeiten oder Gesetzen bereits für die Zukunft festzulegen, welche Veränderungen einer wirtschaftlichen Tätigkeit als wichtig zu betrachten seien.[732] Die Formulierung der wichtigen Veränderung der wirtschaftlichen Tätigkeit soll zum Ausdruck bringen, dass hiervon Fragen erfasst sind, die die Geschäftstätigkeit des Arbeitgebers „im Großen" betreffen, und deshalb von Bedeutung für die Arbeitnehmer sind.[733] Trotz fehlender gesetzlicher Definition werden in den Vorarbeiten Beispiele für wichtige Veränderungen der wirtschaftlichen Tätigkeit des Arbeitgebers angeführt. Erfasst sind demnach bspw. Veränderungen der Form und des Umfangs der Tätigkeit des Arbeitgebers wie bspw. Ausweitungen, Verlegungen, Stilllegungen oder Einschränkungen der wirtschaftlichen Tätigkeit sowie Unternehmens- und Betriebsveräußerungen. Auch Beschlüsse von größerer strategischer oder prinzipieller Bedeutung wie die Errichtung neuer Anlagen, größere Investitionsbeschlüsse, Standortentscheidungen in Bezug auf das Unternehmen oder einzelne Betriebe sind wichtige Veränderungen gem. § 11 MBL. Weiter können wichtige Fragen im Bereich des Direktionsrechts des Arbeitgebers wie Entscheidungen zur Arbeitsorganisation, Auswahl von Arbeitsaufgaben und -methoden, Planung und Einrichtung der Arbeitsstätten, Verlegung der Arbeitszeit, personalpolitische Entscheidungen von besonderer Bedeutung wie Rekrutierung und Ausbildung von Arbeitnehmern eine wichtige Veränderung der wirtschaftlichen Tätigkeit des Arbeitgebers darstellen.[734]

Auch die Veräußerung von Aktien (*share deal*) kann eine wichtige Veränderung der wirtschaftlichen Betätigung des Arbeitgebers mit sich bringen.[735] Zur Verhandlungspflicht des Arbeitgebers bei Massenentlassungen und im Falle des Konkurses sei auf die Literatur verwiesen.[736]

(4) Wichtige Veränderung der Arbeits- oder Anstellungsbedingungen der Arbeitnehmer

Den Arbeitgeber trifft gem. § 11 Abs. 1 S. 2 MBL eine Verhandlungsverpflichtung bei wichtigen Veränderungen der Arbeits- oder Anstellungsbedingungen einzelner Arbeitnehmer, die Mitglieder der mit dem Arbeitgeber vertragsverbundenen Gewerkschaften sind. Im Unterschied zur ersten Variante sind vom sog. Arbeitnehmerfall des § 11 MBL solche Maßnahmen erfasst, die zwar einzelne Arbeitnehmer, nicht aber die gesamte Geschäftstätigkeit des Arbeitgebers

732 Prop 1975/76:105, S. 216f, 353f.
733 *Bergqvist/Lunning/Toijer*, MBL-Kommentar, § 11 MBL, S. 169.
734 Prop. 1975/76:105, S. 211, 353f.
735 *Bergqvist/Lunning/Toijer*, MBL-Kommentar, § 11 MBL, S. 208.
736 *Bergqvist/Lunning/Toijer*, MBL-Kommentar, § 11 MBL, S. 222ff und 228ff.

betreffen.[737] Es kann sich um Maßnahmen mit begrenzter Auswirkung handeln, die nur eine Abteilung oder eine bestimmte Kategorie von Arbeitnehmern betreffen. Von § 11 Abs. 1 S. 2 MBL sind solche Eingriffe in einzelne Arbeits- und Anstellungsverhältnisse erfasst, die nicht nur vorübergehend, und zudem nicht von geringer Bedeutung sind. Bspw. die geplante Versetzung eines Arbeitnehmers, die Veränderung der Arbeitszeiten, der Entzug von Arbeitsaufgaben oder eine Entscheidung, die mehr Arbeit für den Arbeitnehmer mit sich bringt, führt zu einer Verhandlungspflicht des Arbeitgebers gem. zweiter Alternative des § 11 Abs. 1 MBL.[738] Laut Vorarbeiten zum MBL ist die Grenze zwischen der wichtigen Veränderung der wirtschaftlichen Tätigkeit und der wichtigen Veränderung der Arbeits- und Anstellungsbedingungen allerdings nicht scharf. Die Grenze müsse nach einer praktischen Bewertung von Fall zu Fall und unter Beachtung der Bedeutung der Frage für die beim Arbeitgeber beschäftigten Arbeitnehmergruppen gezogen werden.[739] Bspw. der Einkauf von Maschinen, der zu wesentlichen Veränderungen der Arbeit einzelner Arbeitnehmer führt, ist eine gem. § 11 Abs. 1 S. 2 MBL (Arbeitnehmerfall) verhandlungspflichtige Maßnahme.

(5) Privilegierung vertragsverbundener Gewerkschaften

Ein primäres Mitbestimmungsverhandlungsrecht mit dem Arbeitgeber haben nur mit ihm tarifvertraglich verbundene Gewerkschaften. Der Gesetzgeber wollte mittels des MBL die Voraussetzungen für eine vertrauensvolle Zusammenarbeit zwischen Arbeitgeber und Arbeitnehmern schaffen, weshalb das Vertrauensverhältnis zwischen Arbeitgeber und vertragsverbundenen Gewerkschaften die Grundlage für das primäre Mitbestimmungsverhandlungsrecht bilden sollte.[740] Geht es um Einfluss auf Beschlüsse des Arbeitgebers im Bereich der Arbeits- und Unternehmensleitung, war deshalb nach Ansicht des Gesetzgebers eine Begrenzung auf die Organisationen erforderlich, die auch repräsentative Vertreter der Arbeitnehmer seien.[741] Es wurde auch befürchtet, dass schneller praktische Unzulänglichkeiten sowie Effektivitätsdefizite auftreten könnten, wenn allen im Unternehmen vertretenen Arbeitnehmerorganisationen ein Mitbestimmungsver-

737 *Olauson/Holke*, MBL-Kommentar, §§ 11 - 17 MBL, S. 108; AD 1981 Nr. 107, AD 1988 Nr. 175: Die vertragsverbundene Gewerkschaft muss daher Mitglieder haben, die tatsächlich beim Arbeitgeber angestellt sind. Bei der ersten Alternative des § 11 MBL liegt eine Verhandlungsverpflichtung auch dann vor, wenn – wie bspw. in der Baubranche – vorübergehend keine Arbeitnehmer beim Arbeitgeber beschäftigt sind.

738 *Bergqvist/Lunning/Toijer*, MBL-Kommentar, § 11 MBL, S. 185.

739 Prop. 1975/76, S. 354.

740 Prop. 1975/76:105, S. 218f.

741 *Bergqvist/Lunning/Toijer*, MBL-Kommentar, § 11 MBL, S. 171.

handlungsrecht zugesprochen würde.[742] Hierbei muss bedacht werden, dass ein Arbeitgeber mit einer Entscheidung immer bis zum Abschluss von Verhandlungen mit allen Gewerkschaften zu warten hat. Dies würde zu starken Verzögerungen führen, müsste der Arbeitgeber mit jeder im Unternehmen vertretenen Gewerkschaft verhandeln. Die gesetzliche Regelung erhält aufgrund der Tatsache Legitimation, dass Arbeitgeber in der Praxis mit denjenigen Arbeitnehmerorganisationen Tarifverträge abschließen, die die Mehrzahl der Arbeitnehmer im Unternehmen repräsentieren.[743]

(6) Zeitpunkt der Verhandlungsverpflichtung

Eine Verhandlungsverpflichtung gegenüber einer mit ihm vertragsverbundenen Gewerkschaft gem. § 11 MBL trifft den Arbeitgeber, bevor er eine der Verhandlungsverpflichtung unterliegende Entscheidung trifft. Wann der Arbeitgeber Verhandlungen aufnehmen soll, wird in den Vorarbeiten zum MBL dargelegt.[744] Ziel der Vorschrift sei es, den Gewerkschaften Gelegenheit zu geben, den Arbeitgeber beeinflussen zu können, bevor dieser sich auf eine Entscheidung festgelegt habe. Verhandlungen sollten laut Gesetzesbegründung so frühzeitig aufgenommen werden, dass sie ein natürlicher und effektiver Schritt im Entscheidungsprozess des Arbeitgebers würden. Den Gewerkschaften sollte die tatsächliche Möglichkeit zukommen, auf sinnvolle Art und Weise am Entscheidungsprozess des Arbeitgebers teilzunehmen. So könne es bei komplizierten Fragestellungen erforderlich sein, die Gewerkschaften schon früh während des Planungsstadiums einzubinden, und Verhandlungen darauf folgend bei der Behandlung einzelner Fragen und der Vorbereitung von Beschlüssen anzusetzen. Andererseits wird in den Vorarbeiten betont, dass der Arbeitgeber selbst die Möglichkeit haben müsse, eine Frage zu untersuchen und verschiedene mögliche Handlungsalternativen abzuwägen, bevor die Einleitung von Verhandlungen sinnvoll sei. Die Entscheidung, wann Verhandlungen einzuleiten seien, müsse daher von Fall zu Fall zu getroffen werden.

Das AD hat das starke Interesse der Arbeitnehmer an einer frühen Einbindung anlässlich von Unternehmensverkäufen im Wege des *share* oder *asset deal* bzw. der Vorbereitungen hierzu betont und daher eine frühzeitige Einleitung von Verhandlungen seitens des Arbeitgebers verlangt.[745] Gleiches gilt bei größeren Veränderungen der wirtschaftlichen Tätigkeit des Arbeitgebers, wie bspw. Be-

742 Prop. 1975/76:105, S. 219.

743 *Fahlbeck*, Praktisk Arbetsrätt, S. 55.

744 Prop. 1975/76:105, S. 356.

745 *Bergqvist/Lunning/Toijer*, MBL-Kommentar, § 11 MBL, S. 192; AD 1990 Nr. 107; AD 1993 Nr. 180.

triebseinschränkungen oder -stilllegungen, die Auswirkungen auf die Beschäftigungssituation der Arbeitnehmer haben können.[746]

Nach der Rechtsprechung des AD ist die Einleitung von Verhandlungen seitens des Arbeitgebers zu spät, wenn er, ohne vorher Verhandlungen eingeleitet zu haben, einem Dritten ein verbindliches Angebot macht, wenn er mit einem Dritten eine detaillierte Grundsatzvereinbarung trifft oder wenn er eine geplante Entscheidung öffentlich macht.[747]

(7) Inhalt der Verhandlungsverpflichtung

Der auch für Mitbestimmungsverhandlungen geltende Inhalt der Verhandlungsverpflichtung gem. § 15 MBL[748] wurde bereits im Rahmen der allgemeinen Verhandlungen gem. § 10 MBL dargestellt (vgl. oben **C.III.2.c.(a).v.**). Trifft eine Partei eine Verhandlungsverpflichtung, so muss sie gem. § 15 Abs. 1 S. 1 MBL selber oder durch einen Vertreter zu Verhandlungen erscheinen und, soweit erforderlich, einen begründeten Vorschlag zur Lösung der durch die Verhandlungen aufgeworfenen Frage(n) vorlegen.

Verhandlungen sollen gem. 15 MBL grundsätzlich während einer Sitzung der Parteien abgehalten werden. Bei primären Mitbestimmungsverhandlungen haben sich allerdings teilweise schon vor Erlass des MBL andere Formen des Verhandlungsablaufs etabliert. Diese wurden vom AD nicht verworfen, wenn sie in einem lokalen Kollektivvertrag zwischen den Parteien vereinbart waren oder wenn der Arbeitnehmer Verhandlungsabläufe anwandte, die den Gewerkschaften bekannt waren. In folgendem Urteil des AD werden die praktische Handhabe der Regelungen des MBL und die Berücksichtigung bestehender Regelungen deutlich:

> *AD 1978 Nr. 45:* Das AD hatte darüber zu entscheiden, ob ein Arbeitgeber seiner Verhandlungsverpflichtung gem. § 38 MBL durch ein Treffen mit einem gewerkschaftlichen Abteilungsvorsitzenden nachgekommen war. § 38 MBL ist ein Spezialfall von § 11 MBL, der ein Verhandlungsrecht der Gewerkschaften bei der Vergabe von Aufträgen an Fremdfirmen regelt. Schon vor Erlass des MBL hatte der Arbeitgeber Verfahrensweisen für Kontakte zwischen Unternehmen und den lokalen Gewerkschaften im Falle der Auftragsvergabe an Fremdfirmen ausgearbeitet. Demnach sollte sich ein Vertreter des Arbeitgebers vor Beschluss über die Vergabe von Arbeiten an Fremdfirmen mit der lokalen Gewerkschaft treffen. Diese sollte Verhandlungen für den Fall verlangen, dass sie die Vergabe der Arbeiten an Fremdfirmen nicht akzeptieren konnte. Da der Arbeitgeber entsprechend der ausgearbeiteten Verfahrensweisen vorgegangen war und er die streitigen Punkte mit dem Gewerkschafts-

746 *Bergqvist/Lunning/Toijer*, MBL-Kommentar, § 11 MBL, S. 192.
747 Vgl. zu Einzelheiten *Olauson/Holke*, MBL-Kommentar, §§ 11 - 17 MBL, S. 118ff.
748 Prop. 1975/76:105, S. 362.

vertreter diskutiert hatte, sah das AD die Verhandlungspflicht des Arbeitgebers als erfüllt an.

Daher beanstandete das AD auch nicht die schon vor Erlass des MBL etablierte Praxis des Treffens eines Vertreters des Arbeitgebers mit einem gewerkschaftlichen Abteilungsvorsitzenden anstelle von Verhandlungen gem. MBL.

Der Arbeitgeber ist aufgrund seiner Informationsverpflichtung im Rahmen von Mitbestimmungsverhandlungen bei Vorliegen verschiedener Entscheidungsalternativen verpflichtet, diese den Gewerkschaften zu nennen und zu begründen, aus welchen Gründen er bestimmte Alternativen bevorzugt bzw. ablehnt. Die Gewerkschaften sollen die Möglichkeit haben zu überblicken, welche verschiedenen Entscheidungsalternativen bestehen.[749] Das AD hat in zwei Fällen die Position der Gewerkschaften bei Verhandlungen gestärkt, indem es entschied, dass den Gewerkschaften bei Verhandlungen die gleichen entscheidungsrelevanten Unterlagen zur Verfügung stehen müssten wie die, die der Arbeitgeber seiner Entscheidung zugrunde lege.[750]

Die Regelungen zur Verhandlungspflicht bezwecken, wie auch beim allgemeinen Verhandlungsrecht, das Erreichen eines Übereinkommens zwischen den Parteien, und sie beinhalten die Obliegenheit, in bestmöglichem Umfang hierzu beizutragen. Eine rechtliche Verpflichtung, schließlich auch eine Vereinbarung zu erreichen, bringt die Verhandlungsverpflichtung aber nicht mit sich. Nach Abschluss von Verhandlungen kann der Arbeitgeber also immer die Entscheidung treffen, die er für richtig oder sinnvoll hält.

(8) Formelle Anforderungen

Auch bezüglich der formellen Anforderungen kann auf den im Rahmen des allgemeinen Verhandlungsrechtes dargestellten § 16 MBL (vgl. oben **C.III.2c.(a).vi.**) verwiesen werden. Dieser gilt mit Ausnahme der Fristenregelung für die Aufnahme von Verhandlungen auch für das primäre Mitbestimmungsverhandlungsrecht. Eine Fristenregelung wurde als überflüssig erachtet, da der Arbeitgeber selbst die Verhandlungen einzuleiten hat, und der Zeitpunkt für die Aufnahme von Verhandlungen wesentlich darauf beruht, inwieweit der Arbeitgeber eine Entscheidung aufschieben kann.[751]

(9) Lokale und zentrale Verhandlungen

Gemäß § 14 Abs. 1 MBL sind Verhandlungen zuerst auf betrieblicher Ebene zwischen Arbeitgeber und lokalen Gewerkschaften zu führen. Erst wenn hier

---

749 *Olauson/Holke*, MBL-Kommentar, §§ 11 - 17 MBL, S. 121.

750 AD 1981 Nr. 45; AD 1985 Nr. 21.

751 *Bergqvist/Lunning/Toijer*, MBL-Kommentar, § 16 MBL, S. 267.

keine Lösung gefunden wird, kann die lokale Gewerkschaft vom Arbeitgeber gem. § 14 Abs. 2 MBL Verhandlungen mit der Gewerkschaft auf zentraler Ebene verlangen. Aus dem Gesetz geht allerdings nicht hervor, ob sich auch der Arbeitgeber in einem solchen Fall von seinem Verband vertreten lassen kann. Die Vorarbeiten zum MBL bezeichnen es als interne Frage des Arbeitgeberverbandes, ob eine Beteiligung des Verbandes auf zentraler Ebene erfolgen soll.[752] Laut *Mia Fransson*, Arbeitsrechtsjuristin beim Arbeitgeberverband der Dienstleistungsunternehmen *Almega*, führt bspw. *Almega* entsprechend dessen Satzung selbst die Verhandlungen auf zentraler Ebene.[753]

Das Führen von Verhandlungen auf zentraler Ebene heißt allerdings nicht, dass die Verhandlungen dann in Stockholm, wo nahezu alle Gewerkschaften und Arbeitgeberverbände ihren Hauptsitz haben, weitergeführt werden. Vielmehr kann auch im Unternehmen weiterverhandelt werden, wenn der Arbeitgeber selbst mit den Gewerkschaften verhandelt. Die örtliche Gewerkschaft erhält dann lediglich Unterstützung durch Vertreter der zentralen Gewerkschaft.[754] In einem Interview mit dem Justiziar des Dachverbands der Angestelltengewerkschaften TCO, *Ingemar Hamskär*, sprach dieser von der Praxis, dass die lokalen Gewerkschaften oft Unterstützung von der zentralen Gewerkschaft erhielten, ohne dass von „zentralen Verhandlungen" im Sinne des Gesetzes gesprochen würde.[755] Diese Aussage passt sehr gut in das später genauer auszuführende Bild einer starken Prägung der industriellen Beziehungen Schwedens durch informelle Verfahrensweisen. Anlässlich einer umfänglichen staatlichen Untersuchung aus dem Jahr 1994 zu den arbeitsrechtlichen Gesetzen der siebziger Jahre[756] wurden sog. Arbeitsplatzbesuche in Unternehmen verschiedener Größe und verschiedener Branchen durchgeführt. Zu zentralen Verhandlungen befragt, äußerten sich die Mehrzahl der Befragten sowohl auf Arbeitgeber- wie auf Arbeitnehmerseite negativ zu Verhandlungen auf zentraler Ebene. Sie führten an, dass zentrale Verhandlungen zu Verspätungen, und nur ausnahmsweise zu einer Lösung von Problemen führten, da die Argumente der lokalen Verhandlungen wieder aufgenommen würden, und Uneinigkeiten bestehen blieben.[757]

So ist die Aussicht auf zentrale Verhandlungen für den Fall, dass auf lokaler Ebene keine Einigung erreicht wird, hauptsächlich ein Druckmittel in den Händen der Gewerkschaften, um sinnvolle und fruchtbare Verhandlungen auf loka-

---

752 Prop. 1975/76:105, S. 215.

753 Interview mit *Mia Fransson* vom 24.08.2007.

754 *Bergqvist/Lunning/Toijer*, MBL-Kommentar, § 14 MBL, S. 258.

755 Interview mit *Ingemar Hamskär* vom 26.06.2008.

756 SOU 1994:141.

757 SOU 1994:141, S. 17f: Eine Minderheit der Gewerkschaftsvertreter war jedoch der Auffassung, dass Verhandlungen auf zentraler Ebene im Falle persönlicher Differenzen zwischen den Verhandlungspartnern auf betrieblicher Ebene hilfreich sein könnten.

ler Ebene zu erreichen. Abgesehen von den Verzögerungen, die Verhandlungen auf zentraler Ebene mit sich bringen, muss ein Arbeitgeber im Falle zentraler Verhandlungen immer auch Unternehmensinterna gegenüber der zentralen Gewerkschaft preisgeben[758], was er selbstverständlich vermeiden will.

(10) Aufschubspflicht des Arbeitgebers und Ausnahmen

Der Arbeitgeber hat anlässlich von Verhandlungen gem. § 11 MBL mit dem Treffen und der Durchführung von Entscheidungen grundsätzlich zu warten, bis die Verhandlungen mit den vertragsverbundenen Gewerkschaften abgeschlossen sind. Der Gesetzgeber sah die Einführung dieser Aufschubspflicht nicht als hinderlich für die Entwicklung einer vertrauensvollen Zusammenarbeit zwischen Arbeitgeber und Gewerkschaften an. Er sah keinen Grund anzunehmen, dass die Verhandlungen aufgrund der Pflicht des Arbeitgebers, mit Entscheidungen bis zum Abschluss von Verhandlungen zu warten, zu Verspätungen oder gar Ineffizienzen bei der Geschäftstätigkeit des Arbeitgebers führen könnten. Vielmehr sollten die Verhandlungen ein natürlicher Schritt im Entscheidungsprozess des Arbeitgebers werden.[759] Mit anderen Worten ist es also Sache des Arbeitgebers, seine Geschäftsabläufe so zu gestalten, dass er seine Verhandlungsverpflichtung gegenüber den Gewerkschaften vor Entscheidungsfassung und -durchführung erfüllen kann.

Auch wenn der Arbeitgeber die Verhandlungen mit den Gewerkschaften in seinen Entscheidungsprozess einplant, kann es zu nicht vorhersehbaren Situationen kommen, die ihn zwingen, eine Entscheidung vor dem Abschluss von Verhandlungen zu treffen.[760] Gem. § 11 Abs. 2 MBL kann der Arbeitgeber daher, sofern außergewöhnliche Gründe dies erfordern, eine Entscheidung treffen und diese durchführen, bevor er seiner Verhandlungsverpflichtung gem. § 11 Abs. 1 MBL nachgekommen ist. Die Ausnahmeregelung ist allerdings laut Gesetzesvorarbeiten restriktiv auszulegen und nur in wirklichen Ausnahmesituationen anzuwenden.[761] So wird verlangt, dass die entstandene Situation nicht vorhersehbar war, dass der Arbeitgeber in eine Zwangslage geraten ist, und dass die Situation nicht aufgrund seines Verschuldens eingetreten ist. Hinzu muss ein Umstand treten, der im konkreten Fall hinreichend dringend ein Handeln des Arbeitgebers erforderlich gemacht hat.[762]

758 *Fahlbeck*, Employee Participation, S. 24f.
759 Prop. 1975/76:105, S. 220.
760 *Bergqvist/Lunning/Toijer*, MBL-Kommentar, § 11 MBL, S. 236.
761 Prop. 1975/76:105, S. 358.
762 *Fahlbeck*, Praktisk Arbetsrätt, S. 175.

(11) Verhandlungen mit mehreren im Unternehmen vertretenen Gewerkschaften

Vor allem in Großunternehmen muss der Arbeitgeber anlässlich von Entscheidungen, die wichtige Veränderungen mit sich bringen, mit mehreren Arbeiter- und Angestelltengewerkschaften verhandeln. Das MBL stellt hierfür keine Regelungsmechanismen zur Verfügung. Einigen sich die Parteien, also Arbeitgeber sowie betroffene Gewerkschaften, hierauf, so wird zusammen verhandelt. Bei Uneinigkeit hat der Arbeitgeber keine Möglichkeit, die Gewerkschaften zu gemeinsamen Verhandlungen zu zwingen. Umgekehrt ist er nicht verpflichtet, mit allen Gewerkschaften gemeinsam zu verhandeln.[763]

Allerdings schreibt die Verhandlungsordnung des für die meisten Unternehmen der Privatwirtschaft geltenden UVA vor, dass die Gewerkschaften in lokalen und zentralen Verhandlungen gemeinsam auftreten sollen, wenn der Arbeitgeber dies verlangt, § 16 Abs. 5 S. 1 UVA. Unabhängig hiervon haben die Gewerkschaften das Recht, gemeinsam zu verhandeln, wenn sie dies für angebracht halten, § 16 Abs. 1 S. 2 UVA. Der UVA zeigt, dass die großen Gewerkschaften und der bedeutendste Arbeitgeberverband die Sozialpartner zu praktikablen Lösungen anhalten wollen.

(12) Verhandlungsergebnis

Für das primäre Mitbestimmungsverhandlungsrecht gelten die gleichen Grundsätze, wie sie für das allgemeine Verhandlungsrecht dargestellt wurden. Die Regelungen zur Verhandlungspflicht bezwecken das Erreichen eines Übereinkommens zwischen den Parteien, und sie beinhalten die Obliegenheit, in bestmöglichem Umfang hierzu beizutragen. Eine rechtliche Verpflichtung, schließlich auch eine Vereinbarung zu erreichen, bringt aber auch die Verhandlungsverpflichtung gem. § 11 MBL nicht mit sich.[764] Der Arbeitgeber kann also nach abgeschlossenen Verhandlungen ohne Rücksicht auf den Standpunkt der Gewerkschaften die Entscheidung treffen und durchführen, die er für richtig hält.[765]

Können sich Arbeitgeber und Gewerkschaften einigen, so soll laut Gesetzesvorarbeiten eine Vereinbarung in der „ein oder anderen Form“ zwischen den Parteien über die vom Arbeitgeber zu treffende Entscheidung erreicht werden.[766] Bestimmungen über den rechtlichen Charakter einer solchen Vereinbarung wurden nicht als notwendig angesehen, wobei in bestimmten Fällen davon ausgegangen wurde, dass zwischen den Parteien ein rechtsverbindlicher Vertrag zustande kommen könne[767]. Bei primären Mitbestimmungsverhandlungen wird al-

763 *Olauson/Holke*, MBL-Kommentar, §§ 11 - 17 MBL, S. 125.

764 Prop. 1975/76:105, S. 362.

765 *Bergqvist/Lunning/Toijer*, MBL-Kommentar, § 11 MBL, S. 200.

766 Prop. 1975/76:105, S. 357.

767 Prop. 1975/76:105, S. 357.

so, genau wie bei allgemeinen Verhandlungen, nicht die Rechtsfolge im Falle einer Einigung vorgeschrieben. Diese liegt – wie so oft im schwedischen Arbeitsrecht – in den Händen der Sozialpartner. Werden sich Arbeitgeber und Arbeitnehmer im Laufe von Verhandlungen einig, so kann als Vereinbarung ein Kollektivvertrag abgeschlossen werden, den beide Seiten zu befolgen haben.[768] Das Ziel von Mitbestimmungsverhandlungen ist indes nicht zwangsläufig die Eingehung von Kollektivverträgen, sondern das Erreichen einer Einigung.[769] Maßgebliche Bedeutung für die Frage, ob nach Kollektivverhandlungen ein Kollektivvertrag erzielt wurde, kommt dem Rechtsbindungswillen der Parteien zu.[770] Zum Rechtscharakter von Vereinbarungen, die keine Kollektivverträge sind, finden sich in der schwedischen Literatur – soweit ersichtlich – keine Ausführungen. Normalerweise enthalten derartige Vereinbarungen die Erklärung des Arbeitgebers, dass er beabsichtige, sie zu befolgen.[771] Will er sich anders als mit den Gewerkschaften vereinbart entscheiden, so muss er mit diesen erneut verhandeln.[772]

Im Falle gescheiterter Verhandlungen hat der Arbeitgeber das alleinige Entscheidungsrecht. Arbeitskampfmaßnahmen sind im Falle primärer Mitbestimmungsverhandlungen aufgrund der Tatsache, dass die betroffenen Fragen der Arbeits- und Unternehmensleitung allein dem Entscheidungsrecht des Arbeitgebers vorbehalten sind, nicht zulässig.[773] Die Gewerkschaften können eine Entscheidung des Arbeitgebers auch nicht mit rechtlichen Mitteln, bspw. vor dem Arbeitsgericht, angreifen.[774] Ihnen bleibt daher nur die Möglichkeit, die streitige Angelegenheit gem. § 14 MBL auf die zentrale Ebene weiterzuleiten und dort mit dem Arbeitgeber bzw. dessen Organisation weiterzuverhandeln. Natürlich

---

768 *Olauson/Holke*, MBL-Kommentar, §§ 11 - 17 MBL, S. 128f.

769 *Fahlbeck*, Praktisk Arbetsrätt, S. 98.

770 Vgl. hierzu *Bergqvist/Lunning/Toijer*, MBL-Kommentar, § 11 MBL, S. 300ff. Das AD (AD 1990 Nr. 67) hat in einem Fall, in dem Arbeitgeber und Gewerkschaften bei Verhandlungen eine Vertragsabsicht hatten und der Vertrag schriftlich fixiert wurde, diesen als Kollektivvertrag ausgelegt. Hierbei war unerheblich, dass die Arbeitgeberseite den Vertrag offensichtlich nicht eingegangen wäre, wenn ihr die Rechtswirkungen bekannt gewesen wären. In Verhandlungsprotokollen, die für die Ermittlung des Rechtsbindungswillens herangezogen werden, gibt es unterschiedlichste Formulierungen, die allein dem Zweck dienen, den Kriterien auszuweichen, die das AD für die Annahme eines Kollektivvertrags erforderlich hält. In einem Interview mit *Mia Fransson*, Arbeitsrechtsjuristin beim Verband der Dienstleistungsunternehmen *Almega*, vom 24.08.07 erklärte diese, dass in einer schriftlichen Vereinbarung die Einleitung „Die Parteien sind sich einig geworden…" (*„Parterna har kommit överens…"*) ein Indiz für einen Kollektivvertrag sei. Diese Formulierung empfiehlt *Almega* daher möglichst zu vermeiden, will man als Arbeitgeber eine kollektivvertragliche Bindung vermeiden.

771 *Fahlbeck*, Praktisk Arbetsrätt, S. 177.

772 *Olauson/Holke*, MBL-Kommentar, §§ 11 - 17 MBL, S. 129.

773 *Fahlbeck*, Praktisk Arbetsrätt, S. 175; AD 1986 Nr. 127.

774 *Fahlbeck*, Employee Participation, S. 22.

können die Gewerkschaften aufgrund der Drohung hiermit Druck auf den Arbeitgeber ausüben, weil die Weiterleitung von Verhandlungen auf die zentrale Ebene Entscheidungen erheblich hinauszögern würde. Es wurde aber bereits dargestellt, dass die Sozialpartner nicht sonderlich viel von der Weiterleitung von Verhandlungen auf die zentrale Ebene halten. Hinzu kommt das traditionell gute Verhältnis zwischen Arbeitgebern und Gewerkschaften in Schweden. Diese sind auf betrieblicher wie überbetrieblicher Ebene gewillt, bei Verhandlungen zu einem für beide Seiten befriedigenden Ergebnis zu gelangen. Rechtlich greifbar ist diese Tatsache auf eine negative Art und Weise: Es fehlen Rechtsnormen, die die Parteien zwingen, zu einem Ergebnis zu kommen. Ein Institut wie die Einigungsstelle auf betrieblicher Ebene gem. BetrVG, die für beide Seiten verbindliche Entscheidungen treffen kann, kennt das schwedische Recht nicht. Auch laut Gesetzesmaterialien müssten die Bestrebungen der Sozialpartner dahin gehen, einvernehmliche Beschlüsse zu fassen, was angesichts des allgemein guten Verhältnisses zwischen Arbeitgeber und Arbeitnehmern als in der Regel einfach betrachtet wurde.[775] *Victorin* führt aus, dass seit dem Bestehen des schwedischen Systems der Mitbestimmung bzw. gemeinsamen Entscheidungsfindung mittels Verhandlungen hunderttausende Personen im Verhandeln geschult wurden und an Verhandlungen teilgenommen hätten, und dass dieser Prozess das Verhältnis zwischen Arbeitnehmern und Management zwangsläufig beeinflusst habe.[776] M.E. sind *Victorins* Aussagen aus dem Gesamtkontext seiner Ausführungen dahin zu verstehen, dass die schwedischen Sozialpartner das gemeinsame Verhandeln über Jahrzehnte erlernt haben, und sie im Laufe dieses Prozesses auch eine so positive Einstellung zueinander gefunden haben.

In der praktischen Anwendung des MBL sollte es nach Ansicht des Gesetzgebers möglich sein, in geeigneten Fällen einfachere Formen der Zusammenarbeit als formelle Verhandlungen zu finden.[777]

(13) Rechtsfolgen bei Verletzung der Verhandlungspflicht

Die Verletzung der Verhandlungspflichten durch eine der beiden Seiten führt, ebenso wie beim allgemeinen Verhandlungsrecht gem. 10 MBL, zu einer Schadensersatzverpflichtung gem. §§ 54,55 MBL.[778] Die Schadensersatzbestimmungen des MBL haben den Zweck, die effektive Wahrnehmung der Beteiligungsrechte der Arbeitnehmer zu sichern. So hat sich der Gesetzgeber im Falle vorsätzlicher Verletzungen der Verhandlungspflicht für empfindliche Schadensersatzansprüche ausgesprochen (vgl. oben **C.III.2.c.(a).viii.**). In der Praxis wurden die höchsten Schadensersatzansprüche in Fällen verhängt, in denen der Arbeit-

---

775 Prop. 1975/76:105, S. 217.

776 *Victorin*, Employee Participation, S. 129.

777 Prop. 1975/76:105, S. 217.

778 *Olauson/Holke*, MBL-Kommentar, §§ 10 - 17 MBL, S. 103f.

geber im Falle von Personalabbau bzw. für die Arbeitnehmer belastenden Maßnahmen nicht gem. §§ 11 ff MBL mit den Gewerkschaften verhandelt hatte. Der bislang höchste Schadensersatzbetrag i.H.v. 900.000 SEK wurde im Jahr 1984 drei Gewerkschaften zugesprochen.[779] Jede Gewerkschaft erhielt also 300.000 SEK, was umgerechnet ca. 30.000 € entspricht. Allerdings sind die Schadensersatzbeträge nicht immer derart hoch. Im Standardkommentar zum MBL werden in ähnlich gelagerten Fällen mit mehreren beteiligten Gewerkschaften Beträge von insgesamt 100.000 bis zu 265.000 SEK genannt.[780] Die Höhe der zugesprochenen Schadensersatzbeträge vermag deutlich zu machen, dass ein Arbeitgeber gehalten sein wird, alle formellen Anforderungen von Mitbestimmungsverhandlungen zu beachten, wenn er auch schlussendlich allein entscheiden kann. Zudem ist, wie vom Gesetzgeber intendiert, davon auszugehen, dass Arbeitgeber nicht aufgrund kurzfristiger Zeit- und Geldersparnisse die Beteiligungsrechte der Arbeitnehmer außer Acht lassen werden. Die Schadensersatzregelungen des MBL dürften so ihren Lenkungszweck erfüllen.

Auch Gewerkschaften können gegen Verhandlungspflichten verstoßen und sind schon zur Zahlung von Schadensersatz verurteilt worden. Allerdings wurden weit geringere Beträge ausgeurteilt als im Falle der Arbeitgeber.[781] Schadensersatzverpflichtungen der Gewerkschaften werden vor allem im Zusammenhang mit Veto- und Auslegungsvorrechten der Gewerkschaften relevant, die später zu behandeln sind.

iii. Mitbestimmungsverhandlungsrecht, § 12 MBL

Gem. § 12 MBL muss der Arbeitgeber auf Ersuchen der mit ihm vertragsverbundenen Gewerkschaften auch in anderen als den in § 11 genannten Fällen in Verhandlungen mit diesen treten, bevor er eine Entscheidung trifft oder durchführt, die eines ihrer Mitglieder betrifft. Gem. § 12 S. 2 MBL kann der Arbeitgeber jedoch, sofern besondere Gründe dies erfordern, den Beschluss fassen und ihn durchführen, bevor er seiner Verhandlungsverpflichtung gem. Abs. 1 nachgekommen ist.

Der Unterschied zwischen § 11 und § 12 MBL wird vom AD folgendermaßen dargestellt:

---

779 AD 1984 Nr. 75.

780 *Bergqvist/Lunning/Toijer*, MBL-Kommentar, § 53 MBL, S. 472. Das AD (AD 1990 Nr. 67) verurteilte bspw. auch ein Arbeitgeberunternehmen, das unabsichtlich seine Verhandlungspflichten verletzt hatte. Dieses ging davon aus, dass es nicht kollektivvertraglich gebunden sei, was das AD aber aufgrund von Verhandlungsprotokollen anders sah. Laut AD hätte sich das Arbeitgeberunternehmen, ein großes Unternehmen der Bauindustrie, über die grundlegenden arbeitsrechtlichen Regeln informieren können und müssen. Es wurde zur Zahlung von immerhin 100.000 SEK verurteilt.

781 *Bergqvist/Lunning/Toijer*, MBL-Kommentar, § 53 MBL, S. 473.

AD 1986 Nr. 14: Das primäre Mitbestimmungsverhandlungsrecht gem. § 11 MBL gilt im Prinzip für alle Fragen der Arbeits- und Unternehmensleitung, über die der Arbeitgeber vor Erlass des MBL allein entscheiden konnte. Selbstverständlich ist es aber ausgeschlossen, dass Verhandlungen zu jeder einzelnen Angelegenheit, die in einem Unternehmen entschieden wird, geführt werden können. Daher muss der Arbeitgeber auch nur in den Fällen des § 11 MBL die Initiative zu Verhandlungen mit den Gewerkschaften ergreifen. In allen anderen Angelegenheiten ist es Sache der Gewerkschaften, die Initiative zu Verhandlungen zu ergreifen.

Der Arbeitgeber braucht also nicht jede Frage der Arbeits- und Unternehmensleitung zum Gegenstand von Verhandlungen zu machen, weshalb ihn nur bei den oben dargestellten wichtigen Veränderungen die Pflicht zum Ergreifen von Verhandlungen mit den Gewerkschaften trifft. Trotzdem wollen die Gewerkschaften möglicherweise über solche Fragen mit dem Arbeitgeber verhandeln, denen sie aus bestimmten Gründen besondere Bedeutung beimessen.[782] Dann ist es gem. § 12 MBL an ihnen, Verhandlungen mit dem Arbeitgeber aufzunehmen. Im Rahmen des § 12 MBL ist von der Aufschubspflicht des Arbeitgebers vor dem Treffen *oder* der Durchführung einer Entscheidung die Rede. Dieser Unterschied im Vergleich zu § 11 MBL resultiert daraus, dass die Gewerkschaften im Falle des § 12 MBL erst nach einer Entscheidung, aber vor deren Durchführung, von dieser erfahren können. In der Praxis ist denn auch letzterer Fall am häufigsten, da die Gewerkschaften meistens kaum wissen werden, dass der Arbeitgeber eine Entscheidung zu treffen gedenkt, und sie deshalb erst nach einer Entscheidung von dieser erfahren.[783]

Der Arbeitgeber kann, sofern *besondere* Gründe dies erfordern, einen Beschluss fassen und durchführen, bevor er seiner Verhandlungsverpflichtung nachgekommen ist. Im Gegensatz zu § 11 MBL, der *außergewöhnliche* Gründe für ein vorzeitiges Entscheidungsrecht verlangt, sind die Voraussetzungen hierfür im Falle des § 12 MBL geringer. Dies liegt daran, dass die Gewerkschaften Verhandlungen mit dem Arbeitgeber verlangt haben, und er sie daher nicht von Anfang an in seinen Entscheidungsprozess einbeziehen konnte.[784] Zudem kann eine Gewerkschaft kein derart starkes Interesse an dem Aufschub bzw. der Durchführung einer Entscheidung haben, da es sich bei den in § 12 MBL genannten Angelegenheiten nicht um wichtige Veränderungen handelt.[785]

Ebenso wie im Falle des primären Mitbestimmungsverhandlungsrechts sind im Falle des Mitbestimmungsverhandlungsrechts gem. § 12 MBL nur mit dem Arbeitgeber vertragsverbundene Gewerkschaften verhandlungsberechtigt. Auch

---

782 *Bergqvist/Lunning/Toijer*, MBL-Kommentar, § 12 MBL, S. 249.

783 *Olauson/Holke*, MBL-Kommentar, §§ 10 - 17 MBL, S. 130f. Die Tatsache, dass sie von einer zu verhandelnden Frage oft erst zu spät erführen, wurde von den Gewerkschaften kritisiert, vgl. SOU 1982:60, S. 119.

784 Prop. 1975/76:105, S. 360.

785 *Bergqvist/Lunning/Toijer*, MBL-Kommentar, § 12 MBL, S. 250.

das Recht der Gewerkschaften, die Verhandlungen auf die zentrale Ebene weiterzuleiten, § 14 MBL, und der Inhalt der Verhandlungsverpflichtung, § 15 MBL, gelten für das Verhandlungsrecht gem. § 12 MBL. Die Regelung ist dispositiv, kann also durch kollektivvertragliche Regelungen ersetzt oder ergänzt werden.

Anwendung könnte § 12 MBL für den Fall finden, dass der Arbeitgeber in Routinefällen, bspw. bei regelmäßigen Versetzungen innerhalb einer Abteilung, eine bestimmte Vorgehensweise anwendet. Ist eine Gewerkschaft der Ansicht, diese Praxis sei ungeeignet, so kann sie vom Arbeitgeber Verhandlungen gem. § 12 MBL verlangen.[786]

iv. Verhandlungsrecht nicht vertragsverbundener Gewerkschaften, § 13 MBL

Gemäß § 13 MBL haben mit dem Arbeitgeber nicht tarifvertragsverbundene Gewerkschaften ein Verhandlungsrecht gem. §§ 11, 12 MBL gegenüber dem Arbeitgeber, wenn eine Frage besonders die Arbeits- und Anstellungsbedingungen eines ihrer Mitglieder betrifft. Dieses Verhandlungsrecht bezieht sich nur auf individuelle Verhältnisse einzelner Arbeitnehmer.[787] Beschließt der Arbeitgeber also bspw., einen einzelnen Arbeitnehmer, der einer nicht mit ihm vertragsverbundenen Gewerkschaft angehört, zu versetzen, so muss er entsprechend §§ 13, 11 MBL (Arbeitnehmerfall) mit der betreffenden Gewerkschaft verhandeln.[788] Betrifft die Entscheidung des Arbeitgebers demgegenüber die Arbeitsorganisation im gesamten Unternehmen, Planungsfragen von Bedeutung für mehrere Arbeitnehmer oder andere Entscheidungen von größerer Bedeutung, so haben nur die vertragsverbundenen Gewerkschaften ein Verhandlungsrecht gegenüber dem Arbeitgeber entsprechend den Grundsätzen des § 11 MBL. Dieses ausschließliche Verhandlungsrecht der vertragsverbundenen Gewerkschaften gilt generell in Fragen der Unternehmensleitung.[789]

Das Verhandlungsrecht nicht vertragsverbundener Gewerkschaften ist nicht dispositiv. So wird auch für die nicht mit dem Arbeitgeber vertragsverbundenen Gewerkschaften ein Mindeststandard an Beteiligung bezüglich der Arbeits- und Anstellungsbedingungen ihrer Mitglieder sichergestellt.

In § 13 Abs. 2 MBL ist der Fall geregelt, dass der Arbeitgeber mit keiner Gewerkschaft vertragsverbunden ist. In diesem Fall muss der Arbeitgeber mit

786 *Olauson/Holke*, MBL-Kommentar, §§ 11 - 17 MBL, S. 130f.

787 *Adlercreutz/Mulder*, Svensk Arbetsrätt, S. 245.

788 *Bergqvist/Lunning/Toijer*, MBL-Kommentar, § 13 MBL, S. 253.

789 Prop. 1975/76:105, S. 361.

allen betroffenen Gewerkschaften verhandeln, wenn er aufgrund von Arbeitsmangel[790] oder eines Betriebsübergangs Arbeitnehmer entlässt.

v. Verhandlungs- und Vetorechte der Gewerkschaften im Falle der Auftragsvergabe an Fremdfirmen, §§ 38 ff MBL

Aufgrund des Sachzusammenhangs zu den Mitbestimmungsverhandlungsrechten wird das Verhandlungs- und Vetorecht der Gewerkschaften im Falle der Auftragsvergabe an Fremdfirmen, §§ 38 ff MBL, mit diesen behandelt, obwohl es gesetzessystematisch an anderer Stelle im MBL geregelt ist.

(1) Verhandlungsrecht, § 38 MBL

Wenn ein Arbeitgeber Arbeiten an Personen vergibt, die nicht gleichzeitig dessen Arbeitnehmer werden sollen, haben die Gewerkschaften gem. §§ 38 ff MBL besondere Beteiligungsrechte gegenüber dem Arbeitgeber. Bei dieser Arbeitsvergabe handelt es sich typischerweise um die Auftragsvergabe an Fremdfirmen, also um die Auslagerung (*Outsourcing*) von Arbeitsaufgaben.[791]

Bevor ein Arbeitgeber die Entscheidung trifft, jemanden eine bestimmte Arbeit für seine Rechnung oder in seinem Betrieb ausführen zu lassen, ohne dass dieser zugleich Arbeitnehmer bei ihm werden soll, ist er verpflichtet, aus eigener Initiative in Verhandlungen mit der mit ihm bezüglich der entsprechenden Arbeit kollektivvertragsverbundenen Arbeitnehmerorganisation zu treten, § 38 Abs. 1 S. 1 MBL. Ein Anwendungsbeispiel ist der Fall, dass ein Arbeitgeber eine Maschine mit Führer „anmietet" und der Maschinenführer entweder selbst Unternehmer oder Arbeitnehmer des Maschineneigentümers ist.[792] § 38 Abs. 1 S. 2 MBL regelt die Informationspflichten des Arbeitgebers gegenüber den Gewerkschaften bezüglich der angestrebten Maßnahmen. Das MBL kennt Ausnahmen von der Verhandlungsverpflichtung, wenn die Arbeit von kurzzeitiger und zufälliger Natur ist, oder wenn sie besondere Sachkunde erfordert, § 38 Abs. 2 MBL. Weiter ist der Arbeitgeber von der Verhandlungspflicht befreit, wenn außergewöhnliche Gründe dies erfordern.[793] Diese Ausnahme von der Verhandlungsverpflichtung erinnert an § 100 BetrVG, der zufolge ein deutscher

---

790 „Entlassung aufgrund von Arbeitsmangel" („*Uppsägning på grund av arbetsbrist*") ist die schwedische Terminologie für Massenentlassung, vgl. *Bergqvist/Lunning/Toijer*, MBL-Kommentar, § 11 MBL, S. 222.

791 *Bergqvist/Lunning/Toijer*, MBL-Kommentar, § 38 MBL, S. 386.

792 Prop. 1975/76:105, S. 397.

793 Die außergewöhnlichen Gründe entsprechen den außergewöhnlichen Gründen im Rahmen des primären Mitbestimmungsverhandlungsrechts, vgl. *Olauson/Holke*, MBL-Kommentar, §§ 38 – 44 MBL, S. 296.

Arbeitgeber eine personelle Einzelmaßnahme vorläufig durchführen kann, wenn dies aus sachlichen Gründen dringend erforderlich ist.

Verhandlungen können im Falle der Nichteinigung zwischen Arbeitgeber und lokaler Gewerkschaft von der lokalen auf die zentrale Ebene weitergeleitet werden, § 38 Abs. 3 S. 3 i.V.m. § 14 MBL.

(2) Vetorecht, § 39 MBL

In § 39 MBL ist ein Vetorecht der Gewerkschaften gegen Entscheidungen des Arbeitgebers gem. § 38 MBL geregelt. Haben Verhandlungen gemäß § 38 MBL stattgefunden und erklärt die zentrale Arbeitnehmerorganisation, oder wenn es eine solche nicht gibt, die lokale Arbeitnehmerorganisation, dass von einer vom Arbeitgeber angestrebten Maßnahme angenommen werden kann, dass Gesetze oder Kollektivverträge für die betreffende Arbeit nicht beachtet werden oder dass die Maßnahme gegen dasjenige verstößt, was allgemein im Kollektivvertragsbereich der Parteien anerkannt ist, darf die Maßnahme vom Arbeitgeber nicht beschlossen oder durchgeführt werden.

Das Vetorecht der Gewerkschaften stellte einen Schritt im Kampf gegen Missstände im Arbeitsleben dar. Es verleiht diesen Befugnisse, die nahezu mit öffentlicher Kontrolle und Verwaltung gleichgesetzt werden können.[794] In erster Linie sollen mit dem Vetorecht Verstöße gegen arbeitsrechtliche Regelungen verhindert werden, so bspw. wenn ein Unternehmer, mit dem der Arbeitgeber zusammenarbeiten will, regelmäßig gegen Arbeitsschutz- und Arbeitszeitgesetze oder Kollektivverträge verstößt. Das Vetorecht ist aber auch bei Verstößen gegen jegliche andere Gesetze, bspw. Steuer- und Sozialgesetze, anwendbar.[795]

Das Vetorecht ist gemäß § 39 MBL grundsätzlich der zentralen Ebene, also den Verbänden, vorbehalten. Einerseits soll durch die Regelung eine einheitliche „Vetopraxis" entwickelt werden, die nicht möglich wäre, wenn jede lokale Gewerkschaft selber Vetorechte ausüben könnte. Zudem sind auf Verbandsebene die erforderliche Sachkunde und der Überblick vorhanden, um eine Ausübung des Vetorechts zu beurteilen. Die Regelung ist auch ein Ausdruck dafür, dass das Vetorecht nicht in erster Linie als Mitbestimmungsrecht der Arbeitnehmer am eigenen Arbeitsplatz gesehen werden soll.[796]

Der Arbeitgeber macht sich für den Fall, dass er gegen die Verhandlungspflicht verstößt, mit einer Einstellung nicht bis zum Abschluss von Verhandlungen abwartet, oder sich über eine Vetoerklärung der Gewerkschaft hinwegsetzt, gem. § 54 MBL schadensersatzpflichtig. Das AD hat sich in mehreren Entscheidungen für eine effektive Sanktionierung von Verstößen des Arbeitgebers ausgesprochen und verhängte Schadensersatzsummen in Höhe von 50.000 bis zu

794 So *Fahlbeck*, Praktisk Arbetsrätt, S. 197; AD 1981 Nr. 124.

795 *Olauson/Holke*, MBL-Kommentar, §§ 38 - 44 MBL, S. 298.

796 *Fahlbeck*, Praktisk Arbetsrätt, S. 204.

265.000 SEK, grob umgerechnet also von 5.000 bis zu 25.000 €.[797] Eine Gewerkschaft macht sich gem. § 57 Abs. 1 S. 2 MBL schadensersatzpflichtig, wenn sie grundlos eine Vetoerklärung gem. § 39 MBL abgibt. Die Schadensersatzbeträge fielen für die Gewerkschaften bisher allerdings deutlich geringer aus als die, zu denen Arbeitgeber verurteilt wurden.[798]

Das Vetorecht der Gewerkschaften gem. § 39 MBL ist die einzige Bestimmung im MBL, die den Gewerkschaften ein Mitbestimmungsrecht, und nicht lediglich ein Verhandlungsrecht, zugesteht. Der Arbeitgeber hat nach abgeschlossenen Verhandlungen nicht, wie im Falle von Mitbestimmungsverhandlungen, das alleinige Entscheidungsrecht, sondern das Vetorecht gibt den Gewerkschaften eine Handhabe gegen die angestrebte Maßnahme des Arbeitgebers.

Beim Vetorecht lässt sich eine Parallele zu den Beteiligungsrechten des deutschen Betriebsrats ziehen, die nach dem sog. negativen Konsensprinzip ausgestaltet sind. So darf der Arbeitgeber bspw. im Falle des § 100 Abs. 2 BetrVG eine vorläufige personelle Einzelmaßnahme, deren sachliche Erforderlichkeit vom Betrieb bestritten wurde, nur aufrechterhalten, wenn er innerhalb von drei Tagen beim Arbeitsgericht die Ersetzung der Zustimmung des Betriebsrats und die Feststellung beantragt, dass die Maßnahme aus sachlichen Gründen dringend erforderlich war.[799]

vi. Einbindung der Gewerkschaften in den Entscheidungsprozess in der Praxis

Im Jahr 2003 wurde vom Institut für Fragen des Arbeitslebens (*Arbetslivsinstitutet*) sowie von LO und PTK eine Untersuchung mit dem Titel „Lokale Zusammenarbeit – Eine Untersuchung der Mitbestimmung in Schweden“ (*„Lokal partssamverkan – en undersökning av svenskt medbestämmande“*) durchgeführt.[800] Die Ergebnisse dieser Untersuchung vermögen ein Bild von der Einschätzung der Bedeutung wichtiger Beteiligungsrechte und –formen der Arbeitnehmer seitens der Verwaltungsorgane schwedischer Aktiengesellschaften und der großen Gewerkschaften zu geben. Im Rahmen der Untersuchung, die in Zusammenarbeit mit dem Statistischen Zentralbüro (*Statistiska Centralbyrån,*

---

797 Vgl. *Bergqvist/Lunning/Toijer*, MBL-Kommentar, § 38 MBL, S. 398. Aufgrund der Umstände, im konkreten Fall Zeitnot, verhängte das AD in der Entscheidung AD 1987 Nr. 68 aber bspw. nur Schadensersatz i.H.v. 5000 SEK, also ca. 500 €.

798 Laut *Bergqvist/Lunning/Toijer*, MBL-Kommentar, § 53 MBL, S. 473 lag die Höhe der Schadensersatzbeträge zwischen 3.000 und 5.000 SEK, grob umgerechnet also zwischen 300 und 500 €.

799 vgl. *Kreutz* in: GK BetrVG, § 77 BetrVG, Rn. 18 mwN.

800 *Levinson*, Lokal Partssamverkan.

SCB) durchgeführt wurde, wurden an Unternehmensleitung[801] und Gewerkschaftsvertreter (LO und PTK) von 555 zufällig ausgewählten Unternehmen mit mehr als 25 Arbeitnehmern[802] Fragebögen verschickt. Die Rücklaufquote von Seiten der Unternehmensleitung betrug 61 %, die des PTK 54 % und die der LO 48 %. Nicht aus der Untersuchung hervor geht, welche Größe die verschiedenen antwortenden Unternehmen hatten. Zudem wurde nur nach der subjektiven Einschätzung der Manager oder der Gewerkschafter gefragt. Die Untersuchung kann aber immerhin den gefühlten Zustand der Arbeitgeber-Arbeitnehmerbeziehungen auf Seiten von Arbeitgeber- und Arbeitnehmervertretern wiedergeben.

Gewerkschaftsvertreter und Manager wurden zunächst befragt, wann die Gewerkschaften bei wichtigen Fragen der Unternehmensleitung in den Entscheidungsprozess eingebunden würden.[803] Als Alternativen wurden „Einleitung" (Probleme und Möglichkeiten werden identifiziert), „Vorbereitung" (Untersuchung geschieht), „Entscheidung" (formelle Entscheidung) und „Durchführung" (Entscheidung wird durchgeführt) genannt. Laut Unternehmensleitung wurden die Gewerkschaften in 15 % der Fälle bereits bei der Einleitung, in 59 % bei der Vorbereitung, in 20 % erst bei der Entscheidung und in 6 % bei der Durchführung eingebunden. Die LO- bzw. PTK-Vertreter sahen sich zu 18 % bzw. 11 % bei der Einleitung, zu 30 % bzw. 33 % bei der Vorbereitung, zu 26 % bzw. 27 % bei der Entscheidung sowie zu 26 % bzw. 29 % bei der Durchführung beteiligt. Die Unterschiede in den Aussagen zwischen Unternehmensleitung und Gewerkschaftsvertretern sind vor allem bei der Beteiligung der Gewerkschaften im Rahmen der „Vorbereitung" signifikant. Die Unternehmensleitung sah die Gewerkschaftsvertreter zu 59 % bereits bei der Vorbereitung beteiligt, die Gewerkschaftsvertreter selber sahen sich nur zu 30 % bzw. 33 % beteiligt. Eine Erklärung dieser Tatsache kann laut Untersuchung darin liegen, dass die Unternehmensleitung der Ansicht ist, die Arbeitnehmervertreter über die zu entscheidenden Angelegenheiten informiert und mit ihnen diskutiert zu haben, während die Arbeitnehmervertreter der Ansicht sind, nicht ausreichend informiert worden zu sein. Hinzu komme nach Ansicht der Verfasser, dass Angelegenheiten intern mehr oder weniger informell, aber nicht formell in Verhandlungen, diskutiert worden seien.[804] Letztere Tatsache kann dazu führen, dass sich die Gewerkschafter nicht in der Art und Weise beteiligt fühlen, wie dies bei

801 Eine Aufschlüsselung nach Verwaltungsrat und Management Team des geschäftsführenden Direktors fand nicht statt.

802 Dies ist die Grenze, ab der die Gewerkschaften das Recht zur Ernennung von Vertretern in den Verwaltungsrat haben, vgl. § 4 LSA.

803 *Levinson*, Lokal Partssamverkan, S. 22. In der Untersuchung wurde nicht zwischen den unterschiedlichen Verhandlungsrechten gem. MBL bzw. verschiedenen Angelegenheiten, die eine Beteiligung erfordern, unterschieden.

804 *Levinson*, Lokal Partssamverkan, S. 16.

formellen Verhandlungen der Fall wäre. Addiert man die Beteiligung in den einzelnen Stadien, so sind die LO- bzw. PTK-Vertreter der Ansicht, zu 48 % bzw. 44 % bei der Vorbereitung (18 % bzw. 11 % bei der Einleitung plus 30 % bzw. 33 % bei der Vorbereitung) beteiligt zu sein. Eine Beteiligung vor der Entscheidung geschieht also „gefühlt" in weniger als der Hälfte der Entscheidungen. Dies wäre bspw. im Falle wichtiger Veränderungen gem. § 11 MBL, anlässlich derer eine Beteiligung grundsätzlich vor der Entscheidung zu erfolgen hat, ein deutliches Auseinanderfallen zwischen Praxis und gesetzlicher Regelung.

Entsprechend fielen auch die Antworten der Gewerkschaftsvertreter nach der Frage des Handlungsspielraumes im Falle von MBL-Angelegenheiten aus. Auf die Frage, wie hoch der Handlungsspielraum bei MBL-Angelegenheiten sei, die Gegenstand von Verhandlungen würden, wurden die Alternativen „sehr groß", „groß", „klein", „sehr klein" gegeben. 38 % der LO- bzw. 56 % der PTK-Vertreter gaben den Spielraum als „klein" an. Immerhin aber 35 % der LO-Vertreter bzw. 29 % der PTK-Vertreter gaben den Spielraum als „groß" an.[805] Nach den Ursachen des geringen Handlungsspielraums gefragt, antwortete die große Mehrzahl der Gewerkschafter (69 % der LO-Vertreter bzw. 89 % der PTK-Vertreter), dass die Beschlüsse bereits von der Unternehmensleitung, also dem geschäftsführenden Direktor und dessen Management Team, bzw. den Eigentümern (gemeint sind wohl die Anteilseignervertreter im Verwaltungsrat) gefasst worden seien.[806]

vii. Aktivität der Gewerkschaften bei wichtigen Veränderungen

In der Studie wurden die Gewerkschaftsvertreter zudem nach ihrem Verhalten anlässlich wichtiger Veränderungen[807] (§ 11 MBL) innerhalb der letzten zwei Jahre befragt. Die Antwortalternativen waren „hauptsächlich zuhörend", „weitere Informationen verlangt", „Stellen eigener Forderungen", „eigene Unterlagen angeführt" sowie „eigene Handlungsalternativen ausgearbeitet und angeführt". In gut der Hälfte der Unternehmen gaben die Gewerkschaftsvertreter (43 % der LO-Vertreter sowie 62 % der PTK-Vertreter, im Schnitt 52,5 %) das „Stellen eigener Forderungen" als hauptsächliche Aktivität bei wichtigen Veränderungen an. Das Ausarbeiten und Anführen eigener Unterlagen wurde deutlich weniger (zu 19 % von LO-Vertretern, zu 8 % von PTK-Vertretern, im Schnitt 13,5 %) angegeben. Weiter wurden die Gewerkschaftsvertreter nach dem Standpunkt der Gewerkschaften bei der letzten wichtigen Veränderung befragt.[808] Als Alternati-

805 *Levinson*, Lokal Partssamverkan, S. 18.

806 *Levinson*, Lokal Partssamverkan, S. 18, 40. Die Studie spricht ungenau von der Beschlussfassung durch die Unternehmensleitung *„bzw. die Eigentümer"*.

807 Eine nähere Aufschlüsselung findet nicht statt, als Beispiele werden Personalabbau und Änderung der Arbeitsorganisation genannt.

808 *Levinson*, Lokal Partssamverkan, S. 41.

ven wurden „Vorschlag der Unternehmensleitung wurde akzeptiert“, „Versuch, den Vorschlag der Unternehmensleitung abzuändern“, „Vorschlag der Unternehmensleitung abgelehnt“, „Wollte die Angelegenheit aufschieben, um Zeit zu gewinnen“ sowie „Eigenen Vorschlag ausgearbeitet“ gegeben. In der Mehrzahl der Unternehmen versuchten die Gewerkschaftsvertreter, den Vorschlag der Unternehmensleitung abzuändern (67 % der LO-Vertreter, 54 % der PTK-Vertreter, im Schnitt 60,5 %). Einen eigenen Lösungsvorschlag ausgearbeitet haben dagegen nur 31 % der LO-Vertreter und 10 % der PTK-Vertreter (im Schnitt 20,5 %). Dies lässt auf eine aktive Rolle der Gewerkschaften im Falle von wichtigen Veränderungen schließen, die allerdings eher selten so weit geht, eigene Lösungsvorschläge auszuarbeiten.

In einer nächsten Frage sollten Gewerkschaftsvertreter beantworten, inwiefern sie in MBL-Angelegenheiten die Unternehmensleitung beeinflussen könnten. Die Alternativen waren „Unternehmensleitung handelte vor allem entsprechend ihrem eigenen Vorschlag“, „Unternehmensleitung nahm auf Vorschläge der Arbeitnehmer Rücksicht und änderte den Vorschlag ab“, „Unternehmensleitung zog ihren Vorschlag zurück und legte einen neuen Vorschlag vor“, „Unternehmensleitung und Gewerkschaften entwickelten zusammen einen neuen Vorschlag“. Hier überwog die Antwort „Unternehmensleitung handelte vor allem entsprechend ihrem Vorschlag“ (57 % der LO-Vertreter, 44 % der PTK-Vertreter, im Schnitt 50,5 %), gefolgt von „Unternehmensleitung nahm auf Vorschläge der Arbeitnehmer Rücksicht und änderte den Vorschlag ab“ (38 % der LO-Vertreter, 41 % der PTK-Vertreter, im Schnitt 39,5 %) und „Unternehmensleitung und Gewerkschaften entwickelten zusammen einen neuen Vorschlag“ (20 % der LO-Vertreter, 3 % der PTK-Vertreter, im Schnitt 11,5 %). Dies macht deutlich, dass die Unternehmensleitung trotz Verhandlungen mit den Gewerkschaften häufig von ihrem Letztentscheidungsrecht Gebrauch macht, aber auch versucht, die Belange der Arbeitnehmer zu berücksichtigen. Beachtet werden muss bei der Untersuchung natürlich, dass es sich bei den Ergebnissen immer nur um subjektive Einschätzungen der Befragten handelt. Die Tendenz, nämlich eine aktive Rolle der Gewerkschaften im Unternehmen und eine kooperative Einstellung der Unternehmensleitung, bestätigt die Untersuchung aber.

viii. Vergleich des Instituts des Mitbestimmungsverhandlungsrechts mit den kodifizierten Beteiligungsrechten des BetrVG

Das primäre Mitbestimmungsverhandlungsrecht schwedischer Gewerkschaften gem. § 11 MBL ist am ergiebigsten für den Vergleich mit Beteiligungsrechten des deutschen Betriebsrats. Die Mitbestimmungsverhandlungsrechte auf Verlangen der Gewerkschaften (§ 12 MBL) sowie die Verhandlungsrechte nicht vertragsverbundener Gewerkschaften (§ 13 MBL) werden demgegenüber ausgeklammert. Für das primäre Mitbestimmungsverhandlungsrecht der Gewerkschaften gem. § 11 MBL wird aus Gründen der Übersichtlichkeit der Begriff „Mitbestimmungsverhandlungsrecht" verwendet.

Das Mitbestimmungsverhandlungsrecht der Gewerkschaften gem. § 11 MBL knüpft an eine Entscheidung des Arbeitgebers an, die eine wichtige Veränderung der wirtschaftlichen Tätigkeit des Arbeitgebers (Tätigkeitsfall) oder der Arbeits- und Anstellungsbedingungen der Arbeitnehmer (Arbeitnehmerfall) mit sich bringt. Es wurde als Herzstück der Arbeitnehmerpartizipation in Schweden beschrieben, und findet auf alle Entscheidungen eines Arbeitgebers Anwendung, die mit Rücksicht auf ihren Umfang und ihre Auswirkungen typischerweise von solcher Bedeutung für die Arbeitnehmer sind, dass seitens des Arbeitgebers mit einem Verhandlungsbegehren der Gewerkschaften gerechnet werden muss.

Beim Vergleich der Beteiligungsrechte des deutschen Betriebsrats mit entsprechenden Anwendungsfällen des § 11 MBL muss berücksichtigt werden, dass der schwedische Gesetzgeber, im Gegensatz zum deutschen, Beteiligungsrechte gerade nicht gesetzlich festgelegt hat. Vielmehr wurden in den Vorarbeiten zum MBL nur Anwendungsbeispiele, die Verhandlungsrechte der Gewerkschaften auslösen können, aufgeführt. Im Folgenden werden die genannten Beispielsfälle der Veränderung der wirtschaftlichen Tätigkeit des Arbeitgebers sowie der Arbeits- und Anstellungsbedingungen gewerkschaftsangehöriger Arbeitnehmer, die ein Verhandlungsrecht der Gewerkschaften auslösen, mit entsprechenden Bestimmungen des BetrVG ins Verhältnis gesetzt.

Entscheidungen eines schwedischen Arbeitgebers, die eine wichtige Veränderung seiner *wirtschaftlichen* Tätigkeit mit sich bringen, lassen sich nach deutscher Kategorisierung in soziale einschließlich arbeitsorganisatorische sowie allgemeine personelle und wirtschaftliche Angelegenheiten einteilen. Entscheidungen eines schwedischen Arbeitgebers, die eine wichtige Veränderung der Arbeits- oder Anstellungsbedingungen der Arbeitnehmer mit sich bringen, lassen sich vor allem den personellen Einzelmaßnahmen zuordnen.

(1) Wichtige Veränderungen der wirtschaftlichen Tätigkeit, die den sozialen sowie den arbeitstechnischen und -organisatorischen Angelegenheiten des BetrVG zuzuordnen sind

Wichtige Veränderungen der wirtschaftlichen Tätigkeit des Arbeitgebers gem. § 11 MBL, die vom schwedischen Gesetzgeber dessen Direktionsrecht zugeordnet wurden und zu einer Verhandlungsverpflichtung gem. § 11 MBL führen, sind die Verlegung der Arbeitszeit, Entscheidungen zur Arbeitsorganisation, die Planung und Einrichtung der Arbeitsstätten sowie die Auswahl von Arbeitsaufgaben und -methoden.

Den sozialen Angelegenheiten gem. BetrVG zuzuordnen ist die Verlegung der Arbeitszeit. Ein deutscher Betriebsrat hätte bei Verlegung der Arbeitszeit ein erzwingbares Mitbestimmungsrecht gem. § 87 Abs. 1 Nr. 2 BetrVG gegenüber dem Arbeitgeber.[809] Demnach trifft das deutsche Recht eine Regelung, die den Arbeitgeber notfalls zwingt, mit dem Betriebsrat zu einer Vereinbarung zu gelangen. In Schweden dagegen wird auf die Kompetenz von Arbeitgebern und Gewerkschaften gesetzt, zusammen und höchstens mit sanftem Druck zu einer Einigung zu kommen. Als Druckmittel der Gewerkschaften kommt vor allem die Möglichkeit der Weiterleitung von Verhandlungen auf die zentrale Ebene in Betracht. Weigert sich der Arbeitgeber, mit den Gewerkschaften zu verhandeln, muss er teils erhebliche Schadensersatzforderungen befürchten.

Längerfristige Beschlüsse zur Arbeitsorganisation sowie die Planung und Einrichtung der Arbeitsstätten lassen sich den §§ 90, 91 BetrVG zuordnen. Hier stehen der schwedischen Generalklausel festgelegte Beteiligungsrechte des Betriebsrats in Form von Informations- und Beratungsrechten bei Planungsmaßnahmen (§ 90 Abs. 1, 2 BetrVG) gegenüber. Insofern ist, stellt man Verhandlungsrechte auf schwedischer Seite den Informations- und Beratungsrechten auf deutscher Seite gegenüber, ein relativer Gleichlauf der Beteiligungsintensität festzustellen, da die Verhandlungsrechte gem. § 11 MBL Information und Beratung beinhalten. Das erzwingbare Mitbestimmungsrecht des deutschen Betriebsrats bei für die Arbeitnehmer besonders belastenden Änderungen der Arbeitsplätze, des Arbeitsablaufs oder der Arbeitsumgebung, die den gesicherten arbeitswissenschaftlichen Erkenntnissen über die menschengerechte Gestaltung der Arbeit offensichtlich widersprechen (§ 91 BetrVG), geht demgegenüber weiter als das Mitbestimmungsverhandlungsrecht schwedischer Gewerkschaften. Der Betriebsrat kann in diesen Fällen angemessene Maßnahmen zur Abwendung, Milderung oder zum Ausgleich der Belastung der Arbeitnehmer verlangen. Indes sind in jedem schwedischen Betrieb mit mindestens fünf Arbeitnehmern gem. Kap. 6 § 2 des Gesetzes über Arbeitsbedingungen (*Arbetsmiljölag*, **AML**) Schutzbeauftragte (*Skyddsombud*) zu ernennen, die von den mit dem Arbeitgeber vertragsverbundenen Gewerkschaften ernannt werden. Die Schutzbeauftragten haben Informations- und Verhandlungsrechte gegenüber dem Arbeitgeber. Unter bestimmten Voraussetzungen, bspw. im Fall einer unmittelbaren und ernsten Gefahr für Leib und Leben der Arbeitnehmer, können sie gem. Kap. 6 § 7 AML die Einstellung der Arbeit anordnen.[810] Diese Befugnisse der – in größeren Betrieben bzw. Unternehmen meist gewerkschaftsangehörigen – Schutzbeauftragten lassen auf einen qualitativen Gleichlauf der Beteiligungsrechte zur Arbeitssicherheit in Deutschland und in Schweden schließen.

---

809 Dies in jedem Fall, soweit es sich bei der Verlegung um die Verteilung der Arbeitszeit auf die Wochentage sowie um den Beginn und das Ende der täglichen Arbeitszeit handelt, vgl. *F/E/S/T/L*, BetrVG, § 87 BetrVG, Rn. 106ff, 112ff;

810 Das Direktionsrecht des Arbeitgebers geht also in diesen Fällen auf den Schutzbeauftragten über; vgl. zu Einzelheiten *Adlercreutz/Mulder*, Svensk Arbetsrätt, S. 289ff.

Die Auswahl von Arbeitsaufgaben und -methoden wurde vom schwedischen Gesetzgeber ebenfalls einer wichtigen Veränderung der wirtschaftlichen Tätigkeit zugeordnet. Es ist davon auszugehen, dass der schwedische Gesetzgeber hier solche Maßnahmen erfassen wollte, die nicht nur einzelne Arbeitnehmer, sondern die gesamte Geschäftstätigkeit des Arbeitgebers betreffen, da er diese anderenfalls dem Arbeitnehmerfall des § 11 MBL zugeordnet hätte. Die Auswahl von Arbeitsaufgaben und -methoden ließe sich dem Beratungsrecht des Betriebsrats bei Planungsmaßnahmen des Arbeitgebers gem. § 90 Abs. 2 BetrVG zuordnen, dem zufolge dieser die Auswirkungen der geplanten Maßnahmen auf die Arbeitnehmer, insbesondere auf die Art ihrer Arbeit sowie die sich daraus ergebenden Anforderungen für die Arbeitgeber mit dem Betriebsrat zu beraten hat. Bringen also bspw. neue technische Anlagen (§ 90 Abs. 1 Nr. 2 BetrVG) oder neue Arbeitsverfahren und Arbeitsabläufe (§ 90 Abs. 1 Nr. 3 BetrVG), die der Arbeitgeber plant, veränderte Arbeitsaufgaben und -methoden mit sich, hat der Betriebsrat ein Beratungsrecht gegenüber dem Arbeitgeber gem. § 90 Abs. 2 BetrVG. Diesem Beratungsrecht entspricht – qualitativ gleichwertig – das Verhandlungsrecht schwedischer Gewerkschaften gem. § 11 MBL bei der Auswahl von Arbeitsaufgaben und -methoden seitens eines schwedischen Arbeitgebers.

Die Auswahl von Arbeitsaufgaben und -methoden lässt sich als Betriebsänderung auch den wirtschaftlichen Angelegenheiten i.S.d. BetrVG zuordnen, wenn mit der Auswahl die Einführung grundlegend neuer Arbeitsmethoden und Fertigungsverfahren i.S.d. § 111 S. 3 Nr. 5 BetrVG einhergeht. Sie ist daher auch im dortigen Zusammenhang zu erörtern.

(2) Wichtige Veränderungen der wirtschaftlichen Tätigkeit, die den allgemeinen personellen Angelegenheiten des BetrVG bzw. der Berufsbildung zuzuordnen sind

Zu wichtigen Veränderungen der wirtschaftlichen Tätigkeit, die den allgemeinen personellen Angelegenheiten des BetrVG bzw. der Berufsbildung zuzurechnen sind, gehören personalpolitische Entscheidungen von besonderer Bedeutung wie die Rekrutierung und Ausbildung von Arbeitnehmern.

Personalpolitische Entscheidungen von besonderer Bedeutung lassen sich in Deutschland aufgrund der Unbestimmtheit der schwedischen Formulierung den §§ 92 ff (allgemeine personelle Angelegenheiten) und 96 ff BetrVG (Berufsbildung) zuordnen. Von Bedeutung im Rahmen personalpolitischer Entscheidungen ist in Deutschland zum einen § 92 BetrVG, der dem Betriebsrat ein Informations- und Beratungsrecht gegenüber dem Arbeitgeber bezüglich der Personalplanung gibt. § 95 BetrVG, das stärkste Beteiligungsrecht in personellen Angelegenheiten, gibt dem Betriebsrat in Abs. 2 ein erzwingbares Mitbestimmungsrecht anlässlich der Aufstellung von Auswahlrichtlinien.

Die vom schwedischen Gesetzgeber als Beispiel personalpolitischer Entscheidungen aufgeführte Rekrutierung von Arbeitnehmern lässt sich dem Unterrichtungsrecht des Betriebsrats über die Personalplanung (§ 92 BetrVG) und der Ausschreibung von Arbeitsplätzen (§ 93 BetrVG) zuordnen. Die vom schwedischen Gesetzgeber als weiteres Beispiel angeführte Ausbildung von Arbeitnehmern lässt sich den Beteiligungsrechten des Betriebsrats bei der Berufsbildung (§§ 96 ff BetrVG) gegenüberstellen. Bezüglich des Berufsbildungsbedarfs hat dieser ein Beratungsrecht gegenüber dem Arbeitgeber gem. § 96 Abs. 1 BetrVG, bezüglich Einrichtungen und Maßnahmen der Berufsbildung hat er ein Beratungsrecht gem. § 97 Abs. 1 BetrVG. Ein erzwingbares Mitbestimmungsrecht hat der Betriebsrat gegenüber dem Arbeitgeber gem. § 97 Abs. 2 BetrVG für den Fall, dass eine Maßnahme des Arbeitgebers eine Änderung der Tätigkeit der Arbeitnehmer mit sich bringt, die Berufsbildungsmaßnahmen erforderlich macht.

Gem. BetrVG ist unter den Voraussetzungen des § 60 Abs. 1 BetrVG eine Jugend- und Auszubildendenvertretung zu wählen, die die besonderen Belange jugendlicher und zu ihrer Berufsausbildung beschäftigter Arbeitnehmer wahrnimmt. Eine entsprechende Einrichtung kennt das MBL nicht. Gut denkbar ist jedoch, dass – zumindest in größeren Unternehmen – lokale Tarifverträge oder auch informelle Absprachen zwischen Arbeitgeber und lokalen Gewerkschaften Regelungen zu den besonderen Belangen junger und auszubildender Arbeitnehmer enthalten.

Im Falle wichtiger Veränderungen der wirtschaftlichen Tätigkeit, die den allgemeinen personellen Angelegenheiten des BetrVG bzw. der Berufsbildung zuzurechnen sind, gehen die Beteiligungsrechte des deutschen Betriebsrats aufgrund der Existenz von Tatbeständen der erzwingbaren Mitbestimmung bei personellen Auswahlrichtlinien (§ 95 Abs. 2 BetrVG) sowie Maßnahmen der Berufsbildung (§ 97 Abs. 2 BetrVG) teils weiter als die schwedischer Gewerkschaften.

Zusammenfassend ist festzuhalten, dass einem als Generalklausel formulierten Verhandlungsrecht schwedischer Gewerkschaften bei personalpolitischen Entscheidungen von besonderer Bedeutung gesetzlich festgelegte Beteiligungsrechte des deutschen Betriebsrats gegenüberstehen.

(3) Wichtige Veränderungen der wirtschaftlichen Tätigkeit, die den wirtschaftlichen Angelegenheiten des BetrVG zuzuordnen sind

Veränderungen der Form und des Umfangs der Tätigkeit wie bspw. Ausweitungen, Verlegungen, Stilllegungen oder Einschränkungen der wirtschaftlichen Tätigkeit des Arbeitgebers würden in Deutschland Beteiligungsrechte des Betriebsrats gem. §§ 111 ff BetrVG auslösen.

Unternehmens- und Betriebsveräußerungen sowie Beschlüsse größerer strategischer oder prinzipieller Bedeutung wie die Errichtung neuer Anlagen, größere Investitionsbeschlüsse, Standortentscheidungen in Bezug auf das Unternehmen oder einzelne Betriebe würden in deutschen Aktiengesellschaften meist aufgrund Satzung oder Anordnung der Zustimmung des Aufsichtsrats gem. § 111 Abs. 4 S. 2 AktG bedürfen (vgl. oben **B.II.3.d.**). Der Betriebsrat hat dagegen nur Beteiligungsrechte in Form von Interessenausgleichs- und Sozialplanverhandlungen mit dem Arbeitgeber, wenn die betreffenden Maßnahmen auch eine Betriebsänderung gem. § 111 BetrVG mit sich bringen.[811] Das Gleiche gilt für die schon oben bei den arbeitsorganisatorischen Maßnahmen erörterte Auswahl von Arbeitsaufgaben und -methoden, wenn diese die Einführung grundlegend neuer Arbeitsmethoden und Fertigungsverfahren i.S.d. § 111 S. 3 Nr. 5 BetrVG mit sich bringt. In Schweden kann also ein Verhandlungsrecht der Gewerkschaften auch in solchen Angelegenheiten bestehen, die in Deutschland (zunächst) nur der Zustimmung des Aufsichtsrats bedürfen. Der Betriebsrat kommt in Deutschland erst und nur dann ins Spiel, wenn entsprechende Maßnahmen des Arbeitgebers auch eine Betriebsänderung zur Folge haben. In den genannten Angelegenheiten ist den schwedischen Gewerkschaften auf betrieblicher Ebene also ein „mehr" an Beteiligung eingeräumt als dem deutschen Betriebsrat. Betont werden muss allerdings, dass das Letztentscheidungsrecht nach abgeschlossenen Verhandlungen in Schweden immer beim Arbeitgeber bleibt. Für die Gewerkschaften bestehen also, abgesehen von der Weiterleitung von Verhandlungen auf die zentrale Ebene und der Drohung mit Schadensersatzforderungen, im Falle einer Verhandlungsverweigerung des Arbeitgebers keine Einfluss- und Druckausübungsmöglichkeiten.

Anlässlich von Betriebsänderungen sieht das BetrVG in Deutschland die Trennung von freiwilligen Interessenausgleichsverhandlungen und erzwingbaren Sozialplanverhandlungen vor (vgl. oben **B.I.1.c.(e).ii.**). Ein deutscher Arbeitgeber muss sich also – zumindest im Hinblick auf den Sozialplan – mit dem Betriebsrat einigen. Aufgrund dieser erzwingbaren Sozialplanverhandlungen gehen die Beteiligungsrechte deutscher Betriebsräte bei Betriebsänderungen weiter als die – nicht erzwingbaren – Beteiligungsrechte schwedischer Gewerkschaften bei wichtigen Veränderungen der wirtschaftlichen Tätigkeit des Arbeitgebers gem. § 11 MBL. In Schweden wird zudem nicht zwischen Interessenausgleichs- und Sozialplanverhandlungen unterschieden[812], sondern es bleibt beim Verhandlungsrecht der Gewerkschaften gem. § 11 MBL. Entsprechende Ver-

---

811 Die genannten Beispielsfälle einer Betriebs- oder Unternehmensveräußerung stellen für sich noch keine Betriebsänderung dar; vgl. hierzu *F/E/S/T/L*, BetrVG, § 111 BetrVG, Rn. 50 (Betrieb), Rn. 56 (Unternehmen).

812 *Fahlbeck*, Employee Participation, S. 23: *„From a legal point of view there is no difference between these two types of decisions. This, in turn, means there is no need to distinguish between them or to find a borderline between them."*

handlungen sind in Schweden oft innerhalb von drei bis vier Wochen abgeschlossen[813], während diese in Deutschland – zumindest in international tätigen Konzernen – bis zu 18 Monate beanspruchen können[814]. Zudem wurde im deutschen Teil der Arbeit die Tendenz beschrieben, in der betrieblichen Praxis Interessenausgleichs- und Sozialplanverhandlungen aufgrund von Praktikabilitätsgesichtspunkten zu verbinden (vgl. oben **B.I.1.c.(e).ii.**). Da deshalb nicht mehr genau zwischen Interessenausgleichs- und Sozialplanverhandlungen unterschieden werden kann, ist aufgrund dieser faktischen Verbindung in der Tendenz von einem „mehr" an Arbeitnehmereinfluss anlässlich von Betriebsänderungen auszugehen als vom Gesetz vorgesehen: Im Zweifel beeinflusst das zwingende Mitbestimmungsrecht des Betriebsrats zum Sozialplan auch die Verhandlungen zum Interessenausgleich in dem Sinne, dass ein Gesamtpaket geschnürt wird, das der zwingenden Mitbestimmung unterliegt. Zudem kann seit dem Urteil des BAG zur Zulässigkeit von Arbeitskampfmaßnahmen zur Erzwingung von Sozialtarifverträgen das Druckausübungspotenzial der Gewerkschaften gegenüber deutschen Arbeitgebern im Rahmen von Betriebsänderungen als noch deutlich erhöht bezeichnet werden. Weiter müssen Vorstand und Aufsichtsrat einer Aktiengesellschaft solche Folgekosten einer Betriebsänderung in ihr Kalkül einbeziehen, die aufgrund des Streikrechts der Gewerkschaften anfallen können. Dass diese Kosten durchaus erheblich sein können, wurde deutlich, als die schwedische *Electrolux AB* im Jahr 2005/06 ankündigte, den Betrieb ihrer deutschen Tochtergesellschaft *AEG* am Standort Nürnberg nach Tschechien zu verlagern, und die Belegschaft daraufhin fast sechs Wochen lang streikte. Ein einziger Streiktag soll für *Electrolux* zu einem Umsatzausfall von vier Millionen Euro geführt haben, und (dies konnte nicht in das Kalkül einbezogen werden) das Image des Unternehmens wurde nachhaltig beschädigt.[815] Der daraufhin abgeschlossene Sozialtarifvertrag hatte ein Volumen von 150 Millionen €, was durchschnittlich ca. 90.000 € je Mitarbeiter entsprach. Er war damit laut Angaben eines IG-Metall-Sprechers einer der besten in Deutschland je erzielten und ging weit über das Volumen üblicher Sozialpläne hinaus.[816]

Die Beteiligungsrechte des deutschen Betriebsrats im Falle von Betriebsänderungen gehen nach dem Gesagten weiter als die schwedischer Gewerkschaften im Falle von entsprechenden wichtigen Veränderungen der wirtschaftlichen Tätigkeit des Arbeitgebers. Gründe hierfür sind die Verbindung von Interessenausgleichs- und Sozialplanverhandlungen, die Erzwingbarkeit von Sozialplänen

813 *Hartzell*, Lag & Avtal vom 03.01.05.

814 *Säcker*, AG 2008, S. 17, 18f.

815 Berliner Zeitung vom 01.03.2006, im Internet abrufbar unter *http://www.berlinonline.de/berliner-zeitung/archiv/.bin/dump.fcgi/2006/0301/politik/0010/index.html* [gelesen am 20.07.2010].

816 Spiegel-Online vom 28.02.2006, im Internet abrufbar unter *http://www.spiegel.de/wirtschaft/0,1518,403571,00.html* [gelesen am 20.07.2010].

und das Druckausübungspotenzial der Gewerkschaften anlässlich von Betriebsänderungen.

(4) Wichtige Veränderungen der Arbeits- oder Anstellungsbedingungen der Arbeitnehmer, die den personellen Einzelmaßnahmen zuzuordnen sind

Von § 11 Abs. 1 S. 2 MBL sind solche Eingriffe in einzelne Arbeits- und Anstellungsverhältnisse erfasst, die nicht nur vorübergehend und zudem nicht von geringer Bedeutung sind. Bspw. die geplante Versetzung eines Arbeitnehmers, die Veränderung der Arbeitszeiten, der Entzug von Arbeitsaufgaben oder eine Entscheidung, die mehr Arbeit für den Arbeitnehmer mit sich bringt, führt zu einer Verhandlungspflicht des Arbeitgebers gem. zweiter Alternative des § 11 Abs. 1 MBL. In den Vorarbeiten wurde allerdings betont, dass die Trennlinie zwischen Tätigkeits- und Arbeitnehmerfall nicht scharf sei.

Die geplante Versetzung eines Arbeitnehmers lässt sich dem Mitbestimmungsrecht des Betriebsrats gem. § 99 Abs. 1 i.V.m. § 95 Abs. 3 BetrVG (Versetzung) zuordnen.[817] Der Entzug von Arbeitsaufgaben oder eine Entscheidung des Arbeitgebers, die mehr Arbeit für den Arbeitnehmer mit sich bringt, ließe sich dem Mitbestimmungsrecht des Betriebsrats gem. § 99 Abs. 1 i.V.m. § 95 Abs. 3 BetrVG nur dann zuordnen, wenn die Veränderung so erheblich ist, dass sich das Gesamtbild der Tätigkeit des Arbeitnehmers ändert.[818] In den genannten Fällen ist ein Beteiligungsrecht schwedischer Gewerkschaften also schon unter geringeren Voraussetzungen als denen des § 99 BetrVG denkbar. Allerdings gehen die Beteiligungsrechte des deutschen Betriebsrats weiter als die schwedischer Gewerkschaften, da dem deutschen Betriebsrat in den Fällen des § 99 Abs. 2 BetrVG ein Zustimmungsverweigerungsrecht aus bestimmten Gründen zusteht.

Das Verhandlungsrecht schwedischer Gewerkschaften bei der Veränderung der Arbeitszeit ist mit dem erzwingbaren Mitbestimmungsrecht des deutschen Betriebsrats gem. § 87 Abs. 1 Nr. 2 BetrVG (Beginn und Ende der täglichen Arbeitszeit einschließlich der Pausen sowie Verteilung der Arbeitszeit auf die einzelnen Wochentage) vergleichbar. § 87 Abs. 1 Nr. 2 BetrVG verlangt zwar, wie die meisten Angelegenheiten des § 87 BetrVG, das Vorliegen eines kollektiven Bezugs.[819] Das Verhandlungsrecht schwedischer Gewerkschaften bezieht sich dem gegenüber auf einzelne Arbeitnehmer. Von Bedeutung ist in diesem Zusammenhang aber die Rechtsprechung des BAG zu Schichtplänen, der zufolge §

---

817 Ein Mitbestimmungsrecht des Betriebsrats gem. § 99 BetrVG greift allerdings erst dann ein, wenn die beabsichtigte Tätigkeitsänderung die von § 95 Abs. 3 BetrVG geforderte Qualität und Intensität aufweist; vgl. hierzu *v. Hoyningen-Huene*, NZA 1993, S. 145, 146.

818 *F/E/S/T/L*, BetrVG, § 99 BetrVG, Rn. 125.

819 *F/E/S/T/L*, BetrVG, § 87 BetrVG, Rn. 14ff.

87 Abs. 1 Nr. 2 BetrVG auch für einzelne Schichtpläne gilt.[820] Zudem unterfällt die Zuweisung einzelner Arbeitnehmer von einer Schicht in eine andere dem Mitbestimmungsrecht des Betriebsrats, wenn es zu entsprechenden Situationen aus betriebsbedingten Gegebenheiten immer wieder kommen kann.[821] Bei Schichtplänen kann der Betriebsrat also auch im Falle einer Individualmaßnahme mit kollektivem Bezug u.U. ein Mitbestimmungsrecht haben, das aufgrund seiner Erzwingbarkeit weiter geht als das Verhandlungsrecht schwedischer Gewerkschaften bei Veränderungen der Arbeitszeit. Im Grundsatz aber findet das Verhandlungsrecht schwedischer Gewerkschaften hinsichtlich der Veränderung der Arbeitszeiten einzelner Arbeitnehmer kein Pendant im BetrVG, da das erzwingbare Mitbestimmungsrecht des Betriebsrats gem. § 87 Abs. 1 Nr. 2 BetrVG mit Ausnahme der rechtlichen „Grauzone" im Zusammenhang mit Schichtplänen einen kollektiven Tatbestand erfordert.

(5) Auftragsvergabe an Fremdfirmen

Das Verhandlungs- und Vetorecht schwedischer Gewerkschaften im Falle der Auftragsvergabe an Fremdfirmen gem. § 38 f MBL ist mit dem Einstellungsfall des § 99 BetrVG vergleichbar. Eine mitbestimmungspflichtige Einstellung gem. § 99 BetrVG liegt schon dann vor, wenn Personen (also nicht nur Arbeitnehmer) in den Betrieb eingegliedert werden, um zusammen mit den dort beschäftigten Arbeitnehmern den arbeitstechnischen Zweck des Betriebs durch weisungsgebundene Tätigkeit zu verwirklichen.[822] Der Betriebsrat kann aus den in § 99 Abs. 2 BetrVG genannten Gründen die Zustimmung zu der Einstellung unter den Voraussetzungen des § 99 Abs. 3 BetrVG (Wochenfrist, Schriftlichkeit, Angabe von Gründen) verweigern. Der Arbeitgeber wiederum kann gem. Abs. 4 beim Arbeitsgericht beantragen, die Zustimmung des Betriebsrats zu der Einstellung zu ersetzen.[823] Im Falle von Leiharbeitnehmern ist der Betriebsrat des ent-

---

820 BAG, Urteil vom 29.09.2004 = AP Nr 111 zu § 87 BetrVG 1972 Arbeitszeit: „Das Mitbestimmungsrecht nach § 87 Abs. 1 Nr. 2 BetrVG erfasst nicht nur die Frage, ob im Betrieb in mehreren Schichten gearbeitet werden soll, sondern auch die Festlegung der zeitlichen Lage der einzelnen Schichten und die Abgrenzung des Personenkreises, der Schichtarbeit zu leisten hat. Mitbestimmungs-pflichtig ist auch der Schichtplan und dessen nähere Ausgestaltung bis hin zur Zuordnung der Arbeit-nehmer zu den einzelnen Schichten."

821 BAG, Beschluss vom 27.6.1989 = AP BetrVG 1972 § 87Arbeitszeit Nr. 35; Beschluss vom 8.8.1989 = AP BetrVG 1972 § 23 Nr. 11; vgl. *Klebe* in: D/K/K/W, BetrVG, § 87 BetrVG, Rn. 84; *Richardi* in: Richardi, BetrVG, § 87 BetrVG, Rn. 290; **a.A.** *F/E/S/T/L*, BetrVG, § 87 BetrVG, Rn. 122.

822 BAG, Beschluss vom 12.11.02 = AP Nr. 43 zu § 99 BetrVG 1972 Einstellung.; vgl. zu Einzelheiten *F/E/S/T/L*, BetrVG, § 99 BetrVG, Rn. 33.

823 Zum Verfahren bei vorläufigen personellen Einzelmaßnahmen des Arbeitgebers vgl. § 100 BetrVG.

leihenden Betriebs gem. § 14 Abs. 3 des Arbeitnehmerüberlassungsgesetzes (**AÜG**) vor Übernahme eines Arbeitnehmers[824] zu beteiligen.

Die unterschiedlich ausgestalteten Vorschriften des MBL und des BetrVG haben eine ähnliche Stoßrichtung: Den schwedischen Gewerkschaften bzw. dem deutschen Betriebsrat wird eine Handhabe gegeben, mittels der Einstellungen aus Gründen des Schutzes der beschäftigten oder der zu beschäftigenden Arbeitnehmer verhindert werden können (vgl. zu Deutschland oben **B.I.1.c.(d).**). Hierbei setzt das schwedische Recht zunächst auf Kollektivverhandlungen, die nach Nichteinigung und Weiterleitung auf die zentrale Ebene mit einem Veto der Gewerkschaften gegen die Einstellung enden können. Ein gerichtliches Verfahren kennt das MBL im Falle der Beschäftigung von Fremdfirmenmitarbeitern dagegen nicht. Das BetrVG sieht ein formalisiertes Verfahren im Falle von Einstellungen vor, in dem auf eine Informationsverpflichtung des Arbeitgebers vor einer Einstellung ein Zustimmungsverweigerungsrecht des Betriebsrats in gesetzlich festgelegten Fällen folgt. Der Arbeitgeber kann bei personellen wie bei vorläufigen personellen Einzelmaßnahmen die Ersetzung der Zustimmung des Betriebsrats durch das Arbeitsgericht beantragen.

Die Bestimmungen zum Vetorecht schwedischer Gewerkschaften sind die einzigen im MBL, die den Gewerkschaften ein Mitbestimmungsrecht in dem Sinne geben, dass der Arbeitgeber nach abgeschlossenen Verhandlungen nicht alleine entscheiden kann.

Die schwedische Regelung ist in der Konsequenz weniger einschneidend für den Arbeitgeber als die deutsche, da er bei Verletzung seiner Verpflichtungen im Zusammenhang mit dem Vetorecht nur die Zahlung von Schadensersatz befürchten muss, nicht aber die Unwirksamkeit der Maßnahme. Dieser Schadensersatz kann aber bei Summen von bis zu 265.000 SEK, also ca. 25.000 €, empfindlich hoch ausfallen, weshalb ihm sicherlich eine Lenkungsfunktion zukommt. Ein deutscher Arbeitgeber hingegen muss eine Ersetzung der Zustimmung zu einer personellen Einzelmaßnahme durch das Arbeitsgericht abwarten (§ 99 Abs. 4 BetrVG), bzw. er darf eine vorläufige personelle Maßnahme im Falle des § 100 Abs. 3 BetrVG nicht aufrechterhalten. Mittels unterschiedlicher Mechanismen wird so verhindert, dass der Arbeitgeber Einstellungen vornimmt, ohne vorher in Schweden die Gewerkschaften bzw. in Deutschland den Betriebsrat zu beteiligen.

824 Übernahme ist die Eingliederung, also die tatsächliche Beschäftigung des Leiharbeitnehmers im Entleiherunternehmen. Die Beteiligungsrechte des Betriebsrats im Entleiherunternehmen sind in § 14 Abs. 3 AÜG indes nicht abschließend geregelt; vgl. zum ganzen *Thüsing* in: Thüsing, AÜG, § 14 AÜG, Rn. 99, 159.

(6) Fazit

Die Gegenüberstellung der schwedischen Anwendungsbeispiele des § 11 MBL und der diesen entsprechenden deutschen Regelungen zur Arbeitnehmerbeteiligung zeigt zunächst einen doch erheblichen Gleichlauf der geregelten Materien. Jegliche vom schwedischen Gesetzgeber angeführten Angelegenheiten, die zu einer Verhandlungsverpflichtung des Arbeitgebers führen, lassen sich Beteiligungsrechten des deutschen Betriebsrats zuordnen. Zudem macht der Vergleich deutlich, dass es in Schweden eine Generalklausel für sämtliche Angelegenheiten gibt, für die in Deutschland zwischen sozialen, personellen, arbeitsorganisatorischen und wirtschaftlichen Angelegenheiten unterschieden wird. Die Stärke der Beteiligungsrechte ist in Deutschland gesetzlich festgelegt, in Schweden muss – ganz gleich in welchem Bereich – gem. § 11 MBL verhandelt werden.

Die Tatsache der generalklauselartigen Schaffung eines Verhandlungsrechts schließt es gleichzeitig aus, dass in Schweden Beteiligungsrechte – wie in Deutschland – in ihrer Intensität abgestuft sind. Eine Steigerung von Informationsrechten über Anhörungs- und Beratungsrechte hin zu erzwingbaren Mitbestimmungsrechten kann es bei einem Verhandlungsrecht, welches auf einer Generalklausel beruht, nicht geben. So gehen die Beteiligungsrechte des Betriebsrats ganz allgemein in allen erörterten Angelegenheiten zumindest teilweise weiter als die der schwedischen Gewerkschaften, da sie immer auch Tatbestände der erzwingbaren Mitbestimmung aufweisen. Ein schwedischer Arbeitgeber dagegen kann aufgrund des dargestellten Alleinentscheidungsrechts nach abgeschlossenen Verhandlungen immer ohne Einigungszwang mit den Gewerkschaften entscheiden. Ihm kommt so im Vergleich zu einem deutschen Arbeitgeber mangels Tatbeständen der erzwingbaren Mitbestimmung ein umfassenderes Recht der Unternehmensleitung zu. Die einzige Ausnahme gilt für die Auftragsvergabe an Fremdfirmen, die den Gewerkschaften ein Vetorecht gegen Entscheidungen des Arbeitgebers gibt.

Dass die schwedischen Sozialpartner auf betrieblicher Ebene ohne Einigungszwang auskommen, ist ein Indikator für kooperative industrielle Beziehungen, die auf das Finden einvernehmlicher Lösungen vertrauen. Demgegenüber macht die Existenz der Einigungsstelle auf betrieblicher Ebene, die in Angelegenheiten der erzwingbaren Mitbestimmung mittels Zwangsschlichtung entscheidet, deutlich, dass die deutschen Betriebspartner teils nicht ohne Einigungszwang auskommen, die industriellen Beziehungen Deutschlands also weniger kooperativ sind.

(d) Streitverhandlungen

Streitverhandlungen sind Verhandlungen über die Auslegung oder Anwendung von gesetzlichen oder kollektivvertraglichen Regelungen.[825] Im Falle von Streitverhandlungen findet das allgemeine Verhandlungsrecht gem. § 10 MBL Anwendung. Ergänzend zu den allgemeinen Verhandlungsregeln der §§ 10, 15 – 16 MBL finden sich für Streitverhandlungen weitere Vorschriften, wie Fristenregelungen zur Einleitung solcher Verhandlungen, in den §§ 64, 65 MBL. Normalerweise legen die Sozialpartner in Verhandlungsordnungen fest, dass Streitverhandlungen auf der betrieblichen Ebene zwischen Arbeitgeber und lokalen Gewerkschaften beginnen, und dann auf die zentrale Ebene weitergeleitet werden, falls auf betrieblicher Ebene keine Einigung erreicht wird.[826] Schließlich werden die Streitigkeiten vor das AD oder ein Schiedsgericht gebracht, wenn auf betrieblicher und auch auf zentraler Ebene keine Einigung zwischen den Parteien erreicht werden kann.[827]

Laut *Adlercreutz* werden von einigen tausend Rechtsstreitigkeiten einige hundert von der betrieblichen Ebene auf die zentrale Ebene weitergeleitet.[828] Von diesen einigen hundert wiederum kommen nur sehr wenige vor das Arbeitsgericht. Diese Aussage bestätigte für den Dienstleistungssektor ein Interview mit *Mia Fransson*, Arbeitsrechtsjuristin bei *Almega*, der Arbeitgebervereinigung der Dienstleistungsunternehmen. Diese berichtete, dass 85 % aller Rechtsstreitigkeiten von den Parteien selber auf dem Verhandlungswege gelöst würden.[829] Dieser Befund beweist die Fähigkeit der schwedischen Sozialpartner, sich untereinander und ohne Einschaltung der Gerichte auf dem Verhandlungsweg zu einigen.[830]

d. Informationsrechte und -pflichten, §§ 19 ff MBL

Einsichts- und Informationsrechte der Gewerkschaften, geregelt in den §§ 19 – 22 MBL, sind laut Vorarbeiten zum MBL ein notwendiger Schritt in einem Regelsystem, das die Grundlage eines effektiven und weit gehenden Arbeitnehmereinflusses bildet. Informationsrechte sollen so die Verhandlungsrechte der Gewerkschaften ergänzen[831].

825 *Schmidt* et al., Facklig Arbetsrätt, S. 21.

826 *Schmidt* et al., Facklig Arbetsrätt, S. 21.

827 *Adlercreutz/Mulder*, Svensk Arbetsrätt, S. 76.

828 *Adlercreutz,* Sweden, S. 134.

829 Interview mit *Mia Fransson* vom 02.03.2007.

830 Auch in SOU 1994:141, S. 184 wird im Verhältnis zur Anzahl der Arbeitsplätze und der Arbeitnehmer von nur sehr wenigen Streitigkeiten gesprochen, die vor das AD gebracht werden.

831 Prop. 1975/76:105, S. 234.

(a) Informationspflichten des Arbeitgebers gegenüber vertragsverbundenen Gewerkschaften, § 19 MBL

§ 19 MBL regelt ergänzend zum verhandlungsbegleitenden Informationsrecht der Gewerkschaften gem. § 18 MBL besondere Informationspflichten des Arbeitgebers gegenüber den mit ihm vertragsverbundenen Gewerkschaften.

i. Allgemeine Informationspflicht des Arbeitgebers, § 19 Abs. 1 S. 1 MBL

Gemäß § 19 Abs. 1 S. 1 MBL ist ein Arbeitgeber verpflichtet, die Gewerkschaften, mit denen er in einem Kollektivvertragsverhältnis steht, fortlaufend über die produktionsmäßige und wirtschaftliche Entwicklung seiner Tätigkeit sowie über Richtlinien der Personalpolitik zu unterrichten.

§ 19 MBL knüpft, wie auch das primäre Mitbestimmungsverhandlungsrecht gem. § 11 MBL, an die Vertragsverbundenheit von Arbeitgeber und Gewerkschaften an. Der Grund hierfür ist wieder, dass die Informationsverpflichtung des Arbeitgebers gem. § 19 MBL einen Teil des Systems der Arbeitnehmerbeteiligung im Bereich der Unternehmens- und Arbeitsleitung darstellt, der – wie auch die Mitbestimmungsverhandlungsrechte gem. §§ 11,12 MBL – den mit dem Arbeitgeber kollektivvertragsverbundenen Gewerkschaften vorbehalten bleiben sollte.[832] Ziel der Informationspflicht des Arbeitgebers ist es, die Voraussetzungen für eine zweckmäßige Ausübung des Einflusses der kollektivvertragsverbundenen Gewerkschaften auf die Tätigkeit des Arbeitgebers zu schaffen.[833]

Der Arbeitgeber ist verpflichtet, die Gewerkschaften ohne Anknüpfung an anstehende Entscheidungen über die Situation des Unternehmens zu unterrichten. Die Informationen sollen solche Angaben enthalten, die erforderlich sind, um die Zukunftsaussichten des Unternehmens einzuschätzen, wie bspw. Angaben zur früheren und aktuellen Geschäftslage sowie eventuelle Zukunftsprognosen. Die vertragsverbundenen Gewerkschaften sollen bezüglich der von der Informationspflicht umfassten Angelegenheiten im Prinzip Zugang zu den gleichen Informationen wie der Arbeitgeber erhalten.[834] Die Informationen sollen in einer für die Gewerkschaften verständlichen Art und Weise und schnellstmöglich zur Verfügung gestellt werden.[835] Je nach Art des Arbeitsplatzes, dessen Größe und ähnlichen Umständen, sollen bspw. einmal in der Woche oder im Monat Informationstreffen abgehalten werden.[836]

---

832 Prop. 1975/76:105, S. 237.

833 *Bergqvist/ Lunning/ Toijer,* MBL-Kommentar, § 19 MBL, S. 277.

834 *Olauson/Holke*, MBL-Kommentar, §§ 18 – 20 MBL, S. 161. Laut AD 1978 Nr. 84 verstößt der Arbeitgeber gegen seine Informationspflicht, wenn er die Gewerkschaften nicht von einem starken Rückgang der Aufträge unterrichtet.

835 Prop. 1975/76:105, S. 366.

836 *Olauson/Holke*, MBL-Kommentar, §§ 18 - 20 MBL, S. 162.

Im Vergleich zum MBL ausführlichere Informationsverpflichtungen des Arbeitgebers gegenüber den Gewerkschaften legt der UVA fest. Laut Kommentar zu § 3 Abs. 1 UVA wird auf Wunsch der lokalen Gewerkschaften der Aufbau der Arbeitsorganisation im Unternehmen dargelegt und diskutiert. So haben die Gewerkschaften, beginnend mit Diskussionen, die Möglichkeit, auf den Aufbau der Arbeitsorganisation Einfluss zu nehmen.

Die Informationspflichten des Arbeitgebers zur produktionsmäßigen und wirtschaftlichen Entwicklung seiner Tätigkeit sowie zu Richtlinien der Personalpolitik bilden die Grundlage für die durch Verhandlungen auszuübende Einflussnahme der Gewerkschaften auf den Entscheidungsprozess des Arbeitgebers. Eine Parallele finden diese Informationspflichten in der allgemeinen Informationspflicht eines deutschen Arbeitgebers gem. § 80 Abs. 2 S. 1 BetrVG, demgemäß dieser den Betriebsrat rechtzeitig und umfassend zu unterrichten hat, damit der Betriebsrat seine Aufgaben nach dem BetrVG durchführen kann. Informationsrechte des Betriebsrats, wie das allgemeine Informationsrecht gewähren keine unmittelbare Mitwirkung bei der Betriebsgestaltung und Entscheidungsfindung, sie stellen aber eine notwendige Voraussetzung sinnvoller Beteiligung durch die Herstellung von Transparenz dar.[837] Das Ziel der schwedischen wie der deutschen Regelungen zu Informationsrechten ist so die Schaffung einer Grundlage für die Einbindung der Gewerkschaften bzw. des Betriebsrats in die Entscheidungsprozesse des Arbeitgebers.

(1) Informationen zur Entwicklung der Produktion und der wirtschaftlichen Tätigkeit

Die Unterrichtungspflicht des Arbeitgebers zur Entwicklung der Produktion umfasst Informationen über die Produktionstechnik sowie über die Organisation, Planung und Entwicklung. Es sollen fortlaufend Übersichten mit Berichten über vorgeschlagene oder unternommene Änderungen sowie wichtige Veränderungen der Betriebs- oder Arbeitsverhältnisse und der Arbeitsmethoden zur Verfügung gestellt werden.[838] Weiter kann die Informationspflicht Angaben bspw. zur Produktivität in unterschiedlichen Abteilungen, zu Investitionsbedürfnissen hinsichtlich Maschinen und anderer Ausrüstung sowie zum Produktionsvolumen in unterschiedlichen Sektoren erfordern.[839] Die Unterrichtungspflicht des Arbeitgebers bezüglich dessen wirtschaftlicher Tätigkeit umfasst bspw. das Jahresergebnis der Gesellschaft, die nach Produkten und Märkten aufgeschlüsselte Verkaufsentwicklung, die Konkurrenzsituation, Zwischenbilanzen, die Auftragssituation sowie die Kostenentwicklung einzelner Geschäftsbereiche.[840]

---

837 *v. Hoyningen-Huene*, BetrVR, § 11, Rn. 3.
838 *Bergqvist/ Lunning/ Toijer,* MBL-Kommentar, § 19 MBL, S. 278.
839 *Olauson/Holke*, MBL-Kommentar, §§ 18 - 20 MBL , S. 163.
840 *Olauson/Holke*, MBL-Kommentar, §§ 18 - 20 MBL, S. 163.

Der Arbeitgeber hat die Gewerkschaften hierbei so zu informieren, dass diese sich eine gute Vorstellung von den wirtschaftlichen Verhältnissen des Unternehmens und dessen Zukunftsaussichten machen können. Zu diesem Zweck kann es notwendig sein, Informationen über die konjunkturelle Lage sowie die Marktentwicklung in der Branche unter besonderer Berücksichtigung der Situation der eigenen Tätigkeit sowie deren wirtschaftlicher Voraussetzungen und Absatzmöglichkeiten zur Verfügung zu stellen.[841] Auch auf diesem Gebiet erweitert der UVA die Informationspflichten des Arbeitgebers. Dieser soll die Gewerkschaften gem. § 4 Abs. 3 UVA beteiligen, wenn geplante technische Veränderungen wichtige Veränderungen für die Arbeitnehmer mit sich bringen. Der Arbeitgeber soll über die wirtschaftlichen Erwägungen, welche die neue Technik erforderlich machen, und über die Konsequenzen für die Arbeitsbedingungen und die Beschäftigungssituation der Arbeitnehmer Rechenschaft ablegen.

Die Informationsrechte schwedischer Gewerkschaften und des deutschen Wirtschaftsausschusses (vgl. oben **B.I.1.d.(c).ii.**) weisen bezüglich ihres Inhalts deutliche Entsprechungen auf. Informationen zur Kostenentwicklung einzelner Geschäftsbereiche, zur Produktivität in unterschiedlichen Abteilungen, zur Konkurrenzsituation, zu Zwischenbilanzen sowie zur Auftragssituation der Gesellschaft lassen sich der Generalklausel des § 106 Abs. 3 Nr. 1 BetrVG (wirtschaftliche und finanzielle Lage des Unternehmens[842]) zuordnen. Informationen zum Produktionsvolumen in unterschiedlichen Sektoren sowie Informationen bezüglich der nach Produkten und Märkten aufgeschlüsselten Verkaufsentwicklung entsprechen § 106 Abs. 3 Nr. 2 BetrVG (Produktions- und Absatzlage). Informationen zu Investitionsbedürfnissen hinsichtlich Maschinen und anderer Ausrüstung lassen sich § 106 Abs. 2 Nr. 3 BetrVG (Produktions- und Investitionsprogramm) zuordnen. Informationen über die Produktionstechnik sowie Informationen zu Organisation, Planung und Entwicklung, die Berichte über vorgeschlagene oder unternommene Änderungen sowie wichtige Veränderungen der Betriebs- oder Arbeitsverhältnisse und der Arbeitsmethoden enthalten sollen, entsprechen Informationsrechten des Wirtschaftsausschusses gem. § 106 Abs. 3 Nr. 5 BetrVG (Fabrikations- und Arbeitsmethoden, insbesondere die Einführung neuer Arbeitsmethoden). Informationsrechte der Gewerkschaften zum Jahresergebnis der Gesellschaft lassen sich der Vorlage und Erläuterung des Jahresabschlusses durch den Unternehmer gem. § 108 Abs. 5 BetrVG zuordnen. Die Informations- und Beratungsrechte des Wirtschaftsausschusses gem. § 106 Abs. 3 Nr. 5a – 9 BetrVG finden dagegen keine Entsprechung im schwedischen Recht.

---

841 *Bergqvist/ Lunning/ Toijer,* MBL-Kommentar, § 19 MBL, S. 278.

842 *F/E/S/T/L*, BetrVG, § 106 BetrVG, Rn. 52: Zur wirtschaftlichen und finanziellen Lage des Unternehmens gehören alle auf das Unternehmen einwirkenden Gegebenheiten, die für die unternehmerische Planung von Bedeutung sind.

Nimmt man zur Informationsverpflichtung des § 19 Abs. 1 MBL die Regelung in § 4 Abs. 3 UVA hinzu, entsprechend der der Arbeitgeber auch über die Konsequenzen für die Arbeitsbedingungen und die Beschäftigungssituation der Arbeitnehmer Rechenschaft ablegen soll, so entspricht die Informationsverpflichtung ihrem Inhalt nach § 106 Abs. 2 BetrVG, dem zufolge der Arbeitgeber die Auswirkungen wirtschaftlicher Angelegenheiten auf die Personalplanung darzustellen hat.

(2) Informationen zu Richtlinien der Personalpolitik

Die Informationsverpflichtung zu Richtlinien der Personalpolitik trifft einen schwedischen Arbeitgeber u.a. bezogen auf die Fluktuation des Personals, den Personalzuwachs, die Zusammensetzung des Personals, Prinzipien und Methoden bei Neueinstellungen und Beförderungen sowie bezüglich der Versetzung des Personals.[843]

Die Informationsverpflichtung zu Richtlinien der Personalpolitik lässt sich den Informations- und Beratungsrechten des deutschen Betriebsrats bei der Personalplanung, § 92 BetrVG (vgl. oben **B.I.1.c.(d).**), zuordnen. In Schweden sind die Gewerkschaften im Rahmen der Unterrichtung zu Richtlinien der Personalpolitik über Prinzipien und Methoden bei Neueinstellungen, Versetzungen und Beförderungen zu unterrichten. Dem entspricht die im Vergleich zur schwedischen Informationsverpflichtung weiter gehende Mitbestimmung des deutschen Betriebsrats bei Auswahlrichtlinien zur personellen Auswahl bei Einstellungen und Versetzungen, Umgruppierungen und Kündigungen, § 95 Abs. 1 BetrVG. Im Falle von Beförderungen[844] hat der Betriebsrat ein erzwingbares Mitbestimmungsrecht allerdings nur dann, wenn es sich bei der Beförderung um eine Versetzung oder Umgruppierung[845] handelt.

Informationsrechten schwedischer Gewerkschaften bezüglich der Ausbildung des Personals[846] stehen die Beratungs- und Mitbestimmungsrechte des Betriebsrats bei Maßnahmen der Berufsbildung gegenüber.

ii. Informationspflicht auf Verlangen der Gewerkschaften, § 19 Abs. 1 S. 2 MBL

Die kollektivvertragsverbundenen Gewerkschaften haben gem. § 19 Abs. 1 S. 2 MBL das Recht, die Geschäftsbücher und andere das Unternehmen betreffende Dokumente in dem Umfang einzusehen, der für sie erforderlich ist, um die ge-

---

843 *Olauson/Holke*, MBL-Kommentar, §§ 18 - 20 MBL, S. 163.

844 Das BetrVG kennt den Begriff der Beförderung nicht, weshalb er untechnisch zu verstehen ist.

845 Vgl. zu den Begriffen *F/E/S/T/L*, BetrVG, § 99 BetrVG, Rn. 104ff (Umgruppierung), Rn. 118ff (Versetzung).

846 *Olauson/Holke*, MBL-Kommentar, §§ 18 - 20 MBL, S. 163.

meinsamen Interessen ihrer Mitglieder gegenüber dem Arbeitgeber wahrnehmen zu können.

Beispiele für das Unternehmen betreffende Dokumente sind Berichte und Analysen oder das Faktenmaterial hierzu, wie Statistiken, Protokolle und Verträge. Auch Korrespondenzen, Auftragseingänge etc. werden von der Informationspflicht erfasst.[847]

In der Praxis kann das Recht auf Einsicht in Dokumente anlässlich der fortlaufenden Information der Gewerkschaften durch den Arbeitgeber gem. § 19 Abs. 1 S. 1 MBL fruchtbar gemacht werden. Unterrichtet der Arbeitgeber die Gewerkschaften bspw., dass die Fluktuation des Personals in einer Abteilung hoch ist, können die Gewerkschaften entsprechende Untersuchungen, Berichte und ähnliche Dokumente des Arbeitgebers zu den Ursachen hiervon verlangen.[848]

Die schwedische Generalklausel, welche den Gewerkschaften das Recht gibt, Einsicht in die genannten Dokumente und Unterlagen zu nehmen, lässt sich mit § 80 Abs. 2 S. 2 BetrVG vergleichen, demgemäß dem Betriebsrat zu dem Recht auf rechtzeitige und umfassende Unterrichtung der Anspruch eingeräumt wird, sich jederzeit die zur Durchführung seiner Aufgaben erforderlichen Unterlagen zur Verfügung stellen zu lassen. Allerdings ist der Umfang der Informationsrechte des deutschen Betriebsrats begrenzter als der der schwedischen Gewerkschaften, da § 80 Abs. 2 S. 2 BetrVG mangels Aufgabenbezugs des Betriebsrats kein Einsichtsrecht des Betriebsrats in die Geschäftsbücher der Gesellschaft erfasst. Dieses Einsichtsrecht ist gem. § 111 Abs. 2 AktG dem Aufsichtsrat vorbehalten. Auch „andere das Unternehmen betreffende Dokumente“ i.S.d. § 19 Abs. 1 S. 2 MBL sind vom entsprechenden Informationsrecht des Betriebsrats nur im Falle eines konkreten Aufgabenbezugs erfasst.[849] Insgesamt ist das Informationsrecht des deutschen Betriebsrats im Rahmen von § 80 BetrVG daher deutlich begrenzter als das schwedischer Gewerkschaften im Falle des § 19 MBL, da einer weit gehenden Generalklausel in Schweden Informationsrechte des deutschen Betriebsrats, die durch dessen Aufgabenbezug begrenzt sind, gegenüberstehen.

iii. Fazit

Die Regelungen des MBL wie auch die des BetrVG bilden die Grundlage weiter gehender Beteiligungsrechte der Gewerkschaften bzw. des Betriebsrats. Die all-

---

847 *Bergqvist/ Lunning/ Toijer,* MBL-Kommentar, § 19 MBL, S. 280.

848 *Olauson/Holke*, MBL-Kommentar, §§ 18 - 20 MBL, S. 166.

849 Hierzu gehören bspw. Werk- und Dienstverträge mit Fremdfirmen, ausgefüllte Formulararbeitsverträge, nicht aber die Vorlage von Personalakten. Das Einsichtsrecht in Lohn- und Gehaltslisten ist in § 80 Abs. 2 S. 2 HS 2 BetrVG geregelt; vgl. zum ganzen *F/E/S/T/L*, BetrVG, § 80 BetrVG, Rn. 62ff.

gemeinen Informationspflichten des Arbeitgebers (§ 19 Abs. 1 S. 1 MBL) sowie dessen Informationspflicht auf Verlangen der Gewerkschaften (§ 19 Abs. 1 S. 2 MBL) dienen in Schweden dazu, die Grundlage einer sinnvollen Beteiligung der Gewerkschaften am Entscheidungsprozess des Arbeitgebers zu schaffen. Auch die Informationsrechte des deutschen Betriebsrats (§ 80 Abs. 1 S. 1, S. 2 BetrVG) sowie die Informations- und Beratungsrechte des Wirtschaftsausschusses (§ 106 BetrVG) geben diesen zwar (noch) kein unmittelbares Gestaltungsrecht, sind aber eine notwendige Voraussetzung weitergehender Mitsprache. Gleiches gilt für das Unterrichtungs- und Beratungsrecht des Betriebsrats bei der Personalplanung: Dem Betriebsrat soll die Gelegenheit gegeben werden, auf den Entscheidungsprozess des Arbeitgebers einzuwirken und aus der Personalplanung folgende Nachteile für die Arbeitnehmer schon im Vorfeld abwenden zu können.[850]

Die Regelungen zu Informationsrechten in Deutschland und in Schweden verfolgen die gleichen Ziele, da sie in beiden Ländern die Grundlage einer sinnvollen Beteiligung der lokalen Gewerkschaften bzw. des Betriebsrats an den Entscheidungsprozessen des Arbeitgebers bilden.

(b) Geheimhaltungsverpflichtung

i. Verhandlungen über die Geheimhaltung, § 21 Abs. 1 MBL

Eine Partei, die zur Herausgabe von Informationen verpflichtet ist, hat gem. § 21 Abs. 1 MBL gegenüber der anderen Partei ein Verhandlungsrecht betreffend der Geheimhaltung der zu überlassenden Informationen. Dies gilt sowohl in Fällen von Informationen, die im Rahmen von Verhandlungen gegeben werden, als auch in Fällen der allgemeinen Informationspflicht des Arbeitgebers gem. § 19 MBL.[851] Verhandlungen über die Verschwiegenheitspflicht werden normalerweise bei Herausgabe der Informationen bzw. anlässlich der Verhandlungen, die eine Informationsverpflichtung mit sich bringen, geführt.[852] In den Verhandlungen geht es zumeist darum, ob hinsichtlich Informationen, zu deren Herausgabe der Arbeitgeber gegenüber den Gewerkschaften verpflichtet ist, eine Schweigepflicht vereinbart werden soll und wenn ja, wie weit sich diese strecken soll.[853]

---

850 *Kraft/Raab* in: GK BetrVG, § 92 BetrVG, Rn. 8.

851 Prop. 1975/76:105, S. 367.

852 *Olauson/Holke*, MBL-Kommentar, §§ 21 - 22 MBL, S. 196.

853 Bergqvist/Lunning/Toijer, MBL-Kommentar, § 21 MBL, S. 287.

ii. Gerichtsverfahren

Wird während der Verhandlungen keine Einigung erreicht, kann die Partei, die Geheimhaltung begehrt, vor Gericht auf Geheimhaltung klagen, § 21 Abs. 2 S. 1 MBL.[854] Bei der gerichtlichen Überprüfung treten primär Informationen, die aus Konkurrenzgesichtspunkten eine Rolle spielen, in den Vordergrund. Dies können zum Beispiel Produktionsmethoden, Berufsgeheimnisse, Geschäftsverbindungen oder andere Fragen von wesentlichem Geschäftsinteresse sein.[855]

Gem. § 21 Abs. 3 S. 1 MBL gilt die Geheimhaltungsverpflichtung für die andere Partei bis zum Ende des Rechtsstreits, ein Verstoß eines Empfängers von Informationen gegen eine Geheimhaltungsverpflichtung führt zu einer Schadensersatzverpflichtung gem. § 56 Abs. 1, 2 MBL.

iii. Weitergabe von Informationen, § 22 MBL

Gemäß § 22 S. 1 MBL kann ein Gewerkschaftsvertreter solche Informationen, die er als Vertreter einer lokalen oder zentralen Gewerkschaft erhalten hat, ungeachtet einer vereinbarten Geheimhaltungsverpflichtung an die Mitglieder der lokalen oder zentralen Gewerkschaftsleitung weiterleiten.[856] Die Geheimhaltungsverpflichtung erstreckt sich dann gem. § 22 S. 2 MBL auch auf die Mitglieder der lokalen bzw. zentralen Gewerkschaftsleitung. Zum Zweck der Weiterleitungsmöglichkeit werden in den Gesetzesvorarbeiten keine Angaben gemacht.[857] Es ist jedoch anzunehmen, dass Gewerkschaftsvertreter, die geheime Informationen erhalten haben, auch die Möglichkeit haben sollen, sich hierüber mit ihrer Gewerkschaftsleitung austauschen zu können. Als Grund hierfür wird angeführt, dass die Möglichkeit der Weiterleitung dem Risiko der Entfremdung zwischen Informationsempfängern und (betrieblicher oder zentraler) Gewerkschaftsleitung vorbeugen solle.[858]

Aufgrund des „Weiterleitungsrechts" der Gewerkschaftsvertreter ist die Geheimhaltungsregel laut *Schmidt* et al. nur von begrenztem Nutzen, da die Erfahrung zeige, dass Informationen nicht über eine längere Zeit geheim gehalten werden könnten, wenn mehr als vier oder fünf Personen Kenntnis von ihnen ha-

---

854 Das Gericht hat gem. § 21 Abs. 2 S. 3 MBL die Geheimhaltungsverpflichtung in dem je nach Art des Falles erforderlichen Umfang anzuordnen, wenn anzunehmen ist, dass sonst das Risiko eines wesentlichen Schadens für die Partei oder einen Dritten besteht.

855 *Bergqvist/Lunning/Toijer,* MBL-Kommentar, § 21 MBL, S. 287.

856 Der Gewerkschaftsleitung der zentralen Gewerkschaft dürfen die mit der Verschwiegenheitspflicht belegten Informationen allerdings nur dann weitergeleitet werden, wenn die zentrale Ebene auch tatsächlich in Verhandlungen involviert ist, vgl. *Fahlbeck*, Praktisk Arbetsrätt, S. 162.

857 Vgl. Prop. 1975/76:105, S. 239, wo nur darauf hingewiesen wird, dass Informationen an die entsprechende Gewerkschaftsleitung weitergeleitet werden können sollen.

858 *Adlercreutz*, Sweden, S. 210.

ben.[859] Problematisch ist zudem, dass auf höherer Gewerkschaftsebene die Informationen von Konkurrenten zusammenlaufen können. Oft finden sich in Mitbestimmungsverträgen Regelungen zur Behandlung geheimhaltungsbedürftiger Informationen einschließlich deren Weiterleitung[860], allerdings enthält keiner der zentralen Mitbestimmungsverträge Regelungen hierzu[861].

iv. Vergleich der schwedischen und der deutschen Bestimmungen zur Geheimhaltung

Das schwedische Recht sieht, ganz der Tradition der industriellen Beziehungen Schwedens entsprechend, Verhandlungen über eine Geheimhaltungsverpflichtung bezüglich geheimhaltungsbedürftiger Informationen vor. Es erlaubt die Informationsweitergabe durch Gewerkschaftsvertreter an Mitglieder der lokalen bzw. zentralen Gewerkschaftsleitung, wobei diese dann auch der Geheimhaltungsverpflichtung unterliegen. In Deutschland sind die Mitglieder des Betriebsrats gem. § 79 Abs. 1 S. 1 BetrVG verpflichtet, Betriebs- oder Geschäftsgeheimnisse, die ihnen wegen ihrer Zugehörigkeit zum Betriebsrat bekannt geworden und vom Arbeitgeber ausdrücklich als geheimhaltungsbedürftig bezeichnet worden sind, nicht zu offenbaren und nicht zu verwerten. Die Schweigepflicht gilt allerdings nicht im Innenverhältnis zwischen den Betriebsratsmitgliedern sowie im Außenverhältnis gegenüber dem Gesamt- und Konzernbetriebsrat und gegenüber den Arbeitnehmervertretern im Aufsichtsrat, vgl. § 79 Abs. 1 S. 3, 4 BetrVG. Das MBL hat die Informationsweitergabe an Arbeitnehmervertreter im Verwaltungsrat nicht geregelt. Es ist indes anzunehmen, dass diese als Mitglieder des Verwaltungsrats, also des Organs, das das Arbeitgeberunternehmen neben dem geschäftsführenden Direktor vertritt, meist ohnehin Kenntnis von den geheimhaltungsbedürftigen Informationen haben werden. Zudem sind sie oft, wie in Deutschland, personenidentisch mit den lokalen Arbeitnehmervertretern.

Die deutsche und die schwedische Regelung erreichen auf unterschiedlichem Wege die Möglichkeit der Festlegung einer Geheimhaltungsverpflichtung. In Deutschland hat der Arbeitgeber die Möglichkeit der Anordnung einer solchen Verpflichtung, in Schweden dagegen wird grundsätzlich verhandelt. Vermutlich dürfte in Schweden die Akzeptanz der Verpflichtung, bezüglich einer konkreten Angelegenheit Stillschweigen zu bewahren, größer sein, da die Arbeitnehmerseite am Verhandlungstisch und am Verhandlungsergebnis beteiligt wird, die Parteien sich also auf gleicher Augenhöhe gegenübertreten.

Die Regelungen nehmen einen vergleichbaren Personenkreis von der Geheimhaltungsverpflichtung aus. Hierbei handelt es sich um diejenigen Personen, gegenüber denen eine Geheimnishütung vernünftigerweise nicht erwartet wer-

---

859 *Schmidt* et al., Facklig Arbetsrätt, S. 174.

860 *Fahlbeck*, Praktisk Arbetsrätt, S. 164.

861 *Olauson/Holke*, MBL-Kommentar, §§ 21 - 22 MBL, S. 198.

den kann. Insofern wird mittels unterschiedlicher Regelungen – Verhandlungen in Schweden, Kodifizierung in Deutschland – das gleiche Ziel, eine Geheimhaltungsverpflichtung mit Ausnahmen für „Personen, die es angeht", erreicht.

e. Mitbestimmungsverträge, § 32 MBL

§ 32 MBL regelt ein Verhandlungsrecht der mit dem Arbeitgeber vertragsverbundenen Gewerkschaften, das auf die Eingehung von Kollektivverträgen zu Fragen der Eingehung und Beendigung von Arbeitsverträgen, der Leitung und Verteilung der Arbeit und zu Fragen des Geschäftsbetriebs im übrigen abzielt. Diese Kollektivverträge werden im Folgenden als *„Mitbestimmungsverträge"* bezeichnet, um ihren besonderen Inhalt gegenüber gewöhnlichen Tarifverträgen, bspw. solchen zu Lohn und allgemeinen Arbeitsbedingungen, hervorzuheben.

(a) Grundlagen

Ziel des MBL als Rahmengesetz ist es, die Eingehung ausgestaltender wie auch vom MBL abweichender Mitbestimmungsverträge zu ermöglichen. Es wurde erwartet, dass die Regeln des MBL zum Arbeitnehmereinfluss sukzessive durch Mitbestimmungsverträge ausgeweitet würden.[862] Ein Grund für eine solche Lösung, die den Sozialpartnern die Möglichkeit gibt, die für sie am besten passenden Formen der Mitbestimmung zu finden, wurde darin gesehen, dass jegliche Detailregelung im Gesetz das Risiko mit sich brächte, teilweise schwer anwendbar und starr zu sein. Im Falle von Großunternehmen mit guten Kontakten zwischen Arbeitgeber und Gewerkschaften würden solche Lösungen passen, die in Fällen mit weniger ausgeprägten Kontakten zwischen der Arbeitgeber- und Arbeitnehmerseite gar nicht möglich wären.[863] Ein Hauptgedanke der arbeitsrechtlichen Reformen der siebziger Jahre war deshalb, die Sozialpartner auf gesetzlicher Grundlage selbst die Mitbestimmungsrechte der Arbeitnehmer gestalten und entwickeln zu lassen.[864] Aus diesem Grund liegt dem MBL auch der Gedanke der Dezentralisierung der Mitbestimmung zugrunde, weshalb die Kollektivverträge auf Dachverbands- bzw. Zentralebene möglichst viel Spielraum für Mitbestimmungsverträge auf betrieblicher Ebene lassen sollten.[865] Der Gesetzgeber wollte also die Gestaltung der industriellen Beziehungen gerade auch in

---

862 Prop. 1975/76:105, S. 242f; *Sigeman*, Industriell Demokrati, S. 409.

863 *Bergqvist/Lunning/Tojer*, MBL-Kommentar, § 32 MBL, S 343.

864 *Bergqvist/Lunning/Tojer*, MBL-Kommentar, § 32 MBL, S 343.

865 *Fahlbeck*, Praktisk Arbetsrätt, S. 186; *Hanau*, Gesetzliche und Kollektivvertragliche Mitbestimmung, S. 99, erwartete 1978, dass die von den Dachorganisationen abgeschlossenen Mitbestimmungsverträge die vereinbarten Mitbestimmungsrechte vor allem gewerkschaftlichen Vertretungen oder mitbestimmten Organen auf Betriebs- und Unternehmensebene übertragen würden.

die Hände der lokalen Gewerkschaften als unterster Organisationseinheit der industriellen Beziehungen Schwedens legen.

Durch die Schaffung von § 32 MBL wollte der Gesetzgeber zudem mit der vor Erlass des MBL geltenden Tradition der einseitigen Entscheidungsrechte des Arbeitgebers brechen.[866] Hierzu gehörte vor allem das satzungsmäßig und in der Folge auch tarifvertraglich festgeschriebene Unternehmensleitungs- und Direktionsrecht des Arbeitgebers (§ 32 der Satzung der SAF, nunmehr SN), das seit dem Dezemberkompromiss aus dem Jahr 1906 fester Bestandteil aller Kollektivverträge war (vgl. oben **C.III.1.a.**) Die daher bis zum Erlass des MBL einseitigen Entscheidungsbefugnisse des Arbeitgebers in Arbeits- und Unternehmensleitungsfragen sollten mittels Verhandlungen und Kollektivverträgen zwischen Arbeitgebern und Arbeitnehmern verteilt werden.[867] Die erweiterte Mitbestimmung sollte den Arbeitnehmern in der Geschwindigkeit und in dem Umfang zukommen, wie sie dies für richtig erachteten.[868] Der Arbeitgeberverband SAF (nunmehr SN) änderte nach Erlass des MBL dann auch gezwungenermaßen seine Satzung und strich das vorbehaltlose Arbeits- und Unternehmensleitungsrecht des Arbeitgebers.[869]

(b) § 32 MBL

Gemäß § 32 MBL sollen zwischen Parteien, die einen Kollektivvertrag bezüglich Lohn und allgemeinen Anstellungsbedingungen abschließen, sofern die Arbeitnehmerseite dies begehrt, auch Kollektivverträge über Mitbestimmungsrechte der Arbeitnehmer zu Fragen der Eingehung und Beendigung von Arbeitsverträgen, der Leitung und Verteilung der Arbeit und Fragen des Geschäftsbetriebs im übrigen eingegangen werden.

Mitbestimmungsverträge gem. § 32 MBL sind Verträge, die die Anwendung oder eventuelle Abweichungen von Gesetzesbestimmungen des MBL zum Arbeitnehmereinfluss sowie weiter entwickelte Formen der Teilhabe der Arbeitnehmer an Beschlüssen des Arbeitgebers regeln.[870] Die vertraglich aushandelbaren Mitbestimmungsrechte der Arbeitnehmer gehen denkbar weit. Durch Mitbestimmungsvertrag regelbar sind jegliche Einflussformen, die sich auf das Ver-

866 Prop. 1975/76:105, S. 241.

867 Prop. 1975/76:105, S. 241; *Bergqvist/Lunning/Toijer*, MBL-Kommentar, § 32 MBL, S. 344.

868 Prop. 1975/76:105, S. 382; gl. hierzu *Goldberg/Wolff*, Verhandelte oder kodifizierte Mitbestimmung, S. 25: „Ganz bewusst räumt man damit den Beteiligten die Möglichkeit zur sukzessiven Verbesserung der Vereinbarungen auf der Basis von Erfahrungen ein. Ganz eindeutig wird der Arbeitnehmerseite damit ein Rahmen für zukünftige Entwicklungen eröffnet, die eine sukzessive Veränderung der Arbeitssituation und der Arbeitsqualität ermöglichen."

869 *Adlercreutz,* Sweden, S. 211f; *Schmidt* et al., Facklig Arbetsrätt, S. 207.

870 Prop. 1976/76:105, S. 383.

hältnis zwischen Arbeitnehmer und Arbeitgeber oder dessen Tätigkeit beziehen.[871] Dieser Anwendungsbereich von Mitbestimmungsverträgen ist konsequenterweise Deckungsgleich mit dem des allgemeinen Verhandlungsrechtes der Gewerkschaften gem. § 10 MBL und dem von Kollektivverträgen gem. § 23 MBL. Im Vergleich zu den Regelungen des MBL weitergehende Beteiligungsrechte erhalten die Gewerkschaften bspw. durch die Errichtung paritätisch oder mehrheitlich von Arbeitnehmern zusammengesetzter Organe, mittels Vetorechten gegen Entscheidungen des Arbeitgebers sowie bei Einräumung von Selbstbestimmungsrechten der Arbeitnehmer, bspw. durch Errichtung autonomer Gruppen.[872] Von § 32 MBL sind, wie auch vom allgemeinen Verhandlungsrecht, praktisch alle Fragen umfasst, die an einem Arbeitsplatz regelbar sind.[873] Hierdurch wird erstmals deutlich, dass die erörterten Verhandlungsrechte der Gewerkschaften nur ein Mindestniveau an Arbeitnehmereinfluss festschreiben, aufgrund von Kollektiv- bzw. Mitbestimmungsverträgen aber ein wesentlich weitergehender Arbeitnehmereinfluss erreicht werden kann.

Mitbestimmungsverträge sollen zwischen Parteien eingegangen werden, die einen Kollektivvertrag bezüglich Lohn und allgemeinen Anstellungsbedingungen abgeschlossen haben. Da nahezu alle Lohn- und Anstellungsbedingungen in Schweden tarifvertraglich geregelt sind (Ende der neunziger Jahre waren 94 % aller Arbeitsverhältnisse von Kollektivverträgen erfasst), sind diese Voraussetzungen für den Abschluss von Mitbestimmungsverträgen meist erfüllt. Das MBL und die Gesetzesmaterialien treffen keine Aussage darüber, auf welcher Ebene (Dachverbands-, Zentral-, oder Unternehmens- bzw. Betriebsebene) Mitbestimmungsverträge eingegangen werden können. Es wird vielmehr vorausgesetzt, dass Mitbestimmungsverträge wie auch gewöhnliche Kollektivverträge auf allen Ebenen abgeschlossen werden können.

Mit den genannten Regelungsbereichen von Mitbestimmungsverträgen *„Eingehung und Beendigung von Arbeitsverträgen"*, *„Leitung und Verteilung der Arbeit"* und *„Fragen des Geschäftsbetriebs im übrigen"* sollten laut Gesetzesvorarbeiten nicht drei genau abgrenzbare Beteiligungsbereiche der Arbeitnehmer, sondern vielmehr die Angelegenheiten erfasst werden, in denen vor Erlass des MBL das alleinige Entscheidungsrecht beim Arbeitgeber lag. Durch die Formulierung eines Mitbestimmungsrechtes der Arbeitnehmer in Fragen des *„Geschäftsbetriebs im übrigen"* wurde klargestellt, dass eine Beteiligung der Arbeitnehmer auch auf dem Gebiet der Unternehmensleitung möglich sein sollte.[874]

---

871 *Bergqvist/Lunning/Toijer*, MBL-Kommentar, § 32 MBL, S. 347.

872 *Adlercreutz/Mulder*, Svensk Arbetsrätt, S. 256.

873 *Fahlbeck*, Praktisk Arbetsrätt, S. 53.

874 Prop. 1975/76:105, S. 383. Der Gesetzgeber wollte nicht den Begriff Unternehmensleitung verwenden, da das MBL auch in der öffentlichen Verwaltung, also auf andere Tätigkeiten als die von Unternehmen, Anwendung findet.

Gem. § 32 Abs. 2 MBL können die Parteien eines Mitbestimmungsvertrags vereinbaren, dass ein Beschluss, der normalerweise vom Arbeitgeber zu fassen ist, von Vertretern der Arbeitnehmer oder von besonders hierfür eingerichteten, aus Vertretern des Arbeitgebers und der Arbeitnehmer bestehender Organe, zu fassen ist. § 32 Abs. 2 MBL sieht also vor, dass Entscheidungsbefugnisse des Arbeitgebers auf *Mitbestimmungsorgane*[875] übertragen werden können.

i. Ebenen und Bedeutung von Mitbestimmungsverträgen

Mitbestimmungsverträge können grundsätzlich auf allen drei Ebenen, also auf Dachverbandsebene, auf zentraler und auf lokaler Ebene abgeschlossen werden. Am häufigsten ist der Abschluss auf Dachverbands- oder Zentralebene zwischen den jeweiligen Organisationen und die darauf folgende Implementierung auf lokaler Ebene zwischen Arbeitgeber und lokalen Gewerkschaften. Der 1982 auf Dachverbandsebene ausgehandelte UVA wird teils auf zentraler Ebene von Arbeitnehmer- und Arbeitgeberverbänden angenommen und branchenspezifisch angepasst. Auch die direkte Anwendung des UVA – ggf. nach Anpassung an die lokale Ebene – ist möglich und üblich. Der Arbeitgeberverband der Bauindustrie (*Byggförbundet*) hat bspw. mit der Bauarbeitergewerkschaft (*Byggnads*), dem Verband der Industrieangestellten (*Svenska Industritjänstemannaförbundet*, kurz **SIF**), dem Verband Arbeitnehmer mit Leitungsfunktion (*Ledarna*) und der Ingenieursgewerkschaft (*Sveriges Ingenjörer*, **CF**) im Jahr 1986 einen UVA für die Bauindustrie abgeschlossen, in dem der UVA angenommen und durch eigene Regelungen ergänzt wurde.[876] Verbandsangehörige Arbeitgeber und lokale Gewerkschaften können diesen UVA für die Bauindustrie dann – ggf. nach weiterer Anpassung – direkt auf lokaler Ebene anwenden.

Die nicht dem Arbeitgeberverband SN angehörige Arbeitgeberorganisation der Bankinstitute (*Bankinstitutens Arbetsgivareorganisation*) dagegen hat mit der Gewerkschaft der Bank- und Finanzangestellten (*Finansförbundet*) im Jahr 1995 einen völlig eigenständigen Mitbestimmungsvertrag abgeschlossen.[877]

Die Arbeitsbeziehungen Schwedens sind von zentralen Mitbestimmungsverträgen geprägt[878], denen daher industrieverbandsweit eine große Bedeutung zukommt. Aber auch lokale Mitbestimmungsverträge, die innerhalb des weiten

---

875 Im Folgenden wird diese Bezeichnung für die in § 32 Abs. 2 MBL genannten, aus Vertretern der Arbeitnehmer oder aus Vertretern des Arbeitgebers und der Arbeitnehmer zusammengesetzten Organe, verwendet.

876 Der Vertrag mit dem Titel Entwicklungsvertrag der Bauindustrie (*Utvecklingsavtal i Byggnadsindustrin*) ist im Internet abrufbar unter *http://www.prevent.se/hamtagratis/branschavtal/branschavtal.asp* [gelesen am 20.07.2010].

877 Der Vertrag ist im Internet abrufbar unter *http://www.prevent.se/hamtagratis/branschavtal/branschavtal.asp* [gelesen am 20.07.2010].

878 SOU 1994:141, S. 235.

Regelungsspielraums die Verhältnisse der Arbeitnehmer auf Betriebs- bzw. Unternehmensebene regeln, sind nicht minder bedeutend, da ihnen die Aufgabe der Feinabstimmung auf betrieblicher Ebene zukommt. Die letzte staatliche Untersuchung zum MBL bezeichnet es als schwierig, eine Aussage über das Vorkommen von lokalen Mitbestimmungsverträgen zu treffen. Laut der Untersuchung sprach aber einiges dafür, dass lokale Mitbestimmungsverträge und andere lokale Übereinkommen im Laufe der Zeit eine immer größere Rolle zu spielen begonnen haben.[879] Zudem hätten die Partner von Mitbestimmungsverträgen sowohl auf zentraler wie auf betrieblicher Ebene immer mehr Gewicht darauf gelegt, die Mitbestimmung der Arbeitnehmer in die Beschlussprozesse der Unternehmen zu integrieren.[880]

ii. Mitbestimmungsvertraglich regelbare Angelegenheiten

Der schwedische Gesetzgeber hat es in den Gesetzesvorarbeiten zum MBL nicht als erforderlich angesehen, eine Kategorisierung von mitbestimmungsvertraglich regelbaren Angelegenheiten vorzunehmen. Die Aufzählung kann als unstrukturiert bezeichnet werden, da nicht zwischen den Bereichen *„Eingehung und Beendigung von Arbeitsverträgen"*, *„Leitung und Verteilung der Arbeit"* und *„Fragen des Geschäftsbetriebs im übrigen"* unterschieden wurde.[881] In den Vorarbeiten zum MBL wurden sämtliche aufgeführten Angelegenheiten dem mitbestimmungsvertraglich regelbaren Bereich der *„Leitung und Verteilung der Arbeit"* zugerechnet.[882] Hierzu gehören demnach die Gestaltung der Arbeit, die Verteilung der Arbeit innerhalb einer Gruppe, der Wechsel von Arbeitsaufgaben, die Planung der technischen Einrichtung von Arbeitsstätten, die Platzierung von Maschinen und Rationalisierungsmaßnahmen, die Produktionsplanung, Produktionswechsel, autonome Gruppenarbeit sowie die Arbeitsbedingungen im übrigen. Weiter sind die Verlegung der Arbeitszeit, Arbeitsstudien, Personalausbildung und Personalstatistiken, die von Bedeutung für die Arbeitstätigkeit sind, erfasst. Möglicher Gegenstand von Mitbestimmungsverträgen innerhalb des Bereichs *„Leitung und Verteilung der Arbeit"* sind auch Fragen, die einer der beiden Standardkommentare zum MBL eher dem Bereich der Unternehmensleitung zuordnet[883], nämlich die Frage, was produziert wird, sowie Fragen des Verkaufs und der Werbung. Weiter sind der Produktabsatz, Liefer-, Bestel-

879 SOU 1994:141, S. 235.

880 *Bergqvist/Lunning/Toijer*, MBL-Kommentar, § 3 MBL, S. 103.

881 So stellen auch *Bergqvist* et al., Arbetstagarinflytande, S. 19, fest, dass der Gesetzgeber nur ganz unbestimmte Andeutungen gemacht hat, auf welchen Gebieten Mitbestimmungsverträge zustande kommen könnten, und um welche Formen der Mitbestimmung es sich dabei handeln könne.

882 Prop. 1975/76:105, S. 383f.

883 *Bergqvist/Lunning/Toijer*, MBL-Kommentar, § 32 MBL, S. 348.

lungs-, Lagerhaltungsfragen, Fragen des Umfangs der wirtschaftlichen Tätigkeit und die Auswahl verschiedener Formen des konkreten Betriebs sowie solche betriebswirtschaftlichen Fragen, die die Finanzierung, das Budget und Investitionen betreffen, erfasst. Es wird darauf hingewiesen, dass Entsprechendes für andere wirtschaftliche Tätigkeiten als die der warenproduzierenden Industrie gelte.[884]

iii. Arten von Mitbestimmungsverträgen

Vereinfacht dargestellt können vier Arten von Mitbestimmungsverträgen unterschieden werden[885], wobei die Verträge mehrere Elemente der verschiedenen Vertragstypen beinhalten können.

(1) Verträge, die das MBL konkretisieren

Mitbestimmungsverträge können das MBL hinsichtlich Informationspflichten des Arbeitgebers gegenüber den Arbeitnehmern und hinsichtlich Verhandlungen zwischen Arbeitgeber und Gewerkschaften präzisieren. Verhandlungs- und Informationsrechte gem. MBL sind in weiten Teilen dispositiv ausgestaltet, weshalb die Parteien frei sind, vom MBL abweichende Regelungen zu treffen.[886] Auch können die Sozialpartner Verhandlungsordnungen aufstellen, wie dies bspw. im UVA geschehen ist.

Die Vorarbeiten zu einem kurz nach Erlass des MBL erlassenen Änderungsgesetz gehen auf Mitbestimmungsverträge ein, die den Arbeitnehmern Beteiligungsrechte im Bereich der Unternehmensleitung einräumen. Dort wird die Eingehung von Verträgen erwartet, die den Einfluss der Arbeitnehmer mittels Verhandlungs- und Informationsrechten präzisieren, indem detaillierter als im MBL angegeben werde, welche Fragen der Unternehmensleitung behandelt werden, in welchen Gremien Mitbestimmung ausgeübt werde und wie Informationen weitergeleitet würden.[887] Die Mitwirkung der Gewerkschaften durch Verhandlungs- und Informationsrechte könne vertraglich in der Linienorganisation des Unternehmens angesiedelt werden. Dies wurde von Gewerkschaftsseite als wichtig erachtet, da in der Praxis viele Beschlüsse nicht auf höchster Leitungsebene eines Unternehmens, sondern weiter unten in der Linienorganisation untersucht, vorbereitet, diskutiert und zumindest vorab entschieden würden.[888]

---

884 Prop. 1975/76:105, S. 348.
885 *Fahlbeck,* Praktisk Arbetsrätt, S. 186f.
886 Prop. 1976/77:137, S. 10.
887 Prop. 1976/77:137, S. 11f.
888 Prop. 1976/77:137, S. 12.

(2) Recht der Gewerkschaften zur Besetzung von Stellen und zur Absonderung von Eigentum

Möglich sind auch Mitbestimmungsverträge, die den Gewerkschaften das Recht einräumen, Stellen im Unternehmen, bspw. die eines Personalsachbearbeiters oder eines Vorarbeiters, zu besetzen. Da bislang keine derartigen Mitbestimmungsverträge abgeschlossen wurden[889], ist auf diesen Vertragstypus nicht näher einzugehen.

Ebenfalls denkbar sind Mitbestimmungsverträge, entsprechend denen der Arbeitgeber Geld oder anderes Eigentum für einen bestimmten mitbestimmungsvertraglich festgelegten Zweck absondert, und sich verpflichtet, Vertreter der Arbeitnehmer über die Verwendung des Geldes oder des Eigentums entscheiden zu lassen. Hierbei kann es sich um Freizeitanlagen, Essenssäle u.ä. handeln.[890] Ein auf zentraler Ebene abgeschlossener Vertrag, der eine derartige Regelung enthielt, ist der 1976 zwischen SAF, LO und PTK abgeschlossene Vertrag über Arbeitsbedingungen (*Arbetsmiljöavtal*), der seit 1992 nicht mehr gilt, und als erster Mitbestimmungsvertrag Schwedens bezeichnet wurde[891]. Er räumte sog. Schutzkomitees (*Skyddskommittéer*), die mehrheitlich aus Arbeitnehmervertretern bestanden, auf bestimmten Gebieten ein selbständiges Entscheidungsrecht innerhalb eines festen Budgetrahmens ein.[892]

(3) Entscheidungsrechte für Arbeitnehmervertreter oder Mitbestimmungsorgane

Die aus rechtswissenschaftlicher Sicht wohl interessanteste Variante von Mitbestimmungsverträgen sind Verträge, die Vertretern von Arbeitnehmern ein Entscheidungsrecht bezüglich bestimmter Angelegenheiten einräumen, oder die die Errichtung von aus Vertretern des Arbeitgebers und der Arbeitnehmer bestehenden Mitbestimmungsorganen vorsehen, in denen die Arbeitnehmerseite auch die Mehrheit haben kann.

Dieser Vertragstypus hat Anlass zu Diskussionen gegeben, da die Übertragung von Entscheidungsrechten auf Arbeitnehmervertreter oder Mitbestimmungsorgane die Frage aufgeworfen hat, wie weit eine derartige Übertragung – vor allem auf dem Gebiet der Unternehmensleitung – gehen darf.

iv. Zwingende aktienrechtliche Grenzen für Mitbestimmungsverträge

In den Vorarbeiten zum MBL stellte sich die Frage des Verhältnisses zwischen gemäß § 32 MBL abzuschließenden Mitbestimmungsverträgen, die den Arbeit-

---

889 *Fahlbeck,* Praktisk Arbetsrätt., S. 187.

890 Prop. 1976/77:137, S. 14.

891 *Adlercreutz/Mulder*, Svensk Arbetsrätt, S. 292.

892 SOU 1982:60, S. 83; *Bergqvist* et al., Arbetstagarinflytande, S. 20.

nehmern Mitbestimmungsrechte im Bereich der Unternehmensleitung übertragen, und Aktienrecht.[893] Die Frage wird aktuell, wenn ein Mitbestimmungsvertrag vorsieht, direkte Entscheidungsbefugnisse vom Arbeitgeber auf Vertreter der Arbeitnehmer oder auf Mitbestimmungsorgane zu übertragen.[894] § 32 Abs. 2 MBL, der die Übertragung von Entscheidungsbefugnissen auf Vertreter von Arbeitnehmern bzw. Mitbestimmungsorgane und die Subsidiarität des MBL gegenüber anderen Gesetzen regelt, wurde erst aufgrund der Kritik des Gesetzesrates an der bis dahin geltenden Regelung in das MBL eingefügt.[895] Untersucht wurde in den Vorarbeiten zum Änderungsgesetz vor allem, inwiefern das Aktiengesetz der Eingehung von Mitbestimmungsverträgen, die direkte Entscheidungsbefugnisse in Angelegenheiten der Unternehmensleitung auf Arbeitnehmer übertragen, Grenzen setzt.[896] Im Bereich der Unternehmensleitung wie in anderen Bereichen kann demnach durch Mitbestimmungsvertrag vereinbart werden, dass eine Entscheidung, für die normalerweise die Unternehmensleitung, also geschäftsführender Direktor oder Verwaltungsrat, zuständig ist, von Vertretern der Arbeitnehmer oder von Mitbestimmungsorganen zu treffen ist. Die Vereinbarung muss allerdings § 3 MBL beachten, gemäß dem von Vorschriften des MBL abweichende Bestimmungen in anderen Gesetzen Vorrang vor denen des MBL haben. So wurde klargestellt, dass Mitbestimmungsverträge nicht zwingende Regelungen u.a. des Aktienrechts außer Acht lassen dürfen.[897]

Unzweifelhaft bestehen zwingende Begrenzungen, wenn mitbestimmungsvertraglich direkte Entscheidungsbefugnisse im Bereich der Unternehmensleitung auf Mitbestimmungsorgane übertragen werden. Der Arbeitsmarktminister bemerkte aber in den Vorarbeiten zum Änderungsgesetz, dass Erwartungen übertrieben seien, die rechtliche Beurteilung von Mitbestimmungsverträgen würde klarer, wenn von vornherein detailliert festgestellt werde, wie jeder denkbare Mitbestimmungsvertrag rechtlich zu würdigen sei. Es sei Sache der Sozialpartner, Bereiche und Formen für die Mitbestimmung der Arbeitnehmer zu finden. Daher könnten im Voraus auch nicht der gesamte Anwendungsbereich von Mitbestimmungsverträgen sowie die Einzelheiten der rechtlichen Beurteilung verschiedener Lösungen dargestellt werden.[898] Der schwedische Gesetzgeber ging also trotz der Brisanz von Mitbestimmungsverträgen, die Entscheidungsrechte auf dem Gebiet der Unternehmensleitung auf Mitbestimmungsorgane übertra-

893 *Bergqvist* et al., Arbetstagarinflytande, S. 20; *Adlercreutz/Mulder*, Svensk Arbetsrätt, S. 257. Die folgenden Ausführungen sind auf das Recht der schwedischen Aktiengesellschaft begrenzt, da die zu untersuchenden Großunternehmen mit mehr als 500 Arbeitnehmern fast ausschließlich in dieser Rechtsform verfasst sind.

894 *Lind*, ABL-Kommentar, S. 323.

895 Prop. 1976/77:137; SFS 1977:529.

896 Prop. 1976/77:137, S. 16, 32.

897 *Adlercreutz/Mulder*, Svensk Arbetsrätt, S. 258.

898 Prop. 1976/77:137, S. 12.

gen, davon aus, dass derartige Verträge in der Praxis keine Probleme bereiten würden. Schließlich hatten die Gewerkschaften zum damaligen Zeitpunkt noch keine Forderungen nach Mitbestimmung in Form von Entscheidungsrechten in Unternehmensleitungsfragen gestellt.[899] Zudem wurde erwartet, dass die Sozialpartner in den Mitbestimmungsverträgen selber die Abwägung zwischen den wirtschaftlichen Interessengruppen der Aktionäre, der Arbeitnehmer und der Gläubiger vornehmen und darauf achten würden, dass die wirtschaftliche Verantwortlichkeit für getroffene Entscheidungen stets beim Arbeitgeber bleibe.[900]

Diese optimistische Erwartung des Gesetzgebers in den Vorarbeiten zum Änderungsgesetz wurde wieder vom Gesetzesrat kritisiert. Nach dessen Ansicht hatten die Probleme, welche die mitbestimmungsvertragliche Übertragung von Entscheidungsbefugnissen im Unternehmensleitungsbereich mit sich bringen konnten, einen höchst realistischen Hintergrund.[901] So hätten Arbeitnehmer eines Unternehmens auf der einen sowie die Anteilseigner auf der anderen Seite für sich genommen legitime Interessen, die sich aber in bestimmten Fällen diametral entgegenstehen könnten. Nicht beachtet wurde vom Gesetzesrat zwar das die Interessen der Anteileigner vertretende Management als dritter Spieler im Unternehmen. Dies lag aber daran, dass in den siebziger Jahren die Diskussion um die verschiedenen Interessengruppen noch nicht so weit war, Interessen von Management und Anteilseignern zu unterscheiden: Diese wurden schlicht gleichgesetzt.[902] Als Beispiel für einen Konflikt zwischen Arbeitnehmern und Eigentümern eines Unternehmens wurde vom Gesetzesrat die Stilllegung eines Unternehmens oder eines seiner Geschäftszweige genannt. Handelten sich die Arbeitnehmer direkte Entscheidungsbefugnisse mitbestimmungsvertraglich aus, würden diese sicherlich dahin gehen, den Arbeitnehmern so lange wie möglich Beschäftigung zu ermöglichen, auch unter Inkaufnahme von Verlusten des Arbeitgebers. Der Gesetzesrat befürchtete, dass Arbeitnehmer aufgrund der ihnen mitbestimmungsvertraglich eingeräumten Befugnisse Entscheidungen in eine Richtung beeinflussen könnten, die für den Arbeitgeber (heute würde man vom Unternehmen sprechen) schädlich seien.[903] Letztlich drang der Gesetzesrat mit seiner Kritik allerdings nicht durch. Das Änderungsgesetz wurde vom Reichstag ohne weitere Überarbeitung angenommen.

---

899 Prop. 1976/77:137, S. 16. Diese Aussage wurde gleichwohl vom Gesetzesrat kritisiert (S. 87). Dieser wies darauf hin, dass man aus den herrschenden Umständen keine Rückschlüsse für die Zukunft ziehen könne.

900 Prop. 1976/77:137, S. 16.

901 Prop. 1976/77:137, S. 87f.

902 Vgl. zu möglichen Konflikten der Interessengruppen Kapital, Management und Arbeitnehmer etwa *Jackson* et al., Corporate Governance, S. 94ff.

903 Prop. 1976/77:137, S. 88. Heute würde man von der Schädlichkeit für das Unternehmen sprechen.

Bei der Darstellung der Reichweite der Übertragung von Entscheidungsbefugnissen muss beachtet werden, dass in den Gesetzesmaterialien nicht präzise zwischen Entscheidungen durch Vertreter von Arbeitnehmern, durch Mitbestimmungsorgane oder durch direkte Teilnahme von Arbeitnehmern an der Beschlussfassung in Unternehmensgremien mit Entscheidungskompetenz[904] unterschieden wird. Auch wird nicht klar, welche Personen von Seiten des Arbeitgebers als dessen Vertreter in Mitbestimmungsorgane entsandt werden können. Zudem wird nicht zwischen verschiedenen Ebenen in der Linienorganisation eines Unternehmens, auf denen Entscheidungen getroffen werden, differenziert. Letztendlich sind nämlich die Entscheidungen einer niedrigeren Ebene irrelevant, sobald die höhere Ebene ihr Entscheidungsrecht geltend macht. Bei wichtigen Entscheidungen wie bspw. Werksschließungen haben immer Verwaltungsrat oder geschäftsführender Direktor das Letztentscheidungsrecht, weshalb die Außerachtlassung von Entscheidungen eines in der Hierarchie niedriger stehenden Organs mit Arbeitnehmerbeteiligung m.E. auf die Problematik eventueller Schadensersatzansprüche der Gewerkschaften gegenüber dem Arbeitgeber(-unternehmen) reduziert werden kann.[905]

(1) Kompetenzverteilung innerhalb der Gesellschaft

Im Aktienrecht finden sich zwingende Regelungen, die Entscheidungsbefugnisse der Gesellschaftsorgane begrenzen, und die die Zuständigkeit für die Behandlung bestimmter Fragen auf verschiedene Gesellschaftsorgane wie die Hauptversammlung, den Verwaltungsrat oder den geschäftsführenden Direktor, verteilen. Beschlüsse von grundlegender Bedeutung sind der Hauptversammlung vorbehalten[906], während dem Verwaltungsrat und dem geschäftsführenden Direktor die Verwaltung der Angelegenheiten der Gesellschaft zusteht. Der Abschlussprüfer prüft die Verwaltung der Gesellschaft durch den Verwaltungsrat und den geschäftsführenden Direktor sowie die Buchführung und den Jahresabschluss der Gesellschaft, Kap. 9 § 3 ABL.[907] Das ABL selbst enthält somit eine Reihe von Bestimmungen, die den Anwendungsbereich für Mitbestimmungsverträge begrenzen, da die gesetzlichen Regelungen über die Funktionsverteilung zwi-

904 Dieser Ausdruck wird bewusst als Abgrenzung von der Arbeitnehmervertretung im Gesellschaftsorgan Verwaltungsrat verwendet. Arbeitnehmervertretung kann in Schweden auch in anderen Gremien mit Entscheidungskompetenz angesiedelt sein.

905 Diese würden aus der Verletzung des Mitbestimmungsvertrags folgen, da § 54 MBL auch den Verstoß gegen Kollektivverträge sanktioniert: *Lind*, ABL-Kommentar, S. 334ff. Vom AD wurde allerdings – soweit ersichtlich – noch kein Arbeitgeber aufgrund Verstoßes gegen einen Mitbestimmungsvertrag zur Leistung von Schadensersatz verurteilt.

906 Bspw. Änderung der Satzung: Erfordernis der Zwei-Drittel-Mehrheit aller abgegebenen Stimmen, Kap. 7, § 42 ABL.

907 Prop. 1975/76:105, S. 332.

schen den verschiedenen Gesellschaftsorganen zwingendes Recht sind.[908] So können Verwaltungsrat und geschäftsführender Direktor keine gültigen Mitbestimmungsverträge abschließen, die ausschließliche Entscheidungsrechte der Hauptversammlung beschneiden. Weiter können die Regelungen zur Organisation der Aktiengesellschaft und zur Funktionsverteilung zwischen Verwaltungsrat und geschäftsführendem Direktor einerseits sowie der Hauptversammlung andererseits nicht durch Mitbestimmungsvertrag eingeschränkt werden.[909]

(2) Kompetenzen von Verwaltungsrat und geschäftsführendem Direktor

In den Vorarbeiten zum MBL wurde angesichts der aktienrechtlichen Zuweisung der Verwaltungsaufgaben an Verwaltungsrat und geschäftsführenden Direktor[910] festgehalten, dass eine Delegation von Entscheidungsbefugnissen mittels Mitbestimmungsverträgen an Mitbestimmungsorgane zwar grundsätzlich möglich sei. Dies dürfe allerdings nicht unter Außerachtlassung des Aktiengesetzes dergestalt geschehen, dass die Verwaltungsorgane die ihnen obliegenden Aufgaben praktisch selbst nicht mehr wahrnähmen.[911] Zudem müssten Mitbestimmungsverträge, die ein Entscheidungsrecht des Arbeitgebers auf ein Mitbestimmungsorgan übertragen, derart gestaltet sein, dass der Arbeitgeber die Verantwortlichkeit, die ihm von Gesetzes wegen zugewiesen sei, auch weiterhin innehabe.[912] Aufgrund dieser Erfordernisse ergeben sich zwei grundlegende Voraussetzungen für die Delegation von Entscheidungsbefugnissen des Verwaltungsrats oder des geschäftsführenden Direktors an Mitbestimmungsorgane.

(i) Widerruflichkeit der Delegation von Entscheidungsbefugnissen

Eine Delegation von Entscheidungsbefugnissen darf nicht unwiderruflich geschehen, Verwaltungsrat oder geschäftsführender Direktor müssen also die Entscheidungsbefugnis über Angelegenheiten, die auf Mitbestimmungsorgane übertragen werden, jederzeit widerrufen können.[913] In den Vorarbeiten wurde zum einen mit dem Grundsatz der Souveränität der Hauptversammlung argumentiert,

908 Prop. 1976/77:137, S. 16f; *Lind*, ABL-Kommentar, S. 327.

909 Prop. 1976/77:137, S. 17.

910 Die Organisations- und Verwaltungsbefugnisse des Verwaltungsrats (Organisation und Verwaltung der Angelegenheiten der Gesellschaft) und des geschäftsführenden Direktors (Führung der laufenden Geschäfte der Gesellschaft) bringen gem. Kap. 29 § 1 ABL auch die rechtliche Verantwortlichkeit für getroffene Entscheidungen mit sich.

911 Prop. 1975/76:105, S. 332,474; *Lind*, ABL-Kommentar, S. 331.

912 Prop. 1975/76:105, S. 331. Die Terminologie ist hier wieder unpräzise. Es geht um die Verantwortlichkeit der den Arbeitgeber bzw. das Arbeitgeberunternehmen vertretenden geschäftsführenden Organe.

913 Prop. 1975/76:105, S. 477, 529; Prop. 1976/77:137, S. 13.

entsprechend dem die Hauptversammlung als höchstes beschlussfassendes Organ der Aktiengesellschaft nicht ihr Entscheidungsrecht zugunsten eines anderen Organs einschränken könne. Verwaltungsrat und geschäftsführender Direktor sind verpflichtet, Beschlüsse der Hauptversammlung zu befolgen, sofern diese nicht gegen das ABL, das anwendbare Gesetz über den Jahresabschluss[914], oder die Satzung der Aktiengesellschaft verstoßen.[915] Diese Verpflichtung von Verwaltungsrat und geschäftsführendem Direktor wäre von diesen nicht mehr einzuhalten, wenn sie Entscheidungsbefugnisse unwiderruflich an Mitbestimmungsorgane übertragen würden. Zum anderen wurden die Grundsätze des Auftrags- und Vollmachtsrechts angeführt, entsprechend denen eine Vollmacht grundsätzlich nicht unwiderruflich erteilt werden kann.[916]

Aufgrund der Möglichkeit der Widerruflichkeit von Entscheidungsbefugnissen kann sich der Arbeitgeber trotzdem nicht einseitig von einem eingegangenen Mitbestimmungsvertrag lösen.[917] Dies würde gegen § 31 MBL verstoßen, demgemäß auch bei einem groben Verstoß einer Seite gegen einen Kollektivvertrag nur das Arbeitsgericht auf Antrag der anderen Seite den Kollektivvertrag für nicht mehr bindend erklären kann. Der Arbeitgeber sollte laut Vorarbeiten lediglich die Möglichkeit haben, einen Schaden in dem Fall zu verhindern, dass ein Arbeitnehmervertreter die ihm laut Mitbestimmungsvertrag formell zustehenden Befugnisse in vertragswidriger Weise ausnutzt.[918] Widerruft der Arbeitgeber ohne hinreichenden Grund übertragene Entscheidungsbefugnisse, so kommt eine Schadensersatzverpflichtung seinerseits gegenüber den mit ihm vertragsverbundenen Gewerkschaften in Betracht.[919]

(ii) Unterscheidung zwischen Entscheidung und Durchführung

Weiter wurde der Grundsatz aufgestellt, dass einem Mitbestimmungsorgan zwar das Recht der *Entscheidungsfindung* und *Entscheidung* über eine mitbestimmungspflichtige Angelegenheit übertragen werden kann, dass aber die *Durchführung* einer Entscheidung jederzeit bei den geschäftsführenden Organen selbst liegen müsse.[920] Dies geht auch aus dem Wortlaut von § 32 Abs. 2 MBL hervor,

---

914 Regelungen zum Jahresabschluss der Aktiengesellschaft finden sich im Buchführungsgesetz (*Bokföringslag*, SFS 1999:1078).

915 Prop. 1976/77:137, S. 46 mit Hinweis auf die Vorarbeiten zum ABL 1975 (Prop. 1975:103, S. 234, 383 zum damaligen Kap. 8 § 13 Abs. 2 ABL, heute Kap. 8 § 41 Abs. 2 ABL).

916 Prop. 1976/77:137, S. 13.

917 Prop. 1976/77:137, S. 13.

918 Prop. 1976/77:137, S. 13, wobei keine Beispielsfälle für das vertragswidrige Ausnutzen von Mitbestimmungsverträgen seitens eines Arbeitnehmervertreters angegeben werden.

919 Prop. 1976/77:137, S. 13.

920 *Bergqvist/Lunning/Toijer*, MBL-Kommentar, § 3 MBL, S. 101.

der nur von der Entscheidung durch Mitbestimmungsorgane, nicht aber von der Durchführung von getroffenen Entscheidungen spricht.

Die wichtige Konsequenz dieser Unterscheidung zwischen Entscheidungsfindung und Durchführung besteht darin, dass der Arbeitgeber ein jederzeitiges Kontrollrecht bezüglich von Mitbestimmungsorganen getroffener Entscheidungen hat. Er kann prüfen, ob diese mit rechtlichen Verpflichtungen vereinbar sind, die ihm aufgrund von Gesetzen oder Verträgen obliegen.[921] Unabhängig von diesem „Verhinderungsrecht" (zurückgehend auf den Gesetzesrat schwedisch als „*Stoppningsrätt*" bezeichnet) des Arbeitgebers ist die Frage zu beurteilen, ob sich der Arbeitgeber gegenüber der vertragsschließenden Gewerkschaft aufgrund Verstoßes gegen den Mitbestimmungsvertrag schadensersatzpflichtig gem. § 54 MBL macht, wenn er sich weigert, einen entsprechenden Beschluss durchzuführen.[922]

(iii) Gestaltungsmöglichkeiten

Aus den vorstehenden Ausführungen folgt, dass den Verwaltungsorganen ihre Kernaufgaben nicht entzogen werden dürfen. Hierbei handelt es sich um die Verantwortung des Verwaltungsrats für die Verwaltung und Organisation[923] sowie die Befugnis des geschäftsführenden Direktors zur Führung der laufenden Geschäfte der Gesellschaft. Die Verteilung der Kompetenzen zwischen Verwaltungsrat und geschäftsführendem Direktor (vgl. oben **C.I.2.c.**) bringt es mit sich, dass der geschäftsführende Direktor die laufenden Geschäfte der Gesellschaft entsprechend den Richtlinien und Anweisungen des Verwaltungsrats[924] zu führen hat. Allerdings darf der Verwaltungsrat nicht so tief in die Geschäftsführungsbefugnis des geschäftsführenden Direktors eingreifen, dass dieser tatsächlich nicht mehr seine ihm zugewiesenen Aufgaben wahrnehmen kann. Diese Kompetenzen der Verwaltungsorgane einer schwedischen Aktiengesellschaft dürfen mitbestimmungsvertraglich daher nicht angetastet werden. So wäre ein Mitbestimmungsvertrag, der den Verwaltungsrat hinsichtlich der Richtlinien für die Tätigkeit des geschäftsführenden Direktors an die Zustimmung eines Mitbestimmungsorgans bindet, nichtig, da die Aufstellung dieser Richtlinien zu den

921 *Bergqvist/Lunning/Toijer*, MBL-Kommentar, § 3 MBL, S. 102.

922 Prop. 1976/77:137, S. 54ff; *Lind,* ABL-Kommentar, S. 334ff.

923 *Nerep/Samuelsson*, ABL-Kommentar, Kap 8 § 4 MBL, S. 550: Dementsprechend kann der Verwaltungsrat seine übergreifenden Aufsichts- und Überwachungsfunktionen wie die Beurteilung der wirtschaftlichen Lage der Gesellschaft sowie die Kontrolle der Buchführung und Mittelverwaltung nicht delegieren.

924 Die Richtlinien führen gleichzeitig zur Abgrenzung zwischen den Aufgaben des Verwaltungsrats und des geschäftsführenden Direktors; Vgl. *Andersson* et al., ABL-Kommentar, Kap. 8 § 7 MBL, Nr. 1.

originären Zuständigkeiten des Verwaltungsrats gehört.[925] Gleiches gilt für einen Vertrag, in dem der Verwaltungsrat zu Lasten des geschäftsführenden Direktors Aufgaben der Geschäftsführung auf Mitbestimmungsorgane überträgt. Dieser Eingriff in die Geschäftsführungsbefugnis steht dem Verwaltungsrat nicht zu, es sei denn, er selbst zieht – ohne mitbestimmungsvertragliche Bindung hierzu – die Führung der laufenden Geschäfte an sich. Denkbar wäre allenfalls die Übertragung von Angelegenheiten der laufenden Geschäftsführung auf Mitbestimmungsorgane, wenn diese lediglich vorbereitend tätig werden und dem geschäftsführenden Direktor das letztendliche Entscheidungsrecht verbliebe. Der Verwaltungsrat kann auch nicht die Zuständigkeit zur Führung außergewöhnlicher Geschäfte auf Mitbestimmungsorgane übertragen oder ihre Durchführung bspw. an deren Zustimmung binden. Er würde sich ansonsten seiner Kernkompetenz entledigen. Auch der geschäftsführende Direktor kann seine Kompetenzen nicht auf Mitbestimmungsorgane übertragen. Die Geschäftsführung fällt originär in seinen Zuständigkeitsbereich, und nur der Verwaltungsrat kann sie regeln. Entsprechendes gilt für die mitbestimmungsvertragliche Aushandlung von Kompetenzen durch den geschäftsführenden Direktor, die die Richtlinien des Verwaltungsrats (so) nicht vorsehen. Dies folgt indes schon aus der Tatsache, dass für die Zuweisung von Kompetenzen des geschäftsführenden Direktors allein der Verwaltungsrat und nicht er selbst befugt ist.

(iv) Rechtsfolge

Wenn der Arbeitgeber Entscheidungsbefugnisse der Vertreter von Arbeitnehmern oder von Mitbestimmungsorganen widerruft, bzw. wenn er von diesen getroffene Entscheidungen nicht durchführt, steht die Frage nach einer Schadensersatzverpflichtung des Arbeitgebers gegenüber den mit ihm vertragsverbundenen Gewerkschaften im Raum. Grundlage hierfür ist ein zwischen Arbeitgeber und Gewerkschaft(en) eingegangener, gültiger Mitbestimmungsvertrag, der den Gewerkschaftsvertretern entsprechende Entscheidungsrechte einräumt.[926] Der Arbeitgeber macht sich gem. § 54 MBL schadensersatzpflichtig, wenn er ohne hinreichenden Grund in die Tätigkeit oder die Beschlussfassung von Arbeitnehmervertretern in Mitbestimmungsorganen oder sonstigen mitbestimmungsvertraglich errichteten Organen eingreift. Es stellte sich daher die Frage, wann ein hinreichender Grund für ein Eingreifen des Arbeitgebers bestehe. In jedem Falle müsse er eingreifen dürfen, wenn er ansonsten gegen zwingendes Recht oder gegen behördliche Auflagen verstieße. Über diese Fälle hinaus schienen

925 Sicherlich aber könnten einem Mitbestimmungsorgan entsprechend der schwedischen Verhandlungstradition Verhandlungs- und Informationsrechte bei letztlicher Entscheidungsfreiheit des Verwaltungsrats hinsichtlich der aufzustellenden Richtlinien zugestanden werden.

926 Prop. 1976/77:137, S. 15.

den Berichterstattern keine generellen Aussagen möglich, in welchen Fällen der Arbeitgeber berechtigterweise in Entscheidungsbefugnisse von Mitbestimmungsorganen eingreifen könne.[927] Soweit ersichtlich, ist ein Arbeitgeber bislang noch nie zur Zahlung von Schadensersatz aufgrund der Verletzung eines Mitbestimmungsvertrages verurteilt worden.

Eine Schadensersatzpflicht der Gewerkschaften gegenüber dem Arbeitgeber wurde mit dem Änderungsgesetz zu § 32 MBL in § 57 MBL eingefügt.[928] Gem. § 57 Abs. 2 MBL ist eine Gewerkschaft verantwortlich für den Schaden, der dem Arbeitgeber dadurch zugefügt wird, dass ein Gewerkschaftsvertreter seine Stellung in einem vertraglich besonders errichteten Entscheidungsorgan missbraucht, oder dass er in einer solchen Stellung grob fahrlässig handelt.[929] Die Arbeitnehmer sollen also als Vertreter der sie in Mitbestimmungsorgane entsendenden Gewerkschaften behandelt werden, weshalb sie nicht persönlich gegenüber dem Arbeitgeber haften.[930] § 57 Abs. 2 MBL zielt vor allem auf solche Fälle ab, in denen der Arbeitgeber wegen einer drohenden Schadensersatzverpflichtung aufgrund Verstoßes gegen einen Mitbestimmungsvertrag eine von einem Mitbestimmungsorgan getroffene nachteilige Entscheidung durchführt, deren Durchführung er hätte verweigern dürfen. Die betroffenen Gewerkschaften haften dann für den Schaden, den ihre Vertreter vorsätzlich oder grob fahrlässig verursacht haben.[931] Eine Verurteilung von Gewerkschaften zur Leistung von Schadensersatz aufgrund Verstoßes gegen § 57 Abs. 2 MBL ist nicht bekannt.

(3) Angelegenheiten, die der Hauptversammlung vorbehalten sind

Grundlegende Entscheidungen innerhalb einer Aktiengesellschaft sind der Hauptversammlung vorbehalten. Verwaltungsrat und geschäftsführender Direktor können somit keine Entscheidungsbefugnisse auf andere Organe übertragen, die ein nur der Hauptversammlung zukommendes Entscheidungsrecht beschneiden.[932] Derartige ausschließliche Entscheidungsrechte sind u.a. die Änderung der Satzung der Gesellschaft (Kap. 3 § 4 ABL), die Erhöhung oder Herabsetzung des Aktienkapitals (Kap. 20 § 3 ABL bzw. Kap 11 § 2 ABL), die Liquidation der Aktiengesellschaft (Kap. 25 § 1 ABL) sowie die Ernennung des Verwaltungsrats (Kap. 8 § 8 ABL) und der Abschlussprüfer (Kap. 9 § 8 ABL).[933] Zu weiteren Angelegenheiten, die ausschließlich der Hauptversammlung vorbehal-

---

927 Prop. 1976/77:137, S. 15.

928 Prop. 1976/77:137; SFS 1977:529.

929 Prop. 1976/77:137, S. 22.

930 *Bergqvist/Lunning/Toijer*, MBL-Kommentar, § 57 MBL, S. 493.

931 *Olauson/Holke*, MBL-Kommentar, §§ 54 - 62 MBL, S. 364f.

932 Prop. 1976/77:137, S. 17; speziell zu diesem Verbot im Hinblick auf Mitbestimmungsorgane Prop. 1975/76:105, S. 332.

933 Prop. 1975/76:105, S. 332.

ten sind, wie bspw. Fusion und Eingliederung von Aktiengesellschaften, sei auf die Literatur verwiesen.[934] In Deutschland hat die Hauptversammlung die Grundlagenkompetenz in allen grundsätzlichen Fragen des verfassungsmäßigen Aufbaus und der Kapitalgrundlage der AG, wozu bspw. – vergleichbar den schwedischen Vorbehalten – Satzungsänderungen, Erhöhungen und Herabsetzung des Aktienkapitals, der Abschluss von Unternehmensverträgen und die Eingliederung oder die Auflösung der Gesellschaft, gehören.[935]

Zur Gewinnverwendung wurden mitbestimmungsvertragliche Regelungen indes als möglich erachtet. Gem. Kap. 18 § 1 ABL wird der Gewinnverwendungsbeschluss von der Hauptversammlung gefasst, die nur dann über die Verteilung eines höheren als vom Verwaltungsrat vorgeschlagenen oder genehmigten Betrags entscheiden kann, wenn sie hierzu aufgrund der Satzung verpflichtet ist[936], oder die Gewinnverteilung aufgrund des Verlangens einer Minderheit von Aktionären[937] erfolgt. Die Hauptversammlung kann das Recht zur Beschlussfassung über die Gewinnverteilung weder aufgrund einer Einzelermächtigung noch aufgrund einer Satzungsbestimmung auf den Verwaltungsrat oder Dritte übertragen.[938] Die Regelungen des Aktienrechts zur Gewinnverteilung sollten laut Vorarbeiten zum MBL insofern nicht durch Mitbestimmungsvertrag außer Kraft gesetzt werden können, als sie das gebundene Kapital schützen oder einer Minderheit ein Recht auf Gewinnverteilung zugestehen. In anderen Fällen, die vom Gesetzgeber nicht näher erörtert wurden, sei ein mitbestimmungsvertraglich begründetes gewerkschaftliches Vetorecht gegen die Gewinnverteilung aber denkbar. Mitbestimmungsorganen solle zwar hinsichtlich der Gewinnverteilung kein Entscheidungsrecht übertragen werden können, weniger eingreifende Formen von Mitbestimmungsrechten seien aber denkbar.[939] Die Vorarbeiten bleiben in-

934 Ausführlich *Nerep/Samuelsson*, ABL-Kommentar, Kap. 8, § 4 ABL, S. 543ff.

935 Vgl. zu Einzelheiten *Hueck/Windbichler*, GesR, § 29, Rn. 6.

936 So bspw., wenn eine Vorschrift in der Satzung bestimmt, dass der gesamte Gewinn auszuschütten ist, vgl. Prop. 2004/05:85, S. 760.

937 Dies sind gem. Kap. 18 § 11 ABL mindestens 10 % der Aktionäre.

938 Prop. 2004/05:85, S. 759f: Hiervon zu unterscheiden sei aber die Frage, ob der Gewinn der Gesellschaft laut Satzung zu einem anderen Zweck als dem der Gewinnausschüttung zu verwenden sei. Dann könne die Gesellschaft einem Dritten das Recht geben, die Art und Weise zu bestimmen, wie die Mittel für den Zweck zu verwenden seien; vgl. hierzu auch *Nerep/Samuelsson*, ABL-Kommentar, Kap. 18 § 1 ABL. S. 272f.

939 Laut Prop. 1976/77, 137, S. 71 sind die Regelungen des MBL zum primären Mitbestimmungs-verhandlungsrecht und zu Informationsrechten nicht gesperrt, auch wenn eine Entscheidung letzten Endes gesetzlich einem bestimmten Organ obliege; vgl. zur Problematik weiter *Roos*, ABL och § 32, S. 177, 183: Dieser folgert aus der Tatsache, dass die Hauptversammlung den Vorschlag des Verwaltungsrats über die Gewinnverwendung nicht überschreiten dürfe, dass mitbestimmungsvertraglich regelbar sein müsse, wie ein der Hauptversammlung vorzulegender Verteilungsvorschlag festzustellen sei. **A.A.** *Lind,* ABL-Kommentar, S. 327ff, dem zufolge überwiegende Gründe gegen die Übertragung von Mitbestimmungsrechten auf eine Gewerkschaft im Rahmen

des sehr vage, und setzen sich nicht weiter mit diesem Themenkomplex auseinander.[940]

In Literatur und Rechtsprechung wurden keine Hinweise auf Mitbestimmungsverträge gefunden, die Mitbestimmungsorganen Vetorechte bspw. bezüglich der Gewinnverwendung übertragen haben. Die Problematik der Übertragung derartiger Entscheidungsbefugnisse innerhalb des „Herzens der Tätigkeit einer Aktiengesellschaft"[941] auf Mitbestimmungsorgane wurde nach Erlass des MBL nicht mehr thematisiert, weshalb sie heute keine praktische Relevanz mehr haben dürfte.

(4) Schutz der Interessen aussenstehender Dritter

Das Aktienrecht enthält Regelungen, die die Interessen Dritter, vor allem die von Gläubigern, schützen.[942] Hierzu gehören Regelungen zum Schutz des gebundenen Kapitals, zur öffentlichen Rechnungslegung (Kap. 9 ABL), zur Gewinnverteilung (Kap. 18 ABL) und zur Zwangsliquidation (Kap 25 §§ 10 ff ABL). Diese Regelungen sind zwingend. Ein Mitbestimmungsvertrag, der gegen diese Vorschriften verstößt, wäre gegenüber der Gesellschaft nichtig.[943]

(5) Einhaltung der Satzung

Die Satzung der Aktiengesellschaft ist für die Organe derselben bindend.[944] In der Satzung müssen die in Kap. 3 § 1 ABL aufgeführten Angaben, bspw. Firma und Sitz der Gesellschaft enthalten sein, vor allem muss gem. § 1 Nr. 3 ABL der Geschäftszweck der Gesellschaft angegeben werden. Verwaltungsrat und geschäftsführender Direktor dürfen keine Maßnahmen vornehmen oder Tätigkeiten durchführen, die dem Geschäftszweck der Gesellschaft fremd sind. Hieraus folgt, dass Mitbestimmungsverträge unwirksam sind, wenn sie gegen Bestimmungen der Satzung über den Geschäftszweck der Gesellschaft verstoßen.[945]

---

der Beschlussfassung des Verwaltungsrats über den Vorschlag zur Gewinnverteilung sprechen. Der Verwaltungsrat dürfe als Vorschlagender hinsichtlich der Gewinnverwendung im Verhältnis zur Hauptversammlung nicht gebunden werden. Zudem würde die Handlungsfreiheit der Hauptversammlung beschnitten, wenn eine Gewerkschaft bspw. das Recht des Verwaltungsrats begrenzen könnte, eine Neuemission vorzuschlagen.

940 So auch *Lind*, ABL-Kommentar, S. 329.

941 So *Lind*, ABL-Kommentar, S. 328.

942 In den Vorarbeiten zum MBL wird nur vom Schutz der Interessen Außenstehender oder von Minderheiten gesprochen, vgl. Prop. 1975/76:105, S. 331.

943 So *Lind*, ABL-Kommentar, S. 327, der eine Nichtigkeit auch gegenüber Dritten nicht anspricht. *Lind* ist – soweit ersichtlich – der einzige Autor, der sich hiermit befasst hat.

944 *Lind*, ABL-Kommentar, S. 331.

945 *Lind*, ABL-Kommentar, S. 331.

(6) Fazit

Das Verhältnis zwischen MBL und ABL im Hinblick auf Mitbestimmungsverträge, die Mitbestimmungsorganen Entscheidungsbefugnisse in Fragen der Unternehmensleitung einräumen, ist nicht einfach zu überblicken. Hinzu kommt, dass der schwedische Gesetzgeber sich der Frage dieses Verhältnisses nicht tiefgehend gewidmet hat[946], weshalb die Unsicherheiten bezüglich Mitbestimmungsverträgen im Bereich der Unternehmensleitung fortbestehen[947]. Dies hat gleichwohl nicht zu Problemen der Sozialpartner während Verhandlungen zu Mitbestimmungsverträgen geführt. In den bislang abgeschlossenen Mitbestimmungsverträgen wurde das Hauptgewicht auf ein Teilnahmerecht der Arbeitnehmer an der Planungsarbeit im Unternehmen gelegt.[948] Hingegen ging es in diesen – wie vom Gesetzgeber vermutet – nicht darum, auf Arbeitnehmerseite auch Entscheidungen zu treffen.[949] Schon im Jahr 1981 hatte *Lind* vermutet, dass die Ambitionen der Gewerkschaften wohl nicht so weit gehen würden, wie es das Gesetz erlaube.[950] Somit scheint sich der grundsätzliche Pragmatismus des schwedischen Gesetzgebers, die Ausgestaltung von Mitbestimmungsverträgen nicht in alle Einzelheiten auszuleuchten, sondern sie dem Spiel der Kräfte zwischen den Sozialpartnern zu überlassen, ausgezahlt zu haben. Er dürfte sogar mit der Vermutung Recht gehabt haben, dass Mitbestimmungsverträge stillschweigend die Grenzen zwingenden Aktienrechts beachten würden.[951]

Die Diskussion um die Reichweite möglicher Mitbestimmungsverträge auf dem Gebiet der Unternehmensleitung wurde zwar bis Anfang der achtziger Jahre intensiv geführt, ebbte dann aber ab. Probleme der Sozialpartner mit Mitbestimmungsverträgen sind, soweit ersichtlich, nicht bekannt.

v. Zusammenfassung und Vergleich der rechtlichen Regelungen in Schweden mit der Rechtslage in Deutschland

§ 32 MBL, der darauf setzt, dass zwischen den Sozialpartnern auf allen Ebenen der industriellen Beziehungen Mitbestimmungsverträge zur näheren Ausgestaltung von Beteiligungsrechten der Arbeitnehmer eingegangen werden, ist einer der Kernbestandteile schwedischer Arbeitnehmerbeteiligung. Die Regelung bringt zum Ausdruck, welch weit reichende Möglichkeiten der Gesetzgeber Arbeitgebern bzw. deren Verbänden und Gewerkschaften gegeben hat, die sie an-

946 Vgl. die Äußerungen des Gesetzesrates in Prop. 1976/77:137, S. 99: „Eine zufrieden stellende gesetzliche Regelung setzte voraus, dass man auf der Grundlage tiefer gehender Untersuchungen präzisere gesetzliche Regelungen einführt."

947 *Bergqvist/Lunning/Toijer*, MBL-Kommentar, § 3 MBL, S. 103.

948 *Bergqvist/Lunning/Toijer*, MBL-Kommentar, § 3 MBL, S. 103.

949 *Bergqvist/Lunning/Toijer*, MBL-Kommentar, § 3 MBL, S. 103.

950 *Lind,* ABL-Kommentar, S. 337.

951 Prop. 1976/77:137, S. 17.

gehenden Verhältnisse selbst und ohne Einmischung des Staates zu regeln. Mitbestimmungsvertraglich regelbar sind theoretisch alle in Bezug auf einen Arbeitsplatz regelbaren Angelegenheiten, von arbeitsvertraglichen Fragen bis hin zu Fragen der Unternehmensleitung. Mindestens ebenso vielgestaltig sind die Formen der Arbeitnehmerbeteiligung. Diese können von einer Konkretisierung der Vorschriften des MBL bis hin zu einer Übertragung von Entscheidungsbefugnissen auf Mitbestimmungsorgane, die aus Vertretern der Arbeitnehmer und des Arbeitgebers zusammengesetzt sind, reichen.

(1) Vergleich von § 32 MBL und § 3 BetrVG

Das deutsche Recht kennt keine Regelung, die es den Sozialpartnern ermöglicht, derart weit reichende Änderungen in der Struktur der Arbeitnehmerbeteiligung vorzunehmen, wie § 32 MBL. Trotzdem liegt ein Vergleich von § 32 MBL mit § 3 BetrVG nahe, demgemäß vor allem durch Tarifvertrag abweichende betriebsverfassungsrechtliche Vertretungsstrukturen gebildet werden können (vgl. oben **B.I.2.b.(a).ii.(1).**). An dieser Stelle wird nur ein Vergleich der Regelungsebenen, Regelungspartner sowie der Anwendungsvoraussetzungen von Vereinbarungen gem. § 32 MBL bzw. § 3 BetrVG, also der formellen Aspekte der gesetzlichen Bestimmungen, durchgeführt. Inwieweit die tarifvertraglichen Regelungsmöglichkeiten der deutschen Sozialpartner materiell an die der schwedischen heranreichen, ist nach der Darstellung des UVA, der gängige und somit anerkannte Formen abweichender Strukturen der Arbeitnehmerbeteiligung regelt, zu untersuchen.

§ 32 MBL ermöglicht als Generalklausel die Eingehung von Mitbestimmungsverträgen auf jeder Ebene der industriellen Beziehungen. Es liegt dann an den Sozialpartnern, diese ggf. aufeinander abzustimmen, was aber aufgrund der Praxis der Implementierung von Mitbestimmungsverträgen von der Dachverbands- bzw. Zentralebene bis auf die Unternehmens- bzw. Betriebsebene keine Probleme bereitet. Die Möglichkeiten abweichender Regelungen gem. § 3 BetrVG sind dagegen auf den Betrieb bzw. das Unternehmen oder den Konzern begrenzt.

Arbeitgebern und lokalen Gewerkschaften in Schweden ist es auf betrieblicher Ebene ohne Einschränkungen möglich, Mitbestimmungsverträge zu Beteiligungsrechten der Arbeitnehmer einzugehen.[952] Die deutschen Betriebspartner können dagegen nur in sehr eingeschränktem Maße mittels Betriebsvereinba-

952 Da die Kollektivverträge einer rangniedrigeren Ebene gewerkschaftsintern von der ranghöheren Ebene zu genehmigen sind (vgl. oben **C.II.2.c.(b).v.**),ist diese Genehmigung einzige Hürde für den Abschluss von Mitbestimmungsverträgen auf lokaler Ebene. Die Praxis der Gewerkschaften dürfte hier sehr großzügig sein, da der UVA als bedeutendster Mitbestimmungsvertrag auf Dachverbandsebene Wert darauf legt, dass Mitbestimmungsstrukturen an die lokalen Verhältnisse angepasst werden.

rung Regelungen bezüglich vom BetrVG abweichender Strukturen treffen, da dies gem. § 3 Abs. 2 BetrVG nur möglich ist, wenn keine tarifvertragliche Regelung besteht und auch kein anderer Tarifvertrag gilt.

Gemäß § 32 MBL „*sollen* zwischen Parteien, die einen Kollektivvertrag bezüglich Lohn und allgemeinen Anstellungsbedingungen abschließen, [...] auch Kollektivverträge über Mitbestimmungsrechte der Arbeitnehmer [...] eingegangen werden". § 3 BetrVG ist demgegenüber an wesentlich engere Voraussetzungen als § 32 MBL gebunden, da abweichende Regelungen immer unter einschränkenden Tatbestandsvoraussetzungen, wie bspw. der Erforderlichkeit der sachgerechten Wahrnehmung der Aufgaben des Betriebsrats, stehen.

§ 3 BetrVG ist also hinsichtlich der Regelungsebenen (Betrieb, Unternehmen, Konzern), hinsichtlich der Regelungspartner (Regelungsmöglichkeit der Betriebspartner nur, wenn keine tarifliche Regelung besteht und auch kein anderer Tarifvertrag gilt) sowie hinsichtlich der einschränkenden Voraussetzungen enger formuliert als § 32 MBL.

Die praktische Relevanz einer Vorschrift wie § 32 MBL, aufgrund der gesetzliche Regelungen mittels Kollektivvereinbarungen abgeändert werden können, dürfte in Schweden um ein Vielfaches über der des § 3 BetrVG in Deutschland liegen.[953] Dies wird schon daran deutlich, dass der UVA als bedeutendster Mitbestimmungsvertrag bis heute für weite Teile der schwedischen Wirtschaft gilt. Ein vergleichbar wichtiger Vertrag existiert in Deutschland schon deshalb nicht, weil der Gesetzgeber den Abschluss unternehmensübergreifender Verträge zu Beteiligungsrechten von Arbeitnehmern nicht ermöglicht. Die geringere praktische Relevanz einer Vorschrift wie § 3 BetrVG im Vergleich zu § 32 MBL liegt so vor allem in den unterschiedlichen Rechtstraditionen Deutschlands und Schwedens begründet. In Deutschland sind Beteiligungsrechte der Arbeitnehmer seit jeher kodifiziert, wohingegen in Schweden immer Verhandlungslösungen vorherrschten. In Deutschland gibt es daher schlicht nicht die Tradition, Beteiligungsrechte der Arbeitnehmer durch die Sozial- bzw. Betriebspartner auf dem Verhandlungswege festlegen zu lassen.

---

953 Deutlich wird dies auch in einer Fallstudie des Instituts der deutschen Wirtschaft (vgl. bereits oben **B.I.2.b.(a).ii.(2).**). Demnach lehnten 68,0 % bzw. 63,1 % der Betriebspartner die Bildung eines unternehmenseinheitlichen Betriebsrats bzw. die Zusammenfassung von Betrieben ab. 94,3 % bzw. 95,1 % der Betriebspartner, also nahezu alle, lehnten die Bildung von Spartenbetriebsräten bzw. die Bildung abweichender Arbeitnehmervertretungsstrukturen ab; vgl. hierzu *Niedenhoff*, Verbesserungsmöglichkeiten, S. 16.

(2) Vergleichende Anmerkungen zu den Möglichkeiten der Erweiterung von Beteiligungsrechten des deutschen Betriebsrats

Hinsichtlich der Erweiterung von Beteiligungsrechten des deutschen Betriebsrats in sozialen, personellen und wirtschaftlichen Angelegenheiten durch Betriebsvereinbarung bzw. Tarifvertrag herrscht in Deutschland noch erhebliche Unsicherheit (vgl. oben **B.I.1.c.(f).** und **B.I.2.b.(a).(ii).(2).**). Besonders brisant ist die Frage nach der Möglichkeit der tarifvertraglichen Erweiterung von Beteiligungsrechten des Betriebsrats in wirtschaftlichen Angelegenheiten. Während eine Ansicht im Schrifttum dies ohne weiteres für möglich hält, wird eine Erweiterung der Beteiligungsrechte von der Gegenmeinung grundsätzlich ausgeschlossen. Eine vermittelnde Ansicht schließt die qualitative Erweiterung, also die Verstärkung bestehender Beteiligungsrechte des Betriebsrats durch Tarifvertrag, aus. Die Schaffung zusätzlicher, mit den in §§ 106 ff BetrVG geregelten Beteiligungsrechten quantitativ vergleichbarer Konsultationsrechte sei aber zulässig.

Die Regelungsmöglichkeiten der deutschen Tarifpartner bleiben trotz der grundsätzlich anzunehmenden Möglichkeit der Erweiterung von Beteiligungsrechten des Betriebsrats hinter denen der schwedischen zurück. In jedem Fall unzulässig ist, folgt man der vermittelnden Ansicht, die qualitative Erweiterung der Beteiligungsrechte des Betriebsrats in wirtschaftlichen Angelegenheiten, da der Betriebsrat zu einem Unternehmensorgan gekoren würde, räumte man ihm paritätische Mitbestimmungsrechte in unternehmerischen Angelegenheiten ein. Dies aber sei eine Systemverschiebung, zu der den Tarifvertragsparteien die Berechtigung fehle (vgl. oben **B.I.2.b.(a).(ii).(2).**). § 32 MBL hingegen ermöglicht sogar in wirtschaftlichen Angelegenheiten mitbestimmungsvertraglich die qualitative Abweichung von den Bestimmungen des MBL, da Mitbestimmungsverträge die Arbeitnehmer auch an Fragen der Unternehmensleitung beteiligen können sollten (vgl. oben **C.III.2.e.(b).**). Dies wird durch die beispielhafte Aufzählung des schwedischen Gesetzgebers noch verdeutlicht, wonach u.a. auch Fragen, die die Finanzierung, das Budget und Investitionen betreffen, mitbestimmungsvertraglich geregelt werden können (**C.III.2.e.(b).ii.**). Treibt man die den schwedischen Sozialpartnern in § 32 MBL eingeräumten Regelungsmöglichkeiten auf die Spitze, ist auch die Übertragung von Entscheidungsbefugnissen des Arbeitgebers in wirtschaftlichen Angelegenheiten auf Mitbestimmungsorgane, die mehrheitlich mit Arbeitnehmervertretern besetzt sind, möglich. Hierbei sind aber die Vorschriften zwingenden Aktienrechts zu beachten, weshalb vor allem die Zuständigkeit der Hauptversammlung zu grundlegenden Geschäften der Aktiengesellschaft sowie die Kernkompetenzen von Verwaltungsrat und geschäftsführendem Direktor unantastbar sein müssen. Derart weit gehende Mitbestimmungsverträge, die Entscheidungen in Fragen bspw. der Unternehmensleitung auf Mitbestimmungsorgane übertragen würden, sind in Schweden allerdings – soweit ersichtlich – nicht in Kraft.

Da auch in Deutschland Tarifverträge oder Betriebsvereinbarungen, die Beteiligungsrechte des Betriebsrats erweitern, in der Praxis nur selten vorkommen dürften und hierzu kein Datenmaterial vorliegt, erscheint ein tiefer gehender Vergleich der Regelungsmöglichkeiten der deutschen Betriebs- und Sozialpartner mit den Regelungsmöglichkeiten des § 32 MBL nicht zielführend.

(3) Vergleichende Anmerkungen zum Verhältnis zwischen MBL bzw. BetrVG und Aktienrecht

Das Verhältnis zwischen MBL und Aktienrecht ist in Schweden Aufgrund der Möglichkeit der Übertragung von Entscheidungsbefugnissen zu Angelegenheiten der Unternehmensleitung auf Mitbestimmungsorgane gem. § 32 MBL aktuell geworden. Die Mittel, die den schwedischen Sozialpartnern an die Hand gegeben werden, um passende Strukturen der Arbeitnehmerbeteiligung zu finden, können sehr viel tiefer in das Aktienrecht eingreifen als die Mittel, die das BetrVG den deutschen Sozialpartnern zur Verfügung stellt.

Wie die Ausführungen gezeigt haben, war sich der schwedische Gesetzgeber bewusst, dass, würden Mitbestimmungsorganen mittels Mitbestimmungsverträgen Entscheidungsbefugnisse der Unternehmensleitung übertragen, theoretisch sehr brisante Problemlagen auftreten könnten. Der Gesetzgeber wählte aber den pragmatischen Weg, die Lösung eventuell aufkommender Probleme der Praxis zu überlassen. Hiermit hat er, soviel scheint eindeutig festzustehen, die richtige Vorgehensweise gewählt, da in der Praxis keinerlei Probleme mit Mitbestimmungsorganen aufgetreten sind. Im Gegenteil schien die Tendenz dahin zu gehen, dass die schwedischen Gewerkschaften sehr zurückhaltend mit Forderungen nach Übertragung von Entscheidungsbefugnissen in Angelegenheiten der Unternehmensleitung auf Mitbestimmungsorgane waren und sind. Dies kann sicherlich mit der Einstellung der Gewerkschaften zu Fragen der Unternehmensleitung erklärt werden, die auch hinsichtlich der Einrichtung einer Arbeitnehmervertretung im Verwaltungsrat sehr skeptisch waren. Dies folgte aus dem Bewusstsein, dass aus Einflussmöglichkeiten ihrer Vertreter im Verwaltungsrat auch die Verantwortung für getroffene Entscheidungen folgen würde.[954] In einem Handbuch der LO zum UVA lässt der Dachverband zudem erkennen, dass die Gewerkschaften im Bereich der Unternehmensleitung unerfahren seien.[955] Derartige Überlegungen standen denn wohl auch im Vordergrund, als überlegt wurde, wie viel an Mitbestimmung mittels Mitbestimmungsverträgen erreicht werden wollte und sollte. Da die Gewerkschaften das Unternehmensleitungsrecht des Arbeitgebers traditionell respektiert haben (vgl. oben **C.II.1.d.**), könnten sie auch eine Rollentrennung hinsichtlich Arbeitnehmerbelangen – ihrer Zu-

954 Lundberg/Bruun, Arbetsmarknad & Arbetsliv 2005, S. 217, 220f.

955 *LO*, Handbok UVA, S. 175.

ständigkeit – und Unternehmensleitungsfragen – primär Aufgabe des Arbeitgebers – angestrebt haben. § 32 MBL hat deshalb bislang trotz theoretischer „Sprengkraft" nicht zu Problemen im Hinblick auf eine Umgehung oder Außerachtlassung zwingender Vorschriften des Aktienrechts geführt.

In Deutschland stellt sich das Problem des Verhältnisses zwischen BetrVG und Aktienrecht nicht in der Weise wie in Schweden. § 32 MBL gibt den schwedischen Sozialpartnern ein Gestaltungsmittel in die Hand, mittels dem die Organisationsstruktur von Aktiengesellschaften verändert werden könnte, wobei Grenze die Kernzuständigkeiten der Verwaltungsorgane sind. Das BetrVG kennt demgegenüber keine Vorschrift, die den Betriebspartnern derart weit reichende Gestaltungsmöglichkeiten gibt. Diejenigen Organe der Arbeitnehmervertretung gem. BetrVG, die auf der Ebene des Unternehmens bzw. des Konzerns spielen, wie der Gesamt- bzw. Konzernbetriebsrat und der Wirtschaftsausschuss, haben gesetzlich klar definierte Beteiligungsrechte, die sie sämtlich nicht befähigen, in die Leitungsstruktur von Aktiengesellschaften einzugreifen. Von den beschriebenen Aufgaben des Betriebsrats können Mitbestimmungsrechte in sozialen Angelegenheiten im Rahmen unternehmerischer Entscheidungen erhebliche Auswirkungen haben (vgl. oben **B.I.1.c.(b).**), auf Unternehmensebene an unternehmerischen Entscheidungen mitwirken oder gar die Organisationsstruktur der Aktiengesellschaft verändern kann der Betriebsrat aber nicht. Der Wirtschaftsausschuss hat in wirtschaftlichen Angelegenheiten lediglich Informations- und Beratungsrechte gegenüber dem Unternehmer, weiter gehende Beteiligungsrechte kann überhaupt nur der Betriebsrat wahrnehmen (vgl. oben **B.I.1.c.(e).i.**). Am weitesten reichend erscheinen die Einflussmöglichkeiten des Betriebsrats und – seit dem Urteil des BAG zur Zulässigkeit von Arbeitskampfmaßnahmen – der Gewerkschaften bei Betriebsänderungen im Rahmen von Interessenausgleichs- und Sozialplanverhandlungen, da zumindest der Sozialplan der erzwingbaren Mitbestimmung unterliegt. Trotz der Tatsache, dass Gewerkschaften unternehmerische Entscheidungen mittels der Androhung oder Durchführung von Arbeitskampfmaßnahmen möglicherweise mittelbar steuern und/oder Sozialplanvolumina hochschrauben können, wird ihnen keine Handhabe gegeben, in die Leitungsstrukturen einer Aktiengesellschaft einzugreifen. Gleiches gilt für die Einflussnahmemöglichkeiten des Betriebsrats bei Interessenausgleichs- und Sozialplanverhandlungen.

Die Druckausübungsmöglichkeiten unternehmensangehöriger Arbeitnehmervertreter und externer Gewerkschaftsvertreter im Aufsichtsrat anlässlich von Betriebsänderungen sind zwar auch problematisch (vgl. oben **B.III.2.b., c.**). Sie sind aber nicht an dieser Stelle zu diskutieren, da sie das Verhältnis der Mitbestimmungsgesetze zum Aktienrecht und zum Betriebsverfassungsrecht, nicht aber das Verhältnis des Betriebsverfassungsgesetzes zum Aktienrecht, betreffen.

f. Utvecklingsavtalet als Beispiel eines Mitbestimmungsvertrages

Der UVA[956] als bedeutendster Mitbestimmungsvertrag in Schweden gilt für den weit überwiegenden Teil der Privatwirtschaft.[957] Andere Mitbestimmungsverträge haben, da sie sich am UVA orientieren, starke Ähnlichkeit mit ihm.[958] Der UVA wurde im Jahr 1982 vom Arbeitgeberdachverband SAF und der LO sowie dem Verhandlungskartell PTK nach mehrjährigen intensiven Verhandlungen abgeschlossen.[959] Die Dachorganisationen empfahlen den Mitgliedsverbänden, den UVA, gegebenenfalls nach einer Anpassung an die jeweiligen Industriezweige, anzunehmen. In einem dritten Schritt konnte dann begonnen werden, auf Grundlage des UVA lokale Mitbestimmungsverträge abzuschließen.[960] Zum Zweck der betrieblichen Implementierung des UVA widmet dieser den verschiedenen Mitbestimmungsformen ein eigenes Kapitel (Formen der Mitbestimmung, § 6 UVA).

§ 1 Abs. 1 UVA bezeichnet das MBL als die Grundlage des UVA. Der Vertrag ist als Aufbau und Weiterentwicklung des MBL zu sehen, der die Entwicklung und die Zusammenarbeit im Unternehmen fördern soll. Mitbestimmung wird gem. § 1 Abs. 2 UVA von den lokalen Gewerkschaften durch Verhandlungen und/oder durch lokale, gemäß dem UVA vereinbarte Mitbestimmungsformen, ausgeübt.

(a) Grundlagen

Aus dem Kommentar zu § 1 UVA[961] geht hervor, dass ein wichtiger Grund des Vertrages die praktischen Erfahrungen sind, die von den Unternehmen bei Anwendung des MBL gewonnen wurden. Systeme der Zusammenarbeit bei der Entwicklung des Unternehmens und Formen der Mitbestimmung, die bereits vor dem UVA bestanden, und die laut den Partnern auf lokaler Ebene gut funktionierten, sollten beibehalten und erforderlichenfalls angepasst und weiterentwickelt werden.

---

956 Der UVA ist in englischer Sprache abrufbar unter *http://www.ptk.se/Global/Material/Avtal/PTK_agreement.pdf* [gelesen am 20.07.2010].

957 *Fahlbeck*, Praktisk Arbetsrätt, S. 189.

958 *Adlercreutz/Mulder*, Svensk Arbetsrätt, S. 271.

959 *Gerum/Steinmann*, Unternehmensordnung, S. 70, denen zufolge sich die Verhandlungen aufgrund von Faktoren wie der Änderung von Zielen und Rahmenbedingungen über Jahre hinzogen; vgl. zu Einzelheiten *Schmidt*, Demokratie, S. 35f, 45ff.

960 *Schmidt* et al., Facklig Arbetsrätt, S. 208.

961 Die Vertragsparteien haben den UVA selber kommentiert und die Vorschriften teils mit Anmerkungen versehen. Wird in Fußnoten auf Kommentierungen oder Anmerkungen verwiesen, so beziehen sich die angegebenen Seitenzahlen auf den UVA in englischer Sprache.

Die Parteien betonen in der Anmerkung zu § 1 UVA, dass die Zusammenarbeit zwischen LO und PTK sowohl auf lokaler wie auf zentraler Ebene ein wichtiges Prinzip des Vertrages sei. SAF hält fest, dass LO und PTK für die gegenseitige Zusammenarbeit einen „Vertrag über die gewerkschaftliche Koordination von Mitbestimmungsfragen" getroffen haben. Auf den Vertrag, der bereits 1978, also vier Jahre vor Eingehung des UVA abgeschlossen wurde, wird im Zusammenhang mit der gewerkschaftlichen Kooperation auf betrieblicher Ebene eingegangen. Es wird jedoch schon hier deutlich, dass die Vertragspartner bei Abschluss des UVA eine Kommunikation zwischen den Gewerkschaften auf betrieblicher wie überbetrieblicher Ebene voraussetzten.

(b) Entwicklungsbereiche

Entwicklung und Effizienzsteigerung von Unternehmen werden in § 2 Abs. 1 UVA neben der Beschäftigungssicherung als von gemeinsamem Interesse für Unternehmen und Arbeitnehmer bezeichnet. Im UVA werden drei Entwicklungsbereiche - die Entwicklung der Arbeitsorganisation, die technische Entwicklung sowie wirtschaftliche Fragen - behandelt. Der Großteil dieser Bestimmungen ist rechtlich nicht bindend, sondern bringt die gemeinsamen Zielsetzungen von SAF, LO und PTK zum Ausdruck.[962] Aus den gemeinsamen Zielsetzungen geht auch die Einstellung der Gewerkschaften zum Erfordernis der Effizienz wirtschaftlicher Tätigkeit und zum technologischen Wandel hervor. Gewerkschaften beschäftigten sich seit ihrer Gründung mit diesen Fragen, und sie haben durchweg die Notwendigkeit der Effizienzsteigerung und des technologischen Wandels akzeptiert. In der Folge verlangten sie aber auch Mitsprache bei Entscheidungen des Managements auf diesen Gebieten.[963] Um dem Leser ein Gefühl für die Zielvorgaben des Vertrages zu vermitteln, werden nachfolgend die wichtigsten Inhalte der Entwicklungsbereiche dargestellt.

i. Entwicklung der Arbeitsorganisation, § 3 UVA

Die Entwicklung der Arbeitsorganisation auf allen Ebenen zielt darauf ab, die Stärke und Kompetenz des Unternehmens zu steigern und somit Beschäftigung zu fördern und zu sichern. Hierzu sollen Arbeiten, Führungsmethoden und Kontrollsysteme beitragen, die die Arbeitnehmer einbeziehen und fördern, § 3 Abs. 1 UVA. Laut Kommentar zu § 3 Abs. 1 UVA wird auf Wunsch der lokalen Gewerkschaften die Arbeitsorganisation im Unternehmen dargelegt und diskutiert. Diese im Vergleich zu § 19 Abs. 1 MBL verstärkte Informationsverpflichtung des Arbeitgebers wurde bereits oben (**C.III.2.d.(b).i.**) erwähnt. Maßgeblich für

---

962 *Olauson/Holke*, MBL-Kommentar, §§ 10 - 17 MBL, S. 141.

963 *Fahlbeck*, Industrial Relations, S. 100f.

die Gestaltung der Arbeitsorganisation sollen gem. § 3 Abs. 2 UVA die Bedürfnisse der Arbeitnehmer sowie gute Arbeitsbedingungen sein. Arbeitgeber und Gewerkschaften arbeiten bei der Entwicklung der Arbeitsorganisation zusammen, § 3 Abs. 3 UVA. Um mehr Einfluss und Verantwortung der Arbeitnehmer in ihrer täglichen Arbeit zu erreichen, sind dabei eine Dezentralisierung und die Delegation von Verantwortlichkeiten von entscheidender Bedeutung. Die Arbeitnehmer sollen bei der Planung ihrer eigenen Arbeit mitwirken können, wobei Diskussionen mit Vorgesetzten und Arbeitskollegen besondere Bedeutung beigemessen wird. Gem. § 3 Abs. 5 UVA sollen Arbeitnehmer durch ihre Vorgesetzten über Verhältnisse, die ihre Arbeit beeinflussen, sowie über die Situation des gesamten Unternehmens informiert werden. Diese Bestimmung kann als Präzisierung der allgemeinen Informationspflicht des Arbeitgebers gem. § 19 Abs. 1 MBL verstanden werden. Hierbei soll den Arbeitnehmern die Möglichkeit gegeben werden, bei der Ausgestaltung der eigenen Arbeitssituation mitzuwirken. Da die Ideen der Arbeitnehmer als bedeutend angesehen werden, sollen sie dazu angeregt werden, einzeln oder in Gruppen an der Lösung von Problemen mitzuwirken. Als Bereiche von Bedeutung werden Rationalisierung, Planung, Arbeitsorganisation und technische Entwicklung genannt. Im Kommentar zu § 3 UVA wird festgehalten, dass Arbeitnehmer immer das Recht haben, Informationen in der Linienorganisation des Unternehmens oder zu den Gewerkschaften weiterzuleiten. Arbeitsplatztreffen werden als geeignetes Forum für den Austausch von Ideen und Informationen genannt.

ii. Technische Entwicklung, § 4 UVA

Die technische Entwicklung bietet laut § 4 Abs. 1 UVA viele Möglichkeiten, die wahrgenommen werden müssen, um den Fortbestand und den Erfolg des Unternehmens und damit auch Arbeitsplätze zu sichern. Bei der Einführung technischer Veränderungen soll den Arbeitnehmern die Möglichkeit gegeben werden, ihre Fähigkeiten zu verbessern und mehr Verantwortung für ihre eigene Arbeit zu tragen, § 4 Abs. 2 UVA. Wenn geplante technische Entwicklungen wichtige Veränderungen für die Arbeitnehmer mit sich bringen, sollen die Gewerkschaften entsprechend den Beteiligungsformen des UVA[964] beteiligt werden, § 4 Abs. 3 UVA. Der Arbeitgeber soll hierbei über die wirtschaftlichen Erwägungen, welche die neue Technik erforderlich machen und über Konsequenzen für die Arbeitsbedingungen und die Beschäftigungssituation der Arbeitnehmer Rechenschaft ablegen. Wie bereits oben (**C.III.2.d.(b).i.(2)**) dargestellt, handelt es sich bei dieser Bestimmung um eine Ausweitung der Informationspflichten des Arbeitgebers im Vergleich zu dessen allgemeiner Informationspflicht gem. § 19

---

964 Hierbei handelt es sich um MBL-Verhandlungen, Linienverhandlungen oder Mitbestimmungsorgane, vgl. die später zu behandelnden §§ 7,8 UVA.

Abs. 1 MBL, die ihrem Inhalt nach der Informationsverpflichtung eines deutschen Arbeitgebers gegenüber dem Wirtschaftsausschuss gem. § 106 Abs. 2 BetrVG entspricht. § 4 Abs. 3 UVA zeigt, wie eine Bestimmung des MBL, hier die allgemeine Informationspflicht des Arbeitgebers, durch die schwedischen Sozialpartner vertraglich ausgeweitet worden ist. Gem. § 4 Abs. 4 UVA soll das Unternehmen aufgrund der Bedeutung der beruflichen Weiterbildung der Arbeitnehmer diese so früh wie möglich für Arbeitsaufgaben, die neue Verfahrensweisen mit sich bringen, ausbilden.

iii. Wirtschaftliche Entwicklung, § 5 UVA

Information über und Einsicht in die wirtschaftliche Situation des Unternehmens sind gem. § 5 Abs. 1 UVA ein bedeutender Ausgangspunkt für Kooperation zwischen Arbeitgeber und Arbeitnehmern sowie Einfluss und Entwicklungsleistungen der Arbeitnehmer. Durch Information und Einsicht können die Erfahrungen und Kenntnisse der Arbeitnehmer bspw. in Fragen der Produktionstechnik, der Qualität, des Einkaufs sowie in Bezug auf Arbeitsmethoden nutzbar gemacht werden. Die Gewerkschaften erhalten gem. § 5 Abs. 2 UVA entsprechend den im Vertrag vorgesehenen Beteiligungsformen Einsicht in und Einfluss auf die wirtschaftliche Situation des Unternehmens sowie in die Planungs- und Budgetarbeit. Hierdurch haben die Gewerkschaftsvertreter zu einem frühen Zeitpunkt die Möglichkeit, sich mit Ideen und Vorschlägen einzubringen, Verständnis für das wirtschaftliche Umfeld zu entwickeln und so die Zukunft des Unternehmens zu beeinflussen. Die Unternehmensleitung soll ihre Einschätzung über die Zukunft des Unternehmens so darstellen, dass die Gewerkschaften im Unternehmen die Möglichkeit haben, gemeinsam mit der Unternehmensleitung die Marktaussichten, die Konkurrenzsituation, die Produktentwicklung sowie die Sicherheit und Entwicklung der Arbeitnehmer zu behandeln und zu beurteilen. Die Regelungen in § 5 Abs.2 UVA verstärken die Informationsverpflichtungen des Arbeitgebers aus § 19 Abs. 1 MBL deutlich. In § 5 Abs. 3 UVA wird das einzigartige Wissen eines jeden Arbeitnehmers über seine eigene Arbeit und dessen damit einhergehende Möglichkeit, Verbesserungen vorzuschlagen, die das ganze Unternehmen betreffen, betont. Gem. § 5 Abs. 4 UVA sollen die Arbeitnehmer übersichtliche und leicht verständliche Informationen zur wirtschaftlichen Situation des Unternehmens erhalten. Die Informationsverpflichtung des Arbeitgebers wird hier also auch gegenüber den Arbeitnehmern, und nicht allein gegenüber den Gewerkschaften, begründet.

iv. Fazit

Laut einem Handbuch der LO zum UVA (*Handbok UVA*) drücken die Bestimmungen des UVA eine neue Sichtweise auf die Arbeitsbedingungen aus, wie sie auch von den Gewerkschaften gefordert wurden.[965] Inwieweit sich diese neue Sichtweise auf die Arbeit und deren Bedingungen auch an den Arbeitsplätzen durchgesetzt hat, ist schwer zu beurteilen. In jedem Fall lassen die vertraglich vereinbarten Zielsetzungen zwischen Arbeitnehmer- und Arbeitgeberseite den beiderseitigen Willen erkennen, bei der Beteiligung der Arbeitnehmer in diese Richtung zu gehen. Laut *Fahlbeck* ist der UVA allerdings „Lichtjahre" von den ursprünglichen Forderungen der Gewerkschaften entfernt.[966]

(c) Formen der Mitbestimmung und Zusammenarbeit

Gem. § 6 Abs. 1 UVA werden die Formen der Zusammenarbeit und Mitbestimmung an die lokalen Verhältnisse am Arbeitsplatz angepasst. Die Parteien auf lokaler Ebene haben dabei die gemeinsame Verantwortung, geeignete Formen der Zusammenarbeit und Mitbestimmung zu finden. Hierbei sind Organisations- und Arbeitsformen, die beinhalten, dass Entscheidungsrechte an die direkt Betroffenen delegiert werden können, von großer Bedeutung, § 6 Abs. 2 S. 1 UVA.

Fragen der Mitbestimmung werden gem. § 7 UVA von den Parteien mittels Verhandlungen und/oder entsprechend den Regeln des UVA behandelt. Als Beteiligungsformen kommen somit MBL-Verhandlungen, die im UVA festgeschriebenen Beteiligungsformen oder Kombinationen aus beiden in Betracht.

Auf das Gesuch einer Partei hin sollen die im Betrieb vertretene(n) Gewerkschaft(en) und die Arbeitgeberseite eine Vereinbarung treffen, wie die Mitbestimmung ausgeübt wird, § 8 Abs. 1 Unterabs. 1 UVA. Hierbei kommen folgende Beteiligungsmodelle in Betracht:

i. Verhandlungen gemäß MBL, § 8 Abs. 1 Unterabs. 2 UVA

Eine Form der Mitbestimmung sind Verhandlungen zwischen dem Unternehmen und den Gewerkschaften gemäß MBL. Bei Zugrundelegung dieser Variante würde das MBL die Grundlage für die Verhandlungen zwischen Arbeitgeber und Gewerkschaften bleiben.

ii. Mitarbeit innerhalb der Linienorganisation des Unternehmens, § 8 Abs. 1 Unterabs. 3 UVA

Die zweite Form der Arbeitnehmerbeteiligung ist die Mitwirkung von Gewerkschaftsvertretern auf verschiedenen Ebenen innerhalb der Linienorganisation eines Unternehmens. Diese Form der Teilhabe setzt sich aus Linienverhandlungen und Linieninformationen zusammen. Die Verhandlungen finden auf den be-

---

965 *LO*, Handbok UVA, S. 46.

966 *Fahlbeck*, Industrial Relations, S. 100.

schlussfassenden Ebenen eines Unternehmens statt, indem die Gewerkschaftsvertreter Mitglieder einer Leitungsgruppe, eines Produktionsrates oder eines ähnlichen Exekutivorgans sind. Der Unterschied der Mitbestimmung durch Linienverhandlungen zur Arbeitnehmerbeteiligung gem. MBL besteht darin, dass die Gewerkschaftsvertreter bei Verhandlungen gem. MBL nicht Mitglieder der beschlussfassenden Gremien sind.

Im LO-Handbuch wird das Wahlsystem zwischen Verhandlungen und Teilnahme an der Linienorganisation folgendermaßen beschrieben: „Wir können zwischen der Linienmitarbeit auf einer bestimmten Ebene und in bestimmten Fragen oder in allen Fragen und auf allen Ebenen wählen. Alle denkbaren Varianten kommen in Frage.“[967] Diese Ermunterung zu Kreativität im betrieblichen Umgang macht deutlich, dass es „ein“ System der Arbeitnehmerbeteiligung in Schweden nicht gibt und auch nicht geben kann, weil die Arbeitgeber und Gewerkschaften immer nach den ihnen am geeignetsten scheinenden Lösungen suchen und hierbei mit verschiedenen Formen der Mitbestimmung experimentieren können. Zu bedenken ist auch, dass unterschiedlichste Formen der Arbeitnehmerbeteiligung schon vor Eingehung des UVA bestanden. Der UVA wollte, wie sich aus dem Kommentar zu § 1 UVA ergibt, auch nicht in diese praktizierten Mitbestimmungsformen eingreifen, weil die Vertragspartner sich bewusst waren, dass Arbeitgeber und Arbeitnehmer selber die für sie passenden Mitbestimmungsformen finden würden. Der UVA zeigt für die im Gestalten von Arbeitnehmerbeteiligungsmodellen erprobten Sozialpartner somit lediglich zusätzliche Möglichkeiten auf.

Beispiel aus der Praxis: Als Beispiel für die Anwendung des UVA in der Praxis können ein im Rahmen einer staatlichen Untersuchung aus dem Jahr 1994 aufgeführter Konzern sowie eines der Konzernunternehmen, das ca. 2000 Arbeitnehmer beschäftigt, dienen.[968] Die Struktur der Arbeitnehmerbeteiligung im Konzern basiert auf einem Mitbestimmungsvertrag aus dem Jahr 1992. Im Konzern finden sich auf vier Ebenen Leitungsgruppen, in denen Arbeitnehmervertreter vertreten sind. Auf Konzernebene findet sich eine Konzernleitungsgruppe, die aus der Konzernleitung der Muttergesellschaft und Gewerkschaftsvertretern besteht und hauptsächlich strategische Fragen behandelt. Auf Divisionsniveau (Divisionen umfassen die Geschäftsbereiche an unterschiedlichen Orten des Landes) findet sich eine Divisionsleitungsgruppe. Schließlich besteht eine Unternehmensleitungsgruppe und auf unterster Ebene eine Einheitsleitungsgruppe. Die Leitungsgruppen treffen sich ca. ein bis zwei Mal im Monat, die Treffen dauern normalerweise einige Stunden. Diese Treffen sind keine Mitbestimmungsverhandlungen im formellen Sinne, in den Leitungsgruppen werden also grundsätzlich keine MBL-Verhandlungen geführt. Vielmehr dienen die Leitungsgruppen dem Informationsaustausch und der Diskussion wichtiger Fragen. Erst wenn sich bezüglich eines Punktes Uneinigkeiten nicht aus-

967 *LO*, Handbok UVA, S. 168.
968 SOU 1994:141, Beilage 1, S. 546f.

räumen lassen, wird dieser von der Tagesordnung genommen, und der Arbeitgeber leitet formelle MBL-Verhandlungen ein.

iii. Aus Vertretern beider Seiten zusammengesetzte Informations- und Kooperationsorgane, § 8 Abs. 1 Unterabs. 4 UVA

Bei den Informations- und Kooperationsorganen handelt es sich um Mitbestimmungsorgane im Sinne des § 32 Abs. 2 MBL. Grenzen bezüglich der diesen Organen übertragbaren Entscheidungsbefugnisse wurden oben (**C.III.2.e.(b).iv.**) dargestellt. Mitbestimmungsorgane zeichnen sich dadurch aus, dass sie nicht Teil der Linienorganisation des Unternehmens und auch keine Verhandlungsorgane im Sinne des MBL sind. Vielmehr bestehen sie als eigenständige Organe aus Vertretern des Arbeitgebers und/oder Vertretern der Arbeitnehmer. Das LO-Handbuch nennt als Beispiele Organisationskomitees, Wirtschaftskomitees oder Personalkomitees. Der Vertrag über Unternehmensausschüsse (*Företagsnämndsavtal*) ermöglichte die Einrichtung derartiger Unternehmensausschüsse schon vor Erlass des MBL (vgl. oben **C.II.1.b.(b).**). Ähnlich konnten aufgrund des seit 1992 nicht mehr geltenden Vertrags über Arbeitsbedingungen (*Arbetsmiljöavtal*)[969] mehrheitlich mit Arbeitnehmervertretern zu besetzende Sicherheitsausschüsse (*Skyddskommittéer*) eingerichtet werden. Allerdings waren Beschlüsse dieser Ausschüsse über Maßnahmen, die wirtschaftliche Verpflichtungen oder Konsequenzen für das Unternehmen hatten, nur bindend, wenn sie einstimmig gefasst wurden.[970]

iv. Projektarbeit

Angelegenheiten, die nur einen begrenzten Zeitrahmen beanspruchen, können gem. § 8 Abs. 2 UVA als Projektarbeit unter Mitwirkung der im Betrieb vertretenen Gewerkschaften behandelt werden. Als Beispiele werden Investitionen in Gebäude und Maschinen, Umstrukturierungen sowie Organisationsveränderungen genannt. Dabei soll die Vereinbarung über die Projektarbeit so gestaltet sein, dass aus ihr klar hervorgeht, welche Fragen in dem Projekt behandelt werden, und welche Befugnisse die Gewerkschaften innerhalb des Projektes haben.

Projektarbeit wird normalerweise als vorbereitende Arbeit für Verhandlungen und schlussendliche Stellungnahmen angesehen. Verhandlungen, die stattfinden, nachdem Arbeitgeber- und Arbeitnehmerseite die Vorschläge einer Pro-

---

969 Der Vertrag über Arbeitsbedingungen wurde durch Kollektivverträge auf zentraler bzw. betrieblicher Ebene ersetzt, in denen u.a. Formen der Zusammenarbeit und Fragen des betrieblichen Gesundheitswesens geregelt wurden; vgl. hierzu *Adlercreutz/Mulder*, Svensk Arbetsrätt, S. 292.

970 SOU 1982:60, S. 83; SOU 1994:141, S. 235.

jektgruppe geprüft haben, können oft sehr schnell abgeschlossen werden, da die Parteien mit den Fragestellungen und Problemen schon vertraut sind.[971]

v. Unterschiedliche Formen der Mitbestimmung in einem Vertrag

Für unterschiedliche Bereiche, bspw. für Personalfragen oder für Fragen der Unternehmensleitung, können in Mitbestimmungsverträgen unterschiedliche Formen der Arbeitnehmerbeteiligung gewählt werden. Im LO-Handbuch werden Beispiele für eine mögliche Gestaltung verschiedener Mitbestimmungsformen dargestellt.[972]

Fragen der Arbeitsorganisation werden als am bedeutendsten für die Gewerkschaftsarbeit bezeichnet. Die Gewerkschaften werden in dem Handbuch dazu aufgerufen, den Schwerpunkt ihrer Entwicklungsarbeit auf die Arbeitsorganisation zu legen und die Voraussetzungen hierfür in einem lokalen Mitbestimmungsvertrag festzulegen. Die Gewerkschaften könnten die Arbeitsorganisation im Unternehmen in einer Projektgruppe untersuchen und darstellen, woraufhin Vorschläge zur Weiterentwicklung der Arbeitsorganisation formuliert werden könnten.

Auf die Personalpolitik des Unternehmens wollen die Gewerkschaften laut LO-Handbuch ebenfalls Einfluss nehmen. Sie seien auf diesem Gebiet kompetent, da sie bereits Erfahrung in den Bereichen Ausbildung, Rekrutierung und Einarbeitung neuer Mitarbeiter hätten. Daher sollten Fragen der Personalpolitik mittels Linienverhandlungen im Unternehmen behandelt werden, was in einem lokalen Mitbestimmungsvertrag festzuhalten sei.

Mit Fragen der wirtschaftlichen Entwicklung sind die Gewerkschaften laut LO-Handbuch nicht vertraut. Auf diesem Gebiet sei noch viel Erfahrung zu sammeln, weshalb zunächst Informationen von Seiten der Unternehmensleitung wichtig seien. Für die Informationsrechte und Mitbestimmungsverhandlungen gem. §§ 11, 19 MBL solle eine aus Arbeitnehmer- und Arbeitgebervertretern bestehende Mitbestimmungsgruppe zuständig sein. Wolle die Gewerkschaftsleitung Fragen der Unternehmensleitung beeinflussen, könne sie entweder Verhandlungen gem. § 10 oder § 12 MBL verlangen oder eine Diskussion im Verwaltungsrat anstoßen.

vi. Inhalt getroffener Vereinbarungen

Im Rahmen aller Mitbestimmungsformen sollen die lokalen Übereinkommen gem. § 8 Abs. 1 Unterabs. 5 S. 1 UVA so gestaltet sein, dass aus ihnen klar hervorgeht, welche Mitbestimmungsfragen und Entwicklungsgebiete gem. § 2 Abs.

---

971 *LO*, Handbok UVA, S. 169f.

972 *LO*, Handbok UVA, S. 175.

2 UVA von Linienorganen, und welche von Mitbestimmungsorganen behandelt werden.[973] Wird Mitbestimmung entsprechend den lokal vereinbarten Formen ausgeübt, ist die primäre Verhandlungs- und Informationspflicht des Arbeitgebers (§§ 11, 19 MBL) erfüllt, § 8 Abs. 1 Unterabs. 5 S. 2 UVA. Dies bedeutet bezüglich der Verhandlungspflicht des Arbeitgebers gem. § 11 MBL, dass dieser vor dem Treffen einer Entscheidung, die eine bedeutende Änderung seiner unternehmerischen Aktivitäten oder der Beschäftigungsbedingungen der gewerkschaftlich organisierten Arbeitnehmer mit sich bringt, nicht gem. § 11 MBL in förmliche MBL-Verhandlungen mit den Gewerkschaften treten muss. Der Grund hierfür liegt darin, dass Gewerkschaftsvertreter – sei es, sie sind in der Linienorganisation des Unternehmens oder in Mitbestimmungsorganen vertreten – ohnehin in den betreffenden Gremien vom Arbeitgeber informiert werden und mit ihm zusammenarbeiten. An dem allgemeinen MBL-Verhandlungsrecht der Gewerkschaften gem. § 10 MBL ändert diese Regelung aber nichts.

Wird Mitbestimmung entsprechend den lokal vereinbarten Formen ausgeübt, ist auch die Informationspflicht des Arbeitgebers gem. § 19 MBL erfüllt. Dem Informationsbedürfnis der Gewerkschaften aufgrund der Teilnahme ihrer Vertreter an der Linienorganisation oder in Mitbestimmungsorganen wird dann ausreichend Rechnung getragen.

vii. Bedenkzeit, Recht auf MBL-Verhandlungen

Gewerkschaftsvertretern soll gem. § 8 Abs. 3 UVA bei der Teilnahme an Linienverhandlungen, in Mitbestimmungsorganen und Projektgruppen immer eine angemessene Bedenkzeit eingeräumt werden, damit sie aufgekommene Fragen bewerten können, § 8 Abs. 3 UVA. Weiter haben sie auch im Falle von gem. UVA ausgehandelten Formen der Arbeitnehmerbeteiligung immer das Recht, bezüglich behandelter Angelegenheiten formelle Verhandlungen gem. MBL einzuleiten, § 8 Abs. 4 UVA. Dies muss allerdings geschehen, bevor das Organ, dem sie angehören, über die Angelegenheit entschieden hat.[974]

viii. Hinweise der Vertragsparteien zu den Formen der Mitbestimmung, §§ 6 - 9 UVA

Im Kommentar zu den Formen der Mitbestimmung (§§ 6 – 9 UVA)[975] wird hervorgehoben, dass die Formen der Zusammenarbeit und Mitbestimmung an die lokalen Verhältnisse angepasst werden müssten. Als mögliche Ausgangspunkte für den lokalen Anpassungsprozess weisen die Parteien auf die Wichtigkeit von

---

973 *Adlercreutz*, Sweden, S. 229, Rn. 731; *Adlercreutz/Mulder*, Svensk Arbetsrätt, S. 273.

974 *LO*, Handbok UVA, S. 171.

975 Kommentar zu §§ 6 - 9 UVA (S. 16 der englischsprachigen Fassung).

Spielraum für Einfluss, Teilhabe und Verantwortung der Arbeitnehmer im Rahmen der Arbeit im Unternehmen hin. Die Möglichkeit der Mitbestimmung jedes einzelnen Arbeitnehmers sei besonders zu beachten und zu fördern. Hierfür sei die Möglichkeit, Fragen jederzeit in der Linienorganisation und/oder zu den Gewerkschaften weiterleiten zu können, eine wichtige Voraussetzung. Wichtig sei, dass Mitbestimmung in einfachen, flexiblen Formen ausgeübt werden könne, und dass hierdurch die Voraussetzungen für eine aktive Beschlussfassung im Unternehmen geschaffen würden.

(d) Verhandlungsordnung, § 16 UVA

In § 16 UVA haben die Parteien eine Verhandlungsordnung aufgestellt. Gem. § 16 Abs. 1 UVA sind Verhandlungen im Unternehmen, die eine Partei gem. §§ 11, 12 MBL oder gem. § 8 Abs. 4 des UVA verlangt, ohne unnötige Verzögerung einzuleiten. Auch die Weiterleitung der Verhandlungen auf die zentrale Ebene ist möglich. Verfahrensfragen hierzu sind in § 16 Abs. 1 Unterabs. 2 UVA geregelt.

Bei Streit um die Anwendung oder Auslegung des UVA sollen gem. § 16 Abs. 2 UVA schnellstmöglich Verhandlungen zwischen den Parteien aufgenommen werden. Kann der Streit auf lokaler Ebene nicht beigelegt werden, soll die Angelegenheit auf Begehren einer der beiden Seiten auf die zentrale Ebene weitergeleitet werden.

Die Gewerkschaften sollen gem. § 16 Abs. 5 UVA auf Verlangen des Arbeitgebers in lokalen oder zentralen Verhandlungen gemeinsam verhandeln (vgl. hierzu bereits oben **C.III.2.c.(c).i.11.**). Ein gemeinsames Auftreten der Gewerkschaften bei Verhandlungen erleichtert diese für den Arbeitgeber natürlich ungemein, da er nicht getrennt mit den einzelnen Gewerkschaften verhandeln muss. Auch kann er darauf hoffen, dass die Gewerkschaften ihre Positionen vorher untereinander abgestimmt haben. Die Bestimmung ist allerdings eine Soll-Bestimmung, weshalb der Arbeitgeber die Gewerkschaften nicht zu einem gemeinsamen Auftreten zwingen kann.

(e) UVA in der Praxis

Der UVA wurde von den Mitgliedsverbänden der vertragsschließenden Parteien SAF (nunmehr SN), LO und PTK, nahezu unverändert angenommen. Das heißt, dass auf der zentralen Ebene keine Anpassung in die verschiedenen Branchen stattfand. Eine Ausnahme gilt für die metallverarbeitende Industrie, die einen eigenen Entwicklungsrat eingerichtet hat.[976] Die Implementierung des UVA auf der zentralen Ebene sagt aber noch nichts darüber aus, inwieweit der UVA auf

---

976 *Adlercreutz/Mulder*, Svensk Arbetsrätt, S. 275.

lokaler Ebene, also von Unternehmen und Gewerkschaften, angepasst bzw. weiterentwickelt wurde. So wurde schon in einer staatlichen Untersuchung zu Erfahrungen und Problemen mit dem MBL aus dem Jahr 1982 festgestellt, dass unterhalb der Dachverbandsebene eine unbekannte Anzahl von Mitbestimmungsverträgen abgeschlossen worden sei, wenn diese auch nicht als solche bezeichnet wurden. Es wurde aber als unmöglich dargestellt, ohne umfassende Untersuchungen die Verbreitung derartiger Vertragstypen zu überblicken.[977] Dies wurde in einer weiteren staatlichen Untersuchung aus dem Jahr 1994 bestätigt.[978] Es wurde aber darauf hingewiesen, dass lokale Mitbestimmungsverträge und andere lokale Vereinbarungen nach und nach eine immer größere Rolle zu spielen begonnen hätten. Auch wurde die deutliche Tendenz hervorgehoben, dass sowohl in zentralen wie in lokalen Verträgen die Bedeutung der Mitbestimmung als integrierter Bestandteil der Beschlussfassung im Unternehmen betont worden sei.[979] Dies spricht für eine Integration der Gewerkschaftsvertreter in die Linienorganisation der Unternehmen gem. § 8 Abs. 1 Unterabs. 3 UVA.

(f) Vorherrschende Formen der Arbeitnehmerbeteiligung in Großunternehmen

Die Arbeitnehmerbeteiligung gem. MBL aufgrund von Verhandlungs- und Informationsrechten sowie die konkrete Ausgestaltung des MBL durch den UVA zeigen die große Freiheit der schwedischen Sozialpartner, Formen für ihre Zusammenarbeit zu finden.

Insbesondere in Großunternehmen, die den Hauptgegenstand dieser Untersuchung bilden, waren und sind Arbeitgeber- und Gewerkschaftsseite gefordert, selber Formen der Arbeitnehmerbeteiligung zu finden. Oft haben diese Großunternehmen Konzernstrukturen, wobei nach schwedischem Recht Mutter- und Tochtergesellschaft zusammen einen Konzern bilden, § 11 Abs. 4 ABL. Gesetzliche Regelungen zur Bildung von Organen der Arbeitnehmerbeteiligung wie Gesamt- und Konzernbetriebsräten oder Wirtschaftsausschüssen im BetrVG finden sich im MBL nicht. Der UVA behandelt in dessen § 11 Konzerne und Unternehmen mit mehreren Betrieben. In § 11 Abs. 1 UVA ist geregelt, dass der UVA in jedem Konzernunternehmen selbst Anwendung findet. Konzernübergreifende Informationen sind allerdings an Konzernunternehmen weiterzuleiten. Für Angelegenheiten, die unter das primäre Mitbestimmungsverhandlungsrecht des § 11 MBL fallen und die Bedeutung für mehrere Konzernunternehmen haben, können Sonderregelungen getroffen werden. Die Konzernleitung und die betroffenen Gewerkschaften sollen gem. § 11 Abs. 2 UVA eine Vereinbarung treffen, wie die Mitbestimmung in diesen Fällen ausgeübt wird. Die lokalen

977 SOU 1982:60, S. 44.
978 SOU 1994:141, S. 235.
979 SOU 1994:141, S. 235.

Gewerkschaften können zu diesem Zweck eine Gruppe von Vertretern auswählen, die mit der Konzernleitung berät und verhandelt.

Die LO schlägt im Handbuch zum UVA die Bildung eines gewerkschaftlichen Konzernrates vor, der sich aus Vertretern sämtlicher Gesellschaften des Konzerns zusammensetzt und aus maximal 12 – 25 Personen bestehen soll. Ein Arbeitsausschuss des Konzernrates kann dann ein Verhandlungsmandat in bestimmten konzernübergreifenden MBL-Fragen erhalten. Als Fragen, die konzernübergreifend behandelt werden können, werden die strategische Planung, Betriebsänderungen, Budgetfragen, Unternehmenskauf und -verkauf sowie Personalfragen genannt.[980] In lokalen Mitbestimmungsverträgen ist es laut LO vor allem sinnvoll, Fragen der Bildung von Kooperationsorganen, die Handhabung konzernübergreifender Information sowie konzernübergreifende Verhandlungen zu regeln.[981]

Arbeitsrechtliche Lösungsmodelle in Konzernen wurden von *Eklund* anhand von 21 Großunternehmen untersucht.[982] *Eklund* stellte in seiner Arbeit mit dem Titel *„Ausgründung – Mode oder Zwang"* Lösungsmöglichkeiten der Arbeitnehmerbeteiligung in Konzernen dar, die Ausgründungen, also die Gründung einer oder mehrerer Tochtergesellschaften[983], durchgeführt hatten. Die untersuchten Unternehmen hatten eine Größe von 500 bis hin zu über 100.000 Arbeitnehmern. Zum Zeitpunkt der Untersuchung, im Sommer bis Herbst 1987, waren 16 der 20 Konzerne börsennotiert bzw. Töchter börsennotierter Unternehmen. *Eklund* spricht daher davon, dass seine Untersuchung hinsichtlich ihres Zweckes – der arbeitsrechtlichen Lösung von Konzernsachverhalten – eine gewisse Allgemeingültigkeit beanspruchen kann.[984] Im Folgenden werden diese Tendenzen bei der Lösung von Fragen der Arbeitnehmerbeteiligung in größeren Unternehmen dargestellt, wobei aber nicht die Konzernstruktur im Vordergrund steht.

Relativ häufig anzutreffen sind in schwedischen Großunternehmen die von der LO für Konzerne als Kooperationsmodell vorgeschlagenen Konzernräte, welche konzernübergreifende Fragen behandeln. Diese existierten in zehn der 21 untersuchten Unternehmen, wurden aber teils anders bezeichnet, so bspw. als gewerkschaftliche Referenzgruppen, Konzernverhandlungsdelegationen, Verhandlungsdelegationen, Gewerkschaftsdelegationen, Gesellschaftsräte oder Ver-

---

980 *LO*, Handbok UVA, S. 198ff. Ein anschauliches Beispiel ist die Behandlung von Budgetfragen. Bevor der Budgetrahmen festgestellt wird, verhandelt der Arbeitsausschuss des Konzernrates mit der Konzernleitung. In jedem einzelnen Unternehmen wird selbst über dessen Budget verhandelt. Verhandlungen über die Feststellung des Budgets erfolgen dann zwischen Konzernrat und Unternehmensleitung auf Konzernebene. Danach erfolgt die Entscheidung über das Budget im (mitbestimmten) Verwaltungsrat.

981 *LO*, Handbok UVA, S. 204.

982 *Eklund*, Bolagisering.

983 *Eklund*, Bolagisering, S. 21.

984 *Eklund*, Bolagisering, S. 14.

handlungsgruppen. Auf Vertrag (teils Vereinbarung, Kollektivvertrag, lokaler Vertrag oder lokaler Mitbestimmungsvertrag bezeichnet) beruhen sieben der Gremien zur Arbeitnehmerbeteiligung in konzernübergreifenden Angelegenheiten. In zwei der zehn Unternehmen wurden entsprechende Regelungen auf informelle Art und Weise zwischen Konzernleitung und Gewerkschaften erreicht und als „informelle Ordnung" bzw. als „praktische, nicht vertragsfeste Übereinkunft" bezeichnet. In einem Unternehmen wurde überhaupt nur eine informelle Vorgehensweise beobachtet, wie Muttergesellschaften und Gewerkschaften konzernübergreifende Fragen behandelten.

In einem Unternehmen wurde eine Konzerngruppe, bestehend aus Vertretern der Muttergesellschaft und der Gewerkschaften, gebildet. Bei dieser handelt es sich um ein Mitbestimmungsorgan i.S.d. § 32 Abs. 2 MBL, § 8 Abs. 1 Unterabs. 4 UVA (vgl. oben **C.III.2.f.(c).iii.**) In der Konzerngruppe werden vor allem Fragen der primären Mitbestimmung gem. § 11 MBL behandelt.[985] Auch diese Vereinbarung beruht auf informeller Basis, ihr liegt also keine bindende vertragliche Verpflichtung zugrunde.

Eine häufig anzutreffende Regelung ist die Vereinbarung der *„gesellschaftsübergreifenden Tätigkeit der Gewerkschaften"* bzw. die Vereinbarung, dass *„die Informations- und Verhandlungsrechte unabhängig von den Gesellschaftsgrenzen wahrgenommen* [werden]. *"* Diese Regelungen haben mehr Flexibilität für Gewerkschaften und das Arbeitgeberunternehmen zur Folge, da die lokalen Gewerkschaften bei ihrer Tätigkeit nicht an Gesellschaftsgrenzen gebunden sind. Derartige Regelungen finden sich in acht der 21 untersuchten Unternehmen. Bei den Vereinbarungen handelt es sich um drei förmliche und fünf informelle, also nicht vertragsfeste, Vereinbarungen.

(g) Anwendungsbeispiele aus der Praxis

Anhand der Mitbestimmungsmodelle zweier Gesellschaften soll dargestellt werden, wie Arbeitnehmerbeteiligung in schwedischen Unternehmen in der Praxis aussehen kann. Hierbei wird auf eine im Jahr 1991 veröffentlichte Untersuchung zurückgegriffen, die das Zusammenspiel von MBL und UVA zum Gegenstand hatte.[986]

---

985 U.a. aufgeführt wurden Unternehmenskauf und -verkauf, Reorganisation sowie Strukturveränderungen von Bedeutung für den gesamten Konzern. Entsprechend können Angelegenheiten des § 12 MBL aufgegriffen werden. Konzernübergreifende Informationen gem. § 19 MBL werden ebenso von der Konzerngruppe behandelt.

986 *Edström*, MBL och UVA.

i. Gesellschaft A (Metallverarbeitende Industrie)

Die untersuchte Gesellschaft beschäftigt 1.500 Arbeitnehmer und ist Tochtergesellschaft einer Gesellschaft mit 19.000 Arbeitnehmern, die wiederum Teil eines global tätigen Konzerns ist.[987] Die Gesellschaft stellt Kabinen für Lastwagen her. Sie ist in drei Einheiten aufgeteilt, die alle über Stabsfunktionen, einen Produktionsleiter und eine eigene Linienorganisation verfügen. Die Gesellschaft verfügt laut Verfasser aufgrund ihrer formalen Stellung als Produktionseinheit der Muttergesellschaft nicht über einen Verwaltungsrat[988], die Arbeitnehmer sind aber gem. LSA im Verwaltungsrat der Muttergesellschaft durch Gewerkschaftsvertreter repräsentiert. Die Gewerkschaftszugehörigkeit ist hoch, ca. 98 % der Arbeiter und 94 % der Angestellten waren im Versuchszeitraum gewerkschaftlich organisiert.

Die Gesellschaft hat mit drei Gewerkschaften einen lokalen Entwicklungsvertrag abgeschlossen, der im Wesentlichen dem UVA entspricht. Eine nähere Bestimmung, ob die Arbeitnehmermitbestimmung durch Verhandlungen gem. MBL, durch Linienverhandlungen, durch Mitbestimmungsorgane oder durch Projektarbeit verwirklicht werden soll, enthält der Vertrag nicht. Vielmehr sollen die Einflussformen zwischen verschiedenen Arbeitsplätzen, Produktionsabschnitten und Abteilungen im Unternehmen wechseln können.

Kooperationsorgane und -einrichtungen finden sich auf vier Ebenen im Unternehmen, die parallel zur Linienorganisation des Unternehmens aufgebaut wurden. Dies veranschaulicht

Schema 1: Linienorganisation und Arbeitnehmerbeteiligung in Gesellschaft A

Linienorganisation	**Mitbestimmung**
Leitungsgruppe	Unternehmensrat – Arbeitsausschuss
Fabrikleitung mit Produktionsleiter	Produktionsrat für jeweilige Fabrikeinheit
Abteilungsleiter	Gewerkschaftsklubs, Kontaktvertreter
Vorarbeiter	Arbeitsplatztreffen

In der Leitungsgruppe des Unternehmens finden sich keine Gewerkschaftsvertreter. Die Kooperation mit den Arbeitnehmern auf diesem Niveau findet im Unternehmensrat statt, der die formelle Instanz der Kooperation ist. In dem Rat werden unternehmensübergreifende Fragen diskutiert, und die Parteien können Vereinbarungen in Mitbestimmungsangelegenheiten treffen. Bei den Sitzungen nehmen teils auch Vertreter der Konzernleitung teil. Ein informelles Glied zwischen Leitungsgruppe und Unternehmensrat ist der Arbeitsausschuss des Unternehmensrates. Er besteht aus den Vorsitzenden der Gewerkschaftsklubs der drei

987 *Edström*, MBL och UVA, S. 185ff.

988 Dies ist nicht nachvollziehbar. Allerdings lässt die – insoweit eindeutige – Wortwahl des Verfassers keine andere Deutung zu, weshalb möglicherweise die Terminologie ungenau ist.

Einheiten des Unternehmens, aus dem Geschäftsführer der Gesellschaft und aus dem Personalleiter. Der Ausschuss funktioniert als eine Art Fühler für Gewerkschaftsleitung und Unternehmensleitung. Die Parteien können in diesem Gremium Standpunkte, Ideen und Entwicklungsmöglichkeiten ausloten. Die Zusammensetzung des Arbeitsausschusses aus verhandlungserfahrenen Mitgliedern trägt zusammen mit dem informellen Charakter der Sitzungen zur Vermeidung von Blockaden in der Kooperationsarbeit bei. Über Gegenstände, die auf allzu großen Widerstand der Gewerkschaftsvertreter treffen, wird in der Regel im Ausschuss nicht entschieden, bzw. diese werden Gegenstand weiterer Bearbeitung. Hierdurch wird den Arbeitnehmervertretern das Gefühl gegeben, dass sie in bestimmtem Maße unternehmensübergreifende Beschlüsse beeinflussen können. Für die Unternehmensleitung ist der Arbeitsausschuss wichtig, um kontinuierlich die Gewerkschaften informieren sowie deren Sichtweisen und Reaktionen aufnehmen zu können. Im Arbeitsausschuss behandelte Angelegenheiten werden bei Nichteinigung Gegenstand formeller MBL-Verhandlungen, wenn dies von den Gewerkschaftsvertretern verlangt wird (vgl. § 8 Abs. 4 UVA). Der Unternehmensrat und der Arbeitsausschuss sind Mitbestimmungsorgane i.S.d. § 8 Abs. 1 Unterabs. 4 UVA, da die Arbeitnehmer nicht in Organen innerhalb der Linienorganisation des Unternehmens vertreten sind. Vielmehr wurden Unternehmensrat und Arbeitsausschuss parallel zur Linienorganisation errichtet.

In den Produktionsräten jeder der drei Fabrikeinheiten, die auch als Mitbestimmungsorgane einzuordnen sind, finden sich Vertreter des Arbeitgebers und der Arbeitnehmer. Sie funktionieren als Kooperationsorgane und behandeln u.a. die Produktions- und Systementwicklung sowie Personalfragen in der jeweiligen Einheit.

Auf Abteilungsniveau wird der Arbeitgeber vom Abteilungsleiter vertreten. Gegenparteien sind die Abteilungsklubs bzw. die Kontaktvertreter der im Unternehmen vertretenen Gewerkschaften. Auf Abteilungsebene wurden somit keine Mitbestimmungsorgane installiert. Vielmehr finden hier mangels anderer Vereinbarungen die Regelungen des MBL Anwendung.

Auf vierter Ebene finden Arbeitsplatztreffen der Arbeitnehmer in einer Abteilung oder Gruppe mit deren Vorgesetztem statt. Die Treffen haben hauptsächlich den Charakter von Informationstreffen, anlässlich der die Arbeitnehmer bspw. über die aktuelle Produktionslage informiert werden. Beschlüsse, die getroffen werden, liegen im Zuständigkeitsbereich des Vorgesetzten und hängen eng mit den Arbeitsaufgaben der Arbeitnehmer zusammen. Als Beispiele werden Personal-, Organisations- und Ausbildungsfragen genannt. Um eigentliche Mitbestimmung handelt es sich hierbei nicht, vielmehr geht es um Informationsaustausch, Koordination und Planungsfragen. Die Gewerkschaften sehen die Treffen nicht als ihren Einfluss konterkarierend an, sondern sehen es als vernünftig an, dass die Arbeitnehmer auf diese Art und Weise von ihren Vorgesetzten informiert werden.

Wesentlich erscheint an dem Mitbestimmungsmodell zum einen, dass der lokale Entwicklungsvertrag keine nähere Bestimmung enthält, wie die Mitbestimmung im Unternehmen verwirklicht werden soll. Die Möglichkeit, an verschiedenen Arbeitsplätzen sowie in verschiedenen Produktionsabschnitten und Abteilungen alle Formen der Mitbestimmung – von MBL-Verhandlungen bis zu den im UVA festgelegten Formen – zu praktizieren, bringt den Vorteil großer Flexibilität mit sich, wenn auch nicht § 8 Abs. 1 Unterabs. 5 S. 1 UVA beachtet wurde, der verlangt, dass aus Bestimmungen in Mitbestimmungsverträgen klar hervorgeht, welche Mitbestimmungsfragen und Entwicklungsgebiete gem. § 2 Abs. 2 UVA von Linienorganen und welche von Mitbestimmungsorganen behandelt werden. Der Arbeitsausschuss hat sich als informelles Kooperationsorgan zwischen Arbeitgeber- und Arbeitnehmerseite etabliert. Hier findet die Kooperationsarbeit statt, die ohne dieses Organ laut Aussagen der Beteiligten wesentlich ineffizienter wäre. Hervorzuheben ist, dass der Arbeitgeber- und der Arbeitnehmerseite die Möglichkeit bleibt, jederzeit formelle MBL-Verhandlungen einzuleiten. Unternehmensrat, Arbeitsausschuss und Produktionsrat stellen Beispiele für die Verwirklichung von Arbeitnehmerbeteiligung mittels Mittebestimmungsorganen dar. Im Entwicklungsvertrag wird zudem Gewicht auf die direkte Einbindung aller Arbeitnehmer mittels Arbeitsplatztreffen gelegt.

ii. Gesellschaft B (Papierverarbeitende Industrie)

Die Gesellschaft gehört zu einem internationalen Konzern, der ca. 30.000 Arbeitnehmer – davon ungefähr ein Drittel in Schweden – beschäftigt und in der papierverarbeitenden Industrie tätig ist.[989] Der Konzern ist in fünf Geschäftsbereiche unterteilt. Die untersuchte Gesellschaft ist Teil eines dieser Geschäftsbereiche, in dem Verpackungen verschiedener Art hergestellt werden. Die Gewerkschaftszugehörigkeit ist hoch, Arbeiter waren im Untersuchungszeitraum zu knapp 100 %, Angestellte zu 95 % organisiert.

Seit 1991 gilt in der Gesellschaft ein lokaler Mitbestimmungsvertrag. Schon bevor der Mitbestimmungsvertrag in Kraft trat, wurde er in Teilen angewendet. Im Mitbestimmungsvertrag finden sich Eingangs die gleichen Zielsetzungen wie im UVA. Neben den im UVA geregelten Anwendungsbereichen Arbeitsorganisation sowie technische und wirtschaftliche Entwicklung können von den Parteien auch nicht ausdrücklich geregelte Fragen behandelt werden, wenn es sich um für Arbeitnehmer oder Arbeitgeber besonders wichtige Angelegenheiten handelt. In vertraglich nicht geregelten Angelegenheiten gilt ansonsten das MBL. Auch Angelegenheiten, die mitbestimmungsvertraglich geregelt sind,

989 *Edström*, MBL och UVA, S. 197ff.

können auf Initiative einer der beiden Parteien Gegenstand formeller MBL-Verhandlungen werden.

Der Mitbestimmungsvertrag brachte die Einrichtung neuer Mitbestimmungsorgane und -gremien mit sich. Mitbestimmung wird von den Gewerkschaftsvertretern in Leitungsgruppen, Funktionsräten und bei Abteilungstreffen ausgeübt. Darüber hinaus gibt es Arbeitsplatz- und Schichttreffen sowie Schicht- und Berufsräte, in denen sich alle Arbeitnehmer einer Schicht oder einer Berufsgruppe versammeln. Vorsitzender der Gremien ist immer ein Vertreter des Arbeitgebers. Zusätzlich zur Gewerkschaftsvertretung in der Leitungsgruppe sind die Arbeitnehmer gem. LSA im Verwaltungsrat der Gesellschaft vertreten. Dies veranschaulicht

Schema 2: Linienorganisation und Arbeitnehmerbeteiligung in Gesellschaft B (ohne Vertretung im Verwaltungsrat)

Linienorganisation	**Mitbestimmung**
Leitungsgruppe (mit Gewerkschaftsvertretung)	In der Leitungsgruppe
Linienleiter Abteilungsleiter	Funktionsrat Abteilungstreffen
Vorarbeiter	Arbeitsplatz- und Schichttreffen, Schicht- und Berufsräte

In der Leitungsgruppe werden strategische sowie unternehmensübergreifende und prinzipiell wichtige Fragen behandelt. Die Gruppe ist darüber hinaus das Leitungs- und Kontrollorgan und ein Informationsforum bezüglich der gesamten Geschäftstätigkeit des Unternehmens. In **Gesellschaft B** sitzen die Arbeitnehmervertreter also in einem Organ innerhalb der Linienorganisation des Unternehmens i.S.d. § 8 Abs. 1 Unterabs. 3 UVA.

Die Funktionsräte und Abteilungstreffen behandeln gemeinsame und übergreifende Fragen, wie bspw. die Planung und Kontrolle sowie Personalfragen innerhalb ihres Aufgabenbereiches. Auf dieser hierarchisch zweiten Ebene in der Linienorganisation wurden Mitbestimmungsorgane i.S.d. § 8 Abs. 1 Unterabs. 4 UVA errichtet, da die Gewerkschaftsvertreter nicht in Organen der Linienorganisation integriert sind, sondern separate Organe für die Arbeitnehmerbeteiligung geschaffen wurden.

Arbeitsplatz- und Schichttreffen sowie Schicht- und Berufsräte sind Organe der Kooperation, Information und Entwicklung im Zuständigkeitsbereich des jeweiligen Arbeitsleiters. Laut Mitbestimmungsvertrag sind diese Treffen von Arbeitnehmern und ihren Vorgesetzten die wesentliche Basis für die lokale Arbeit, da die große Mehrzahl der Arbeitnehmer in diesen Gremien vertreten ist. Bei den Treffen werden sowohl kurz- wie langfristig bedeutungsvolle Fragen behandelt, wobei konkrete Lösungsvorschläge bezüglich aktueller Probleme besprochen werden sollen. Die Treffen sind Kanäle für den gegenseitigen Informations- und Meinungsaustausch zwischen Arbeitnehmern und deren Vorgesetzten bezüglich der laufenden Geschäftstätigkeit des eigenen Arbeitsplatzes. Im Rahmen der Treffen soll über Angelegenheiten unter der Voraussetzung entschieden werden können, dass diese in den Kompetenzbereich des jeweils verantwortlichen Vorarbeiters fallen. Diese Form der Arbeitnehmerbeteilung ist nicht eindeutig einzuordnen, da sie weder im MBL noch im UVA geregelt ist. Bei ihr handelt es sich deshalb um eine durch den lokalen Mitbestimmungsvertrag erlaubte informelle Art der Arbeitnehmerbeteiligung.

Verhandlungen zu Mitbestimmungsfragen können und sollen unter der Voraussetzung, dass sich die Parteien auf einer Ebene geeinigt haben, auf die nächst niedrigere Ebene delegiert werden. Ausnahmen gelten für Fragen von übergreifendem Charakter sowie von prinzipieller Bedeutung. Eine ausdrückliche Ausnahme gilt im Falle von Lohnverhandlungen, die auf Unternehmensebene zu führen sind.

Wesentlich an diesem Mitbestimmungsmodell erscheint, dass auch nicht ausdrücklich im Mitbestimmungsvertrag geregelte Angelegenheiten behandelt werden können, wenn diese besonders bedeutend sind. Die Arbeitnehmer sind auf höchster Ebene im Leitungsrat, also innerhalb der Linienorganisation der Gesellschaft, vertreten. Auf zweithöchster Ebene dagegen findet die Arbeitnehmerbeteiligung in parallel zur Linienorganisation errichteten Mitbestimmungsorganen statt. Dieses Beispiel zeigt die Kombination verschiedener Beteiligungsmodelle in einer Gesellschaft. Wie auch in der zuerst untersuchten Gesellschaft besteht im Falle der Nichteinigung die Möglichkeit der Aufnahme formeller MBL-Verhandlungen. Noch stärker als im Falle von **Gesellschaft A** wird in **Gesellschaft B** die Beteiligung der Arbeitnehmer auf der unterst möglichen Ebene – also direkt am Arbeitsplatz – betont. Dies kommt zusätzlich darin zum Ausdruck, dass Verhandlungen so weit wie möglich nach unten delegiert werden sollen.

iii. Fazit

Die Modelle vermitteln eine Vorstellung davon, in welchem Maße Arbeitgeber und Gewerkschaften frei sind, selber auf dem UVA gründende Mitbestimmungsmodelle zu entwickeln. In **Gesellschaft A** wurde ein Modell entwickelt, in dem die Gewerkschaften formal nicht in die Linienorganisation der Gesellschaft integriert sind. Vielmehr bestehen die Kooperationsorgane parallel zur Linienorganisation. In **Gesellschaft B** sind die Kooperationsorgane auf oberster Ebene Teil der Linienorganisation, auf der Ebene darunter wurden Mitbestimmungsorgane eingerichtet. Beide Verträge sehen bei Nichteinigung innerhalb der Organe, in denen die Arbeitnehmerbeteiligung jeweils stattfindet, die Aufnahme formeller MBL-Verhandlungen vor.

Zudem zeigen die Verträge, wie versucht wird, mittels Arbeitsplatztreffen eine Beteiligung auch der Arbeitnehmer und nicht nur der sie vertretenden Gewerkschaften zu verwirklichen, wie dies im UVA[990] auch vorgeschlagen wurde.

(h) Rechtsvergleichende Anmerkungen

Die rechtsvergleichenden Ausführungen zu § 32 MBL (vgl. oben **C.III.2.e.(b).v.(1).**) eröffneten mit der Feststellung, dass das deutsche Recht keine Regelung kennt, die es den Sozialpartnern ermöglicht, derart weit reichende Änderungen in der Struktur der Arbeitnehmerbeteiligung vorzunehmen wie § 32 MBL. Nach der Darstellung des UVA in Theorie und Praxis wird deutlich, dass es einen dem UVA vergleichbaren Vertrag in Deutschland vermutlich nie geben wird. Diese Tatsache hat ihren Grund indes wesentlich in der mangelnden Tradition der vertraglichen Festlegung von Beteiligungsrechten der Arbeitnehmer in Deutschland.

Sicherlich könnten mittels lokaler Mitbestimmungsverträge in Schweden bspw. Gremien gebildet werden, die einem unternehmenseinheitlichen Betriebsrat (§ 3 Abs. 1 Nr. 1a BetrVG), oder einem Spartenbetriebsrat (§ 3 Abs. 1 Nr. 2 BetrVG) entsprechen. So sind etwa die Leitungsgruppen der untersuchten **Gesellschaft B** auf Unternehmensebene angesiedelt, also ihrer Funktion nach mit einem unternehmenseinheitlichen Betriebsrat vergleichbar. Allerdings sind die Gewerkschaftsvertreter in der Leitungsgruppe in einem Organ innerhalb der Linienorganisation des Unternehmens vertreten. Die Produktionsräte der drei Fabrikeinheiten von **Gesellschaft A** könnten ihrer Funktion nach mit Spartenbetriebsräten verglichen werden. Allerdings sind die Produktionsräte aus Vertretern der Arbeitnehmer und des Arbeitgebers zusammengesetzte Mitbestimmungsorgane. Beide Formen der Arbeitnehmerbeteiligung – Vertretung von Arbeitnehmervertretern innerhalb der Linienorganisation bzw. aus Arbeitgeber- und Arbeitnehmervertretern zusammengesetzte Kooperationsorgane – kennt und ermöglicht das BetrVG nicht.

Den schwedischen Regelungsmöglichkeiten am nächsten kommt wohl die Möglichkeit der Bildung anderer Arbeitnehmervertretungsstrukturen als die in § 3 Abs. 1 Nr. 1, 2 BetrVG geregelten (§ 3 Abs. 1 Nr. 3 BetrVG).[991] Durch Betriebsvereinbarung ist die Bildung anderer Arbeitnehmervertretungsstrukturen allerdings ausgeschlossen, vgl. § 3 Abs.2 BetrVG, weshalb ein Arbeitgeberunternehmen gerade keine derartigen Vereinbarungen mit dem Betriebsrat treffen könnte. Die schwedischen Sozialpartner auf lokaler Ebene sind dagegen völlig frei, abweichende Vertretungsstrukturen zu schaffen. Zudem bezieht sich die Bildung „anderer Arbeitnehmervertretungsstrukturen" gem. BetrVG auf die

990 Kommentar zu § 3 UVA (S. 11 der englischsprachigen Fassung).
991 Vgl. zu hierzu *F/E/S/T/L*, BetrVG, § 3 BetrVG, Rn. 46ff.

Schaffung einer Organisationseinheit, *für* die ein Betriebsrat gewählt wird, nicht auf die Bildung einer vom Gesetz *abweichenden* Arbeitnehmervertretung.[992] Ein anderes Organ der Arbeitnehmerbeteiligung als der Betriebsrat ist daher, abgesehen von zusätzlichen betriebsverfassungsrechtlichen Gremien bzw. Vertretungen der Arbeitnehmer (§ 3 Abs. 1 Nr. 4, 5 BetrVG), nicht denkbar.

In Schweden dagegen haben Arbeitgeber und lokale Gewerkschaften gem. § 32 MBL die Möglichkeit der Ersetzung von MBL-Verhandlungen durch gänzlich andere Formen der Arbeitnehmerbeteiligung, eine Veränderung also, die wesentlich weiter geht, als nur die in § 3 Abs. 1 Nr. 1 – 3 BetrVG genannten Organisationseinheiten *für* die Tätigkeit des Betriebsrats zu berühren. Die Darstellung der Tendenzen vorherrschender Formen der Arbeitnehmerbeteiligung sowie Beispiele zur Umsetzung des UVA in der Praxis haben gezeigt, dass die Bildung von Konzernverhandlungsdelegationen oder die Vereinbarung unternehmensübergreifender Tätigkeit der Gewerkschaften sowie die Mitarbeit von Gewerkschaftsvertretern innerhalb der Linienorganisation des Unternehmens oder in parallel zur Linienorganisation errichteten Mitbestimmungsorganen üblich ist. Ein funktionaler Vergleich der durch § 32 MBL eröffneten Regelungsmöglichkeiten mit denen des § 3 BetrVG führt so zu dem Ergebnis, dass den Regelungsmöglichkeiten in Schweden kaum Grenzen gesetzt sind, in § 3 BetrVG dagegen schon bei der Schaffung anderer Organisationseinheiten für den Betriebsrat ein Schlusspunkt erreicht ist. Als wirkliches Gestaltungselement der Betriebsverfassung sind die Verhandlungslösungen des BetrVG deshalb nicht ernst zu nehmen.

Den schwedischen Sozialpartnern wird so viel mehr als die Beliebigkeit eröffnet, die an § 3 Abs. 1 Nr. 3 BetrVG, des unbestimmtesten und daher am weitest gehenden Tatbestandes des § 3 BetrVG, in Deutschland gerade kritisiert wurde (vgl. oben **B.I.2.b.(a).ii.(1).**)[993]. Diese Feststellung zeigt in aller Deutlichkeit die Unterschiede der Rechtstraditionen Schwedens und Deutschlands im Hinblick auf Vereinbarungslösungen.

g. Kooperation der Gewerkschaften auf lokaler Ebene

Für die Koordination der Gewerkschaftsarbeit auf lokaler Ebene stellt das MBL keine Vorschriften auf, dies ist vielmehr Sache der Gewerkschaften. Da die Koordination untereinander, aber auch in der Zusammenarbeit mit dem Arbeitgeber

---

992 *Richardi* in: Richardi, BetrVG, § 3 BetrVG, Rn. 37; *Windbichler,* Mitbestimmungsknoten, S. 282, 283: „[Die betriebliche Mitbestimmung] sieht gewisse Vereinbarungsspielräume vor, die aber nicht das grundsätzliche Konzept betreffen, schon gar kein generelles „opting-out“ kennen.“

993 So bspw. die Kritik von *Richardi* in: Richardi, BetrVG, § 3 BetrVG, Rn. 37 sowie *Kort*, AG 2003, S. 13, 21.

wichtig ist, mussten die in einem Unternehmen vertretenen Gewerkschaften schon vor Erlass des MBL geeignete Wege der Zusammenarbeit finden.

Nachfolgend wird exemplarisch ein möglicher Weg der Kooperation zwischen Arbeiter- und Angestelltengewerkschaften untereinander und miteinander aufgezeigt.

(a) Kooperation der Angestelltengewerkschaften

Das Verhandlungskartell PTK, zu dem sich 24 Mitgliedsgewerkschaften der Angestelltengewerkschaften TCO und SACO und die Gewerkschaft der Arbeitnehmer mit Leitungsfunktion (*Ledarna*) zusammengeschlossen haben, und die so ca. 700.000 Arbeitnehmer vertritt, hat für ihre Mitgliedsgewerkschaften ein Modell der Zusammenarbeit auf betrieblicher Ebene entwickelt. In § 20 der Satzung des PTK[994] ist die fakultative Bildung einer lokalen Gruppe (*PTK-Lokal*, **PTK-L**), geregelt. Hierzu wurden vom PTK zwei Leitfäden verfasst, in denen Empfehlungen zu Bildung, Aufgaben und Arbeit dieser Gruppen gegeben werden.[995]

Eingangs wird in einem der Leitfäden betont, dass die lokale gewerkschaftliche Zusammenarbeit eine wichtige Voraussetzung sei, um die Interessen der Gewerkschaftsmitglieder zu vertreten und um gewerkschaftliche Ziele zu erreichen. Einsicht, Kooperation und Mitwirkung seien die Grundlage, um gewerkschaftliche Teilnahme an der und Einfluss auf die Entwicklung des Unternehmens zu erreichen. Die PTK-L seien zu diesem Zweck eine mögliche und wünschenswerte Form der Zusammenarbeit der Mitgliedsgewerkschaften, wobei die Organisationen bezüglich der Zusammensetzung frei seien. Bspw. könnten die PTK-L in größeren Unternehmen aus drei Vertretern der größten, zwei Vertretern der zweitgrößten und drei Vertretern der drittgrößten Gewerkschaft bestehen.[996] So könnte die PTK-L in einem größeren Unternehmen aus drei Vertretern der Handels- und Industrieangestelltengewerkschaft (*Unionen*), aus zwei Vertretern der Ingenieursgewerkschaft (*Sveriges Ingenjörer*) sowie aus einem Vertreter des Verbandes der Arbeitnehmer mit Leitungsfunktion (*Ledarna*) bestehen. Die Mitglieder werden von den Klubleitungen der lokalen Gewerkschaften ausgewählt.[997] Sie vertreten in ihrer Eigenschaft als Mitglieder der PTK-L nicht nur die Interessen der Mitglieder ihrer Gewerkschaft, sondern die Interessen aller Angestellten.[998] Als Aufgaben der PTK-L werden u.a. die Wahl der Angestellten zum Verwaltungsrat, Angelegenheiten im Zusammenhang mit dem

---

994 Die Satzung ist im Internet abrufbar unter *http://www.ptk.se/Global/Material/Ovrigt/PTK_stadgar_2009.pdf* [gelesen am 20.07.2010].

995 *PTK*, Att bilda PTK-L sowie *PTK*, Lokalt fackligt samarbete.

996 *PTK,* Lokalt fackligt samarbete, S. 4.

997 *PTK*, Att bilda PTK-L, S. 6.

998 *PTK*, Att bilda PTK-L, S. 8.

schwedischen Kündigungsschutzgesetz (*Lag om Anställningsskydd,* **LAS**) sowie Arbeitsbedingungen, Mitbestimmung gem. MBL und lokale Konfliktorganisation genannt.[999]

(b) Kooperation der Arbeiter- und Angestelltengewerkschaften

Neben der Kooperation der Angestelltengewerkschaften untereinander ist auch eine Zusammenarbeit der Arbeiter- und Angestelltengewerkschaften erforderlich. Das PTK erklärt in einem seiner Leitfäden, dass in verschiedenen Situationen eine Zusammenarbeit der PTK-L mit den in der LO organisierten Arbeitergewerkschaften erforderlich sei, wie bspw. bezüglich Fragen der Arbeitsbedingungen oder in den gem. UVA zu errichtenden Mitbestimmungsorganen.[1000] Bei der Auswahl der Arbeitnehmervertreter zum Verwaltungsrat oder anlässlich von Verhandlungen mit dem Arbeitgeber müssten die Gewerkschaften aus eigenem Interesse kooperieren, um für sie und die von ihnen vertretenen Arbeitnehmer angemessene Lösungen zu erreichen. Im Falle von Verhandlungen ist es für Arbeiter- und Angestelltengewerkschaften eine Frage der Zweckmäßigkeit und Effizienz, eine gemeinsame Linie zu finden.

Zum Zweck der Kooperation haben LO und PTK daher bereits im Jahr 1977 den Vertrag über die gewerkschaftliche Kooperation auf betrieblicher Ebene, kurz „Kooperationsvertrag" (*Samarbetsavtal*) [1001] genannt, abgeschlossen. In diesem halten sie fest, dass die Gewerkschaften auf betrieblicher Ebene kooperieren müssen, damit das MBL und die Mitbestimmungsverträge in der Praxis funktionieren. Während der Zusammenarbeit solle Einigkeit zwischen den Organisationen erzielt werden. Die Kooperation, gegründet auf einer Zusammenarbeit zwischen den lokalen Arbeitnehmerblöcken LO und PTK, ziele auf eine effektive Vertretung von Arbeitnehmerinteressen ab.[1002]

In dem Kooperationsvertrag wird die Bildung von lokalen Mitbestimmungsräten (*Lokalt Medbestämmanderåd,* **MBR-L**) als Kooperationsorganen zwischen LO- und PTK-Gewerkschaften vorgeschlagen. Gegebenenfalls könne man sich aber auf andere Formen der Zusammenarbeit einigen, falls dies aufgrund der Gegebenheiten in einem Unternehmen sinnvoller sei. Im lokalen Mitbestimmungsrat oder einem ähnlichen Gremium sollen Vertreter der PTK-L und die Vorsitzenden der LO-Klubs vertreten sein. Der Mitbestimmungsrat soll aus jeweils fünf Vertretern der PTK-L und der LO-Klubs bestehen.[1003]

---

999 *PTK*, Att bilda PTK-L, S. 9.

1000 *PTK*, Lokalt fackligt samarbete, S. 5.

1001 Vereinbarung über die gewerkschaftliche Zusammenarbeit in Mitbestimmungsfragen zwischen LO und PTK (*Överenskommelse om facklig samordning i Medbestämmandefrågor mellan LO och PTK*) vom 20. Oktober 1977.

1002 *PTK*, Lokalt fackligt samarbete, S. 11.

1003 *PTK*, Att bilda PTK-L, S. 10.

Die dargestellten Formen der Kooperation zwischen Angestelltengewerkschaften untereinander und mit den Arbeitergewerkschaften gehen mit dem Kooperationsvertrag bis in die siebziger Jahre zurück. Es ist zu vermuten, dass der Kooperationsvertrag zwischen LO und PTK aufgrund der in der Praxis gewonnenen Erfahrungen getroffen wurde. Probleme oder gar Streitigkeiten der Gewerkschaften aufgrund ihrer großen Freiheit bei den Formen der Kooperation, ganz zu schweigen von Konkurrenzkämpfen, sind nicht bekannt. Das Beispiel des Kooperationsvertrages, der vor nunmehr über 30 Jahren abgeschlossen wurde, zeigt, welch langjährige Erfahrungen die schwedischen Gewerkschaften in Verhandlungen nicht nur mit Arbeitgebern, sondern auch mit ihresgleichen haben. Ein System, das den Spielern in der Arena Unternehmen so viel Freiraum lässt, wäre auch gar nicht kurzfristig zu realisieren, sondern muss auf der Erfahrung dieser Spieler aufbauen. Zudem macht es deutlich, dass von den Betroffenen praktikable Regelungen für ihre Zusammenarbeit gefunden werden, wenn man sie nur lässt.

(c) Anmerkungen zur Rechtslage in Deutschland

Auch in Deutschland müssen Gewerkschaften auf betrieblicher Ebene zusammenarbeiten. Zwar erfolgt die Interessenvertretung gegenüber dem Arbeitgeber durch den Betriebsrat, aber dem Handeln nach Außen geht ein Abstimmungsprozess der Betriebsratsmitglieder, die zu 70 % gewerkschaftlich organisiert sind, voraus. Die Formen der betrieblichen Zusammenarbeit von Gewerkschaften in Deutschland dürften aufgrund der Vertretung von Arbeitnehmerinteressen durch den Betriebsrat anders institutionalisiert sein als in Schweden, da der Betriebsrat gewissermaßen die Interessen von gewerkschaftlich organisierten wie unorganisierten Betriebsratsmitgliedern gegenüber dem Arbeitgeber kanalisiert. Von „Unorganisierten" müssen die etablierten Großgewerkschaften denn auch in zunehmendem Maße Konkurrenz fürchten, bzw. sie müssen sich – je nach Sichtweise – mit diesen arrangieren, da immer mehr Betriebsratsmitglieder nicht gewerkschaftlich organisiert sind.[1004] Zusätzliche Konkurrenz kommt in einzelnen Berufszweigen von den durchsetzungsstarken Berufsgewerkschaften wie der Lokomotivführergewerkschaft GDL, wodurch das Konzept der Einheitsgewerkschaft immer mehr unter Druck gerät.[1005]

Anregungen für fruchtbare Wege der Zusammenarbeit untereinander und mit unorganisierten Arbeitnehmern auf betrieblicher Ebene dürften die deutschen Gewerkschaften in Schweden sicherlich erhalten.

1004 *Wassermann*, Magazin Mitbestimmung 4/2008, S. 38ff.

1005 Vgl. hierzu *Schröder*, Magazin Mitbestimmung 4/2008, S. 10ff, der hinsichtlich möglicher Formen der Kooperation darauf hinweist, dass nordische Gewerkschaften schon früh den Weg gegangen seien, für Angestellte und höher Qualifizierte eigene Organisationen (in Schweden also TCO und SACO) zu bilden.

h. Interpretationsrecht der Gewerkschaften, §§ 33 ff MBL

Die §§ 33 ff MBL enthalten Regelungen zu Rechtsstreitigkeiten zwischen Arbeitgeber und Gewerkschaften. Den Gewerkschaften steht in bestimmten Fällen das Recht zu, Bestimmungen in Kollektivverträgen auszulegen, bis eine streitige Angelegenheit mittels Verhandlungen, in einem Schiedsspruch oder vom Arbeitsgericht entschieden wurde. Die Gewerkschaften haben bspw. ein Interpretationsrecht (*Tolkningsföreträde*) bei Streitigkeiten über die Anwendung kollektivvertraglicher Vorschriften zu Mitbestimmungsrechten der Arbeitnehmer gem. § 32 MBL (§ 33 Abs. 1 S. 1 MBL) oder bei Streitigkeiten über die kollektiv- oder individualvertragliche Arbeitsverpflichtung der Arbeitnehmer (§ 34 MBL). Die Vorschriften gehen auf die Demokratisierungsbestrebungen der siebziger Jahre zurück. Mit ihnen sollte die dominierende Stellung des Arbeitgebers, dem vor Erlass des MBL aufgrund der Rechtsprechung des AD in allen Rechtsstreitigkeiten das Interpretationsrecht zukam[1006], eingeschränkt werden.[1007]

Parallelen zum Auslegungsvorrecht der Gewerkschaften lassen sich in den Mitbestimmungsrechten des Betriebsrats gem. §§ 99, 102 Abs. 5 BetrVG sehen.[1008] Mit dem Zustimmungsverweigerungsrecht des Betriebsrats gem. § 99 Abs. 2 BetrVG und dessen Widerspruchsrecht bei Kündigung eines Arbeitnehmers gem. § 102 Abs. 5 BetrVG kennt auch das BetrVG Regelungen, die dem Betriebsrat eine Handhabe geben, Maßnahmen des Arbeitgebers – zumindest vorläufig – zu verhindern.

i. Arbeitskampf und Friedenspflicht

Da deutsche Gewerkschaften die Möglichkeit haben, Arbeitskämpfe zur Erzwingung von Sozialtarifverträgen zu führen, spielt für die Untersuchung auch das Arbeitskampfrecht in Deutschland und in Schweden eine Rolle. In Kap. 2 § 17 der Verfassung Schwedens (*Regeringsformen*)[1009] ist festgeschrieben, dass Arbeitgeber- und Arbeitnehmervereinigungen zur Ergreifung von Arbeitskampfmaßnahmen berechtigt sind, soweit nicht aus Gesetz oder Vertrag etwas anderes folgt.

1006 *Olauson/Holke*, MBL-Kommentar, §§ 33 - 37, S. 250.

1007 *Adlercreutz/Mulder*, Svensk Arbetsrätt, S. 258.

1008 So auch schon *Hanau*, Gesetzliche und kollektivvertragliche Mitbestimmung, S. 109.

1009 *Regeringformen*, SFS 1974:152.

(a) Regelungen zum Arbeitskampf und zur Friedenspflicht im MBL

§ 41 MBL regelt die Konstellationen, die zu einem Verbot von Arbeitskämpfen führen, und erfasst damit die meisten Situationen, anlässlich derer es zu Arbeitskämpfen kommen kann.[1010]

In § 41 Abs. 1 MBL ist ganz allgemein die Friedenspflicht zwischen kollektivvertragsverbundenen Arbeitgeber- und Arbeitnehmerorganisationen geregelt. Während der Laufzeit eines Kollektivvertrages sind Arbeitskampfmaßnahmen über kollektivvertraglich geregelte Angelegenheiten unzulässig. Als Arbeitskampfmaßnahmen sind im MBL Arbeitseinstellung (Aussperrung[1011] oder Streik), Betriebsblockaden, Boykott oder andere damit vergleichbare Maßnahmen aufgeführt.

Arbeitskämpfe sind gem. § 42 Abs. 1 Nr. 1 MBL im Falle von Rechtsstreitigkeiten unzulässig, da über diese schlussendlich nur das AD oder ein Schiedsgericht entscheiden kann. Hieraus folgt gleichzeitig, dass im Falle einer kollektivvertraglich nicht geregelten Angelegenheit, also einer Interessenstreitigkeit, bspw. nach abgeschlossenen Verhandlungen gem. § 10 MBL, Arbeitskampfmaßnahmen ergriffen werden dürfen.[1012] Es ist jedoch zu beachten, dass viele Fragen stillschweigend oder doch in der Weise geregelt sind, dass die Parteien vorausgesetzt haben, während der Vertragslaufzeit keine Änderung herbeiführen zu wollen. Zudem sind in den meisten Kollektivverträgen Interessenstreitigkeiten vom Streikrecht ausgenommen, und die Verträge sehen oft ein Schiedsverfahren für den Fall der Nichteinigung vor.[1013]

Arbeitskämpfe sind gem. § 42 Abs. 1 Nr. 2 MBL nicht zulässig, um Vertragsänderungen herbeizuführen. Entsprechend dem Grundsatz *Pacta sunt servanda* verbietet die Vorschrift die Durchführung von Arbeitskämpfen, um während der Laufzeit gültiger Kollektivverträge in ihnen enthaltene Vorschriften zu ändern.

§ 42 Abs. 1 Nr. 3 MBL schreibt die Unzulässigkeit von Arbeitskämpfen vor, um eine Bestimmung zu erwirken, die erst nach Ende des Kollektivvertrages in Kraft treten soll. Hierdurch soll verhindert werden, dass während der Laufzeit eines noch geltenden Kollektivvertrages Arbeitskampfmaßnahmen zur Erreichung eines neuen Tarifvertrages durchgeführt werden.[1014] Mit solchen darf erst nach Beendigung eines Kollektivvertrages begonnen werden.

Schließlich verbietet § 42 Abs. 1 Nr. 4 MBL die Unterstützung eines Dritten, der selber keine Arbeitskampfmaßnahmen durchführen darf. Hieraus folgt im Umkehrschluss, dass die Unterstützung rechtmäßiger Arbeitskampfmaßnah-

---

1010 *Fahlbeck*, Praktisk Arbetsrätt, S. 120.

1011 In Schweden wird also die Aussperrung als vom Arbeitgeber erzwungene Arbeitseinstellung betrachtet.

1012 *Sigeman*, Arbetsrätten, S. 83.

1013 *Fahlbeck*, Praktisk Arbetsrätt, S. 123.

1014 *Adlercreutz/Mulder*, Svensk Arbetsrätt, S. 133.

men erlaubt ist. Ist der Hauptarbeitskampf rechtmäßig, so ist auch der Unterstützungsarbeitskampf rechtmäßig, soweit das Ziel einzig und allein ist, den Hauptarbeitskampf zu unterstützen.[1015] Sympathiearbeitskampfmaßnahmen dürfen dann auch gegen einen neutralen Dritten gerichtet werden, der gar nichts mit dem Konflikt, aufgrund dessen es zu Arbeitskampfmaßnahmen gekommen ist, zu tun hat.[1016]

In Schweden findet sich schließlich kein Verhältnismäßigkeitsprinzip anlässlich von Arbeitskampfmaßnahmen, dementsprechend Arbeitskampfmaßnahmen nicht außer Verhältnis zum erstrebten Ziel stehen dürfen.[1017]

(b) Vaxholmkonflikt als Belastungsprobe für die schwedischen Sozialpartner

Die Möglichkeit der Ergreifung von Sympathiearbeitskämpfen ist Teil des schwedischen Modells der industriellen Beziehungen. Dass sich ein kleiner Streik zu einer nationalen Machtprobe zwischen Arbeitgebern und Gewerkschaften entwickeln kann[1018], zeigt der mittlerweile vom EuGH entschiedene

Vaxholmkonflikt[1019]: Schwedische Gewerkschaften wollten in dem kleinen Ort Namens Vaxholm in der Nähe von Stockholm das lettische Bauunternehmen *Laval un Partneri Ltd (Laval)*, das mit der Ausführung von Bauarbeiten für eine Schule beauftragt war, zur Eingehung von Kollektivverträgen zwingen. Zunächst ergriffen die Bauarbeitergewerkschaft und die Elektrikergewerkschaft Arbeitskampfmaßnahmen, in der Folge schlossen sich fünf weitere Gewerkschaften mit Sympathiearbeitskämpfen an.

Der Vaxholm-Konflikt erregte und erregt in Schweden deshalb Aufsehen, weil nach einer Vorlage des AD, vor dem *Laval* geklagt hatte, zu entscheiden war, ob Arbeitskampfmaßnahmen, die ein ausländisches Unternehmen zur Eingehung von Lohntarifverträgen zwingen, mit den Artikeln 49, 50 EG (nunmehr Art. 56, 57 AEUV) sowie Art. 3 der Richtlinie 96/71/EG vom 16.12.1996 über die Entsendung von Arbeitnehmern im Rahmen der Erbringung von Dienstleistungen (Entsenderichtlinie) vereinbar sind. Von besonderer Bedeutung war dabei die Tatsache, dass der schwedische Gesetzgeber keine Mindestlohnsätze i.S.d. Art. 3 der Richtlinie 96/71/EG festgelegt hat, da die Aushandlung von Lohntarifverträgen, die dann Mindeststandards festlegen, traditionell in den Händen der Sozialpartner liegt. Der EuGH urteilte, dass die Arbeitskampfmaßnahmen der Gewerkschaften gegen die Artikel 49, 50 EG (nunmehr Art. 56, 57 AEUV) sowie Art. 3 der Richtlinie 96/71/EG verstoßen haben.

1015 *Adlercreutz/Mulder*, Svensk Arbetsrätt, S. 133; AD 1956 Nr. 6.

1016 *Schmidt* et al., S. 223.

1017 AD 1998 Nr. 17.

1018 *Sigeman*, ZIAS 2004, S. 179, 184.

1019 Urteil des EuGH vom 18.12.2007 (Rechtssache C-341/05), im Internet abrufbar unter *http://eurlex.europa.eu/LexUriServ/LexUriServ.do?uri=CELEX:62005J0341:DE:HTML* [gelesen am 20.07.2010].

Nachdem das Verfahren an das AD zurückverwiesen worden war, sahen sich die betroffenen Gewerkschaften Schadensersatzforderungen i.H.v. 2,8 Mio. SEK[1020] seitens *Laval* ausgesetzt, obwohl sie nicht gegen schwedisches Recht verstoßen hatten.[1021] Das AD verurteilte die Gewerkschaften schließlich aufgrund der Durchführung rechtswidriger Arbeitskampfmaßnahmen mit vier Stimmen und drei Gegenstimmen zur Zahlung von allgemeinem Schadensersatz entsprechend der Bestimmungen des MBL i.H.v. 550.000 SEK sowie zur Tragung der Kosten des Rechtsstreits i.H.v. ca. 2 Mio. SEK.[1022] Die Forderungen seitens *Laval* nach wirtschaftlichem Schadensersatz wies das AD dagegen ab, da *Laval* die Höhe des Schadens nicht darlegen konnte und dem AD keine ausreichenden Grundlagen für eine Schätzung vorgelegt wurden. Laut Urteil haben die betroffenen Gewerkschaften in zweierlei Hinsicht gegen den EG-Vertrag verstoßen. Sie hätten – ohne Grundlage in der Entsenderichtlinie – zu weitgehende Vertragsbedingungen gefordert. Zudem habe *Laval* einen Kollektivvertrag mit der Bauarbeitergewerkschaft eingehen sollen, obwohl die Gesellschaft an einen lettischen Kollektivvertrag gebunden gewesen sei.[1023] Die betroffenen Gewerkschaften haben beim Schwedischen Höchsten Gericht (*Högsta Domstolen*) Rechtsmittel gegen das Urteil des AD eingelegt.[1024], die Arbeitgeberseite zeigte sich dagegen zufrieden mit dem Urteil[1025]. Vermutet wird, dass sich die Beziehungen zwischen Arbeitgeber- und Arbeitnehmerseite, die ohnehin angespannt sind, aufgrund des Urteils weiter verschlechtern könnten.[1026]

Der schwedische Gesetzgeber hat in Reaktion auf das Urteil des EuGH mittlerweile das MBL und das schwedische *Arbeitnehmer-Entsendegesetz* (*Lag om utstationering av arbetstagare*[1027]) geändert.[1028] Die Neuregelungen legalisieren unter bestimmten Voraussetzungen Arbeitskampfmaßnahmen, um kollektivvertraglich Bedingungen, wie bspw. Löhne, für entsendete Arbeitnehmer zu regeln. So muss der

---

1020 1,35 Mio. SEK hiervon als allgemeiner Schadensersatz aufgrund angeblichen Verstoßes gegen die Friedenspflicht, 1,42 Mio. SEK als wirtschaftlicher Schadensersatz aufgrund angeblicher wirtschaftlicher Schäden.

1021 *Ahlberg*, EU & Arbetsrätt (Nordiskt Nyhetsbrev Nr. 1, 2009), S. 1f.

1022 AD 2009 Nr. 89, im Internet abrufbar unter *http://www.arbetsdomstolen.se/upload/pdf/2009/89-09.pdf* [gelesen am 20.07.2010].

1023 Vgl. hierzu *Malmberg*, EU & Arbetsrätt (Nordiskt Nyhetsbrev Nr. 3/4, 2009), S. 8f. Dieser kritisiert die vorbehaltlose Übertragung der Schadensersatzpflicht des Staates für die Verletzung von europäischem Recht auf Gewerkschaften, die Arbeitskampfmaßnahmen durchführen, welche mit nationalem Recht vereinbar sind, aber gegen den EG-Vertrag verstoßen.

1024 Schriftsatz der *LO-TCO Rättsskydd AB*, im Internet abrufbar unter *http://arbetsratt.juridicum.su.se/euarb/10-2/HD-Laval.pdf* [gelesen am 20.07.2010].

1025 Kommentar des Arbeitsrechtsjuristen *Sven Gellner* von *Svenskt Näringsliv* zum Urteil des AD, im Internet abrufbar unter *http://www.svensktnaringsliv.se/fragor/utlandska_foretag_i_sverige/facken-far-betala-skadestand-till-laval_93865.html* [gelesen am 20.07.2010].

1026 *Svenska Dagbladet* vom 03.12.2009, im Internet abrufbar unter *http://www.svd.se/naringsliv/nyheter/oro-for-lonedumpning_3883195.svd* [gelesen am 20.07.2010].

1027 SFS 1999:678.

1028 Prop. 2009/10:48, im Internet abrufbar unter *http://www.regeringen.se/content/1/c6/13/51/55/a20a4bad.pdf* [gelesen am 20.07.2010].

abzuschließende Kollektivvertrag den entsendeten Arbeitnehmern u.a. bessere Bedingungen als in ihrem Heimatland bieten und es dürfen nur die Mindestbedingungen eines anwendbaren schwedischen zentralen Branchentarifvertrags vereinbart werden.[1029] Wie die Sozialpartner in Schweden längerfristig auf die Entscheidung des EuGH reagieren werden, bleibt abzuwarten.[1030]

In Deutschland würde eine vergleichbare Situation nicht eintreten, da gem. §§ 3, 4 Nr. 1 AEntG allgemeinverbindlich erklärte Tarifverträge der Baubranche (vgl. zu weiteren mittlerweile einbezogenen Branchen § 4 Nr. 2 ff AEntG) auch von einem ausländischen Arbeitgeber, der Arbeitnehmer im Inland beschäftigt, anzuwenden sind.[1031] Anderes gilt allerdings im Falle nicht allgemeinverbindlicher Tarifverträge. Der EuGH entschied in der Sache C-346/06 (*Rüffert/Land Niedersachsen*), dass es nach der EG-Richtlinie über die Entsendung von Arbeitnehmern unzulässig sein kann, die Vergabe eines öffentlichen Auftrags von der Verpflichtung abhängig zu machen, das am Ausführungsort tarifvertraglich vorgesehene Entgelt zu bezahlen.[1032] Der betreffende Tarifvertrag war nicht allgemeinverbindlich i.S.d. § 3 AEntG.

Die Folgen des Vaxholm-Konflikts für das schwedische Modell von Kollektivverträgen, die Lohnmindeststandards setzen, sind bislang noch nicht absehbar.

(c) Vergleich des schwedischen und des deutschen Arbeitskampfrechts

Arbeitskampfmaßnahmen (Arbeitseinstellung in Form der Aussperrung oder des Streiks, Betriebsblockaden, Boykott oder andere damit vergleichbare Maßnahmen) sind in Schweden gesetzlich festgeschrieben. In Deutschland dagegen sind Arbeitskampfmaßnahmen, wie das gesamte Arbeitskampfrecht, gesetzlich nicht geregelt. Betriebsblockaden und -besetzungen sind in Deutschland nach der h.L. und Rspr. rechtswidrig[1033], der Boykott hingegen ist nach h.L. und Rspr. zuläs-

---

1029 Die Gewerkschaften befürchten, dass der Abschluss von Kollektivverträgen mit ausländischen Arbeitgebern so schwieriger wird und dass diese eine „Doppelstrategie“ fahren: Sie könnten den schwedischen Behörden einen gültigen „nicht-schwedischen“ Kollektivvertrag vorlegen, tatsächlich würden die Arbeitnehmer aber zu schlechteren Bedingungen beschäftigt; vgl. hierzu *Örnerborg*, Lag & Avtal vom 25.03.2010.

1030 *Ahlberg*, EU & Arbetsrätt (Nordiskt Nyhetsbrev Nr. 1, 2010), S. 1, ist der Ansicht, dass die im Laval-Urteil des EuGH aufgestellten Grundsätze geeignet seien, die Anwendung des Streikrechts derart zu begrenzen, dass ein Verstoß gegen das *Übereinkommen Nr. 87 der Internationalen Arbeitsorganisation über die Vereinigungsfreiheit und den Schutz des Vereinigungsrechts* vorliege.

1031 Vgl. ausführlich zu einer europarechtlichen Einschätzung des Vaxholm-Konflikts aus deutscher Perspektive *Ismar*, Arbeitnehmerentsendung nach Schweden.

1032 Vgl. hierzu Pressemitteilung des EuGH vom 03.04.2008, im Internet abrufbar unter *http://curia.europa.eu/de/actu/communiques/cp08/aff/cp080020de.pdf* [gelesen am 20.07.2010].

1033 Vgl. zum Stand der Diskussion *Hergenröder in:* H/W/K, ArbR Komm, Art 9 GG, Rn. 266.

sig[1034]. Die schwedischen Sozialpartner haben so weiter gehende Mittel des Arbeitskampfs als die deutschen. Im Gegensatz zu Deutschland gilt in Schweden anlässlich von Arbeitskampfmaßnahmen zudem nicht das Verhältnismäßigkeitsprinzip.[1035]

In Schweden sind Sympathiearbeitskämpfe gesetzlich erlaubt, falls sie einen rechtmäßigen Hauptarbeitskampf unterstützen. In Deutschland sind Sympathiearbeitskämpfe seit einem Urteil des BAG aus dem Jahr 2007 grundsätzlich zulässig, soweit sie nicht zur Unterstützung des Hauptarbeitskampfes offensichtlich ungeeignet, offensichtlich nicht erforderlich oder unangemessen sind.[1036] Sympathiearbeitskämpfe sind also auch in Deutschland grundsätzlich zulässig, allerdings nicht in dem Ausmaß wie in Schweden. Dies liegt schon daran, dass kein Gesetz den Sympathiearbeitskampf (indirekt) erlaubt. Zudem haben die Arbeitsgerichte immer eine genaue Einzelfallprüfung bezüglich der Rechtmäßigkeit von Sympathiearbeitskampfmaßnahmen vorzunehmen. Bspw. die Überziehung neutraler Dritter mit Sympathiearbeitskampfmaßnahmen wäre in Deutschland in jedem Fall unverhältnismäßig.

Das MBL stellt den schwedischen Gewerkschaften mehr Arbeitskampfmittel zur Verfügung als das deutsche Recht, es erlaubt in deutlich weiterem Umfang die Ergreifung von Sympathiearbeitskampfmaßnahmen, und es kennt auch kein Verhältnismäßigkeitsprinzip. Der Grund für die weit reichenden Möglichkeiten der schwedischen Gewerkschaften zur Ergreifung von Arbeitskampfmaßnahmen kann in der Tatsache gesehen werden, dass das schwedische System industrieller Beziehungen es – nahezu ohne Einmischung des Staates – in die Hände der Sozialpartner legt, die sie betreffenden Angelegenheiten zu regeln. *Fahlbeck* argumentiert, dass in einem derartigen System der Zugang der Gewerkschaften zu Arbeitskampfmaßnahmen umfassend sein muss, da kollektive Regelungen sonst schlicht nicht erreicht werden könnten: Kollektivverhandlungen würden sich in kollektives Betteln verwandeln.[1037] Aus diesem Grund lehnen die schwedischen Gewerkschaften auch das von der Arbeitgeberseite geforderte Verbot von Sympathiearbeitskampfmaßnahmen ab[1038], was einer der Gründe war, warum ein neuer Hauptvertrag nicht erzielt werden konnte. Die Arbeitgeberverbände kritisieren denn auch das im europäischen Vergleich sehr

1034 *Dieterich* in: Erf Komm ArbR, Art. 9 GG, Rn. 278.

1035 *Sigeman*, Arbetsrätten, S. 80; vgl. zur Rechtslage in Deutschland *Junker*, ArbR, § 9, Rn. 612.

1036 BAG, Urteil vom 19. 6. 2007 - 1 AZR 396/06 = AP GG Art. 9 Arbeitskampf Nr. 173. Davor waren Sympathiearbeitskämpfe laut Rechtsprechung des BAG in der Regel unzulässig. Das BAG begründete dies mit dem Argument, dass der unmittelbar betroffene Unternehmer die schädigenden Folgen nicht durch Nachgeben vermeiden könne: BAG, Urteile vom 5. 3. 1985 und 12. 9. 1988, AP GG Art. 9 Arbeitskampf, Nr. 85 und 90.

1037 *Fahlbeck*, Stridsåtgärder, S. 21.

1038 *http://www.e24.se/makro/sverige/artikel_267215.e24* [gelesen am 20.07.2010].

weit gehende schwedische Arbeitskampfrecht.[1039] Zwar unterliegt auch die Arbeitgeberseite bei der Ergreifung von Arbeitskampfmaßnahmen keinen gesetzlichen Beschränkungen.[1040], allerdings ergreifen die Gewerkschaften naturgemäß öfter Streikmaßnahmen, um Änderungen in Kollektivverträgen – bspw. höheren Lohn oder bessere Arbeitsbedingungen– zu erreichen.[1041]

Ein wesentlicher Unterschied zwischen dem schwedischen und dem deutschen Arbeitskampfrecht besteht in der Tatsache, dass schwedische Gewerkschaften nach Mitbestimmungsverhandlungen zu wichtigen Veränderungen der wirtschaftlichen Tätigkeit gem. § 11 MBL keine Arbeitskampfmaßnahmen ergreifen dürfen. Dies folgt aus der Tatsache, dass die betroffenen Fragen der Arbeits- und Unternehmensleitung allein dem Entscheidungsrecht des Arbeitgebers vorbehalten sind (vgl. oben **C.III.2.c.(c).ii.(12).**). Indes haben deutsche Gewerkschaften im Falle von Betriebsänderungen – diese wären in Schweden einer wichtigen Veränderung der wirtschaftlichen Tätigkeit des Arbeitgebers zuzuordnen (vgl. oben **C.III.2.c.(c).viii.(8)**) – mittlerweile die Möglichkeit der Ergreifung von Arbeitskampfmaßnahmen zur Erzwingung von Sozialtarifverträgen (vgl. oben **B.II.b.(c).**). Trotz grundsätzlich weiter gehender Arbeitskampfmög-

---

1039 Vgl. einen Bericht des Arbeitgeberverbandes *Svenskt Näringsliv*, der Nachfolgeorganisation der SAF, auf dessen Internetseite mit dem Titel *„Das schwedische Modell ist gekentert"*, abrufbar unter *http://www.svensktnaringsliv.se/multimedia/archive/00000/Den_svenska_modellen_h_474a.pdf* [gelesen am 20.07.2010]. Für den Arbeitgeberverband der Dienstleistungsunternehmen *Almega* bestätigte dies ein Interview mit *Mia Fransson*, Arbeitsrechtsjuristin bei Almega, vom 02.03.2007.

1040 *Fahlbeck*, Stridsåtgärder, S. 11: „Es ist nicht ungewöhnlich, dass Länder das Recht zu offensiven Streikmaßnahmen, vor allem auf Seiten der Arbeitgeber, begrenzen. Derartige Begrenzungen gibt es in Schweden nicht. Offensivaussperrungen sind in Schweden ohne Einschränkungen zulässig."

1041 Vgl. hierzu die Statistik des *Medlingsinstitutet*, das u.a. in Streitigkeiten der Sozialpartner und bei der Lohnfindung vermittelt, zur Anzahl verloren gegangener Arbeitstage aufgrund von Aussperrungen und Streiks in den Jahren 2008 und 2009, im Internet abrufbar unter *http://www.mi.se/konfliktstatistik/lev3_arbetsinstall_2008.html* bzw. *http://www.mi.se/konfliktstatistik/lev3_arbetsinstall_2009.html* [gelesen am 20.07.2010]: Demnach sperrte die Arbeitgeberseite im Jahr 2008 anlässlich einer rechtmäßigen Aussperrung 21 Arbeitnehmer aus, wodurch 127 Arbeitstage verloren gingen. Die Gewerkschaften ergriffen dagegen acht Mal rechtmäßige Arbeitskampfmaßnahmen, bei denen 12.543 Arbeitnehmer die Arbeit niederlegten, wodurch 106.847 Arbeitstage verloren gingen. Im Jahr 2009 führte die Arbeitgeberseite keine Aussperrungen durch, die die Gewerkschaften ergriffen dagegen drei mal rechtmäßige Arbeitskampfmaßnahmen, bei denen 875 Arbeitnehmer die Arbeit niederlegten, wodurch 1.014 Arbeitstage verloren gingen. Drei mal führten die Gewerkschaften im Jahr 2009 in Schweden unrechtmäßige Arbeitskampfmaßnahmen durch, bei denen 244 Arbeitnehmer die Arbeit niederlegten, wodurch 546 Arbeitstage verloren gingen. Statistiken zu Streiks und Aussperrungen in Schweden seit dem Jahr 1985 sind im Internet abrufbar unter *http://www.mi.se/konfliktstatistik/lev3_konfliktstatistik.html* [gelesen am 20.07.2010].

lichkeiten schwedischer Gewerkschaften haben die deutschen Gewerkschaften somit die Möglichkeit der Ergreifung von Arbeitskampfmaßnahmen auf einem Gebiet, auf dem diese den schwedischen Gewerkschaften verwehrt sind.

j. Gewerkschaftliche Vertrauensleute

Die Stellung gewerkschaftlicher Funktionäre ist im Gesetz über die Stellung gewerkschaftlicher Vertrauensleute am Arbeitsplatz (Lag om facklig förtroendemans ställning på arbetsplatsen" bzw. „Förtroendemannalagen, **FML**[1042]) aus dem Jahr 1974 geregelt.

Das FML ist gem. dessen § 1 Abs. 1 auf Personen anwendbar, die von einer Arbeitnehmerorganisation ausgewählt wurden, als gewerkschaftliche Vertrauensleute die Arbeitnehmer am Arbeitsplatz in Fragen, die das Verhältnis zum Arbeitgeber betreffen, zu vertreten. Voraussetzung der Ernennung als gewerkschaftliche Vertrauensperson auf betrieblicher Ebene ist ein Arbeitsverhältnis mit dem Arbeitgeber.[1043] Das FML enthält keine Angaben dazu, welche Kategorien gewerkschaftlich tätiger Arbeitnehmer von ihm umfasst sind. In den Vorarbeiten werden als Beispiele Klubvorsitzende, Verwaltungsratsmitglieder und Mitglieder in Unternehmensausschüssen[1044] genannt.[1045] In der Praxis findet das Gesetz zumeist Anwendung auf Mitglieder der Klubleitung und des Verwaltungsrats, auf Mitglieder von Mitbestimmungsorganen[1046] und Projektgruppen[1047] sowie auf Arbeitsplatz- und Kontaktvertreter.[1048] Hieraus lässt sich folgern, dass sämtliche in dieser Arbeit behandelten Personen und Tätigkeiten, also Arbeitnehmervertreter im Verwaltungsrat und Arbeitnehmervertreter, die die dargestellten Aufgaben des MBL wahrnehmen, vom FML erfasst sind.

Nur Gewerkschaften, die mit dem Arbeitgeber kollektivvertragsverbunden sind, können gem. § 1 Abs. 2 FML gewerkschaftliche Vertrauensleute ernennen, da nur diese in den Vorarbeiten zum FML als stark und stabil genug angesehen wurden, um den Auftrag wahrzunehmen, der ihnen vom Gesetzgeber zugedacht wurde.[1049] Die Gewerkschaften müssen den Arbeitgeber von der Einrichtung der betrieblichen Arbeitnehmervertretung unterrichten, § 1 Abs. 3 FML. Die Aus-

1042 SFS 1974:385.

1043 Prop. 1974:88, S. 210.

1044 Unternehmensausschüsse waren aufgrund des im Jahr 1974 noch geltenden Vertrages über Unternehmensausschüsse einzurichten.

1045 Prop. 1974:88, S. 212.

1046 Mitbestimmungsorgane im Sinne des MBL kannte das FML noch nicht, da es vor dem MBL erlassen wurde.

1047 Hierbei kann es sich um Projektgruppen gem. § 8 Abs. 2 UVA handeln, vgl. oben **C.III.2.f.(c).iv.**.

1048 *Fahlbeck*, Praktisk Arbetsrätt, S. 146.

1049 Prop. 1974:88, S. 156ff, 212f.

wahl der Vertrauensleute ist den Gewerkschaften, die bezüglich der Anzahl der ernannten oder gewählten Vertrauensleute relativ frei sind[1050], selbst überlassen.[1051] Die Anzahl muss sich aber in den Grenzen einer für den Arbeitsplatz angemessenen Anzahl bewegen.[1052]

Hauptaufgaben der gewerkschaftlichen Vertrauensleute sind die in der Arbeit dargestellten Angelegenheiten des MBL, wie bspw. die Vertretung der Arbeitnehmer gegenüber dem Arbeitgeber und die Teilnahme an Kollektivverhandlungen. In der Praxis verhandelt und unterschreibt ein gewerkschaftlicher Vertrauensmann Kollektivverträge, nimmt an Mitbestimmungsverfahren und an der Beilegung von Streitigkeiten teil, trifft sich mit den einzelnen Arbeitnehmern und berät sie.[1053] Die zunehmenden Anforderungen an gewerkschaftliche Vertrauensleute haben zu einer erhöhten Fluktuation, einem erhöhten Bedarf an Ausbildung sowie Problemen bei der Rekrutierung von Vertrauensleuten geführt.[1054]

Abgesehen von im FML geregelten Schutzvorschriften (Behinderungsverbot, § 3 FML, Diskriminierungsverbot, § 4 FML) haben die gewerkschaftlichen Vertrauensleute das Recht, bei vollem Lohnausgleich während ihrer Arbeitszeit zu Zwecken, die aufgrund des Gewerkschaftsauftrages erforderlich sind, tätig zu werden, §§ 6, 7 FML. Gem. § 8 FML sollen gewerkschaftliche Vertrauensleute bei Kündigungen aufgrund von Arbeitsmangel bevorzugt weiterbeschäftigt werden, wenn dies von besonderer Bedeutung für die gewerkschaftliche Tätigkeit ist. Sie genießen demzufolge einen besonderen Kündigungsschutz.

Der persönliche Status gewerkschaftlicher Vertrauensleute in Schweden ist im Großen und Ganzen vergleichbar mit dem persönlichen Status deutscher Betriebsräte.[1055]

3. Empirische Befunde zu vorherrschenden Formen der Arbeitnehmerbeteiligung

Abschließend werden empirische Befunde zu vorherrschenden Formen der Arbeitnehmerbeteiligung in Großunternehmen dargestellt. Hierbei wird insbesondere die Verbreitung informeller Verfahrensweisen berücksichtigt.

Neben Verhandlungen gem. MBL und Beteiligung der Arbeitnehmer aufgrund von Regelungen in Mitbestimmungsverträgen wie dem UVA haben sich in Schweden informelle Systeme zur Handhabung der Materien Information,

1050 *Adlercreutz,* Sweden, S. 215f.
1051 *Hanau*, Gesetzliche und kollektivvertragliche Mitbestimmung, S. 94.
1052 Prop. 1974:88, S. 211.
1053 *Flodgren* in: Bruun et al., S. 54.
1054 *Flodgren* in: Bruun et al., S. 55.
1055 So auch *Hanau*, Gesetzliche und kollektivvertragliche Mitbestimmung, S. 94.

Mitbestimmungsverhandlungen und Integration der Gewerkschaftsvertreter in der Unternehmensorganisation entwickelt (vgl. bereits oben **C.III.2.**, **C.III.2.f.(f).**). Allerdings ist laut einer staatlichen Untersuchung aus dem Jahr 1994 ein deutlicher Unterschied zwischen kleinen und in dieser Arbeit zu untersuchenden großen Unternehmen zu erkennen. Demzufolge sind in kleinen Unternehmen informelle Treffen die vorwiegende Form der Arbeitnehmerbeteiligung, während in großen Unternehmen formelle Verhandlungen gem. MBL vorherrschend sind.[1056] Im Rahmen der Untersuchung gingen 440 auswertbare Antworten zur Frage der hauptsächlichen Form der Mitbestimmung ein. In Unternehmen mit weniger als 50 Arbeitnehmern überwogen informelle Treffen mit ca. 57 % deutlich gegenüber formellen MBL-Verhandlungen, Teilnahme der Arbeitnehmer in Leitungsgruppen und anderen Formen. Dagegen überwogen in Unternehmen mit 50 – 349 bzw. 350 und mehr Arbeitnehmern formelle Mitbestimmungsverhandlungen gem. MBL mit 51 % bzw. 56 % deutlich gegenüber den anderen Formen.

In der Studie von *Levinson* zur lokalen Zusammenarbeit zwischen Unternehmensleitung und Gewerkschaften in Unternehmen mit mehr als 25 Arbeitnehmern wurde ebenfalls untersucht, in welchen Formen die Behandlung von Angelegenheiten des MBL geschieht.[1057] Allerdings wurde hier nicht zwischen verschiedenen Unternehmensgrößen differenziert. Unterschieden wurden die Beteiligungsformen „informell“, „Mitwirkung in den Leitungsorganen der Gesellschaft“[1058], „Mitwirkung in Mitbestimmungsorganen“, „formelle MBL-Verhandlungen“ sowie „auf andere Art und Weise“.[1059] Die Mehrzahl der Angelegenheiten wurde mittels formeller MBL-Verhandlungen behandelt. Dies gaben 40 % der LO- und PTK-Vertreter an. Am zweit häufigsten war die informelle Behandlung von MBL-Angelegenheiten (25 % der LO- und 30 % der PTK-Vertreter). 18 % der LO- und 12 % der PTK-Vertreter gaben die Behandlung von Angelegenheiten des MBL „auf andere Art und Weise“ an. Danach erst folgte die „Mitwirkung in Mitbestimmungsorganen“ (10 % der LO- bzw. 13 % der PTK-Vertreter) und die „Mitwirkung in den Leitungsorganen der Gesellschaft“ (7 % der LO- und 13 % der PTK-Vertreter). Die Ergebnisse von *Levinson* sind aufgrund der Tatsache, dass keine Aufschlüsselung nach der Größe der befragten Unternehmen erfolgt, nur begrenzt mit den Ergebnissen der staatlichen Untersuchung aus dem Jahr 1994 zu vergleichen. Analysiert man das Datenmaterial der Untersuchung von *Levinson*, so werden in der Mehrzahl der Unter-

---

1056 SOU 1994:141, Beilage 1, S. 556.

1057 *Levinson*, Lokal Partssamverkan.

1058 Hierbei handelt es sich allerdings nicht um die Vertretung der Arbeitnehmer im Verwaltungsrat gem. LSA, da in diesem keine Angelegenheiten des MBL behandelt werden.

1059 *Levinson*, Lokal Partssamverkan, S. 18. Die Alternative „auf andere Art und Weise“ wurde nicht näher präzisiert.

nehmen formelle MBL-Verhandlungen zur Behandlung von MBL-Angelegenheiten durchgeführt. Bemerkenswert ist, dass bereits an zweiter Stelle die informelle Behandlung dieser Angelegenheiten steht. Unklar bleibt indes, ob informelle Arten der Arbeitnehmerbeteiligung vor allem in kleineren Unternehmen, wie dies in der staatlichen Untersuchung aus dem Jahr 1994 dargestellt wurde[1060], Praxis sind.

Trotzdem sind die Ergebnisse der beiden Studien geeignet, die Aussage zu stützen, dass sich in vielen Unternehmen informelle Wege der Arbeitnehmerbeteiligung entwickelt haben.[1061] Laut staatlicher Untersuchung sind allerdings MBL-Verhandlungen in Unternehmen mit 350 und mehr Arbeitnehmern weiter die vorherrschende Form der Arbeitnehmerbeteiligung. Die Untersuchung von Levinson kommt zu dem Ergebnis, dass MBL-Verhandlungen generell vorherrschend sind, wobei aber bezüglich der Größe der Unternehmen nicht unterschieden wird.

Erstaunlich ist, dass die Beteiligung der Arbeitnehmer in Mitbestimmungsorganen und in Leitungsorganen laut *Levinson* gering ausfällt. Dies lässt das Ergebnis der staatlichen Untersuchung, in der von der deutlichen Tendenz gesprochen wird, dass sowohl in zentralen als auch in lokalen Mitbestimmungsverträgen die Bedeutung der Mitbestimmung als integrierter Bestandteil der Beschlussfassung im Unternehmen betont werde[1062], in einem anderen Licht erscheinen. So könnte man aus dem Ergebnis den Schluss ziehen, dass eine Einbettung der Arbeitnehmerbeteiligung in die Organe, in denen Entscheidungen getroffen werden, zwar angestrebt, aber noch nicht verwirklicht worden ist bzw. war. Neuere Studien zu vorherrschenden Formen der Arbeitnehmerbeteiligung in Schweden liegen indes – soweit ersichtlich – nicht vor.

1060 SOU 1994:141, Beilage 1, S. 556.
1061 So auch *Adlercreutz/Mulder*, Svensk Arbetsrätt, S. 275.
1062 SOU 1994:141, S. 235.

IV. Arbeitnehmerbeteiligung im Unternehmensträger

Im Anschluss an die Arbeitnehmerbeteiligung gegenüber dem Unternehmen wird in diesem Abschnitt die Arbeitnehmerbeteiligung im Unternehmensträger durch Arbeitnehmervertreter im Verwaltungsrat dargestellt.

1. Grundlagen der Unternehmensmitbestimmung in Schweden

Rechtsgrundlage der Arbeitnehmervertretung auf Unternehmensebene ist das *Lag om Styrelserepresentation för de Privatanställda* (**LSA**), das gem. dessen § 1 darauf abzielt, den Arbeitnehmern Einsicht in und Einfluss auf die Tätigkeit des Unternehmens zu geben. Die Arbeitnehmervertreter sitzen als grundsätzlich gleichberechtigte Mitglieder im Verwaltungsrat zusammen mit den anderen von den Anteilseignern gewählten bzw. durch Satzung festgelegten Mitgliedern. Die Partizipation der Arbeitnehmer auf Unternehmensebene wird daher – im Gegensatz zur Beteiligung gem. MBL – als direkte Form der Mitbestimmung bezeichnet, da die Arbeitnehmervertreter direkt in die Entscheidungsprozesse im Unternehmen eingebunden sind.[1063] In Schweden sind es die Gewerkschaften, die über eine Arbeitnehmervertretung im Verwaltungsrat entscheiden können und die die Arbeitnehmervertreter zum Verwaltungsrat ernennen. So sollen die Möglichkeiten der Arbeitnehmer, mittels der Gewerkschaften ihre Arbeitsverhältnisse und die Unternehmensentwicklung beeinflussen zu können, gestärkt werden.[1064]

Das LSA sieht die Ernennung im Ausland, bspw. in einer Tochtergesellschaft, beschäftigter Arbeitnehmer im Verwaltungsrat nicht vor, hindert die Gewerkschaften aber auch nicht, solche zu ernennen. Allerdings ist dies – soweit ersichtlich – bislang noch nie vorgekommen.[1065] Aufgrund der immer stärkeren Internationalisierung der Wirtschaft ist diese Tatsache gleichermaßen verwunderlich wie in Deutschland und daher möglicherweise mit der Vielschichtigkeit und schwierigen Handhabbarkeit von Auslandssachverhalten für das nationale Recht zu erklären.

1063 *Lavén*, LSA-Kommentar, S. 36; *Fahlbeck*, Employee Participation, S. 18, der darauf hinweist, dass die interne Teilhabe, also Arbeitnehmervertretung im Verwaltungsrat, und externe Teilhabe, also bspw. Mitbestimmungsverhandlungen, nicht in einem Spannungsverhältnis stünden, da beide Formen der Arbeitnehmerbeteiligung bei den Gewerkschaften lägen.

1064 *Levinson*, Anställdas Representation, S. 73.

1065 *Fahlbeck*, Employee Participation, S. 40.

a. Geschichte der Gesetzgebung zur Unternehmensmitbestimmung

Die Diskussion über die Vertretung der Arbeitnehmer in den Verwaltungsräten von Unternehmen begann während der letzten Hälfte der sechziger Jahre im Zuge der Bestrebungen nach einer Demokratisierung der Wirtschaft.[1066] Zuvor standen die Gewerkschaften der Einrichtung einer Arbeitnehmervertretung im Verwaltungsrat teils skeptisch gegenüber, teils lehnten sie sie gänzlich ab. Nähmen die Arbeitnehmervertreter als Verwaltungsratsmitglieder an dessen Entscheidungsfindung teil, müssten sie auch die Verantwortung für getroffene Entscheidungen tragen.[1067] Zudem ließ eine Einbindung in die Unternehmensorgane den Verlust an tarif- und gewerkschaftspolitischer Unabhängigkeit gegenüber der Arbeitgeberseite befürchten.[1068] Von der LO und der TCO eingesetzte Komitees legten Ende der sechziger Jahre Berichte vor, die die Forderung nach Einfluss auf die Unternehmensleitung in Form der Vertretung in Verwaltungsräten enthielten.[1069]

LO und TCO versuchten daraufhin anfangs, die Vertretung der Arbeitnehmer im Verwaltungsrat vertraglich mit der Arbeitgeberseite zu vereinbaren. Der Arbeitgeberverband SAF (nunmehr SN) sah sich jedoch nicht als befugt, einen Vertrag, der die Anteilseigner von Aktiengesellschaften binden würde, einzugehen. Die Diskussionen zwischen dem Arbeitgeberverband und den Gewerkschaften wurden daraufhin ohne Ergebnis abgebrochen.

Die Regierung brachte, nachdem sie auf Verlangen von LO und TCO[1070] eine Kommission zur Schaffung eines Gesetzes betreffend die Arbeitnehmervertretung in Aktiengesellschaften eingesetzt hatte[1071], im Jahr 1972 einen Gesetzesvorschlag in den schwedischen Reichstag ein[1072], der von diesem angenommen wurde. Dieses erste die Unternehmensmitbestimmung regelnde Gesetz, das als Versuchsgesetz bis zum Jahr 1977 gelten sollte, sah ab einer Unternehmensgröße von 100 Arbeitnehmern das Recht der Arbeitnehmer vor, je zwei Arbeitnehmervertreter und Stellvertreter zum Verwaltungsrat zu ernennen, sofern der Verwaltungsrat aus mindestens drei ordentlichen Mitgliedern bestand. Schon im Jahr 1974 allerdings erhielt das staatliche Industriewerk (*Statens Industriverket*, **SIND**) den Auftrag, die Unternehmensmitbestimmung zu bewerten. Die im Jahr

1066 Im Folgenden wird, soweit nicht anders angegeben, auf die Ausführungen von *Lavén*, LSA Kommentar, S. 19ff, Bezug genommen.

1067 *Lundberg/Bruun*, Arbetsmarknad & Arbetsliv 2005, S. 217, 220.

1068 *Hanau*, Gesetzliche und kollektivvertragliche Mitbestimmung, S. 96.

1069 *LO*, Demokrati sowie *TCO*, Demokratisering; vergleiche zum Bericht der LO schon oben **C.III.1.**, dort mit Bezug zur Arbeitnehmerbeteiligung gem. MBL.

1070 Vgl. hierzu *Lundberg/Bruun*, Arbetsmarknad & Arbetsliv 2005, S. 217, 221.

1071 Industrieministerium (*Industridepartementet*), Ds I 1972:3, Styrelserepresentation för de Privatanställda.

1072 Prop. 1972:116.

1975 vorgelegte Untersuchung[1073] bewertete die Erfahrungen mit der Unternehmensmitbestimmung im Großen und Ganzen positiv, weshalb die Regierung eine unbefristete Weitergeltung des Gesetzes vorschlug[1074]. Das neue *„Gesetz über die Vertretung der Arbeitnehmer im Verwaltungsrat in Aktiengesellschaften und wirtschaftlichen Vereinigungen"*[1075], kurz *LSA 76* genannt, trat am 01. Juni 1976 in Kraft. Als bedeutendste Änderung wurde die Grenze für die Anzahl von Arbeitnehmern, die für ein Recht zur Vertretung der Arbeitnehmer im Verwaltungsrat erforderlich war, von 100 auf 25 herabgesetzt. Aufgrund Kritik von Arbeitgeber- und Arbeitnehmerseite befasste sich im Jahr 1985 erneut eine Arbeitsgruppe mit Änderungen des LSA hinsichtlich u.a. der Rechte und Pflichten der Arbeitnehmervertreter im Verwaltungsrat und Geheimhaltungsbestimmungen.[1076] Der dem Reichstag daraufhin übergebene Vorschlag zu einem Änderungsgesetz[1077] wurde von diesem im Dezember 1987 angenommen.[1078]

b. Grundsätzliche Erwägungen des schwedischen Gesetzgebers

In den Vorarbeiten zum ersten LSA wird auf die wachsende Intensität der Diskussion über Demokratie im Unternehmen und das Ziel der Arbeitnehmer eingegangen, Einfluss bezüglich der Fragen zu gewinnen, die sie als Kollektiv besonders beträfen.[1079] Der Arbeitsgruppenbericht zur Arbeitnehmervertretung in Verwaltungsräten erörtert Eingangs die Gründe für eine gesetzliche Regelung. Die in Schweden traditionell bevorzugte vertragliche Regelung von Beteiligungsrechten der Arbeitnehmer biete laut Bericht zwar unleugbar den Vorteil, dass sie eine flexible Anpassung an die Voraussetzungen in verschiedenen Branchen und Unternehmen ermögliche. Grenzen seien diesem Vertragsmodell aber bei der Ausübung von Einfluss auf die Arbeitsorganisation und –leitung wie bei der Teilnahme an Leitungsorganen im Unternehmen gesetzt.[1080]

1073 *SIND*, Erfarenheter.

1074 Prop. 1975/76:166; zum Versuchszeitraum S. 137.

1075 SFS 1976:351.

1076 Ds A 1986:1.

1077 Prop. 1987/88:10.

1078 SFS 1987:1245.

1079 Prop. 1972:116, S. 56. Es wird als Beispiel der verstärkte Einfluss bezüglich Großinvestitionen, die immer Versetzungen, Neueinstellungen oder auch Stilllegungen mit sich bringen könnten, genannt.

1080 Ds I 1972:3.

(a) Grundvoraussetzungen

Der schwedische Gesetzgeber hat sich kontrovers mit der Einführung der Mitbestimmung von Arbeitnehmern im Verwaltungsrat auseinandergesetzt.[1081] Gegen die Einführung einer Arbeitnehmervertretung auf Unternehmensebene sprach aus Sicht des Gesetzgebers zwar die Befürchtung, dass der Verwaltungsrat sich von einem homogenen Organ, das von den Mehrheitseignern mit deren Vertretern besetzt wird, aufgrund der Arbeitnehmervertretung zu einem Verhandlungsorgan wandeln könne. Die Interessengemeinschaft der ordentlichen Verwaltungsratsmitglieder und der Anteilseigner würde durch deren starkes Engagement für den Fortbestand und die Entwicklung des Unternehmens geprägt. Arbeitnehmer im Unternehmen hätten aber als Individuen wie als Gruppe aufgrund des Angewiesenseins auf eine günstige Entwicklung des Unternehmens, welches Arbeitsplatzsicherheit und eine vorteilhafte Lohnentwicklung mit sich bringe, ein mit diesen gleichlaufendes Interesse. Diese Interessengemeinschaft wurde als die grundlegende Voraussetzung eines Verwaltungsrats als tatkräftigem Organ betrachtet. Deshalb wurde angenommen, dass die angestrebte Reform zu einer Belebung und Effizienzsteigerung seiner Arbeit führen könne.[1082]

In Deutschland wurde die Diskussion um Interessenpluralität und Interessengemeinschaft von Anteilseigner- und Arbeitnehmervertretern im Aufsichtsrat differenzierter geführt als in Schweden.[1083] Im Ergebnis kreiste und kreist die Diskussion um die Frage der Definition eines Unternehmensinteresses als Verhaltensmaßstab aller Aufsichtsratsmitglieder. In Deutschland wurde nicht von einer Interessengemeinschaft der Anteilseigner- und Arbeitnehmervertreter ausgegangen, vielmehr wurde die Verfolgung bzw. Priorisierung teils unterschiedlicher Interessen aufgrund der Vertretung unterschiedlicher Interessengruppen als natürlich aufgefasst. Die gemeinsame Klammer aber – so ist der Stand des nunmehr Jahrzehnte währenden Diskurses – bildet das Unternehmensinteresse, dem die im Aufsichtsrat vertretenen Interessengruppen stets den Vorrang vor Individual- oder Gruppeninteressen einzuräumen haben (vgl. oben **B.II.4.d.**).

In Deutschland und in Schweden wurde somit von unterschiedlichen Ausgangspunkten an das Problem divergierender Interessen im Verwaltungs- bzw. Aufsichtsrat herangegangen. In Schweden wurde letztendlich eine Interessengemeinschaft aller Verwaltungsratsmitglieder unterstellt, weshalb keine Diskussion um die Verpflichtung auf ein gemeinschaftliches Interesse, das Individual- oder Gruppeninteressen vorgehen muss, aufkommen konnte. In Deutschland dagegen wurde von der Verfolgung teils unterschiedlicher Interessen durch die Aufsichtsratsmitglieder der Anteilseigner- und der Arbeitnehmervertreter ausge-

---

1081 Vgl. grundlegend Ds I 1972:3 sowie Prop. 1972:116.

1082 Ds I 1972:3, S. 5ff; Prop. 1972:116, S. 57.

1083 Vgl. hierzu *Ensch*, Institutionelle Mitbestimmung, S. 107ff.

gangen, wobei die Verpflichtung auf das Unternehmensinteresse die Vertreter der unterschiedlichen Interessengruppen einte.

Gemeinsam ist der Rechtslage in Deutschland wie in Schweden, dass die Vertreter der Anteilseigner wie der Arbeitnehmer im Verwaltungs- bzw. Aufsichtsrat auf das Unternehmensinteresse als die Leitlinie ihres Handelns verpflichtet sind.

(b) Beweggründe für die Einrichtung einer Arbeitnehmervertretung im Verwaltungsrat

Arbeitnehmervertretung im Verwaltungsrat wurde als eine Weiterentwicklung des repräsentativen Systems zur Sicherstellung der kollektiven Arbeitnehmerinteressen, das bis dahin schon in Form von Unternehmensausschüssen und Beteiligungsorganen im Unternehmen existierte, gesehen.[1084] Die Vertretung in den Verwaltungsräten sollte den Arbeitnehmern verbesserte Einsichtsmöglichkeiten in die Unternehmenstätigkeit als solche, aber auch die Möglichkeit der Beeinflussung der Unternehmenspolitik geben. Angestrebt wurden weiter bessere Voraussetzungen für die Kooperations- und Demokratisierungsbestrebungen auf anderen Ebenen im Unternehmen. Man erhoffte sich, dass durch die Teilnahme der Arbeitnehmer im Verwaltungsrat indirekt die Zusammenarbeit zwischen Unternehmensleitung und bspw. Unternehmensausschüssen[1085] positiv beeinflusst würde. Gut informierte Arbeitnehmervertreter im Verwaltungsrat, so meinte man, führten zu gut informierten Unternehmensausschüssen. Hiervon wiederum profitiere der Arbeitgeber, da er mit gut informierten Unternehmensausschüssen einen besseren Dialog führen könne.[1086]

Durch Vertretung im Verwaltungsrat würden Arbeitnehmer schließlich aufgrund des direkten Kontaktes mit den Eigentümern und ihren Vertretern Einblicke in deren Vorstellungen über die Zukunft des Unternehmens erhalten. Als in gleichem Maße wichtig betrachtet wurden die hierdurch ermöglichten Einblicke der Anteilseigner in die Erfahrungen, Sichtweisen, Probleme und Bewertungen der Arbeitnehmer. Durch die frühe Einbindung der Arbeitnehmer in Entscheidungsprozesse könne man Lösungen finden, die das Risiko für spätere Konflikte und Friktionen im Unternehmen verhinderten. Die Arbeitnehmervertretung im Verwaltungsrat sollte so ein größeres Verständnis der Hauptinteressengruppen

---

1084 Ds I 1972:3, S. 8. Als Beispiele für Beteiligungsorgane genannt werden Abteilungsausschüsse, Konsultationsgruppen sowie Arbeiterschutzausschüsse und Ausschüsse des Vorschlagswesens.

1085 Als die Vorarbeiten zum LSA stattfanden, war noch der bis zum Erlass des MBL gültige Vertrag über Unternehmensausschüsse in Kraft (vgl. oben **C.II.1.b.(b).**).

1086 Prop. 1972:116, S. 58.

innerhalb eines Unternehmens – den Arbeitnehmern und den Anteilseignern – für Probleme, die diesen in weitem Maße gemeinsam seien, schaffen.[1087]

Der Gedanke des Machtzuwachses der Gewerkschaften im Unternehmen stand so in Schweden nie im Vordergrund der Diskussion um die Errichtung der Arbeitnehmervertretung im Verwaltungsrat.[1088] Vergleicht man die Beweggründe der Einrichtung einer Arbeitnehmervertretung in Schweden mit den in Deutschland vorherrschenden, so ist festzustellen, dass das in Deutschland wesentliche Element gleichberechtigter und gleichgewichtiger Teilhabe der Arbeitnehmer an den Entscheidungsprozessen im Unternehmen keine Entsprechung in Schweden findet (vgl. bereits oben **B.II.1.**). Wie dargestellt, sollte in Schweden zwar einerseits eine verbesserte Einsicht der Arbeitnehmer in die Unternehmenstätigkeit und auch die Möglichkeit der Beeinflussung der Unternehmenspolitik erreicht werden. Daneben stand aber maßgeblich der Gedanke, dass aufgrund der Arbeitnehmervertretung im Verwaltungsrat die Kooperation der Unternehmensleitung mit anderen Organen der Arbeitnehmerbeteiligung verbessert werden könnte. Die aufgrund der Arbeitnehmervertretung im Aufsichtsrat verbesserte Kooperation der Unternehmensleitung mit anderen Organen der Arbeitnehmerbeteiligung sah indes auch die Kommission Mitbestimmung (1970). Sie gelangte zu der Auffassung, dass die Bereitschaft der Unternehmensleitung zur Kooperation mit den Arbeitnehmervertretungen innerhalb des Unternehmens durch die paritätische Besetzung des Aufsichtsrats im Montanbereich gefördert würde.[1089] So wurde auch in Deutschland – zumindest seitens der Mitbestimmungskommission – die verbesserte Zusammenarbeit ein Argument für die Mitbestimmung auf Unternehmensebene. Der Gedanke von Kooperation und Zusammenarbeit als Grund für die Einführung der Arbeitnehmermitbestimmung auf Unternehmensebene dürfte in Schweden aber größeres Gewicht als in Deutschland gehabt haben, da er Eingang in die Gesetzesmaterialien gefunden hat.

(c) Loyalitätskonflikte

Die Gewerkschaften wie auch der schwedische Gesetzgeber waren sich möglicher Loyalitätskonflikte aufgrund doppelter Loyalitäten der Arbeitnehmervertreter durchaus bewusst. Es wurde angeführt, dass die Arbeitnehmervertreter in eine Situation widerstreitender Interessen geraten könnten, da sie im Verwaltungsrat teils gegenüber dem Unternehmen, teils gegenüber den Arbeitnehmern loyal sein müssten. Man hatte sich folglich mit der Frage auseinanderzusetzen, ob mögliche Loyalitätskonflikte der Arbeitnehmer eine unüberwindbare Hürde für

1087 Prop. 1972:116, S. 58.

1088 *Adlercreutz/Mulder*, Svensk Arbetsrätt, S. 267.

1089 *Kommission Mitbestimmung* (1970), 93ff (95).

die Einrichtung einer Arbeitnehmervertretung auf Unternehmensebene darstellen konnten.[1090]

Der Gesetzgeber ging davon aus, dass die Arbeitnehmervertreter im Verwaltungsrat für ihre eigene Sichtweise argumentieren würden und dass sie den Beschlüssen des Verwaltungsrats zustimmen würden, sofern sie davon überzeugt seien, dass diese die Interessen ihrer Klientel ausreichend berücksichtigten. Andernfalls hätten sie die Möglichkeit der Reservation gegen Beschlüsse des Verwaltungsrats. Dies wurde allerdings als Ausnahmesituation betrachtet, da Arbeitnehmer und Anteilseigner grundsätzlich als durch gleichgerichtete Interessen verbunden angesehen wurden. Es wurde daher auch als fehlerhaft bezeichnet, die Interessen der Arbeitnehmer gegen die des Unternehmens zu stellen.[1091]

In den Gesetzesmaterialien wurde auf ebenfalls bestehende Loyalitätskonflikte der Anteilseignervertreter hingewiesen. Es sei nicht ungewöhnlich, dass Banken und andere Kreditgeber Sitze in Verwaltungsräten von Unternehmen beanspruchten, mit denen sie in einer Geschäftsverbindung stünden. Deshalb wurde angenommen, dass die Arbeitnehmerseite im Verwaltungsrat ebenso gute Voraussetzungen wie die Anteilseignerseite habe, die notwendigen Abwägungen zwischen unterschiedlichen Interessen durchzuführen. Der schwedische Gesetzgeber gab zu bedenken, dass die Vertreter der Arbeitnehmer ein starkes Eigeninteresse daran hätten, den Fortbestand und die Entwicklung des Unternehmens sicherzustellen.[1092]

Für den Fall möglicherweise divergierender Interessen der Anteilseigner und der Arbeitnehmer wird Bezug auf die Vorarbeiten zum Aktiengesetz 1941 genommen, in denen ausgeführt wird, dass die dominierende Stellung der Unternehmensform Aktiengesellschaft im Wirtschaftsleben es mit sich gebracht habe, dass in der Aktiengesellschaft auch auf andere Interessen als die vom Aktiengesetz hauptsächlich geschützten, Rücksicht genommen werden müsse. Arbeiter und Angestellte sind darin ausdrücklich als schützenswerte Interessengruppen aufgeführt.[1093] Der Gesetzgeber argumentierte weiter, dass sich in Theorie und Praxis mehr und mehr die Auffassung einer Gesamtverantwortung des Verwaltungsrats für das ganze Unternehmen durchgesetzt hätte. Er dürfe somit nicht die eine oder andere Interessengruppe besonders begünstigen, sondern müsse für das Beste des Unternehmens als Ganzes arbeiten.[1094] Man schloss also aus der Verpflichtung des Verwaltungsrats zur Förderung des Unternehmenswohls auf eine Abmilderung von Loyalitätskonflikten, da ohnehin alle Mitglieder des Verwaltungsrats das gleiche Gesamtinteresse zu vertreten hätten.

1090 Ds I 1972:3, S. 10.
1091 Prop. 1972:116, S. 59.
1092 Prop. 1972:116, S. 59f.
1093 SOU 1941:9, S. 3.
1094 Ds I 1972:3, S. 12.

Das Risiko von Loyalitätskonflikten erschien dem Gesetzgeber im Ergebnis nicht so groß, als dass es eine Einführung der Arbeitnehmervertretung im Verwaltungsrat erheblich erschwert hätte. Da trotzdem in gewissen Situationen zweifelsohne Loyalitätskonflikte auftreten könnten, schien es zweckmäßig, die Arbeitnehmer selber entscheiden zu lassen, welches Gewicht sie dem angesprochenen Risiko, verglichen mit den unleugbaren Vorteilen, beimessen. Die Gesetze zur Unternehmensmitbestimmung sollten daher so ausgestaltet werden, dass die Arbeitnehmer zwar das Recht, aber nicht die Pflicht hätten, sich durch Repräsentanten im Verwaltungsrat vertreten zu lassen.[1095]

Der deutsche Gesetzgeber hat sich nicht in vergleichbarer Tiefe mit eventuell auftretenden Loyalitäts- bzw. Interessenkonflikten auseinandergesetzt wie der schwedische. Vielmehr kann der Gesetzgebungsprozess dahingehend dargestellt werden, dass das MitbestG die Parallelität von Tarifvertrags- und Mitbestimmungsrecht sowie die Bestellung von führenden Gewerkschaftern zu Aufsichtsratsmitgliedern gewollt hat.[1096] Das BVerfG hat dies im Mitbestimmungsurteil für vereinbar mit dem Grundgesetz erklärt, den Gesetzgeber aber im Falle von Missständen zur Vornahme von Änderungen verpflichtet.[1097] Es hat die Möglichkeit des Auftretens von Interessenkonflikten, die einem funktionierenden Tarifsystem und einer funktionierenden Mitbestimmung abträglich sein könnten, ausdrücklich bejaht. Die in diesem Zusammenhang auftretenden Rechtsfragen sollten aber durch die Fachgerichte geklärt werden.[1098]

(d) Auswahl der Arbeitnehmervertreter

Der schwedische Gesetzgeber wollte durch die Einrichtung der Arbeitnehmervertretung nicht ein System schaffen, das mit zwischen den Sozialpartnern ausgehandelten und etablierten Kontakt- und Kooperationsorganen, bspw. Unternehmensausschüssen und hieran angeschlossenen Organen der Beratung und Konsultation, konkurriert. Daher sollte die Initiative zur Einrichtung der Arbeitnehmervertretung den mit dem Arbeitgeber auf lokaler Ebene vertragsverbundenen Gewerkschaften zukommen. So wurde es in die Hände der betrieblichen Gewerkschaften gelegt, entweder an bestehenden Kooperationsorganen festzuhalten, oder die Vertretung im Verwaltungsrat als neue und zusätzliche Form der Arbeitnehmerbeteiligung zu wählen. Auch sollten die Gewerkschaften zuständig zur Ernennung der Arbeitnehmervertreter sein.[1099]

1095 Prop. 1972:116, S. 60. Es sind wohlgemerkt die Gewerkschaften und nicht die Arbeitnehmer, die entscheiden, ob eine Arbeitnehmervertretung im Verwaltungsrat errichtet wird.

1096 *Raiser/Veil*, MitbestG, § 25 MitbestG, Rn. 140.

1097 BVerfGE 50, 290, S. 369ff = NJW 1979, S. 699, 702.

1098 BVerfGE 50, 290, S. 369ff = NJW 1979, S. 699, 711.

1099 Prop. 1972:116, S. 60f.

Das System der Ernennung von Arbeitnehmern zum schwedischen Verwaltungsrat unterscheidet sich grundsätzlich vom deutschen. Der schwedische Gesetzgeber hat sich dazu entschieden, es den lokalen Gewerkschaften zu überlassen, ob überhaupt eine Arbeitnehmervertretung im Verwaltungsrat errichtet werden soll. Neben der Vermeidung konkurrierender Zuständigkeiten hängt der Gang dieses Weges mit den vom schwedischen Gesetzgeber angenommenen Loyalitätskonflikten der Arbeitnehmer im Verwaltungsrat zusammen (vgl. eben **(d).**). Da diese als möglich angenommen wurden, sollten die Gewerkschaften selber darüber entscheiden können, Vertreter zum Verwaltungsrat zu ernennen und Loyalitätskonflikte in Kauf zu nehmen oder – um Loyalitätskonflikte von vornherein zu vermeiden – keine Vertreter zum Verwaltungsrat zu ernennen.

In Deutschland dagegen werden die Arbeitnehmervertreter gem. MitbestG durch Wahl, bzw. in Unternehmen mit mehr als 8000 Arbeitnehmern durch Delegierte, gem. DrittelbG nur durch Wahl gewählt. Insbesondere die Delegiertenwahl ist für die betroffenen Unternehmen aufwendig und kostenintensiv (vgl. oben **B.II.2.**). Wie später auszuführen sein wird, können auch die lokalen Gewerkschaften in Schweden eine Wahl der Arbeitnehmervertreter durch die von ihnen vertretenen Arbeitnehmer einrichten. Praktiziert wird dies aber selten.

(e) Rechte und Pflichten der Arbeitnehmervertreter

Die Arbeitnehmervertreter im Verwaltungsrat sollten im Normalfall die gleichen Rechte und Pflichten wie die ordentlichen Verwaltungsratsmitglieder haben. Ein System, in dem Arbeitnehmervertreter als beigeordnete Mitglieder mit Anwesenheits-, Äußerungs-, und Vorschlagsrecht, aber ohne Stimmrecht im Verwaltungsrat sitzen, wurde abgelehnt, da es den Arbeitnehmervertretern zwar Einsicht, aber keine wirkliche Mitbestimmung in Fragen der Unternehmensleitung gegeben hätte.[1100]

Die hauptsächliche Aufgabe der Arbeitnehmervertreter wie auch der ordentlichen Verwaltungsratsmitglieder sei es nach Ansicht des Gesetzgebers, nach bestem Vermögen den Fortbestand und die Entwicklung des Unternehmens zu fördern. Gleichzeitig wurde aber erwartet, dass sich die Arbeitnehmervertreter aufgrund ihrer Herkunft und Klientel speziell den im Verwaltungsrat behandelten Arbeitnehmerinteressen wie auch den Möglichkeiten nach Erweiterung und Vertiefung der Demokratie im Unternehmen, widmen würden. Die Arbeitnehmervertreter sollten durch ihre Arbeit dazu beitragen, dass der einzelne Arbeitnehmer erhöhten Einfluss auf seine Arbeitssituation, bspw. durch Versuche mit neuen Formen der Arbeitsorganisation, erhält. Zudem war das Ziel der Einrichtung der Unternehmensmitbestimmung, in erhöhtem Maße von den Erfahrungen und Sichtweisen der Arbeitnehmer zu profitieren. Als Beispiel wird der Ausbau

1100 Ds I 1972:3, S. 14.

existierender Kooperationsstrukturen genannt. Die Gestaltung der Personalpolitik wurde in diesem Zusammenhang als von besonderem Interesse hervorgehoben. Arbeitnehmervertreter sollten sich im Verwaltungsrat für eine systematische Entwicklung der Richtlinien der Personalpolitik sowie für Einsicht, Einfluss und Mitverantwortung der Arbeitnehmer in diesem Bereich einsetzen.[1101] Diese Aufgaben von Arbeitnehmervertretern finden in Deutschland keine Entsprechung, da die einzige personalpolitische Entscheidung, mit der sich der Aufsichtsrat befassen muss, die Ernennung der Vorstandsmitglieder ist.

Anlässlich geplanter Veränderungen im Unternehmen sollten Gesichtspunkte der Personalpolitik ebenso wie technische und wirtschaftliche Faktoren zu einem frühen Zeitpunkt Beachtung finden. Arbeitnehmervertreter könnten, so war die Erwartung des Gesetzgebers, aufgrund der frühzeitigen Kenntnis von anstehenden Veränderungen einerseits die Sichtweise der Arbeitnehmer in den Verwaltungsrat einbringen, sowie andererseits die Behandlung der Angelegenheiten in den Kooperationsorganen innerhalb des Unternehmens, wie bspw. in Unternehmensausschüssen, veranlassen.[1102]

Diese Ausrichtung der Arbeitnehmervertreter auf die Belange der von ihnen Vertretenen bedeute jedoch nicht, dass sie bei Entscheidungen einseitig und kompromisslos die Interessen nur ihrer Klientel vertreten dürften. Sie müssten vielmehr vor dem Hintergrund der von den ordentlichen Verwaltungsratsmitgliedern angeführten Gesichtspunkte die eigenen angeführten Argumente und Tatsachen gegen die der Anteileigner abwägen. Im Rahmen dieser Abwägung müsse stets die Weiterentwicklung des gesamten Unternehmens im Vordergrund stehen.[1103]

Die Überlegungen des deutschen und des schwedischen Gesetzgebers zur Rechtsstellung der Arbeitnehmervertreter im Verwaltungs- bzw. Aufsichtsrat sind ähnlich. Zunächst sollten in beiden Ländern die Arbeitnehmervertreter im Grundsatz gleich behandelt werden wie die ordentlichen Verwaltungs- bzw. Aufsichtsratsmitglieder (vgl. zur Rechtslage in Deutschland oben **B.II.4.a.**). Im Ergebnis liefen die Erwägungen beider Gesetzgeber darauf hinaus, dass eine gleichberechtigte Mitwirkung der Arbeitnehmervertreter an der Arbeit des Verwaltungs- bzw. Aufsichtsrats nur möglich ist, wenn sie auch die gleichen Rechte und Pflichten wie die übrigen Verwaltungs- bzw. Aufsichtsratsmitglieder haben.

Die Erwägungen des schwedischen Gesetzgebers zum hauptsächlichen Wirkungskreis der Arbeitnehmervertreter im Verwaltungsrat sind ebenso vergleichbar mit der Rechtslage in Deutschland. Es wurde angenommen und als legitim erachtet, dass die Arbeitnehmervertreter im Verwaltungsrat hauptsächlich die Interessen ihrer Klientel, der Arbeitnehmer, vertreten und betonen würden. Grenze der Interessenverfolgung bildet aber in Schweden – ebenso wie in

1101 Prop. 1972:116, S. 61.
1102 Prop. 1972:116, S. 62.
1103 Ds I 1972:3, S. 15f.

Deutschland (vgl. oben **B.II.3.d.**)– das Interesse des gesamten Unternehmens. Insofern kann im Grundsatz von einer Identität der Rechte und Pflichten schwedischer und deutscher Arbeitnehmer gesprochen werden.

(f) Anzahl der Arbeitnehmervertreter

Die schwedischen Gesetzesmaterialien nehmen Bezug auf die in den Sechziger Jahren von LO und TCO geführten Diskussionen um die Anzahl der Arbeitnehmervertreter auf Unternehmensebene. Der Ausgangspunkt war in beiden Dachverbänden stets eine Minderheitsvertretung.[1104] Mit Rücksicht darauf, dass das Arbeitnehmerkollektiv in einem Unternehmen in der Regel aus mehreren Gruppen mit teils divergierenden Interessen bestehe, schien die Einrichtung mehr als eines Platzes für die Arbeitnehmer im Verwaltungsrat geboten.[1105] Über mindestens zwei Plätze für Arbeitnehmervertreter im Verwaltungsrat hinaus verfolgte die LO eine Drittelrepräsentation der Arbeitnehmer. Die TCO gab, abgesehen von der Forderung nach zwei Arbeitnehmerplätzen, keine Quote an.[1106] LO betrachtete die Minderheitsvertretung der Arbeitnehmerrepräsentanten im Verwaltungsrat als eine Frage der Abwägung. Eine Anzahl von zwei Arbeitnehmervertretern erschien laut Bericht als maßvoll, und es wurde erwartet, dass eine Minoritätsrepräsentation die Effektivität der Arbeit des Verwaltungsrats nicht wesentlich beeinflussen würde. Gegen eine paritätische Mitbestimmung sprach dagegen die Befürchtung, dass diese zu Verwaltungsräten mit einer relativ hohen Anzahl an Mitgliedern führen würde, und somit rationale Arbeitsformen und eine effektive Arbeit gefährdet wären. Von Arbeitnehmerseite wurde diese hypothetische Konsequenz als den Wert der Arbeitnehmervertretung mindernd angesehen.[1107] Aus der Tatsache, dass die schwedischen Gewerkschaften selbst immer nur eine Minoritätsvertretung der Arbeitnehmer im Verwaltungsrat gefordert hatten, wird ersichtlich, dass für sie – im Gegensatz zu den deutschen Gewerkschaften – nicht der Gedanke gleichgewichtiger Teilnahme an der Unternehmensführung im Vordergrund stand.

Die Forderungen schwedischer und deutscher Gewerkschaften bezüglich der Anzahl der Arbeitnehmervertreter im Verwaltungs- bzw. Aufsichtsrat unterscheiden sich deutlich. Hierbei ist jedoch zu beachten, dass sich auch die gesellschaftsrechtlichen Rechte und Pflichten von schwedischem Verwaltungs- und deutschem Aufsichtsrat unterscheiden. Wenn auch in Schweden in großen öffentlichen Aktiengesellschaften der Verwaltungsrat meist überwachende Funktionen hat, ist er doch de iure ein Gesellschaftsorgan, dem Geschäftsführungsbefugnisse zugewiesen sind. Der deutsche Aufsichtsrat hat dagegen primär Über-

1104 Vgl. z.B. *LO*, Demokrati, S. 131.
1105 Ds I 1972:3, S. 16.
1106 Prop. 1972:16, S. 70.
1107 Ds I 1972:3, S. 35.

wachungsaufgaben. Gäbe es in Deutschland einen Verwaltungsrat entsprechend dem in Schweden, nähmen die in ihm sitzenden Arbeitnehmervertreter geschäftsführende Funktionen wahr. Um die Problematik der Arbeitnehmervertretung im Verwaltungsrat auf Deutschland übertragen zu können, bietet sich die Arbeitnehmervertretung im Verwaltungsrat einer deutschen SE an, die allerdings praktisch noch nicht vorgekommen sein dürfte[1108]. Eine paritätische Arbeitnehmervertretung wird aufgrund der geschäftsführenden Funktionen des Verwaltungsrats sehr kontrovers diskutiert und teils wegen einer „qualitativ-materiellen Ausweitung der Mitbestimmung" für verfassungswidrig gehalten.[1109] Die Einrichtung der Arbeitnehmermitbestimmung im Aufsichtsrat durch das Mitbestimmungsgesetz wurde aber in den siebziger Jahren gleich kontrovers diskutiert. Da die schwedischen Gewerkschaften indes nie Forderungen nach einer (quasi-)paritätischen Mitbestimmung erhoben hatten, muss die Frage, ob ihnen diese in Schweden eingeräumt worden wäre, unbeantwortet bleiben.[1110] Die Forderungen der deutschen Gewerkschaften vor Erlass des Mitbestimmungsgesetzes gingen (vor dem Hintergrund des dualistischen deutschen Verwaltungssystems) selbstverständlich von einer paritätischen Vertretung der Arbeitnehmer aus (vgl. oben **B.II.1.**). Gewissermaßen liegen die Forderungen in der Tradition der industriellen Beziehungen Deutschlands, da auch schon das MontanMitbestG aus dem Jahr 1951 die gleiche Anzahl von Anteilseigner- und Arbeitnehmervertretern (sowie ein neutrales Mitglied) im Aufsichtsrat der erfassten Unternehmen vorsieht.[1111] Befürchtungen eventueller Effizienzeinbußen der Arbeit des Aufsichtsrats als Folge der Einführung paritätischer Mitbestimmung gab es in Deutschland indes nicht.

Die Einstellung schwedischer und deutscher Gewerkschaften bezüglich eines wesentlichen Bestandteils der Ausgestaltung der Unternehmensmitbestimmung, der Anzahl der Arbeitnehmervertreter im Verwaltungs- bzw. Aufsichtsrat, unterscheidet sich so – auch unter Berücksichtigung der verschiedenen Verwaltungssysteme – deutlich.

1108 Vgl. *Hueck/Windbichler*, § 36, Rn. 7, die darauf hinweisen, dass Erfahrungen mit größeren deutschen monistischen SE bislang nicht bestehen.

1109 So *Jacobs* in: MünchKomm AktG, § 35 SEBG, Rn. 16ff, der eine verfassungskonforme Auslegung des § 35 SEBG anregt; **a.A.** *Oetker* in: Lutter/Hommelhoff, SE-Kommentar, § 35 SEBG, Rn. 11ff mwN.

1110 In Schweden blieb das Modell einer paritätischen Vertretung der Arbeitnehmer in Verwaltungsräten schwedischer Aktiengesellschaften Überlegungen in der Rechtswissenschaft vorbehalten. *Lindencrona* war, soweit ersichtlich, der einzige schwedische Autor, der in Schweden die Einführung einer paritätischen Mitbestimmung nach deutschem Vorbild anregte. Seine vielzitierte Dissertation ist unter dem Titel „Arbeitnehmer und Anteilseigner in Verwaltungsräten von Aktiengesellschaften: Über die Einführung der paritätischen Mitbestimmung" (*„Arbetstagare och aktieägare i aktiebolagsstyrelser: om införande av paritetsrepresentation"*) erschienen.

1111 Vgl. zu Einzelheiten und Literaturnachweisen *Raiser/Veil*, MitbestG, Einl., Rn. 9ff.

2. LSA

Nach den grundlegenden Überlegungen des schwedischen Gesetzgebers zur Unternehmensmitbestimmung in Schweden werden in diesem Kapitel die wesentlichen Vorschriften des die Partizipation der Arbeitnehmer auf Unternehmensebene regelnden LSA dargestellt und erläutert. In die Darstellung werden die Ergebnisse einer im Jahr 2000 veröffentlichten Studie des Instituts für Fragen des Arbeitslebens (*Arbetslivsinstitutet*) sowie LO und PTK unter Mitarbeit des statistischen Zentralbüros (*Statistiska Centralbyrån*, **SCB**) mit dem Titel „Vertretung der Arbeitnehmer in Verwaltungsräten" (*Anställdas Representation i styrelser*) einfließen.[1112] Im Rahmen der Untersuchung wurden Vertreter von LO und PTK im Verwaltungsrat sowie Verwaltungsratsvorsitzende und geschäftsführende Direktoren in 660 zufällig ausgewählten Unternehmen mit mehr als 25 Arbeitnehmern[1113] befragt. Ziel der Befragung war es herauszufinden, wie verschiedene Aspekte der Arbeitnehmervertretung im Verwaltungsrat von Managern und Gewerkschaftsvertretern subjektiv eingeschätzt wurden. Die Rücklaufquote bei den LO- und PTK-Vertretern betrug 65 % bzw. 69 %, die bei Verwaltungsratsvorsitzenden und geschäftsführenden Direktoren 51 % bzw. 65 %.[1114]

a. Berechtigung zur Einrichtung der Arbeitnehmervertretung, Anzahl der Arbeitnehmervertreter, § 4 LSA

In Unternehmen[1115], die im abgelaufenen Rechenschaftsjahr im Durchschnitt mindestens 25 Arbeitnehmer beschäftigt haben, haben die Gewerkschaften das Recht, zwei Arbeitnehmervertreter und jeweils einen Stellvertreter zu ernennen, § 4 Abs. 1 S. 1 LSA. Hat ein Unternehmen mindestens 1000 Arbeitnehmer und ist es in verschiedenen Geschäftsbereichen tätig, haben die Gewerkschaften das Recht, drei Arbeitnehmervertreter und jeweils einen Stellvertreter zu ernennen, § 4 Abs. 1 S. 2 LSA. Durch die erweiterte Sitzzahl sollte eine Vertretung aller, bzw. der meisten mit dem Unternehmen kollektivvertragsverbundenen Gewerkschaften im Verwaltungsrat ermöglicht werden, da größere und in verschiedenen Geschäftsbereichen tätige Unternehmen immer mit mehreren Arbeiter- und Angestelltengewerkschaften kollektivvertragsverbunden sind. So sollte sicherge-

1112 Im Folgenden nach dem Autor, *Klas Levinson*, zitiert: *Levinson*, Anställdas Representation.

1113 Dies ist die Zahlengrenze, ab der im Verwaltungsrat eine Arbeitnehmervertretung errichtet werden kann, vgl. § 4 LSA.

1114 *Levinson*, Anställdas Representation, S. 73f.

1115 Hierzu gehören Aktiengesellschaften, Banken, Hypothekenbanken, Versicherungsgesellschaften sowie wirtschaftliche Vereinigungen, vgl. § 2 LSA.

stellt werden, dass keine Arbeitnehmer von dem durch das LSA gerade ermöglichten Informationsfluss abgeschnitten werden.[1116]

Die Anzahl der Arbeitnehmervertreter darf die Anzahl der anderen Verwaltungsratsmitglieder jedoch nicht überschreiten, § 4 Abs. 2 LSA, weshalb die Arbeitnehmervertreter im Verwaltungsrat nie in der Mehrheit sein können. Zudem kann in der Satzung der Aktiengesellschaft eine Anzahl von Verwaltungsratsmitgliedern bestimmt werden, entsprechend der die Arbeitnehmervertreter immer in der Minderheit sind[1117], was in Schweden auch fast ausnahmslos der Fall ist[1118].

Ist die Gesellschaft eine Muttergesellschaft, gelten die Regeln in § 4 Abs. 1 und 2 für den gesamten Konzern, und das Recht zur Arbeitnehmervertretung im Verwaltungsrat der Muttergesellschaft steht sämtlichen inländischen Arbeitnehmern des Konzerns zu. Das Vertretungsrecht auch in der Muttergesellschaft sollte den inländischen Arbeitnehmern des Konzerns gegeben werden, da Entscheidungen der Muttergesellschaft nicht nur diese, sondern den gesamten Konzern, also alle Arbeitnehmer betreffen können.[1119] In international tätigen Konzernen können natürlich auch die ausländischen Arbeitnehmer von Entscheidungen der Muttergesellschaft betroffen sein, was das Erfordernis der Einführung eines Sitzrechts im Verwaltungsrat auch für ausländische Arbeitnehmervertreter deutlich macht.

Beispiel aus der Praxis: Der Verwaltungsrat der Ericsson AB besteht aus 15 Personen, von denen drei Arbeitnehmervertreter sind. Diese haben je einen Stellvertreter.[1120]

Vergleicht man das schwedische LSA mit den deutschen Mitbestimmungsgesetzen, so fällt zunächst auf, dass die Berechtigung der schwedischen Gewerkschaften, Arbeitnehmer zum Verwaltungsrat zu ernennen, schon ab einer Beschäftigtenzahl von 25 Arbeitnehmern einsetzt. Dies bedeutet mit Blick auf das Einsetzen der drittelparitätischen Mitbestimmung in Unternehmen, die in der Regel mehr als 500 Arbeitnehmer beschäftigen, dass schwedische Unternehmen ab einer wesentlich geringeren Beschäftigtenzahl als deutsche Unternehmen eine Arbeitnehmervertretung im Verwaltungsrat zu errichten haben. Da die Arbeit aber auf die Untersuchung der Arbeitnehmerbeteiligung in größeren Unternehmen mit mehr als 500 Arbeitnehmern abzielt, ist das frühere Einsetzen der Ar-

1116 *Lundberg/Bruun*, Arbetsmarknad & Arbetsliv 2005, S. 217, 221.

1117 *Gerum/Steinmann*, Unternehmensordnung, S. 34.

1118 *Fahlbeck*, Employee Participation, S. 39.

1119 Vgl. zu Einzelheiten *Lavén*, LSA-Kommentar, § 5 S. 60f.

1120 *http://www.ericsson.com/thecompany/corporate_governance/board_of_directors /members_of_the_board* [gelesen am 20.07.2010].

beitnehmervertretung in schwedischen Verwaltungsräten für den Rechtsvergleich nicht von Relevanz.

In Unternehmen mit 500 bis 2.000 Arbeitnehmern gilt in Deutschland gem. DrittelBG zwingend die Drittelrepräsentation der Arbeitnehmer, d.h. im Falle von drei bzw. sechs bzw. neun Aufsichtsratsmitgliedern sind zwingend ein bzw. zwei bzw. drei Arbeitnehmervertreter zu wählen. Im schwedischen Verwaltungsrat dagegen sind die Arbeitnehmer ab der Beschäftigung von 25 Arbeitnehmern durch zwei, im Falle der Tätigkeit des Unternehmens in verschiedenen Geschäftsbereichen und der Beschäftigung von mehr als 1000 Arbeitnehmern, durch drei Arbeitnehmervertreter und deren Stellvertreter vertreten. Der tatsächliche Einfluss der Arbeitnehmervertreter dürfte in Deutschland mit Blick auf das Stimmrecht bei nur einem Arbeitnehmervertreter (mangels belastbarer Empirie sehr vorsichtig geschätzt) faktisch geringer, bei zwei bzw. drei Arbeitnehmervertretern dagegen ähnlich hoch sein wie im schwedischen Verwaltungsrat. Besteht der Aufsichtsrat in Deutschland bspw. aus zwölf Mitgliedern, ist der Einfluss der vier Arbeitnehmervertreter aber nicht zwangsläufig höher als der schwedischer, da auch mehr Anteilseigner im Aufsichtsrat sitzen. Allerdings gibt es für schwedische Aktiengesellschaften keine Begrenzung der Anzahl von Verwaltungsratsmitgliedern, weshalb schwedische Arbeitnehmervertreter, die zu dritt in einem Verwaltungsrat mit zwölf Mitgliedern sitzen, weniger Einfluss haben dürften als drei Arbeitnehmer im neunköpfigen deutschen Aufsichtsrat. Mangels belastbaren Zahlenmaterials zur Größe von Verwaltungs- und Aufsichtsräten in Deutschland und in Schweden ist der Vergleich an dieser Stelle nicht zu vertiefen. Gleiches gilt für den später zu erörternden Einfluss der stellvertretenden Arbeitnehmervertreter in Schweden, die während Sitzungen des Verwaltungsrats ein Anwesenheits- und Rede- aber kein Stimmrecht haben. Fest steht, dass deutsche Arbeitnehmervertreter in gem. DrittelBG mitbestimmten Gesellschaften, schwedische in vom LSA erfassten Unternehmen immer einen Minderheitseinfluss ausüben.

In vom LSA bzw. vom MitbestG erfassten Unternehmen mit mehr als 2.000 Arbeitnehmern dürfte der Einfluss schwedischer Arbeitnehmervertreter im Verwaltungsrat aufgrund ihrer faktischen Minorität geringer sein als der deutscher Arbeitnehmervertreter im Aufsichtsrat.

b. Einrichtung der Arbeitnehmervertretung, § 6 LSA

Der Beschluss, die Arbeitnehmervertretung im Verwaltungsrat einzurichten, kann von einer lokalen Gewerkschaft, die in einer Kollektivvertragsbeziehung zum Unternehmen steht, gefasst werden, § 6 Abs. 1 LSA. Eine lokale Arbeitnehmerorganisation ist ein Zusammenschluss von Arbeitnehmern, die Partei lokaler Verhandlungen mit dem Arbeitgeber ist.[1121] Es geht aus den Verhandlungsordnungen der Tarifverträge hervor, welche Vereinigung von Arbeitnehmern die Verhandlungen mit dem Arbeitgeber führt.[1122] Hierbei handelt es sich gewöhnlich um den lokalen Gewerkschaftsklub, also die unterste Organisationseinheit der schwedischen Gewerkschaften. Gibt es einen solchen nicht, verhandelt die lokale Abteilung einer Gewerkschaft anstelle eines Klubs (vgl. oben **C.II.2.a.(b).**).[1123] Die lokale Arbeitnehmerorganisation muss mit dem Arbeitgeber tarifvertragsverbunden sein. Entweder hat sie daher selber einen (lokalen) Tarifvertrag mit dem Arbeitgeber abgeschlossen, oder sie ist aufgrund eines Verbandstarifvertrages, den ihre Gewerkschaft mit dem Arbeitgeber bzw. dessen Verband abgeschlossen hat, tarifvertragsverbunden.[1124]

Normalerweise sind mehrere Arbeitnehmerorganisationen in einem Betrieb vertreten. Der Beschluss zur Einrichtung der Arbeitnehmervertretung kann von allen kollektivvertragsverbundenen Organisationen zusammen getroffen werden. Eine Gewerkschaft verliert das Recht auf Vertretung der Arbeitnehmer im Verwaltungsrat aber nicht, wenn sie sich an der Einrichtung der Arbeitnehmervertretung durch andere Arbeitnehmerorganisationen nicht beteiligt.[1125]

Betrifft der Beschluss, die Arbeitnehmervertretung einzurichten, den Verwaltungsrat einer Muttergesellschaft, so ist er von den lokalen Arbeitnehmerorganisationen zu fassen, die in einer Kollektivvertragsbeziehung mit einer der Gesellschaften im Konzern stehen, § 6 Abs. 2 LSA.

Der Verwaltungsrat des Unternehmens ist von dem Beschluss der Einrichtung der Arbeitnehmervertretung im Verwaltungsrat schriftlich zu unterrichten, § 6 Abs. 3 LSA.

c. Ernennungsverfahren, § 7 LSA

Grundsätzlich werden die Arbeitnehmervertreter durch die im Unternehmen vertretenen Gewerkschaften, die in einer Kollektivvertragsbeziehung zum Unternehmen stehen, ernannt, § 7 S. 1 LSA. Zur Ernennung von Vertretern sind sämtliche mit dem Arbeitgeber kollektivvertragsverbundenen Gewerkschaften berechtigt[1126]. Zielt die Arbeitnehmervertretung auf eine Muttergesellschaft ab, werden die Arbeitnehmervertreter von den lokalen Gewerkschaften, die in einem Kollektivvertragsverhältnis zu den Gesellschaften im Konzern stehen, ernannt.

1121 *Moberg*, LSA-Kommentar, § 6 LSA, S. 46. Der Begriff lokale Arbeitnehmerorganisation entspricht dem in § 6 Abs. 2 MBL verwendeten, vgl. oben **C.III.2.c.(b).ii.**.

1122 *Lavén*, LSA-Kommentar, § 6 LSA, S. 64.

1123 *Moberg*, LSA-Kommentar, § 6 LSA, S. 45.

1124 *Lavén*, LSA-Kommentar, § 6 LSA, S. 64f.

1125 *Lavén*, LSA-Kommentar, § 6 LSA, S. 65.

1126 *Lavén*, LSA-Kommentar, § 7 LSA, S. 67.

In der einleitend erwähnten Studie zur Arbeitnehmervertretung im Verwaltungsrat wurden Gewerkschaftsvertreter nach dem in ihrem Unternehmen bzw. von ihren Gewerkschaften praktizierten Ernennungsverfahren befragt. Die gewöhnlichste Vorgehensweise war hierbei, dass die Arbeitnehmervertreter in einer Versammlung der lokalen Gewerkschaftsklubs ernannt wurden. Dies gaben 38 % der LO- und 33 % der PTK-Vertreter an. In 20 % bzw. 24 % der Unternehmen werden die LO- bzw. PTK-Vertreter von der lokalen Gewerkschaftsleitung gewählt. In 13 % bzw. 18 % der Unternehmen werden die LO- bzw. PTK-Vertreter von einer Referenzgruppe, einem Konzernrat, einer Kontaktgruppe oder einer Wahlverrichtungsgruppe, also von anderen Organen der Arbeitnehmervertretung, gewählt. Die Wahl durch die Gewerkschaftsmitglieder kommt nach Angaben der LO- Vertreter in 17 % der Unternehmen vor, die PTK-Vertreter gaben dies in 14 % der Fälle an. 6 % der LO-Vertreter und 4 % der PTK-Vertreter gaben an, dass die Ernennung der Arbeitnehmervertreter zum Verwaltungsrat durch die Gewerkschaft bzw. die regionale Gewerkschaftsabteilung erfolge.[1127] Hieraus lässt sich folgern, dass die Ernennung bzw. Wahl der Arbeitnehmer in der Tat hauptsächlich durch die im Unternehmen vertretenen Gewerkschaften erfolgt, weshalb beim Ernennungsverfahren der Arbeitnehmervertreter zum Verwaltungsrat, ähnlich wie bei der Errichtung lokaler Gewerkschaften (vgl. oben **C.II.2.a.(b).**), Demokratiedefizite festzustellen sind.

Das deutsche Recht bezüglich der Wahl der Arbeitnehmervertreter ist, verglichen mit dem schwedischen Ernennungsverfahren, wesentlich komplizierter und unflexibler sowie vermutlich auch kostenintensiver (vgl. oben **B.II.2.**). Anzumerken ist, dass im Geltungsbereich des auslaufenden MontanMitbestG die Arbeitnehmervertreter gem. deren §§ 4 und 6 noch durch die Betriebsräte, also die betriebliche Arbeitnehmervertretung, gewählt werden. Das Wahlverfahren ist im MontanMitbestG also weniger aufwendig als in den neueren Mitbestimmungsgesetzen. Bemerkenswert ist mit Blick auf das schwedische Modell wieder, wie stark die schwedische Rechtsordnung darauf vertraut, dass die Betroffenen – hier die Gewerkschaften – im Prozess der Ernennung von Arbeitnehmervertretern zum Verwaltungsrat selber die besten Vorgehensweisen finden.

d. Sitzverteilung, § 8 LSA

Die Verteilung der Sitze im Verwaltungsrat ist in § 8 Abs. 1 LSA geregelt. Das LSA geht allerdings davon aus, dass sich die lokalen Arbeitnehmerorganisationen untereinander bezüglich der Sitzverteilung einigen (vgl. den Wortlaut der Vorschrift: „*Sofern sich die Organisationen nicht anderweitig einigen,*[…]“).[1128]

1127 *Levinson*, Anställdas Representation, S. 79.
1128 *Moberg*, LSA-Kommentar, § 7 LSA, S. 50.

Im Falle der Nichteinigung der Organisationen findet § 8 LSA Anwendung. Gem. § 8 Abs. 5 LSA gelten örtliche Arbeitnehmerorganisationen, die dem gleichen Dachverband, bspw. der LO oder dem PTK, angehören, als eine Organisation. Finden sich in einer Gesellschaft also bspw. drei lokale Organisationen, die der LO angehören sowie zwei, die dem PTK angehören, werden diese jeweils als eine Organisation betrachtet. Sind in einer mit der Gesellschaft in einer Kollektivvertragsbeziehung stehenden Gewerkschaft (genau: solchen dem gleichen Dachverband zugehörigen lokalen Gewerkschaften) 80 % aller in der Gesellschaft beschäftigten Arbeitnehmer organisiert, hat diese Gewerkschaft das Recht, sämtliche Arbeitnehmervertreter zum Verwaltungsrat zu ernennen, § 8 Abs. 2 S.1 LSA. Vertritt eine andere in einem Kollektivvertragsverhältnis zur Gesellschaft stehende Gewerkschaft mindestens 5 % aller im Unternehmen beschäftigten Arbeitnehmer, so hat diese das Recht, einen der stellvertretenden Arbeitnehmervertreter zu ernennen, § 8 Abs. 2 S. 2 LSA.

Gibt es keine in einer Kollektivvertragsbeziehung mit der Gesellschaft oder dem Konzern stehende Gewerkschaft, die mehr als 80 % der Arbeitnehmer vertritt, ernennen die in einer Kollektivvertragsbeziehung mit der Gesellschaft stehenden Gewerkschaften, die die meisten Arbeitnehmer vertreten, je einen Arbeitnehmervertreter und einen Stellvertreter zum Verwaltungsrat, § 8 Abs. 3 S. 1 LSA. Berechtigt Größe und Geschäftstätigkeit der Gesellschaft die Gewerkschaften zur Ernennung von drei Arbeitnehmern, hat die in der Gesellschaft oder dem Konzern zahlenmäßig stärker vertretene Gewerkschaft das Recht, zwei Mitglieder und deren Stellvertreter zum Verwaltungsrat zu ernennen, § 8 Abs. 3 S. 2 LSA.

Werden nur ein Arbeitnehmervertreter und ein Stellvertreter in den Verwaltungsrat entsandt, da der Verwaltungsrat aus nur einem ordentlichen Mitglied besteht[1129], werden diese von der Gewerkschaft ernannt, die zahlenmäßig die meisten Beschäftigten vertritt.

Aufgrund des Auffangcharakters der Vorschrift zeigt sich wieder, dass das schwedische Recht die Verantwortung zur Auswahl geeigneter Vertreter in die Hände der von der Arbeitnehmervertretung Betroffenen, also der Gewerkschaften, legt. In den meisten für die Arbeit interessanten größeren Unternehmen werden Arbeitergewerkschaften (Dachverband LO), Angestelltengewerkschaften (Dachverband TCO, zu Verhandlungszwecken im Kartell PTK) und Akademikergewerkschaften (Dachverband SACO, zu Verhandlungszwecken im Kartell PTK) nebeneinander in einem Kollektivvertragsverhältnis zur Gesellschaft stehen, weshalb diese meist auch durch Mitglieder im Verwaltungsrat vertreten sein wollen.

Zum Zweck des Auswahlverfahrens haben LO und PTK Empfehlungen an die ihnen angeschlossenen Gewerkschaften herausgegeben, wie vorzugehen ist,

1129 Die Anzahl der Arbeitnehmervertreter darf gem. § 4 Abs. 2 LSA die Anzahl der ordentlichen Mitglieder nicht übersteigen.

wenn mehrere zu verschiedenen Dachverbänden gehörende lokale Gewerkschaften an der Wahl von Arbeitnehmervertretern mitwirken.[1130] Grundsätzlich empfiehlt LO, die Wahl der Arbeitnehmervertreter durch bereits im Unternehmen existierende Organe, die aus Vertretern sämtlicher am Arbeitsplatz bestehender Arbeitnehmerorganisationen bestehen, durchführen zu lassen. Neben der Praktikabilität dürften für diese Empfehlungen vor allem deutliche Kostenersparnisse sprechen. Der Hinweis auf bereits bestehende Organe macht deutlich, wie stark in Schweden auch nach Erlass des LSA (und des MBL) auf Strukturen, die schon vor Erlass der Gesetze bestanden, gesetzt wird. Dies zeigt die Bedeutung dieser traditionellen Strukturen, denen der Gesetzgeber durch Einführung des LSA keine Konkurrenz machen wollte.[1131]

Für die im PTK organisierten Angestelltengewerkschaften kann anlässlich der Ernennung von Arbeitnehmervertretern laut einem Leitfaden des PTK für Mitglieder des Verwaltungsrats[1132] die oben (**C.III.2.g.(b).**) erwähnte PTK-L oder ein ähnliches Gremium die Zusammenarbeit mit den LO-Gewerkschaften bezüglich Auswahl der zu nominierenden Kandidaten koordinieren.[1133]

Die beiden Beispiele machen deutlich, dass das Ernennungsverfahren in der Praxis ohne starke Formalisierung funktioniert. Den betroffenen Arbeitnehmerorganisationen gelingt es augenscheinlich, anlässlich der Ernennung von Verwaltungsratsmitgliedern zu befriedigenden Ergebnissen zu gelangen. Für den Fall der auf dem OMX Nordic 40-Index[1134] der Stockholmer Börse notierten zellulose- und papierproduzierenden Aktiengesellschaft *Svenska Cellulosa Aktiebolaget SCA AB* hat dies ein Interview bestätigt.[1135]

Weiteres Beispiel aus der Praxis: Aufteilung der Arbeitnehmervertreter im Verwaltungsrat der Vattenfall AB. Drei dem PTK angeschlossene Gewerkschaften stellen zwei Arbeitnehmervertreter und zwei Stellvertreter: Der Akademikerverband (*Akademikerförbundet SSR*) und der Verband der Handels- und Industrieangestellten (*Unionen*) stellen jeweils ein Mitglied, weiter stellen *Unionen* und der Verband der Arbeitnehmer mit Leitungsfunktion (*Ledarna*) je ein stellvertretendes Mitglied. Die der LO angeschlossene Gewerkschaft für Service und Kommunikation (*Facket för Service och Kommunikation*, **SEKO**) stellt je ein Mitglied und ein stellvertretendes Mitglied.[1136]

1130 Vgl. hierzu *Moberg*, LSA-Kommentar, § 8 LSA, S. 54 und Beilage 2, S. 157ff.

1131 Prop. 1972:116, S. 60f (vgl. oben **C.IV.1.b.(d).**).

1132 *PTK*, Facklig handbok.

1133 *PTK*, Facklig handbok, S. 12f.

1134 Im OMX Nordic 40-Index sind die am meisten gehandelten Aktien der nordischen Börsen notiert: *http://www.omxnordicexchange.com/products/indexes/OMX_indexes/OMX_Nordic_index/* [gelesen am 20.07.2010].

1135 Interview mit *Anders Nyberg* und *Jan Carlson*, Justiziar und stellvertretender Justiziar der *Svenska Cellulosa Aktiebolag SCA AB*, vom 14.03.2007.

1136 *http://www.vattenfall.com/www/vf_com/vf_com/365787ourxc/367129corpo/1041179board/367225board/index.jsp* [gelesen am 20.07.2010].

Rechtsvergleichend kann zum Sitzverteilungsverfahren Ähnliches gesagt werden wie zum Ernennungsverfahren der Arbeitnehmervertreter in Schweden und dem Wahlverfahren der Arbeitnehmervertreter in Deutschland. In noch stärkerem Maße als beim Ernennungsverfahren vertraut der schwedische Gesetzgeber darauf, dass die Gewerkschaften sich im Rahmen der Sitzverteilung untereinander einigen, wobei für den Fall der Nichteinigung eine gesetzliche Auffanglösung konzipiert wurde. Wie die Empfehlungen der LO und des PTK zu Sitzverteilungsverfahren sowie der Leitfaden des PTK und ein Beispiel aus der Praxis zeigen, sind die Gewerkschaften hierzu auch Willens und in der Lage. Dies kann nicht anders als aus der Tatsache folgen, dass die Gewerkschaften es gewohnt sind, sich nicht nur mit ihren klassischen Gegenspielern, den Arbeitgebern, sondern auch mit anderen Gewerkschaften zu einigen, und nach für alle Beteiligten best möglich passende Lösungen zu suchen. Neben der besseren Handhabbarkeit der schwedischen Regelungen spricht für diese auch das Argument niedrigerer Kosten. Die deutschen Regelungen zur Sitzverteilung sind im Vergleich hierzu wesentlich bürokratischer.[1137]

e. Unternehmensangehörigkeit der Arbeitnehmervertreter, § 9 LSA

Arbeitnehmervertreter sollen gem. § 9 LSA aus den Arbeitnehmern des Unternehmens, handelt es sich um die Vertretung in einer Muttergesellschaft, aus den Arbeitnehmern im Konzern, ausgewählt werden. Die Gewerkschaften sind somit nicht gezwungen, gesellschafts- oder konzernangehörige Arbeitnehmer als Vertreter im Verwaltungsrat zu ernennen. In den Vorarbeiten zum LSA[1138] wurde es allerdings als für Arbeitgeber und Arbeitnehmer von großem Wert bezeichnet, wenn die Arbeitnehmervertreter im Verwaltungsrat im Unternehmen beschäftigt seien. Dass diese die Verhältnisse im Unternehmen in der Regel persönlich gut kennen würden, sei eine wertvolle Ressource für die Arbeit des Verwaltungsrats und im Umgang der Arbeitnehmervertreter mit der von ihnen repräsentierten Klientel. Daher herrsche auch bei den Gewerkschaften die Ansicht vor, dass nur im Ausnahmefall nicht-unternehmensangehörige Vertreter als Verwaltungsratsmitglieder zu ernennen seien. Die Vorschrift ermögliche es den Gewerkschaften, bspw. mangels geeigneter im Unternehmen beschäftigter Kandidaten, für eine

1137 Vgl. die Ausführungen bei *Henssler* in: U/H/H, MitbestR, § 7 MitbestG, der in Rn. 5 – allerdings nicht nur auf die Zusammensetzung des Aufsichtsrats bezogen - vom Bürokratisierungsproblem spricht, das eine allgemeine Schwäche jeder Mitbestimmungsform sowohl im Bereich der Betriebsverfassung als auch im Bereich der Unternehmensmitbestimmung beträfe; vgl. zum DrittelbG ebenso die Kommentierungen von *Henssler* in: U/H/H, MitbestR, § 4 DrittelbG, Rn. 3ff.

1138 Prop. 1987/88:10, S. 58.

Übergangszeit externe Kandidaten zu ernennen.[1139] Gleichzeitig mache § 9 LSA aber deutlich, dass an erster Stelle unternehmensangehörige Arbeitnehmer für die Arbeit im Verwaltungsrat auszuwählen seien. Die Ernennung externer Arbeitnehmervertreter wird von Gewerkschaften wie Arbeitgebern missbilligt.[1140]

Bei den Arbeitnehmervertretern, die in den Verwaltungsrat entsandt werden, handelt es sich meist um Gewerkschaftsvertreter auf Klub-Ebene, bspw. um Mitglieder der PTK-L oder entsprechender Gremien der LO-Gewerkschaften, die den Status von Vertrauensleuten gem. FML haben.[1141] Die Studie *Levinsons* zur Arbeitnehmervertretung im Verwaltungsrat[1142] hat dies bestätigt. Demnach sind 60 % der LO-Vertreter und 50 % der PTK-Vertreter, die zum Verwaltungsrat ernannt werden, Vorsitzende eines Gewerkschaftsklubs, einer Abteilung oder eines ähnlichen Organs. 20 % der LO- und PTK-Vertreter sind Mitglieder einer Klub-Leitung. Für gewöhnlich nehmen die Verwaltungsratsmitglieder an MBL-Verhandlungen teil oder haben eine andere gewerkschaftliche Aufgabe im Unternehmen. Mehr als ein Drittel der LO-Vertreter und 10 % der PTK-Vertreter haben zudem einen Gewerkschaftsauftrag außerhalb des Unternehmens.[1143] Die betroffenen Gewerkschaftsvertreter verhandeln daher unter Umständen gem. MBL mit dem Arbeitgeber auf Betriebs- oder Unternehmensebene und sind – werden sie von den Gewerkschaften hierzu ernannt bzw. gewählt – gleichzeitig Arbeitnehmervertreter im Verwaltungsrat auf Unternehmensebene. Eine Ämterhäufung ähnlich wie in Deutschland liegt somit auch in Schweden vor. Allerdings sind Interessenkonflikte schwedischer Arbeitnehmervertreter aufgrund einer Interessenkollisionsregel, die im Rahmen der Rechte und Pflichten der Arbeitnehmervertreter behandelt wird, deutlich begrenzter.

Von den Arbeitnehmervertretern darf grundsätzlich nur ein Verwaltungsratsmandat wahrgenommen werden, § 9 Abs. 2 LSA. Eine Ausnahme gilt im Falle von Gesellschaften desselben Konzerns, vgl. § 9 Abs. 2 S. 2 LSA.

In Bezug auf die Herkunft der Arbeitnehmervertreter lässt sich ein doch eindeutiger Unterschied zwischen Deutschland und Schweden feststellen. In Schweden sollen die Arbeitnehmervertreter unternehmensangehörig sein, was in

---

1139 Vgl. hierzu *Lundberg/Bruun*, Arbetsmarknad &Arbetsliv 2005, S. 217, 222.

1140 *Fahlbeck*, Employee Participation, S. 39. In einem Interview mit *Bo Ragnar*, Vertrags- und Organisationsabteilung des Verhandlungskartells PTK vom 24.11.2006 erklärte dieser, dass die Ernennung Externer zu Arbeitnehmervertretern im Verwaltungsrat – zumindest im Falle der dem PTK angeschlossenen Gewerkschaften – die absolute Ausnahme sei. Ragnar gab aber zu bedenken, dass den Gewerkschaften bisweilen die Ressourcen fehlten, willige und/oder fähige Arbeitnehmer für die Arbeit im Verwaltungsrat zu finden.

1141 Bei der Arbeit als Arbeitnehmer im Verwaltungsrat handelt es sich um gewerkschaftliche Tätigkeit gem. § 1 FML, vgl. oben **C.III.2.j.** und Prop. 1974:88, S. 212 sowie *Lavén*, LSA-Kommentar, S. 88.

1142 *Levinson*, Anställdas Representation.

1143 *Levinson*, Anställdas Representation, S. 79.

der Praxis in den allermeisten Fällen auch die Regel ist. Als Argument für eine Unternehmensangehörigkeit werden die Kenntnisse der Arbeitnehmervertreter von den Verhältnissen im Unternehmen genannt. In Deutschland dagegen ist – zumindest in gem. MitbestG mitbestimmten Unternehmen – das Vorschlagsrecht der Gewerkschaften für einen kleinen Teil der Sitze zwingend (vgl. hierzu oben **B.II.2.**). Die Mitbestimmungskommission wie auch der Bundestagsausschuss sahen die Möglichkeit, nicht dem Unternehmen angehörige Arbeitnehmervertreter in den Aufsichtsrat wählen zu lassen, als begrüßenswert an. Gleichgewichtige Mitbestimmung der Arbeitnehmer könne laut ihnen nur durch Einfluss auch der überbetrieblichen Interessenvertretung, also der Gewerkschaften, in Aufsichtsräten stattfinden. Rechtsvergleichend ist anzumerken, dass der Gewerkschaftseinfluss in Schweden auch ohne externe Gewerkschaftsvertreter gesichert ist, da eines der prägenden Merkmale der industriellen Beziehungen Schwedens die Interessenvertretung der Arbeitnehmer nur durch die Gewerkschaften ist. Bei den lokalen Gewerkschaften, die die Arbeitnehmervertreter zum Verwaltungsrat ernennen, handelt es sich um die niedrigste Organisationseinheit der „Muttergewerkschaften", weshalb eine Rückkopplung zu den Mandatsträgern stets gegeben ist. Aufgrund der relativen Eigenständigkeit lokaler Gewerkschaften in Schweden kann allerdings nicht davon ausgegangen werden, dass unternehmensangehörige Gewerkschaftsvertreter in Schweden einen Gewerkschaftseinfluss in der Arbeit des Verwaltungsrats ausüben, der dem Einfluss externer Gewerkschaftsvertreter in Deutschland gleichkommt.

Die Sichtweise zum Arbeitnehmereinfluss in Deutschland ist daher fundamental anders als in Schweden, wenn ausdrücklich externe Gewerkschaftsvertreter Einfluss im Aufsichtsrat erhalten sollen. Schwedischen Gewerkschaftsvertretern mutet die deutsche Regelung daher auch befremdlich an.[1144]

f. Rechte und Pflichten der Arbeitnehmervertreter

(a) Grundsatz der Gleichbehandlung

Gemäß § 11 LSA sind, soweit aus dem LSA nichts Gegenteiliges folgt, die in anderen Gesetzen und Vorschriften für Mitglieder des Verwaltungsrats geltenden Vorschriften auch auf Arbeitnehmer und deren Vertreter anzuwenden. Im LSA ist also, wie auch im deutschen Aktien- bzw. Mitbestimmungsrecht, der Grundsatz der Gleichbehandlung aller Verwaltungsratsmitglieder festgeschrieben. Diese haben im Grundsatz die gleichen Aufgaben, Verpflichtungen, Rechte und die gleiche Verantwortung wie die ordentlichen Verwaltungsratsmitglie-

1144 Interview mit *Bo Ragnar*, Vertrags- und Organisationsabteilung des Verhandlungskartells PTK, vom 24.11.2006.

der.[1145] Ergänzend zu dem oben genannten Argument für eine Gleichbehandlung der Arbeitnehmervertreter, dass durch nur eingeschränkte Rechte und Verpflichtungen der Arbeitnehmervertreter keine wirkliche Mitbestimmung verwirklicht werden könne, wurde befürchtet, dass die Arbeit der Arbeitnehmervertreter im Verwaltungsrat bei fehlender Gleichberechtigung als weniger seriös betrachtet würde.[1146]

Da alle Verwaltungsratsmitglieder einschließlich der Arbeitnehmervertreter gute Kenntnisse über die Verhältnisse des Unternehmens haben müssen, ist es die Pflicht des Verwaltungsratsvorsitzenden sicherzustellen, dass die Verwaltungsratsmitglieder Informationen über die Geschäftstätigkeit des Unternehmens und deren Entwicklung erhalten.[1147] Darüber hinaus haben die Mitglieder des Verwaltungsrats gegenüber dem geschäftsführenden Direktor ein Auskunftsrecht und ein Recht auf Einsicht in Geschäftsunterlagen.[1148] Für Arbeitnehmervertreter kann dieses Informationsrecht allerdings im Falle von Konfliktsituationen, bspw. im Falle laufender Kollektivvertragsverhandlungen, begrenzt sein.[1149]

(b) Rechtsstellung von Stellvertretern der Arbeitnehmervertreter

Gem. § 12 LSA haben Stellvertreter von Arbeitnehmervertretern ein Anwesenheits- und Äußerungsrecht anlässlich von Sitzungen des Verwaltungsrats und auf der Hauptversammlung, auch wenn die Arbeitnehmervertreter selbst anwesend sind.[1150] Sie haben gem. Kap. 8 § 20 Abs. 2 ABL zudem die gleichen Unterlagen zu erhalten wie die ordentlichen Arbeitnehmervertreter. Ihnen sind außerdem die gleichen Möglichkeiten einzuräumen, an der Behandlung von Angelegenheiten des Verwaltungsrats teilzunehmen. So haben die Vertreter von Arbeitnehmervertretern, abgesehen vom Stimmrecht, die gleichen Rechte wie „ordentliche" Arbeitnehmervertreter. Hierdurch sollte die Kontinuität der Arbeit des Verwaltungsrats für den Fall des Ausscheidens von Arbeitnehmervertretern gesichert werden, und der Zusammenhalt der Gewerkschaften bei der Auswahl der Arbeitnehmervertreter sollte gestärkt werden.[1151] Diese Rechte der stellver-

---

1145 *Moberg*, LSA-Kommentar, § 11 LSA, S. 59.

1146 Ds A 1986:1, S. 92.

1147 *Lavén*, LSA-Kommentar, § 11 LSA, S. 89.

1148 Vgl. ausführlich zur Informationspflicht des geschäftsführenden Direktors und deren Grenzen *Moberg*, LSA-Kommentar, S. 113ff.

1149 *Lavén*, LSA-Kommentar, § 11 LSA, S. 89; hierzu ausführlich später bei Erörterung der Regelung zu Interessenkonflikten der Arbeitnehmervertreter.

1150 Im Falle von zwei „ordentlichen" Arbeitnehmervertretern sitzen also vier, im Falle von drei sitzen sechs Arbeitnehmervertreter im Verwaltungsrat.

1151 *Lundberg/Bruun*, Arbetsmarknad & Arbetsliv 2005, S. 217, 222. Die mit Ausnahme des Stimmrechts gleichwertige Rechtsstellung eines Stellvertreters macht es für eine Gewerkschaft zudem weniger schmerzhaft, wenn sie bspw. aufgrund ihrer Repräsentatretenden Arbeitnehmervertreter gehen weiter als die der Vertreter von ordentlichen Mitgliedern des Verwaltungsrats. Bezüglich letzterer hat die Geschäftsordnung des Verwaltungsrats gem. Kap. 8 § 6 ABL Bestimmungen darüber zu enthalten, in welchem Umfang sie an der Arbeit des Verwaltungsrats und an Sitzungen teilnehmen. In der Praxis wird allerdings oft auch den Stellvertretern der ordentlichen Verwaltungsratsmitglieder ein Teilnahmerecht an Sitzungen des Verwaltungsrats eingeräumt.[1152]

Im MitbestG bzw. DrittelbG finden sich Bestimmungen zu Ersatzmitgliedern von Aufsichtsratsmitgliedern in § 17 bzw. § 7. Ersatzmitglieder sind keine Stellvertreter von Aufsichtsratsmitgliedern im Falle vorübergehender Verhinderung, und sie rücken auch erst im Falle des vollständigen Ausscheidens eines Aufsichtsratsmitglieds in deren Position nach.[1153]

Das schwedische LSA kennt also mit Vertretern von Arbeitnehmern im Verwaltungsrat Mandatsträger, die im deutschen Recht nicht existieren. Insofern gehen die Regelungen des LSA, die den Vertretern von Arbeitnehmervertretern Anwesenheits- und Äußerungsrechte auch im Falle der Anwesenheit der Arbeitnehmervertreter zubilligen und ihnen mit Ausnahme des Stimmrechts die gleichen Informations- und Befassungsrechte zugestehen, weiter als die Regelungen des deutschen Rechts. Faktisch nämlich ist die Zahl der Arbeitnehmervertreter in Verwaltungsratssitzungen aufgrund des Anwesenheits- und Äußerungsrechts der Stellvertreter von Arbeitnehmervertretern verdoppelt. Dies dürfte aber mangels Stimmrechts der stellvertretenden Arbeitnehmervertreter nicht zu einer Verdoppelung des Einflusses der Arbeitnehmervertreter führen, zumal den Vertretern von Anteilseignervertretern meist die gleichen Rechte wie stellvertretenden Arbeitnehmervertretern eingeräumt werden.[1154]

(c) Anwesenheitsrecht der Arbeitnehmervertreter in vorbereitenden Ausschüssen

Gem. § 13 LSA hat einer der Arbeitnehmervertreter ein Anwesenheits- und Teilnahmerecht anlässlich von Besprechungen, wenn eine Angelegenheit, über die später der Verwaltungsrat entscheidet, von hierzu besonders ernannten Verwaltungsratsmitgliedern oder Entscheidungsträgern im Unternehmen vorbereitet wird. Die Vorschrift regelt das Teilnahmerecht der Arbeitnehmervertreter in Ar-

---

tivität im Unternehmen nur einen Stellvertreter eines Arbeitnehmervertreters ernennen darf.

1152 *Skog*, Aktiebolagsrätt, S. 186.

1153 *Henssler* in: U/H/H, MitbestR, § 17 MitbestG, Rn. 25 sowie § 7 DrittelbG, Rn. 9.

1154 *Moberg*, LSA-Kommentar, 4.5.14, S. 146, spricht bezogen auf *alle* stellvertretenden Mitglieder des Verwaltungsrats davon, dass diese sich anlässlich von Diskussionen äußern, und daher mit Ausnahme des Stimmrechts den gleichen Einfluss wie ordentliche Mitglieder ausüben könnten.

beitsausschüssen des Verwaltungsrats oder ähnlichen Organen, die zur Vorbereitung bestimmter Angelegenheiten vom Verwaltungsrat ernannt worden sind oder die schon bestehen.[1155] Die Vorschrift wurde in das LSA aufgenommen, nachdem in Aktiengesellschaften eine Tendenz feststellbar war, Arbeitsausschüsse ohne Arbeitnehmervertreter zu bilden, die Beschlüsse fassten, welche vom Verwaltungsrat dann nur noch abgesegnet wurden.[1156] In Deutschland mussten in diesem Zusammenhang die Gerichte durch ihre Rechtsprechung zur Besetzung von Ausschüssen nachhelfen. Ein Teilnahmerecht der Arbeitnehmervertreter besteht ebenfalls, sollte der Gegenstand von einem aufgrund Mitbestimmungsvertrags gem. § 32 MBL eingerichteten Mitbestimmungsorgan vorbereitet werden.[1157]

In Schweden hat sich die Praxis durchgesetzt, einem der Arbeitnehmervertreter ein Teilnahmerecht an Sitzungen des für die laufende Geschäftsführung einer Aktiengesellschaft zuständigen Organs, bspw. einem *Executive Committee*, einzuräumen.[1158]

In Deutschland sind die Regelungen zum Anwesenheitsrecht von Arbeitnehmervertretern in Aufsichtsratsausschüssen differenzierter (vgl. oben unter **B.II.4.** im Rahmen des Gleichbehandlungsgrundsatzes besprochen), wobei sich aus dem MitbestG allerdings kein generelles Repräsentationsrecht der Arbeitnehmervertreter in sämtlichen Ausschüssen herleiten lässt.

(d) Verschwiegenheitspflicht

Die Verschwiegenheitspflicht ist im LSA ebenso wenig wie im ABL geregelt. Allerdings gilt auch für Arbeitnehmervertreter der allgemeine Grundsatz, dass sie bezüglich Angelegenheiten und Verhältnissen, deren Enthüllung für die Gesellschaft schädlich sein kann, Stillschweigen zu bewahren haben (vgl. oben **C.I.1.a.(d).**).[1159] Die Regelung in Kap. 29 § 1 ABL zur Schadensersatzverpflichtung für den Fall, dass ein Verwaltungsratsmitglied der Gesellschaft vorsätzlich oder fahrlässig Schaden zufügt, gilt auch für Arbeitnehmervertreter.[1160]

Dennoch ist die Stellung der Arbeitnehmer laut Vorarbeiten zum LSA trotz ihrer Verwalterstellung, aus der die Loyalitätspflicht gegenüber der Gesellschaft folgt, im Vergleich zu den ordentlichen Mitgliedern des Verwaltungsrats eine Besondere. Als Vertrauensleute gem. FML trügen sie vor allem gegenüber den Arbeitnehmern ihrer Gewerkschaft, die sie für diese Aufgabe ausgewählt hat,

---

1155 *Lavén*, LSA-Kommentar, § 13 LSA, S. 103.
1156 *Moberg*, LSA-Kommentar, § 13 LSA, S. 55f.
1157 *Lavén*, LSA-Kommentar, § 1, S. 45, § 13, S. 103.
1158 *Fahlbeck*, Employee Participation, S. 40.
1159 Prop. 1987/88:10, S. 172; *Bergqvist* et al., Arbetstagarinflytande, S. 10.
1160 Ds A 1986:1, S. 87f.

Verantwortung.[1161] Für die Arbeitnehmervertreter wurde es deshalb als von besonderer Bedeutung angesehen, mit anderen gewerkschaftlichen Vertrauensleuten, vor allem innerhalb der eigenen Gewerkschaft, im Verwaltungsrat behandelte Fragen diskutieren zu können. Der Gesetzgeber stellte fest, dass diese teils divergierenden Interessen zu Rechtsunsicherheiten geführt hätten und dass nicht feststehe, wo die Grenze einer Verschwiegenheitspflicht zu ziehen sei.[1162] Eine gesetzliche Regelung, die den Arbeitnehmervertretern ein Recht geben sollte, auch entgegen Beschlüssen des Verwaltungsrats zur Verschwiegenheitspflicht bezüglich behandelter Gegenstände Informationen ähnlich § 22 MBL (vgl. oben **C.III.2.d.(c).iii.**) bspw. mit der Gewerkschaftsleitung besprechen zu dürfen, wurde im Ergebnis abgelehnt.[1163] Vielmehr sollte Aufgabe der einzelnen Arbeitnehmervertreter sein, diese Frage unter Beachtung sowohl des Bedürfnisses eines Unternehmens nach Vertraulichkeit wie auch des besonderen Bedürfnisses der Arbeitnehmer, fortlaufend über die Geschäftstätigkeit des Unternehmens unterrichtet zu werden, zu lösen.[1164]

Zusammenfassend ist festzuhalten, dass für Arbeitnehmervertreter im Prinzip die gleichen Verschwiegenheitspflichten wie für die ordentlichen Verwaltungsratsmitglieder gelten. Gleichzeitig folgt aber aus ihrer Sonderstellung, dass sie in bestimmten Situationen bspw. die eigene Klubleitung oder bestimmte gewerkschaftliche Vertrauensleute im Unternehmen informieren dürfen.[1165]

Im Vergleich zur deutschen Rechtslage (vgl. oben **B.II.4.c.**, grundsätzliches Verbot der Informationsweitergabe an Mitglieder des Betriebsrats bzw. die Gewerkschaften) haben die schwedischen Arbeitnehmervertreter im Verwaltungsrat geringfügig weiterreichende Möglichkeiten, bspw. Mitglieder der lokalen Gewerkschaftsleitung über geheimhaltungsbedürftige Informationen zu unterrichten, und sich mit diesen zu beraten.

1161 So Ds A 1986:1, S. 87.

1162 Ds A 1986:1, S. 87 mit Verweis auf die Rechtsliteratur, der zufolge die Arbeitnehmervertretung im Verwaltungsrat eine Verschiebung der traditionellen Grenzen der Verschwiegenheitspflicht mit sich gebracht habe. Vgl. schon Prop. 1972:116, S. 135 („erstes“ LSA), in der der zuständige Minister sich nicht in der Lage sah, Richtlinien anzugeben, inwiefern Arbeitnehmervertreter sich mit Mitgliedern von Unternehmensausschüssen und anderen Vertrauensleuten über vertrauliche Informationen beraten dürfen.

1163 Prop. 1987/88:10, S. 173ff: Begründet wurde dies einerseits mit sonst möglicherweise schweren Loyalitätskonflikten der Arbeitnehmer gegenüber sowohl dem Verwaltungsrat als auch gegenüber der eigenen Gewerkschaft. Andererseits wurde befürchtet, dass bei Einführung einer derartigen Regel entsprechende Fragen nicht mehr während der Sitzungen im Verwaltungsrat behandelt würden, sondern nur anlässlich von Gelegenheiten, bei denen die Arbeitnehmervertreter nicht anwesend seien.

1164 Ds A 1986:1. S. 90.

1165 *Moberg*, LSA-Kommentar, 4.1.1., S. 128 mit der Feststellung, dass dies zumindest die Beurteilung einer eventuellen Haftung der Arbeitnehmervertreter beeinflussen müsse.

Problemlagen aufgrund der bewussten Weitergabe von vertraulichen Informationen im vermeintlichen Interesse der Arbeitnehmer bestehen sicherlich, ähnlich wie in Deutschland, auch in Schweden.[1166] So äußerten sich in der einleitend erwähnten Studie von *Levinson* geschäftsführende Direktoren und Verwaltungsratsvorsitzende besorgt, dass aufgrund der Arbeitnehmervertretung im Verwaltungsrat das Risiko von Vertraulichkeitsproblemen wachse.[1167] Mangels belastbarer Erfahrungswerte sind Problemlagen aufgrund von Vertraulichkeitslücken seitens schwedischer Arbeitnehmervertreter aber nicht vertieft zu behandeln.

(e) Verpflichtung der Arbeitnehmervertreter auf das Unternehmensinteresse

Schwedische Arbeitnehmervertreter sind, wie auch die anderen Verwaltungsratsmitglieder, dem Unternehmensinteresse verpflichtet. Gem. Kap. 3 § 3 ABL

1166 Im nordischen Rechtskreis sorgte das Vorabentscheidungsersuchen eines dänischen Gerichts an den EuGH (Rechtssache C-384/02, Krøngaard und Bang) im Strafverfahren gegen einen dänischen Gewerkschaftsvertreter im Verwaltungsrat einer börsennotierten dänischen Aktiengesellschaft sowie den Vorsitzenden seiner Gewerkschaft aufgrund Verstoßes gegen das dänische Wertpapierhandelsgesetz für Aufsehen. Der Arbeitnehmervertreter hatte im Verwaltungsrat von der bevorstehenden Fusion der Aktiengesellschaft mit einer Bank erfahren. Er hatte die Informationen, darunter das Umtauschverhältnis der Aktien und das Datum der Fusion, an den Vorsitzenden seiner Gewerkschaft weitergeleitet, um sie mit ihm zu diskutieren, standen doch ca. 3.500 Arbeitsplätze auf dem Spiel. Dieser wiederum diskutierte die Informationen mit Angestellten der Gewerkschaft. Einer von diesen missbrauchte die Informationen, um mit ihnen Insiderhandel zu treiben, und wurde deswegen auch verurteilt. Der EuGH wurde vom erkennenden dänischen Gericht hinsichtlich der Verfahren gegen den Arbeitnehmervertreter und den Gewerkschaftsvorsitzenden um Auslegung von Artikel 3 Buchstabe a der Richtlinie 89/592 zur Koordinierung der Vorschriften betreffend Insidergeschäfte gebeten. Laut EuGH verbietet Art. 3 a der Richtlinie Arbeitnehmervertretern im Verwaltungsrat die Weitergabe von Insiderinformationen, soweit dies nicht in einem normalen Rahmen in Ausübung ihrer Arbeit oder ihres Berufes oder in Erfüllung ihrer Aufgaben geschieht. Gleiches gilt für Vorsitzende einer Arbeitnehmerorganisation, falls diese Kenntnis von Insiderinformationen erhalten haben. Vgl. hierzu *Ahlberg*, EU & Arbetsrätt (Nordiskt Nyhetsbrev Nr. 1, 2008), S. 4, die die mangelnde Auseinandersetzung des EuGH mit der Frage kritisiert, was unter dem „normalen Rahmen der Aufgaben eines gewerkschaftlichen Vertreters" zu verstehen sei. Der Arbeitnehmervertreter und der Gewerkschaftsvorsitzende wurden daraufhin in erster und zweiter Instanz verurteilt, in dritter Instanz allerdings vom Dänischen Höchsten Gericht (*Danmarks Højesteret*) freigesprochen. Das Højesteret stellte darauf ab, dass ein Arbeitnehmervertreter im Falle einer Fusion Fragen von wesentlicher Bedeutung für die Arbeitnehmer mit dem Vorsitzenden seiner Gewerkschaft besprechen können müsse. Der Gewerkschaftsvorsitzende wurde ohne weitere Begründung freigesprochen; vgl. hierzu *Ahlberg*, EU & Arbetsrätt (Nordiskt Nyhetsbrev Nr. 2, 2009), S. 1.

1167 *Levinson*, Anställdas Representation, S. 75.

muss, wenn der Zweck einer schwedischen Aktiengesellschaft nicht nur die Gewinnerzielung ist, die Satzung dies angeben. In den Aussagen des SKBS, die zur Konkretisierung von § 3 Abs. 3 ABL herangezogen werden können, ist möglicherweise eine Veränderung der Sichtweise auf den Zweck schwedischer Aktiengesellschaften festzustellen. Laut SKBS aus dem Jahr 2005 war es die Hauptaufgabe des Verwaltungsrats, die Geschäfte der Gesellschaft dergestalt zu führen, dass das Interesse der Eigentümer an einem guten und langfristigen Kapitalertrag bestmöglich erfüllt wird.[1168] Der Normalzweck einer schwedischen Aktiengesellschaft war also auf Gewinnerzielung und Nachhaltigkeit angelegt. Diesem Zweck waren alle Mitglieder des Verwaltungsrats, auch die Vertreter der Arbeitnehmer, verpflichtet. Das schwedische Aktiengesetz verfolgte so einen reinen *Shareholder-Value-Ansatz*. Dass der SKBS die Interessen anderer Stakeholder als der Anteilseigner nicht einmal erwähnte, vermittelte laut *Fahlbeck* den Eindruck der Einseitigkeit, wenn nicht gar eines regelrechten Realitätsverlustes.[1169] Seit der Neufassung des SKBS im Jahr 2008 werden die Aufgaben des Verwaltungsrats so beschrieben, dass dieser die Angelegenheiten der Gesellschaft im Interesse der Gesellschaft und aller Eigentümer wahrzunehmen hat.[1170] Ob die Betonung auch des Interesses der Gesellschaft neben dem der Eigentümer eine Abkehr vom reinen *Shareholder-Value-Ansatz* darstellt, ist allerdings unklar.[1171]

Dem gegenüber war in Deutschland für das Unternehmen einer AG von jeher eine interessenplurale Zielkonzeption kennzeichnend, die in den Interessen Kapital, Arbeit und Gemeinwohl zum Ausdruck kommt.[1172] Allerdings existiert keine Gemeinwohlklausel[1173], die für den Vorstand eine allgemeingültige Richtlinie für das Betreiben der Gesellschaft oder für diese eine Richtlinie für das Betreiben des Unternehmens aufstellt. Dies bedeutet aber nicht, dass die AG als

---

1168 Ziff. III.3.1, S. 25 der englischsprachigen Fassung des SKBS aus dem Jahr 2005, im Internet abrufbar unter *http://www.regeringen.se/content/1/c6/03/99/53/1a95fd96.pdf* [gelesen am 20.07.2010].

1169 *Fahlbeck*, Employee Participation, S. 37; kritisch auch *Lundberg/Bruun*, Arbetsmarknad & Arbetsliv 2005, S. 217, 219, 227ff.

1170 Ziff. III.3, S. 16 des SKBS.

1171 Aus den Anmerkungen in der Synopse des SKBS aus dem Jahr 2005 und der Neufassung aus dem Jahr 2008, S. 17, im Internet abrufbar unter *http://www.corporategovernanceboard.se/media/38404/comparisonrevisedcodeandpreviouscode.pdf* [gelesen am 20.07.2010], ergeben sich hierfür keine Anhaltspunkte.

1172 *Hüffer*, AktG, § 76 AktG, Rn. 12.

1173 Der Begriff „Gemeinwohl" bietet nach h.M. zudem auch keinen sicheren Maßstab für Geschäftsführungsmaßnahmen; vgl. hierzu *Kort* in: Großkomm AktG, § 76 AktG, Rn. 60, *Fleischer* in: Spindler/Stilz, AktG, § 76 AktG, Rn. 23 mwN. Im europäischen Recht finden sich allerdings inzwischen Ansatzpunkte zur Gemeinwohlbindung, wie bspw. im Grünbuch zu den Europäischen Rahmenbedingungen für soziale Verantwortung (KOM (2001), 366, im Internet abrufbar unter *http://eur-lex.europa.eu/LexUriServ/LexUriServ.do?uri=COM:2001:0366:FIN:DE:PDF* [gelesen am 20.07.2010]).

Inhaberin eines Unternehmens bei der Verfolgung erwerbswirtschaftlicher Ziele nicht einer Sozialbindung unterliegt.[1174]

Die Verpflichtung schwedischer Arbeitnehmervertreter auf das Unternehmensinteresse schließt es nicht aus, dass sie sich besonders stark für Arbeitnehmerinteressen einsetzen, und sie diese Interessen im Verwaltungsrat auch betonen. Dies wurde bereits in den Gesetzesvorarbeiten so gesehen (vgl. oben **IV.1.b.(e).**). Zunächst ist allgemein anerkannt, dass es nicht dem Unternehmensinteresse entspräche, nur die Interessen der Anteilseigner zu berücksichtigen, und die Interessen anderer Stakeholder, wie bspw. die der Arbeitnehmer, außen vor zu lassen.[1175] Ein besonderes Engagement der Arbeitnehmervertreter für ihre Klientel rechtfertigt sich vor allem dadurch, dass die Arbeitnehmer und deren Zufriedenheit für ein erfolgreiches Wirtschaften und daraus resultierendem *Shareholder-Value* keinesfalls zu vernachlässigen sind.[1176]

Die besondere Ausrichtung der Arbeitnehmervertreter auf die Interessen ihrer Klientel bedeutet jedoch, wie bereits oben (**IV.1.b.(e).**) dargestellt, nicht, dass sie bei Entscheidungen einseitig und kompromisslos Arbeitnehmerinteressen vertreten dürfen. Vielmehr haben sie vor dem Hintergrund der von den ordentlichen Verwaltungsratsmitgliedern angeführten Gesichtspunkte die eigenen angeführten Argumente und Tatsachen gegen die der Anteilseigner abzuwägen. Im Rahmen dieser Abwägung muss stets die Weiterentwicklung des gesamten Unternehmens im Vordergrund stehen.

Die Diskussion um den Inhalt des Unternehmensinteresses und dessen Beachtung auch durch die Arbeitnehmer verläuft in Deutschland und in Schweden im Großen und Ganzen gleich, was bereits an früherer Stelle (vgl. oben **IV.1.b.(e).**) ausgeführt wurde.

(f) Vergleichbarkeit der Rechtsstellung schwedischer und deutscher Arbeitnehmervertreter

Die Vergleichbarkeit der Aufgaben und Befugnisse des schwedischen Verwaltungsrats und des deutschen Aufsichtsrats wurde oben (**C.I.2.**) bereits bejaht. Nach den Ausführungen zur Rechtsstellung schwedischer Arbeitnehmervertreter

---

1174 *Spindler* in: MünchKomm AktG, § 76 AktG, Rn. 65ff: „Das […] Unternehmen ist […] dagegen ein interessenpluralistischer Organismus, auf den außer den Interessen der Anteilseigner auch die Interessen der im Unternehmen Tätigen, der Organmitglieder und der Arbeitnehmer sowie im Hinblick auf Gegenstand und Größe des Unternehmens auch die Interessen der Allgemeinheit bezogen wird.“

1175 Vgl. *Lavén*, LSA-Kommentar, § 11, S. 87: Die Förderung des Unternehmensinteresses könne nicht nur einseitig nach den Wünschen verschiedener Eigentümergruppen, bspw. die Produktivität und den Gewinn zu erhöhen, bestimmt werden. Innerhalb dieses Begriffes liege auch das Interesse der Arbeitnehmer, ihre Arbeitsplätze zu behalten und gesunde und sichere Arbeitsbedingungen zu erreichen bzw. zu erhalten.

1176 *Fahlbeck*, Employee Participation, S. 37f.

im Verwaltungsrat ist zu fragen, ob diese mit der Rechtsstellung deutscher Arbeitnehmervertreter im Aufsichtsrat vergleichbar ist.

Zunächst spricht für eine Vergleichbarkeit der Rechts- und Pflichtenstellung der Arbeitnehmervertreter in Schweden und in Deutschland, dass diese in beiden Ländern grundsätzlich die gleichen Rechte und Pflichten wie die restlichen Mitglieder des Verwaltungs- bzw. Aufsichtsrats haben[1177], also in Schweden wie in Deutschland der Grundsatz der Gleichbehandlung aller Verwaltungs- bzw. Aufsichtsratsmitglieder gilt.

Allerdings haben schwedische im Gegensatz zu deutschen Arbeitnehmervertretern wirkliche Stellvertreter, deren Rechtsstellung mit Ausnahme des Stimmrechts der der „ordentlichen" Arbeitnehmervertreter entspricht. Hierdurch wird ihr Einfluss gegenüber den Anteilseignervertretern nach der hier vertretenen Auffassung jedoch nicht faktisch verdoppelt, da Vertretern der Anteilseignervertreter regelmäßig auch entsprechende Rechte eingeräumt werden. Das deutsche Recht kennt dem gegenüber nur Ersatzmitglieder von Aufsichtsratsmitgliedern. Schwedische Arbeitnehmervertreter haben ein generelles Anwesenheitsrecht in vorbereitenden Ausschüssen, für deutsche Arbeitnehmervertreter lässt sich dagegen aus dem MitbestG kein derartiges generelles Anwesenheitsrecht ableiten. Schließlich sind die Verschwiegenheitspflichten schwedischer Arbeitnehmervertreter geringfügig schwächer ausgeprägt als die ihrer deutschen Kollegen.

Letztgenannte Unterschiede lassen m.E. kein anderes Urteil bezüglich der Vergleichbarkeit der Rechts- und Pflichtenstellung der Arbeitnehmervertreter zu. Maßgeblich erscheint vielmehr die Gesamtkonzeption, entsprechend der Arbeitnehmervertreter in Schweden wie in Deutschland die gleichen Rechte und Pflichten wie die ordentlichen Mitglieder des Verwaltungs- bzw. Aufsichtsrats haben. Zudem sind sie in beiden Ländern dem Unternehmensinteresse verpflichtet, welchem sie nicht reine Arbeitnehmerinteressen voranstellen dürfen.

Es ist daher von einer Vergleichbarkeit der Rechts- und Pflichtenstellung schwedischer und deutscher Arbeitnehmervertreter auszugehen.

g. Befangenheit schwedischer Arbeitnehmervertreter anlässlich von Beschlüssen des Verwaltungsrats

In den Vorarbeiten zum LSA betrachtete der schwedische Gesetzgeber bestimmte Fragen als von solcher Natur, dass die Arbeitnehmervertreter nicht an deren Behandlung teilnehmen dürfen sollten. Hierunter fielen Angelegenheiten, bei denen angenommen werden konnte, dass sich das Interesse der Arbeitnehmer stark vom Interesse des Unternehmens unterscheiden würde. Aufgrund ihrer Herkunft könne es den Arbeitnehmervertretern in derartigen Situationen schwer fallen, objektiv zu prüfen, welche Entscheidung die für das Unternehmen Beste

1177 So auch *Hanau*, Gesetzliche und kollektivvertragliche Mitbestimmung, S. 96.

sei. Dies war der Ausgangspunkt der Überlegungen des schwedischen Gesetzgebers zur Einführung einer Interessenkollisionsregel. Angelegenheiten wie Betriebseinschränkungen oder -verlegungen wurden nicht als derartige Situationen betrachtet, da die Interessen verschiedener Gruppen von Arbeitnehmern zu unterschiedlich seien, um ein Handeln der Arbeitnehmervertreter zwingend als gegen das Interesse des Unternehmens gerichtet betrachten zu können. In Bezug auf die Eingehung von Kollektivverträgen oder die Führung von Arbeitskampfmaßnahmen wurden die Arbeitnehmervertreter aber als klare „Gegenspieler" des Unternehmens betrachtet.[1178]

Entsprechend dem heutigen Wortlaut des § 14 LSA dürfen Arbeitnehmervertreter im Verwaltungsrat demzufolge nicht anlässlich der Behandlung von Fragen teilnehmen, die Tarifvertragsverhandlungen, Arbeitskampfangelegenheiten und andere Gegenstände betreffen, bei denen die Gewerkschaften ein wesentliches Interesse haben, das dem des Unternehmens entgegenstehen kann. Der gem. 11 LSA geltende Grundsatz der Gleichbehandlung aller Verwaltungsratsmitglieder erfährt somit in § 14 LSA eine bedeutende Ausnahme, die im deutschen Recht keine gesetzliche Entsprechung findet.

Im Falle von Tarifvertragsverhandlungen zwischen einem Arbeitgeberunternehmen und einer Arbeitnehmerorganisation oder bei der Ergreifung von Arbeitskämpfen sind die betroffenen Gewerkschaften Gegenpartei des Unternehmens.[1179] Bei Erlass des LSA ging der schwedische Gesetzgeber davon aus, dass Arbeitnehmervertreter bei der Behandlung von Fragen dieser Art im Verwaltungsrat wegen Interessenkollisionen nicht teilnehmen dürfen sollten.[1180] Allerdings konnten Arbeitnehmervertreter nicht schon aufgrund der Befangenheitsregeln des ABL (Kap. 8 § 23 ABL, vgl. hierzu oben **C.I.1.a.(e).**) als verhindert an der Befassung mit diesen Angelegenheiten betrachtet werden. Die allgemeinen Regeln des ABL verlangen für einen Ausschluss aufgrund von Interessenkollisionen ein individuelles, dem Unternehmen widerstreitendes Interesse des betroffenen Verwaltungsratmitgliedes. Dieses individuelle Interesse bestünde bei Arbeitnehmervertretern in Kollektivvertrags- und Arbeitskampfangelegenheiten indes nicht.[1181] Sollten Arbeitnehmervertreter aber bei der Behandlung derartiger Fragen im Verwaltungsrat mitwirken können, so argumentierte der Gesetzgeber, würde die Grenzlinie zwischen Arbeitgeber und Arbeitnehmern verwischen. Daher läge es im Interesse der Arbeitnehmer, der Gewerkschaften und des gesamten Unternehmens, Kollektivvertrags- und Arbeitskampfangelegenheiten einerseits und die Teilnahme an der Unternehmensleitung durch die Arbeitneh-

---

1178 Ds I 1972:3, S. 41ff.

1179 Ds I 1972:3, S. 43.

1180 Prop. 1972:116, S. 135f: Als Beispiel werden Fragen der geeigneten Verhandlungsstrategie während laufender Lohnverhandlungen genannt. Vgl. weiter Ds A 1986:1, S. 83.

1181 Prop. 1972:116, S. 135.

mervertreter im Verwaltungsrat andererseits klar voneinander abzugrenzen.[1182] Die Interessenkollisionsregel für Arbeitnehmervertreter wurde also eingeführt, um gewerkschaftliche Fragen und Fragen der Unternehmensleitung voneinander zu trennen.[1183]

Der Verwaltungsrat ist nicht allzu oft in Kollektivvertragsverhandlungen und Arbeitskampfangelegenheiten involviert. Dies hängt mit der Kompetenzverteilung zwischen Verwaltungsrat und geschäftsführendem Direktor zusammen. Letzterem ist entsprechend den Richtlinien und Anweisungen des Verwaltungsrats die Führung der laufenden Geschäfte der Gesellschaft übertragen. Nur im Falle von außergewöhnlichen Geschäften ist der Verwaltungsrat und nicht der geschäftsführende Direktor zur Geschäftsführung zuständig. Inwiefern Kollektivvertragsverhandlungen für die Gesellschaft außergewöhnliche oder gewöhnliche Geschäfte sind, ist eine Frage des Einzelfalles (Vgl. oben **C.I.1.b.(c).**). In der Mehrzahl der Fälle aber wird es sich um gewöhnliche Geschäfte handeln, weshalb die Kollektivverhandlungen meist vom geschäftsführenden Direktor bzw. dessen Vertretern geführt werden.[1184] Trotzdem sind die Fälle, in denen der Verwaltungsrat selber in Verhandlungen mit Gewerkschaften tritt, nicht zu vernachlässigen, da sie aufgrund ihrer außergewöhnlichen Bedeutung für die Gesellschaft besonders sensibel sind. Es lohnt deshalb zu untersuchen, wie der schwedische Gesetzgeber diejenigen Fälle zu lösen versucht, in denen Arbeitnehmervertreter bei wichtigen Entscheidungen im Verwaltungsrat auf zwei Stühlen, auf dem der Gewerkschaften und auf dem des Unternehmens, sitzen.

(a) Anwendungsbereich der Vorschrift

Der Anwendungsbereich von § 14 LSA sollte aufgrund des Grundsatzes der gleichen Rechte und Pflichten aller Verwaltungsratsmitglieder auf Fälle eines ausgeprägten Interessengegensatzes zwischen Unternehmen und Arbeitnehmern beschränkt werden.[1185] Trotzdem wurde der Anwendungsbereich der Interessenkollisionsregel im LSA 1976 von Kollektivvertragsverhandlungen auf Verhandlungen jeglicher Art ausgeweitet, was mit dem Inkrafttreten des MBL begründet wurde.[1186] In der Folge herrschte Rechtsunsicherheit, ob die Arbeitnehmervertreter aufgrund der weit gehenden Verhandlungsverpflichtung des Arbeitgebers gemäß MBL[1187] von der Vorbereitung oder Führung jeglicher Verhandlungen

1182 Ds I 1972:3, S. 43; Prop. 1972:116, S. 135f.

1183 *Moberg*, LSA-Kommentar, S. 68.

1184 *Fahlbeck*, Employee Participation, S. 38.

1185 Prop. 1972:116, S. 136.

1186 Prop. 1975/76:166, S. 169.

1187 Verhandlungen im weitesten Sinne umfassen allgemeine Verhandlungen und Kollektivvertragsverhandlungen, beides Fälle des § 10 MBL sowie Mitbestimmungsverhandlungen gem. §§ 11 ff MBL, vgl. oben **C.II.2.b**.

durch den Verwaltungsrat ausgeschlossen seien.[1188] Daher hatte sich der Gesetzgeber in den Vorarbeiten zum heute geltenden LSA erneut mit der Frage der Reichweite der Inkompatibilitätsklausel auseinanderzusetzen.[1189] Gegen einen Ausschluss der Arbeitnehmervertreter von der Arbeit des Verwaltungsrats im Falle jeglicher Verhandlungen sprach aber schon, dass das LSA diesen im Verwaltungsrat gerade Einsicht in und Einfluss auf die tägliche Geschäftstätigkeit des Unternehmens geben sollte.[1190]

Daher müssen Gewerkschaftsvertreter ein wesentliches Interesse haben, das dem Interesse des Unternehmens entgegenstehen kann, um von der Arbeit im Verwaltungsrat ausgeschlossen zu werden. Ein solches wesentliches, dem Unternehmen entgegenstehendes Interesse liegt laut Vorarbeiten zum LSA dann vor, wenn die Gewerkschaft im Rahmen von Verhandlungen mit dem Verwaltungsrat eine Verfügungsmöglichkeit über das Verhandlungsergebnis hat. Im Gegensatz hierzu reicht das bloße Recht einer Gewerkschaft, in Verhandlungen ihre Sichtweise gegenüber dem Arbeitgeber darlegen zu dürfen, nicht aus.[1191] Zur Beantwortung der Frage, wann eine Verfügungsmöglichkeit über das Verhandlungsergebnis vorliegt, wird die Unterscheidung zwischen Mitbestimmungsverhandlungen und Kollektivvertragsverhandlungen bedeutsam. Ein Arbeitgeberunternehmen muss aufgrund der Regelungen im MBL zu Mitbestimmungsverhandlungen (§§ 11 ff MBL) vor der Durchführung bedeutender Veränderungen der wirtschaftlichen Tätigkeit Mitbestimmungsverhandlungen mit den Gewerkschaften führen. Können sich Unternehmensleitung und Gewerkschaften aber nicht einigen, so hat die Unternehmensleitung das alleinige Entscheidungsrecht, ohne dass die Gewerkschaften dagegen bspw. mit Arbeitskampfmaßnahmen oder durch Beschreitung des Rechtsweges reagieren können. Anders hingegen sind Kollektivvertragsverhandlungen gem. § 10 MBL zu beurteilen. Im Rahmen dieser kann der Arbeitgeber nicht einseitig den Vertragsinhalt bestimmen, und die Gewerkschaften können für den Fall, dass keine Einigung mit dem Arbeitgeber erzielt wird, Arbeitskampfmaßnahmen zur Durchsetzung ihrer Forderungen ergreifen.[1192] Die Stellung der Verhandlungspartner bei Mitbestimmungsverhandlungen einerseits und bei Kollektivvertragsverhandlungen andererseits unterscheidet sich daher deutlich. Die Gewerkschaften können im Falle von Mitbestimmungsverhandlungen lediglich darauf hinarbeiten, dass die Geschäftsleitung bei anstehenden Entscheidungen die von ihnen vorgebrachten Gesichtspunkte berücksichtigt. Bei Kollektivvertragsverhandlungen aber müssen sich beide Seiten einigen, wobei im Falle des Scheiterns von Verhandlungen als *Ultima Ratio* die Ergreifung von Arbeitskampfmaßnahmen in Betracht kommt.

1188 Ds A 1986:1, S. 84.
1189 Prop. 1987/88:10, S. 62f.
1190 Ds A 1986:1, S. 84.
1191 Ds A 1986:1, S. 86.
1192 Ds A 1986:1, S. 85.

Aus dem gewerkschaftlichen Druckmittel des Arbeitskampfes folgt denn auch die Verfügungsmöglichkeit der Gewerkschaften über das Verhandlungsergebnis. Daher sind die Arbeitnehmervertreter nur im Falle von Kollektivvertragsverhandlungen des Verwaltungsrats mit den Gewerkschaften und nicht auch im Falle von Mitbestimmungsverhandlungen von der Arbeit im Verwaltungsrat ausgeschlossen. Denn nur bei Kollektivvertragsverhandlungen besteht aufgrund der Verfügungsmöglichkeit über den Verhandlungsgegenstand ein wesentliches Interesse der Gewerkschaften, das dem Interesse des Unternehmens entgegenstehen kann.[1193]

Dass eine Befangenheit von Arbeitnehmervertretern im Verwaltungsrat ausgeschlossen ist, wenn der Verwaltungsrat Mitbestimmungsverhandlungen führen sollte, bedeutet, dass die Arbeitnehmervertreter in allen Bereichen der Unternehmensleitung, die Gegenstand von Mitbestimmungsverhandlungen werden können, ein weites Mitspracherecht haben. Ein Arbeitgeber, der sich bspw. entschließt, einen Teil seiner Tätigkeit stillzulegen, muss gem. § 11 MBL mit den Gewerkschaften verhandeln. Der Arbeitgeber kann sich aus dargelegten Gründen aber nicht darauf berufen, die Arbeitnehmervertreter dürften aufgrund eines Interessenkonfliktes an Verwaltungsratssitzungen, die die Stilllegung zum Thema haben, nicht teilnehmen.[1194]

i. *Angelegenheiten im Zusammenhang mit Kollektivverträgen*

Gemäß heute geltendem § 14 LSA begründet die Befassung des Verwaltungsrats mit Fragen, die im Zusammenhang mit Kollektivverträgen stehen, eine Interessenkollision der Arbeitnehmervertreter, die zu ihrem Ausschluss von Verhandlungen des Verwaltungsrats führt. Hierbei kann es sich um die Eingehung von Kollektivverträgen wie auch deren Kündigung handeln.[1195] Als Beispiele werden weiter Diskussionen im Verwaltungsrat über den Abschluss oder die Kündigung von Tarifverträgen zwischen den betrieblichen Sozialpartnern genannt. Hierzu gehören Lohntarifverträge, Tarifverträge über allgemeine Anstellungsbedingungen und Arbeitsbedingungen sowie Mitbestimmungsverträge. Vorverhandlungen der Parteien bezüglich der Eingehung von Kollektivverträgen können ebenfalls erfasst sein. Arbeitnehmervertreter werden daher regelmäßig als befangen angesehen, wenn im Verwaltungsrat die Planung einer bevorstehenden Lohnverhandlung im Unternehmen besprochen wird.[1196]

1193 Ds A 1986:1, S. 85f; so auch schon AD 1979 Nr. 118, S. 683.

1194 *Lavén*, LSA-Kommentar, § 14 LSA, S. 109.

1195 *Moberg*, LSA-Kommentar, § 14 LSA, S. 70.

1196 Ds A 1986:1, S. 119.

ii. Arbeitskampfmaßnahmen

Arbeitnehmervertreter dürfen nicht an Sitzungen des Verwaltungsrats teilnehmen, wenn sich dieser mit Fragen des Arbeitskampfes befasst. Dabei ist unerheblich, ob die Arbeitgeber- oder die Arbeitnehmerseite Arbeitskampfmaßnahmen ergriffen hat oder plant, diese zu ergreifen. Es spielt auch keine Rolle, ob die (geplanten) Arbeitskampfmaßnahmen rechtmäßig oder unrechtmäßig sind.[1197]

iii. „Andere Fragen"

Das Gesetz beschränkt den Ausschluss der Arbeitnehmer von der Arbeit des Verwaltungsrats nicht auf die Gebiete Kollektivvertragsverhandlungen und Arbeitskampfmaßnahmen. In § 14 LSA sind auch „andere Fragen, in denen die Gewerkschaften ein wesentliches Interesse haben, das dem des Unternehmens entgegenstehen kann", als eine Interessenkollision begründend erfasst. Zu den anderen Fragen gehören solche Angelegenheiten, in denen neben Kollektivverhandlungen und Arbeitskampfangelegenheiten ein ausgeprägter Interessengegensatz zwischen Arbeitgeber und Gewerkschaften besteht.[1198] Hierzu gehören Fragen der Verhandlungsstrategie des Unternehmens vor oder während laufender Mitbestimmungsverhandlungen gem. §§ 11 ff MBL. Der Gesetzgeber ging allerdings davon aus, dass derartige Fragen kaum im Verwaltungsrat behandelt würden. Arbeitnehmervertreter sind auch bei der Behandlung von Fragen zur Organisationszugehörigkeit eines Unternehmens von der Arbeit des Verwaltungsrats ausgeschlossen.[1199]

Auch Rechtsstreitigkeiten werden von der Inkompatibilitätsregel erfasst. Wenn im Verwaltungsrat bspw. erwogen wird, eine Arbeitsstreitigkeit vor das Arbeitsgericht zu bringen oder ob Verwaltungsratsmitglieder zu einem Vergleichsangebot in einer Arbeitsstreitigkeit Stellung zu nehmen haben, sind Arbeitnehmervertreter bei Behandlung der Frage in der Regel als verhindert anzusehen.[1200]

(b) Rechtsfolgen der Inkompatibilität

Sobald § 14 LSA anwendbar ist, sind sämtliche Arbeitnehmervertreter, unabhängig von ihrer Gewerkschaftszugehörigkeit, von der Befassung mit der entsprechenden Angelegenheit im Verwaltungsrat ausgeschlossen. Der Ausschluss der Arbeitnehmervertreter erstreckt sich bei Anwendbarkeit von § 14 LSA nicht

---

1197 Ds A 1986:1, S. 119.

1198 *Lavén*, LSA-Kommentar, § 14, S. 108.

1199 Ds A 1986:1, S. 86.

1200 Ds A 1986:1, S. 120.

nur auf Sitzungen des Verwaltungsrats selber, sondern auch auf die Arbeit in Arbeitsausschüssen oder ähnlichen Organen.[1201] Als Begründung für einen Ausschluss aller Arbeitnehmervertreter von der Arbeit des Verwaltungsrats wird angeführt, dass diese alle Arbeitnehmer, und nicht nur die jeweils eigene Arbeitnehmergruppe, vertreten würden.[1202] Dies widerspricht indes einer Aussage des Arbeitsmarktministeriums im gleichen Dokument zur Verschwiegenheitsverpflichtung von Arbeitnehmervertretern, der zufolge diese Verantwortung vor allem gegenüber den Mitgliedern der *eigenen* Gewerkschaft trügen.[1203] Die Argumentation des schwedischen Gesetzgebers, die Arbeitnehmervertreter würden alle Arbeitnehmer eines Unternehmens vertreten und seinen daher konfliktbefangen, wenn nur einer dies ist, ist aufgrund seiner gegenteiligen Feststellungen in anderem Zusammenhang inkonsequent. Fraglich ist zudem, ob von einem Interessenkonflikt des Vertreters einer Gewerkschaft zwangsläufig auf Interessenkonflikte auch der anderen geschlossen werden kann.

(c) Rechtsfolgen von Verstößen gegen § 14 LSA

Aus der Teilnahme eines verhinderten Arbeitnehmervertreters an einem Verwaltungsratsbeschluss folgt, dass der Beschluss unwirksam sein kann, soweit die Teilnahme den Beschluss beeinflusst hat.[1204]

Gemäß § 15 LSA sind Arbeitgeber und Arbeitnehmerorganisationen bei Verstößen gegen das LSA verpflichtet, den entstandenen Schaden zu ersetzen. Dies bedeutet, dass sich nur Arbeitgeberunternehmen und Gewerkschaften, nicht aber Arbeitnehmervertreter selber schadensersatzpflichtig machen können. Bezogen auf § 14 LSA bedeutet dies, dass ein Arbeitnehmervertreter, der trotz Interessenkollision an der Behandlung entsprechender Fragen im Verwaltungsrat teilnimmt, keiner Schadensersatzverpflichtung unterworfen werden kann. Hierfür spricht, dass die eine Befangenheit begründenden Umstände sich nicht auf den Arbeitnehmervertreter persönlich, sondern auf die am Arbeitsplatz vertretene Gewerkschaft beziehen. Auch dem Unternehmen ist es allerdings möglich, die eine Befangenheit begründenden Umstände zu beurteilen. Daher hat der Verwaltungsrat in denjenigen Situationen, in denen ein Interessenkonflikt zu bejahen ist, über einen Ausschluss durch Beschluss zu entscheiden.[1205]

1201 *Moberg*, LSA-Kommentar, § 14 LSA, S. 72.
1202 Ds A 1986:1, S. 120.
1203 Ds A 1986:1, S. 87 (vgl. hierzu oben **C.IV.2.f.(d).**).
1204 *Lavén*, LSA-Kommentar, § 15 LSA, S. 121.
1205 *Lavén*, LSA-Kommentar, § 15 LSA, S. 120f.

(d) Praktische Erfahrungen mit § 14 LSA

Die praktischen Erfahrungen der schwedischen Sozialpartner mit § 14 LSA können auf eine negative Art und Weise dargestellt werden. Während der Erstellung der Arbeit ergab sich die Möglichkeit, mit Vertretern schwedischer Gewerkschaften und Arbeitgeberverbände, Justiziaren und Personalmanagern einer der größten börsennotierten schwedischen Aktiengesellschaften (*Svenska Cellulosa Aktiebolaget SCA AB*), Arbeitsrechtsjuristen einer der führenden schwedischen Wirtschaftskanzleien sowie zahlreichen Rechtswissenschaftlern Interviews zu führen. Hierbei wurde die Frage nach praktischen Erfahrungen mit § 14 LSA immer gestellt, wobei ausnahmslos geantwortet wurde, dass mit der Vorschrift keinerlei Probleme bekannt seien. Die Aussage der Praktiker, dass ihnen während ihrer (teils jahrzehntelangen) Berufstätigkeit kein Fall bekannt geworden sei, in dem § 14 LSA zur Anwendung gekommen wäre, wurde zunächst mit Verwunderung zur Kenntnis genommen. In Anbetracht des begrenzten Spektrums an Interviewpartnern kann hieraus allerdings nicht geschlossen werden, dass § 14 LSA in der Arbeit schwedischer Verwaltungsräte keine Rolle spielt.

Eine mögliche Erklärung nicht bekannter Probleme mit § 14 LSA kann im schwedischen Konsensmodell gefunden werden. Die Sozialpartner einigen sich am Verhandlungstisch und suchen – oft auf informellem Wege – nach der für alle Beteiligten besten Lösung. So werden denn m.E. auch Fälle von Interessenkonflikten der Arbeitnehmervertreter im Verwaltungsrat behandelt. Die Arbeitnehmervertreter verlassen, ohne groß Aufhebens zu machen, die Verwaltungsratssitzung, wenn sie in den dargestellten Situationen in einen Interessenkonflikt geraten bzw. zu geraten drohen. Dass die Existenz einer Vorschrift wie § 14 LSA den Blick für Situationen verschärft hat, in denen man als Arbeitnehmervertreter von einem der beiden Stühle, auf denen man sitzt, aufstehen sollte, ist hierbei anzunehmen.

(e) Vergleich der Rechtslage zu Interessenkonflikten in Schweden mit dem deutschen Recht

Ein Vergleich der gesetzlichen Regelungen zu Interessenkollisionen von Arbeitnehmervertretern in Schweden mit dem Meinungsstand im deutschen Schrifttum ist aufgrund der Existenz einer gesetzlichen Regelung zu Interessenkonflikten in Schweden besonders gewinnbringend.

Der schwedische Gesetzgeber hatte bei Schaffung der Regelung nicht zwischen koalitionsspezifischen und anderen Interessenkonflikten zu unterscheiden, da aufgrund des Alleinvertretungsrechts der Gewerkschaften nur gewerkschaftlich organisierte Arbeitnehmervertreter in Verwaltungsräten schwedischer Aktiengesellschaften sitzen. Interessenkonflikte der Arbeitnehmer sind also – in deutscher Terminologie – immer koalitionsspezifisch, da in den dargestellten

Konfliktsituationen immer eine Gewerkschaft Gegenpartei des Unternehmens ist. Da Gewerkschaftsvertreter in den allermeisten Fällen Arbeitnehmer des Unternehmens sind, in dessen Verwaltungsrat sie sitzen, ist in Schweden auch nicht zwischen unternehmensangehörigen und externen Verwaltungsratsmitgliedern zu unterscheiden.

In den Vorarbeiten zum schwedischen LSA sticht sofort ins Auge, dass sich der schwedische Gesetzgeber ausführlich mit der Doppelrolle von Arbeitnehmervertretern im schwedischen Verwaltungsrat beschäftigt hat. Er hat daraufhin eine Regelung geschaffen, die aus der Doppelrolle der Arbeitnehmervertreter folgende Interessenkonflikte im Verwaltungsrat von vornherein ausschließen sollte. Der deutsche Gesetzgeber hat sich indes zu keinem Zeitpunkt – weder vor noch nach Erlass des Mitbestimmungsgesetzes – mit der Einführung einer dem schwedischen Recht vergleichbaren Regelung auseinandergesetzt, was aus folgenden Gründen erstaunlich ist: Der schwedische Gesetzgeber wollte und hat, soviel dürfte nach den Ausführungen zum schwedischen Recht der Arbeitnehmerbeteiligung klar geworden sein, den Sozialpartnern immer sehr großen Freiraum bezüglich der Gestaltung der sie betreffenden Angelegenheiten gelassen. Diese Einstellung einer hier so bezeichneten *„Laissez-faire-Politik"* resultierte u.a. in einer starken Konsensorientierung der schwedischen Sozialpartner und einem gewachsenen Modell von Kollektivverhandlungen und -verträgen. Bezüglich der Arbeit im Verwaltungsrat aber erachtete der schwedische Gesetzgeber eine Regelung zur Verhinderung von Interessenkonflikten auf Arbeitnehmerseite im Interesse *aller* Beteiligten für erforderlich. Dem deutschen Gesetzgeber kann demgegenüber, im Bereich des Arbeitsrechts[1206] wie auch sonst, keine *„Laissez-faire-Politik"*, sondern, milde ausgedrückt, ein Hang zur (Über-)Regulierung nachgesagt werden. Demgegenüber hat er in dem sensiblen Bereich doppelter Loyalitäten von Arbeitnehmervertretern die Einführung einer gesetzlichen Regelung zur Verhinderung von Konfliktlagen nicht als erforderlich erachtet. In diesem Zusammenhang sei erwähnt, dass die Regelung entsprechender Situationen aufgrund der teils paritätischen Mitbestimmung der Arbeitnehmer in deutschen Aufsichtsräten dringlicher gewesen wäre als in Schweden, wo die Arbeitnehmervertreter bei entsprechender Satzungsgestaltung immer in der Minderheit sind.

Erstmals haben sich *Hanau/Wackerbarth* im Jahr 2004 mit der Überlegung auseinandergesetzt, zur Verhinderung von Interessenkonflikten von Gewerkschaftsvertretern im Aufsichtsrat eine dem schwedischen § 14 LSA entsprechende Regelung auch im deutschen Recht einzuführen.[1207] Dieser Vorschlag, der lediglich ein anderthalbseitiges Schlussfazit einer Untersuchung zu Interes-

---

1206 Die in der Arbeit bereits zitierte Abhandlung von *Goldberg/Wolff* hat den Titel „Verhandelte oder kodifizierte Mitbestimmung - Ein Vergleich der Mitbestimmungsregelungen in Deutschland und in Schweden".

1207 *Hanau/Wackerbarth*, Unternehmensmitbestimmung, S. 86f.

senkonflikten von Gewerkschaftsvertretern in deutschen Aufsichtsräten bildete, ist allerdings in der Literatur nicht auf besonderes Interesse gestoßen.[1208]

i. Behandlung von Interessenkonflikten deutscher Arbeitnehmervertreter

Nach der Darstellung der Konfliktlagen schwedischer Arbeitnehmervertreter im Verwaltungsrat und diesbezüglicher Regelungen im LSA ist danach zu fragen, wie Interessenkonflikte deutscher Arbeitnehmervertreter im Aufsichtsrat (vgl. oben **B.III.4.d.(a).-(e).**) zu behandeln sind.

Ein Befassungsverbot für Gewerkschaftsvertreter im Falle von Arbeitskämpfen, Tarifvertragsverhandlungen und Fragen der Tarifpolitik des Unternehmens erscheint sinnvoll, wenn der Aufsichtsrat in diese involviert ist. Dies folgt aus der Überlegung, dass im Interesse einer funktionierenden Tarifautonomie eine klare Trennung zwischen Aufsichtsrats- und Gewerkschaftsmandat zu erfolgen hat. Ist eine Gewerkschaft, für die ein Arbeitnehmervertreter im Aufsichtsrat eines Unternehmens sitzt, in Firmentarifvertragsverhandlungen oder einen Arbeitskampf mit diesem Unternehmen involviert, oder stellt der Aufsichtsrat Überlegungen zu arbeitskampftaktischen Maßnahmen des Unternehmens an, so kann nichts anderes gelten, als dass der betroffene Gewerkschaftsvertreter sich hiermit nicht im Aufsichtsrat befassen darf. Der von *Seifert* so bezeichnete kollektive Aushandlungsmechanismus[1209] würde gestört, wenn Gewerkschaftsvertreter über den Willensbildungsprozess des Aufsichtsrats auf das Unternehmen einwirken können, dessen Gegenspieler ihre Gewerkschaft in einem konkreten Konflikt ist. Das umfängliche Befassungsverbot ist erforderlich, da gar nicht erst der Verdacht aufkommen darf, dass Überlegungen der Gegenpartei in den Willensbildungsprozess des Aufsichtsrats einbezogen werden, oder – schlimmer noch – die Gegenpartei Einblicke in den Willensbildungsprozess des Kontrollgremiums erhält. Der h.M., die schon ein Stimmverbot für Gewerkschaftsvertreter in den genannten Konfliktlagen verneint (vgl. oben **B.III.4.d.(b).**), und dies mit der Verpflichtung aller Aufsichtsratsmitglieder auf das Unternehmensinteresse begründet, ist entgegenzuhalten, dass von den Gewerkschaftsvertretern in Situationen wie Tarifvertragsverhandlungen und Arbeitskämpfen gar nicht verlangt werden kann, objektiv über ein von ihnen zu beachtendes Unternehmensinteresse zu entscheiden. In derartigen Situationen erscheint die Gegenposition der konfliktbetroffenen Gewerkschaft, für die sie im Aufsichtsrat sitzen, als zu eindeutig dem Unternehmen entgegengesetzt. Der Aufsichtsrat ist zwar ein interessenpluralistisch zusammengesetztes Organ, weshalb grundsätzlich in jeder zu entscheidenden Angelegenheit auch Arbeitnehmer- und Gewerkschaftsinteressen bzw. -sichtweisen in den Entscheidungspro-

---

1208 Erwähnt wurde er bspw. von *Rieble* in: Zukunft der Unternehmensmitbestimmung, S. 24 sowie *Rieble*, NJW 2006, S. 2214, 2216.

1209 *Seifert*, Unternehmensinteresse, S. 258, 275.

zess eingebracht werden sollen. Das Argument einer aus der Interessenpluralität folgenden jederzeitigen Einbeziehung von – durch die Gewerkschaften kanalisierten – Arbeitnehmerinteressen trägt aber dann nicht mehr, wenn diese eindeutig und nur im Gegensatz zum Interesse des Unternehmens stehen können.

Externe Gewerkschaftsvertreter sind also für den Fall, dass ihre Gewerkschaft im Falle von (geplanten) Arbeitskampfmaßnahmen, Firmentarifvertragsverhandlungen oder Fragen der Tarifpolitik des Unternehmens Gegenpartei des Unternehmens ist, in dessen Aufsichtsrat sie sitzen, mit einem Befassungsverbot im Aufsichtsrat zu belegen. Dieses beinhaltet ein Beteiligungsverbot an entsprechenden Sitzungen des Aufsichtsrats, ein Informationsverbot bezüglich der den Interessenkonflikt begründenden Angelegenheiten sowie ein Stimmverbot bei Abstimmungen des Aufsichtsrats in Bezug auf konkret den Interessenkonflikt begründende Angelegenheiten. Dieses Befassungsverbot liefe exakt auf den von *Hanau* postulierten Trennungsgrundsatz hinaus, wonach Mitbestimmung im Aufsichtsrat von koalitionspolitischen Angelegenheiten zu trennen ist[1210].

Für unternehmensangehörige Arbeitnehmer hat zusätzlich eine Einzelfallabwägung stattzufinden, ob sie aufgrund ihrer faktischen Stellung als Gewerkschaftsfunktionäre Einfluss auf Entscheidungen des Aufsichtsrats nehmen können (vgl. oben **B.III.4.d.(d).**). Wird dies bejaht, so gelten für sie die gleichen Befassungsverbote wie für die externen Gewerkschaftsvertreter.

ii. Übertragung der Voraussetzungen des § 14 LSA auf deutsche Arbeitnehmervertreter

Im Folgenden ist zu untersuchen, ob die Implementierung einer ähnlich § 14 LSA ausgestalteten Vorschrift eine zweckmäßige Lösung zur Verhinderung von Interessenkonflikten auf Seiten der Arbeitnehmer in deutschen Aufsichtsräten darstellen kann. Gem. § 14 LSA dürfen Arbeitnehmervertreter im Verwaltungsrat nicht anlässlich der Behandlung von Fragen teilnehmen, die Tarifvertragsverhandlungen, Arbeitskampfmaßnahmen und andere Angelegenheiten betreffen, bei denen die Gewerkschaften ein wesentliches Interesse haben, das dem des Unternehmens entgegenstehen kann. Diese Voraussetzungen sind auf Konfliktlagen deutscher Arbeitnehmervertreter im Aufsichtsrat zu übertragen.

(1) Tatbestandsmerkmale „Tarifvertragsverhandlungen“, „Arbeitskampfangelegenheiten“ und „andere Themen“

Die in § 14 LSA genannten typischen Konfliktlagen – Tarifvertragsverhandlungen und Arbeitskampfangelegenheiten – sind in Deutschland die gleichen wie in Schweden, wobei sich deutsche Gewerkschaftsvertreter nur im Falle von Fir-

---

1210 *Hanau*, ZGR 1977, S. 397, 400.

mentarifvertragsverhandlungen in einem Interessenkonflikt befinden (vgl. oben **B.III.4.a.**). In Deutschland sind die mit dem Unternehmen über Firmentarifverträge verhandelnden bzw. gegen dieses streikenden Gewerkschaften, ebenso wie in Schweden, Gegenparteien des Unternehmens. Somit befinden sich auch die Aufsichtsratsmitglieder der Gewerkschaft, die mit dem Unternehmen über einen Tarifvertrag verhandelt bzw. gegen dieses Arbeitskampfmaßnahmen ergreift, in einer dem schwedischen Recht entsprechenden Konfliktlage.

Der Ausschluss von Gewerkschaftsvertretern von der Beratung und Entscheidung des Verwaltungsrats zu „anderen Themen" findet in Schweden bspw. in Fragen der Organisationszugehörigkeit des Unternehmens Anwendung. Die Formulierung kann als Auffangtatbestand verstanden werden. In Deutschland wäre es denkbar, den „anderen Themen" die Tarifpolitik eines Unternehmens oder Fragen der Verhandlungsstrategie des Aufsichtsrats in den Konfliktsituationen Firmentarifvertragsverhandlungen und Arbeitskampfmaßnahmen zuzuordnen.

In Schweden sind alle Arbeitnehmervertreter Gewerkschaftsvertreter, weshalb sie auch alle von koalitionsspezifischen Interessenkonflikten betroffen sein können. Für Deutschland muss demgegenüber die Einschränkung gelten, dass die genannten Konfliktlagen grundsätzlich nur auf externe Gewerkschaftsvertreter und nicht auch auf unternehmensangehörige Arbeitnehmervertreter zutreffen, da sich letztere mangels hauptberuflichen Gewerkschaftsamts nicht in koalitionsspezifischen Konfliktlagen befinden können. Ob die unternehmensangehörigen Arbeitnehmervertreter trotzdem von einem Interessenkonflikt betroffen sind, hängt davon ab, ob sie zusätzlich zu ihrer Anstellung im Unternehmen einen Gewerkschaftsauftrag wahrnehmen (vgl. oben **B.III.4.d.(e).**).

(2) Tatbestandsmerkmal „wesentliche Interessen"

In Schweden muss eine Gewerkschaft zur Bejahung einer Konfliktlage ein wesentliches Interesse haben, das dem des Unternehmens entgegenstehen kann. Aufgrund des Alleinvertretungsrechts der Gewerkschaften auf betrieblicher Ebene war eine Regelung zu finden, die die Arbeitnehmervertreter nicht bei sämtlichen MBL-Verhandlungen auch von Verhandlungen des Verwaltungsrats ausschließt. Es ging darum, die Fälle herauszufiltern, in denen ein eindeutiger Interessengegensatz zwischen Arbeitgeber und Gewerkschaften vorliegt. Dieser wesentliche Interessengegensatz wird in Schweden dann bejaht, wenn die Gewerkschaften in Verhandlungen eine Verfügungsmöglichkeit über das Verhandlungsergebnis haben, was nur im Falle von Kollektivvertragsverhandlungen gem. § 10 MBL aufgrund des vertraglichen Einigungszwangs und der Möglichkeit des Ergreifens von Arbeitskampfmaßnahmen der Fall ist. Ist der Arbeitgeber dagegen zur Durchführung von Mitbestimmungsverhandlungen gem. §§ 11 ff MBL mit den Gewerkschaften verpflichtet, nach denen er letztlich alleine eine Entscheidung herbeiführen kann, so fehlt den Gewerkschaften mangels Verfügungsmöglichkeit über das Verhandlungsergebnis ein wesentliches Interesse, das dem des Unternehmens entgegenstehen kann.

Die Übertragung des Merkmals „wesentliche Interessen" auf deutsche Arbeitnehmervertreter könnte dergestalt erfolgen, dass zu den wesentlichen dem Unternehmen entgegenstehenden Interessen nur solche Interessenkonflikte gehören, die ein Befassungsverbot mit Angelegenheiten im Aufsichtsrat begründen. Ein „wesentliches dem Unternehmen entgegenstehendes Interesse", das in Schweden für die Bejahung eines Interessenkonfliktes vorhanden sein muss, wäre in Deutschland dann im Rahmen der typischen Konfliktsituationen Firmentarifvertragsverhandlungen und diesbezüglicher Arbeitskämpfe für externe Gewerkschaftsvertreter stets zu bejahen. Für unternehmensangehörige Arbeitnehmervertreter ist dem gegenüber eine Konfliktsituation nur zu bejahen, wenn sie sich aufgrund ihrer faktischen Stellung als Gewerkschaftsfunktionäre in einer Konfliktsituation, die der externer Gewerkschaftsvertreter gleichkommt, befinden. Eine Gegenposition der unternehmensangehörigen Arbeitnehmervertreter – gleich aus welchen Gründen – führt dann im Zusammenhang mit Firmentarifvertragsverhandlungen oder Arbeitskämpfen nicht zu einem wesentlichen dem Unternehmen entgegenstehenden Interesse, soweit die Gegenposition nicht aus der Tätigkeit für eine Gewerkschaft folgt. Das wesentliche dem Unternehmen entgegenstehende Interesse kann daher als Abgrenzungskriterium zwischen wesentlichen und unwesentlichen, also im *hier* erörterten Zusammenhang nicht zu einem Ausschluss führenden, Interessenkonflikten dienen.

(3) Rechtsfolge

In Schweden sind in einer von § 14 LSA erfassten Konfliktsituation alle Arbeitnehmervertreter, unabhängig von ihrer Gewerkschaftszugehörigkeit, von der Befassung mit der entsprechenden Angelegenheit im Verwaltungsrat ausgeschlossen. Der Ausschluss sämtlicher Arbeitnehmervertreter von der Arbeit des Verwaltungsrats im Falle einer Konfliktsituation auch nur eines bzw. eines Teils der Arbeitnehmervertreter geht m.E. indes zu weit. Von einem Interessenkonflikt eines bzw. einer Gruppe von Arbeitnehmervertretern kann noch nicht zwangsläufig auf einen Interessenkonflikt auch der anderen Arbeitnehmervertreter geschlossen werden. Ein Interessenkonflikt muss vielmehr in der Person eines jeden Arbeitnehmervertreters positiv festgestellt werden, um ein Befassungsverbot zu begründen.

So wären in Deutschland nur diejenigen Gewerkschaftsvertreter von der Arbeit des Aufsichtsrats auszuschließen, deren Gewerkschaft sich konkret in einer Konfliktsituation mit dem Unternehmen befindet. Für unternehmensangehörige Arbeitnehmervertreter kommt im Falle von Firmentarifvertragsverhandlungen und hierauf bezogener Arbeitskämpfe ein entsprechender Ausschluss nur dann in Betracht, wenn sie während der Konfliktsituation als Funktionäre für eine konfliktbetroffene Gewerkschaft tätig sind. Nur dann unterliegen sie einem Interessenkonflikt, der ein wesentliches dem Unternehmen entgegenstehendes Interesse begründet.

iii. Zwischenergebnis

Die tatbestandlichen Voraussetzungen des § 14 LSA zu Interessenkonflikten von Gewerkschaftsvertretern im Verwaltungsrat sind auf deutsche Gewerkschaftsvertreter mit der Einschränkung anwendbar, dass ihre Gewerkschaft konkret konfliktbetroffen sein muss. Für unternehmensangehörige Arbeitnehmervertreter gilt, dass sie in einer konkreten Konfliktsituation nur dann von der Arbeit des Aufsichtsrats auszuschließen sind, wenn sie als Funktionäre für eine konfliktbetroffene Gewerkschaft tätig sind.

iv. Regelung zu Interessenkonflikten deutscher Arbeitnehmervertreter

Bei der Formulierung einer an § 14 LSA orientierten Vorschrift zur Verhinderung von Interessenkonflikten deutscher Arbeitnehmervertreter ist die in dieser Arbeit dargestellte Auffassung zugrunde zu legen, dass Interessenkonflikte externer Gewerkschaftsvertreter wie auch ggf. unternehmensangehöriger Arbeitnehmervertreter im Falle von Firmentarifverhandlungen und Arbeitskämpfen verhindert werden müssen. Zu diesem Zweck erscheint ein Befassungsverbot der Arbeitnehmervertreter für den Fall, dass sie sich in einer konkreten Konfliktlage befinden, am geeignetsten. Ob es sinnvoll ist, eine nach schwedischem Vorbild gestaltete Vorschrift im deutschen Recht zu implementieren, hängt davon ab, ob man die beschriebenen Interessenkonflikte für zumutbar hält oder aber die Zumutbarkeitsgrenze als überschritten betrachtet. Fest steht, dass die Regelung zu Interessenkonflikten im Kontext ihrer Anwendung als *Legal Transplant* sinnvoll sein muss, da die Betroffenen nur dann einen Anreiz haben, sie zu befolgen.[1211] Da hier davon auszugehen ist, dass die Regelung zu Interessenkonflikten sinnvoll ist, soll der Frage, ob der zu schaffende *Legal Transplant* im deutschen Recht akzeptiert werden würde, an dieser Stelle nicht weiter nachgegangen werden. Bedeutung dürfte allerdings der Art und Weise der Implementierung zukommen, die nach einem Formulierungsvorschlag für die Vorschrift zu behandeln ist.

1211 Grundlegend zu Legal Transplants *Berkowitz* et al., 51 American Journal of Comparative Law (2003), S. 163, 167.

Eine im deutschen Recht zu implementierende Vorschrift zu Interessenkonflikten von externen Gewerkschaftsvertretern und unternehmensangehörigen Arbeitnehmervertretern könnte folgendermaßen lauten:

> Gewerkschaftsvertreter im Aufsichtsrat dürfen nicht anlässlich der Behandlung von Fragen teilnehmen, die Tarifvertragsverhandlungen, Arbeitskampfangelegenheiten und andere koalitionsbezogene Gegenstände betreffen, bei denen ihre Gewerkschaft ein wesentliches dem Unternehmen entgegenstehendes Interesse haben kann.
>
> Dasselbe gilt für unternehmensangehörige Arbeitnehmervertreter im Aufsichtsrat, wenn sie zum Zeitpunkt der Behandlung der in S. 1 genannten Angelegenheiten als Funktionäre für eine konfliktbetroffene Gewerkschaft tätig sind.

Das Befassungsverbot nur im Falle anderer „koalitionsbezogener Gegenstände" soll deutlich machen, dass ein koalitionsspezifischer Interessenkonflikt der Gewerkschaftsvertreter erforderlich ist. Die anderen „koalitionsbezogenen Gegenstände" umfassen als Auffangtatbestand bspw. die Tarifpolitik eines Unternehmens, Fragen der Verhandlungsstrategie des Aufsichtsrats während der Konfliktsituationen Firmentarifvertragsverhandlungen und Arbeitskampfmaßnahmen, wie auch Planung von Firmentarifvertragsverhandlungen. So wird verhindert, dass Gewerkschaftsvertreter aufgrund der Vorschrift auch im Falle der Befassung des Aufsichtsrats mit nur „anderen Gegenständen", die einen nichtkoalitionsspezifischen Interessenkonflikt vermuten lassen, von der Arbeit des Aufsichtsrats ausgeschlossen werden.

v. Implementierung

Die Möglichkeiten der Implementierung einer Vorschrift zu Interessenkonflikten von Arbeitnehmervertretern können in der Arbeit nur ansatzweise erfolgen. Tiefer gehende Ausführungen hierzu müssen einer gesonderten Untersuchung vorbehalten bleiben.

Zunächst ist an die Implementierung einer Vorschrift zu Interessenkonflikten in den Mitbestimmungsgesetzen bzw. im Aktiengesetz zu denken. Allerdings ist zumindest das gesamte Aktienrecht überreguliert[1212], weshalb möglichst davon abgesehen werden sollte, es mit noch weiteren Vorschriften zu überlasten. Für die Mitbestimmungsgesetze gilt, denkt man allein an die aufwendigen Wahlverfahren, nichts anderes.[1213] Vor allem aber wäre eine vereinbarte Regelung, auf deren konkrete Ausgestaltung alle von dieser Betroffenen, also der gesamte Aufsichtsrat einer Aktiengesellschaft, Einfluss hätte, aufgrund deren höherer Akzeptanz von Vorteil.

1212 *Hopt*, Two-Tier Board, S. 227, 255.

1213 Hierzu etwa *Henssler* in: U/H/H, MitbestR, § 7 MitbestG, Rn. 5.

Es böte sich daher die Aufnahme der Vorschrift in den DCGK an. Gem. § 161 AktG trifft Vorstand und Aufsichtsrat einer börsennotierten deutschen Aktiengesellschaft die Pflicht, sich über die Einhaltung der Vorschriften des DCGK zu erklären. Hierbei entscheiden Vorstand und Aufsichtsrat über Abgabe, Nichtabgabe oder eingeschränkte Abgabe der Entsprechenserklärung für ihren Zuständigkeitsbereich[1214], sodass der Aufsichtsrat über die Entsprechenserklärung bezüglich der Vorschriften zum Aufsichtsrat (Ziff. 5) entscheidet. Da der Aufsichtsrat über die Entsprechenserklärung als Kollegialorgan entscheidet (vgl. oben **B.II.3.**), haben Arbeitnehmer- und Anteilseignervertreter gleichermaßen die Möglichkeit, auf den Entscheidungsprozess des Aufsichtsrats zur Entsprechenserklärung im Allgemeinen, wie zur Konfliktregelung für Arbeitnehmervertreter im Besonderen, Einfluss zu nehmen. Spätestens bei der Entscheidung des Aufsichtsrats über die Annahme der Vorschrift zu Interessenkonflikten würde sich zeigen, ob sie von den Beteiligten akzeptiert wird.

Da der DCGK neben dem rechtsbeschreibenden Teil mit Empfehlungen und Anregungen arbeitet[1215], ist in der oben **(iii.)** vorgeschlagenen Vorschrift zu Interessenkonflikten das Wort „dürfen" durch das Wort „sollen" (Empfehlung, Abweichungsmöglichkeit mit Offenlegungspflicht) bzw. „sollten" (Anregung, Abweichungsmöglichkeit ohne Offenlegungspflicht) zu ersetzen.

Allerdings darf auch der DCGK nicht vom Grundsatz der Gleichbehandlung aller Aufsichtsratsmitglieder abweichen, weshalb zu fragen ist, auf welchem Weg konfliktbetroffene Arbeitnehmer von der Befassung des Aufsichtsrats auszuschließen sind. Im Rahmen seiner Selbstorganisation hat der Aufsichtsrat für die Effizienz seines Handelns zu sorgen, was auch den Umgang mit auftretenden Interessenkonflikten umfasst.[1216] Laut *Lutter/Krieger* kann es die Treuepflicht gegenüber der Gesellschaft dem einzelnen Aufsichtsratsmitglied gebieten, seine Mitwirkung im Aufsichtsrat in Abhängigkeit von Dauer und Intensität eines Konfliktes zu beschränken.[1217] *Lutter/Krieger* legen so eine Konkretisierung von Verhaltensweisen der Aufsichtsratsmitglieder bei Interessenkonflikten nahe. Konfliktbetroffene Arbeitnehmervertreter haben einen Interessenkonflikt daher offen zu legen, sofern er den übrigen Organmitgliedern – wie im Falle von Firmentarifvertragsverhandlungen und Arbeitskämpfen anzunehmen sein dürfte – nicht ohnehin bekannt ist (vgl. Ziff. 5.5.2 DCGK).[1218] Daraufhin haben sie ihr Mandat in den angeführten Konfliktsituationen (Firmentarifverträge, Arbeits-

---

1214 *Hüffer*, AktG, § 161 AktG, Rn. 10.

1215 Vgl. hierzu DCGK, Präambel, S. 2 sowie *Ringleb* in: DCGK-Komm, Vorbem., Rn. 42f.

1216 *Habersack/Kalss* in: MünchKomm AktG, Vor § 95 AktG, Rn. 16.

1217 *Lutter/Krieger*, Rechte und Pflichten des Aufsichtsrats, Rn. 900.

1218 Eine Pflicht zur Offenlegung lässt sich aus der organschaftlichen Treubindung des Aufsichtsratsmitglieds herleiten: Vgl. *Hopt/Roth* in: Großkomm AktG, § 100 AktG, Rn. 164f.

kämpfe) zu beschränken, und sie dürfen sich mit den entsprechenden Angelegenheiten im Aufsichtsrat nicht befassen. Die Durchsetzung eines Ausschlusses von der Befassung muss dann – vorbehaltlich einer gerichtlichen Nachprüfung – dem Aufsichtsratsvorsitzenden aufgrund seines Leitungsrechts hinsichtlich der Aufsichtsratssitzung obliegen.[1219]

Sollten, was kaum je anzunehmen ist, alle Arbeitnehmervertreter mit einem Befassungsverbot belegt werden, so bestehen hinsichtlich der Beschlussfähigkeit eines gem. MitbestG mitbestimmten Aufsichtsrats im Falle der Anwesenheit der restlichen Aufsichtsratsmitglieder keine Bedenken, da die Anwesenheit der Hälfte der Mitglieder des Aufsichtsrats gem. § 28 MitbestG ausreichend ist. Für gem. DrittelBG mitbestimmte Gesellschaften bestehen angesichts der zwingenden Minderheit der Arbeitnehmervertreter ohnehin keine Zweifel an der Beschlussfähigkeit.

Fraglich ist die Rechtsfolge, wenn ein Arbeitnehmervertreter entgegen einem Befassungsverbot an einer Aufsichtsratssitzung teilgenommen hat. Sollte es zu einer Abstimmung gekommen sein, so ist dessen Stimmabgabe in jedem Fall nichtig.[1220] Der Beschluss ist aufgrund eines Verfahrensmangels fehlerhaft, wenn das Beschlussergebnis auf der Mitwirkung eines an sich vom Stimmrecht ausgeschlossenen Mitglieds beruht, oder wenn er nur zustande gekommen ist, weil bspw. ein Arbeitnehmervertreter zu Unrecht ausgeschlossen wurde.[1221] Eine Fehlerhaftigkeit des Beschlusses dürfte indes nur äußerst selten in Betracht kommen, da im gem. MitbestG mitbestimmten Aufsichtsrat der Vorsitzende bei Pattsituationen gem. § 29 Abs. 2 S. 1 MitbestG das Doppelstimmrecht hat, das Zustandekommen eines Beschlusses also kaum auf der Teilnahme oder Nichtteilnahme eines Arbeitnehmervertreters beruhen kann.[1222] Gleiches gilt für gem. DrittelBG mitbestimmte Gesellschaften, in denen die Arbeitnehmervertreter oh-

1219 So für Stimmverbote *Hoffmann-Becking* in: Münch Hdb GesR, § 31, Rn. 54a; *Lutter/Krieger*, Rechte und Pflichten des Aufsichtsrats, Rn. 704; *Mertens* in: KK AktG, § 107 AktG, Rn. 37, 44. Das Befassungsverbot geht natürlich weiter als Stimmverbote, die Verhängung würde aber trotzdem zur Zuständigkeit des Aufsichtsratsvorsitzenden gehören. Laut *Semler* in: Semler/v. Schenk, Arbeitshandbuch, § 4, Rn. 172, ist der Vorsitzende zu allen Maßnahmen berechtigt, die zum Schutz der Gesellschaft erforderlich sind. Hierzu gehören die Verweigerung des Stimmrechts, der Entzug des Teilnahmerechts sowie der Ausschluss vom Berichtsempfang, der Berichtskenntnisnahme und des Erhalts der Sitzungsniederschrift.

1220 BGH BB 2007, 1185, 1187; Bay OblG NZG 2003, 691, 693.

1221 *Habersack* in: Münch Komm AktG, § 108 AktG, Rn. 33, 74f.

1222 Eine Fehlerhaftigkeit müsste aber dann anzunehmen sein, wenn sich für den Fall, dass ein Arbeitnehmervertreter einem Befassungsverbot unterliegt, in einer Pattsituation zwei Anteilseignervertreter auf die Seite der Arbeitnehmer stellen, und so die Doppelstimme des Aufsichtsratsvorsitzenden überstimmt wird. Dann wäre die Stimme eines an sich ausgeschlossenen Arbeitnehmervertreters ausschlaggebend für den Beschluss. Derartige Situationen dürften indes so gut wie nie vorkommen.

nehin in der Minderheit sind. Zu den Rechtsfolgen der Fehlerhaftigkeit von Beschlüssen, die im Falle der Teilnahme ausgeschlossener Personen nicht zur Nichtigkeit derselben führt, und der Geltendmachung der Fehlerhaftigkeit wird auf die Literatur verwiesen.[1223]

Dementsprechend böte es sich an, unter Ziff. 5.5. (Interessenkonflikte) eine Ziff. 5.5.5. zu Interessenkonflikten speziell von Arbeitnehmervertretern mit folgendem Wortlaut einzufügen:

> Gewerkschaftsvertreter im Aufsichtsrat sollen/sollten nicht anlässlich der Behandlung von Fragen teilnehmen, die Tarifvertragsverhandlungen, Arbeitskampfangelegenheiten und andere koalitionsbezogene Gegenstände betreffen, bei denen ihre Gewerkschaft ein wesentliches dem Unternehmen entgegenstehendes Interesse haben kann.
>
> Dasselbe gilt für unternehmensangehörige Arbeitnehmervertreter im Aufsichtsrat, wenn sie zum Zeitpunkt der Behandlung der in S. 1 genannten Angelegenheiten als Funktionäre für eine konfliktbetroffene Gewerkschaft tätig sind.

Zu erhoffen ist, dass von der in den DCGK aufzunehmenden Vorschrift eine Appellwirkung vor allem an die Gewerkschaftsvertreter ausgeht, Angelegenheiten der Unternehmensleitung und ihrer Gewerkschaftstätigkeit gerade in den typischen Konfliktsituationen wie Tarifvertragsverhandlungen und Arbeitskämpfen nicht zu vermengen. Gleiches gilt für unternehmensangehörige Arbeitnehmervertreter, wenn sie während einer Konfliktsituation Funktionärsaufgaben für eine konfliktbetroffene Gewerkschaft wahrnehmen.

(f) Aus dem schwedischen Recht möglicherweise folgende Lösungsansätze für Interessenkonflikte der Arbeitnehmervertreter im Rahmen von Betriebsänderungen

In Deutschland können externe Gewerkschaftsvertreter wie unternehmensangehörige Arbeitnehmervertreter im Aufsichtsrat in Konfliktlagen geraten, wenn sich dieser mit Betriebsänderungen zu befassen und diesen ggf. zuzustimmen hat.

Betrachtet man die Rolle externer Gewerkschaftsvertreter im mitbestimmten Aufsichtsrat anlässlich von Betriebsänderungen, so sind zwei Situationen zu unterscheiden. Zum einen entscheidet der Aufsichtsrat über die Zustimmung zu einer vom Vorstand geplanten Betriebsänderung, sollte dies in der Satzung der Gesellschaft oder aufgrund einer Anordnung durch den Aufsichtsrat[1224] festgelegt sein (vgl. oben **B.III.4.b.(a)**). Zudem kann es vorkommen, dass sich der

---

1223 *Hopt/Roth* in: Großkomm AktG, § 108 AktG, Rn. 131ff; *Habersack* in: Münch Komm AktG, § 108 AktG, Rn. 81ff.

1224 Vgl. zu Einzelheiten *Hüffer*, AktG, § 111 AktG, Rn. 17ff.

Aufsichtsrat mit Tarifvertragsverhandlungen zu einem Sozialtarifvertrag zu befassen hat (vgl. oben **B.III.4.b.(b)**). In letztgenannter Situation befinden sich die externen Gewerkschaftsvertreter, wie auch im Falle „normaler" Tarifvertragsverhandlungen, in einem (koalitionsspezifischen) Interessenkonflikt, wenn sie im Rahmen der Tarifvertragsverhandlungen zu einem Sozialtarifvertrag für die Gewerkschaft tätig sind, also deren Interessen zu vertreten haben, sie gleichzeitig aber im Aufsichtsrat des Unternehmens dessen Interesse beachten müssen. Ein Befassungsverbot der Gewerkschaftsvertreter im Aufsichtsrat bezüglich derartiger Konfliktlagen ist daher nach den bereits aufgestellten Grundsätzen zu begründen; eine im DCGK zu implementierende Vorschrift zu Interessenkonflikten wurde ausgearbeitet. Selbiges gilt in diesen Situationen für unternehmensangehörige Arbeitnehmervertreter, die als Funktionäre für eine konfliktbetroffene Gewerkschaft tätig sind.

Zudem sind andere als koalitionsspezifische, also *nicht* nach den oben genannten Grundsätzen zu behandelnde, Interessenkonflikte der unternehmensangehörigen Arbeitnehmervertreter nicht ausgeschlossen, wenn eine Betriebsänderung der Zustimmung des mitbestimmten Aufsichtsrats gem. § 111 Abs. 4 S. 2 AktG bedarf, und danach der Betriebsrat, dessen Mitglieder zumindest teilweise mit denen des Aufsichtsrats personenidentisch sind, mit dem Vorstand über Interessenausgleich und Sozialplan zu verhandeln hat (vgl. oben **B.III.3.c.**).

i. Interessenkonflikte externer Gewerkschaftsvertreter im Rahmen von Betriebsänderungen

Möglicherweise können aus dem schwedischen Recht Lösungsansätze für den Prozess der Zustimmung des mitbestimmten Aufsichtsrats zu einer vom Vorstand geplanten Betriebsänderung und hieraus folgende Interessenkonflikte der externen Gewerkschaftsvertreter gezogen werden. Hierbei könnten die Überlegungen des schwedischen Gesetzgebers zu Interessenkonflikten von Arbeitnehmervertretern im Verwaltungsrat aufgrund eines wesentlichen Interesses, das dem des Unternehmens entgegenstehen kann, fruchtbar gemacht werden.

Den Anknüpfungspunkt findet das einen Interessenkonflikt begründende wesentliche Interesse im LSA darin, dass Arbeitnehmervertreter nicht zwei einander entgegenstehende Interessen – bspw. gleichzeitig die des Unternehmens und die der Arbeitnehmer im Rahmen von Kollektivvertragsverhandlungen – vertreten können sollen.

Allerdings ist fraglich, ob sich externe Gewerkschaftsvertreter in Deutschland bei der Entscheidung des Aufsichtsrats über die Zustimmung zu einer vom Vorstand geplanten Betriebsänderung schon in einem Interessenkonflikt befinden können. Für diese steht nämlich bei der Entscheidung über die Zustimmung zu einer Betriebsänderung noch gar nicht fest, ob es später überhaupt zu Sozialtarifvertragsverhandlungen kommen wird. Möglicherweise nämlich wird im Falle von Interessenausgleichs- und Sozialplanverhandlungen eine Einigung, wie vom BetrVG vorgesehen, zwischen den Betriebspartnern erreicht. Dies ändert zwar nichts am Druckausübungspotenzial der Gewerkschaftsvertreter schon anlässlich der Betriebsänderung (Zustimmung gegen hohes Sozialplanvolumen, Androhung von Arbeitskampfmaßnahmen). Sie können aber im Zeitpunkt der Zustimmung des Aufsichtsrats zu einer Betriebsänderung noch nicht zielgerichtet die Interessen ihrer Gewerkschaft in dem Sinne vertreten, Sozialtarifvertragsverhandlungen zwischen Unternehmen und Gewerkschaft oder vorbereitende Planungsarbeiten im Aufsichtsrat zu *beeinflussen*. Daher ist ein gesteigerter, dem wesentlichen gegen das Unternehmen gerichteten Interesse entsprechender Interessenkonflikt der Gewerkschaftsvertreter noch nicht gegeben. Ein Befassungsverbot schon zum Zeitpunkt der Zustimmung des Aufsichtsrats zu einer Betriebsänderung ist daher nicht zu rechtfertigen, weshalb in dieser Konfliktsituation nach anderen Lösungsmöglichkeiten zu suchen ist.

Natürlich aber kommt entsprechend der im DCGK zu implementierenden Regelung zu Interessenkonflikten von Gewerkschaftsvertretern zu einem Befassungsverbot derselben, wenn der Aufsichtsrat in Sozialtarifvertragsverhandlungen mit der Gewerkschaft involviert ist, für die sie im Aufsichtsrat sitzen. Gleiches gilt aufgrund der Regelung für die Planung von Sozialtarifverhandlungen seitens des Aufsichtsrats.

ii. Konfliktlagen unternehmensangehöriger Arbeitnehmervertreter im Rahmen von Betriebsänderungen

Die Überlegungen des schwedischen Gesetzgebers zu Interessenkonflikten von Gewerkschaftsvertretern im schwedischen Verwaltungsrat könnten ebenso zur Verhinderung von Konfliktlagen unternehmensangehöriger Arbeitnehmervertreter im Rahmen von Betriebsänderungen fruchtbar gemacht werden, wenn diese gleichzeitig Arbeitnehmervertreter im Aufsichtsrat und Mitglieder des (Gesamt-/Konzern-)Betriebsrats sind.[1225]

Gewerkschaftsvertreter im schwedischen Verwaltungsrat sind bei Tarifvertragsverhandlungen ihrer Gewerkschaft von der Befassung des Verwaltungsrats mit den Verhandlungen ausgeschlossen, da sie sich aufgrund einer Verfügungsmöglichkeit ihrer Gewerkschaft über das Verhandlungsergebnis in einem gesteigerten Interessenkonflikt befinden.

Unternehmensangehörige Arbeitnehmervertreter mit Doppelmandat im deutschen Aufsichtsrat haben bei Absegnung einer Betriebsänderung zunächst das Unternehmensinteresse zu vertreten, in den folgenden Interessenausgleichs- und Sozialplanverhandlungen auf betrieblicher Ebene dagegen im Rahmen des §

1225 Als Lösungsmöglichkeit für derartige Interessenkonflikte wurde ein Stimmrechtsausschluss im Aufsichtsrat vorgeschlagen, vgl. oben **B.III.3.d.**.

112 Abs. 5 S. 1 BetrVG allein die Interessen der von ihnen repräsentierten Arbeitnehmer. Sie befänden sich indes nur dann in einem gesteigerten Interessenkonflikt, wenn sie hinsichtlich des Sozialplans auf betrieblicher Ebene als Betriebsratsmitglieder eine Verfügungsmöglichkeit über das Verhandlungsergebnis hätten. Im Falle des Sozialplans entscheidet letzten Endes die Einigungsstelle mit für beide Seiten bindender Wirkung (§ 112 Abs. 4 S. 2 BetrVG). Arbeitgeber und Betriebsrat müssen sich also mittels Zwangsschlichtung einigen. Den Arbeitnehmervertretern mit Doppelmandat fehlt daher aufgrund des letztlich bindenden Spruchs der Einigungsstelle die selbständige Verfügungsmöglichkeit über das Verhandlungsergebnis auf betrieblicher Ebene. Ihre Konfliktlage ist so nicht vergleichbar der schwedischer oder deutscher Gewerkschaftsvertreter im Falle von Firmentarifvertragsverhandlungen oder Arbeitskämpfen.

Ob eine Doppelstellung der unternehmensangehörigen Arbeitnehmervertreter bei Betriebsänderungen zu einem Ausschluss von Sitzungen des Aufsichtsrats aufgrund möglicher Einflussnahmemöglichkeiten und daraus folgender Interessenkonflikte führen kann, ist auch aus weiteren Gründen fraglich. Gegen einen Ausschluss der unternehmensangehörigen Arbeitnehmervertreter von Sitzungen des Aufsichtsrats, in denen über Betriebsänderungen entschieden wird, spricht, dass ein Interessenkonflikt, der sich einem koalitionsspezifischen Interessenkonflikt externer Gewerkschaftsvertreter annähern könnte und deshalb ein Befassungsverbot rechtfertigen würde, in derartigen Situationen nicht vorliegt. Die Interessen von Gewerkschaften, deren Vertreter im Aufsichtsrat sitzen, sind im Falle von Tarifvertragsverhandlungen und Arbeitskämpfen zwangsläufig dem Interesse des Unternehmens entgegengesetzt. Unternehmensangehörige Arbeitnehmervertreter befinden sich aber bei Betriebsänderungen auch im Falle eines Doppelmandats nicht in einer vergleichbaren Konfliktlage, da über die Betriebsänderung in zwei voneinander getrennten Verfahren entschieden wird. Zum einen entscheidet der mitbestimmte Aufsichtsrat gem. § 111 Abs. 4 S. 2 AktG über die Zustimmung zur Betriebsänderung, und die unternehmensangehörigen Arbeitnehmervertreter stimmen der Betriebsänderung zu oder lehnen sie ab. In einem zweiten Verfahren verhandelt der Betriebsrat mit dem Vorstand über Interessenausgleich und Sozialplan. Eine Situation, die unternehmensangehörige Arbeitnehmervertreter mit Doppelmandat anlässlich ein und derselben zu entscheidenden Angelegenheit Diener zweier Herren sein lässt, wie dies bei externen Gewerkschaftsvertretern im Falle von Firmentarifvertragsverhandlungen und Arbeitskampfangelegenheiten der Fall ist, liegt im Falle von Betriebsänderungen somit nicht vor.

Daher befinden sich unternehmensangehörige Arbeitnehmervertreter mit Doppelmandat im Falle von Betriebsänderungen nicht in einem gesteigerten Interessenkonflikt, der ein wesentliches dem Unternehmen entgegenstehendes Interesse begründet, wie dies bei externen Gewerkschaftsvertretern im Falle von Firmentarifvertragsverhandlungen oder Arbeitskämpfen der Fall ist. Ihr Ausschluss von Sitzungen des Aufsichtsrats, die sich mit Betriebsänderungen befassen, ist deshalb nicht angemessen.

Anlässlich von Betriebsänderungen wird auch der Unterschied von „einfachen“ Interessenkonflikten der Arbeitnehmervertreter und koalitionsspezifischen Interessenkonflikten der externen Gewerkschaftsvertreter deutlich: Bei Letzteren stehen dem Unternehmen die Interessen der Gewerkschaften „von außen“ gegenüber, weshalb ein Befassungsverbot aufgrund des Erfordernisses der Rollentrennung legitim erscheint. Stehen dem Unternehmen dagegen im Falle von Betriebsänderungen die Interessen seiner Arbeitnehmer „von innen“ gegenüber, so sind ihre Vertreter während des Entscheidungsprozesses des Aufsichtsrats nicht schon deshalb auszuschließen.

Dieses Ergebnis lässt sich noch mit einer weiteren Differenzierung untermauern. Die Gegnerunabhängigkeit der tariffähigen Vereinigungen ist Grundvoraussetzung einer funktionierenden Tarifautonomie. Genau aus diesem Grund ist die Teilnahme externer Gewerkschaftsvertreter im Aufsichtsrat so problematisch, wenn sich dieser mit Fragen der Tarifpolitik des Unternehmens, Firmentarifverträgen oder Arbeitskämpfen beschäftigt. Die Regelungen des Mitbestimmungsgesetzes haben die Koalitionsfreiheit laut Urteil des BVerfG zwar nicht verfassungswidrig eingeschränkt. Es bleibt aber Aufgabe des einfachen Gesetzesrechts, mittels institutioneller Vorkehrungen sicherzustellen, dass die Unabhängigkeit und Freiheit der tarifpolitischen Willensbildung auf Arbeitgeberseite gewahrt bleibt.[1226] Genau diese Stoßrichtung hat die oben formulierte Regelung zu Interessenkonflikten von externen Gewerkschaftsvertretern und unternehmensangehörigen Arbeitnehmervertretern, die Gewerkschaftsfunktionäre sind. Nicht Gegenstand der Koalitionsfreiheit ist dagegen die Betriebsverfassung, sie steht vielmehr neben ihr.[1227] Deshalb sind auch die Konfliktlagen unternehmensangehöriger Arbeitnehmervertreter im Falle von Betriebsänderungen, sofern diese sich nicht als Gewerkschaftsfunktionäre betätigen, nicht mit den koalitionsspezifischen Interessenkonflikten externer Gewerkschaftsvertreter gleichzusetzen. Im Falle von Betriebsänderungen ist ein Ausschluss der unternehmensangehörigen Arbeitnehmer mit Doppelmandat daher auch aufgrund dieser Wertungen nicht zu rechtfertigen. Für diese ist daher, wie auch für externe Gewerkschaftsvertreter im Falle der Zustimmung des Aufsichtsrats zu Betriebsänderungen, nach anderen Möglichkeiten der Konfliktlösung zu suchen.

(g) Einwirkungsverbot für Arbeitnehmervertreter

Das Druckausübungspotenzial der Arbeitnehmervertreter, vor allem der externen Gewerkschaftsvertreter, im Falle von Betriebsänderungen bliebe nach alle-

---

1226 *Oetker* in: Wiedemann, TVG, § 2 TVG, Rn. 329.

1227 *Richardi* in: Richardi, BetrVG, Einl., Rn. 47.

dem unverändert. Das Erkaufen der Zustimmung zur Betriebsänderung durch großzügige Sozialplanvolumina bliebe möglich.

Zur Verringerung dieses Druckausübungspotenzials könnte man an ein Einwirkungsverbot der Arbeitnehmervertreter entsprechend den im deutschen Teil dargestellten Grundsätzen denken. Diesen zufolge dürfen Arbeitnehmervertreter ihr Aufsichtsratsamt nicht pflichtwidrig einsetzen, um Tarif- bzw. Streikforderungen durchzusetzen, und es ist ihnen verwehrt, ihr Mandat zur Verfolgung tarifpolitischer Ziele zu nutzen (vgl. oben **B.III.4.d.(e).**). Für unternehmensangehörige Arbeitnehmervertreter wie externe Gewerkschaftsvertreter würde bei einer Übertragung dieser Grundsätze auf die Entscheidung des Aufsichtsrats zu einer Betriebsänderung gelten, dass sie ihre gesellschaftsrechtlichen Befugnisse nicht dazu missbrauchen dürfen, im Aufsichtsrat schon bei der Entscheidung über die Zustimmung zu einer Betriebsänderung Druck in dem Sinne auszuüben, dieser nur unter dem Vorbehalt zuzustimmen, dass den Arbeitnehmern großzügige Zugeständnisse im Sozialplan gemacht werden. Auch die Androhung von Arbeitskampfmaßnahmen seitens externer Gewerkschaftsvertreter „auf Vorrat" für den Fall aus ihrer Sicht unbefriedigender Sozialplanleistungen muss diesen daher verwehrt bleiben.

Zu bedenken ist allerdings, dass die dargestellten Reibungen dem deutschen Mitbestimmungs- und Aktienrecht systemimmanent sind, da im Aufsichtsrat aufgrund der Mitbestimmungsgesetze nicht nur Vertreter der Anteilseigner, sondern auch Vertreter der Arbeitnehmer und der Gewerkschaften sitzen. Dass die Arbeitnehmer im Aufsichtsrat bei Betriebsänderungen trotz der zwingenden Beachtung des Unternehmensinteresses die Interessen ihrer Klientel vertreten, erscheint nicht zuletzt aufgrund der Tatsache legitim, dass ihnen vom Gesetzgeber ein Sitzrecht im Aufsichtsrat größerer Gesellschaften eingeräumt wurde. Auch muss bedacht werden, dass bei wichtigen Entscheidungen, die das gesamte Unternehmen betreffen, stets ein Geben und Nehmen zwischen Arbeitnehmervertretern und Management sowie Anteilseignervertretern stattfinden wird. Allerdings ist der Legitimität dieses Gebens und Nehmens sowie entsprechender Druckausübung der unternehmensangehörigen wie externen Arbeitnehmervertreter im Aufsichtsrat dort eine Grenze gesetzt, wo das Unternehmensinteresse zu Gunsten reiner Arbeitnehmerinteressen vernachlässigt wird. Daher scheint das Einwirkungsverbot im Falle von Betriebsänderungen als probates Mittel, um eine unzulässige, d.h. das Unternehmensinteresse missachtende bzw. gegen dieses sogar verstoßende, Druckausübung von Seiten der Arbeitnehmervertreter im Aufsichtsrat zu verhindern.

Allerdings müsste ein Einwirkungsverbot, um praktikabel zu sein, auch sanktioniert werden. In diesem Zusammenhang ist wieder das Sitzungsleitungsrecht des Aufsichtsratsvorsitzenden zu betonen. Dieser ist während der Sitzung des Aufsichtsrats zu allen Maßnahmen berechtigt, die zum Schutz der Gesellschaft erforderlich sind. Hierzu gehört auch der Entzug des Teilnahmerechts[1228] sowie notfalls der Saalverweis während laufender Sitzung, wenn ein Mitglied die ordnungsgemäße Sitzung unmöglich macht[1229]. So könnten Verstöße gegen das Einwirkungsverbot sanktioniert werden, was *eine* denkbare Handhabe wäre, die unzulässige Druckausübung seitens der Arbeitnehmervertreter anlässlich von Betriebsänderungen zu verhindern. Bei bspw. nicht gerechtfertigtem Saalverweis durch den Vorsitzenden kann das Plenum des Aufsichtsrats dessen Entscheidung durch einfache Mehrheit revidieren[1230], weshalb auch missbräuchlichem Verhalten des Vorsitzenden entgegengewirkt werden kann.

Als zusätzliche Kategorie eines Einwirkungsverbots von Arbeitnehmervertretern ist daher deren unzulässige Druckausübung auf die restlichen Mitglieder des Aufsichtsrats bzw. auf den Vorstand im Falle der Entscheidung des Aufsichtsrats über eine Betriebsänderung anzuerkennen.

(h) Fazit

Die Regelungen des § 14 LSA sind auf externe Gewerkschaftsvertreter und unternehmensangehörige Arbeitnehmervertreter, die Funktionärsaufgaben für Gewerkschaften wahrnehmen, in den typischen Konfliktsituationen Firmentarifvertragsverhandlungen (auch zu Sozialtarifverträgen) und Arbeitskampfmaßnahmen übertragbar. Eine Vorschrift, die derartigen Interessenkonflikten vorbeugt, wurde ausgearbeitet und ist in den DCGK aufzunehmen.

Die Überlegungen des schwedischen Gesetzgebers zur Verhinderung von Interessenkonflikten der Arbeitnehmervertreter im Verwaltungsrat führen indes nicht weiter, um Interessenkonflikte externer Gewerkschaftsvertreter und unternehmensangehöriger Arbeitnehmervertreter mit Doppelmandat im Aufsichtsrat bei Betriebsänderungen rechtlich zu lösen. Die Konfliktsituationen sind andere als im Rahmen von Firmentarifvertragsverhandlungen oder Arbeitskämpfen: Gewerkschaftsvertreter befinden sich bei der Entscheidung des Aufsichtsrats über eine Betriebsänderung noch nicht in einer Situation, die einen Interessenkonflikt begründet, da Sozialtarifverhandlungen noch nicht anstehen. Gleiches gilt für unternehmensangehörige Arbeitnehmervertreter, da das Beteiligungsverfahren im Aufsichtsrat einerseits und im Betriebsrat andererseits nicht auf einen Interessenkonflikt angelegt ist, der koalitionsspezifischen Interessenkonflikten externer Gewerkschaftsvertreter gleichkommt. Dies lässt sich zusätzlich mit der Begründung untermauern, dass es der Grundsatz der Koalitionsfreiheit verlangt, koalitionsspezifische Interessenkonflikte zu vermeiden. Anders sind dagegen Konflikte zu behandeln, die in der Betriebsverfassung wurzeln, da diese nicht Gegenstand der Koalitionsfreiheit ist. Im Falle von Betriebsänderungen sind un-

1228 *Semler* in: Semler/v. Schenk, Arbeitshandbuch, § 4, Rn. 172.
1229 *Hopt/Roth* in: Großkomm AktG, § 107 AktG, Rn. 109 mwN.
1230 *Habersack* in: MünchKomm AktG, § 107 AktG, Rn. 56.

ternehmensangehörige Arbeitnehmervertreter daher auch aufgrund dieser Wertung nicht von der Arbeit des Aufsichtsrats auszuschließen.

Schon im deutschen Teil wurde angedeutet, dass Konfliktsituationen, die aus den Überschneidungen zwischen BetrVG und den Mitbestimmungsgesetzen wie auch aus der Präsenz externer Gewerkschaftsvertreter im Aufsichtsrat folgen können, nie zu 100 % mit Mitteln des Rechts gelöst werden können (vgl. oben **B.III.5.d.**). *Eine* Möglichkeit, mittels der der Druckausübung von Arbeitnehmervertretern im Aufsichtsrat entgegengewirkt werden könnte, ist aber die Statuierung eines Einwirkungsverbots. Arbeitnehmervertreter dürfen demnach bei der Entscheidung des Aufsichtsrats über eine Betriebsänderung ihre Zustimmung bspw. nicht von einem hohen Sozialplanvolumen abhängig machen. Zudem dürfen insbesondere externe Gewerkschaftsvertreter nicht bereits im Vorfeld einer Betriebsänderung Arbeitskampfmaßnahmen androhen, um so das „Hochschrauben" von Sozialplanvolumina zu erreichen. Die dargestellten Konfliktlagen und Reibungen könnten durch ein Einwirkungsverbot der Arbeitnehmervertreter zwar wohl nicht gelöst, aber dennoch eingedämmt werden.

3. Praktische Erfahrungen mit der Unternehmensmitbestimmung in Schweden

Die Mitbestimmung der Arbeitnehmer auf Unternehmensebene wird in Schweden vornehmlich als Instrument verstanden, einen ausreichenden Einblick in die Geschäfte des Unternehmens zu gewinnen. Der Gedanke des Machtzuwachses gegenüber der Unternehmensleitung wie auch gegenüber den Anteilseignern stand hierbei nicht im Vordergrund. Arbeitnehmervertreter in Schweden sehen sich als Bindeglied zwischen Arbeitnehmern und Unternehmensleitung. Sie konzentrieren sich im Verwaltungsrat vorrangig auf Belange der Arbeitnehmer, was aber nicht heißen würde, dass hierdurch ihr Blick für das Unternehmensinteresse getrübt würde. So sind die Arbeitnehmervertreter nach Aussage eines geschäftsführenden Direktors oft, bspw. in Fragen der Organisation und Produktion, kompetenter als die ordentlichen Verwaltungsratsmitglieder.[1231]

In der einleitend erwähnten Studie von *Levinson* wurden geschäftsführende Direktoren befragt, wie sie ihre Erfahrungen mit der Arbeitnehmervertretung in Verwaltungsräten einschätzen.[1232] 19 % der geschäftsführenden Direktoren und 23 % der Vorsitzenden gaben diese als „sehr positiv" an, 42 % der geschäftsführenden Direktoren und 46 % der Vorsitzenden gaben sie als „positiv" an, 30 % bzw. 26 % gaben sie als „gleich positiv wie negativ" an. Die Zahl derjenigen,

---

1231 *Sjögren*, Lag & Avtal 1994, S. 25, 28 im Interview mit *Mauritz Sahlin*, damals geschäftsführender Direktor der SKF AB (*Svenska Kugellagerfabriken*, eine im OMX 30-Index an der Stockholmer Börse notierte Aktiengesellschaft).

1232 *Levinson*, Anställdas Representation.

die die Arbeitnehmervertretung als „ziemlich“, bzw. „sehr“ negativ beschreiben, ist dagegen verschwindend gering.[1233]

Detaillierter nach positiven und negativen Erfahrungen mit der Arbeitnehmervertretung befragt, waren 64 % der geschäftsführenden Direktoren und 61 % der Verwaltungsratsvorsitzenden der Ansicht, dass die Arbeitnehmervertreter zu einem positiven Klima der Zusammenarbeit betrügen. 59 % der geschäftsführenden Direktoren und 65 % der Verwaltungsratsvorsitzenden gaben an, dass Entscheidungen des Verwaltungsrats besser zu implementieren seien. 47 % bzw. 55 % erklärten, dass schwierige Entscheidungen leichter durchzuführen seien. Allerdings gaben auch 40 % der geschäftsführenden Direktoren und 37 % der Verwaltungsratsvorsitzenden an, dass aufgrund der Arbeitnehmervertretung im Verwaltungsrat das Risiko von Vertraulichkeitsproblemen wachse. Jeweils 17 % meinten, dass allzu oft Angelegenheiten, die für die Arbeit des Verwaltungsrats irrelevant seien, aufgegriffen würden. Dass die Beschlussfassung schwerfälliger würde, erklärten 12 % bzw. 13 %. Schließlich waren 7 % bzw. 6 % der Meinung, dass das Risiko von Interessengegensätzen im Verwaltungsrat steige.[1234] Hervorzuheben ist einerseits die doch überwiegende Einschätzung von geschäftsführenden Direktoren und Verwaltungsratsvorsitzenden, die Arbeitnehmervertreter trügen zu einem positiven Klima der Zusammenarbeit bei. Dass Entscheidungen besser zu implementieren sind, wenn Arbeitnehmer am Entscheidungsprozess beteiligt sind, wird auch in Deutschland so gesehen. Besorgt über mögliche Vertraulichkeitsprobleme sind auch Vorstände, Aufsichtsräte, Anteilseigner und nicht zuletzt gewichtige Stimmen der juristischen Literatur in Deutschland (vgl. zu Beidem oben **C.III.5.a.**). Die geringe Zahl der schwedischen Manager, die der Meinung waren, die Beschlussfassung würde aufgrund der Arbeitnehmervertretung schwerfälliger, und die das Problem von Interessengegensätzen gesehen haben, lässt die Wahrnehmung der Arbeitnehmervertretung durch geschäftsführende Direktoren und Verwaltungsratsvorsitzende als durchaus positiv erscheinen.

Die Art und Weise, wie Entscheidungen von Verwaltungsrat und geschäftsführendem Direktor vorbereitet werden, könnte dieses positive Bild von der Arbeitnehmervertretung im Verwaltungsrat erklären. Hiernach gefragt, gaben 74 % der LO-Vertreter und 73 % der PTK-Vertreter an, dass die Entscheidungen vom Verwaltungsratsvorsitzenden und/oder vom geschäftsführenden Direktor vorbereitet würden. 19 % der LO-Vertreter und 17 % der PTK-Vertreter gaben an, dass die Entscheidungen in Ausschüssen oder ähnlichen Organen ohne Arbeitnehmervertreter vorbereitet würden. Lediglich 4 % bzw. 5 % erklärten, dass die Entscheidungen in Ausschüssen oder ähnlichen Organen mit Arbeitnehmervertretern vorbereitet würden.[1235] Eine derart schwache Einbindung der Arbeitneh-

1233 *Levinson*, Anställdas Representation, S. 75.
1234 *Levinson*, Anställdas Representation, S. 76.
1235 *Levinson*, Anställdas Representation, S. 77.

mer zumindest in der vorbereitenden Phase lässt Rückschlüsse auf den Einfluss der Arbeitnehmer im Verwaltungsrat zu, der – zumindest nach der subjektiven Auffassung der Befragten – als gering bezeichnet werden kann. Dieser geringe Einfluss kann die positive Wahrnehmung der Arbeitnehmervertretung durch die Unternehmensleitung erklären: Stören die Arbeitnehmervertreter nicht bei der Arbeit, können sie auch nicht negativ auffallen.

Nach ihren Möglichkeiten befragt, Entscheidungen des Verwaltungsrats zu beeinflussen, meinten nur 3 % aller Gewerkschaftsvertreter, große Möglichkeiten zu haben, alle Arten von Entscheidungen zu beeinflussen. 33 % der LO-Vertreter und 29 % der PTK-Vertreter waren der Auffassung, in bestimmten Angelegenheiten große Möglichkeiten der Beeinflussung zu haben. 57 % der Gewerkschaftsvertreter gaben lediglich geringe Möglichkeiten der Beeinflussung an, für den Rest bestanden diese überhaupt nicht.[1236]

Als Vorteile der Arbeitnehmervertretung im Verwaltungsrat für die übrige Gewerkschaftsarbeit im Unternehmen gaben die Gewerkschaftsvertreter an, dass sie von positiven wie negativen Zukunftsaussichten für das Unternehmen bereits in den Sitzungen des Verwaltungsrats, und nicht erst anlässlich von MBL-Verhandlungen erführen. Die Kontakte mit den Eigentümern würden es zudem teils möglich machen, bei diesen mehr Verständnis für die Sichtweisen der Arbeitnehmer zu wecken. Als Vorteil der Vertretung im Verwaltungsrat wurde auch ein erhöhtes Verständnis für die Abläufe im Unternehmen genannt. Zudem könne bei gewerkschaftsinternen Diskussionen besser vorausgesehen werden, wie die Unternehmensleitung auf Vorschläge reagiere, und es wurde als positiv bezeichnet, dass bei Problemen mit der Unternehmensleitung diese direkt im Verwaltungsrat angesprochen werden könnten.[1237]

Auf die Frage, ob sie eine Verringerung der Anzahl der Arbeitnehmervertreter im Verwaltungsrat als sinnvoll empfänden, antworteten 7 % der geschäftsführenden Direktoren und Verwaltungsratsvorsitzenden, dass dies „sehr angebracht" sei. 13 % bzw. 14 % meinten, dies sei „angebracht". Demgegenüber waren 80 % der geschäftsführenden Direktoren und 79 % der Verwaltungsratsvorsitzenden der Meinung, eine Verringerung der Anzahl der Arbeitnehmervertreter sei „nicht angebracht". Die große Mehrzahl der Manager ist also mit der Anzahl der Arbeitnehmervertreter zufrieden. Die Antworten, die eine Verringerung der Anzahl der Arbeitnehmervertreter befürworteten, sind laut der Studie auf die generelle Tendenz, die Verwaltungsräte zu verkleinern, zurückzuführen.[1238]

Die aus der Untersuchung von *Levinson* folgenden subjektiven Einschätzungen von Gewerkschaftsvertretern sowie von Verwaltungsratsvorsitzenden und geschäftsführenden Direktoren lassen auf eine Stellung der Arbeitnehmervertreter schließen, die den Intentionen des Gesetzgebers nur teilweise entspricht. Die

1236 *Levinson*, Anställdas Representation, S. 79.
1237 *Levinson*, Anställdas Representation, S. 80.
1238 *Levinson*, Anställdas Representation, S. 81.

Zusammenarbeit im Verwaltungsrat wird durch die Anwesenheit der Arbeitnehmervertreter nicht belastet, was als sehr positiv bewertet werden kann. Diese Tendenz ist in Deutschland nicht so eindeutig festzustellen (vgl. oben **B.II.5.**). Wirklichen Einfluss auf Entscheidungen des Verwaltungsrats haben die Arbeitnehmer im Verwaltungsrat allerdings nach eigenen Aussagen nicht. Die Erwartungen des Gesetzgebers, dem Arbeitnehmerkollektiv aufgrund der Vertretung im Verwaltungsrat außer der Einsicht in dessen Arbeit auch Einfluss auf dessen Arbeit zu geben, wurden also nur teilweise erfüllt. Hierbei ist jedoch zu beachten, dass die subjektiven Aussagen der Betroffenen nicht mit den Verhältnissen, wie sie sich objektiv darstellen, übereinstimmen müssen. Empirische Untersuchungen, inwiefern sich die Arbeit schwedischer Verwaltungsräte nach Erlass des LSA geändert hat, liegen allerdings nicht vor. Eindeutig positiv scheint sich die Vertretung der Arbeitnehmer im Verwaltungsrat auf die restliche Gewerkschaftsarbeit im Unternehmen ausgewirkt zu haben.

Die Arbeitnehmervertretung in schwedischen Verwaltungsräten erscheint nach alledem als ein System, das funktioniert und von Arbeitnehmer- wie Arbeitgeberseite akzeptiert wird.

V. Zusammenspiel der Arbeitnehmerbeteiligung gegenüber dem Arbeitgeberunternehmen und im Unternehmensträger

Der schwedische Gesetzgeber ging von einer parallelen Anwendung des LSA und des MBL aus. So hieß es im Gesetzgebungsvorschlag, der eine unbefristete Geltung des LSA vorsah[1239], dass zwischen den unterschiedlichen Gesetzen mit Sicherheit ein Zusammenhang bestehe. Es sei aber nicht möglich abzuschätzen, wie bspw. die Arbeit des Verwaltungsrats durch eine Gesetzgebung [zum MBL], entsprechend der jede das Verhältnis zwischen Arbeitgeber und Arbeitnehmer betreffende Frage in Verhandlungen aufgenommen und vertraglich geregelt werden könne, beeinflusst würde.

1. Praktische Erfahrungen

Nach Erlass des MBL und der in ihm enthaltenen Verhandlungsverpflichtung des Arbeitgebers gem. § 11 MBL musste die Regelung zu Interessenkonflikten der Arbeitnehmervertreter in § 14 LSA überarbeitet werden, da diese sonst im Falle sämtlicher Sitzungen des Verwaltungsrats zu Angelegenheiten des MBL hätten ausgeschlossen werden müssen (vgl. oben **C.IV.2.g.(a).**). Abgesehen von dieser notwendigen Anpassung wurde das Verhältnis zwischen MBL und LSA

1239 Prop. 1975/76:166, S. 137.

in Schweden nicht Gegenstand rechtswissenschaftlicher Untersuchungen. Daher wird zur Darstellung des Zusammenspiels der Arbeitnehmervertretung im Verwaltungsrat gem. LSA und Verhandlungen gem. MBL auf Erfahrungsbeispiele aus der Praxis zurückgegriffen.

Laut den Aussagen eines LO-Vertreters ist der Verwaltungsrat kein Verhandlungsorgan. Aufgabe der Arbeitnehmervertreter im Verwaltungsrat sei es, sich Informationen zu beschaffen und Einfluss auf Beschlüsse des Verwaltungsrats auszuüben, während der lokale Gewerkschaftsklub bei MBL-Verhandlungen dann bezüglich vom Verwaltungsrat getroffener Entscheidungen noch „eins draufsetzen könne" (*ösa pa*, wörtl. übersetzt: „drauf gießen"). Auch liege für beide Seiten ein Vorteil darin, dass die Arbeitnehmerorganisationen durch Vertretung im Verwaltungsrat so früh wie möglich in die Entscheidungsprozesse eingebunden würden. Für den Arbeitgeber sei es von Vorteil, die Gewerkschaften so schnell wie möglich mit ins Boot zu holen. Für die Arbeitnehmer sei es von Nutzen, wenn aufgrund der Arbeitnehmervertretung im Verwaltungsrat Beschlüsse schon vor MBL-Verhandlungen in die gewünschte Richtung gelenkt würden.[1240]

In einem Handbuch der SAF (nunmehr SN) wird darauf hingewiesen, dass Angelegenheiten, in denen gem. § 11 MBL die primäre Verhandlungspflicht des Arbeitgebers gilt, bspw. größere Investitionen, Produktionseinschränkungen sowie Kauf und Verkauf von Geschäftszweigen, typische Fälle seien, für die auch der Verwaltungsrat zuständig sei. Dabei könne der Verwaltungsrat vor Mitbestimmungsverhandlungen den Rahmen für Verhandlungen vorgeben. Nach lokalen und eventuell zentralen Verhandlungen fände dann die Beschlussfassung im Verwaltungsrat statt.[1241]

Der schwedische Gesetzgeber, wie auch Arbeitgeberverbände und Gewerkschaften, waren sich also des Zusammenspiels zwischen MBL und LSA bewusst. Die eben dargestellten Aussagen lassen den Schluss zu, dass die Sozialpartner den ihnen von MBL und LSA vorgegebenen Rahmen bei ihrer Zusammenarbeit positiv im Sinne einer Win-win-Situation zu nutzen vermögen. Die Arbeitnehmerseite ist der Ansicht, dass sie Vorteile davon hat, wenn zuerst im Verwaltungsrat entschieden wird, und sie dann im Rahmen von MBL-Verhandlungen versuchen kann, noch mehr für die Arbeitnehmer herauszuholen. Der Arbeitgeberverband betrachtet es als sinnvollen Entscheidungsprozess, wenn der Verwaltungsrat inklusive der Arbeitnehmervertreter den Rahmen für MBL-Verhandlungen vorgibt. Nach der darauf erfolgenden Beteiligung der Arbeitnehmer mittels MBL-Verhandlungen kann im Verwaltungsrat eine endgültige Entscheidung getroffen werden.

1240 *Sjögren,* Lag och Avtal 1994, S. 25, 28 im Interview mit *Lasse Swartz* (LO).
1241 *Bratt*, Att arbeta i styrelse, S. 11.

2. Parallelen zur Rechtslage in Deutschland

Die Aussagen der Vertreter des Managements und der Arbeitnehmerseite lassen auf ein gutes Zusammenspiel der Beteiligungsrechte, die den Arbeitnehmern gem. MBL und LSA gegeben werden, schließen. Weitere Erfahrungsberichte oder rechtswissenschaftliche Abhandlungen, die das Zusammenspiel der Arbeitnehmerbeteiligung gegenüber und im Unternehmen näher beleuchten oder kritisch betrachten, finden sich in der schwedischen Literatur, soweit ersichtlich, nicht.

Eine greifbare Parallele zur Rechtswirklichkeit in Deutschland findet sich in der Doppelstellung schwedischer Arbeitnehmervertreter im Verwaltungsrat. In den meisten Fällen bekleiden diese gleichzeitig zu ihrem Verwaltungsratsmandat ein Gewerkschaftsmandat auf betrieblicher Ebene, so bspw. als Vorsitzende eines lokalen Gewerkschaftsklubs (vgl. oben **C.IV.2.e.**). Über Probleme dieser Doppelrolle der Arbeitnehmervertreter finden sich allerdings in Schweden ebenso wenig gesicherte Erkenntnisse wie über das Zusammenspiel der Arbeitnehmerbeteiligung gegenüber dem und im Unternehmen. Indes wurde in Schweden dem Interessenkonflikt von Arbeitnehmervertretern, der in Deutschland die meisten Gemüter erregt, vorgebeugt. So sind schwedische Arbeitnehmervertreter aufgrund ihrer Doppelrolle im Falle von Tarifvertragsverhandlungen und Arbeitskämpfen sowie anderen hiermit zusammenhängenden Angelegenheiten gem. § 14 LSA von der Behandlung im Verwaltungsrat ausgeschlossen. Vermutet werden kann, dass die schwedische Vorschrift zu Interessenkonflikten eine erhöhte Sensibilität der Arbeitnehmervertreter in Bezug auf Konfliktsituationen mit sich gebracht hat (vgl. oben **C.IV.2.g.d.**). Gleiches ist in Deutschland zu erhoffen, sollte eine entsprechende Regelung im DCGK eingefügt werden (vgl. oben **C.IV.2.g.(e).v.**).

In Deutschland können angesichts für die Arbeitnehmer belastender Prozesse Reibungen auftreten, die Konsequenz der Überschneidungen der Arbeitnehmerbeteiligung auf Betriebs- und Unternehmensebene sind. Hierbei spielt insbesondere die Vermengung von Unternehmensentscheidungen mit betrieblichen Belangen eine Rolle: Genannt sei die Druckausübung hoher unternehmensangehöriger Arbeitnehmervertreter im Falle von Personalentscheidungen des Aufsichtsrats zur Erreichung von Zugeständnissen auf betrieblicher Ebene (vgl. oben **B.III.5.b.**). In Schweden sind derartige Reibungen nicht belegt, woraus allerdings nicht geschlossen werden darf, dass diese dort nie vorkommen würden. In der Arbeit ist indes aus der fehlenden Dokumentation solcher Probleme wie sie in Deutschland vorkommen, auf ein wesentlich geringeres Vorkommen derselben in Schweden zu schließen. Dies lässt sich möglicherweise mit den Gründen erklären, aus denen die Unternehmensmitbestimmung in Schweden und in Deutschland eingeführt wurde. Zwar sollten die Arbeitnehmer in Schweden durch die Arbeitnehmervertretung im Verwaltungsrat Einsicht in und Einfluss auf die Geschäftstätigkeit von Unternehmen gewinnen. Der Gedanke gleichgewichtiger Teilhabe stand hierbei aber im Gegensatz zu Deutschland nie im Vordergrund (vgl. oben **C.III.1.b.(b).**). Zudem hatten schwedische Gewerkschaften selber nie die paritätische Mitbestimmung in schwedischen Verwaltungsräten gefordert (vgl. oben **C.III.1.b.(b).**). Anfangs wurde sie aufgrund der Befürchtung doppelter Loyalitäten sogar gänzlich abgelehnt (vgl. oben **C.III.1.a.**). Wenn dagegen in Deutschland der Gedanke gleichgewichtiger Teilhabe an Entscheidungsprozessen im Unternehmen das maßgebliche Ziel der Einführung der Unternehmensmitbestimmung war (vgl. oben **B.II.1.**), was sich auch in der Einführung der paritätischen Mitbestimmung manifestiert hat, bringt dies m.E. ein anderes Selbstverständnis der Arbeitnehmervertreter mit sich. Diese sind möglicherweise eher bereit, Konflikte mit der Unternehmensleitung einzugehen und zum Zweck der Druckausübung auch ihr gleichzeitiges Mandat als Gewerkschaftsvertreter/Betriebsratsmitglied zu gebrauchen.

Hinzu kommt wesentlich, dass die unternehmerische Entscheidungsfreiheit von den schwedischen Gewerkschaften seit jeher akzeptiert wurde, die Arbeitgeber aber auch die Gewerkschaften akzeptierten und akzeptieren sowie deren Beiträge zur laufenden Geschäftsführung schätzen (vgl. oben **C.II.1.d.**). Daraus lässt sich mit Blick auf Schweden folgern, dass aufgrund eines grundsätzlich kooperativen Verhältnisses, in dem für die Gewerkschaften nicht ein Machtzuwachs gegenüber den Unternehmen im Vordergrund steht, die Arbeitgeber die Gewerkschaften aber gleichwohl als Gesprächspartner akzeptieren, nur geringe Reibungen in der Zusammenarbeit auftreten. Dies gilt im Allgemeinen wie im Besonderen in den Situationen, in denen für die Arbeitnehmer belastende Entscheidungen zu treffen sind. So ist es nicht verwunderlich, dass in einem Land wie Deutschland, dessen industrielle Beziehungen zumindest nicht als gleichermaßen kooperativ wie die schwedischen bezeichnet werden können, im Laufe von Entscheidungsprozessen, die für die Arbeitnehmer belastende Entscheidungen und Maßnahmen mit sich bringen, eher Reibungen auftreten als in Schweden.

D. Abschließender Vergleich

Der abschließende Vergleich der Systeme der Arbeitnehmerbeteiligung in Deutschland und in Schweden beginnt mit der zusammenfassenden Darstellung der Arbeitnehmerbeteiligung gegenüber dem Arbeitgeberunternehmen. Im zweiten Abschnitt werden die Unterschiede und Gemeinsamkeiten des deutschen und des schwedischen Systems der Arbeitnehmerbeteiligung im Unternehmensträger abschließend behandelt.

I. Arbeitnehmerbeteiligung gegenüber dem Arbeitgeberunternehmen

In Schweden sind die Beteiligungsrechte der Arbeitnehmer gegenüber dem Arbeitgeberunternehmen im MBL geregelt, das einen gesetzlichen Mindeststandard setzt, ansonsten aber den Charakter eines Rahmengesetzes hat. Aufgrund von Mitbestimmungsverträgen können die Bestimmungen des MBL ergänzt, und es können völlig andere Formen der Arbeitnehmerbeteiligung geschaffen werden. Zugleich bildet das MBL den Rahmen für ein industrieverbandsweites System von Kollektivverträgen zwischen Arbeitgebern bzw. Arbeitgeberorganisationen und Gewerkschaften. Arbeitnehmerinteressen werden in Schweden von der industrieverbandsweiten bis auf die betriebliche Ebene ausschließlich von den Gewerkschaften wahrgenommen. Ein separates Organ, das, wie der deutsche Betriebsrat, Arbeitnehmerinteressen innerhalb eines Unternehmens gegenüber diesem vertritt, kennt das schwedische Recht nicht. Diese Aufgabe nehmen in Schweden lokale Gewerkschaften wahr, die innerhalb eines Unternehmens oder Betriebs tätig sind und eigene Rechtspersönlichkeit haben.

1. Duales und einheitliches System der Interessenvertretung

Aufgrund der Vertretung von Arbeitnehmerinteressen nur durch die Gewerkschaften hat sich in Schweden ein einheitliches System der Regelung betrieblicher wie überbetrieblicher Angelegenheiten durch Tarifverträge etabliert. Industrieverbandsweit werden auf Ebene der Dachverbände und auf zentraler Ebene Tarifverträge ausgehandelt. Auf Unternehmens- und Betriebsebene können zwischen Arbeitgeber und lokalen Gewerkschaften lokale Tarif- und Mitbestimmungsverträge ausgehandelt und angewendet werden.

In Deutschland dagegen werden Arbeitnehmerinteressen gegenüber dem Arbeitgeber(-unternehmen) auf Betriebs- und Unternehmensebene durch den Betriebsrat und nur auf industrieverbandsweiter Ebene durch die Gewerkschaften vertreten. So entwickelte sich ein zweispuriges System der Regelung industrieverbandsweiter Angelegenheiten durch Tarifvertrag und der Regelung betrieblicher Angelegenheiten durch Betriebsvereinbarung.

a. Folgen der Ein- bzw. Zweispurigkeit der Interessenvertretung

Betriebliche und überbetriebliche Interessenvertretung der Arbeitnehmer wirken in Schweden reibungslos zusammen, da die betriebliche Vertretung organisatorischer Teil der Gewerkschaftsbewegung ist. Besonders deutlich zeigt sich dies am System des Abschlusses und der Implementierung von Kollektivverträgen auf den verschiedenen Ebenen der industriellen Beziehungen. Kollektivverträge werden von oben (Dachverbands- bzw. Zentralebene) nach unten (lokale Ebene) implementiert, wobei es auch auf Unternehmens- bzw. Betriebsebene bei der Zuständigkeit der Gewerkschaften bleibt. Hierdurch können Kollektivverträge reibungslos an die lokale Ebene angepasst werden. Dies ist in Deutschland anders, da ab der Unternehmensebene grundsätzlich der Betriebsrat zur Vertretung der Arbeitnehmerinteressen zuständig ist. Aus dem Grundsatz der Tarifautonomie folgt allerdings die vorrangige Regelungszuständigkeit der Gewerkschaften bezüglich Arbeitsentgelten und anderen Arbeitsbedingungen gem. § 77 Abs. 3 BetrVG. Im Falle tarifvertraglicher Gebundenheit eines Unternehmens können die Betriebsparteien nur von Bestimmungen des Tarifvertrages abweichen, wenn der Tarifvertrag eine Öffnungsklausel enthält (§ 4 Abs. 3 Alt. 1 TVG), oder wenn sie eine für die Arbeitnehmer günstigere Regelung treffen (§ 4 Abs. 3 Alt. 2 TVG). Im Falle von Notlagen eines Unternehmens sind die Betriebsparteien daher auf die Zustimmung der Gewerkschaften angewiesen, wenn sie betriebliche Bündnisse für Arbeit aushandeln wollen (vgl. oben **B.I.2.b.(a).ii.**).

Diese aus den geteilten Regelungszuständigkeiten zwischen Gewerkschaften und Betriebsrat folgenden Probleme bei der Festlegung von Arbeitsbedingungen auf betrieblicher Ebene stellen sich bei einer Alleinzuständigkeit der Gewerkschaften zur Vertretung von Arbeitnehmerinteressen nicht. Ein System geteilter bzw. sich überschneidender Zuständigkeiten muss daher zwangsläufig einen höheren Aufwand bei der Gestaltung und Koordination kollektiver Arbeitsbedingungen mit sich bringen als ein System einspuriger Zuständigkeiten.[1242] Besonders deutlich wird dies, wenn Unternehmen in Notlagen geraten, und daher betriebliche Bündnisse für Arbeit erforderlich werden. In Deutschland müssen die Gewerkschaften, stimmen sie einem solchen betrieblichen Bündnis zu, um ihre Regelungskompetenz fürchten, was in Schweden aufgrund der Alleinvertretungsbefugnis der Gewerkschaften ausgeschlossen ist. In Schweden kann daher schneller und flexibler auf Notlagen von Unternehmen reagiert werden.[1243]

1242 Ähnlich *Gerum/Steinmann*, Unternehmensordnung, S. 121.

1243 So wurden aufgrund der wirtschaftlichen Probleme vieler Unternehmen infolge der Finanzkrise von der Arbeitgeberseite Überlegungen angestellt, die Lohnverhandlungen

In Deutschland ist dagegen die Koordination der Wahrnehmung von Arbeitnehmerinteressen auf Betriebs- und Unternehmensebene einfacher als in Schweden, da die gewerkschaftlichen und unorganisierten Repräsentanten in betrieblichen Angelegenheiten gegenüber dem Arbeitgeber nicht getrennt, sondern als das Organ Betriebsrat auftreten. Die schwedischen Gewerkschaften müssen demgegenüber im Rahmen von Angelegenheiten des MBL selber Formen der Zusammenarbeit untereinander entwickeln. Hiermit haben sie allerdings in der Praxis keine Probleme, da ein System gewerkschaftlicher Zusammenarbeit in Betrieb und Unternehmen in Schweden seit langer Zeit Tradition hat (vgl. oben **C.III.2.i.**). So wurde zwischen LO und PTK bereits im Jahr 1977 eine „Vereinbarung über die gewerkschaftliche Zusammenarbeit in Mitbestimmungsfragen" getroffen, in dem u.a. die Bildung lokaler Mitbestimmungsräte vorgeschlagen wird, die als Kooperationsorgan zwischen Arbeiter- und Angestelltengewerkschaften fungieren können.

So fördert die Notwendigkeit gewerkschaftlicher Koordination auf betrieblicher Ebene die Kreativität der Gewerkschaften beim Auffinden geeigneter Formen der Zusammenarbeit. Hinzu kommt, dass die Gewerkschaften sehr flexibel bei der Ausgestaltung konkreter Formen der Zusammenarbeit untereinander sind.

b. Fazit

Man mag versucht sein festzustellen, dass das einheitliche System der Interessenvertretung aufgrund der „Interessenvertretung aus einer Hand" Vorteile gegenüber dem Zweispurigen hat, da die Gestaltung und Koordination kollektiver Arbeitsbedingungen auf Betriebs- und Unternehmensebene sowie auf Industrieverbandsebene einfacher zu handhaben ist. Trotzdem erscheint eine Übernahme des schwedischen einspurigen Systems der Interessenvertretung von Arbeitnehmern nur durch die Gewerkschaften für Deutschland realitätsfremd. Der Dualismus der Interessenvertretung durch Gewerkschaften und Betriebsrat ist gewachsenes Modell der Arbeitsbeziehungen und reicht bis in die Zeit der Weimarer Republik zurück.[1244] Die duale Struktur von Betriebsverfassung und Tarifautonomie ermöglicht „eine funktionale Differenzierung der Austragung und Verarbeitung von Interessenkonflikten in zwei – nach Interessen, Akteuren und Durchsetzungsformen – voneinander getrennten Arenen"[1245], also Tarifverhandlungen zwischen den Sozialpartnern auf industrieverbandsweiter Ebene sowie die Wahrnehmung von Beteiligungsrechten durch den Betriebsrat gegenüber

im Jahr 2010 auf zentraler Ebene auszusetzen, damit diese auf lokaler Ebene geführt werden können; vgl. hierzu *Örnerborg*, Lag & Avtal vom 21.10.2008.

1244 *Gamillscheg*, Koll ArbR, S. 122; vgl. ausführlich zu geschichtlichen Zusammenhängen *Schmidt/Trinczek*, Duales System, S. 169ff.

1245 *Müller-Jentsch*, Industrielle Beziehungen 2 (1), 1995, S. 11, 13f.

dem Arbeitgeber auf Betriebs- und Unternehmensebene. Dieser Dualismus kann als eines der wichtigsten Prinzipien der industriellen Beziehungen in Deutschland bezeichnet werden.[1246] Erwägt man die Veränderung oder Abschaffung eines derart wichtigen Prinzips, so dürfen nicht die Pfadabhängigkeiten, denen ein solches Prinzip als innerhalb einer Rechtsordnung gewachsen unterliegt, vernachlässigt werden.[1247] Das übereilte Verlassen des eingeschlagenen Pfades muss – gerade im Arbeitsrecht – zwangsläufig zu unabsehbaren sozialen und wirtschaftlichen Konsequenzen führen, weshalb mit der Vornahme eines derart weit reichenden *Legal Transplant* wie der Abschaffung des dualen Systems der Interessenvertretung der Arbeitnehmer, sehr vorsichtig umzugehen ist.

Wenn auch das Beispiel Schweden ein sehr stabiles System der einheitlichen Interessenvertretung zeigt[1248], ist nach dem Gesagten eine Ablösung des deutschen dualen Systems durch ein System der Interessenvertretung nur durch die Gewerkschaften ausgeschlossen. Etwas anderes könnte höchstens dann gelten, wenn Unzulänglichkeiten bei der Wahrnehmung der Arbeitnehmerinteressen durch den Betriebsrat aufträten.[1249] Da allerdings keine Institution der industriellen Beziehungen Deutschlands derart akzeptiert ist wie der Betriebsrat[1250] (vgl. auch schon oben **B.I.1.f.**), stellt sich diese Frage derzeit nicht. Schließlich ist an-

---

1246 So *Jacobi* et al., Germany, S. 190ff, die darauf hinweisen, dass sich die Forderung nach einer Stärkung der Rolle von gewerkschaftlichen Vertrauensleuten auf betrieblicher Ebene seitens linker Akademiker und Gewerkschafter schon in den sechziger und siebziger Jahren nicht durchgesetzt hatte. Vgl. weiter *Kommission Mitbestimmung* (Bertelsmann Stiftung/Hans-Böckler-Stiftung), S. 7: „Die Unterscheidung und gegenseitige Abstimmung von Tarifautonomie und Mitbestimmung bzw. von überbetrieblichem Tarifvertrag und betrieblicher Betriebsvereinbarung kann als das charakteristische Herzstück des deutschen Systems der industriellen Beziehungen nach dem Zweiten Weltkrieg angesehen werden."

1247 Zu Pfadabhängigkeiten bspw. *Ferner/Hyman*, Introduction, S. xxxiii: „Institutions may be the crystallisation of specific class forces and balances of power, but once established they have a life and reality of their own, independent of political (or economic) fluctuations or caprices; they are [...] "sticky", especially when enshrined in law."

1248 Laut *Kommission Mitbestimmung* (Bertelsmann Stiftung/Hans-Böckler-Stiftung), S. 15, sind kooperative Beziehungen zwischen Arbeitgeber und Betriebsrat ohne Entlastung durch den Tarifvertrag nur schwer erreichbar. Schweden zeigt das Gegenteil, was aber auf das Charakteristikum der industriellen Beziehungen Schwedens, die kooperativen Beziehungen zwischen Arbeitgebern und Gewerkschaften, zurückzuführen sein dürfte.

1249 So die *Arbeitsgruppe Europäisches Gesellschaftsrecht*, ZIP 2003, S. 863, 872: „Es entspricht Lebenserfahrung und Pfadabhängigkeit, im Zweifel an der bisherigen Rechtsordnung oder Rechtsprechung festzuhalten, wenn sie trotz gewisser Schwächen keine wesentlichen Nachteile mit sich bringt und die Alternativen ihrerseits keine erheblichen Verbesserungen zu erbringen versprechen." Hierbei handelt es sich um die Begründung der Ablehnung eines Systemwechsels hinsichtlich des gesetzlichen Garantiekapitals, die Aussage ist aber m.E. verallgemeinerungsfähig.

1250 *Jacobi* et al., Germany, S. 190, 213.

zuführen, dass die Einführung eines schwedischen Modells der industriellen Beziehungen, die „Alleinvertretungsmacht“ der Arbeitnehmer in die Hände der Gewerkschaften zu legen, mit Sicherheit auf den erbitterten Widerstand der Arbeitgeberseite stoßen würde, die die Gewerkschaften ohnehin schon als zu mächtig erachten. Der *Legal Transplant* würde in Deutschland also schon an mangelnder Akzeptanz zumindest seitens der Arbeitgeber scheitern.

2. Generalklauseln gegenüber kodifizierten Beteiligungsrechten

In Schweden sieht das MBL für die Arbeitnehmerbeteiligung auf betrieblicher Ebene Generalklauseln vor. Als zwingender Mindeststandard stehen den Gewerkschaften Verhandlungs- und Informationsrechte gegenüber dem Arbeitgeber zu. So haben alle Gewerkschaften ein Verhandlungsrecht gegenüber dem Arbeitgeber bezüglich solcher Fragen, die das Verhältnis eines ihrer Mitglieder, welches beim Arbeitgeber angestellt ist oder war, zu diesem betreffen (§ 10 MBL). Zum Verhältnis zwischen Arbeitgeber und Arbeitnehmer zählen in Schweden Arbeits- und Anstellungsbedingungen, Fragen der Leitung und Verteilung der Arbeit sowie Fragen der Unternehmensleitung. Typischerweise, aber nicht zwingend, zielen allgemeine Verhandlungen auf die Eingehung von Kollektivverträgen ab. Bei Nichteinigung im Falle von Kollektivverhandlungen haben beide Seiten die Möglichkeit der Ergreifung von Arbeitskampfmaßnahmen, soweit dies zulässig ist. Allgemeine Verhandlungen finden auch im Falle von Rechtsstreitigkeiten statt, in denen Arbeitskampfmaßnahmen unzulässig sind, dafür aber der Gang vor das Arbeitsgericht eröffnet ist.

Im Falle wichtiger Veränderungen der wirtschaftlichen Tätigkeit des Arbeitgebers oder der Arbeits- und Anstellungsbedingungen der Arbeitnehmer haben die Gewerkschaften, die mit dem Arbeitgeber kollektivvertragsverbunden sind, Mitbestimmungsverhandlungsrechte gegenüber diesem gem. §§ 11 ff MBL, und der Arbeitgeber darf eine Entscheidung erst nach abgeschlossenen Verhandlungen mit den Gewerkschaften durchführen. Das primäre Mitbestimmungsverhandlungsrecht sollte nach dem Willen des Gesetzgebers nur einen Mindeststandard des Arbeitnehmereinflusses darstellen, und den Arbeitnehmern sollten vertraglich weiter gehende Mitbestimmungsrechte eingeräumt werden können. Diese weitergehenden Mitbestimmungsrechte können in gem. § 32 MBL abzuschließenden Mitbestimmungsverträgen geregelt werden.

Gewerkschaften, die mit dem Arbeitgeber kollektivvertragsverbunden sind, haben gegenüber diesem gem. § 19 MBL Informationsrechte zur Entwicklung der Produktion und der wirtschaftlichen Tätigkeit sowie zu den Richtlinien der Personalpolitik. § 19 Abs. 2 MBL gewährt ihnen ein Einsichtsrecht in Geschäftsbücher und andere das Unternehmen betreffende Dokumente.

In Deutschland hat der Betriebsrat gegenüber dem Arbeitgeber im Gegensatz zu den schwedischen Gewerkschaften gesetzlich festgelegte Beteiligungsrechte abgestufter Intensität, die von Unterrichtungsrechten bis hin zu erzwingbaren Mitbestimmungsrechten reichen (vgl. oben **B.I.1.c.(a)**). Die Beteiligungsrechte des Betriebsrats sind in soziale, personelle, arbeitsorganisatorische und wirtschaftliche Angelegenheiten unterteilt (vgl. oben **B.I.1.c.(b) – (e).**). Informationsrechte sind teils selbständig (bspw. § 80 Abs. 2 S. 1 BetrVG, allgemeines Informationsrecht des Betriebsrats), teils bilden sie die Grundlage für weitergehende Beteiligungsrechte des Betriebsrats (bspw. § 111 BetrVG, Unterrichtungspflicht des Unternehmers bei geplanten Betriebsänderungen).

a. Allgemeines Verhandlungsrecht, § 10 MBL

In Schweden existiert mit der Regelung in § 10 MBL eine Generalklausel, die die Grundlage für Verhandlungen zwischen Arbeitgeber und Gewerkschaften in Bezug auf das Verhältnis zwischen Arbeitgeber und Arbeitnehmern und die Eingehung von (auch betrieblichen) Tarifverträgen, § 23 MBL, ist. Letztlich bilden die Verhandlungen gem. § 10 MBL so die Grundlage für die Festlegung kollektivvertraglicher Arbeitsbedingungen auf Betriebs- und Unternehmensebene wie auch auf industrieverbandsweiter Ebene. Diese Funktion des allgemeinen Verhandlungsrechts findet keine Entsprechung in Deutschland, da das BetrVG Formen für die Zusammenarbeit und Regelungszuständigkeit der Betriebspartner auf Betriebs- und teils auch Unternehmensebene festlegt, es aber keine Bestimmungen zur Regelung von Angelegenheiten, die über den Betrieb oder das Unternehmen hinausgehen, erfasst. Hierfür sind nicht die Betriebspartner, sondern die Sozialpartner, also Gewerkschaften und Arbeitgeberverbände, zuständig.

In der Zusammenschau mit den Ausführungen zu Kollektivverträgen, auf deren Eingehung Verhandlungen gem. § 10 MBL abzielen, ist daher zu konstatieren, dass das allgemeine Verhandlungsrecht gem. MBL einen wesentlich weiteren Anwendungsbereich hat als die Beteiligungsrechte des BetrVG. Der Grund hierfür liegt darin, dass das allgemeine Verhandlungsrecht die Grundalge für Kollektivvertragsverhandlungen zwischen den Sozialpartnern auf allen Ebenen der industriellen Beziehungen Schwedens ist, die Regelungen des BetrVG demgegenüber auf das Betriebsverhältnis zwischen Arbeitgeber und Betriebsrat begrenzt sind.

Trotzdem lässt sich das allgemeine Verhandlungsrecht schwedischer lokaler Gewerkschaften gegenüber einem schwedischen Arbeitgeber(-unternehmen) mit den entsprechenden Regelungen des BetrVG vergleichen (vgl. oben **C.III.2.c.(a).x.**). In Schweden wird auf Grundlage einer Generalklausel über Angelegenheiten verhandelt, die das Verhältnis zwischen Arbeitgeber und Arbeitnehmern, also v.a. Arbeitsbedingungen, Fragen der Leitung und Verteilung der Arbeit und Fragen der Unternehmensleitung, betreffen. Verhandlungsergebnis kann eine Kollektivvereinbarung in Form des Kollektivvertrags sein. Druckmittel der Gewerkschaften zur Erreichung eines Verhandlungsergebnisses ist – soweit zulässig – die Ergreifung von Arbeitskampfmaßnahmen. In Deutschland wird dagegen auf Grundlage gesetzlich festgelegter Beteiligungsrechte des Betriebsrats in sozialen, personellen, arbeitsorganisatorischen und wirtschaftlichen Angelegenheiten verhandelt, die einem Schema der abgestuften Intensität von Unterrichtungs- und Informationsrechten hin zu echten Mitbestimmungsrechten, in denen der Betriebsrat erzwingbar mitbestimmen kann, folgen. Aufgrund des weiten Anwendungsbereichs des § 10 MBL, letztlich erfasst die Generalklausel alle an einem Arbeitsplatz regelbaren Angelegenheiten, lassen sich die Beteiligungsrechte des Betriebsrats den von § 10 MBL erfassten Angelegenheiten zuordnen (vgl. oben **C.III.2.c.(a).x.(6).**). Regelungsinstrument der Betriebspartner ist die Betriebsvereinbarung. Hierbei gilt auf betrieblicher Ebene gem. § 74 Abs. 2 BetrVG im Gegensatz zu Schweden das Arbeitskampfverbot. Allerdings kennt das BetrVG mit den Angelegenheiten der erzwingbaren Mitbestimmung Tatbestände, in denen der Arbeitgeber sich mit dem Betriebsrat einigen muss. Ein derartiger Zwang ist dem schwedischen Recht fremd, das Erreichen einer Einigung wird dem freien Spiel der Kräfte zwischen den Sozialpartnern überlassen.

Diese Erkenntnis ist ein Indikator dafür, wie stark der schwedische Gesetzgeber industrieverbandsweit ebenso wie in den Betrieben auf Lösungen setzt, die ohne Zwang zwischen den Sozialpartnern ausgehandelt werden. Gleichzeitig wird deutlich, dass sich der deutsche Gesetzgeber auf Ebene der Betriebe und Unternehmen für den Weg der Zwangsschlichtung mittels der Einigungsstelle entschieden hat, also für ein Modell, das nicht auf die einvernehmliche Lösung von Problemen durch die Beteiligten setzt. Diese unterschiedlichen Regelungsmethoden sind Anhaltspunkte dafür, dass die industriellen Beziehungen Schwedens kooperativ, die Deutschlands dagegen konfrontativ bzw. nicht gleichermaßen kooperativ wie die Schwedens sind.

b. Mitbestimmungsverhandlungsrecht, § 11 MBL

§ 11 MBL gibt den mit dem Arbeitgeber kollektivvertragsverbundenen Gewerkschaften im Falle wichtiger Veränderungen der wirtschaftlichen Tätigkeit des Arbeitgebers oder der Arbeits- und Anstellungsbedingungen der Arbeitnehmer sog. Mitbestimmungsverhandlungsrechte. Kern der Vorschrift ist die Verpflichtung des Arbeitgebers, eine Entscheidung bezüglich der zu verhandelnden Angelegenheiten erst nach abgeschlossenen Verhandlungen mit den Gewerkschaften zu treffen. Die Gewerkschaften erhalten so die Gelegenheit, im Laufe der Verhandlungen auf den Entscheidungsprozess des Arbeitgebers einzuwirken. Ebenso maßgeblich wie die Verpflichtung des Arbeitgebers, mit einer Entscheidung bis zum Verhandlungsabschluss zu warten, ist dessen völlige Freiheit, nach abgeschlossenen Verhandlungen mit den Gewerkschaften die Entscheidung zu treffen, die er für geeignet hält. Einziges Druckmittel der Gewerkschaften, welches allerdings von Gewerkschafts- wie Arbeitgeberseite überwiegend abgelehnt wird, ist die Weiterleitung von Verhandlungen auf die zentrale Ebene gem. § 14 MBL. Arbeitskampfmaßnahmen oder die Einlegung von Rechtsmitteln gegen die Entscheidung des Arbeitgebers sind nicht zulässig. Konsequenz der Entscheidungsfreiheit des Arbeitgebers nach abgeschlossenen Verhandlungen ist, dass er in den von § 11 MBL erfassten Situationen nicht gesetzlich oder faktisch (bspw. durch Arbeitskampf) gezwungen werden kann, sich mit den Gewerkschaften zu einigen. Der Grund hierfür ist darin zu sehen, dass die von § 11 MBL erfassten Angelegenheiten dem Unternehmensleitungsrecht des Arbeitgebers vorbehalten sind. Die einzige Einschränkung, die das Unternehmensleitungsrecht erfährt, ist die Pflicht zum Führen von Verhandlungen vor dem Treffen einer Entscheidung (vgl. oben **C.III.2.c.(c).i.**). Wird diese Pflicht aber verletzt, verhängt das AD teils empfindlich hohe Schadensersatzsummen. So kann die Einhaltung der Verhandlungsverpflichtung (vor allem seitens des Arbeitgebers) sichergestellt werden.

Das BetrVG kennt demgegenüber keine generalklauselartigen Beteiligungsrechte, sondern der Intensität nach abgestufte Beteiligungsrechte in sozialen, personellen, arbeitsorganisatorischen und wirtschaftlichen Angelegenheiten. In Deutschland kann der Arbeitgeber in Angelegenheiten der erzwingbaren Mitbestimmung zu einer Einigung mit dem Betriebsrat gezwungen werden.

(a) Vergleich mit den Beteiligungsrechten des deutschen Betriebsrats

Der Vergleich des Mitbestimmungsverhandlungsrechts schwedischer Gewerkschaften in den vom Gesetzgeber aufgeführten Beispielsfällen mit entsprechenden Beteiligungsrechten des Betriebsrats brachte das Ergebnis eines erheblichen Gleichlaufs der erfassten Materien (vgl. oben **C.III.2.c.(c).viii.(6).**). Zudem wurde deutlich, dass die Beteiligungsrechte des deutschen Betriebsrats teils weiter gehen als die schwedischer Gewerkschaften, da das deutsche Recht in sozialen, personellen, arbeitsorganisatorischen wie wirtschaftlichen Angelegenheiten Tatbestände der erzwingbaren Mitbestimmung kennt, das schwedische Recht dagegen nur eine Verhandlungspflicht des Arbeitgebers regelt. Die einzige Ausnahme betrifft das Vetorecht schwedischer Gewerkschaften bei der Auftragsvergabe von Arbeiten an Fremdfirmen, mittels der die zentralen Gewerkschaften die Auftragsvergabe verhindern können, der Arbeitgeber nach abgeschlossenen Verhandlungen also nicht alleine entscheiden kann (vgl. oben **C.III.2.c.(c).v.(2).**). Das Unternehmensleitungsrecht eines schwedischen Arbeitgebers erscheint daher umfänglicher als das eines Deutschen (vgl. oben **C.III.2.c.(c).viii.(6).**).

In der Gesamtschau lässt der fehlende Einigungszwang bei Mitbestimmungsverhandlungen gem. § 11 ff MBL vermuten, dass ein solcher aufgrund der kooperativen und verständnisvollen Beziehungen der schwedischen Sozialpartner überflüssig ist. Gleiches wurde aus dem fehlenden Einigungszwang der Sozialpartner auf lokaler Ebene bei allgemeinen Verhandlungen gem. § 10 MBL gefolgert. Dagegen ist die mittels der Einigungsstelle auf betrieblicher Ebene im BetrVG festgeschriebene Zwangsschlichtung ein Indiz dafür, dass die deutschen Betriebspartner nicht in allen Angelegenheiten ohne Einigungszwang auskommen, die industriellen Beziehungen Deutschlands also weniger kooperativ sind.

(b) Insbesondere: Wichtige Änderungen der wirtschaftlichen Tätigkeit, die einer deutschen Betriebsänderung entsprechen

Der bedeutendste Unterschied zwischen Deutschland und Schweden besteht in der Entscheidungsfreiheit eines schwedischen Arbeitgebers nach abgeschlossenen Mitbestimmungsverhandlungen, da es – mit Ausnahme des Vetorechts – keine Situationen gibt, in denen sich dieser mit den Gewerkschaften einigen muss. Ein deutscher Arbeitgeber dagegen kann aufgrund von Tatbeständen der erzwingbaren Mitbestimmung im BetrVG nicht in allen Situationen alleine entscheiden, sondern muss sich teils mit dem Betriebsrat einigen.

Deutlich wird der Unterschied zwischen Deutschland und Schweden vor allem bei Änderungen der wirtschaftlichen Tätigkeit des Arbeitgebers, die in Deutschland eine Betriebsänderung darstellen würden (vgl. oben **C.III.2.c.(c).viii.(3).**). In derartigen Situationen muss sich ein deutscher Arbeitgeber mit dem Betriebsrat, bzw. seit dem Urteil des BAG zur Zulässigkeit von Arbeitskampfmaßnahmen zur Erzwingung von Sozialtarifverträgen möglicherweise auch mit den Gewerkschaften, über einen (tariflichen) Sozialplan einigen (vgl. oben **B.I.1.c.(e).ii.**), und die Gewerkschaften können den Arbeitgeber aufgrund der Möglichkeit zur Ergreifung von Arbeitskampfmaßnahmen erheblich unter Druck setzen (vgl. oben **B.I.2.b.(c).**), da sie mittels Forderungen nach einer hohen Sozialplandotierung die unternehmerische Entscheidung mittelbar steuern können. Das Letztentscheidungsrecht eines schwedischen Arbeitgebers anlässlich wichtiger Veränderungen seiner wirtschaftlichen Tätigkeit und die mangelnde Möglichkeit schwedischer Gewerkschaften, die Entscheidung des Arbeitgebers mit Mitteln des Arbeitskampfes oder vor Gericht anzugreifen, lassen das Unternehmensleitungsrecht eines schwedischen Arbeitgebers daher gerade in Extremsituationen, in denen sich die Interessen des Arbeitgebers und die der Arbeitnehmer diametral gegenüberstehen, umfänglicher erscheinen als das eines deutschen (zum Vergleich des Arbeitskampfrechts vgl. oben **C.III.2.i.(.c)**). Die unterschiedliche Rechtslage anlässlich derartiger für die Arbeitnehmer einschneidender Betriebsänderungen in Deutschland, bzw. wichtiger Veränderungen der wirtschaftlichen Tätigkeit in Schweden, kann anschaulich anhand von

Betriebsschließungen dargestellt werden, die von der *Electrolux AB* in Deutschland und in Schweden durchgeführt wurden.[1251] Die *Electrolux AB* entschied sich im Jahr 2005/2006, den Betrieb ihrer deutschen Tochtergesellschaft *AEG* von Nürnberg nach Tschechien zu verlagern. Anlässlich dieser Entscheidung forderten deutsche Gewerkschaften denn auch tarifliche Sozialpläne und streikten für diese (vgl. bereits oben **C.III.2.c.(c).viii.(3).**). *Fahlbeck* stellt der Situation in Deutschland die Schließung einer Staubsaugerfabrik durch die *Electrolux AB* im schwedischen Västervik im Jahr 2004 gegenüber, in deren Folge Arbeitsplätze nach Ungarn verlagert wurden. Arbeitskampfmaßnahmen der Gewerkschaften gegen die Entscheidung der *Electrolux AB* waren aufgrund des Letztentscheidungsrechts des Arbeitgebers unzulässig, weshalb dergleichen in Schweden auch nicht geschah. Trotzdem gaben die Gewerkschaften ihr Äußerstes, um die Folgen der Betriebsverlegung zu dämpfen und bemühten sich in Verhandlungen darum, die wirtschaftlichen Nachteile für Arbeitnehmer möglichst gering zu halten.[1252] Dies entspräche den Bemühungen des Betriebsrats, bzw. mittlerweile auch deutscher Gewerkschaften, um einen Sozialplan. Allerdings ist eine entsprechende Regelung in Schweden nicht erzwingbar. Deshalb haben schwedische Gewerkschaften im Falle derartiger Änderungen der wirtschaftlichen Tätigkeit nicht die Möglichkeit, in einem vergleichbaren Maße Druck aufzubauen wie deutsche Gewerkschaften bei Sozialplanverhandlungen.

Auch der rechtstatsächliche Vergleichspunkt, dass Verhandlungen zu wichtigen Veränderungen der wirtschaftlichen Tätigkeit, die einer deutschen Betriebsänderung entsprechen würden, in Schweden wesentlich schneller abgeschlossen sind als in Deutschland (vgl. oben **C.III.2.c.(c).viii.(3).**), verdient Beachtung. Der Grund für die kürzere Verhandlungsdauer in Schweden liegt m.E. auch darin, dass Verhandlungen neben der Verhandlungserfahrung schwedischer Sozialpartner aufgrund geringerer Kodifizierung unbürokratischer und deshalb schneller ablaufen als in Deutschland. Verhandlungen anlässlich von Betriebsänderungen in Deutschland dürften sich aufgrund der Möglichkeit der Gewerkschaften, mit dem Arbeitgeber Sozialtarifverträge auszuhandeln, nunmehr noch weiter in die Länge ziehen.

(c) Fazit

Der Vergleich der Beteiligung schwedischer Gewerkschaften an den Entscheidungen des Arbeitgebers mittels Generalklauseln und der abgestuften Beteili-

---

1251 *Fahlbeck*, Employee Participation, S. 22f.

1252 *Fahlbeck*, Employee Participation, S. 23: „Bitterness and sorrow accompanied the decision but no serious protests and definitely no industrial actions. The unions engaged in negotiations concerning the implementation of the decision („How-negotiations"). Herculean efforts were set in motion to soften to blow to the employees and to the community."

gungsrechte des deutschen Betriebsrats in sozialen, personellen und wirtschaftlichen Angelegenheiten ergab einen erheblichen Gleichlauf der erfassten Materien. Dies zeigt, dass sich mittels unterschiedlicher Regelungstechniken ähnliche Ergebnisse erreichen lassen. Die Beteiligungsrechte des deutschen Betriebsrats gehen allerdings teils weiter als die schwedischer Gewerkschaften, da das schwedische Recht mit Ausnahme des Vetorechts schwedischer Gewerkschaften im Falle der Auftragsvergabe an Fremdfirmen Tatbestände der erzwingbaren Mitbestimmung nicht kennt. Das Unternehmensleitungsrecht eines schwedischen Arbeitgebers ist daher umfassender als das eines Deutschen. Allerdings sind auch die industriellen Beziehungen in Schweden kooperativer als die in Deutschland (vgl. oben **C.V.2.**, **D.I.2.a.**, **D.I.2.b.(a).**), weshalb möglicherweise gerade in Konfliktsituationen wie Betriebsänderungen ein umfänglicheres Letztentscheidungsrecht eines deutschen Arbeitgebers, schaffte man bspw. die erzwingbare Mitbestimmung im Falle des Sozialplans ab, zu nicht ausgewogenen Ergebnissen führen würde. Von einer Handlungsempfehlung in Richtung einer Stärkung des Unternehmensleitungsrechts deutscher Arbeitgeber nach schwedischem Vorbild soll daher abgesehen werden.

c. Informationsrechte schwedischer Gewerkschaften und des deutschen Betriebsrats

Die schwedischen Gewerkschaften haben zum einen verhandlungsbegleitende Informationsrechte gegenüber dem Arbeitgeber gem. § 18 MBL. Zum anderen stehen den mit dem Arbeitgeber kollektivvertragsverbundenen Gewerkschaften gem. § 19 MBL Informationsrechte zur Entwicklung der Produktion und der wirtschaftlichen Tätigkeit sowie den Richtlinien der Personalpolitik zu. Der deutsche Betriebsrat hat gegenüber dem Arbeitgeber teils eigenständige (bspw. § 80 Abs. 1 S. 2 BetrVG), teils Beteiligungsrechten vorgeschaltete Informationsrechte (bspw. § 99 Abs. 1 S. 1 BetrVG, Unterrichtungspflicht des Arbeitgebers vor personellen Einzelmaßnahmen).

Ihrem Inhalt nach sind die Informationsrechte der Gewerkschaften zur Entwicklung der Produktion und der wirtschaftlichen Tätigkeit den Informationsrechten des Wirtschaftsausschusses vergleichbar (vgl. oben **C.III.2.d.(a).i.(1).**). Die Informationsrechte bezüglich Richtlinien der Personalpolitik sind vor allem mit den Informationsrechten des Betriebsrats zur Personalplanung (§ 92 BetrVG) vergleichbar (vgl. oben **C.III.2.d.(a).i.(2).**). Keine Entsprechung im BetrVG findet das Einsichtsrecht schwedischer Gewerkschaften in die Geschäftsbücher des Arbeitgebers gem. § 19 Abs. 1 S. 2 MBL. Dies ist in Deutschland mangels Bezug zu den Aufgaben des Betriebsrats allein dem Aufsichtsrat vorbehalten (vgl. oben **C.III.2.d.(a).ii.**).

Ihrem Zweck nach bilden die Informationsrechte des MBL wie auch die des BetrVG die Grundlage weitergehender Beteiligungsrechte der Gewerkschaften bzw. des Betriebsrats. Die allgemeinen Informationspflichten des Arbeitgebers (§ 19 Abs. 1 S. 1 MBL) sowie dessen Informationspflicht auf Verlangen der Gewerkschaften (§ 19 Abs. 1 S. 2 MBL) dienen in Schweden dazu, die Grundlage einer sinnvollen Beteiligung der Gewerkschaften am Entscheidungsprozess des Arbeitgebers zu schaffen. Auch die Informationsrechte des Betriebsrats gem. § 80 Abs. 1 S.1, 2 BetrVG einschließlich der nichtselbständigen Informationsrechte sowie die Informations- und Beratungsrechte des Wirtschaftsausschusses (§ 106 BetrVG) geben diesen zwar (noch) kein unmittelbares Gestaltungsrecht, sind aber eine notwendige Voraussetzung weitergehender Beteiligung des Betriebsrats an betrieblichen Entscheidungsprozessen. Gleiches gilt für die Unterrichtungs- und Beratungsrechte des Betriebsrats bezüglich der Personalplanung gem. § 92 BetrVG (vgl. oben **C.III.2.d.(b).iii., iv.**).

Die Regelungen zu Informationsrechten in Deutschland und in Schweden verfolgen also die gleichen Ziele, da sie in beiden Ländern die Grundlage einer sinnvollen Beteiligung der Gewerkschaften bzw. des Betriebsrats an den Entscheidungsprozessen des Arbeitgebers bilden.

d. Generalklauselartige Beteiligungsrechte auch für den deutschen Betriebsrat?

Nach dem Vergleich der generalklauselartigen Beteiligungsrechte schwedischer Gewerkschaften mit den Beteiligungsrechten des deutschen Betriebsrats lässt sich die Frage stellen, ob es sinnvoll erscheint, generalklauselartige Beteiligungsrechte auch auf das Betriebsverfassungsgesetz zu übertragen. Generalklauseln bieten allgemein den Vorteil der Flexibilität, weshalb sich die Beteiligungsrechte schwedischer Gewerkschaften im Betriebsalltag einfacher und unbürokratischer handhaben lassen dürften als die im Einzelnen festgelegten Beteiligungsrechte des deutschen Betriebsrats.

Die Übertragung von Generalklauseln auf das deutsche Recht trifft indes, wie auch die Einführung eines einspurigen Systems der Interessenvertretung nur durch die Gewerkschaften, auf erhebliche Bedenken. Wie die Ausführungen zu den Beteiligungsrechten schwedischer Gewerkschaften gezeigt haben, lässt sich mittels Verhandlungs- und Informationsrechten, die als Generalklauseln ausgestaltet sind, ein dem deutschen Recht vergleichbares Beteiligungsniveau erreichen. In der Reichweite der Mitspracherechte bleibt das schwedische aber hinter dem deutschen Modell zurück, da es mit Ausnahme des Vetorechts schwedischer Gewerkschaften im Falle der Auftragsvergabe an Fremdfirmen keine Fälle der erzwingbaren Mitbestimmung kennt. Schlüge man aber in Deutschland ein dem schwedischen Recht entsprechendes Modell vor, das dem Betriebsrat umfassende Informationsrechte und in allen für die Arbeitnehmer bedeutsamen Veränderungssituationen Verhandlungsrechte, aber keine erzwingbaren Mitbestimmungsrechte gäbe, so würde von Seiten der Arbeitnehmer und Betriebsräte im Allgemeinen wie den Gewerkschaften im Besonderen (noch sind mehr als 70 % der Betriebsräte Gewerkschaftsmitglieder) ein Aufschrei der Empörung zu hören sein. Der umfängliche *Legal Transplant* würde also schon an der Voraussetzung, von den Beteiligten akzeptiert zu werden, scheitern.

Lässt man dieses Gedankenspiel beiseite, so darf – wie auch für das duale System der Interessenvertretung durch Gewerkschaften auf industrieverbandsweiter und Betriebsrat auf Betriebs- und Unternehmensebene – nicht außer Acht gelassen werden, dass die Ausgestaltung des Betriebsverfassungsgesetzes und der in ihm enthaltenen Beteiligungsrechte und -strukturen seit Langem gewachsen ist. Das BetrVG hat seine Wurzeln im Betriebsrätegesetz von 1920[1253], weshalb seine Regelungsinhalte nicht ohne unabsehbare Folgen durch eine andere Beteiligungsordnung ersetzt werden können. Stellt man derartige Überlegungen an, so ist wieder die Pfadabhängigkeit der Ausgestaltung von Beteiligungsrechten in Erinnerung zu rufen. Dies gilt bezüglich einer Übernahme der Verhandlungsrechte schwedischer Gewerkschaften insbesondere mit Blick auf die lange Tradition, die Verhandlungen zwischen den Sozialpartnern auf allen Ebenen der industriellen Beziehungen Schwedens haben. Die schwedischen Sozialpartner sind es gewohnt, und dementsprechend darin geübt, zu verhandeln. So knüpfen die Gesetz gewordenen Verhandlungsrechte schwedischer Gewerkschaften auch an eine Tradition der Verhandlungen zwischen den Sozialpartnern an. Im BetrVG sind die Beteiligungsrechte der Arbeitnehmer hingegen – zurückgehend auf das Betriebsrätegesetz aus dem Jahr 1920 – kodifiziert, weshalb in Deutschland schlicht nicht die Tradition besteht, die Arbeitnehmer mittels generalklauselartigen Verhandlungsrechten an Entscheidungsprozessen des Arbeitgebers zu beteiligen. Zudem darf die Frage nach einer Ersetzung der geltenden Beteiligungsrechte des Betriebsrats erst im Falle sichtbarer Insuffizienzen gestellt werden (vgl. bereits oben **D.I.1.b.**). Solche aber sind derzeit nicht ersichtlich.

3. Verhandeltes und kodifiziertes Modell der Arbeitnehmerbeteiligung

Neben der Einspurigkeit der Interessenvertretung durch die Gewerkschaften sowie der generalklauselartigen Regelung von Beteiligungsrechten der Arbeitnehmer in Gestalt von Verhandlungs- und Informationsrechten stellen die industriellen Beziehungen Schwedens ein Modell der Arbeitnehmerbeteiligung dar, welches sehr weit gehende kollektivvertragliche Vereinbarungen zwischen den Sozialpartnern zur Festlegung von Formen der Arbeitnehmerbeteiligung zulässt. In Deutschland dagegen sind weder Tarifverträge noch Betriebsvereinbarungen

---

1253 *v. Hoyningen-Huene*, BetrVR, § 1, Rn. 3; *Richardi* in: Richardi, BetrVG, Einl., Rn. 11: „Durch das Betriebsrätegesetz […] ist erstmals die Mitbestimmung innerhalb der Betriebsverfassung verwirklicht worden.“

Regelungsinstrumente, die dazu dienen, Beteiligungsrechte des Betriebsrats im Unternehmen zu regeln. Auf die Ausnahme des § 3 BetrVG, die abweichende Gestaltung betriebsverfassungsrechtlicher Regelungen durch Tarifvertrag oder Betriebsvereinbarung, ist im Rahmen des nachfolgenden Vergleichs einzugehen.

a. Erkenntnisse

In Mitbestimmungsverträgen, deren Eingehung § 32 MBL ermöglicht, können sich Arbeitgeber und Gewerkschaften auf Formen der Arbeitnehmerbeteiligung einigen, die die Vorschriften des MBL ergänzen oder von diesen abweichen. Gem. § 32 Abs. 2 MBL können Entscheidungsbefugnisse, die an sich dem Arbeitgeber zustehen, auf *„Mitbestimmungsorgane"*, die aus Vertretern des Arbeitgebers und/oder der Arbeitnehmer zusammengesetzt sind, übertragen werden. Hierbei wurden die Grenzen, die das zwingende Aktienrecht den möglichen Befugnissen von Mitbestimmungsorganen setzt, dargestellt. Theoretisch könnte mittels Mitbestimmungsverträgen in die Organisationsstruktur von Aktiengesellschaften eingegriffen werden. Die den Verwaltungsorganen und der Hauptversammlung durch Gesetz zwingend eingeräumten Befugnisse dürfen hierdurch jedoch nicht außer Kraft gesetzt werden (vgl. oben **C.III.2.e.(b).iv.**). Diese Grenzen wurden von den Sozialpartnern jedoch, wie der schwedische Gesetzgeber erwartet hatte, eingehalten. In den bislang abgeschlossenen Mitbestimmungsverträgen wurde das Hauptgewicht auf ein Teilnahmerecht der Arbeitnehmer an der Planungsarbeit im Unternehmen gelegt (vgl. oben **C.III.2.e.(b).vi.(6).**).

Mit dem UVA wurde ein für weite Teile der schwedischen Wirtschaft geltender Mitbestimmungsvertrag vorgestellt, der die nahezu unerschöpflichen Gestaltungsmöglichkeiten, die § 32 MBL den schwedischen Sozialpartnern an die Hand gibt, deutlich macht (vgl. oben **C.III.2.f.**). Gem. UVA können MBL-Verhandlungen durch Mitarbeit von Gewerkschaftsvertretern innerhalb der Linienorganisation des Unternehmens ersetzt werden, oder es können aus Arbeitnehmer- und Gewerkschaftsvertretern bestehende Informations- und Kooperationsorgane errichtet werden (vgl. hierzu und zu weiteren Formen der Mitbestimmung und Zusammenarbeit oben **C.III.2.f.(c).**). Weiter wurden Tendenzen vorherrschender Formen der Arbeitnehmerbeteiligung in Großunternehmen dargestellt (vgl. oben **C.III.2.f.(f).**), und es wurden Beispiele vorgestellt, wie der UVA von einzelnen Unternehmen konkret auf ihre Bedürfnisse zugeschnitten wurde (vgl. oben **C.III.2.f.(g).**).

Die Ausführungen haben deutlich gemacht, dass die verhandelten Formen der Mitbestimmung der Arbeitnehmer, die durch § 32 MBL ermöglicht wurden, die geringsten Entsprechungen im deutschen Recht finden. Dies wurde zunächst am Vergleich von § 32 MBL mit § 3 BetrVG deutlich (vgl. oben **C.III.2.e.(b).v.(1).**). § 32 MBL ermöglicht die Eingehung abweichender Formen der Arbeitnehmerbeteiligung auf allen Ebenen der industriellen Beziehungen, und die Sozialpartner sollen gem. § 32 MBL Verträge über abweichende und ggf. erweiterte Formen der Arbeitnehmerbeteiligung eingehen. § 3 BetrVG hat dem gegenüber hinsichtlich der Regelungsebenen und der Regelungspartner einen deutlich beschränkteren Anwendungsbereich, da organisatorische Veränderungen vor allem von den Sozialpartnern und nur sehr eingeschränkt durch die Betriebspartner (vgl. § 3 Abs. 2 BetrVG) für die Betriebs-, Unternehmens-, und Konzernebene, nicht aber industrieverbandsweit geregelt werden können. Zudem ist § 3 BetrVG an einschränkende Voraussetzungen, wie bspw. die sachgerechte Wahrnehmung der Aufgaben des Betriebsrats, gebunden.

Die Erörterung möglicher Formen der Arbeitnehmerbeteiligung in Schweden, wie sie konkret im UVA und einzelnen Unternehmen vereinbart wurden, machte deutlich, dass die sich aus § 32 MBL ergebenden Regelungsmöglichkeiten wesentlich weiter gehen als die des § 3 BetrVG. § 32 MBL ermöglicht eine gänzliche Abweichung von Verhandlungen gem. MBL unter Einführung bspw. von aus Vertretern des Arbeitgebers und der Gewerkschaften zusammengesetzter Mitbestimmungsorgane (untersuchtes Unternehmen **A**) oder der Mitarbeit von Gewerkschaftsvertretern innerhalb der Linienorganisation des Unternehmens (untersuchtes Unternehmen **B**). Oft werden Konzernverhandlungsdelegationen zur Behandlung konzernübergreifender Angelegenheiten eingesetzt, und es kann aus Zweckmäßigkeitserwägungen die gesellschaftsübergreifende Tätigkeit der Gewerkschaften vereinbart werden. Im Regelsystem des BetrVG kann zwar bspw. ein unternehmenseinheitlicher Betriebsrat errichtet werden, das Repräsentationsorgan Betriebsrat als solches kann aber nicht ersetzt werden, bzw. das geschaffene Organ hat immer die gleiche Rechtsstellung wie der Betriebsrat, vgl. § 3 Abs. 5 BetrVG. Die Schaffung völlig anderer Beteiligungsformen der Arbeitnehmer, wie dies im MBL vorgesehen und im UVA umgesetzt worden ist, ist gem. BetrVG dagegen nicht denkbar. Als Gestaltungsinstrument der Betriebsverfassung ist § 3 BetrVG daher nicht ernst zu nehmen (vgl. oben **C.III.2.f.(h).**).

Trotz der grundsätzlich möglichen Erweiterung von Beteiligungsrechten des Betriebsrats durch Betriebsvereinbarung (vgl. oben **B.I.1.c.(f).**) und Tarifvertrag (vgl. oben **B.I.2.b.(a).i.(2).**) reichen die Möglichkeiten der deutschen Betriebs- und Sozialpartner nicht an die Gestaltungsmöglichkeiten heran, die § 32 MBL den schwedischen Sozialpartnern eröffnet (vgl. oben **C.III.2.e.(b).v.(2).**). Ein tiefer gehender Vergleich der Regelungsmöglichkeiten der deutschen Betriebs- und Sozialpartner mit den Regelungsmöglichkeiten des § 32 MBL wurde als nicht zielführend erachtet, da die Erweiterung von Beteiligungsrechten des Betriebsrats als Gestaltungselement in der Praxis nicht von Bedeutung zu sein scheint.

b. Fazit

Schweden ist mit der Schaffung von § 32 MBL – vielmehr programmatischer Grundsatz denn schlichte Rechtsvorschrift – und dessen konkreter Ausgestaltung u.a. durch den UVA einen gänzlich anderen Weg der Arbeitnehmerbeteiligung gegangen als Deutschland. Dieser Weg lässt sich durch nahezu völlige Verhandlungsoffenheit bezüglich Formen der Arbeitnehmerbeteiligung auf allen Ebenen der industriellen Beziehungen charakterisieren. Die Gegenüberstellung von Vorschriften wie § 32 MBL und § 3 BetrVG zeigt so in aller Deutlichkeit, dass Schweden ein „verhandeltes" Modell der Arbeitnehmerbeteiligung hat, Deutschland dagegen ein „kodifiziertes".

Mit dieser Gegenüberstellung – verhandeltes gegen kodifiziertes Modell der Arbeitnehmerbeteiligung – kann die Frage, ob Elemente des schwedischen Modells der Aushandlung von Beteiligungsrechten in das deutsche Recht übernommen werden könnten, mit einem *„Nein, aber..."* beantwortet werden.

Zunächst ist auf das grundsätzliche *„Nein"* einzugehen. Schweden hat, wie im Laufe der Untersuchung deutlich geworden ist, eine Tradition, die Sozialpartner selber entscheiden zu lassen, welche Formen der Zusammenarbeit ihnen am besten geeignet erscheinen. Konsequenterweise hat der schwedische Gesetzgeber ihnen im MBL daher die Möglichkeit eröffnet, auf allen Ebenen der industriellen Beziehungen vom Gesetz abweichende, möglicherweise praktikablere Formen der Zusammenarbeit zu finden. Dagegen ist in Deutschland neben dem dualen System der Interessenvertretung der Arbeitnehmer durch Gewerkschaften und Betriebsrat die Kodifikation des Arbeitsrechts eines der prägenden Bestandteile der industriellen Beziehungen.[1254] Die Kodifikation, auch als Verrechtlichung bezeichnet, meint die enge rechtliche Bindung an ein dichtes Netz vornehmlich prozeduraler Regelungen sowie rechtliche Einfriedung industrieller Konflikte und Arbeitskämpfe.[1255] Hierbei ist die Regelungsdichte auf der betrieblichen Ebene sehr viel dichter als auf der tariflichen.[1256] Aufgrund dieser Tatsache muss wieder, spielt man mit dem Gedanken einer Transplantation verhandlungsoffener Beteiligungsrechte in das BetrVG, an die Pfadabhängigkeit einer jeden Rechtsordnung erinnert werden. Die Akteure Betriebsrat und Arbeitgeber haben sich im Rahmen der Arena BetrVG mit gesetzlich festgelegten Beteiligungsrechten zurechtgefunden. Hiergegen erscheinen die Möglichkeiten der schwedischen Sozialpartner, vom Gesetz abweichende Formen der Arbeitnehmerbeteiligung zu vereinbaren, als reichhaltige Werkzeugkästen. Diese Werkzeugkästen aber müssen von den Betriebs- bzw. Sozialpartnern auch benutzt werden. In Deutschland fehlt hierzu die Tradition, da die Ausgestaltung von Be-

---

1254 *Jacobi* et al., Germany, S. 190, 191.
1255 *Müller-Jentsch*, Industrielle Beziehungen 2 (1), 1995, S. 11, 15.
1256 *Schmidt/Trinczek*, Duales System, S. 178.

teiligungsrechten nie selber in die Hände der Sozial- bzw. Betriebspartner gelegt wurde, sondern diese seit jeher gesetzlich geregelt waren.

Im Folgenden ist auf das *„aber“* zum grundsätzlichen *„Nein“* einzugehen. Trotz der dargestellten Pfadabhängigkeiten ist die Vorstellung, den deutschen Sozialpartnern zusätzlich zu den ihnen zur Verfügung stehenden Instrumentarien die Möglichkeit zu geben, selbst eigene Formen der Beteiligung zu regeln, verlockend. Dies natürlich unter dem enormen Eindruck der „Spielwiese“ § 32 MBL, die der schwedische Gesetzgeber den Sozialpartnern zur Verfügung gestellt hat. Wie die Ausgestaltung des § 3 BetrVG zeigt, ist der Gesetzgeber hinsichtlich der Ausgestaltung solcher „Spielwiesen“ allerdings sehr zurückhaltend. Die Beteiligungsrechte des Betriebsrats in ihrer konkreten Form (Beteiligungsrechte abgestufter Intensität in sozialen, personellen und wirtschaftlichen Angelegenheiten) wurden als wichtiges Prinzip der industriellen Beziehungen Deutschlands bezeichnet. Allerdings erscheint es als legitim aufzuzeigen, welch reichhaltige Regelungsmöglichkeiten ein anderes Land seinen Sozialpartnern bietet und den Gesetzgeber vorsichtig darauf hinzuweisen, dies doch für die Zukunft zu bedenken.

Daher sollte aufgrund der Pfadabhängigkeit des deutschen Systems kodifizierter Beteiligungsrechte des Betriebsrats an diesem System festgehalten werden. Trotzdem scheint es sinnvoll, bei künftigen Gesetzesänderungen mutig zu sein und den Betroffenen, in erster Linie also den Betriebspartnern, mehr eigene oder auch nur zusätzliche Gestaltungsmöglichkeiten bezüglich der sie betreffenden Angelegenheiten an die Hand zu geben. Der Blick nach Schweden bietet hierzu ein reichhaltiges Repertoire. Als einer der Vorteile, die Ausgestaltung von Formen der Beteiligung der Arbeitnehmer auch in die Hände der Betriebs- und/oder der Sozialpartner zu legen, sei nur die größere Akzeptanz derart vereinbarter Lösungen genannt.

II. Arbeitnehmerbeteiligung im Unternehmensträger

Nach dem Vergleich des schwedischen und des deutschen Systems der Arbeitnehmerbeteiligung gegenüber dem Arbeitgeberunternehmen werden in diesem Abschnitt die Regelsysteme der Arbeitnehmerbeteiligung auf der Ebene des Unternehmensträgers abschließend verglichen.

Zunächst fällt auf, dass die Arbeitnehmerbeteiligung im Verwaltungsrat schwedischer Aktiengesellschaften weitgehend zwingend gesetzlich geregelt ist, ohne dass von den gesetzlichen Bestimmungen abgewichen werden könnte. Dies steht im Gegensatz zum Regelungsmodell des MBL, welches in weiten Teilen für abweichende Regelungen offen steht. Dispositiv sind die Regelungen des LSA lediglich im Hinblick darauf, ob überhaupt eine Arbeitnehmervertretung eingerichtet wird sowie hinsichtlich des Ernennungsverfahrens der Gewerkschaftsvertreter (vgl. oben **C.IV.2.b.,c.**). Der Grund für eine gesetzliche Kodifizierung der Arbeitnehmervertretung im Verwaltungsrat liegt darin, dass sich SAF (nunmehr SN) nicht imstande sah, einen derart tief greifenden Eingriff in die Organisationsstruktur von Aktiengesellschaften vertraglich mit den Gewerkschaftsdachverbänden zu vereinbaren (vgl. oben **C.IV.1.a.**).

1. Einstufiges und zweistufiges Verwaltungssystem

Schweden hat ein einstufiges Verwaltungssystem, in dem der Verwaltungsrat für die Organisation der Gesellschaft und die Verwaltung ihrer Angelegenheiten verantwortlich ist (Kap. 8 § 4 ABL, vgl. zur Rechtsstellung des Verwaltungsrats oben **C.I.1.a.**). Der Verwaltungsrat ist verpflichtet, in öffentlichen Aktiengesellschaften einen geschäftsführenden Direktor zu ernennen, der die laufenden Geschäfte der Aktiengesellschaft entsprechend den Anweisungen und Richtlinien des Verwaltungsrats führt (Kap. 8 § 29 ABL, vgl. zur Rechtsstellung des geschäftsführenden Direktors oben **C.I.1.b.**). Der Verwaltungsrat ist auch das Organ, in dem die Arbeitnehmervertretung auf Unternehmensebene verankert ist. In Gesellschaften mit mindestens 25 Arbeitnehmern haben die mit der Arbeitgeberaktiengesellschaft vertragsverbundenen Gewerkschaften das Recht, zwei Arbeitnehmervertreter sowie zwei Stellvertreter zum Verwaltungsrat zu ernennen. In Gesellschaften, die mindestens 1000 Arbeitnehmer beschäftigen und die in verschiedenen Geschäftsbereichen tätig sind, haben sie das Recht, drei Arbeitnehmervertreter sowie drei Stellvertreter zum Verwaltungsrat zu ernennen (§ 4 LSA, vgl. oben **C.IV.2.a.**).

Deutschland hat demgegenüber ein zweistufiges Verwaltungssystem, bestehend aus Vorstand und Aufsichtsrat. Der Vorstand hat gem. § 76 AktG unter eigener Verantwortung die Gesellschaft zu leiten. Die Hauptaufgaben des Aufsichtsrats sind die Bestellung und Abberufung des Vorstands, § 84 AktG, sowie die laufende Überwachung seiner Geschäftsführung, § 111 Abs. 1 AktG, die sich immer mehr weg von einer reinen Überwachung hin zu einer begeleitenden Überwachung und Beratung gewandelt hat (vgl. hierzu oben **B.II.3.c.**). Arbeitnehmervertretung in Deutschland ist im Aufsichtsrat verankert, wobei in Gesellschaften mit mehr als 500 Arbeitnehmern gem. DrittelbG ein Drittel, in Gesellschaften mit mehr als 2000 Arbeitnehmern gem. MitbestG die Hälfte der Aufsichtsratsmitglieder Arbeitnehmer sind. Das MitbestG räumt den im Unternehmen vertretenen Gewerkschaften zudem zwingende Vorschlagsrechte für einen Teil der Arbeitnehmervertreter, die dann auch in den allermeisten Fällen Gewerkschaftsvertreter sind, ein (vgl. hierzu oben **B.II.2.**).

Anlässlich der Darstellung des Verwaltungssystems schwedischer Aktiengesellschaften wurden die Rechte und Pflichten des schwedischen Verwaltungsrats mit denen des deutschen Aufsichtsrats verglichen. Als Ergebnis konnte festgestellt werden, dass die Aufsichts- und Entscheidungsrechte des Verwaltungsrats größerer schwedischer Aktiengesellschaften weitgehend mit denen des deutschen Aufsichtsrats vergleichbar sind. Schwedischer Verwaltungs- wie deutscher Aufsichtsrat nehmen vor allem Überwachungsaufgaben wahr, wobei geschäftsführender Direktor in Schweden wie Vorstand in Deutschland für Angelegenheiten der laufenden Geschäftsführung zuständig sind (vgl. oben **C.I.2.**).

2. Einrichtung der Arbeitnehmervertretung, Ernennungsverfahren, Sitzverteilung

Das Ernennungsverfahren der Arbeitnehmervertreter zum Verwaltungsrat liegt in Schweden voll und ganz in den Händen der mit dem Arbeitgeber(-unternehmen) vertragsverbundenen Gewerkschaften. Die Gewerkschaften sollten aufgrund der Befürchtung, dass ihre Vertreter im Verwaltungsrat doppelten Loyalitäten unterliegen könnten, selber entscheiden können, ob sie Vertreter zum Verwaltungsrat ernennen (vgl. oben **C.IV.1.b.(c).**), und das Ernennungsverfahren sollte in den Händen der lokalen Gewerkschaften liegen (vgl. oben **C.IV.1.b.(d).**). Die Wahl deutscher Arbeitnehmervertreter ist, verglichen mit dem schwedischen Ernennungsverfahren, wesentlich komplizierter, kostenintensiver und unflexibler (vgl. oben **C.IV.2.c.**). Hinsichtlich der Sitzverteilung der Gewerkschaftsvertreter geht das LSA davon aus, dass sich die Gewerkschaften untereinander über die Sitzverteilung einigen. Wie die Darstellung gezeigt hat, haben die Gewerkschaften hierfür sehr praktikable Wege gefunden (vgl. oben **C.IV.2.d.**).

Die schwedischen Bestimmungen zur Einrichtung der Arbeitnehmervertretung im Verwaltungsrat sowie zum Ernennungs- und Sitzverteilungsverfahren zeigen, wie sehr der schwedische Gesetzgeber auf das Finden geeigneter Lösungen durch die direkt Betroffenen, in diesem Falle durch die lokalen Gewerkschaften, vertraut. Ohne eine Tradition des Verhandelns mit dem Gegenspieler und untereinander wären solche Lösungen indes nicht denkbar, weshalb es nicht als sinnvoll erscheint, derartige Verfahren auf Deutschland zu übertragen. Dass Deutschland im Gegensatz zu Schweden ein – pfadabhängiges – kodifiziertes Arbeitsrecht hat, zeigt sich so auch am Wahlverfahren für Arbeitnehmervertreter.

3. Herkunft der Arbeitnehmervertreter im Verwaltungs- und Aufsichtsrat

In Schweden sollen die Vertreter der Arbeitnehmer im Verwaltungsrat dem Unternehmen angehören, § 9 Abs. 1 LSA. So ernennen die Gewerkschaften auch nur in Ausnahmefällen externe Gewerkschaftsvertreter, die nicht im Unternehmen beschäftigt sind, in den Verwaltungsrat (vgl. oben **C.IV.2.b.**). In Deutschland dagegen haben die Gewerkschaften in gem. MitbestG mitbestimmten Gesellschaften ein Vorschlagsrecht für einen Teil der Arbeitnehmervertreter, aufgrund dessen externe Arbeitnehmervertreter, dann zumeist Gewerkschaftsvertreter, in den Aufsichtsrat gewählt werden können. In gem. DrittelbG mitbestimmten Gesellschaften entfällt das Vorschlagsrecht der Gewerkschaften. In Aufsichtsräten, denen gem. DrittelbG mehr als zwei Arbeitnehmervertreter angehören, können auch externe Vertreter gewählt werden, die dann wieder meist Gewerkschafter sind (vgl. oben **B.II.2.**).

Die deutsche Sichtweise, auch nicht unternehmensangehörige Arbeitnehmervertreter, dann zumeist externe Gewerkschaftsvertreter, in den Aufsichtsrat wählen zu lassen, findet sich in Schweden nicht wieder. Die schwedischen Gewerkschaften sind zwar aufgrund ihres Alleinvertretungsrechts von Arbeitnehmerinteressen immer durch Gewerkschaftsvertreter im Unternehmen vertreten, weshalb sich für sie nicht in gleichem Maße wie in Deutschland die Frage stellt, wie Gewerkschaftsinteressen in die Unternehmensarbeit eingebracht werden können. Die gewerkschaftlichen Arbeitnehmervertreter im schwedischen Verwaltungsrat sind aber dennoch Vertreter lokaler, im Unternehmen errichteter Gewerkschaften, weshalb sie keine gewerkschaftlichen Sichtweisen von außen in den Verwaltungsrat einbringen. Dies aber ist bei externen Gewerkschaftsvertretern in Deutschland der Fall. Angesichts des hohen gewerkschaftlichen Organisationsgrades von Arbeitnehmern, die ein Betriebs- oder Aufsichtsratsmandat innehaben, ist auch in Deutschland zu fragen, ob dem „Repräsentationsinteresse“ der Gewerkschaften nicht schon durch die Präsenz unternehmensangehöriger Arbeitnehmervertreter im Aufsichtsrat genüge getan ist. Diese Sichtweise wird durch die Tatsache bestärkt, dass mittlerweile nur noch 25 % der Arbeitnehmer in Deutschland gewerkschaftlich organisiert sind. So kommen Zweifel auf, ob die Gewerkschaften in dem bislang bestehenden Maße berechtigt sein sollen, Arbeitnehmerinteressen von außen in die Unternehmen einzubringen.

4. Rechtsstellung der Arbeitnehmervertreter

Schwedische Arbeitnehmervertreter im Verwaltungsrat haben im Grundsatz die gleiche Rechts- und Pflichtenstellung wie deutsche Arbeitnehmervertreter im Aufsichtsrat. Dies folgt insbesondere mit Blick auf den Grundsatz der Gleichbehandlung aller Verwaltungs- und Aufsichtsratsmitglieder in Schweden und in Deutschland sowie aus der Tatsache, dass schwedische und deutsche Arbeitnehmervertreter als Leitlinie ihres Handelns das Unternehmensinteresse zu beachten haben, dem sie bei ihrer Amtsausübung spezifische Arbeitnehmerinteressen nicht voranstellen dürfen (vgl. oben **C.IV.2.f.(f).**).

a. Schwedische Regelung zu Interessenkonflikten

Mit § 14 LSA kennt das schwedische Recht eine Regelung, die vom Grundsatz der Gleichbehandlung aller Verwaltungsratsmitglieder abweicht. Dementsprechend dürfen Arbeitnehmervertreter im Verwaltungsrat nicht anlässlich der Behandlung von Fragen teilnehmen, die Tarifvertragsverhandlungen, Arbeitskampfangelegenheiten und andere Gegenstände betreffen, bei denen die Gewerkschaften ein wesentliches Interesse haben, das dem des Unternehmens entgegenstehen kann.

Nach Darstellung der tatbestandlichen Voraussetzungen, der Anwendungsbereiche sowie der praktischen Relevanz der Vorschrift wurde untersucht, ob § 14 LSA seinem Inhalt nach auf deutsche Arbeitnehmervertreter übertragen werden kann. Vorausgesetzt wurde hierbei, dass sich deutsche Gewerkschaftsvertreter – und mit Einschränkungen unternehmensangehörige Arbeitnehmervertreter – im Falle von Firmentarifvertragsverhandlungen oder Arbeitskämpfen in Konfliktlagen befinden, die unterbunden werden müssen (vgl. oben **C.IV.2.g.(e).i.**).

Es konnte festgestellt werden, dass § 14 LSA auch auf deutsche Gewerkschaftsvertreter anwendbar ist. Das von § 14 LSA geforderte „wesentliche Interesse, das dem des Unternehmens entgegenstehen kann " ist bei deutschen Gewerkschaftsvertretern in den Konfliktsituationen Arbeitskampf und Firmentarifvertragsverhandlungen stets zu bejahen, da die Gewerkschaften in diesen Situationen klar Gegenparteien des Unternehmens sind (vgl. oben **C.IV.2.g.(e).ii.(2).**). Allerdings wurde die Rechtsfolge des § 14 LSA, im Falle des Vorliegens einer Konfliktlage bei nur einem oder einem Teil der Arbeitnehmervertreter sämtliche Arbeitnehmervertreter von der Sitzung des Verwaltungsrats zu den genannten Angelegenheiten auszuschließen, als zu weitgehend betrachtet. Vielmehr sind in Deutschland nur diejenigen Gewerkschaftsvertreter, die sich in einer konkreten Konfliktlage befinden, von der Befassung des Aufsichtsrats auszuschließen. Für unternehmensangehörige Arbeitnehmervertreter gilt die Einschränkung, dass sie nur dann mit einem Befassungsverbot zu belegen sind, wenn sie während einer Konfliktlage als Funktionäre für eine konfliktbetroffene Gewerkschaft tätig sind (vgl. oben **C.IV.2.g.(e).ii.(3).**).

Daraufhin wurde eine Vorschrift zu Interessenkonflikten von Gewerkschaftsvertretern und unternehmensangehörigen Arbeitnehmervertretern formuliert, die durch Ausschluss von Teilnahme, Beratung, Abstimmung und Informationsempfang ein umfassendes Befassungsverbot enthält (vgl. oben **C.IV.2.g.(e).iv.**, vgl. zum Inhalt des Befassungsverbots **C.IV.2.g.(e).i.**). Es wurde empfohlen, die Vorschrift in den DCGK aufzunehmen (vgl. oben **C.IV.2.g.(e).v.**). Dies böte vor allem den Vorteil, dass die Arbeitnehmervertreter im Aufsichtsrat über die Befolgung des Kodex hinsichtlich der Regelung mitentscheiden können, und sie daher als quasi „vereinbarte" Vorschrift eine höhere Akzeptanz genösse. Der Vorsitzende des Aufsichtsrats kann das Befassungsverbot aufgrund seines Sitzungsleitungsrechts durchsetzen, sollte ein konfliktbetroffener Arbeitnehmervertreter sein Mandat nicht freiwillig beschränken. Für die Vorschrift wurde folgende Formulierung vorgeschlagen:

> Gewerkschaftsvertreter im Aufsichtsrat sollen/sollten nicht anlässlich der Behandlung von Fragen teilnehmen, die Tarifvertragsverhandlungen, Arbeitskampfangelegenheiten und andere koalitionsbezogene Gegenstände betreffen, bei denen ihre Gewerkschaft ein wesentliches dem Unternehmen entgegenstehendes Interesse haben kann.
>
> Dasselbe gilt für unternehmensangehörige Arbeitnehmervertreter im Aufsichtsrat, wenn sie zum Zeitpunkt der Behandlung der in S. 1 genannten Angelegenheiten als Funktionäre für eine konfliktbetroffene Gewerkschaft tätig sind.

Von der Aufnahme dieser Vorschrift in den DCGK lässt sich eine erhöhte Sensibilität insbesondere der Gewerkschaftsvertreter für Konfliktsituationen wie Firmentarifvertragsverhandlungen und Arbeitskämpfe erhoffen, in denen sie nicht die Interessen des Unternehmens und ihrer Gewerkschaft gleichzeitig vertreten sollten. Entsprechendes gilt für unternehmensangehörige Arbeitnehmer, die während einer Konfliktsituation als Funktionäre für eine konfliktbetroffene Gewerkschaft tätig sind.

b. Interessenkonflikte von Arbeitnehmervertretern im Rahmen von Betriebsänderungen

Bei Betriebsänderungen können unternehmensangehörige Arbeitnehmervertreter wie externe Gewerkschaftsvertreter in Konfliktlagen geraten, wenn sie gleichzeitig Betriebsratsmitglieder bzw. Gewerkschaftsmitglieder sind. Während des Entscheidungsprozesses des Aufsichtsrats über die Betriebsänderung haben sie die theoretische Möglichkeit, Druck auf die restlichen Aufsichtsratsmitglieder bzw. den Vorstand des Unternehmens auszuüben, um so hohe Sozialplanvolumina durchzusetzen. Daher wurde gefragt, ob die Tatbestandsvoraussetzung des § 14 LSA, ein „wesentliches Interesse der Gewerkschaften, das dem des Unternehmens entgegenstehen kann", auch auf deutsche Arbeitnehmervertreter im Rahmen von Betriebsänderungen übertragbar ist. Allerdings wurde festgestellt, dass die Situation deutscher externer Gewerkschaftsvertreter und unternehmensangehöriger Arbeitnehmervertreter im Rahmen der Entscheidung des Aufsichtsrats über Betriebsänderungen nicht mit der schwedischer Arbeitnehmervertreter im Rahmen von bspw. Kollektivvertragsverhandlungen oder Arbeitskampfangelegenheiten vergleichbar ist. Externe Gewerkschaftsvertreter können noch keinen gezielten Druck auf die restlichen Aufsichtsratsmitglieder und den Vorstand ausüben, wenn der Aufsichtsrat über die Zustimmung zu einer Betriebsänderung entscheidet, da noch nicht klar ist, ob es später überhaupt zu Sozialtarifvertragsverhandlungen kommen wird (**C.IV.2.g.(f).i.**). Unternehmensangehörige Arbeitnehmervertreter mit Doppelmandat entscheiden in verschiedenen Verfahren über Betriebsänderung einerseits sowie Interessenausgleich und Sozialplan andererseits. Sie haben auf betrieblicher Ebene auch nicht die für einen Interessenkonflikt nach schwedischer Wertung erforderliche „Verfügungsmöglichkeit über das Verhandlungsergebnis", da bei Scheitern einer Einigung mit dem Arbeitgeber die Einigungsstelle entscheidet. Ihre Situation kommt im Falle der Zustimmung des Aufsichtsrats zu Betriebsänderungen zudem nicht den koalitionsspezifischen Interessenkonflikten deutscher externer Gewerkschaftsvertreter gleich, deren Sanktionierung die Grundsätze der Koalitionsfreiheit erfordern. Die Betriebsverfassung ist aber nicht Bestandteil der Koalitionsfreiheit, weshalb im BetrVG angelegte Interessenkonflikte nicht mit koalitionsspezifischen Interessenkonflikten gleichgesetzt werden können (vgl. oben **C.IV.2.g.(f).ii.**). Daher ist ein Ausschluss der Arbeitnehmervertreter von Sitzungen des Aufsichtsrats, die sich mit Betriebsänderungen befassen, nicht zu rechtfertigen.

Trotzdem wurde, da Einwirkungsmöglichkeiten der Arbeitnehmervertreter im Falle von Betriebsänderungen nicht von der Hand zu weisen sind, ein Einwirkungsverbot im Falle von Betriebsänderungen formuliert, das der unzulässigen Druckausübung im Aufsichtsrat vorbeugen soll (vgl. oben **C.IV.2.g.(f).iv.**). Unternehmensangehörige Arbeitnehmervertreter wie Gewerkschaftsvertreter dürfen ihre Zustimmung im Aufsichtsrat zu einer Betriebsänderung demnach nicht davon abhängig machen, dass bspw. Sozialpläne großzügig dotiert werden, und insbesondere Gewerkschaftsvertreter dürfen nicht „auf Vorrat" mit Arbeitskampfmaßnahmen drohen. So können Konfliktlagen zwar nicht gelöst, aber doch eingeschränkt werden.

III. Zusammenspiel der Arbeitnehmerbeteiligung gegenüber dem Arbeitgeberunternehmen und im Unternehmensträger

Am Ende des deutschen Teils (vgl. oben **B.III.5.**) wurden die in Deutschland aufgrund der Arbeitnehmerbeteiligung gegenüber dem und im Unternehmen auftretenden Reibungen dargestellt, so bspw. die unsachgemäße Vermengung von Unternehmensentscheidungen mit anderen Belangen. In Schweden sind derartige Reibungen nicht belegt, weshalb diese dort in wesentlich geringerem Maße vorkommen dürften als in Deutschland. Die Gründe hierfür könnten in einem anderen Selbstverständnis schwedischer Gewerkschaften zu sehen sein, für die im Gegensatz zu deutschen Gewerkschaften nicht der Machtzuwachs gegenüber den Unternehmen im Vordergrund stand und steht. Vor allem aber sind die industriellen Beziehungen Schwedens kooperativ, und die sozialen Gegenspieler schätzen sich gegenseitig. Hieraus kann geschlossen werden, dass in Schweden allgemein, besonders aber im Falle von Konfliktsituationen, geringere Reibungen auftreten als in Deutschland, wo die industriellen Beziehungen konfrontativer sind (vgl. oben **C.V.2.**).

E. Ausblick

Der Vergleich der Arbeitnehmerbeteiligung auf Betriebs- und Unternehmensebene in Deutschland und in Schweden hat deutlich gemacht, dass die Sozialpartner in Schweden es gelernt haben, einander zu respektieren und zu schätzen, was nicht zuletzt an ihrem eigenen Willen lag, die sie betreffenden Angelegenheiten ohne Einmischung des Staates zu regeln. So hat sich ein System der Kooperation entwickelt, in dem auf Ebene der Betriebe und Unternehmen wie industrieverbandsweit Verhandlungen die Grundlage der Zusammenarbeit bilden.

Das Verhältnis zwischen Arbeitgebern und Arbeitnehmern bzw. Gewerkschaften beeinflusst zwangsläufig die Zusammenarbeit im Unternehmen – sei es auf Betriebs- oder Unternehmensebene. Das Beispiel Schweden hat gezeigt, dass ein kooperatives Zusammenwirken der Sozialpartner zu weniger Reibungen führt als ein konfrontatives. Es ist deshalb nicht zielführend, die Unternehmensmitbestimmung pauschal für mangelnde Kapitalmarktperformance oder Konkurrenzfähigkeit der deutschen Wirtschaft verantwortlich zu machen und ihr so gleichsam die Existenzberechtigung abzusprechen. Die betriebliche Mitbestimmung dagegen muss, da sie wohl weniger schmerzt, seltener als Sündenbock herhalten.

Die industriellen Beziehungen Schwedens vermögen zu zeigen, dass ein positiver Umgang mit dem sozialen Gegenspieler vieles vereinfacht. Würden deutsche Arbeitgeber und Gewerkschaften dies in ihrem täglichen Handeln berücksichtigen, wäre mehr gewonnen als durch viele Gesetzesreformen. Sie sollten deshalb nicht die Konfrontation suchen, sondern lernen, aus der Mitbestimmung den besten Nutzen zu ziehen. Durch diese Aussage soll nicht der eindeutig bestehende Reformbedarf in Deutschland relativiert werden. Mehr Gestaltungsfreiheit für die Betriebspartner ist sinnvoll, und die Begrenzung von Druckausübungsmöglichkeiten und Interessenkonflikten der Arbeitnehmervertreter ist erforderlich. Es ist aber zu betonen, dass die deutschen Regelungen zur Betriebs- und Unternehmensmitbestimmung im Kern gesund sind, und dass durch eine Veränderung der Einstellung der Beteiligten hin zu mehr Kooperation schon viel gewonnen wäre.

Abkürzungs- und Übersetzungsverzeichnis

AD	Arbetsdomstolen *[Arbeitsgericht]*
AB	Aktiebolag [Aktiengesellschaft]
ABL	Aktiebolagslag [Aktiengesellschaftsgesetz]
AEntG	Arbeitnehmer-Entsendegesetz
AG	Aktiengesellschaft
AÜG	Arbeitnehmerüberlassungsgesetz
BAO	Bankinstitutens Arbetsgivarorganisation *[Arbeitgeberorganisation der Bankinstitute]*
BetrVG	Betriebsverfassungsgesetz
BGH	Bundesgerichtshof
Bokföringslag	Rechnungslegungsgesetz
Bolagsstämma	Hauptversammlung
BVerfG	Bundesverfassungsgericht
DCGK	Deutscher Corporate Governance Kodex
DrittelbG	Drittelbeteiligungsgesetz
Ds	Departementsserie *[Veröffentlichung der Ministerien]*
FFL	Lag om Förenings- och Förhandlingsrätt *[Vereinigungs- und Verhandlungsrechtsgesetz]*
FML	Lag om facklig förtroendemans ställning på arbetsplatsen *[Gesetz über die Stellung betrieblicher Gewerkschaftsverteter am Arbeitsplatz]*
Högsta Domstolen	Schwedisches Höchstes Gericht
Ledarna	Gewerkschaft der Arbeitsleiter
KAL	Kollektivavtalslagen *[Kollektivvertragsgesetz]*
LAS	Lag om Anställningsskydd *[Kündigungsschutzgesetz]*
Lagrådet	Gesetzesrat
LO	Landsorganisationen i Sverige *[Dachverband der Arbeitergewerkschaften Schwedens]*
LRA	Lag om Rättegangen i Arbetstvister *[Arbeitsgerichtsgesetz]*
LSA	Lag om Styrelserepresentation för de Privatanställda *[Verwaltungsratsvertretungsgesetz für Privatangestellte]*
MitbestG	Mitbestimmungsgesetz
MBL	Lag om medbestämmande i arbetslivet *[Gesetz zur Mitbestimmung im Arbeitsleben]*
MBR-L	Lokalt Medbestämmanderåd *[Lokaler Mitbestimmungsrat]*
MontanMitbestG	Montanmitbestimmungsgesetz
Motion	Gesetzesvorlage

Prop.	Proposition *[Gesetzgebungsvorschlag]*
PTK	Privattjästemannakartellen *[Kartell der Prviatangestellten]*
PTK-L	PTK Lokal *[Lokale Gruppe des Kartells der Privatangestellten]*
Regeringsformen	Verfassung des Königreichs Schweden
SACO	Svenskt Akademikers Centraloraganisation *[Zentralorganisation der schwedischen Akademiker]*
SAF	Svenska Arbetsgivareförening *[Schwedische Arbeitgebervereinigung]*
Samarbetsavtal	Kooperationsvertrag
SAP	Sveriges Socialdemokratiska Arbetareparti *[Sozialdemokratische Arbeiterpartei Schwedens]*
SCB	Statistiska Centralbyrån *[Statistisches Zentralbüro]*
SEEG	Gesetz zur Einführung der Europäischen Gesellschaft
SEBG	Gesetz über die Beteiligung der Arbeitnehmer in der Europäischen Gesellschaft
SE	Societas Europaea *[Europäische Aktiengesellschaft]*
SFS	Svensk Författningssamling *[Schwedische Gesetzesblätter]*
SIND	Statens Industriverket *[Staatliches Industriewerk]*
SKBS	Svensk Kod för Bolagsstyrning *[Schwedischer Corporate Governance Kodex]*
SN	Svenskt Näringsliv *[Zentralverband der Schwedischen Wirtschaft, Nachfolgeorganisation der SAF]*
SOU	Statens Offentliga Utredningar *[Öffentliche Untersuchungen des Staates]*
SPF	Svensk Pilotförening *[Schwedische Pilotenvereinigung]*
SprAuG	Sprecherausschussgesetz
Styrelse	Verwaltungsrat
TCO	Tjänstemannens Centralorganisation *[Zentralorganisation der Angestellten]*
TVG	Tarifvertragsgesetz
UVA	Utvecklingsavtalet *[Entwicklungsvertrag]*
VD	Verkställande direktör *[Geschäftsführender Direktor]*

Literaturverzeichnis

Adams, Michael
Das Ende der Mitbestimmung
ZIP 2006, S. 1561 - 1568.

Adams, Michael
Die Macht der Banken: Anhörung im Bundestag – Stellungnahme
ZBB 1994, S. 77 - 100.

Adlercreutz, Axel
Sweden
in: Blanpain, Roger
The International Encyclopaedia for Labour Law and Social Security
(Loseblattsammlung)
Kluwer Law International Den Haag, 1998
(zitiert: *Adlercreutz*, Sweden).

Adlercreutz, Axel
The Rise and Development of the Collective Agreement
Scandinavian Studies in Law Vol. 2 (1958), S. 10 - 53
im Internet abrufbar unter *http://www.scandinavianlaw.se/pdf/2-1.pdf* [gelesen am 20.07.2010]
(zitiert: *Adlercreutz*, Collective Agreement).

Adlercreutz, Axel/ Mulder, Bernard Johann
Svensk Arbetsrätt
Norstedts Juridik Stockholm, 13. Auflage 2007
(zitiert: *Adlercreutz/Mulder*, Svensk Arbetsrätt).

Ahlberg, Kerstin
Effekterna av Viking och Laval strider mot skyddet för organisationsrätten
EU & Arbetsrätt (Nordiskt Nyhetsbrev Nr. 1, 2010), S. 1
im Internet abrufbar unter *http://arbetsratt.juridicum.su.se/euarb/10-1/01.asp*
[gelesen am 20.07.2010].

Ahlberg, Kerstin
Højesteret friar fackliga förtroendemän - Inget insiderbrott rådgöra om fusion
EU & Arbetsrätt (Nordiskt Nyhetsbrev Nr. 2, 2009), S. 1
im Internet abrufbar unter *http://arbetsratt.juridicum.su.se/euarb/09-2/01.asp*
[gelesen am 20.07.2010].

Ahlbeg, Kerstin
Slutrond (?) i Laval-Målet: Ska facken betala skadestånd fast de följde entydig svensk lag?
EU & Arbetsrätt (Nordiskt Nyhetsbrev Nr. 1, 2009), S. 1f
im Internet abrufbar unter *http://arbetsratt.juridicum.su.se/euarb/09-1/01.asp*
[gelesen am 20.07.2010].

Ahlberg, Kerstin
Även Østre Landsret dömde förtroendemän för insiderbrott
EU & Arbetsrätt (Nordiskt Nyhetsbrev Nr. 1, 2008), S. 4
im Internet abrufbar unter *http://arbetsratt.juridicum.su.se/euarb/08-1/02.asp*
[gelesen am 20.07.2010].

Andersson, Sten/ Johansson, Svante/ Skog, Rolf
Aktiebolagslagen, En kommentar, Del I-III
Loseblattsammlung, Teil I, 1. - 9. Kapitel
Norstedts Juridik Stockholm, 2005
(zitiert: *Andersson* et al., ABL-Kommentar).

Arbeitsgruppe Europäisches Gesellschaftsrecht
Zur Entwicklung des Europäischen Gesellschaftsrechts: Stellungnahme der Arbeitsgruppe Europäisches Gesellschaftsrecht (Group of German Experts on Corporate Law) zum Report der High Level Group of Company Law Experts on a modern Regulatory Framework for Company Law in Europe
ZIP 2003, S. 863 - 880.

Auffarth, Fritz
Zur Bedeutung der Beteiligungsrechte des Betriebsrats nach dem Betriebsverfassungsgesetz 1972 für eine paritätische Mitbestimmung der Arbeitnehmer auf Unternehmensebene
RdA 1976, S. 2 - 5.

Backhaus, Jürgen G.
The Elgar Companion to Company Law and Economics
Edward Elgar Publishing Limited, Cheltenham UK, Northhampton, MA, USA 1999
(zitiert: *Bearbeiter* in: Backhaus, Company Law).

Badura, Peter/ Rittner, Fritz/ Rüthers, Bernd
Mitbestimmungsgesetz 1976 und Grundgesetz - Gemeinschaftsgutachten
C.H. Beck München, 1977
(zitiert: *Badura/Rittner/Rüthers*, Gemeinschaftsgutachten).

Bayreuther, Frank
Der Streik um einen Tarifsozialplan - Konsequenzen des Urteils des BAG vom 24.4.2007 für die Tarifrechtspraxis
NZA 2007, S. 1017 - 1023.

Bergqvist, Olof/ Lunning, Lars/ Toijer, Gudmund
Medbestämmandelagen - Lagtext med Kommentarer
Norstedts Juridik Stockholm, 2. Auflage 1997
(zitiert: *Bergqvist/Lunning/Toijer*, MBL-Kommentar).

Bergqvist, Olof/ Roos, Carl Martin/ Sigeman, Tore
Arbetstagarinflytande i företagsledningsfrågor - deltagande i beslut, delaktigeht i ansvar
in: Förhandlingar vid det 28:e Nordiska Juristmötet, Köpenhamn 1978
im Internet abrufbar unter *http://jura.ku.dk/njm/28/28_18.pdf* [gelesen am 20.07.2010]
(zitiert: *Bergqvist* et al., Arbetstagarinflytande).

Bericht der Sachverständigenkommission zur Auswertung der bisherigen Erfahrungen bei der Mitbestimmung
Mitbestimmung im Unternehmen
Kohlhammer Stuttgart, 1970
(zitiert: Kommission Mitbestimmung (1970)).

Berkowitz, Daniel/ Pistor, Katharina/ Richard, Jean-Francois
The Transplant Effect
51 American Journal of Comparative Law (2003), S. 163 - 204.

Bernhardt, Wolfgang
Aufsichtsrat - Die schönste Nebensache der Welt? Defizite für eine effiziente Aufsichtsratstätigkeit
ZHR 159 (1995), S. 310 - 321.

Bernhardt, Wolfgang
Sechs Jahre Deutscher Corporate Governance Kodex - Eine Erfolgsgeschichte?
BB 2008, S. 1686 - 1692.

Bertelsmann Stiftung/ Hans-Böckler-Stiftung
Mitbestimmung und neue Unternehmenskulturen - Bilanz und Perspektiven
Bericht der Kommission Mitbestimmung
Verlag Bertelsmann Stiftung, Gütersloh, 1998
im Internet abrufbar unter *http://de.sitestat.com/bertelsmann/stiftung-de/s?bst.Suche.Abschlussbericht1.pdf&ns_type=pdf&ns_url=http://www.bertelsmann-stiftung.de/cps/rde/xbcr/SID-0A000F14-*

2789ECA2/bst/Abschlussbericht1.pdf [gelesen am 20.07.2010]
(zitiert: *Kommission Mitbestimmung* (Bertelsmann Stiftung/ Hans-Böckler-Stiftung)).

Beuthien, Volker
Tarifverträge betriebsverfassungsrechtlichen Inhalts - Ein neuer Weg zu mehr Mitbestimmung in Betrieb und Unternehmen?
ZfA 1986, S. 131 - 155.

Böckli, Peter
Konvergenz: Annäherung des monistischen und des dualistischen Führungs- und Aufsichtssystems
in: Hommelhoff, Peter/ Hopt, Klaus J./ von Werder, Axel
Handbuch Corporate Governance: Leitung und Überwachung börsennotierter Unternehmen in der Rechts- und Wirtschaftspraxis, S. 201 - 221
Verlag Dr. Otto Schmidt Köln, 2003
(zitiert: *Böckli* in: Handbuch Corporate Governance).

Bösche, Burkhard/ Grimberg, Herbert
Die deutschen Gewerkschaftsgesetze
in: Klebe, Thomas/ Wedde, Peter/, Wolmerath, Martin
Recht und soziale Arbeitswelt – Festschrift für Wolfgang Däubler, S. 355 - 382
Bund-Verlag Frankfurt am Main, 1999.

Bratt, Christian
Att arbeta i styrelse - Praktiken, Juridiken, De Anställda
SAF Stockholm, 2. Auflage 1984
(zitiert: *Bratt*, Att arbeta i styrelse).

Brinkmann, Tomas
Unternehmensinteresse und Unternehmensrechtsstruktur - Aufgaben und Grenzen eines normativen Regulativs unternehmerischer Prozesse
Frankfurter rechtswissenschaftliche Studien, Band 1
zugl. Diss., Univ. Frankfurt
Verlag Peter Lang Frankfurt am Main/ Bern, 1983
(zitiert: *Brinkmann*, Unternehmensinteresse).

Brocker, Till
Unternehmensmitbestimmung und Corporate Governance
zugl. Diss., Univ. München
ZAAR Verlag München, 2006
(zitiert: *Brocker*, Unternehmensmitbestimmung).

Buchner, Herbert
Betriebsverfassungs-Novelle auf dem Prüfstand
NZA 2001, S. 633 – 640.

Buchner, Herbert
Gewerkschaftsvertreter im Aufsichtsrat - auch ein verfassungsrechtliches Problem
§§ 1 Abs. 1, 7 Abs. 1 S. 1, Abs. 2 MitbG 1976 auf dem Prüfstand
ZfA 2006, S. 597 – 630.

Bundesvereinigung der Deutschen Arbeitgeberverbände/ Bundesverband der Deutschen Industrie e.V.
Mitbestimmung Modernisieren - Bericht der Kommission Mitbestimmung
BDA/BDI, 2004
im Internet abrufbar unter *http://www.bda-online.de/www/arbeitgeber.nsf/res/547B1EE4EA194F30C12574EF0053DBFF/$file/Mitbestimmung_Modernisieren.pdf* [gelesen am 20.07.2010]
(zitiert: *BDA/BDI-Kommission* (2004)).

Däubler. Wolfgang
Das Arbeitsrecht 1 - Die gemeinsame Wahrung von Interessen im Betrieb, Leitfaden für Arbeitnehmer
Rororo Hamburg, 16. Auflage 2006
(zitiert: *Däubler*, ArbR).

Däubler, Wolfgang
Gewerkschaftsrechte im Betrieb - Handkommentierung
Nomos Baden Baden, 10. Auflage 2000
(zitiert: *Däubler*, Gewerkschaftsrechte).

Däubler, Wolfgang
Tarifvertragsgesetz mit Arbeitnehmerentsendegesetz - Kommentar
Nomos Baden-Baden, 2. Auflage 2006
(zitiert: *Bearbeiter* in: Däubler, TVG).

Däubler, Wolfgang/ Kittner, Michael/ Klebe, Thomas/ Wedde, Peter
BetrVG, Betriebsverfassungsgesetz mit Wahlordnung und EBR-Gesetz - Kommentar für die Praxis
Bund-Verlag Frankfurt am Main, 12. Auflage 2010
(zitiert: *Bearbeiter* in: D/K/K/W).

Davidsson, Mattias
Fackligt medlemstapp fortsätter
Lag & Avtal vom 20.10.2008

im Internet abrufbar unter *http://www.lag-avtal.se/art/8196* [gelesen am 20.07.2010].

Deckert, Martina R.
Inkompatibilitäten und Interessenkonflikte - Zur Pflichtenstellung des Aufsichtsratsmitglieds
DZWir 1996, S. 406 – 411.

Deinert, Olaf
Streik um firmenbezogenen Tarifsozialplan
Anmerkung zu: BAG 1. Senat, Urteil vom 24.04.2007 - 1AZR 252/06
JurisPR-ArbR 1/2008 Anm. 3, S. 1 - 3.

Dieterich, Thomas
Tarif- und Betriebsautonomie - ein Spannungsverhältnis
in: Annuß, Georg/ Picker, Eduard/ Wißmann, Hellmut
Festschrift für Reinhard Richardi zum 70. Geburtstag, S. 117 - 125
C.H. Beck München, 2007.

Dreher, Meinhard
Interessenkonflikte bei Aufsichtsratsmitgliedern von Aktiengesellschaften
JZ 1990, S. 896 - 904.

Edenfeld, Stefan/ Neufang, Sebastian
Die Haftung der Arbeitnehmervertreter im Aufsichtsrat
AG 1999, S. 49 - 57.

Edlund, Sten
En återblick på § 32 - utredningen. Reflektionen kring dess sätt att arbeta och fungera
in: Arbetsrätten i Utveckling. Studier tillägnade Folke Schmidt, S. 97 - 109
Arbetsrättsliga Föreningen Stockholm, 1977
(zitiert: *Edlund* in: Arbetsrätten i Utveckling).

Edlund, Sten/ Hellberg, Inga/ Melin, Tore/ Nyström, Birgitta
Views on Co-Determination in Swedish Working Life
Juristförlaget i Lund, 1989
(zitiert: *Edlund* et al., Views on Co-Determination).

Edström, Örjan
Co-Determination in Private Enterprises in Four Nordic Countries
in: Wahlgren, Peter
Stability and Change in Nordic Labour Law, S. 159 - 189
Stockholm Institute for Scandinavian Law, Stockholm 2002
(zitiert: *Edström*, Co-Determination).

Edström, Örjan
MBL och Utvecklingsavtalet - Samverkansförhandlingar i Företag
zugl. Diss., Univ. Umeå
CE Fritzes Stockholm, 1994
(zitert: *Edström*, MBL och UVA).

Eklund, Ronnie
Bolagisering - ett mode eller ett måste? Arbetsrättsliga lösningsmodeller i 21 koncerner
Juristförlaget JF Stockholm, 1992
(zitiert: *Eklund*, Bolagisering).

Ensch, Jürgen
Institutionelle Mitbestimmung und Arbeitnehmereinfluß
zugl. Diss., Univ. Mainz
Carl Heymanns Verlag Kg Köln, 1989
(zitiert: *Ensch*, Institutionelle Mitbestimmung).

Engels, Gerd/ Trebinger, Yvonne/ Löhr-Steinhaus, Wilfried
Regierungsentwurf eines Gesetzes zur Reform des Betriebsverfassungsgesetzes - Überblick über die wesentlichen Änderungen
DB 2001, S. 532 - 542.

Erdmann, Ernst-Gerhard
Die Bedeutung der Mitbestimmung des Betriebsrats für die unternehmerische Entscheidung
RdA 1976, S. 87 - 90.

Fabricius, Fritz
Gemeinschaftskommentar zum Mitbestimmungsgesetz
Loseblattsammlung - 4. Teillieferung
Luchterhand Neuwied, 1992
(zitiert: *Bearbeiter* in: GK MitbestG).

Fahlbeck, Reinhold
Employee Participation in Sweden - Union Paradise and Employee Hell or…?
Skrifter utgivna vid Juridiska Fakulteten i Lund, Nr 163, Acta Societatis

Juridicae Lundensis
Juristförlaget i Lund, 2008
(zitiert: *Fahlbeck*, Employee Participation).

Fahlbeck, Reinhold
Industrial Relations and Collective Labour Law
in: Wahlgren, Peter
Stability and Change in Nordic Labour Law, S. 87 - 133
Stockholm Institute for Scandinavian Law, Stockholm 2002
(zitiert: *Fahlbeck*, Industrial Relations).

Fahlbeck, Reinhold
Labour and Employment Law in Sweden
Juristförlaget i Lund, 2. Auflage 1997
(zitiert: *Fahlbeck*, Labour and Employment Law).

Fahlbeck, Reinhold
Praktisk Arbetsrätt
Liber Ekonomi Malmö, 3. Auflage 1994
(zitiert: *Fahlbeck*, Praktisk Arbetsrätt).

Fahlbeck, Reinhold
Stridsåtgärder, särskilt sympatiåtgärder, på arbetsmarknaden och kollektiv reglering av anställningsvillkor - En internationell jämförelse
Skrifter utgivna av Juridiska Fakulteten i Lund, Nr 163, Acta Societatis Juridicae Lundensis
Juristförlaget i Lund, 2008
(zitiert: *Fahlbeck*, Stridsåtgärder).

Fahlbeck, Reinhold
Nothing succeeds like Success - Trade Unionism in Sweden
Skrifter utgivna av Juridiska Fakulteten i Lund, Nr 136, Acta Societatis Juridicae Lundensis
Juristförlaget i Lund, 1999
(zitiert: *Fahlbeck*, Trade Unionism).

Ferner, Anthony/ Hyman, Richard
Introduction
in: Ferner, Anthony/ Hyman, Richard
Industrial Relations in the new Europe
Blackwell Publishers Oxford, 1992
(zitiert: *Ferner/Hyman*, Introduction).

Fischer, Robert/ Lutter, Marcus/ Wiedemann, Herbert
Das Mitbestimmungsgesetz in Recht und Praxis - Bad Homburger Mitbestimmungs-Symposium
ZGR 1977, S. 131 - 444.

Fischinger, Philipp S.
Streik um Tarifsozialpläne?
NZA 2007, S. 310 - 313.

Fitting, Karl/ Engels, Gerd/ Schmidt, Ingrid/, Trebinger, Yvonne/ Linsenmaier, Wolfgang
Betriebsverfassungsgesetz, Handkommentar
Verlag Franz Vahlen München, 25. Auflage 2010
(zitiert: *F/E/S/T/L*, BetrVG).

Fitting, Karl/ Wlotzke, Otfried/ Wißmann, Hellmut
Mitbestimmungsrecht - Mitbestimmungsgesetz, Drittelbeteiligungsgesetz, Wahlordnungen, Mitbestimmung auf europäischer Ebene
Verlag Franz Vahlen München, 3. Auflage 2008
(zitiert: *Bearbeiter* in: F/W/W, MitbestR).

Foerster, Alexander
Schweden
in: Hohloch, Gerhard
EU-Handbuch Gesellschaftsrecht, Loseblattausgabe
Verlag für Rechts- und Anwaltspraxis Herne, 1997
(zitiert: *Foerster* in: EU-Handbuch Gesellschaftsrecht).

Foerster, Alexander/ Dejmek, Paulina
Die neuesten Entwicklungen des schwedischen Aktien- und Übernahmerechts in einer nationalen und europäischen Perspektive
ZVglRWiss 101 (2002), S. 309 - 327.

Foerster, Alexander/ Strempel, Hans
Neuere Entwicklungen im Recht der schwedischen Aktiengesellschaft
RIW 1999, S. 33 - 37.

Fleischer, Holger
Der Einfluss der Societas Europaea auf die Dogmatik des deutschen Gesellschaftsrechts
AcP 204 (2004), S. 502 - 543.

Flodgren, Boel
Fackföreningen och Rätten. En jämförande studie av föreningsrätten i Sverige och USA
zugl. Diss., Univ. Stockholm
Norstedt Stockholm, 1978
(zitiert: *Flodgren*, Fackföreningen och Rätten).

Flodgren, Boel
Co-determination at the workplace
in: Bruun, Niklas/ Flodgren, Boel/ Halvorsen, Marit/ Hydén, Håkan/ Nielsen, Ruth
The Nordic Labour Relations Model - Labour Law and the Trade Unions in the Nordic Countries - Today and Tomorrow, S 76 - 92
Dartmouth Publishing Company Limited, Aldershot 1991
(zitiert: *Flodgren* in: Bruun et al.).

Franz, Wolfgang
Die deutsche Mitbestimmung auf dem Prüfstand: Bilanz und Vorschläge für eine Neuausrichtung
ZAF 2005, S. 268 - 283.

Fuchs, Harald/ Köstler, Roland
Handbuch zur Aufsichtsratswahl - Wahlen der Arbeitnehmer nach dem Mitbestimmungsgesetz und dem Drittelbeteiligungsgesetz
Bund-Verlag Frankfurt am Main, 3. Auflage 2005.
(zitiert: *Fuchs/Köstler*, AR-Wahl).

Gamillscheg, Franz
Kollektives Arbeitsrecht, Band I: Grundlagen/ Koalitionsfreiheit/ Tarifvertrag/ Arbeitskampf und Schlichtung
C.H. Beck München, 1997
(zitiert: *Gamillscheg*, Koll ArbR).

Gaumann, Ralf/ Schafft, Marcus
Auswirkungen eines Arbeitskampfs auf die Rechtsstellung der Arbeitnehmervertreter im Aufsichtsrat
DB 2000, S. 1514 – 1518.

Glaum, Martin
Kapitalmarktorientierung deutscher Unternehmungen - Ergebnisse einer empirischen Untersuchung
Industriestudie im Auftrag von Coopers & Lybrand Deutschland
Fachverlag moderne Wirtschaft Frankfurt am Main, 1998

(zitiert: *Glaum*, Kapitalmarktorientierung deutscher Unternehmungen).

Gerum, Elmar/ Steinmann, Horst
Unternehmensordnung und tarifvertragliche Mitbestimmung - Eine soziökonomische Untersuchung zur vergleichenden Unternehmensverfassung am Beispiel Schwedens
Betriebswirtschaftliche Schriften, Heft 116
Duncker & Humblot Berlin, 1984
(zitiert: *Gerum/Steinmann*, Unternehmensordnung).

Göritz, Berthold/ Hase, Detlef/ Pankau, Matthias/ Röhricht, Dietmar/ Rupp, Rudi/ Teppich, Helmut
Handbuch Einigungsstelle
Bund Verlag Frankfurt am Main, 4. Auflage 2007
(zitiert: *Göritz* et al., Handbuch Einigungsstelle).

Goette, Wulf/ Habersack, Mathias/ Kalss, Susanne
Münchener Kommentar zum Aktiengesetz
Band 2, §§ 76 - 117 AktG, MitbestG, DrittelbG
C.H. Beck/Verlag Franz Vahlen München, 3. Auflage 2008
Band 9/2, §§ 329 - 410 AktG, SE-VO, SEBG, Europäische Niederlassungsfreiheit, Die Richtlinien zum Gesellschaftsrecht
C. H. Beck/Verlag Franz Vahlen München, 2. Auflage 2006
(zitiert: *Bearbeiter* in: MünchKomm AktG).

Goldberg, Walter/ Wolff, Rolf
Verhandelte oder kodifizierte Mitbestimmung - Ein Vergleich der Mitbestimmungsregelungen in Deutschland und in Schweden
Göteborgs Universitetet, Företagsekonomisla Institutionens Rapportserie, FE-Rapport 143
Göteborgs Universitetet, Göteborg 1979
(zitiert: *Goldberg/Wolff*, Verhandelte oder kodifizierte Mitbestimmung).

Hanau, Peter
Das Verhältnis des Mitbestimmungsgesetzes zum kollektiven Arbeitsrecht
ZGR 1977, S. 397 - 421.

Hanau, Peter
Denkschrift – zu dem Regierungsentwurf eines Gesetzes zur Reform des Betriebsverfassungsgesetzes
RdA 2001, S. 65 - 76.

Hanau, Peter
Gesetzliche und kollektivvertragliche Mitbestimmung in der Privatwirtschaft

nach schwedischem Recht
in: v. Caemmerer, Ernst/ Jescheck, Hans-Heinrich
Mitbestimmung der Arbeitnehmer in Frankreich, Großbritannien, Schweden, Italien, den USA und der Bundesrepublik Deutschland, S. 89 - 122
Arbeiten zur Rechtsvergleichung der Schriftenreihe der Gesellschaft zur Rechtsvergleichung
Alfred Metzner Verlag Frankfurt am Main, 1978
(zitiert: *Hanau*, Gesetzliche und kollektivvertragliche Mitbestimmung).

Hanau, Peter
Lösungsmöglichkeiten mitbestimmungsbedingter Interessenkonflikte
RdA 1975, S. 23 - 28.

Hanau, Peter/ Wackerbarth, Ulrich
Unternehmensmitbestimmung und Koalitionsfreiheit - Interessenkonflikte von Gewerkschaftsvertretern im Aufsichtsrat
Nomos Baden-Baden, 2004
(zitiert: *Hanau/Wackerbarth*, Unternehmensmitbestimmung).

Hansen, Jesper Lau
Nordic company law: the regulation of public companies in Denmark, Finland, Iceland, Norway and Sweden
Djøf Publications Copenhagen, 2003
(zitiert: *Hansen*, Nordic Company Law).

Hartzell, Lars
Billigt att lägga ned I Trollhättan
Lag & Avtal vom 03.01.2005
im Internet abrufbar unter *http://www.lag-avtal.se/art/4373* [gelesen am 20.07.2010].

Hasselbalch, Ole
The Roots: The History of Nordic Labour Law
in: Wahlgren, Peter
Stability and Change in Nordic Labour Law, S. 11 - 35
Stockholm Institute for Scandinavian Law, Stockholm 2002
(zitiert: *Hasselbalch*, The Roots).

Henssler, Martin
Arbeitnehmermitbestimmung im deutschen Gesellschaftsrecht
in: Baums, Theodor /Ulmer, Peter
Unternehmensmitbestimmung im Recht der EU-Mitgliedstaaten, S. 133 - 158
Beihefte der Zeitschrift für das gesamte Handels- und Wirtschaftsrecht, Heft 72
Verlag Recht und Wirtschaft GmbH Heidelberg, 2004
(zitiert: *Henssler*, Arbeitnehmermitbestimmung).

Henssler, Martin/ Willemsen, Heinz Josef/ Kalb, Heinz-Jürgen
Arbeitsrecht, Kommentar
Verlag Dr. Otto Schmidt Köln, 2. Auflage 2006
(zitiert: *Bearbeiter* in: H/W/K, ArbR Komm (2. Aufl. 2006)).

Henssler, Martin/ Willemsen, Heinz Josef/ Kalb, Heinz-Jürgen
Arbeitsrecht, Kommentar
Verlag Dr. Otto Schmidt Köln, 4. Auflage 2010
(zitiert: *Bearbeiter* in: H/W/K, ArbR Komm).

Henze, Hartwig
Leitungsverantwortung des Vorstands - Überwachungspflicht des Aufsichtsrats
BB 2000, S. 209 - 216.

Henze, Hartwig
Neuere Rechtsprechung zu Rechtsstellung und Aufgaben des Aufsichtsrats
BB 2005, S. 165 - 175.

Hess, Harald/ Schlochauer, Ursula/ Worzalla, Michael/ Glock, Dirk/ Nicolai, Andrea
BetrVG - Kommentar zum Betriebsverfassungsgesetz
Luchterhand, 7. Auflage 2008
(zitiert: *Bearbeiter* in: H/S/W/G/N, BetrVG).

Hexel, Dietmar
Referat: Zum Standort der Unternehmensmitbestimmung heute
in: Ständige Deputation des deutschen Juristentages
Verhandlungen des sechsundsechzigsten deutschen Juristentages 2006, Band II/1, S. M49 – M75
C.H. Beck München, 2006
(zitiert: *Hexel* in: Verhandlungen des 66. DJT).

Höpner, Martin
Unternehmensmitbestimmung unter Beschuss - Die Mitbestimmungsdebatte im Licht der sozialwissenschaftlichen Forschung
MPIfG Discussion Paper 04/8

Max-Plack-Institut für Gesellschaftsforschung Köln, 2004
im Internet abrufbar unter *http://www.mpi-fg-koeln.mpg.de/pu/mpifg_dp/dp04-8.pdf* [gelesen am 20.07.2010]
(zitiert: *Höpner*, Unternehmensmitbestimmung).

Hoffmann, Dietrich/ Lehmann, Jürgen/ Weinmann, Heinz
Mitbestimmungsgesetz - Kommentar
C.H. Beck München, 1978
(zitiert: *H/L/W*, MitbestG).

Hoffmann-Becking, Michael
Münchener Handbuch des Gesellschaftsrechts
Band 4 - Aktiengesellschaft
C.H. Beck München, 3. Auflage 2007
(zitiert: *Bearbeiter* in: Münch Hdb GesR).

Hopt, Klaus J.
Gemeinsame Grundsätze der Corporate Governance in Europa? Überlegungen zum Einfluß der Wertpapiermärkte auf Unternehmen und ihre Regulierung und zum Zusammenwachsen von Common law und Civil law im Gesellschafts- und Kapitalmarktrecht
ZGR 2000, S. 779 - 818.

Hopt, Klaus J.
Labor Representation on Corporate Boards: Impacts and Problems for Corporate Governance and Integration in Europe
International Review of Law and Economics (1994) 14, S. 203 - 214.

Hopt, Klaus J.
The German Two-Tier-Board: Experience, Theories, Reforms
in: Hopt, Klaus/ Kanda, Hideki/ Roe, Mark/ Wymeersch, Eddy/ Prigge, Stefan
Comparative Corporate Governance - The State of the Art and Emerging Research, S. 227 - 258
Oxford University Press, Oxford 1998
(zitiert: *Hopt*, Two-Tier Board).

Hopt, Klaus J./ Wiedemann, Herbert
Großkommentar zum Aktiengesetz
Vierter Band, §§ 95-117
de Gruyter Berlin Recht, 4. Auflage 2006
Mitbestimmungsgesetz
de Gruyter Berlin Recht, 4. Auflage 1999
(zitiert: *Bearbeiter* in: Großkomm AktG).

v. Hoyningen-Huene, Gerrick
Betriebsverfassungsrecht
C.H. Beck München, 6. Auflage 2007
(zitiert: *v. Hoyningen-Huene*, BetrVR).

v. Hoyningen-Huene, Gerrick
Das unbekannte Management-Handbuch: Das Betriebsverfassungsgesetz
in: Heinze, Meinhard/ Söllner, Alfred
Arbeitsrecht in der Bewährung - Festschrift für Otto Rudolf Kissel zum 65. Geburtstag, S. 387 - 416
C.H. Beck München, 1994
(zitiert: *v. Hoyningen-Huene*, FS Kissel).

v. Hoyningen-Huene, Gerrick
Grundlagen und Auswirkungen einer Versetzung
NZA 1993, S. 145 – 155.

v. Hoyningen-Huene, Gerrick/ Meier-Krenz, Ulrich
Flexibilisierung des Arbeitsrechts durch Verlagerung tariflicher Regelungskompetenzen auf den Betrieb - Bestimmungsklausel, Öffnungsklausel und Erweiterung von Mitbestimmungsrechten
ZfA 1988, S. 293 - 318.

Hromadka, Wolfgang/ Maschmann, Frank
Arbeitsrecht Band 2 - Kollektivarbeitsrecht und Arbeitsstreitigkeiten
Springer Berlin, 4. Auflage 2007
(zitiert: *Hromadka/Maschmann*, Koll ArbR).

Hueck, Götz/ Windbichler, Christine
Gesellschaftsrecht
C.H. Beck München, 22. Auflage 2009
(zitiert: *Hueck/Windbichler*, GesR).

Hüffer, Uwe
Aktiengesetz
C.H. Beck München, 9. Auflage 2010
(zitiert: *Hüffer*, AktG).

Ismar, Philip
Arbeitnehmerentsendung nach Schweden - eine europarechtliche Einschätzung aus deutscher Perspektive
zugl. Diss., Univ. Kiel
Verlag Dr. Kovač Hamburg, 2007
(zitiert: *Ismar*, Arbeitnehmerentsendung nach Schweden).

Jackson, Gregory
Employee Representation in the Board Compared: A Fuzzy Sets Analysis of Corporate Governance, Unionism and Political Institutions
Industrielle Beziehungen, 12. Jahrgang, Heft 3, 2005, S. 1 - 28.

Jackson, Gregory/ Höpner, Martin/ Kurdelbusch, Antje
Corporate Governance and Employees in Germany: Changing Linkages, Complementarities, and Tensions
in: Gospel, Howard/ Pendleton, Andrew
Corporate Governance and Labour Management - An International Comparison, S. 84 - 121
Oxford University Press, Oxford 2005
(zitiert: *Jackson* et al., Corporate Governance).

Jacobi, Otto/ Keller, Berndt/ Müller-Jentsch, Walther
Germany: Facing New Challenges
in: Ferner, Anthony/ Hyman, Richard
Changing Industrial Relations in Europe, S. 191 - 238
Blackwell Publishers Oxford, 2. Auflage 1998
(zitiert: *Jacobi* et al., Germany).

Jacobs, Matthias/ Krause, Rüdiger/ Oetker, Hartmut
Tarifvertragsrecht
C.H. Beck München 2007
(zitiert: *Bearbeiter* in: Jacobs/Krause/Oetker, TVR).

Jirjahn, Uwe
Ökonomische Wirkungen der Mitbestimmung in Deutschland: Überblick über den Stand der Forschung und Perspektiven für zukünftige Studien
Gutachten im Auftrag der Hans-Böckler-Stiftung, 2005
(zitiert: *Jirjahn*, Ökonomische Wirkungen).

Johansson, Svante
Nials Svensk associantionsrätt i huvuddrag
Norstedts Juridik Stockholm, 9. Auflage 2007
(zitiert: *Johansson*, Associationsrätt).

Junker, Abbo
Grundkurs Arbeitsrecht
C.H. Beck München, 9. Auflage 2010
(zitiert: Junker, ArbR).

Källström, Kent
Lokala Kollektivavtal - om Lokla Parters Rättsliga Ställning inom Fackliga

Organisationer
zugl. Diss., Univ. Stockholm
Liber Förlag Stockholm, 1979
(zitiert: *Källström*, Lokala Kollektivavtal).

Kappenhagen, Markus/ Lambrich, Thomas
BB-Kommentar - Anmerkung zu BAG, Urt. v. 24.04.2007 - 1 AZR 252/06 - BB 2007, 2235 - 2238
BB 2007, S. 2238 - 2240.

Kempen, Otto Ernst
Das Rechtsverhältnis zwischen den Belegschaftsvertretern und den Gewerkschaften im Arbeitskampf
NZA 2005, S. 185 - 193

Kempen, Otto Ernst/ Zachert, Ulrich
Tarifvertragsgesetz - Kommentar für die Praxis
Bund-Verlag Frankfurt am Main, 4. Auflage 2006
(zitiert: *Bearbeiter* in: Kempen/Zachert, TVG).

Kennan, John/ Wilson, Robert
Bargaining with Private Information
Journal of Economic Literature, Vol. 31, No. 1 (1993), S. 45-104
(zitiert: *Kennan/Wilson*, Bargaining with Private Information).

Kissel, Rudolf
Arbeitskampfrecht - Ein Leitfaden
C.H. Beck München, 2002
(zitiert: *Kissel*, Arbeitskampfrecht).

Kjellberg, Anders
Sweden: Restoring the Model?
in: Ferner, Anthony/ Hyman, Richard
Changing Industrial Relations in Europe, S. 74 - 117
Blackwell Publishers Oxford, 2. Auflage 1998
(zitiert: *Kjellberg*, Sweden).

Klosterkemper, Heinrich
Über die Mitbestimmung und die Über-Mitbestimmung
in: Kothe, Wolfgang/ Dörner, Hans-Jürgen/ Anzinger, Rudolf
Arbeitsrecht im sozialen Dialog - Festschrift für Hellmut Wißmann zum 65. Geburtstag, S. 456 – 473.
C.H. Beck München, 2005.

Köstler, Roland/ Zachert, Ulrich/ Müller, Matthias
Aufsichtsratspraxis - Handbuch für die Arbeitnehmervertreter im Aufsichtsrat
Bund-Verlag Frankfurt am Main, 9. Auflage 2009
(zitiert: *K/Z/M*, Aufsichtsratspraxis).

Kommission zur Modernisierung der deutschen Unternehmensmitbestimmung
Bericht der wissenschaftlichen Mitglieder der Kommission mit Stellungnahmen der Vertreter der Unternehmen und der Vertreter der Arbeitnehmer
2006
im Internet abrufbar unter
http://www.bundesregierung.de/Content/DE/Archiv16/Artikel/2006/12/Anlagen/2006-12-20-mitbestimmungskommission,property=publicationFile.pdf [gelesen am 20.07.2010]
(zitiert: Kommission zur Modernisierung der Unternehmensmitbestimmung (2006)).

Konzen, Horst
Der Regierungsentwurf des Betriebsverfassungsreformgesetzes
RdA 2001, S. 76 – 92.

Kort, Michael
Betriebsverfassung als Unternehmensrecht? - Das Verhältnis von § 3 BetrVG n.F. zum Gesellschaftsrecht
AG 2003, S. 13- 26.

Krause, Rüdiger
Die Mitbestimmung der Arbeitnehmer in der Europäischen Aktiengesellschaft (SE)
BB 2005, S. 1221 – 1229.

Kraushaar, Martin
Ist die europäische Verhandlungslösung zur Regelung der Mitbestimmung bei grenzüberschreitenden Umstrukturierungen bereits ein ausgereiftes System?
in: Jürgens, Ulrich/ Sadowski, Dieter/ Weiss, Manfred
Pespektiven der Corporate Governance – Bestimmungsfaktoren unternehmerischer Entscheidungsprozesse und Mitwirkung der Arbeitnehmer, S. 305 - 327
Nomos Baden-Baden, 2007
(zitiert: *Kraushaar*, Verhandlungslösung).

Krebs, Karsten
Interessenkonflikte bei Aufsichtsratsmandaten in der Aktiengesellschaft
Abhandlungen zum deutschen und europäischen Handels- und

Wirtschaftsrecht 133
zugl. Diss., Univ. Würzburg
Carl Heymanns Verlag Köln, 2001
(zitiert: *Krebs*, Interessenkonflikte).

Kreutz, Peter
Grenzen der Betriebsautonomie
Schriften des Instituts für Arbeits- und Wirtschaftsrecht der Universität zu Köln
zugl. Habil., Univ. Mainz
C.H. Beck München, 1979
(zitiert: *Kreutz*, Grenzen).

Kübler, Friedrich
Aufsichtsratsmitbestimmung im Gegenwind der Globalisierung
in: Kübler, Friedrich/ Scherer, Joachim/ Treeck, Joachim
The International Lawyer: Freundesgabe für Wulf H. Döser, S. 237 - 254
Nomos Baden-Baden, 1999.

Lavén, Håkan
Arbetstagare i Styrelser - Kommentar till den nya Lagen för Privatanställda
Allmänna Förlaget Stockholm, 1988
(zitiert: *Lavén*, LSA-Kommentar).

Levinson, Klas
Anställdas representation i företagsstyrelser - en enkätundersökning av svenskt näringsliv
Arbetsmarknad & Arbetsliv 2000, S. 73 - 84
(zitiert: *Levinson*, Anställdas Representation).

Levinson, Klas
Lokal Partssamvrekan - en undersökning av svenskt medbestämmande
Arbetslivsinstitutet Stockholm, 2004
(zitiert: *Levinson*, Lokal Partssamverkan).

Lind, Johan
Aktiebolagslagen - Kommentar till 1975 års lagstiftning
LiberFörlag Stockholm, 2. Auflage 1981
(zitiert: *Lind*, ABL-Kommentar).

Lindencrona, Gustaf
Arbetstagare och aktieägare i aktiebolagsstyrelser : om införande av paritetsrepresentation
zugl. Diss., Univ. Stockholm
Norstedts Stockhom, 1978.

LO
Demokrati i Företagen. Rapport till LO-kogressen 1971
Landsorganisationen Stockholm, 1971
(zitiert: *LO*, Demokrati i Företagen).

LO
Handbok för Utvecklingsavtalet LO-PTK-SAF
Landsorganisationen Stockholm, 1983
(zitiert: *LO*, Hanbok UVA).

Löwisch, Manfred
Arbeitsrecht
Werner Verlag Köln, 8. Auflage 2007
(zitiert: *Löwisch*, ArbR).

Löwisch, Manfred
Beschäftigungssicherung als Gegenstand betrieblicher und tariflicher Regelungen und von Arbeitskämpfen
DB 2005, S. 554 - 559.

Löwisch, Manfred/ Rieble Volker
Tarifvertragsgesetz, Kommentar
Verlag C.H. Beck München, 2. Auflage 2004
(zitiert: *Löwisch/Rieble*, TVG).

Lundberg, Magnus/ Bruun, Niklas
Styrelserepresentation på undantag - Corporate Governance-debattens tysta reformprogramm
Arbetsmarknad & Arbetsliv 2005, S. 217 – 234.

Lutter, Marcus
Entwicklung und Fortbildung des Rechts durch Entscheidung: Der Bundesgerichtshof und das Aktienrecht
in: Heldrich, Andreas/ Hopt, Klaus J.
50 Jahre Bundesgerichtshof - Festgabe aus der Wissenschaft
Band II: Handels- und Wirtschaftsrecht, Europäisches und Internationales Recht, S. 321 - 336
C.H. Beck München, 2000.

Lutter, Marcus
Information und Vertraulichkeit im Aufsichtsrat
Carl Heymans Verlag Köln, 3. Auflage 2006
(zitiert: *Lutter*, Information und Vertraulichkeit).

Lutter, Marcus/ Hommelhoff, Peter
SE-Kommentar - SE-VO, SEAG, SEBG, Steuerrecht
Verlag Dr. Otto Schmidt Köln, 2008
(zitiert: *Bearbeiter* in: Lutter/Hommelhoff, SE-Kommentar).

Lutter, Marcus/ Krieger, Gerd
Rechte und Pflichten des Aufsichtsrats
Verlag Dr. Otto Schmidt Köln, 5. Auflage 2008
(zitiert: *Lutter/Krieger*, Rechte und Pflichten des Aufsichtsrats).

Lutter, Marcus/ Quack, Karlheinz
Mitbestimmung und Schadensabwehr
in: Damm, Reinhard/ Heermann, Peter W./ Veil, Rüdiger
Festschrift für Thomas Raiser zum 70. Geburtstag am 20. Februar 2005,
S. 259 - 271
De Gruyter Recht Berlin, 2005.

Malmberg, Jonas
Oenig Arbetsdomstol avgjorde Laval-målet med omstridd tolkning av EU-rätten
EU & Arbetsrätt (Nordiskt Nyhetsbrev Nr. 3/4, 2009), S. 8f
im Internet abrufbar unter *http://arbetsratt.juridicum.su.se/euarb/09-3-4/04.asp*
[gelesen am 20.07.2010].

Malmberg, Jonas
The Collective Agreement as an Instrument for Regulation of Wages and
Employment Conditions
in: Wahlgren, Peter
Stability and Change in Nordic Labour Law, S. 189 - 213
Stockholm Institute for Scandinavian Law, Stockholm 2002
(zitiert: *Malmberg*, Collective Agreement).

Martens, Klaus-Peter
Korreferat
ZGR 1977, S. 422 – 433.

Meier-Krenz, Ulrich
Die Erweiterung von Mitbestimmungsrechten des Betriebsrats durch
Tarifvertrag
DB 1988, S. 2149 – 2153.

Meilicke, Wienand
Die Niederlassungsfreiheit nach Überseering - Rückblick und Ausblick nach
Handelsrecht und Steuerrecht
GmbHR 2003, S. 793 – 809.

Mertens, Hans-Joachim
Aufsichtsratsmandat und Arbeitskampf
AG 1977, S. 306 – 319.

Mertens, Hans-Joachim
Zuständigkeiten des mitbestimmten Aufsichtsrats - Korreferat
ZGR 1977, S. 270 – 289.

Moberg, Christer
Anställda i Styrelsen - Lagen om Styrelserepresentation för de Privatanställda
Norstedts Förlag Stockholm, 1. Auflage 1988
(zitiert: *Moberg*, LSA-Kommentar).

Möllers, Thomas
Gesellschaftsrechtliche Treuepflicht contra arbeitnehmerrechtliche Mitbestimmung - der aktive Streikaufruf durch Frank Bsirske
NZG 2003, S. 697 – 701.

Müller-Glöge, Rudi/ Preis, Ulrich/ Schmidt, Ingrid
Erfurter Kommentar zum Arbeitsrecht
C.H. Beck München, 10. Auflage 2010
(zitiert: *Bearbeiter* in: Erf Komm ArbR)

Müller-Jentsch, Walther
Auf dem Prüfstand: Das deutsche Modell der industriellen Beziehungen
Industrielle Beziehungen 2 (1), 1995, S. 11 - 24.

Nerep, Erik/ Samuelsson, Per
Aktiebolagslagen - en Lagkommentar Del 1, Kapitel 1 - 10
Thomson Fakta, Stockholm 2007
(zitiert: *Nerep/Samuelsson*, ABL-Kommentar).

Neubürger, Heinz-Joachim
Die deutsche Mitbestimmung aus Sicht eines international operierenden Unternehmens
in: Hommelhoff, Peter/ Hopt, Klaus J./ v. Werder, Axel
Handbuch Corporate Governance: Leitung und Überwachung börsenorientierter Unternehmen in der Rechts- und Wirtschaftspraxis, S. 177 - 197
Verlag Dr. Otto Schmidt Köln, 2003
(zitiert: *Neubürger*, Deutsche Mitbestimmung).

Neubürger, Heinz-Joachim
Modernisierung der Mitbestimmung - Beitrag zur Verbesserung der Rahmenbedingungen des Standorts Deutschland (Referat)
in: Rieble, Volker
Zukunft der Unternehmensmitbestimmung - ZAAR Schriftenreihe Band 1, S. 124 - 133
ZAAR Verlag München, 2004
(zitiert: *Neubürger* in: Zukunft der Unternehmensmitbestimmung).

Nicolaysen, Isaschar
Das neue schwedische Aktiengesetz
RIW 2005, S. 884 – 894.

Niedenhoff, Horst-Udo
Die Praxis der betrieblichen Mitbestimmung - Zusammenarbeit von Betriebsrat und Arbeitgeber, Kosten des Betriebsverfassungsgesetzes, Betriebsrats- und Sprecherausschusswahlen.
Deutscher Instituts-Verlag Köln, 1999
(zitiert: *Niedenhoff*, Praxis).

Niedenhoff, Horst-Udo
Praxis und Verbesserungsmöglichkeiten der betrieblichen Mitbestimmung - Ergebnisse einer Fallstudie aus dem Jahr 2007
Deutscher Instituts-Verlag Köln, 2007
(zitiert: *Niedenhoff*, Verbesserungsmöglichkeiten).

Nycander, Svante
Misunderstanding the Swedish Model
International Society for Labour Law and Social Security, VII European Regional Congress, S. 1 - 21
im Internet abrufbar unter
http://www.juridicum.su.se/stockholmcongress2002/swedmodel.doc [gelesen am 20.07.2010]
(zitiert: *Nycander*, Misunderstanding the Swedish Model).

Örnerborg, Elisabet
Arbetsgivarförhoppning: Lönestopp och företagsavtal
Lag & Avtal vom 21.10.2008
im Internet abrufbar unter *http://www.lag-avtal.se/art/8265* [gelesen am 20.07.2010].

Örnerborg, Elisabet
Förhandlingarna om ett nytt huvudavtal är nu i gång
Lag & Avtal vom 20.08.2008
im Internet abrufbar unter *http://www.lag-avtal.se/art/8021* [gelesen am 20.07.2010] .

Örnerborg, Elisabet
Riksdagen sa ja till Lex Laval
Lag &Avtal vom 25.03.2010
im Internet abrufbar unter *http://www.lag-avtal.se/nyheter/eu/summering_vaxholm/article136927.ece* [gelesen am 20.07.2010].

Oetker, Hartmut
Unternehmerische Mitbestimmung kraft Vereinbarung in der Europäischen Gesellschaft (SE)
in: Dauner-Lieb, Barbara, Hommelhoff, Peter, Jacobs, Matthias/ Kaiser, Dagmar/ Weber, Christoph
Festschrift für Horst Konzen zum siebzigsten Geburtstag, S. 635 - 662
Mohr Siebeck Tübingen, 2006
(zitiert: *Oetker*, FS Konzen).

Olauson, Erland/ Holke, Dan
Medbestämmandelagen med Kommentar
Norstedts Akademiska Förlag, 4. Auflage 2008
(zitiert: *Olauson/Holke*, MBL-Kommentar).

Pistor, Katharina
Codetermination: A Sociopolitical Model with Governance Externalities
in: Blair, Margaret M./ Roe, Marc J.
Employees and Corporate Governance, S. 163 - 193
Brookings Institution Washington D.C., 1999
(zitiert: *Pistor*, Codetermination).

PTK
Att bilda PTK-L
PTK Stockholm, 1995
(zitiert: *PTK*, Att bilda PTK-L).

PTK
Att vara med innan besluten fattas
Lag om medbestämmande i arbetslivet - kommentarer, råd, anvisingar
PTK Stockholm, 2010

im Internet abrufbar unter
http://www.ptk.se/Global/Material/Inflytande/ptk_att_vara_med_2010.pdf
[gelesen am 20.07.2010]
(zitiert: *PTK*, Att vara med).

PTK
Facklig Handbok
PTK Stockholm, 2006
(zitiert: *PTK*, Facklig handbok).

PTK
PTK-L: Lokalt fackligt samarbete
PTK Stockholm, 2006
im Internet abrufbar unter
http://www.ptk.se/Global/Material/Inflytande/PTK_PTK-L_%202006.pdf
[gelesen am 20.07.2010]
(zitiert: *PTK*, Lokalt fackligt samarbete).

Raab, Thomas
Betriebliche Bündnisse für Arbeit - Königsweg aus der Beschäftigungskrise?
ZfA 2004, S. 371 – 403.

Raisch, Peter
Zu Begriff und zur Bedeutung des Unternehmensinteresses als Verhaltensmaxime von Vorstands- und Aufsichtsratsmitgliedern
in: Fischer, Robert/ Gessler, Ernst/ Schilling, Wolfgang/ Serick, Rolf/ Ulmer, Peter
Strukturen und Entwicklungen im Handels-, Gesellschafts-, und Wirtschaftsrecht
Festschrift für Wolfgang Hefermehl zum 70. Geburtstag am 18. September 1976, S. 347 - 364
C.H. Beck München, 1976.

Raiser, Thomas
Mitbestimmung im Betrieb und im Unternehmen
in: Pawlowski, H.M./ Wiese, Günther/ Wüst, Günther
Festschrift für Konrad Duden zum 70. Geburtstag, S. 423 - 438
C.H. Beck München, 1977.

Raiser, Thomas
Unternehmensmitbestimmung vor dem Hintergrund europarechtlicher Entwicklungen - Gutachten B für den 66. deutschen Juristentag
in: Ständige Deputation des deutschen Juristentages

Verhandlungen des sechsundsechzigsten deutschen Juristentages 2006, Band I, S. B1 - B116
C.H. Beck München, 2006
(zitiert: *Raiser*, Gutachten B für den 66. DJT).

Raiser, Thomas/ Veil, Rüdiger
Mitbestimmungsgesetz und Drittelbeteiligungsgesetz - Kommentar
De Gruyter Recht Berlin, 5. Auflage 2009
(zitiert: *Raiser/Veil*, MitbestG).

Raiser, Thomas/ Veil, Rüdiger
Recht der Kapitalgesellschaften - Ein Handbuch für Praxis und Wissenschaft
Verlag Franz Vahlen München, 5. Auflage 2010
(zitiert: *Raiser/Veil*, Recht der Kapitalgesellschaften).

Rebhahn, Robert
Collective Labour Law in Europe in a Comparative Perspective (Part II)
The International Journal of Comparative Labour Law and Industrial Relations, S. 107 - 132
(zitiert: *Rebhahn*, Collective Labour Law).

Rebhahn, Robert
Referat: Unternehmensmitbestimmung vor dem Hintergrund europarechtlicher Entwicklungen - Unternehmensmitbestimmung aus europäischer Sicht
in: Ständige Deputation des deutschen Juristentages
Verhandlungen des sechsundsechzigsten deutschen Juristentages 2006, Band II/1, S. M09 - M38
C.H. Beck München, 2006
(zitiert: *Rebhahn* in: Verhandlungen des 66. DJT).

Reichold, Hermann
Die reformierte Betriebsverfassung 2001 - Ein Überblick über die neuen Regelungen des Betriebsverfassungs-Reformgesetzes
NZA 2001, S. 857 - 865.

Reuter, Dieter
Das Verhältnis der unternehmerischen Mitbestimmung zum Arbeitsrecht
RdA 1988, S. 280 - 286.

Richardi, Reinhard
Betriebsverfassungsgesetz mit Wahlordnung - Kommentar
C.H. Beck München, 12. Auflage 2010
(zitiert: *Bearbeiter* in: Richardi, BetrVG).

Richardi, Reinhard/ Wlotzke, Otfried
Münchener Handbuch zum Arbeitsrecht
Band 3, Kollektives Arbeitsrecht
C.H. Beck München, 2. Auflage 2000
(zitiert: *Bearbeiter* in: Münch Hdb ArbR (2. Aufl. 2000)).

Richardi, Reinhard/ Wißmann, Hellmut/ Wlotzke, Otfried/ Oetker, Hartmut
Münchener Handbuch zum Arbeitsrecht
Band 2, Kollektives Arbeitsrecht
C.H. Beck München, 3. Auflage 2009
(zitiert: *Bearbeiter* in: Münch Hdb ArbR).

Rieble, Volker
Unternehmensmitbestimmung vor dem Hintergrund europarechtlicher Entwicklungen
NJW 2006, S. 2214 - 2217.

Rieble, Volker
Mitbestimmung zwischen Legitimationslast und Modernisierungsdruck (Referat)
in: Rieble, Volker
Zukunft der Unternehmensmitbestimmung - ZAAR Schriftenreihe Band 1, S. 10 - 32
ZAAR Verlag München, 2004
(zitiert: *Rieble* in: Zukunft der Unternehmensmitbestimmung).

Ringleb, Henrik-Michael/ Kremer, Thomas/ Lutter, Marcus/ von Werder, Axel
Kommentar zum Deutschen Corporate Governance Kodex
C.H. Beck München, 4. Auflage 2010
(zitiert: *Bearbeiter* in: DCGK-Komm).

Roos, Carl Martin
Aktiebolagslagen och den nya § 32
in: Sigeman, Tore/ Victorin, Anders
Arbetsrätten i Utveckling - Studier tillägnade Folke Schmidt utgivna av Arbetsrättsliga Föreningen, S. 177 - 191
Norstedts Juridik Stockholm, 1977
(zitiert: *Roos*, ABL och § 32).

Rönnmar, Mia
The Managerial Prerogative and the Employee's Obligation to Work: Comparative Perspectives on Functional Flexibility
Industrial Law Journal 2006, Vol. 35, No. 1, S. 56 - 74.

Ruzik, Andy
Zum Streit über den Streik - Aufsichtsratsmandat und Gewerkschaftsführung im Arbeitskampf
NZG 2004, S. 455 - 459.

Sadowski, Dieter/ Junkes, Joachim/ Lindenthal, Sabine
Gesetzliche Mitbestimmung in Deutschland: Ideen, Erfahrungen und Perspektiven aus ökonomischer Sicht
ZGR 2001, S. 110 - 145.

Säcker, Franz Jürgen
Die Anpassung der Satzung der Aktiengesellschaft an das Mitbestimmungsgesetz
DB 1977, S. 1791 - 1799.

Säcker, Franz Jürgen
Die Unternehmensmitbestimmung - eine Chance zur Verbesserung der Corporate Governance ?
in: Annuß, Georg/ Picker, Eduard/ Wissmann, Hellmut
Festschrift für Reinhard Richardi zum 70. Geburtstag, S. 711 - 733
C.H. Beck München, 2007
(zitiert: *Säcker*, FS Richardi).

Säcker, Franz Jürgen
Die Zukunft der Unternehmensmitbestimmung in Deutschland - Disharmonien im Zusammenspiel der verschiedenen Mitbestimmungsebenen
AG 2008, S. 17 – 25.

Sandrock, Otto
Gehören die deutschen Regelungen über die Mitbestimmung auf Unternehmensebene wirklich zum deutschen ordre public?
AG 2004, S. 57 – 66.

Schaub, Günter/ Koch, Ulrich/ Linck, Rüdiger/, Vogelsang, Hinrich
Arbeitsrechtshandbuch
C.H. Beck München, 13. Auflage 2009
(zitiert: *Bearbeiter* in: Schaub, Arbeitsrechtshandbuch).

Schiefer, Bernd/ Worzalla, Michael
Unzulässige Streiks um Tarifsozialpläne
DB 2006, S. 46 - 49.

Schiessl, Maximilian
Leitungs- und Kontrollstrukturen im internationalen Wettbewerb - Dualistisches

System und Mitbestimmung auf dem Prüfstand
ZHR 167 (2003), S. 235 - 256.

Schiller, Bernt
LO, Paragraf 32 och Företagsdemokratin
Bokförlaget Prisma/ Landsorganisationen i Sverige, Stockholm 1974.

Schmidt, Karsten/ Lutter, Marcus
Aktiengesetz Kommentar
I. Band, §§ 1 - 149
II. Band, §§ 150 - 410
Verlag Dr. Otto Schmidt Köln, 2008
(zitiert: *Bearbeiter* in: Schmidt/Lutter, AktG).

Schmidt, Folke
Demokratie im Betrieb nach schwedischem Muster
Schriftenreihe der Otto Brenner Stiftung, Nr. 22
Hugo Sinzheimer Gedächtnisvorlesung
Bund-Verlag Köln, 1981
(zitiert: *Schmidt*, Demokratie).

Schmidt, Folke
Die Reform des kollektiven Arbeitsrechts in Schweden
Europäische Verlagsanstalt Köln/Frankfurt am Main, 1978
(zitiert: *Schmidt*, Reform).

Schmidt, Folke/ Eklund, Ronnie/ Göransson, Håkan/ Sigeman, Tore
Facklig Arbetsrätt
Juristförlaget/Norstedts Juridik AB Stockholm, 4. Auflage 1997
(zitiert: *Schmidt* et al., Facklig Arbetsrätt).

Schmidt, Rudi/ Trinczek, Rainer
Der Betriebsrat als Akteur der industriellen Beziehungen
in: Müller-Jentsch, Walter
Konfliktpartnerschaft: Akteure und Institutionen der industriellen Beziehungen, S. 103 - 128.
Rainer Hampp Verlag München/Mering, 3. Auflage 1999
(zitiert: *Schmidt/Trinczek*, Betriebsrat).

Schmidt, Rudi/ Trinczek, Rainer
Duales System: Tarifliche und betriebliche Interessenvertretung
in: Müller-Jentsch, Walter
Konfliktpartnerschaft: Akteure und Institutionen der industriellen Beziehungen, S. 169 - 201.

Rainer Hampp Verlag München/Mering, 2. Auflage 1993
(zitiert: *Schmidt/Trinczek*, Duales System).

Schmiege, Thorsten
Betriebsverfassungsrechtliche Organisationsstrukturen durch Tarifvertrag
zugl. Diss., Univ. Regensburg
Duncker & Humblot Berlin, 2007
(zitiert: *Schmiege*, Organisationsstrukturen).

Schneevoigt, Ihno
Die Praxis der Mitbestimmung - Wie wirkt sich die Mitbestimmung auf die Entscheidungsprozesse in Unternehmen aus?
ZfA 2005, S. 233 - 243.

Schröder, Wolfgang
Die Konkurrenten der Einheitsgewerkschaft
Magazin Mitbestimmung 4/2008, S. 10 - 16
im Internet abrufbar unter *http://www.boeckler.de/163_90406.html* [gelesen am 20.07.2010].

Schwalbach, Joachim
Effizienz des Aufsichtsrats
AG 2004, S. 186 - 190.

Seibert, Ulrich
Aktienrechtsreform in Permanenz?
AG 2002, S. 417 – 420.

Seifert, Achim
Unternehmensinteresse und Aufsichtsratsmitbestimmung im Spannungsverhältnis
in: Jürgens, Ulrich/ Sadowski, Dieter/ Schuppert, Gunnar Folge/ Weiss, Manfred
Perspektiven der Corporate Governance - Bestimmungsfaktoren unternehmerischer Entscheidungsprozesse und Mitwirkung der Arbeitnehmer, S. 258 - 281
Nomos Baden-Baden, 2007
(zitiert: *Seifert*, Unternehmensinteresse).

Seiter, Hugo
Unternehmensmitbestimmung und Tarifauseinandersetzungen - Folgerungen aus dem Mitbestimmungsurteil des Bundesverfassungsgerichts
in: Arbeitsleben und Rechtspflege - Festschrift für Gerhard Müller, S. 589 - 609
Duncker & Humblot Berlin, 1981.

Semler, Johannes/ v. Schenk , Kersten
Arbeitshandbuch für Aufsichtsratsmitglieder
Verlag C.H. Beck/Franz Vahlen München, 3. Auflage 2009
(zitiert: *Bearbeiter* in: Semler/v. Schenck, Arbeitshandbuch).

Sigeman, Tore
Arbetsrätten - en översikt
Norstedts Juridik Stockholm, 4. Auflage 2006
(zitiert: *Sigeman*, Arbetsrätten).

Sigeman, Tore
Das Arbeitsrecht im Umbruch
RdA 1999, S. 200 - 204.

Sigeman, Tore
Industriell demokrati - efter fyra decennier
in: Festskrift till Gustaf Lindencrona, S. 405 - 417
(zitiert: *Sigeman*, Industriell Demokrati).

Sigeman, Tore
Skandinavisches Arbeitsrecht - Ein Überblick aus rechtsvergleichender Sicht
ZIAS 2004, S. 179 - 186.

Singhof, Bernd
Die Amtsniederlegung durch das Aufsichtsratsmitglied einer Aktiengesellschaft
AG 1998, S. 318 - 328.

Sjögren, Sten
Anställda i bolgasstyrelse - samma makt, samma ansvar, samma befogenheter
Lag & Avtal 1994, S. 25 - 28.

Skog, Rolf
A Remarkable Decade: The Awakening of Swedish Institutional Investors
AG 2005, S. 2 - 9.

Skog, Rolf
Rodhes Aktiebolagsrätt
Norstedts Juridik Stockholm, 22. Auflage 2009
(zitiert: *Skog*, Aktiebolagsrätt).

Spindler, Gerald/ Stilz Eberhard
Kommentar zum Aktiengesetz - Band 1, §§ 1 - 178
C.H. Beck München, 2007
(zitiert: *Bearbeiter* in: Spindler/Stilz, AktG).

Statens Industriverk
Styrelserepresentation för anställda - erfarenheter från försöksperioden
Statens Industriverk Stockholm, 1975
(zitiert: *SIND*, Erfarenheter).

Ständige Deputation des Deutschen Juristentages
Verhandlungen des sechsundsechzigsten deutschen Juristentages 2006, Band II/1 (Sitzungsberichte - Referate und Beschlüsse)
C.H. Beck München, 2006
(zitiert: *Beschlüsse des 66. DJT*).

Stettes, Oliver
Die Arbeitnehmermitbestimmung im Aufsichtsrat - Ergebnisse einer Unternehmensbefragung
IW Trends 1/2007, S. 1- 15
Deutscher Institutsverlag Köln, 2007.

Svensson, Bo/ Danelius, Johan
Aktiebolagslagen - Kommentar och lagtext
Tholin & Larssons Förlag Göteborg, 2. Auflage 2009
(zitiert: *Svensson/Danelius*, ABL-Kommentar).

TCO
Demokratisering av Arbetslivet
TCO Stockholm, 1970
(zitiert: *TCO*, Demokratisering).

Teusch, Jan L.
Die Organisation der Betriebsverfassung durch Tarifvertrag
zugl. Diss., Univ. Potsdam
Duncker & Humblot Berlin, 2007
(zitiert: *Teusch*, Organisation).

Thüsing, Gregor
Arbeitnehmerüberlassungsgesetz, Kommentar
C.H. Beck München, 2. Auflage 2008
(zitiert: *Bearbeiter* in: Thüsing, AÜG).

Thüsing, Gregor/ Ricken, Oliver
Zweimal Otis - Tarifliche Sozialpläne und die Grenzen zulässiger Streikziele
Jahrbuch des Arbeitsrechts Band 42, 2005, S. 113 - 131
(zitiert: *Thüsing/Ricken*, Jahrbuch ArbR 2005).

Ulmer, Peter
Editorial: Paritätische Arbeitnehmermitbestimmung im Aufsichtsrat von Großunternehmen - noch zeitgemäß?
ZHR 166 (2002), S. 271 - 277.

Ulmer Peter
Generalbericht
in: Baums, Theodor /Ulmer, Peter
Unternehmensmitbestimmung im Recht der EU-Mitgliedstaaten, S. 159 - 177
Beihefte der Zeitschrift für das gesamte Handels- und Wirtschaftsrecht, Heft 72
Verlag Recht und Wirtschaft GmbH Heidelberg, 2004
(zitiert: *Ulmer*, Generalbericht).

Ulmer, Peter/ Habersack, Mathias/ Henssler, Martin
Mitbestimmungsrecht
Kommentierung des MitbestG, des DrittelBG, und der §§ 34 bis 38 SEBG
C.H. Beck München, 2. Auflage 2006
(zitiert: *Bearbeiter* in: U/H/H, MitbestR).

Utermark, Silke
Die Organisation der Betriebsverfassung als Verhandlungsgegenstand
zugl. Diss., Bucerius Law School Hamburg
Verlag Recht und Wirtschaft Frankfurt am Main, 2005
(zitiert: *Utermark*, Verhandlungsgegenstand).

Victorin, Anders
Employee Participation on the Company Board: The Swedish Experience
in: Baums, Theodor /Ulmer, Peter
Unternehmensmitbestimmung im Recht der EU-Mitgliedstaaten, S. 125 - 132
Beihefte der Zeitschrift für das gesamte Handels- und Wirtschaftsrecht, Heft 72
Verlag Recht und Wirtschaft GmbH Heidelberg, 2004
(zitiert: *Victorin*, Employee Participation).

Wassermann, Wolfram
Wer sind die Unorganisierten?
Magazin Mitbestimmung 4/2008, S. 38 - 42
im Internet abrufbar unter *http://www.boeckler.de/163_90399.html* [gelesen am 20.07.2010].

v. Werder, Axel
Überwachungseffizienz und Unternehmensmitbestimmung
AG 2004, S. 166 - 172.

Werner, Winfried
Aufsichtsratstätigkeit von Bankenvertretern
ZHR 145 (1981), S. 252 - 270.

Westerståhl, Jörgen
Svensk Fackföreningsrörelse - Organisationsproblem, Verksamhetsformer, Förhållande till Staten
zugl. Diss., Univ. Stockholm
Tidens Förlag Stockholm, 1945
(zitiert: *Westerståhl*, Svensk Fackföreningsrörelse).

Wiedemann, Herbert
Gesellschaftsrecht - Ein Lehrbuch des Unternehmens- und Verbandsrechts
Band I - Grundlagen
C.H. Beck München, 1980
(zitiert: *Wiedemann*, GesR).

Wiedemann, Herbert
Tarifvertragsgesetz mit Durchführungs- und Nebenvorschriften
C.H. Beck München, 7. Auflage 2007
(zitiert: *Bearbeiter* in: Wiedemann, TVG).

Wiese, Günther/ Kreutz, Peter/ Oetker. Hartmut/ Raab, Thomas/ Weber, Christoph/ Franzen, Martin
Gemeinschaftskommentar zum Betriebsverfassungsgesetz
Band I, §§ 1 - 73b.
Band II, §§ 74 - 132
Luchterhand München, 9. Auflage 2010
(zitiert: *Bearbeiter* in: GK BetrVG).

Willemsen, Heinz Josef/ Stamer, Katrin
Erstreikbarkeit tariflicher Sozialpläne: Die Wiederherstellung der Arbeitskampfparität
NZA 2007, S. 413 - 418.

Windbichler, Christine
Betriebliche Mitbestimmung als institutionalisierte Vertragshilfe
in: Lieb, Manfred/ Noack, Ulrich/ Westermann, Harm Peter
Festschrift für Wolfgang Zöllner zum 70. Geburtstag, Band II, S. 999 - 1009
Carl Heymanns Verlag Köln, 1998
(zitiert: *Windbicher*, FS Zöllner).

Windbichler, Christine
Cheers and Boos for Employee Involvement: Co-Determination as Corporate

Governance Conundrum
European Business Organization Law Review 2005, S. 507-537
(zitiert: *Windbichler*, Cheers and Boos).

Windbichler, Christine
Der gordische Mitbestimmungsknoten und das Vereinbarungsschwert - Regulierung durch Hilfe zur Selbstregulierung?
in: Jürgens, Ulrich/ Sadowski, Dieter/ Weiss, Manfred
Pespektiven der Corporate Governance - Bestimmungsfaktoren unternehmerischer Entscheidungsprozesse und Mitwirkung der Arbeitnehmer, S. 282 - 304
Nomos Baden-Baden, 2007
(zitiert: *Windbichler*, Mitbestimmungsknoten).

Windbichler, Christine
Die Rolle von Amtsträgern in der Betriebsverfassung
in: Grundmann, Stefan/ Kirchner, Christian/ Raiser, Thomas/ Schwintowski, Hans-Peter/ Weber, Martin/ Windbichler, Christine
Unternehmensrecht zu Beginn des 21. Jahrhunderts - Festschrift für Eberhard Schwark zum 70 Geburtstag, S. 806 - 821
Verlag C.H. Beck München, 2009
(zitiert: *Windbichler*, FS Schwark).

Wlotzke Otfried/ Preis, Ulrich/ Kreft, Burghard
Betriebsverfassungsgesetz - Kommentar
C.H. Beck München, 4. Auflage 2009
(zitiert: *Bearbeiter* in: Wlotzke/Preis/Kreft).

Wöhe, Günter
Einführung in die allgemeine Betriebswirtschaftslehre
Verlag Franz Vahlen München, 22. Auflage 2005
(zitiert: *Wöhe*, Einführung).

Wolf, Roland
Zukunft der Mitbestimmung - Eine Skizze
in: Kothe, Wolfgang/ Dörner, Hans-Jürgen/ Anzinger, Rudolf
Arbeitsrecht im sozialen Dialog - Festschrift für Hellmut Wißmann zum 65. Geburtstag, S. 489 - 503
C.H. Beck München, 2005.

Zöllner, Wolfgang
Die Schranken mitgliedschaftlicher Stimmrechtsmacht bei den privatrechtlichen Personenverbänden

zugl. Habil., Univ. München
C.H. Beck München, 1963
(zitiert: *Zöllner*, Schranken).

Zöllner, Wolfgang
Kölner Kommentar zum Aktiengesetz
Band 2, §§ 76 - 117 AktG und Mitbestimmung im Aufsichtsrat
Carl Heymanns Verlag Köln, 2. Auflage 1988
(zitiert: *Bearbeiter* in: KK AktG).

Zöllner, Wolfgang/ Loritz, Karl-Georg/ Hergenröder, Wolfgang
Arbeitsrecht - Ein Studienbuch
C.H. Beck München, 6. Auflage 2008
(zitiert: Zöllner/Loritz/Hergenröder, ArbR).

Anlagen

Gesetzestexte des MBL und des LSA in englischer Sprache

MBL (Stand SFS 2007:402)[1257]

Introductory Provisions

Section 1 This Act shall apply to the relationship between employer and employee.

The term "employee" as used in this Act shall also include any person who performs work for another and is not thereby employed by that other person but who occupies a position of essentially the same nature as that of an employee. In such circumstances, the person for whose benefit the work is performed shall be deemed to be an employer.

Section 2 An employer's activities that are of a religious, scientific, artistic, or other non-profit making nature, or that have co-operative, labour union, political or other opinion-forming aims shall be exempted from the scope of this Act with respect to the aims and focus of such activities.

Section 3 Separate provisions contained in other statutes or regulations enacted by statutory authority that deviate from this Act shall have precedence over conflicting provisions contained in this Act.

Section 4 An agreement shall be invalid to the extent that it would result in the removal or limitation of rights or obligations under this Act.

Deviations from Sections 11, 12, 14 and 19, Section 20, first paragraph, Sections 21, 22 and 28, Section 29, third sentence, Sections 33 - 40, Section 43, second paragraph and Sections 64 and 65 may be made under a collective bargaining agreement. A collective bargaining agreement may not result in the application of provisions that are less favourable to employees than the provisions contained in the EC Council Directives 75/129/EEC of 17 February 1975, 77/187/EEC of 14 February 1977 and 92/56/EEC of 24 June 1992.

A collective bargaining agreement may also prescribe more extensive labour-stability obligations than those mentioned in Sections 41, 41 a, 41 b and 44, as

1257 Abrufbar auf der Website der schwedischen Regierungskanzlei unter *http://www.sweden.gov.se/sb/d/5807/a/104988* [gelesen am 20.07.2010].

well as more extensive liability for damages than is prescribed by this Act. (SFS 2005:392)
Section 5 This Act shall not be construed so as to confer upon any party the right to information regarding the affairs of another party that are of significance in an imminent or pending labour conflict, or to confer upon any party the right to influence the other party's decision in respect of such conflict.

The provisions contained in Sections 11, 12, 19, 34, 35, 38 and 39 shall also apply at such times as a collective bargaining agreement is temporarily not in force.

Section 6 The term “employees’ organisation” means an association of employees that, under its by-laws, is charged with safeguarding the interests of the employees in relation to the employer. The term “employers’ organisation” means an equivalent association of employers.

The term “local employees’ organisation” means an association of employees that is a party to local negotiations with an employer. The term “central employees’ organisation” means a national or equivalent association of employees.

Provisions that relate to employers’ organisations or employees’ organisations shall apply, where relevant, to an association of several such organisations. In such circumstances, provisions relating to a member of an organisation shall apply to the member organisations and their members.

Right of Association

Section 7 The term “right of association” means the right of employers and employees to belong to an employers’ organisation or an employees’ organisation, to exercise the rights of membership in such organisation, and to participate in such organisation or the establishment thereof.

Section 8 The right of association may not be infringed. Infringement of the right of association shall be deemed to have occurred where an employer or employee, or the representative of either, takes action that is detrimental to the other party as a consequence of such party's exercise of its/her/his right of association or where an employer or employee, or the representative of either, takes action directed at other party for the purpose of inducing that party not to exercise its/her/his right of association. Such infringement shall also be deemed to have occurred notwithstanding that the action was taken for the purpose of fulfilling an obligation towards a third party.

An employers' organisation or an employees' organisation need not tolerate any infringement of the right of association that constitutes an infringement of its activities. Where there is both a local and a central organisation, these provisions shall apply to the central organisation.

Where infringement of the right of association takes place through the termination of an agreement or through some other legal act, or by reason of a provision contained in a collective bargaining agreement or other contract, such legal act or provision shall be invalid.

Section 9 Employers' and employees' organisations shall be obliged to seek to prevent their members from taking any action that would infringe the right of association. Where a member has taken such action, the organisation shall be obliged to attempt to persuade him to cease such action.

Right of negotiation

Section 10 An employees' organisation shall have the right to negotiate with an employer on any matter relating to the relationship between the employer and any member of the organisation who is, or has been, employed by that employer. An employer shall have an equivalent right to negotiate with an employees' organisation.

Employees' organisations shall also have the right to negotiate, in accordance with the first paragraph, in relation to any organisation of which the employer is a member, and similarly employers' organisations in relation to any organisation of which the employee is a member.

Section 11 Before an employer takes any decision regarding significant changes in its activities, he shall, on its own initiative, enter into negotiations with the employees' organisation with which he is bound to negotiate under a collective bargaining agreement. The above-mentioned shall also apply prior to any decisions by an employer regarding significant changes in working or employment conditions for employees who belong to the organisation.

Where there is extraordinary cause, the employer may take and implement a decision before he has fulfilled his duty to negotiate under the first paragraph of this Section.

Section 12 Should an employees' organisation as referred to in Section 11 so request, an employer shall also, in circumstances other than those mentioned therein, negotiate with that organisation before he takes or implements a decision that concerns a member of the organisation. Where there is special cause, however, the employer may take and implement the decision before he has fulfilled its duty to negotiate. (SFS 1994:1686)

Section 13 Where a matter specifically relates to the working or employment conditions of an employee who belongs to an employees' organisation in relation to which the employer is not bound by a collective bargaining agreement, the employer shall be obliged to negotiate with that organisation under Section 11 and Section 12.

Where an employer is not bound by a collective bargaining agreement, the employer shall be obliged to negotiate with all affected employees' organisations under Section 11 in all matters relating to termination of employment as a consequence of insufficient work or the transfer of an undertaking, a business or a part of a business subject to Section 6 b of the Employment Protection Act (1982:80). The above-mentioned provisions shall not apply, however, where the employer is only temporarily not bound by a collective bargaining agreement. (SFS 1994:1686)

Section 14 Where there is a local employees' organisation, the obligation to negotiate under Sections 11 - 13 shall, in the first instance, be fulfilled through negotiations with that organisation.

If agreement is not reached during negotiations under the first paragraph of this Section, the employer shall, upon request, also negotiate with a central employees' organisation.

Section 15 Any party who is under an obligation to negotiate shall, in person or through a representative, appear at negotiations meetings, and, where necessary, put forward a reasoned proposal for a solution of the matter to which the negotiations relate. The parties may jointly decide upon a form for negotiations other than through a meeting.

In conjunction with negotiations regarding a decision to terminate employment due to shortage of work, the employer shall in good time notify the other party in writing of the following matters:

1. the reason for the planned termination;

2. the number of employees who will be affected by the termination and the employment categories to which they belong;

3. the number of employees who are normally employed and the employment categories to which they belong;

4. the time period during which it is planned to carry out the termination; and

5. the method of calculation of any compensation to be paid in conjunction with termination in addition to that which is required by to law or applicable collective bargaining agreements.

The employer shall also provide the other party with a copy of any notices that have been filed with the Employment Service (Arbetsförmedlingen) under the first and second paragraphs of Section 2 a of the Act (1974:13) Concerning Certain Measures to Promote Employment. (SFS 2007:402)

Section 16 Any party who wishes to negotiate shall serve a demand for negotiations upon the other party. If the other party so requests, the demand shall be in writing and shall state the matter about which negotiations are being requested.

In circumstances other than those referred to in Sections 11 - 13, negotiations meetings shall, unless otherwise agreed upon by the parties, be held within two weeks of receipt by the other party of a demand for negotiations, where the other party is an individual employer or a local employees' organisation, and otherwise within three weeks of receipt of such demand by the other party. In addition, the parties may agree in respect of a time and place for the negotiations.

Negotiations shall be conducted expeditiously. If a party so requests, minutes shall be kept, which shall be approved by both parties. Unless otherwise agreed to by the parties, negotiations shall be deemed to be concluded when a party who has fulfilled his duty to negotiate has given the other party notice in writing that he is withdrawing from the negotiations.

Section 17 An employee who has been appointed to represent his organisation at negotiations may not be refused reasonable leave of absence in order to take part in those negotiations.

Right to Information

Section 18 A party who, during negotiations, invokes any written document shall make such document available to the other party should the latter so request.

Section 19 An employer is obliged to regularly inform an employees' organisation in relation to which he is bound by collective bargaining agreement as to the manner in which the business is developing in respect of production and finance and as to the guidelines for personnel policy. The employer shall also afford the employees' organisation an opportunity to examine books, accounts, and other documents that concern the employers' business, to the extent required by the labour union in order to protect the common interests of its members in relation to the employer.

Where such can be accomplished without unreasonable cost or inconvenience, the employer shall, upon request, provide the employees' organisation with copies of documents and shall assist the organisation with any examination that it requires for the above-mentioned purposes.

Section 19 a An employer who is not bound by any collective bargaining agreement at all shall continuously keep employees' organisations that have members who are employees at the employer notified of how the operations is developing as regards production and financially and similarly on the guidelines for personnel policy. (SFS 2005:392)

Section 19 b Employees who have been appointed to represent their organisation for receipt of information under Section H19 a H may not be refused reasonable leave to receive the information. (SFS 2005:392)

Section 20 Where there is a local employees' organisation, the obligation to provide information under Section 19 shall be fulfilled in relation to such organisation. In respect of negotiations under the second paragraph of Section 14, the obligation shall also be fulfilled in relation to the central employees' organisation to the extent that such information is of significance for the matter under negotiation.

The information obligation under Section 19 a Hshall be performed in relation to a local employees' organisation if there is one. (SFS 2005:392)

Section 21 Any party who is subject to an obligation to provide information shall have a right to negotiate with the other party in respect of a duty of confidentiality regarding the information that is to be provided. If the negotiations relate to information under Section 19, Section 14 shall apply, mutatis mutandis.

If agreement is not reached in negotiations under the first paragraph of this Section, a party may commence proceedings in a court in respect of the duty of confidentiality. Such proceedings must be commenced within ten days after the conclusion of negotiations. The court shall issue an order concerning a duty of confidentiality to the extent it is deemed that there would otherwise be a danger of substantial injury to a party to the proceedings or any other person.

If a party has demanded negotiations in respect of a duty of confidentiality and complies with the provisions contained in paragraphs one and two, the duty of confidentiality that such party seeks to enforce shall apply until such time as the matter has been finally determined. Where there are no grounds for the demand, and where the party making the demand realises or should have realised this, no duty of confidentiality shall arise. (SFS 1977:532)

Section 22 Any person who, on behalf of a local or central employees' organisation, has received information subject to a duty of confidentiality may disclose such information to a member of the board of directors of the organisation notwithstanding the duty of confidentiality. In such circumstances the duty of confidentiality shall also apply to a member of the board of directors.

Collective Bargaining Agreements

Section 23 The term "collective bargaining agreement" means an agreement in writing between an employers' organisation or an employer and an employees' organisation in respect of conditions of employment or otherwise about the relationship between employers and employees.

An agreement shall be deemed to be in writing also when its contents have been recorded in approved minutes or where a proposal for an agreement and acceptance thereof have been recorded in separate documents.

Section 24 Where a collective bargaining agreement relates to an employee's tenancy relationship, the agreement, in such respect, shall have effect as a collective bargaining agreement only where the agreement, in respect of the status of the party and its contents are such as are referred to in chapter 12, Section 67 of the Land Code.

Section 25 An agreement shall not be valid as a collective bargaining agreement to the extent that the content of such agreement is other than as referred to in Sections 23 and 24.

Section 25a A collective bargaining agreement that is invalid under foreign law as a consequence of it having been entered into following an industrial action is, notwithstanding this, valid in Sweden if the industrial action was in compliance with this Act. (SFS 1991:681)

Section 26 A collective bargaining agreement that has been concluded by an employers' organisation or an employees' organisation shall also be binding, within its area of applicability, upon a member of such organisation. This shall apply irrespective of whether the member joined the organisation before or after the agreement was entered into, but not to the extent that he is already bound by another collective bargaining agreement.

In the event that a member resigns from an organisation that has concluded a collective bargaining agreement he shall not cease to be bound by the agreement as a consequence of such resignation.

Section 27 Employers and employees who are bound by a collective bargaining agreement may not enter into any contract that does not comply with such collective bargaining agreement.

Section 28 Where an undertaking, a business or a part of a business is transferred from an employer who is bound by a collective bargaining agreement to a new employer through a transfer that is subject to Section 6b of the Employment Protection Act (1982:80), the agreement shall apply, where relevant, to the new employer. The above-mentioned provision shall not apply, however, where the new employer is already bound by another collective bargaining agreement that may be applied to the employees whose contracts of employment are assumed by the new employer.

In circumstances that are referred to in the first paragraph above, the employee party may, within thirty days of receipt of notice of the transfer, give notice of termination of the agreement. If notice of termination is given within this period, the agreement shall cease to apply upon transfer, or, if notice to terminate is given after the transfer, immediately upon the giving of such notice. Nor shall the collective bargaining agreement apply to the new employer if, prior to the transfer, the previous employer gives notice to terminate the agreement. However, if such notice to terminate is given less than sixty days before the transfer, the agreement shall apply to the new employer until sixty days after notice to terminate was given.

Where an employee's contract of employment and conditions of employment have been transferred to a new employer under Section 6 b of the Employment

Protection Act (1982:80), the new employer shall be obligated, for a period of one year from the time of the transfer, to apply the conditions of employment contained in the collective bargaining agreement that applied to the previous employer. Such conditions shall be applied in the same manner as the previous employer was obligated to apply them. The above-mentioned provision shall, however, not apply where the term of the collective bargaining agreement has expired or where a new collective bargaining agreement has entered into force for the employees subject to the transfer.

Where two or more employers' or employees' organisations are merged, any collective bargaining agreement that applies to an organisation that is thereby dissolved shall apply to the merged organisation as if the agreement had been entered into by it.

Section 29 Where a collective bargaining agreement has been entered into by several parties on either side or on both sides and where such agreement may only be terminated upon notice of termination, any party may, on its own behalf, terminate such agreement in relation to one or more parties on the other side. Where such termination is to be effective at a particular time, another party may terminate the agreement effective at the same time. The latter notice of termination, however, shall be given within three weeks of the time at which notice of termination should otherwise have been given, or, if the agreed period of notice is less than six weeks, within one half of the agreed period of notice.

Section 30 Notice of termination of a collective bargaining agreement shall be in writing.

Where notice of termination has been sent to the other party's last known address in sufficient time for it to have reached that party before the latest time at which notice of termination should have been given, notice of termination shall be deemed to have taken place in due time, notwithstanding that such notice was not received, or was not received in due time.

Section 31 Where an employer, employee or organisation bound by a collective bargaining agreement has committed a gross breach of such an agreement or of this Act and where such provisions have a fundamental significance on the contractual relationship as a whole, a court may, upon motion of the other party, declare that a collective bargaining agreement by which the parties are bound is no longer applicable to such parties.

Where a collective bargaining agreement has been concluded by several parties on either side or on both sides and where a declaratory judgment has been made under the first paragraph of this Section in respect of only some of them, any other party may, within three weeks thereafter, terminate the agreement on its own behalf with immediate effect.

Where a court determines that particular actions are contrary to a collective bargaining agreement or to this Act, it may, upon application, release an employer, employee or organisation from its obligations under the collective bargaining agreement or this Act, to the extent it cannot be reasonably required that such obligations be fulfilled. (SFS 1977:532)

Section 31a Where an employer who is bound by a collective bargaining agreement to which this Act is not directly applicable and subsequently enters into a collective bargaining agreement under the provisions of Sections 23 - 24, the latter agreement shall have precedence to the extent the two agreements are incompatible. (SFS 1991:681)

Rights of co-determination under collective bargaining agreements

Section 32 Parties who enter into a collective bargaining agreement in respect of pay and general conditions of employment should, where the employee party so requests, also enter into a collective bargaining agreement in respect of rights of co-determination for employees in matters regarding the conclusion and termination of contracts of employment, the management and distribution of work and the operation of the activity in general.

The parties to a collective bargaining agreement regarding rights of co-determination may, subject to the provisions contained in Section 3, agree that decisions that would otherwise be taken by the employer shall be taken by employee representatives or by a joint body specifically constituted for such purpose. (SFS 1977:529) Rights of determination in respect of disputes regarding the interpretation of agreements

Section 33 Where a collective bargaining agreement contains provisions in respect of rights of co-determination for employees in matters referred to in Section 32 and where a dispute arises in respect of the application of such provisions or of decisions that have been taken under such provisions, the interpretation of the employee party shall apply pending the final adjudication of the dispute. The above-mentioned provision shall also apply to disputes under collective bargaining agreements regarding the consequences of a breach of such agreement by an employee. The above-mentioned provision does, however, not grant the employee party the right to execute decisions on behalf of the employer.

Where two or more employee parties adopt incompatible positions in a dispute of the type referred to in the first paragraph above, the employer may not take or implement a decision that is affected by such dispute before the dispute has been finally adjudicated.

The employer need not comply with the provisions referred to in the first and second paragraphs, where there is extraordinary cause or where the interpretation put forward by the employee party is erroneous and that party realises or should have realised this. (SFS 1977:529)

Section 34 Where a dispute arises between an employer and an employees' organisation that are bound by the same collective bargaining agreement in respect of a member's duty to perform work under such agreement, the organisation's position shall apply until such time as the dispute has been finally adjudicated.

Where, in the opinion of the employer, there are extraordinary reasons against a postponement of the disputed work, the employer may, notwithstanding the first paragraph, require that the work be performed according to his interpretation in the dispute. The employee shall then be obligated to perform the work. Such an obligation will not arise, however, where the employer's interpretation in the dispute is incorrect and the employer realises or should have realised this, or where the work involves danger to life or health, or where there are similar obstacles.

Where work is performed under the second paragraph above, the employer shall immediately call for negotiations concerning the dispute. If the dispute cannot be settled by negotiation, the employer shall institute judicial proceedings. (SFS 1977:532)

Section 35 In the event of a legal dispute between an employer and an employees' organisation that are bound by the same collective bargaining agreement concerning pay or other remuneration for a member of such organisation, the employer shall be obligated to immediately call for negotiations concerning the dispute. If the dispute cannot be settled by negotiations, the employer shall institute judicial proceedings. An employer who fails to call for negotiations or to institute proceedings shall be required to pay compensation in respect of the disputed amount as demanded by the employees' organisation, provided such demand is not unreasonable. (SFS 1977:532)

Section 36 The employee party's rights under Sections 33 - 35 shall vest in the employees' organisation that has entered into a collective bargaining agreement and shall be exercised by the local employees' organisation, where there is such an organisation. Where central negotiations have been called for, such rights shall be exercised by the central employees' organisation.

Section 37 Where a collective bargaining agreement requires negotiations to be held both locally and centrally under Section 34, third paragraph, or Section 35, central negotiations shall be called for within ten days of the conclusion of the local negotiations. Judicial proceedings must be instituted within ten days of the conclusion of negotiations. (SFS 1977:532)

Labour union veto right in certain cases

Section 38 Before an employer decides to allow a particular person to perform certain work on his behalf or in his business without such person becoming an employee of the employer, the employer shall, on his own initiative, negotiate with the employees' organisation to whom he is obligated by a collective bargaining agreement in respect of such work. In conjunction with such negotiations, the employer shall be obligated to provide any information in respect of the planned work that the employees' organisation may require in order to be able to adopt a position regarding the matter subject to negotiations.

The first paragraph above shall not apply where such work is of a short-term and temporary nature or requires special skills and where such action does not constitute the engaging of hired labour according to the Private Employment Agencies and Temporary Labour Act (1993:440). Nor shall the first paragraph apply where the planned actions correspond, in a significant respect, to actions that have been approved by the employees' organisation. Where the organisation so demands in a particular matter, the employer shall be obligated to enter into negotiations prior to taking or implementing a decision in the matter.

Where there is extraordinary cause, an employer may take and implement a decision prior to fulfilling the obligation to negotiate under the first paragraph above. Where negotiations are demanded under the second paragraph, the employer shall not be obligated to postpone the decision or the implementation thereof until such time as the obligation to negotiate has been fulfilled, provided there is special cause for not postponing the decision. Section 14 shall apply to matters regarding negotiations under the first and second paragraphs.

Where negotiations have been called for under the first or second paragraph, the employer shall be obligated, upon demand by the employees' organisation, to provide any information in respect of the planned work that the employees' organisation may require in order to be able to adopt a position regarding the matter subject to negotiations. (SFS 1994:1686)

Section 39 Where negotiations have been carried out under Section 38 and where the central employees' organisation or, where there is no such organisation, the employees' organisation that has entered into the collective bargaining agreement, declares that the action that the employer intends to take may be deemed to violate legislative provisions or the collective bargaining agreement or that such action would otherwise contravene generally accepted practices within the parties' area of agreement, such action may not be adopted or implemented by the employer. With respect to purchases under the Public Procurement Act (1992:1528), such a declaration may only be made where it is based upon circumstances mentioned in Chapter 1, Section 17 or Chapter 6, Sections 9 - 11 of the above-mentioned Act. (SFS 1994:1686)

Section 40 Prohibitions under Section 39 shall not apply where the employees' organisation lacks grounds for its position. Nor shall such prohibition apply where the employees' organisation, in the course of public procurement, has based its declaration on grounds other than those mentioned in Chapter 1, Section 17 or Chapter 6, Sections 9 - 11 of the Public Procurement Act (1992:1528).

Section 39 shall not apply where the employer, on the basis of the third paragraph of Section 38, has implemented a decision in a matter subject to the negotiations. (SFS 1994:1686)

Labour-stability obligations

Section 41 An employer and an employee who are bound by a collective bargaining agreement may not initiate or participate in a stoppage of work (lockout or strike), blockade, boycott, or other industrial action comparable therewith, where an organisation is party to that agreement and that organisation has not duly sanctioned the action, and where the action is in breach of a provision regarding a labour-stability obligation in a collective bargaining agreement or where the action has as its aim:

1. to exert pressure in a dispute over the validity of a collective bargaining agreement, its existence, or its correct interpretation, or in a dispute as to whether a particular action is contrary to the agreement or to this Act;

2. to bring about an amendment to the agreement,

3. to effect a provision that is intended to enter into force upon termination of the agreement; or

4. to aid someone else who is not permitted to implement an industrial action.

Industrial actions that have been taken contrary to the first paragraph are unlawful.

The first paragraph shall not prevent employees from taking part in a blockade duly ordered by an employees' association for the purpose of exacting payment of pay or any other remuneration for work that has been performed that is clearly due (collection blockade). Industrial action of this nature is not unlawful. (SFS 1993:1498)

Section 41a An employer may not, as an industrial action or as a part of an industrial action, withhold pay or other remuneration for work that has been performed and which is due and payable. Nor may an employer withhold pay or other remuneration for work that has been performed and which is due and payable as a consequence of employee participation in a strike or other industrial action.

Industrial actions referred to in the first paragraph are unlawful. (SFS 1993:1498)

Section 41 b An employee may not implement or participate in an industrial action that has the aim of reaching a collective bargaining agreement with a business that does not have any employees or where only the business operator or members of the business operator's family are employees and sole owners. This also applies when industrial action has the purpose of supporting someone who wishes to reach a collective bargaining agreement with such a business. What is stated here does not prevent an employee from participating in an employment blockade that is directed at such a business and which has been duly ordered by an employees' organisation.

Industrial action that has been taken in violation of the first paragraph are deemed unlawful. Alterations to the employment or ownership position that have occurred after industrial action has been notified or implemented shall not be taken into account when assessing whether an industrial action is to be deemed unlawful under the first paragraph. (SFS 2000:166)

Section 42 An employers' organisation or an employees' organisation may not organise or in any other manner induce unlawful industrial action. Nor may such an organisation, through support or otherwise, participate in unlawful industrial action. An organisation that is bound by a collective bargaining agreement shall also be obliged, if unlawful industrial action is imminent or is being taken by a member, to attempt to prevent such action or to endeavour to achieve a cessation of such action.

Where any person has taken unlawful industrial action, no other person may participate in such action.

The provisions contained in the first and second sentences of the first paragraph shall only apply where an organisation resorts to industrial action as a consequence of a working condition to which this Act is directly applicable. (SFS 1991:681)

Section 43 Where an unlawful industrial action has been taken by employees who are bound by a collective bargaining agreement, the employer and the employees' organisation concerned shall be obligated to immediately enter into discussions as a consequence of the industrial action and to jointly work for its cessation.

The first paragraph shall apply to a local employees' organisation, where there is such an organisation.

Section 44 Where, in the course of negotiations in respect of a collective bargaining agreement, a party has requested that a matter referred to in Section 32 be governed by the agreement or a separate agreement, but where the matter is not expressly so governed when the collective bargaining agreement is concluded between the parties, such matter shall not, during later negotiations regarding inclusion of the matter in a separate agreement, be thereby considered subject to a labour-stability obligation under Section 41 by virtue of the agreement that was concluded.

Notice

Section 45 When an employers' organisation or an employers' organisation intends to implement industrial action or to extend pending industrial action, it shall give written notice to the other party and the Mediator Office at least seven working days in advance. Working day means every day except Saturday, Sunday, other public holiday, Mid-summer Eve, Christmas Eve and New Years Eve. The period of notice shall be computed from the same time of the day that the industrial action will commence.

If industrial action on the part of the employer's side also applies to employees who are not members of the employees' organisation involved, they should be given notice by a publicly displayed notice at the workplace or in another suitable manner.

The obligation to give notice does not apply if there is a valid impediment to giving notice. There is no obligation to give notice with respect to industrial actions that are referred to in Section 41, third paragraph.

Notice under the first and second paragraphs shall contain information of the reason for the industrial action and the scope of the industrial action. (SFS 2000:163)

Mediation

Section 46 A Mediator Office has been established for the purpose of mediating in industrial disputes between employers or an employers' organisation of the one part and employees or an employees' organisation of the other part. The Office shall work to ensure properly functioning pay development. (SFS 2000:163)

Section 47 The Mediator Office shall by discussions with the parties or by other means inform itself about forthcoming or pending agreement negotiations.

The Office shall also provide advice and information to the parties on the labour market concerning negotiations and collective bargaining agreements.

A party that has concluded a collective bargaining agreement concerning pay and general conditions of employment shall upon request submit a copy of the agreement to the Mediator Office. (SFS 2000:163)

Section 47 a Subject to the consent of the parties that are negotiating on a collective labour market agreement, the Mediator Office may appoint one or more negotiation leaders or mediators. (SFS 2000:163)

Section 47 b If the Mediator Office considers that, in a dispute, there is a risk for industrial actions or if industrial actions have already been commenced, the Office may also without the consent of the parties appoint one or more mediators to mediate in the dispute.

A decision by the Mediator Office under the first paragraph may not be appealed against.

Parties who are agreed that they are bound by an agreement concerning negotiation arrangements that contain time schedules for negotiations, time frameworks and rules for appointment of a mediator, rules concerning the powers of the mediator and rules concerning notice of termination of the agreement, may give notice of the agreement to the Mediator Office for registration. When the agreement has been registered, a mediator may not be appointed without the consent of the parties during the term of the agreement. (SFS 2000:163)

Section 48 A mediator who has been appointed by the Mediator Office shall endeavour to establish an agreement between the parties. A mediator shall for this purpose summon the parties to negotiations or implement other appropriate measures. In order to promote a favourable resolution of the dispute, the mediator may submit his or her own proposals for agreement.

The mediator shall also work to ensure that a party postpones or cancels industrial action. (SFS 2000:163)

Section 49 If it promotes a good resolution of the dispute, the Mediator Office may at the request of the mediator decide that a party shall postpone industrial action for which notice has been given for a consecutive period of at most 14 days for each industrial action or extension of an industrial action. Such a decision may only be issued once for each mediation assignment. This time limit shall be computed from the date when the action, according to the notification, shall be commenced or extended. The decision shall if possible be preceded by consultation with the parties.

The decision of the Mediator Office under the first paragraph may not be appealed against. (SFS 2000:163)

Section 50 A party's obligation under Section 18 to make available to the other party any written document in the course of negotiations shall also apply in relation to a mediator who is participating in negotiations. (SFS 2000:163)

Section 51 A mediator may propose that the parties submit the dispute for determination by arbitration.

The Mediator Office may assist in the appointment of arbitrators.

If industrial action has been commenced, the Mediator Office may urge the parties to submit the dispute for determination by arbitration.

A mediator may not accept an appointment as an arbitrator in an industrial dispute, unless the Mediator Office permits this in a specific case. (SFS 2000:163)

Section 52 If a party has been summoned to discussions under Section 47, first paragraph, and does not attend, the Mediator Office may order the party, subject to a default fine, to attend discussions.

If a party who under Section 10 is obligated to negotiate, has been summoned to a negotiation before the mediator but does not attend or if the party in some other way fails to fulfil her/his/its obligations under Section 15, first paragraph, the Mediator Office may at the request of the mediator order the party, subject to a default fine, to fulfil such negotiation obligation.

A decision by the Mediator Office under the first and second paragraphs may not be appealed against.

Actions concerning the judicial confirmation of default fines are brought by the Mediator Office at the Labour Court. In cases concerning the confirmation of a default fine, the Labour Court may also assess the reasonableness of the default fine. (SFS 2000:163)

Section 53 If a party fails to fulfil its/her/his obligation under Section 47, third paragraph, to submit a copy of a collective bargaining agreement, the Mediator Office may order the party, subject to a default fine, to submit a copy.

A decision of the Mediator Office under the first paragraph may not be appealed against.

An action concerning the judicial confirmation of a default fine is brought by the Mediator Office at the Labour Court. In cases concerning the confirmation of a default fine, the Labour Court may also assess the reasonableness of the default fine. (SFS 2000:163)

Damages and other sanctions

Section 54 Unless otherwise provided below, an employer, an employee, or an organisation in breach of this Act or a collective bargaining agreement shall pay compensation for any loss that is incurred.

Section 55 In assessing whether, and to what extent, a person has suffered loss, consideration shall also be given to such person's interest in compliance with statutory provisions or provisions in the collective bargaining agreement and to factors other than those of purely economic significance.

Section 56 Where an employer or an employee breaches a duty of confidentiality that is referred to in this Act or improperly makes use of any information obtained that is subject to such duty of confidentiality, it/he/she shall pay compensation for any loss that is incurred.

Where any representative of an employer or an organisation commits an act referred to in the first paragraph, the employer or the organisation shall be liable for any loss incurred.

No liability under Chapter 20, Section 3 of the Penal Code shall be incurred in cases referred to in this Section.

Section 57 An employees' organisation shall pay compensation for loss incurred where, in a dispute referred to in Section 33 or 34, such organisation has caused or approved the wrongful application of an agreement or of this Act and where the organisation has no grounds for its position in the dispute. This shall also apply where such organisation does not have grounds for a declaration under Section 39.

The employees' organisation will also be liable for damage suffered by the employer as a result of the abuse, in relation to him, by a representative of the organisation of his position as a member of a special decision-making body established by agreement or where such person acts with gross negligence in such a position. (SFS 1994:1686)

Section 58 An employer who, without grounds, has demanded work under the second paragraph of Section 34, in the absence of extraordinary reasons as referred to therein, shall pay compensation for any loss incurred.

Section 59 Where an organisation bound by a collective bargaining agreement, or a parent organisation to which such organisation is affiliated, has organised or occasioned unlawful industrial action, damages may not be awarded against an individual employer or employee as a consequence of his participation in such action.

Damages may not be awarded against an employee where, with the approval of his organisation, he has refused to perform work that the employer has demanded under Section 34, second paragraph.

Section 60 Damages may be reduced or waived entirely where such is reasonable under the circumstances.

In assessing an employee's liability for damages under the first paragraph above for taking part in an unlawful industrial action, special consideration shall be given to circumstances disclosed during discussions under Section 43 and to the results of such discussions.

In proceedings concerning damages for employee participation in an unlawful industrial action, provided the dispute is still pending and the Court considers it to be unlawful, the Court shall, as soon as possible, order the employees to return to work. (SFS 1992:440)

Section 61 Where several persons are responsible for losses, liability for damages shall be divided amongst them according to that which is reasonable having regard to the circumstances.

Section 62 Where damages may be payable under this Act due to an act or omission by an employee, no other sanction may be invoked against such employee unless provided for by statute or by a collective bargaining agreement. The above-mentioned provision shall also apply in circumstances where no damages may be awarded against an employee by reason of Section 56, second paragraph, or Section 59.

Notwithstanding the first paragraph, where a collective bargaining agreement provides for a sanction other than damages, such sanction may also be applied to an employee who is not a member of the employees' organisation that entered into the agreement but who is engaged in the type of work referred to in that agreement.

Notification sanction charge

Section 62 a A person who fails to notify the Mediator Office in accordance with Section 45, shall be ordered to pay a notification sanction charge to the State. The notification sanction charge shall be fixed to at least 30,000 kronor and at most 100,000 kronor. If there are special reasons, the notification sanction charge may be determined at a lower amount or be waived entirely.

A person who implements industrial action in violation of the decision of the Mediator Office under Section 49 that industrial action notified should be postponed, shall be ordered to pay an increased notification sanction charge of at least 30,000 kronor and at most 1 million kronor to the State. If there are special reasons, the notification sanction charge may be determined to be a lower amount or be waived entirely.

The notification sanction charge is imposed by the district court on the action of the Mediator Office. The action shall be instituted within one year from the date when the notification should have been given or, as regards the increased notification sanction charge under the second paragraph, on the date when the industrial action was implemented. Failing this, an action may not be instituted. (SFS 2000:163)

Dispute negotiations and judicial proceedings

Section 63 The Labour Disputes (Judicial Procedure) Act (1974:371) shall apply to actions in which this Act shall be applied.

That prescribed for contentious civil cases, where settlement of the matter is not allowed, shall apply in matters concerning cases under Section 62a. Appeal against a determination by a district court is made to the Labour Court. In such cases the Labour Disputes (Judicial Procedure) Act shall apply subject to that stated in the first sentence of this paragraph.

The provisions of Section 8 of the Default Fines Act (1985:206) concerning the procedure for cases concerning the judicial confirmation of default fines shall apply to cases concerning confirmation of default fines under Section 52, fourth paragraph and Section 53, third paragraph. (SFS 2000:163)

Section 64 Any person who possesses a right of negotiation under Section 10 and who wishes to claim damages or any other remedy under this Act or a collective bargaining agreement, shall call for negotiations within four months of becoming aware of the circumstances to which the claim relates and not later than two years after the occurrence of such circumstances. Where negotiations are to take place both locally and centrally under a collective bargaining agreement, the above-mentioned provision shall apply to the local negotiations. In such a case, central negotiations shall be called for within two months of the conclusion of the local negotiations.

The first paragraph shall apply mutatis mutandis where a party referred to therein seeks a declaratory judgment that a legal act or a provision in an agreement is invalid by reason that it constitutes a violation of the right of association.

Where a party fails to call for negotiations within the time specified, he shall forfeit his right to negotiations.

Section 65 Actions in cases referred to in Section 64 shall be brought within three months of the conclusion of negotiations. Where both local and central negotiations have taken place, such period shall be calculated from the time at which the central negotiations were concluded. Where there have been obstacles to negotiations that are not attributable to the plaintiff, the period shall be calculated from the latest time at which negotiations should have been held.

Section 66 Where an organisation has failed to observe the time prescribed for negotiations or for commencing an action, any person who is or has been a member of that organisation and who is affected by the dispute may bring an action within one month of the expiry of that time. Where, under Chapter 4, Section 7 of the Labour Disputes (Judicial Procedure) Act (1974:371), the commencement of such action is to be preceded by negotiations but such negotiations have not taken place, that prescribed here shall apply as regards the right to call for negotiations. In such cases, the action shall be brought within the time prescribed in Section 65.

In any dispute in which an employee cannot be represented by an organisation, he shall commence an action within four months of becoming aware of the circumstances to which that claim relates, and not later than two years after the occurrence of such circumstances.

Section 67 A claim for damages or any other remedy arising out of an unlawful industrial action may not be brought in any case later than three months after the termination of such industrial action.

Section 68 A party who fails to commence an action within the time prescribed shall forfeit his right to such action.

Section 69 The provisions of Sections 33 - 35 and 39 do not constitute any impediment to decisions under Chapter 15 of the Code of Judicial Procedure. (SFS 1994:1686)

Section 70 Repealed (SFS 1980:238).

Transitional provisions

SFS 1984:817

This Act shall enter into force on 1 January 1985. The new provisions contained in Section 60 shall apply where liability for damages arises after the entry into force of this Act. In all other cases, the previous wording of Section 60 shall apply.

SFS 1992:440

This Act shall enter into force on 1 July 1992. The previous wording of Section 60 shall apply where liability for damages arises prior to the entry into force of this Act.

SFS 1994:1686

This Act shall enter into force on 1 January 1995. An employer is, however, not obligated to enter into negotiations or give notice under the new provisions contained in Section 13, second paragraph and Section 15, second paragraph, where such obligation would result in negotiations being commenced or notice being given prior to the entry into force of this Act.

LSA (Stand SFS 2006:479)[1258]

Introductory provisions

Section 1 The purpose of this Act is to afford employees information about and influence over the company's activities through representation on the board of directors.

Section 1 a This Act shall not apply to a company that has been formed in accordance with the Council Regulation (EC) No 2157/2001 of 8 October 2001 on the Statute for a European company. (SFS 2004:560)

Section 1 b This Act shall apply to European cooperatives formed in accordance with the Council Regulation (EC) No 1435/2003 of 22 July 2003 on the Statute for a European Cooperative Society (SCE) subject to the precondition that

a) the European cooperative has only been formed by natural persons or by a legal person and natural persons, and

b) the European cooperative, its subsidiaries and branches at the time that the European cooperative was registered, had less than in total 50 employees, or employees only in an EEA State.

However, the Act shall not apply to European cooperatives under the first paragraph in those cases were

a) at least one third of the employees in the European cooperative, its subsidiaries and branches in at least two EEA States have requested that employee influence under the Employee Influence in European Cooperatives Act (2006:477) shall apply, or

b) the workforce of the European cooperative, its subsidiaries and branches numbers or has numbered in total at least 50 employees in at least two EEA States. (SFS 2006:479)

Section 2 The term 'company' means, for the purposes of this Act, joint stock companies, banks, mortgage institutions, insurance companies, economic associations and also European cooperatives to which the Act applies under Section 1 b.

[1258] Abrufbar auf der Website der schwedischen Regierungskanzlei unter *http://www.sweden.gov.se/sb/d/5807/a/104836* [gelesen am 20.07.2010].

The term 'group' means, for the purposes of this Act, Swedish legal entities that, according to the provisions of Chapter 1, Sections 11 and 12 of the Companies Act (2005:551), Chapter 1, Section 2 of the Savings Bank Act (1987:619), Chapter 1, Section 5 of the Members' Bankers' Act (1995:1570), Chapter 1, Section 9 of the Insurance Business Act (1982:713) or Chapter 1, Section 4 of the Co-operative Societies' Act (1987:667), are defined as parent companies or subsidiaries in relation to one another or companies that according to Sections 9 - 12 of the European Works Council Act (1996:359) exercise a decisive influence over another company and the companies over which this influence is exercised. (SFS 2006:479)

Section 3 An employee of a principal or parent company, who is permanently engaged in an agent or subsidiary, without being employed there, shall also, in the application of this Act, be treated as an employee of the agent or subsidiary.

In the application of this Act, a collective bargaining agreement between a local employees' organisation and a principal or parent company shall also be treated as a collective bargaining agreement in relation to the agent or subsidiary.

The entitlement to board representation

Section 4 The employees of a company that, in the most recent financial year, in Sweden, has employed an average of not less than 25 employees, shall be entitled to two representatives on the board of directors (board representatives) and one alternate for each such member. If the company conducts business in different branches and if it has, in the most recent financial year, in Sweden, employed an average of at least 1,000 employees, the employees shall be entitled to three representatives on the board of directors (board representation) and one alternate for each such member.

The employees' entitlement to board representation under the first paragraph may not, however, result in the number of employee representatives exceeding the number of other board representatives.

If the company is a parent company, the provisions of the first and second paragraphs relating to companies shall relate to the group in its entirety and the right to board representation shall accrue in favour of all employees in the group.

Section 4 a If a European cooperative moves its registered office to Sweden and the rights of the employees to have influence are not covered by the Employee Influence in European Cooperatives Act (2006:477), at least the same rights to employee influence shall apply as before the European cooperative moved its registered office. (SFS 2006:479)

Section 5 Once the employee members have been appointed, the employees' right to board representation during the period of the mandate shall remain unchanged, notwithstanding any decrease in the number of employees or the number of other board members.

Appointment of board representatives

Section 6 The decision to appoint employees' board representatives shall be taken by a local employee organisation that is bound by a collective bargaining agreement with the company.

If the decision relates to a parent company, the decision shall be taken by a local employees' organisation that is bound by a collective bargaining agreement with one of the companies in the group.

The company's board of directors shall be informed in writing of the decision to appoint employees' board representatives. Section 10, second paragraph, contains provisions concerning the time at which employee members or their alternates (employees' representatives) may take up their appointment.

Section 7 The employees' representatives shall be appointed by the local employees' organisations that are bound by collective bargaining agreements with the company or, in parent companies, by the local employees' organisations that are bound by collective bargaining agreements with a company within the group.

Section 8 Unless the organisations otherwise agree, the following system shall apply for appointment of the employees' representatives.

If more than four-fifths of the employees bound by the collective bargaining agreement at a company or group belong to the same local employees' organisation, that organisation may appoint all of the employees' representatives. However, if another such organisation represents at least one-twentieth of the employees bound by a collective bargaining agreement, that organisation may appoint one of the alternates.

If there is no organisation that represents more than four-fifths of the employees bound by a collective bargaining agreement with the company or group, the two local employees' organisations that represent the largest number of such em-

ployees each appoint one member and one alternate. If the employees are entitled to three members and three alternates, the larger of the two organisations may appoint two members and two alternates.
If, under the provisions of Section 4, second paragraph, only one employees' representative and one alternate are to be appointed, this will be done by the local employees' organisation that represents the greatest number of employees bound by a collective bargaining agreement with the company or the group.

In applying the provisions of this Section, local employees' organisations that belong to the same central organisation shall be deemed to be one organisation.

Section 9 The employees' representatives should be appointed from the employees at the company or, so far as a parent company is concerned, within the group.

A person who is an employees' representative on the board of one company may not, except with the special permission of the Board Representation Tribunal, be appointed as employees' representative of another company. However, the aforementioned shall not apply if the companies agree otherwise or if the companies form part of the same group.

Section 10 The term of an employees' representative's appointment shall be fixed by the party appointing him. However, the mandate may not exceed four financial years. The term of the appointment shall be fixed so that it concludes at the close of an annual general meeting at which the board of directors is elected.

The party appointing the employees' representative shall determine when the representative may take up her or his appointment. However, unless the company's board indicates otherwise, the representative may not take up her or his appointment until at least three months after the board of directors received notice under Section 6, third paragraph.

The second paragraph of Section 18 provides that a different time of commencement may apply.

Duties of the employees' representative, etc.

Section 11 Unless this Act provides to the contrary, the provisions of other acts or legislative instruments concerning members of the board of directors and alternate members of a company's board of directors shall apply to employee members and alternates for such members.

Section 12 An alternate for an employee member of the board of directors is entitled to be present and express her or his view at meetings of the board of directors and at the company's general meetings, notwithstanding that the members are present.

Section 13 One of the employees' representatives may be present and participate in deliberations when a matter, which is later to be dealt with by the board of directors, is prepared by members of the board of directors or officers of the company specifically appointed for that purpose.
If, by virtue of a decision under Chapter 3, Section 6, second paragraph of the Savings Bank Act (1987:619) or Chapter 6, Section 6, second paragraph of the Members' Bankers' Act (1995:1570), an assignment is given to a regional board or a similar organ in a region, the employees within the region are entitled to determine that one representative for them and one alternate shall be a part of the assignment. Such a representative shall have the same rights as are referred to in the first paragraph.

If a joint stock banking company has established a regional board or a similar organ in a region, the employees within the region are entitled to determine that one representative for them and one alternate shall be a part of the assignment. Such a representative shall have the same rights as are referred to in the first paragraph.

If the employees' organisations do not otherwise agree, the representative referred to in the first – third paragraphs shall be appointed by the organisation that represents the largest number of employees bound by a collective bargaining agreement with the company or, with respect to a parent company, within the group. (SFS 1998:1502)

Section 14 Employees' representatives may not participate in dealing with issues that relate to the collective bargaining agreement or industrial action or other issues where a union organisation at the workplace has a material interest that may conflict with the interests of the company.

If the business of a company is of such a nature or has such an aim as is referred to in Section 2 of the Employment (Co-Determination in the Workplace) Act (1976:580), the employees' representatives are not entitled to participate in a decision that concerns the aims or focus of the business.

Damages, etc.

Section 15 An employer or an employees' organisation that breaches this Act, shall pay compensation for any loss that is incurred. The damages shall cover both compensation for any loss that is incurred and compensation for the infringement of rights that the breach of the Act entails. If it is reasonable, the damages may be reduced in whole or in part.

An employees' organisation may not, on the basis of this Act, claim damages from another employees' organisation.

Section 16 Any person wishing to claim damages under this Act shall give notice to the other party of her or his claim within four months from the time the loss arose. If, during that period, negotiations have been requested with respect to the claim under the Employment (Co-Determination in the Workplace) Act (1976:580), or on the basis of a collective bargaining agreement, proceedings shall be commenced within four months after the negotiations have been concluded. In other circumstances, proceedings shall be commenced within eight months from the time the loss arose.

If notice is not given or if proceedings are not commenced within the time indicated in the first paragraph, the party's right shall lapse.

Miscellaneous provisions

Section 17 An exemption may be granted from this Act if employees' board representation would result in material inconvenience for a company because:

1. the composition of the board of directors is dependent upon relative political strength or on the relationship between different interests or interest groups, as indicated by the articles of association, the constitutive documents, agreements or other circumstances; or

2. the articles of association or other equivalent provisions prescribe a qualified majority vote for the adoption of decisions by the board of directors.

An exemption under the first paragraph may only be granted if the inconvenience cannot otherwise be avoided. The exemption shall be combined with conditions concerning measures that in some other manner satisfy the employees' interests in information about and influence over, the business of the company.

Band 19 Ingebjörg Darsow-Faller: Kündigungsschutz in Deutschland und Spanien. Eine rechtsvergleichende Untersuchung mit besonderer Beachtung der Beendigung des Arbeitsverhältnisses gegen Abfindung. 2008.

Band 20 Enrico Iannone: Die Kodifizierung des Arbeitsvertragsrechts - ein Jahrhundertprojekt ohne Erfolgsaussicht? Eine Untersuchung vorangegangener Bemühungen um ein Arbeitsvertragsgesetz und Analyse möglicher Erfolgsaussichten des Reformprojekts. 2009

Band 21 Max Sleik: Arbeitnehmerbeteiligung in Deutschland und in Schweden. 2011.

www.peterlang.de

Printed by
CPI books GmbH, Leck

Kolibri 360 GmbH
Ferdinand-Jühlke-Straße 7
99095 Erfurt, Deutschland
produktsicherheit@kolibri360.de